U0515115

经以德七

建行商业

贺教授印

新文向项目

心玉玉然

李蓝林
蒙文初有八

教育部哲学社会科学研究重大课题攻关项目

"十四五"时期国家重点出版物出版专项规划项目

中国软实力建设与发展战略

CHINA'S SOFT POWER CONSTRUCTION AND DEVELOPMENT STRATEGY

骆郁廷 等著

中国财经出版传媒集团

经济科学出版社
Economic Science Press
·北京·

图书在版编目（CIP）数据

中国软实力建设与发展战略/骆郁廷等著 . －－北京：
经济科学出版社，2022. 11
教育部哲学社会科学研究重大课题攻关项目 "十四
五" 时期国家重点出版物出版专项规划项目
ISBN 978 － 7 － 5218 － 4361 － 3

Ⅰ. ①中… Ⅱ. ①骆… Ⅲ. ①文化事业 － 建设 － 研究
－ 中国②文化事业 － 发展战略 － 研究 － 中国 Ⅳ. ①G12

中国版本图书馆 CIP 数据核字（2022）第 223687 号

责任编辑：孙丽丽 纪小小
责任校对：隗立娜
责任印制：范 艳

中国软实力建设与发展战略

骆郁廷 等著

经济科学出版社出版、发行 新华书店经销

社址：北京市海淀区阜成路甲 28 号 邮编：100142

总编部电话：010 － 88191217 发行部电话：010 － 88191522

网址：www. esp. com. cn

电子邮箱：esp@ esp. com. cn

天猫网店：经济科学出版社旗舰店

网址：http：//jjkxcbs. tmall. com

北京季蜂印刷有限公司印装

787 × 1092 16 开 29 印张 560000 字

2023 年 8 月第 1 版 2023 年 8 月第 1 次印刷

ISBN 978 － 7 － 5218 － 4361 － 3 定价：116. 00 元

（图书出现印装问题，本社负责调换。电话：010 － 88191545）

（版权所有 侵权必究 打击盗版 举报热线：010 － 88191661

QQ：2242791300 营销中心电话：010 － 88191537

电子邮箱：dbts@ esp. com. cn）

课题组主要成员

刘再起　项久雨　杨　威

总　序

哲学社会科学是人们认识世界、改造世界的重要工具，是推动历史发展和社会进步的重要力量，其发展水平反映了一个民族的思维能力、精神品格、文明素质，体现了一个国家的综合国力和国际竞争力。一个国家的发展水平，既取决于自然科学发展水平，也取决于哲学社会科学发展水平。

党和国家高度重视哲学社会科学。党的十八大提出要建设哲学社会科学创新体系，推进马克思主义中国化、时代化、大众化，坚持不懈用中国特色社会主义理论体系武装全党、教育人民。2016 年 5 月 17 日，习近平总书记亲自主持召开哲学社会科学工作座谈会并发表重要讲话。讲话从坚持和发展中国特色社会主义事业全局的高度，深刻阐释了哲学社会科学的战略地位，全面分析了哲学社会科学面临的新形势，明确了加快构建中国特色哲学社会科学的新目标，对哲学社会科学工作者提出了新期待，体现了我们党对哲学社会科学发展规律的认识达到了一个新高度，是一篇新形势下繁荣发展我国哲学社会科学事业的纲领性文献，为哲学社会科学事业提供了强大精神动力，指明了前进方向。

高校是我国哲学社会科学事业的主力军。贯彻落实习近平总书记哲学社会科学座谈会重要讲话精神，加快构建中国特色哲学社会科学，高校应发挥重要作用：要坚持和巩固马克思主义的指导地位，用中国化的马克思主义指导哲学社会科学；要实施以育人育才为中心的哲学社会科学整体发展战略，构筑学生、学术、学科一体的综合发展体系；要以人为本，从人抓起，积极实施人才工程，构建种类齐全、梯队衔接的高校哲学社会科学人才体系；要深化科研管理体制改革，发挥高校人才、智力和学科优势，提升学术原创能力，激发创新创造活力，建设中国特色新型高校智库；要加强组织领导、做好统筹规划、营造良好学术生态，形成统筹推进高校哲学社会科学发展新格局。

哲学社会科学研究重大课题攻关项目计划是教育部贯彻落实党中央决策部署的一项重大举措，是实施"高校哲学社会科学繁荣计划"的重要内容。重大攻关项目采取招投标的组织方式，按照"公平竞争，择优立项，严格管理，铸造精品"的要求进行，每年评审立项约 40 个项目。项目研究实行首席专家负责制，鼓励跨学科、跨学校、跨地区的联合研究，协同创新。重大攻关项目以解决国家现代化建设过程中重大理论和实际问题为主攻方向，以提升为党和政府咨询决策服务能力和推动哲学社会科学发展为战略目标，集合优秀研究团队和顶尖人才联合攻关。自 2003 年以来，项目开展取得了丰硕成果，形成了特色品牌。一大批标志性成果纷纷涌现，一大批科研名家脱颖而出，高校哲学社会科学整体实力和社会影响力快速提升。国务院副总理刘延东同志做出重要批示，指出重大攻关项目有效调动各方面的积极性，产生了一批重要成果，影响广泛，成效显著；要总结经验，再接再厉，紧密服务国家需求，更好地优化资源，突出重点，多出精品，多出人才，为经济社会发展做出新的贡献。

作为教育部社科研究项目中的拳头产品，我们始终秉持以管理创新服务学术创新的理念，坚持科学管理、民主管理、依法管理，切实增强服务意识，不断创新管理模式，健全管理制度，加强对重大攻关项目的选题遴选、评审立项、组织开题、中期检查到最终成果鉴定的全过程管理，逐渐探索并形成一套成熟有效、符合学术研究规律的管理办法，努力将重大攻关项目打造成学术精品工程。我们将项目最终成果汇编成"教育部哲学社会科学研究重大课题攻关项目成果文库"统一组织出版。经济科学出版社倾全社之力，精心组织编辑力量，努力铸造出版精品。国学大师季羡林先生为本文库题词："经时济世　继往开来——贺教育部重大攻关项目成果出版"；欧阳中石先生题写了"教育部哲学社会科学研究重大课题攻关项目"的书名，充分体现了他们对繁荣发展高校哲学社会科学的深切勉励和由衷期望。

　　伟大的时代呼唤伟大的理论，伟大的理论推动伟大的实践。高校哲学社会科学将不忘初心，继续前进。深入贯彻落实习近平总书记系列重要讲话精神，坚持道路自信、理论自信、制度自信、文化自信，立足中国、借鉴国外，挖掘历史、把握当代，关怀人类、面向未来，立时代之潮头、发思想之先声，为加快构建中国特色哲学社会科学，实现中华民族伟大复兴的中国梦做出新的更大贡献！

教育部社会科学司

摘　要

当今世界综合国力的竞争日趋激烈，软实力是综合国力的核心竞争力，对提高我国硬实力、综合国力和国际竞争力具有重要的时代价值。软实力日益成为综合国力竞争的战略重点和影响国际格局的重要因素，世界各国越来越重视综合国力和国际竞争中的软实力建设。我国近年来关于软实力的研究方兴未艾，但主要聚焦于文化软实力研究，而对于软实力的研究不够；在软实力的研究中，受约瑟夫·奈的影响较大，直接沿用约瑟夫·奈的软实力概念和理论的较多，而对其局限及软实力的科学内涵等基础理论研究不足；把软实力看作一种吸引力，从国际关系的角度研究软实力的较多，而从国内外相结合的角度深入研究我国软实力建设的不多。

本书立足我国软实力研究的主流前沿，从中国和世界、历史和现实、理论和实践相结合的角度以及综合国力竞争的战略高度，以中国软实力建设和发展战略为主题，以软实力建设的战略地位、基本理论和历史发展的研究为基础，以软实力建设与发展的战略问题的研究为核心，以软实力建设和发展的内容构成的研究为重点，以软实力建设与发展的途径方法和力量整合的对策性研究为落脚点，对中国软实力建设和发展战略的一系列重大理论与实践问题，进行了系统、深入的探索，拓宽了软实力研究的新视野。基本内容如下：

一是从综合国力竞争的角度，分析了"软实力热"现象的本质，深入分析和揭示了软实力的科学内涵，全方位探索了软实力与综合国力、软实力与国际格局的关系等基本问题。"软实力"概念和理论由约瑟夫·奈于20世纪90年代提出，但约瑟夫·奈仅仅把软实力视作国家之间的吸引力，并且把软实力视作一种以西方价值观为核心同化他国的力量，因而存在着严重的局限与缺陷。本书对软实力的科学内涵进行了深入探索和科学凝练，明确提出，"软实力是通过吸引而非威胁或利诱达成自己目的和愿望的能力，这种能力是一国的文化、价值观、社会制度和外交政策经过开发而形成的现实力量，是内部凝聚力和外部吸引力的统一"。首次把内部凝聚力纳入软实力的范畴，内部凝聚力和外部吸引力的统一，构成一个国家真正的软实力，为软实力的研究提供了一个全新的核心范畴。还从综合国力竞争的战略高度，分析了软实力与硬实力、软实力与巧实力、软实力与综合国力的相互关系及其规律性，阐明软实力是综合国力的核心竞争力和影响国际格局的重要因素，从而为深入研究和建设中国软实力提供了新的分析框架，奠定了坚实的基础。

二是从历史发展的角度，总结回顾了中国软实力建设与发展的历史进程、主要成就与基本经验。把中华人民共和国成立以来的软实力建设与发展划分为创建奠基、稳步形成和创新发展三个历史阶段，回顾梳理了七十多年来我国软实力建设的历史成就，总结凝练了我国软实力建设的基本经验。这些基本经验主要是：我国软实力建设与发展坚持以增强国家硬实力为基础，提升国家软实力；探索中国式现代化道路，提升中国发展模式软实力；弘扬社会主义核心价值观，提升国家的价值软实力；完善中国特色社会主义制度，提升中国制度软实力；积极参与全球治理，提升全球治理软实力；增强中华文化国际传播力，提升国家文化软实力；坚持独立自主和平外交政策，提升中国外交软实力。把软实力建设的现实探索置于深厚的历史根基之上，为新时代探索和确立中国软实力建设与发展战略提供了历史借鉴。

三是从战略决策的高度，深刻分析当代中国和世界发展大势，洞察把握我国现代化建设特别是增强我国综合国力、实现我国和平发展和应对信息时代挑战的战略需要，客观阐明了我国软实力建设与发展的战略依据，系统阐述了新中国成立以来从除旧立新、坚持"两手抓"、发展先进文化、提升国家软实力到着力铸魂育人的我国软实力建设与发展的战略演进，首次明确提出了我国软实力建设与发展的五大战略，即硬实力和软实力协调发展的科学发展战略；以我国核心价值观为核心发展软实力的价值主导战略；在交流交锋交融中化解不同文化文明隔阂与冲突的文化融合战略；坚持从实际出发推进我国软实力创新发展的自主创新战略；优化价值、文化、制度和外交软实力体系结构的整体优化战略。软实力发展战略是本书研究的核心内容，提出五大发展战略，既是本书研究的创新成果，也可为制定和实施我国软实力建设与发展战略提供决策参考。

四是从系统构建的角度，全面深入地分析了我国软实力建设的内容构成。我国软实力建构和建设的主要内容包括价值体系、主流文化、发展道路和外交政策四大部分。价值体系包括指导思想、理想信念、核心价值、民族精神和时代精神，构成了国家、民族凝聚力的核心；主流文化包括中华优秀传统文化、中国革命文化和社会主义先进文化，构成了植根于中华优秀传统文化、熔铸于中国革命文化和社会主义先进文化、扎根于中国特色社会主义实践的文化软实力；发展道路包括中国模式、中国道路和中国自信，构成了以中国特色社会主义制度作为中国模式、中国道路和中国自信根本的制度软实力；外交政策包括和平共处五项原则、和平与发展的中国外交战略、独立自主平等互利的外交政策，构成了以和平共处五项原则为根本遵循、以和平与发展为时代主题、以独立自主平等互利为政策取向的外交软实力。这四个部分，构成了我国软实力建设的内容体系，其中，核心价值在整个软实力体系结构中起着核心的决定性作用。加强我国软实力建设，就要以社会主义核心价值体系和社会主义核心价值观建设为核心，推进我国软实力的体系构建、整体建设和实力提升。

五是从实践深化的角度，提出了软实力建设具体可行的路径和方法。探索软实力建设和发展战略，是为了指导和推动新时代的软实力建设。本书立足新时代我国软实力建设和发展的实践需要，探索了如何深入贯彻我国软实力建设和发展战略，有效推进我国软实力建设和发展的问题，主要是着力推进马克思主义大众化、培育和践行社会主义核心价值观、弘扬中华优秀传统文化、提高跨文化传播能力、提升网络话语权、增强外交影响力、增强大型活动国际影响力，尤其要探索新时代软实力建设的创新的途径、方法、载体及其运用，加强党对我国软实力建设的领导，协同推进软实力建设人力、物力和财力的整合，不断增强我国软实力建设的整体合力，为全面建设社会主义现代化强国、实现中华民族伟大复兴，提供软实力的强大支撑和力量源泉。

Abstract

Nowadays, the competition in comprehensive national power is becoming increasingly fierce. As a core competency, soft power has an important value of the times to enhance China's hard power, comprehensive national power and international competitiveness. And as an important factor affecting the international landscape, soft power has also increasingly become a strategic focus of the competition in comprehensive national power. Therefore, countries around the world are paying more and more attention in this regard. In recent years, researches on soft power have been flourishing in China, but they mainly focused on the study of cultural soft power instead of soft power. As for the latter, it is greatly influenced by Joseph Nye, most researches follow his concepts and theories directly, but the basic theoretical researches on it's limitations and the scientific connotations of soft power are insufficient. In addition, in most researches, soft power is regarded as a kind of attraction from the perspective of international relations, but there are not many in-depth studies on the construction of it in China from both domestic and foreign perspectives.

Based on the mainstream frontier of China's soft power researches, and from the perspective of both China and the world, history and reality, theory and practice, at the strategic height of competition in comprehensive national power, this book takes China's soft power construction and development as its theme. On the basis of research on its strategic position, basic theories and historical development, this book takes researches on strategic issues as the core, researches on content compsoition as a focus and researches on development path and force integration as key points. Also, this book expands a new horizon in this field by analyzing relevant major theories and practical issues systematically and extensively. The basic contents are as follows.

Firstly, from the perspective of the competition in comprehensive national power, this book analyzes the essence of the phenomenon of the "craze for soft power", reveals the scientific connotation of soft power, and explores basic issues including the relationship between soft power and comprehensive national power, soft power and the international landscape. The concept and theory of "soft power" was proposed by Joseph Nye in the 1990s, but he only saw it as an attraction between countries and as a power to assimilate other countries with western values at its core, so it had serious limitations and flaws. By exploring and condensing the scientific connotation of soft power, this book proposes that "Soft power is the ability to achieve a country's goals and aspirations through attracting other countries rather than threats or inducements; this ability is a real power developed by a country's culture, values, social system and foreign policy, and it is also the unity of internal cohesion and external attraction". Besides, this book incorporates internal cohesion into the components of soft power for the first time. The unity of internal cohesion and external attraction constitutes the real soft power of a country, which provides a new core category for the study of soft power. In addition, this book also analyzes the interrelationship between soft power and hard power, soft power and smart power, soft power and comprehensive national power and its regularity at the strategic level of the competition in comprehensive national power, and clarifies that soft power is the core competitiveness of comprehensive national power as well as an important factor affecting the international landscape, thus providing a new analytical framework and laying a solid foundation for in-depth study and construction of China's soft power.

Secondly, this book summarizes and reviews the historical process, main achievements and basic experience in the construction and development of China's soft power from the perspective of historical development. It divides the history of soft power construction and development since the founding of the People's Republic of China into three stages: establishment, steady formation and innovative development, and also reviews the historical achievements of China's soft power construction over the past seven decades, then summarizes the basic experience of China's soft power construction. These basic experiences mainly include: improving national soft power on the basis of strengthening national hard power; exploring the distinctive Chinese path to modernization and enhancing the soft power of Chinese development model; promoting socialist core values and enhancing the soft power of Chinese values; improving the socialist system with Chinese characteristics and enhancing the soft power of the Chinese system; participating actively in global governance and enhancing the soft power of global governance; facilitating the promotion of Chinese and improving the soft power of Chinese culture; adhering to the independent foreign policy of peace and enhancing China's diplomatic soft power. What's more, this book places the realistic exploration of soft power on profound historical foundation, which provides a historical reference for exploring and establishing the strategies of China's soft power construction and development in the new era.

Thirdly, this book deeply analyzes the general development trend of contemporary China and the world from the perspective of strategic decision-making, and also insightfully grasps the strategic needs of China's modernization, especially the needs of strengthening comprehensive national power, realizing peaceful development and addressing the challenges in the information era. In addition, it objectively clarifies the strategic basis for China's soft power construction and development, and also systematically proposes stages of its strategic evolution since the founding of the People's Republic of China including deconstructing the old and establishing the new, developing both material and spiritual civilization, developing advanced culture and enhancing national soft power to focus on cultivating people to form noble character. Moreover, it also proposes five strategies of China's soft power construction and development clearly for the first time, and they are the scientific development strategy of developing hard and soft power harmoniously; the value-driven strategy with socialist core values as the core; the cultural integration strategy of resolving cultural conflicts in a blend of different cultures; the independent innovation strategy of promoting the innovative development of China's soft power on the basis of current situation; and the overall optimization strategy of optimizing the structure of values, culture, system and diplomacy. The strategy of soft power development is the core of this book. And the five development strategies are not only the innovative results of this book, but also the references for decision-making in the formulation and implementation of the strategies of China's soft power construction and development.

Fourthly, this book provides a comprehensive and in-depth analysis of the components of China's soft power construction from the perspective of system construction. The main contents of China's soft power construction and development include four major parts: value system, mainstream culture, development path and foreign policy. Moreover, the value system includes guiding ideology, ideals and beliefs, core values, national spirit and spirit of the times, which constitutes the core of national and ethnic cohesion. The Mainstream culture includes Chinese excellent traditional culture, revolutionary culture and advanced socialist culture, which constitutes cultural soft power melted in revolutionary culture and advanced socialist culture, and originated in fine traditional culture and rooted in the practice of socialism with Chinese characteristics. The development path includes Chinese model, Chinese path and Chinese confidence, which constitutes the institutional soft power on the basis of socialist system with Chinese characteristics in Chinese model, Chinese path and Chinese confidence. The foreign policy includes the Five Principles of Peaceful Coexistence, the China's diplomatic strategy of peace and development and the independent foreign policy of equality and mutual benefit, which constitutes the diplomatic soft power with the Five Principles of Peaceful Coexistence as the fundamental guideline, peace and development as the theme of the times and the independent foreign policy of equality and mutual benefit as the policy orientation. These four parts constitute the content system of China's soft power construction, of which the core values play a decisive role. In order to strengthen the construction of China's soft power, we must take the construction of the socialist core value system as the core, in a move to promote the system construction, overall development and improvement.

Fifthly, this book proposes specific and feasible paths and methods for soft power construction from the perspective of deepening practice. The goal of exploring the strategies of soft power construction and development is to guide and promote its improvement in the new era. Based on the practical needs of China's soft power construction and development in the new era, this book explores how to thoroughly implement these strategies in a move to facilitate its improvement. The key points lie in promoting the popularization of Marxism, cultivating and practicing the core socialist values, promoting fine traditional Chinese culture, improving cross-cultural communication capabilities, increasing online discourse power, enhancing diplomatic influence and enhancing the international influence of major events, and especially in exploring ways, methods, carriers and use of the soft power construction in the new era, strengthening the leadership of the Party, collaborating to promote the integration of human, material and financial resources for the soft power construction, and enhancing the joint force for the construction of China's soft power continuously. In doing so, soft power can function as the backbone and source of strength of shaping China into a great modern socialist country in all respects and achieving the great national rejuvenation.

目 录

Contents

第一章 ▶中国软实力建设与发展的全球视野　　1

  第一节　"软实力热"兴起的国际背景　　2

  第二节　软实力与综合国力的竞争　　23

  第三节　软实力与国际格局的调整　　47

第二章 ▶中国软实力建设与发展的历史回顾　　66

  第一节　中国软实力建设与发展的历史进程　　66

  第二节　中国软实力建设与发展的总结回顾　　77

第三章 ▶中国软实力建设与发展的战略问题　　104

  第一节　中国软实力建设与发展的战略依据　　104

  第二节　中国软实力建设与发展的战略演进　　125

  第三节　中国软实力建设与发展的主要战略　　146

第四章 ▶中国软实力建设与发展的内容构成　　170

  第一节　价值体系　　170

  第二节　主流文化　　189

  第三节　发展道路　　208

  第四节　外交政策　　229

第五章 ▶中国软实力建设与发展的途径方法　　256

  第一节　推进马克思主义大众化　　256

  第二节　培育和践行社会主义核心价值观　　268

第三节　弘扬中华优秀传统文化　281

第四节　提高跨文化传播能力　291

第五节　提升网络话语权　320

第六节　增强外交影响力　335

第七节　增强大型活动国际影响力　347

第六章 ▶ 中国软实力建设与发展的力量整合　358

第一节　软实力建设的领导力量　358

第二节　软实力建设的人力资源　376

第三节　软实力建设的财力资源　391

第四节　软实力建设的物力资源　402

第五节　软实力建设的有效整合　417

参考文献　425

后记　435

Contents

Chapter 1 The Global Vision of China's Soft Power Construction and Development   1

1. 1   The International Background of the Emergence of the "Craze for Soft Power"   2

1. 2   Soft Power and the Comprehensive National Strength Competition   23

1. 3   Soft Power and the Adjustment of International Landscape   47

Chapter 2 The Historical Review of China's Soft Power Construction and Development   66

2. 1   The History of China's Soft Power Construction and Development   66

2. 2   The Summary and Review of China's Soft Power Construction and Development   77

Chapter 3 The Strategic Issues of China's Soft Power Construction and Development   104

3. 1   The Strategic Basis for China's Soft Power Construction and Development   104

3. 2   The Strategic Evolution of China's Soft Power Construction and Development   125

3. 3   The Main Strategies of China's Soft Power Construction and Development   146

Chapter 4   The Content Composition of China's Soft Power Construction and Development   170

4.1   Value System   170

4.2   Mainstream Culture   189

4.3   Development Path   208

4.4   Foreign Policy   229

Chapter 5   The Approaches to the Construction and Development of China's Soft Power   256

5.1   Promoting the Popularization of Marxism   256

5.2   Cultivating and Practicing the Core Socialist Values   268

5.3   Promoting the Excellent Traditional Chinese Culture   281

5.4   Improving Cross-cultural Communication Competence   291

5.5   Increasing Voice in Network   320

5.6   Enhancing Diplomatic Influence   335

5.7   Enhancing the International Influence of Larye-scoal Events   347

Chapter 6   The Integration of the Forces of China's Soft Power Construction and Development   358

6.1   Leading Force in the Construction and Development of China's Soft Power Construction   358

6.2   Human Resources for the Construction and Development of China's Soft Power Construction   376

6.3   Financial Resources for the Construction and Development of China's Soft Power Construction   391

6.4   Material Resources for the Construction and Development of China's Soft Power Construction   402

6.5   Effective Integration of the Construction and Development of China's Soft Power Construction   417

References   425

Postscript   435

第一章

中国软实力建设与发展的全球视野

当今世界，综合国力的竞争日趋激烈。综合国力的竞争，既包括硬实力的竞争，又包括软实力的竞争。习近平指出："古往今来，任何一个大国的发展进程，既是经济总量、军事力量等硬实力提高的进程，也是价值观念、思想文化等软实力提高的进程。"① 软实力不仅是综合国力的重要组成部分，而且对硬实力的发展和运用起着重要的作用。新中国成立以来，特别是改革开放 40 多年以来，我国的硬实力不断得到增强，无论经济实力、国防实力、科技实力都取得了长足的进步，但是软实力的建设则明显不足，与硬实力的发展不相平衡，已经成为制约我国综合国力和国际竞争力提升的重要因素。在全球竞争格局中，中国的和平发展进入了一个关键时期，中华民族比历史上任何时候都更加接近实现民族复兴的伟大梦想，迫切需要立足全球综合国力竞争和实现中华民族伟大复兴的战略高度，在继续发展硬实力的同时，深入探索我国的软实力建设，制定中国软实力的发展战略，以充分把握我国发展面临的重要战略机遇，化解发展过程中面临的重大风险挑战，大力推进我国的软实力建设和发展，不断增强我国的综合国力，实现国家富强、民族振兴、人民幸福的美好梦想和宏伟愿景。

---

① 中共中央文献研究室：《习近平关于社会主义文化建设论述摘编》，中央文献出版社 2017 年版，第 198 页。

第一节 "软实力热" 兴起的国际背景

自 20 世纪 90 年代美国哈佛大学教授约瑟夫·奈提出"软实力"的概念，特别是奥巴马政府提出"巧实力"战略，把"软实力"纳入其中，并作为国家综合实力和国际战略的重要组成部分之后，"软实力"就由观念上升为政策，由理论转化为实践，由学术话语上升为国家战略，由一国扩展到世界各国，在国际上引起了广泛的关注，产生了极大的反响，迅速形成了一种席卷全球、方兴未艾的"软实力热"。从综合国力竞争的国际视野出发，审视世界各国发展软实力的因应之道，深入分析"软实力"的科学内涵、特征和实质，准确把握综合国力竞争中软实力的战略定位，对于我们正确应对综合国力竞争特别是软实力竞争的国际挑战，增强我国的软实力和综合国力，显得尤为重要。

一、软实力的国际视野

"软实力热"的出现，深刻影响着世人对综合国力和国际竞争力的看法，使得人们把注意力从以往片面地关注经济、军事、科技等有形的硬实力，转向兼顾关注文化、价值观、社会制度、外交政策等无形的软实力。

（一）"软实力热" 的兴起

20 世纪 90 年代以来，随着"冷战"结束，美国成为"一超独霸"。"9·11"事件后，美国凭借强大的、绝对优势的军事力量，发动了对阿富汗塔利班政权的战争，接着又发动了对伊拉克的战争。然而，事与愿违，强大的综合国力和军事力量并没有使其完全赢得战争和人心，反而愈陷愈深，实力受到削弱，其国家安全感不升反降。实践表明，哪怕像美国这样强大的超级大国，单纯依靠硬实力特别是军事实力，也不能解决问题。2009 年以来，美国在国际关系领域，不得不祭出包含和运用"软实力"的"巧实力"战略，即巧妙地结合和使用"软实力"和"硬实力"以实现美国外交目标和国家利益的战略。2010 年 5 月，时任美国总统奥巴马正式提出了新的国家安全战略，一改小布什总统"先发制人"的"单边主义"战略，提出"软""硬"兼施、以"软"为主的"多边主义"外交与安全战略，在北非、中东推行"阿拉伯之春"的颜色革命，把"软实力"建设与运用服务于美国国家利益推向了新的阶段。特朗普上台以后，不断挥舞贸易制裁和军事威慑的"大棒",打压竞争对手和世界各国,奉行的是硬实力为主的战略,但也没有放弃软实力,重视对"软实力"与"硬实力"的平衡运用。拜登重振"价值观外交",一方面,主动修复美国同盟友的同盟关系;另一方面,加速构建"五眼同盟"、民主同盟,推动印太战略,以人权为幌子,频频对华出招,渲染所谓民主与专制的对立,污蔑攻击中国的建设成就、治理模式和发展道路。种种迹象表明,美国正试图通过"软实力"来达到"硬实力"难以达到的目的。美国"软实力"研究、建设和运用的不断深化,引起了世界各国的高度关注,尤其是一些大国的关注。

软实力的提出是美国基于"冷战"时期美苏两国竞争的反思和总结。软实力这个概念由美国的约瑟夫·奈于1990年提出。当时正值"冷战"双方的最后对决,以美国为首的资本主义阵营取得了"冷战"的初步胜利。20世纪80年代末至90年代初,苏联东欧等社会主义国家发生剧变,政权更迭,制度改变。特别是1991年苏联的解体,更被资本主义国家视为没有硝烟战争的重大胜利。在西方看来,"冷战"的胜利,并不是依靠军事硬实力取得的,实际是美国等西方国家的软实力起了主导的作用。美国等西方国家通过推行以其民主、自由、人权的"普世价值"为核心的外交、文化、舆论等软实力攻势,实施"颜色革命",从根本上影响了苏联东欧政治、经济、社会、文化、外交的进程,误导了人们的思想行为。美国长期以来推行和平演变战略,将西方的价值观念不断向对手进行潜移默化的渗透,导致苏东国家共产党的分化和民族、宗教矛盾激化,最终使得苏联东欧共产党政权和社会主义制度瓦解崩溃。所以说,"冷战"的胜利一定程度上是西方软实力渗透和进攻的结果。而苏联方面则被迫拖入"冷战"时期的军备竞赛,片面扩张军事硬实力,阻碍了经济建设,特别是忽略了软实力的建设,导致信仰动摇、价值扭曲、人心涣散,最后不战而败。因此,软实力的提出正是基于"冷战"双方较量的反思和总结。

软实力的提出也是"冷战"后美国对外战略调整的必然产物。东欧剧变苏联解体后,世界政治经济版图重新洗牌,大国关系重塑,国际格局发生了剧烈的变化,原来的美苏两极突然只剩一极,国际关系的走向面临着诸多的不确定性。面对这样一种新的国际局势,美国作为唯一仅存的"超级大国",势必在全球追求最大的影响力,谋求美国在全球的霸权。苏联解体后,美国一超独霸,在对外关系中穷兵黩武,频繁干涉别国内政。美国的军事威慑力虽然有所增强,却也因此产生了诸多的负面影响,引发反美仇美抗美情绪,美国国际形象受损,国家经济发展等硬实力受到削弱,软实力受到严重损伤等。美国在寻求巩固世界霸权的过程中,面对直接干涉造成负面影响的现实,苦苦思索采取怎样的对外战略更合适,更利于有效地扩大美国的影响力,维护和稳固美国的霸权。而软实力理论恰恰能为美国制定对外战略提供理论依据和支撑。约瑟夫·奈等美国学者指出，在对外战略中，美国应该同时兼顾硬实力和软实力的使用，尤其要重视软实力的运用，尽可能通过非军事的方式处理国际事务，增强美国的吸引力和影响力。

软实力理论为各国的综合国力竞争提供了一个新的战略思考。随着软实力在国际关系中的影响日益增强，世界各国在重视硬实力建设的同时，都更加重视提升本国的软实力，扩大软实力的影响力。世界上也出现了专门研究软实力排名的机构。英国波特兰战略传播咨询公司于2015年7月开始发布反映各国文化等方面情况的"软实力"全球排行榜，截至2019年已经连续发布了5份报告。该报告对于国家软实力的评判主要依据6个类别的客观数据（数字、文化、企业、全球参与度、教育、政府，共占70%）与全球民意调查（占30%），通过这些数据调查分析对各国的软实力指数进行排名。在历年的排名数据中，英国、法国、德国、美国、日本的排名始终名列前茅。2015年排在前8位的分别是英国、德国、美国、法国、加拿大、澳大利亚、瑞士、日本，中国位列第30。2016年、2017年、2018年、2019年中国分别排第28位、25位、27位和27位。这些软实力的排名由西方国家主导，难免带有一定的偏向。当然，不同国家和地区的软实力资源不尽相同，运用手法各有侧重和特色，产生的影响也各不相同。为了增强综合国力和国际竞争力，各国尤其是大国从战略上加强了对国家软实力建设和发展的重视与支持，从而促成了当今国际关系中的"软实力热"。

（二）软实力的全球竞争

从国际视野分析世界一些主要国家软实力建设的情况，有助于我们吸取别国经验教训，为我国软实力建设和发展提供借鉴。

1. 美国：软硬兼施维护超级大国的地位

美国取得"冷战"的胜利很大程度上得益于硬实力基础上软实力的发展和运用，可以说美国是建设和运用软实力成效最明显的国家之一。美国软实力的建设和运用主要体现在：

一方面，美国不遗余力地向全世界传播以"普世价值"为核心的西方价值观念。美国从建国起，在短短二百多年时间内就从一个荒凉的殖民地成长为世界瞩目的国家，尤其是第二次世界大战之后，一跃成为世界超级大国，美国的"领袖意识"在此时也就自然而然地流露出来。美国人自诩美国是"世界民主与自由之灯塔"。同时，他们也开始确信自己的民族文化、价值理念以及政治制度是世界上最完美的，具有普世推广价值。美国于1953年成立新闻署，这标志着美国开始从最高战略层面上大规模推动价值观对外传播。一直以来，美国政府从未放弃传播其价值观。"二战"后，美国帮助日本和德国进行民主化改革，把它们变成

"民主样本"和"反共大本营",杜鲁门政府还出台"马歇尔计划",对被"二战"破坏的西欧各国进行经济援助、协助重建,竭力赢得欧洲国家和人民的好感。除此之外,杜勒斯担任美国国务卿期间,于1957年4月23日明确提出了和平演变社会主义的六项政策,全面实施并推进对社会主义国家的和平演变战略。肯尼迪政府后来推出了"争取进步联盟计划",对拉丁美洲实行经济援助,稳固美国大后方。"冷战"及"后冷战"时期,美国政府更是不遗余力地向世界推广美国的文化、价值理念以及政治制度。卡特政府推出人权外交,里根政府实行民主工程,老布什政府在苏联、东欧地区推行"颜色革命",力图建立一个政治和经济自由、人权与民主制度盛行的稳定的世界,克林顿政府将"推动海外民主"作为美国国家安全战略的三大支柱之一,小布什政府则相继推出"大中东民主计划""大中亚计划",发动了阿富汗、伊拉克战争。奥巴马政府推行"价值观外交"和"巧实力战略",在北非、中东地区推行"阿拉伯之春"的"颜色革命",使北非、中东地区陷入了长期动乱和战乱,最终使"阿拉伯之春"变成了"阿拉伯之冬"。美国政府还通过美国民主基金会表面支持海外"民主运动",实则助力"颜色革命",曾无数次企图颠覆别国政权,利比亚、伊拉克、乌克兰、阿富汗等,到处都有民主基金会的身影。特朗普政府推行"美国优先"的国际战略,以硬实力为主,动辄挥舞贸易制裁"大棒",维护美国的国家利益,还恣意毁约、"退群",在一定程度上削弱了美国的软实力。但特朗普也深知软实力的价值,在硬实力的基础上辅之以软实力,为其推行强硬政策和外交战略服务。他是美国历史上也是世界上第一个"推特治国"的所谓"推特总统",直接运用网络发声,设置新的政治外交议题,将"亚太战略"变为"印太战略",鼓吹"美国吃亏论""中国经济入侵""债务陷阱""危害国家安全"等错误观点抹黑他国,误导舆论,为推行其单边主义、保护主义、维护美国霸权的全球战略营造舆论氛围。2021年元月拜登政府上台以来,力推"价值观外交",把人权民主问题作为制定和推行对外政策的原则,企图与"拥有共同价值观的盟友"就民主、人权以及贸易等问题共同向中国施压,并着力构建由美国主导的所谓"基于规则的国际秩序"。

在全球影响力争夺和美国软实力建设方面,美国政府还推出了"富布赖特计划",资助美国和其他国家的学生和专家学者等出国或赴美学习、访问和从事研究。截至2020年7月,参加者已超过39万人,有160多个国家和地区与美国进行该项目的合作①,培养了一批认同或接受美国价值观的遍布各国的精英、领导

---

① 埃莉诺·艾伯特、傅高义,乔恒译:《傅高义:美国的政策正把我们的中国朋友推向反美民族主义》,光明网,2020年7月24日,https://m.gmw.cn/2020-07-24/content_1301394023.htm。

人和意见领袖。长久以来，美国还打着新闻自由和网络自由的旗号，传播美国价值观念，扩大国际影响力。美国全球媒体署截至 2020 年共有全职员工 3763 人，通过电视、广播和互联网向全球 3.5 亿人播出制作的内容，其中下属电视台在 100 个国家或地区采用 61 种语言播出。美国政府是美国全球媒体署的全额出资人。该署 2020 财年拨付预算为 8.1 亿美元，2021 财年的预算申请额为 6.37 亿美元[1]，美国对国际舆论的重视可见一斑。美国驻华使领馆还在官网推出 2021 年度"公共外交小额赠款计划"，该项目计划为每个申请人或组织提供单笔最高 3 万美元的奖金，拟用于资助中国境内的个人、非政府组织、智库、学术机构等，举办宣介美国社会、历史、文化艺术及价值观的活动。美国国会审议通过了《2021 年美国创新与竞争法案》，明确提出未来 5 年要拨款 15 亿美元，打击"中国的全球影响力"。

另一方面，大力发展文化产业，提升文化软实力。美国为传播西方价值观，保持和提升其文化软实力，采取了一系列发展文化产业的措施。美国是第一个进行文化立法的国家，早在 1790 年，美国就颁布实施了第一部《版权法》以保护知识产权。美国强调其《宪法》是美国文化产业发展应遵循的基本法，明确规定了文化自由权和平等权是公民的合法文化权益。通过宪法保障文化合法权益的做法可追溯到 1871 年。此后，随着美国文化的不断繁荣和文化产业的发展，其文化立法体系逐渐完善。1917 年，美国《联邦税法》明文规定对非营利性文化团体和机构免征所得税，并减免资助者的税额，利用税收杠杆促进公益文化事业的发展；1965 年，美国通过了《国家艺术及人文事业基金法》，创立了致力于艺术和人文事业发展的机构，同时保证投入文化艺术事业资金的比例；1982 年通过了《反盗版和假冒修正案》，加大了对涉及电影和录音制造业版权侵权的处罚力度；1997 年和 1998 年，美国又先后颁布了《反电子盗版法》和《跨世纪数字版权法》，以加强数字化产权的保护。美国促进文化发展的法律体系，为文化软实力的发展开辟了广阔的空间。在法律保障的基础上，美国政府很重视文化的转化创新和创意文化的发展。在观念上，美国的文化产业精英们将吸收的文化进行大胆的"美国式改造"，融入艺术想象和创新，使文化产品彰显出强劲的盈利能力，以文化创意为主要特征的文化产业也因此成为趋之若鹜的朝阳产业。好莱坞影片成为美国文化软实力的象征。从"进口"百老汇音乐剧的长盛不衰到由中国传统文化改编的电影《花木兰》《功夫熊猫》在全球热卖，再到好莱坞大片《哈里·波特》《指环王》等及其衍生品，无不凸显出美国文化产业的巨大转化创新能力

---

[1] 详见鞠峰：《美国全球媒体署新任 CEO 宣称：中国将是美国对外广播重点》，观察者网，2020 年 7 月 8 日，https://www.guancha.cn/internation/2020_07_08_556722.shtml?s=zwyxgtjbt。

及其影响力。在技术上，好莱坞大片对高科技成果的运用赚足了世界的眼球；而将网络传输、数字化、通信卫星等现代技术应用于文化产业，更是架起了美国文化通向世界的桥梁，极大地拓展了文化传播的疆域。美国文化产业的蓬勃发展，不仅为美国赢得了巨大的经济利益，还将美式价值观念艺术地输送到了世界各地，让人们在潜移默化中接受美国的娱乐文化、消费文化和生活方式，认同美国的价值观，极大增强了美国的软实力。然而，美国在现实生活中一直奉行双重标准，与其在文化艺术作品中宣扬的价值观形成了鲜明的对照，无形中严重削弱或抵消了美国的文化软实力。

2. 欧洲：注重文化的保护和发展

欧洲软实力资源也很丰富，建设也极有特色和影响。当前美国在软实力上最接近的竞争对手是欧洲。欧洲的文化长久以来都是全球文化中的一块磁铁。全世界使用最为广泛的 10 种语言中有 5 种来自欧洲。在足球、时装、音乐、电影等流行文化领域，欧洲也具有相当的影响力。欧洲主要大国重视构建其软实力，英国、法国、德国等大国纷纷采取了众多的措施和办法，保护和发展文化，持续推进软实力尤其是文化软实力建设。

英国当年日不落帝国的辉煌虽然已不复存在，但在许多方面仍然保持着吸引力，在软实力建设方面仍有一些值得注意的地方。英语是最多国家使用的官方语言，是世界上最广泛的第二语言，也是欧盟、英联邦国家及最多国际组织使用的官方语言之一。英国的一流学府、全球风靡的英伦文化以及欣欣向荣的科技教育产业依旧支撑着英国的国际影响力。这些吸引力得益于英国长年不懈的公共外交。英国推行公共外交，涉及文化交流、语言传播、留学教育、体育赛事和新闻传媒等诸多领域，其最终目的就是发展英国的软实力，扩展其全球的影响力。将外交和文化结合起来的英国文化协会在全球 100 多个国家和地区设有代表处，平均每年世界各地有一千多万 18～35 岁的年轻人参与该协会组织的活动。2020 年，英国文化教育协会推出了首个促进中英之间文化和创意交流的线上节日。英国提供教育机会与促进文化交流的国际机构——英国文化教育协会（British Council）在艺术文化、英语语言、教育和社会发展领域不断努力，并协助英国政府、英国旅游局在全球各个国家举办英国艺术节，通过设在全球 47 个国家的教学中心为英语学习者提供高质量的语言教学服务。英国政府设立多种奖学金，其目的是资助多个国家的学生来英国留学。英国外交部志奋领奖学金（Chevening Scholarship）是英国政府最具代表性的旗舰奖学金项目，该奖学金每年资助来自 150 多个国家的 2 000 多名"世界各国的未来决策者"到英国留学，目的就是通过这些精英人才来扩大英国的吸引力和影响力。2019 年 3 月，英国政府还宣布了一项全新的"国际教育战略"，计划将每年到英国学习的国际学生人数从 46 万人增加到

60万人，并且允许外国学生在毕业后继续留在英国一段时间，巩固英国作为世界教育领导者的地位。政府资助举办的英联邦运动会现已成为全球英语国家4年一度的盛会。每年的英超足球赛在世界212个国家和地区转播，观众总人数超过47亿。成立于1922年的英国广播公司（BBC），不仅是英国最大的新闻广播机构，也是世界最大的新闻广播机构之一，在全球范围内具有广泛影响。虽然目前的英国已经脱欧，但影响不容小觑，英国的软实力资产仍旧使其在《2018年全球软实力研究报告》（The Soft Power 30 – 2018）中登顶。

法国政府对于软实力的建设集中体现在对法国文化的保护和推广上。多少个世纪以来，法国一直都是世界的文化中心。法国文化包罗万象、多姿多彩，无论是文学、艺术、建筑、音乐、语言、美食还是时尚，都享有盛名。在全球著名审计和企业咨询公司德勤（Deloitte）公布的2020年全球奢侈品力量排行榜（Global Powers of Luxury Goods 2020）中，法国奢侈品集团LVMH自2014年起就一直位居第一。法国有40 000余个名胜古迹，其中44个被联合国教科文组织列入世界文化遗产。8 000多个博物馆、2 000多家电影院遍布法国各地，全年的文化盛典有近500个。法国作为世界文化大国，长期以来坚持"文化例外"原则，倡导"文化多样性"，并在国际贸易中多次作为谈判红线提出并成功捍卫，有效保护了法国文化产业的繁荣发展。在1993年有关世界贸易组织（WTO）开放市场的谈判中，美国认为文化产品和服务应该属于商品范畴，可以进行自由贸易，法国对此表示强烈反对。法国认为文化产品和服务有其自身的价值属性，不能简单地把它和一般商品相等同，不能把一切都搞成市场化了，尤其对文化而言，所以根本不应该在谈判中涉及这个问题。在这一原则的指导下，法国采取大量措施，以保护国内文化市场，捍卫法语语言。拿影视行业来说，法国有明确的条例保护欧洲片和国产片的制作和播出份额。法国电影很多是由电视台参与制作的，相关法律规定，所有电视台要把每年3.2%的营业额投放到欧洲电影的制作中，其中2.5%为法国片。收费电视台的比例更高，要求拿出9.5%的营业额来投资法国本土电影。在传播方面，电视台60%的时间必须播放欧洲大陆制作的影视内容，其中40%必须是法国本土片。对于电台，还额外要求再拿出20%的播放时间，播放当地新艺术人员的作品，扶持新人。在法国，一些戏剧、舞蹈等演出，也是本土的内容比较多。①

"文化例外"的原则使法国人非常重视自己的文化。法国的文化市场一直享受公共政策的大力支持，同时，法国对世界其他各国的文化也表现出极大的尊重

---

① 参见张超：《法国坚持"文化例外"原则有效保护本国文化产业》，人民网，2014年12月10日，http：//culture. people. com. cn/n/2014/1210/c22219 – 26183521. html。

和包容，呼吁各种文化和谐共存。作为欧盟的倡导者与领导者之一，在世界上，法国一直在致力于推动"文化多样性"。法语文化在欧盟内部乃至世界上并没有去制约其他文化的发展，而是期望与欧洲和世界其他文化相互借鉴、相互融合，利益共享。法国的这种做法对维护欧洲和世界的"文化多样性"起了很好的作用。很多国家的文化在法国汇聚、分享，造就了法国文化产业的繁荣。可以说，"文化例外"原则不仅保护了法国的文化市场，也激发了艺术创造力，更为法国文化在世界范围内的推广做出重要贡献。《2017 年全球软实力研究报告》（The Soft Power 30 – 2017）中，法国从第 5 名攀升至第 1 名成为 2017 年软实力排名第 1 的国家。尽管 2018 年法国软实力排名从第 1 名下降到了第 2 名，但 2019 年法国重回第 1。Brand Finance 发布了《2021 年全球软实力指数排名》，法国作为传统强国，在该排名中位列第 7。法国以其屡获殊荣的文化和遗产而著称，在总体熟悉度和国际关系方面均获得了最高评价，在艺术与娱乐、美食和旅游业中排名第 2。

德国同样也非常注重传播其国家文化，提升自身软实力。德国在世界范围内设立了积极从事文化活动的歌德学院，是德国在国外设立的最大文化传播机构，目前已发展成为全球性的学院，遍布 78 个国家和地区。歌德学院的核心任务是在世界范围内推广德语、促进国际文化合作。除此之外，通过介绍有关德国文化、社会以及政治生活等方面的信息，展现一个丰富多彩的德国。不同于法国以"艺术"为名片推广法国文化，德国人的文化传播更加偏重于"技术"。德国人以守时和诚信闻名于世，"德国制造"是高质量、高品质产品的代名词。"德国制造"的成功离不开职业教育培养的富有活力和高水准的技术工人。德国先进的教育是世界瞩目和学习的榜样。德国的教育经费的增长超出经济增长速度的 3 ~ 4 倍。2022 年德国教育、科学研究资助高达 2 410 亿欧元，占 GDP 的 7.2%；受教育者数量不断增加，正规教育机构数量增加，与 2010 年相比，皆增加 4%。① 除此之外，德国非常重视跨文化交流。为了补充本国的劳动力，德国大量接受外来移民，根据《联合国移民署世界移民报告 2020》发布的数据，在全球移民目的国中，美国是最大的目的国，截至 2019 年共接收了 5 100 万移民，其次就是德国，共接收了 1 300 万移民。一直以来，德国对外国移民持开放的态度，并鼓励移民入籍，鼓励数以千万计的外来人口融入德国社会。尤其自"脱欧公投"以来，约有 31 600 名英国人入籍德国②，以保留自己的欧盟公民身份，德

① 王靖雯：《德国发布〈德国教育 2022〉报告》，国际比较教育研究院，2022 年 6 月 23 日，https：//cice. shnu. edu. cn/aa/3f/c26051a764479/page. htm。

② 《德国：入籍门槛太高？专家呼吁简化入籍德国流程》，载于《欧洲时报》，转载于中国国际移民研究网，2021 年 5 月 14 日，http：//www. ims. sdu. edu. cn/info/1014/12449. htm。

国移民部门在英国脱欧期间安排了更多工作人员，专门受理英籍人士的入籍申请。《经济学家》著名记者杰里米·克利夫认为，德国正在跨进一个新时代，变得更加开放、随和、时尚。①

3. 俄罗斯：重视软实力的恢复和发展

国际上普遍认为，苏联在"冷战"中落败，很大程度上是输在软实力的较量上。作为苏联主权国家的最大继承国，俄罗斯学界和政界因此一直以审慎和警惕的态度来看待这种国际竞争方式，"软实力"一词被理解为"以不体面的、甚至是奸诈的方式实现自身利益"，从2012年前俄罗斯的官方文件中从未使用过"软实力"一词即可窥见一斑。2012年普京在其竞选纲领《俄罗斯与不断变化的世界》中甚至直接指出软实力是西方"培植和挑动极端主义、分离主义、极端民族主义情绪，操纵社会心理，对主权国家的内政实施直接干预"的武器。直到2013年俄罗斯才在《俄罗斯联邦外交政策构想》中正式给出了"软实力"的官方定义。与美国以自由、民主的文化价值观和西方社会制度模式产生吸引力的"软实力"不同，俄罗斯"软实力"理论体系的核心观点是：使用非暴力手段维护和推广俄罗斯的政治体系和价值观，提升俄罗斯的国际形象和影响力，维护俄罗斯的国家安全和利益。俄罗斯更加注重强调"软实力"资源和工具的功能性和影响力，并且以西方为主要防御对象，以独立国家联合体（简称"独联体"）地区为优先实施方向，坚持国家管控和主权至上原则，将利用"软实力"资源和工具干涉及影响他国社会舆论和内政归为非法使用"软实力"的行为。俄罗斯的"软实力"理论体系是为了应对西方的围追堵截，维护俄罗斯国家利益和国家对外战略发展需要，借鉴西方"软实力"概念，结合自身实际情况形成的具有俄罗斯特色的理论体系。②

普京担任俄罗斯总统以来，在积极应对全球性金融危机及西方的制裁封锁对俄罗斯的影响的同时，在政治、经济、外交、文化、社会改革等方面都采取了积极的措施，企图把俄罗斯塑造成政治清明、经济开放、外交开明且负责任的大国形象。俄罗斯十分重视爱国主义教育和历史文化的传承，普京明确强调爱国主义是俄罗斯民族文化最重要的组成部分，是俄罗斯民族精神传承的核心。从2001年起至今，俄罗斯联邦政府每5年颁布一部以爱国主义教育为主要内容的国家纲要。《俄罗斯联邦公民爱国主义教育国家纲要（2001—2005年）》对爱国主义教育的概念、内涵进行了重新界定，明确提出重塑俄罗斯联邦公民爱国主义教育系

---

① 参见赵怡蓁：《外媒：德国正成为移民国家 可能更加开放与随和》，源于《欧洲时报》，转载于环球网，2018年4月17日，https://world.huanqiu.com/article/9CaKrnK7OxX。
② 郭金峰：《俄罗斯学界视野中的"软实力"理论》，载于《中国社会科学报》2021年5月13日，第5版。

统的目标。《2006—2010 年俄罗斯联邦公民爱国主义教育国家纲要》提出了落实爱国主义教育的体制机制，制定了评估纲要执行效果的相应举措。这一纲要的颁布实施，是新时期俄罗斯爱国主义教育体系重构的标志。2012 年 10 月，俄罗斯总统普京签署《关于完善国家爱国主义教育政策》的命令。依照命令，总统办公厅框架内专门设立社会项目管理局，主管全俄爱国主义教育事业。该机构的主要职能包括确定爱国主义教育政策方向，为巩固俄罗斯民众思想道德基础提供政策性建议以及组织并保障总统与民间组织进行有效互动等。《俄联邦公民爱国主义教育纲要（2016—2020 年)》的内容则覆盖公民、军事、社会、历史、文化、体育 6 个方面的爱国主义教育，提供针对俄罗斯整体社会状况的解决方案。从国家顶层设计入手，通过制定国家层面的政策规划，分步骤、分阶段依法推进爱国主义教育，是当今俄罗斯爱国主义教育的一个鲜明特色。[1] 俄罗斯非常重视运用爱国主义教育和团结人民抵御西方的文化、价值渗透，防范"颜色革命"的动荡在俄罗斯的重演。俄罗斯还经常结合纪念卫国战争等重大历史事件，进行爱国主义教育。自 2000 年以来，普京在担任总统期间，每年都举行一次国情咨文新闻发布会，对俄罗斯的内政外交政策、成就及其展望向全国和全世界公开发表答记者问，回应俄罗斯人民和世界的关切，澄清和引导国内外舆论，扩大俄罗斯的国际影响力，产生了极大的关注和良好的反响。

2007 年 6 月 21 日，俄罗斯成立"俄罗斯世界"基金会，这是俄罗斯软实力建设的一个重要里程碑。"俄罗斯世界"基金会将居住在境外的俄罗斯人看作"俄罗斯世界"的兄弟伙伴，宗旨是将俄语作为俄罗斯和世界文化财富加以推广宣传，并为国外俄语应用研究提供支持；基金会创始人为外交部、国防部以及教育科学部，但基金会高层管理人员、董事会成员及监理人员均由总统亲自任命。从 2007 年开始，俄政府积极整合资源，加大财政投入，先后重组或设立了一些公共外交机构，如推广俄语和俄文化的"俄语世界基金会"、作为俄罗斯外宣领导机构的"独联体和境外同胞暨国际人文合作事务署"、国际形象委员会、戈尔恰科夫公共外交基金会、RT 电视台、俄罗斯军事历史协会，等等。俄罗斯政府还曾花重金聘请美国凯旋公关公司，在国际权威媒体上刊登形象广告，竭尽全力承办大型国际会议和世界赛事，如 20 国集团（G20）峰会、亚太经济合作组织（APEC）首脑会议、索契冬奥会、世界杯等，向世界展现它的另一种形象。

值得注意的是，俄罗斯的软实力策略在 2013 之后出现了调整，原因在于2013 年以后，俄罗斯与西方国家的关系急转直下。乌克兰危机和叙利亚问题使

---

[1] 孙茂华：《爱国主义教育：俄罗斯社会发展的基础》，载于《中国社会科学报》2020 年 8 月 31 日，第 8 版。

俄罗斯与美国的关系降至"冰点",俄罗斯在软实力建设上开始"对抗"西方。

以电视频道"今日俄罗斯"(Russia Today,RT)为代表的新型大众媒体成为俄罗斯"软实力"中的显著力量,打破了西方媒体对国际话语权的垄断。截至2020年10月,"今日俄罗斯"电视台旗下共有8个24小时播出的频道,此外还在2013年创办了视频新闻通讯社RUPTLY。"今日俄罗斯"电视台周均观众规模为1亿人,其中欧洲地区为4 300万人,官网的月均访问量为1.75亿人,YouTube账号的观看量为100亿人次,订阅量为1 600万人。[①] 2016年11月30日普京签署640号总统令,批准了新版《俄联邦对外政策构想》,其中明确指出,"运用软实力外交手段,利用社会组织的力量,综合运用信息通信、人道主义及其他传统外交手段遂行外交任务是现代国际政治不可分割的一部分"。这是对俄罗斯软实力战略的集中表达。

4. 日本和韩国:重视发展文化产业

地处亚洲的日本和韩国,国土面积并不大,但是在政治、经济、文化发展中表现非常亮眼。20世纪八九十年代,日本和韩国相继提出了"文化立国"战略,在软实力建设策略上也有相似之处,即偏重于文化产业的发展。

"二战"以后,日本高举"科技与贸易"的大旗,实施"经济立国"战略,创造出了"日本奇迹"。到20世纪七八十年代,日本成为世界范围内仅次于美国的第二经济大国,拥有了可以与美国、欧洲相抗衡的经济实力和技术实力。但是,仅仅依靠"硬实力"在国际上并不受欢迎,为发展本国软实力,日本政府成为宣传日本国家形象的"主体",在全球范围内宣传以先进的企业管理制度和汽车等品牌产品为代表的经济经营文化,以动漫、电游为代表的娱乐饮食文化,以众多专利技术为代表的科技文化等,致力于提高日本的国际声望。此外,日本政府还制定诸多优惠政策吸引更多外国留学生、政府和企业,以丰富的旅游资源、优良的投资环境和先进的科学技术吸引人们了解日本。

文化对提升软实力具有先导作用。在这一思路的指导下,日本政府树立了"文化立国"战略。2006年4月28日,日本政界著名的漫画迷、前外相麻生太郎发表题为《文化外交新设想》的讲演,提出了以动漫等日本流行文化为主开展外交活动的战略。麻生太郎指出,目前世界各国的外交处于"品牌形象"的竞争中,日本要在21世纪成为世界爱戴和尊敬的国家,必须提高日本的文化魅力,普通老百姓所创造的"舆论"将大大地影响一国的外交。日本动漫在亚洲其他国家的年轻人中极具影响力,可以挑起"打造日本品牌,推销日本梦想",把现代

---

① 李宇:《浅析"今日俄罗斯"电视台的内在问题与外在挑战》,载于《对外传播》2020年第11期。

日本文化推向世界的重任，因此，应该把动漫用到日本外交上。2007年5月，日本政府组织下的"亚洲前景战略会议"委员会通过的《日本文化产业战略》，成为日本文化产业的纲领性文件。这一文件认为文化产业不仅可以对外提升国家软实力，扩大国家影响，打造国家形象及本国产业品牌，对内也可以培育经济增长点，带动经济长期发展。据《动画产业报告2020》显示，2019年日本动画市场收入达25 112亿日元（合1 489亿元人民币），较2018年上涨了15%以上；日本上映的动画电影有91部，数量只占了全部上映电影（共689部）的一成多，但票房收入却占据了当年日本电影总票房收入的48.7%；日本动画行业2019年的海外收入为12 009亿日元（约合人民币712.3亿元），为2017年的119.0%，海外市场占了总体市场的47.8%，且包揽了动画电影、电视等各个领域的排行第一。日本的动漫制作，不仅吸引了全球的青少年，而且引领了世界的动漫设计潮流，使动漫流行文化成为日本软实力提升的新动力。

从流行音乐到家用电器，从建筑到时装，从食品到艺术，当前日本远比20世纪80年代经济超级大国时期具有更大的文化影响力。《全球软实力研究报告》（The Soft Power 30 – 2018）排名中，日本首次进入前5。日本高效、高标准设计和生产质量、创新科技产业以及文化依旧对世界有很大影响力。但是，日本对历史问题的认识和在吸引外资等方面的"软肋"，却使其现有软实力资源的功效大打折扣，也制约着日本今后软实力的提升。

韩国是亚洲另外一个世界流行文化的发源地，韩国的文化产业在国内外十分有影响力。"韩流"的影响不仅波及亚洲国家，而且直接冲击欧美的文化市场，其中影视、音乐是先行主力，游戏为后发力量，音像、出版、动画、演出等产业也正在发力。这不仅为韩国创造了巨大的经济价值，而且还在一定程度上提升了韩国的文化地位，推动了韩国的民间文化外交。韩国在建设和提升文化软实力方面有其独到之处，主要采取了两个方面的重要举措。

一方面，韩国政府在遭受了1997年亚洲金融危机的冲击后，认识到原先靠重工业支撑经济的弊端以及通过知识性产业提升国家竞争力的重要性。为了摆脱危机后的萧条，韩国在1998年提出了"文化立国"战略，将文化产业定位于21世纪发展国家经济的战略性支柱产业予以大力推进。韩国相继出台和完善了《文化产业振兴基本法》《文化发展五年规划》《著作权法》《电影振兴法》《广播法》《演出法》《出版与印刷振兴法》等法律法规，建立"游戏综合支援中心""韩国文化产业振兴委员会""韩国工艺文化振兴院"和"文化产业支援中心"等，对文化产业给予组织、资金、政策上的支持。建立"创作—开发—再加工—营销—配给"为一体的产业价值链，并在创作环节上实行"百花齐放"的鼓励政策。在重视传统文化发展的同时，韩国政府也十分关注文化产业日新月异的变化，通过外交渠道和外派人员的方式搜集文化信息，推动文化产品的转型。这些措施将韩国的文化产业引领到了快速、有序的发展轨道上。20世纪末，韩流文化横空出世，瞬间席卷亚洲乃至全球，大大增强了韩国文化在亚洲和全球的影响力。包括影视、音乐、游戏、动漫、演出、广告、出版、创意性设计、传统的食品和工艺品、卡通形象、软件、网络和手机信息服务等在内的文化产业规模也不断扩大。

另一方面，韩国认识到本国市场规模的狭小，因而竭尽所能地开拓国际市场，大力推行文化出口，把韩国文化推向世界。韩国在了解本国特色和优势资源的基础上，通过重大的国际活动，如奥运会、世博会、世界杯等，挖掘和传播本土特色文化，将自己的文化推销出去，树立起了"文化韩国"的形象。将传统文化背景融入现代生活中，借助"韩流"传播韩国文化。在游戏、影视、时装、舞蹈、饮食文化等领域，韩国建立了一系列推广"韩流"的组织机构。包括：在首尔建立"韩流发祥园地"；在北京、上海等地建设"韩流体验馆"；由民间专家学者组建"亚洲文化交流协会"，对出口的文化内容质量把关，防止因出口劣质文化产品而降低外界对"韩流"文化产品的信任度；向"韩流"文化盛行国家和地区的使领馆加派文化官员；成立"韩国文化振兴院"，在"韩流"影响大的国家和城市设驻外办事处；在韩国多个城市举办"韩流商品博览会"等。这些措施在推进韩国文化出口、提升文化软实力方面起到了举足轻重的作用。

二、软实力的内涵与特征

当今世界，随着国家间相互依存的不断加深，国际竞争与合作呈现出新的特点与态势，世界面临百年未有之大变局，软实力的价值日益凸显。尽管在综合国力的竞争中，以经济、科技和军事为核心的"硬实力"依然发挥着重要的基础性作用，然而，"硬实力"特别是军事硬实力的运用和产生的效果受到越来越大的限制。正如美国耶鲁大学教授保罗·肯尼迪所言："尽管核武器对东方和西方都构成巨大威胁，但它们对谁都显得难以使用，这正是大国之所以增加常规力量方面的开支的一个主要原因。"① 因此，越来越多的国家开始探寻与"硬实力"密切相连的软实力竞争之道。

20世纪90年代初，美国哈佛大学肯尼迪政府学院教授约瑟夫·奈在深入分析了综合国力竞争的变化趋势后，提出美国政府应致力于软实力建设，认为美国应该围绕文化、政治价值观和外交战略开发与运用软实力，这相对于单纯依靠硬

---

① ［美］保罗·肯尼迪著，陈景彪等译：《大国的兴衰》，国际文化出版公司2006年版，第503页。

实力而言，将更有利于实现国家利益。约瑟夫·奈的政策建议被纳入美国的国家战略。一时间，各国对"软实力"的关注急剧升温，围绕"软实力"开展的各种探索，也如雨后春笋。

（一）软实力概念的演变

"软实力"这一概念的提出可以追溯到 20 世纪 90 年代。1990 年，美国哈佛大学国际问题研究中心主任约瑟夫·奈在《外交政策》上发表的《软实力》一文中，第一次将一国的综合实力划分为"硬实力"与"软实力"两个方面，并就软实力的概念进行了阐述。他认为："实力的第二个层面——一个国家使其他国家以与其需要相一致的方式来确立本国的需要的能力——称为软实力，它与以命令的方式让他国服从的硬实力相对。"① 在《软力量——世界政坛成功之道》一书中，约瑟夫·奈认为，软实力（soft power）"是通过吸引而非强迫或收买的手段来达己所愿的能力。它源于一个国家的文化、政治观念和政策的吸引力"②。软实力的概念一经提出，就在世界范围内引起广泛关注。尽管在此后 30 多年时间里，各国关于"软实力"的研究从未间断，但对其具体含义的理解却不尽相同，甚至大相径庭。今天，为了大力加强我国的软实力建设，有必要对"软实力"概念的提出与演变进行系统梳理，科学概括"软实力"的内涵、实质与特征，以期为软实力的研究和建设打下坚实的基础。

20 世纪 80 年代末 90 年代初，美苏争霸以苏联的失败而告终，美国成为在经济、军事和科技方面拥有绝对优势的超级大国。美国虽然取得了"冷战"的胜利，但这种胜利主要是靠软实力而不是靠硬实力的竞争，美苏争霸过程中，美国的军事硬实力有了增强，但却损害了经济硬实力，付出了沉重的代价。一些学者围绕如何巩固美国的大国地位尤其是世界领导地位，展开了论争。耶鲁大学保罗·肯尼迪教授认为美国在与苏联的长期争霸中，已经习惯于将大量的财力物力倾注于先进武器装备的研发和升级，如果继续这样的发展模式，美国必将不堪重负而走向衰落。保罗·肯尼迪在其所著的《大国的兴衰》中就明确指出："在这种令人担忧的环境中，大国往往会自觉不自觉地以比两代人之前多得多的费用用于国防，但仍感到国际环境不够安全……大国走下坡路时的本能反应是，将更多的钱用于'安全'，因而必然减少经济'投资'，从长远看，使自己的处境更为困难。"③ 然而，哈佛大学肯尼迪政府管理学院教授约瑟夫·奈等学者却认为

---

① Joseph S. Nye, Jr. Soft Power. *Foreign Policy*, No. 80, Twentieth Anniversary, Autumn 1990, P. 166.

② ［美］约瑟夫·奈著，吴晓辉、钱程译：《软力量——世界政坛成功之道》，东方出版社 2005 年版，前言第 2 页。

③ ［美］保罗·肯尼迪著，陈景彪等译：《大国的兴衰》，国际文化出版公司 2006 年版，第 42 页。

"冷战"后的美国非但不会走向衰败,而且在许多方面较之其他国家依然保持领先优势,并具备了领导世界的潜力。约瑟夫·奈在 1990 年撰写的《注定领导:变化中的美国力量的本质》① 一书中指出,美国不仅在经济和军事等"硬实力"上占据优势,而且在文化、价值观和社会制度等"软实力"层面同样优势明显。他认为,"硬实力"和"软实力"共同构筑国家综合实力的根基。"硬实力"是通过军事威慑(大棒)和经济引诱(胡萝卜),迫使他国按照自己期望的发展方式行进;"软实力"则是依靠文化的传播、社会制度的吸引和价值观念的同化,让他国在制定战略决策时,自愿追随自己的意图,做出有利于自己的政策与选择。约瑟夫·奈提出的"软实力"概念,是对政治学家彼得·巴克莱奇(Peter Bachrach)和摩尔顿·拜拉茨(Morton Baratz)有关国家力量研究的深化与延伸。他们分别于 1962 年和 1963 年在美国《政治学评论》上发表《权力的两张面孔》和《决定与非决定:一种分析框架》,提出了"权力的第二张面孔"(second face of power)② 和权力的"同化"(co-optive)③ 属性问题。

约瑟夫·奈 1990 年在美国《外交政策》上发表的《软实力》(Soft Power)一文,初步阐述了"软实力"的概念。约瑟夫·奈驳斥了当时甚嚣尘上的"美国衰败论",指出,虽然与 1945 年相比,20 世纪末的美国在全球产品的占有量上有所下降,但自 70 年代中期以来,美国在全球经济产品中所占的份额一直保持在 23% 左右。更重要的是,尽管美国存在一些潜在的竞争对手,但是它们中的大部分仍存在各种各样的问题,如苏联的经济衰退、中国的欠发达、欧洲的政治不团结以及日本在军事和意识形态吸引力方面的双重不足等。因此,世界政治格局实质上并没有"多极化",而美国无疑仍将是领导世界的大国。④ 然而,约瑟夫·奈也清楚地认识到,20 世纪末的国际局势已经发生了巨大变化,政治主体间的力量对比呈现全新态势,特别是信息化浪潮在全球范围内的不断升级,使各国在经济、军事和科技上的合作大大加强。因此,美国若要再次领导世界,除了在经济、军事和科技方面继续保持领先外,还需要建立一种让其他国家自愿按照美国所期望的方式发展的影响力,即与"硬实力"相对的"软实力"。他补充说,无论是"硬实力"还是"软实力",其目的都是改变他国的决策和行为。两者的差异在于,"硬实力"是一种建立在强制和利诱基础上的,"迫使"他国

① [美]约瑟夫·奈著,何小东等译:《美国定能领导世界吗》,军事译文出版社 1992 年版。

② Peter Bachrach and Morton S. Baratz. Two Faces of Power. *The American Political Science Review*,Vol. 56,No. 4,December 1962,pp. 947 – 952.

③ Peter Bachrach and Morton S. Baratz. Decisions and Nondecisions:An Analytical Framework. *The American Political Science Review*,Vol. 57,No. 3,September 1963,pp. 632 – 642.

④ Joseph S. Nye,Jr. Soft Power. *Foreign Policy*,No. 80,Twentieth Anniversary,Autumn 1990,pp. 153 – 154.

"不情愿"地改变自己的意愿和行动的命令性权力；而"软实力"则是一种依托本国文化和意识形态的吸引力，"感召"他国"自愿"选择符合本国利益标准的行动路径的同化性权力。

约瑟夫·奈还用类比的方式强调了"软实力"的重要性。他说："青少年的父母都知道，如果他们拥有塑造孩子们的信仰和偏好的力量，那么这种力量将比依赖他们在行为方面的控制力更强大、更持久。同样的道理，政治领袖和拥有哲学思维的学者们也明白，具有吸引力的观点和通过影响他人偏好的方式来设置政治议题和制定（政治）辩论的框架结构的能力所彰显的力量。这种影响其他国家偏好的能力一般与文化、意识形态和制度等不确定的力量资源相关。"[1] 从那以后，"软实力"这一概念便频频见诸各种政治理论刊物和外交政策报告，成为人们研究的理论热点。

"9·11"事件的惨痛经历给美国的国家安全战略和对外政策敲响了警钟。然而，小布什政府依然奉行单边主义政策，在国际事务中一意孤行，使美国在"内忧外患"（巨大的财政赤字和持久的对外战争）的泥潭里举步维艰，美国的国家形象和国际吸引力进一步受挫。2002 年，约瑟夫·奈在其撰写的《美国霸权的困惑：为什么美国不能独断专行》一书中，针对美国的单边主义和傲慢自大重申了"软实力"的重要作用，并倡导积极开发和利用"非政府"性质的"软实力"资源。他指出："在普法战争失败后，法国试图通过 1883 年创造的法兰西联盟来推广它的语言和文学，以修复其被毁坏的威信。'在海外推广法国文化因而成为法国外交的重要组成部分。'意大利、德国等国很快加以仿效。20 世纪 20 年代无线电广播的出现，使许多国家进入了外语广播的时代。到了 30 年代，纳粹德国把电影宣传片推向了极点。美国政府很晚才想到要利用美国的文化为外交服务。"随着"二战"和"冷战"的展开，美国政府在这方面更加积极，其官方的举措包括美国新闻署、美国之音、富布莱特计划、各地的美国图书馆以及各种讲座项目。但是，许多软实力来自政府控制以外的社会力量。甚至在"冷战"前，"美国公司和广告业的经营者、好莱坞电影公司的老板们，就在不仅向世界其他国家销售他们的产品，而且也推销美国的文化和价值观"[2]。约瑟夫·奈继续指出，对政府来说，"软实力"的创生和运用较之"硬实力"难度更大。因为"软实力"寓于各种社会族群和文化群体中，它似乎无时无刻不与人们的生存状态、生活信仰和价值诉求联系在一起，但我们却很难对其作用的程度和效度进行准确的测量和把握。

---

① Joseph S. Nye, Jr. Soft Power. *Foreign Policy*, No. 80, Twentieth Anniversary, Autumn 1990, P. 166.

② ［美］约瑟夫·奈著，郑志国等译：《美国霸权的困惑：为什么美国不能独断专行》，世界知识出版社 2002 年版，第 73 页。

2004 年，约瑟夫·奈推出了"软实力"研究的集大成之作——《软力量——世界政坛成功之道》。他在此书中关于"软实力"概念的界定并未与之前研究的结论存在本质差异，依然将软实力解读为一种源于自身的文化、政治价值观和外交政策的吸引力。

通过以上分析我们不难看出，约瑟夫·奈提出软实力这一概念，一方面是对美苏争霸的系统反思。在他看来，苏联的解体和东欧政治、文化走向的转变在很大程度上是对美国软实力功效的一次历史印证。另一方面亦是对当时较为流行的"美国衰败论"的驳斥。约瑟夫·奈旨在通过软实力这一概念说明美国的文化感召力和生活方式吸引力仍然在全球范围内发挥着举足轻重的作用，美国要确立其思想意识形态在全世界的统治地位也并非不可能。

此外，2021 年 5 月 4 日，约瑟夫·奈在全球化智库（CCG）的线上对话中表示，中国的软实力体现非常多，其源远流长的传统文化就是强有力的软实力体现。"中国软实力的概念可以追溯到几千年前中国古代思想家老子的时代。我可能创造了'软实力'这个词，但通过提升吸引力以影响他人则来源于古老的中国哲学。"约瑟夫·奈还指出，中国软实力的另一个核心要素来自中国经济的卓越表现。"过去 40 年间，中国已经使亿万人民摆脱贫困，广受赞誉，也给中国增添了吸引力和影响力。"最后，约瑟夫·奈强调，软实力不是零和博弈。中美当前至关重要的是在彼此间找到合作领域。软实力的增加可以帮助中美弥合不同、求同存异，使双方共赢。约瑟夫·奈认为，中美未来可合作加强贫困国家公共卫生基础及抗疫疫苗的研发保障，这将对各方有益，并增强中美两国的软实力。[①]

（二）软实力的科学内涵

尽管软实力提出已经三十余年了，但人们对软实力内涵的理解和把握还不尽相同。因此，我们有必要对软实力的科学内涵进行深入分析，为软实力的建设和发展提供依据。

1999 年，约瑟夫·奈在美国《时代》周刊上发表《软实力的挑战》（The Challenge of Soft Power）一文，对软实力的概念作了进一步的解释和说明："软实力是一国文化与意识形态的吸引力，是通过吸引而非强制的方式得到期望的结果的能力。它通过让他人信服地追随你，或让他人遵循某种将会促其采取你所期望的行为的规范和制度来发挥作用。软实力在很大程度上依赖于信息的说服力。如果一个国家可以使它的立场在其他人眼里具有吸引力，或者一个国家强化那种鼓

---

① 高楚颐：《"软实力之父"约瑟夫·奈：中美间是"合作共赢"还是"零和博弈"？》，中国新闻网，2021 年 5 月 4 日，https://www.chinanews.com.cn/gi/2021/05-04/9470088.shtml。

励其他国家以寻求共存的方式来界定它们的利益的国际制度，那么它就无须扩展那些传统的经济实力或军事实力。"① 与 1990 年首次提出软实力的概念相比，约瑟夫·奈的进步之处在于，他明确提出了软实力的实质是一个国家对外的吸引力，并肯定了信息传播对发挥软实力功效的重要作用。

2004 年 3 月，约瑟夫·奈在其新作《软力量——世界政坛成功之道》（*Soft Power：The Means to Success in World Politics*）中，再次系统论述了软实力的内涵。其指出："一个国家有可能在国际政治中获得其所期望的结果，是因为其他国家仰慕其价值观，模仿其榜样，渴望达到其繁荣和开放的水平，从而愿跟随其后。就此而言，除了靠军事力量或者经济制裁胁迫他人改变外，在国际政治中设立议程并吸引他国也十分重要。这种让别的国家也想达到你所愿结果的软力量，靠的是拉拢人而非胁迫人。"② 接着他进一步强调："软力量并不仅仅等同于影响力，毕竟影响力也可依靠威胁或报酬等硬力量得以实现。软力量也不只是劝说或者以理服人的能力，尽管这是软力量的重要组成部分。软力量还包括吸引的能力，吸引力往往导致被吸引人在许多事情上采取默许的态度。简言之，在行为术语中，软力量系能吸引人的力量。"③ 在此基础上，约瑟夫·奈还分析了国家软实力的构成要素："国家的软力量主要来自三种资源：文化（在能对他国产生吸引力的地方起作用）、政治价值观（当它在海内外都能真正实践这些价值时）及外交政策（当政策被视为具有合法性及道德威信时）。"④ 至此，其对软实力的分析更加明朗化，他所推崇的软实力，实际上是一种通过吸引而非强制或利诱而达到自身目的的能力。这种力量凭借本国文化、政治价值观和外交政策的魅力影响他国的意愿，以达到吸引他国的认同和追随，从而实现本国的战略目标和国家利益。

约瑟夫·奈在阐述和界定软实力时，往往存在一种"价值预设"，即预设美国所谓"自由、民主、人权"的价值为一种"普世价值"，且具有普适性和优越性。"当一个国家的文化涵括普世价值观，其政策亦推行他国认同的价值观和利益，那么由于建立了吸引力和责任感相联的关系，该国如愿以偿的可能性就得以

---

① Joseph S. Nye，Jr. The Challenge of Soft Power. *Time*，February 1999，P. 21.

② ［美］约瑟夫·奈著，吴晓辉、钱程译：《软力量——世界政坛成功之道》，东方出版社 2005 年版，第 5 页。

③ ［美］约瑟夫·奈著，吴晓辉、钱程译：《软力量——世界政坛成功之道》，东方出版社 2005 年版，第 6 页。

④ ［美］约瑟夫·奈著，吴晓辉、钱程译：《软力量——世界政坛成功之道》，东方出版社 2005 年版，第 11 页。

增强"。① 他还指出，"软实力的一个来源是我们的价值观。当我们在某种程度上被看成是自由、人权以及民主的灯塔时，其他人将被吸引并追随我们的领导"②。约瑟夫·奈预设美国所谓自由、民主、人权的价值观为具有优越感的"普世价值"，并把它看作美国软实力的一个来源，不免具有先入为主和强人所难之嫌。美国在文化上推崇自由、民主、人权的"普世价值"时，在实践上处处背离和践踏自由、民主、人权，形成了典型的双重标准和价值悖论。

后来，约瑟夫·奈越来越关注硬实力和软实力如何结合成"巧实力"的问题，把软实力作为巧实力一个重要组成部分，甚至把软实力看作 21 世纪越来越重要的力量。2009 年，他在《中国软实力的兴起及其对美国的影响》一文中强调指出，"只有软硬实力相结合，即所谓'巧实力'，才是一种成功的策略"③。

从约瑟夫·奈对软实力的阐述及其发展来看，约瑟夫·奈的软实力概念认为软实力是通过吸引而非威胁和利诱达成自身目标和愿望的能力，但强调软实力是一种吸引力，主要讲的是国与国之间的吸引力；国与国之间的吸引力是一种同化力，是实现本国政策目标和国家愿望的一种能力；软实力与软实力资源有所区别；软实力与"普世价值"相联系，才能成为一国吸引他国的软实力。可见，约瑟夫·奈的软实力概念，既提出了软实力的一些基本看法，具有合理之处，但又存在明显的缺陷和不足。

科学界定软实力的概念，既要吸收约瑟夫·奈关于软实力看法的合理之处，又要克服其明显的缺陷和不足。批判地借鉴约瑟夫·奈的软实力理论，结合国内外软实力建设和发展的实践，可以对软实力的内涵做一个科学界定，那就是：软实力是通过吸引而非威胁或利诱达成自己目的和愿望的能力，这种能力是一国的文化、价值观、社会制度和外交政策经过开发而形成的现实力量，是内部凝聚力和外部吸引力的统一。

理解软实力的内涵重在把握以下几点：

第一，软实力是一种通过吸引而达己所愿的能力，它是一种凝聚力、吸引力和影响力，是国家实现自身愿望或目标的重要能力，是国家实力的重要组成部分。

第二，软实力是与硬实力不同的力量。硬实力是通过军事威胁或经济引诱而显现出来的一种强制性的、有形的力量，软实力则是通过吸引和认同而显现出来

---

① ［美］约瑟夫·奈著，吴晓辉、钱程译：《软力量——世界政坛成功之道》，东方出版社 2005 年版，第 11 页。

② Joseph S. Nye, Jr. The Power We Must Not Squander. *The New York Times*，January 2000.

③ ［美］约瑟夫·奈、王缉思、赵明昊：《中国软实力的兴起及其对美国的影响》，载于《世界经济与政治》2009 年第 6 期。

的一种非强制性的、无形的力量。

第三，软实力主要源于一定的文化、价值观、社会制度和外交政策等资源，这些资源经过开发、转化并达到一定条件、具有吸引力时才能成为软实力。软实力和软实力资源有所区别。软实力资源是一种潜在实力，软实力是一种现实实力。文化、价值观、社会制度和外交政策等资源只有经过开发、转化，才能真正成为能够改变他人意愿和行为的软实力。

第四，软实力的核心是价值观。当一定的价值观反映了进步阶级和社会发展的根本需要时，这种价值观就会成为软实力的核心与源泉。价值观的软实力决定了一定的文化、社会制度和外交政策的软实力，价值观的性质和方向决定了一定的文化、社会制度和外交政策软实力的性质、方向和强弱。

第五，软实力是内部凝聚力和外部吸引力的统一。一个国家的文化、价值观、社会制度和外交政策的资源经过开发和转化所形成的改变他人行为的能力或现实力量，不仅包括对国家外部的他国民众的吸引力，更包括对本国内部人民大众的凝聚力。只有深深吸引本国民众并得到他们的高度认同和广泛支持，凝聚起国内人民大众的共识和力量，产生强大的凝聚力，才能使本国的文化、价值观、社会制度和外交政策等对他国民众产生广泛的吸引力。这种内部凝聚力和外部吸引力是密切联系、高度统一的。越是具有内部凝聚力，就越能产生外部吸引力。反过来，越是具有外部吸引力就越能增强内部凝聚力。这种内部凝聚力和外部吸引力的统一，增强了国家的影响力，构成了一个国家真正的软实力。

（三）软实力的主要特征

软实力与硬实力相比，具有完全不同的特征。正确分析和把握软实力的特征，是加强软实力建设，有效促进软实力形成、发展和运用的前提。软实力的特征主要体现在：

1. 非强制性

软实力从根本上说是一种柔性的力量，它通过对各种力量资源的开发和运用来实现战略目标。这里的"柔性"实际上就是非强制性，这也是软实力与硬实力的最大不同。硬实力的发挥一般依靠强制性，它表现为一个国家凭借其经济和军事的优势，强迫他国按照自己的需要和意愿改变立场或行为，以期实现自身的国家利益。然而，软实力则是通过一国的文化、价值观和对外政策，吸引他国自觉自愿地认同和追随本国的价值取向、政治主张和国家战略，从而让他国的行动与本国的战略意图保持一致。软实力的非强制性特征，对于其发挥维护国家利益和安全的功效可谓有利有弊。一方面，当今世界，随着国际经济贸易往来的不断加深，各国的联系日益紧密，国家间的相互依存度空前提升。这种国际局势的新变

21

化，使依靠和平的、非强制的、非暴力的方式解决国家间的利益冲突成为大多数国家的共识。因为在这个"你中有我，我中有你"的时代，依靠强制性的手段维护国家利益和安全，威胁和制裁他国，不仅需要付出高昂的成本和代价，而且往往会损害自身发展的环境和利益。这无疑为软实力以非强制的方式发挥其维护国家利益的功效提供了广阔的国际空间。另一方面，软实力的非强制性也使它在维护国家安全方面存在局限。如国家在应对外国入侵、国际恐怖主义、毒品贸易和武器走私等危害国家安全的问题时，必须采取强制手段进行遏制，而不能单纯寄希望于软实力的非强制性发挥。因此，我们在肯定软实力的非强制性对于促进国家间合作、维护国家利益具有重要价值时，也不能忽视硬实力的强制性在维护国家安全方面的重要作用。只有审时度势，把强制性和非强制性结合起来，把硬实力和软实力结合起来，科学选择和组合运用软实力和硬实力，才能最大限度地实现国家利益。

2. 渗透性

软实力的渗透性是指软实力往往通过各种非强制的、潜隐性的途径发挥功效、实现目的。硬实力常常采用强制甚至威胁的手段迫使对方服从自己，这常常激起对方的抵触情绪；软实力更倾向于通过接触、引导、说服和吸引等方式将自己的观点和主张，通过各种有形或无形的载体在不知不觉中渗透和传递给对方，进而影响或改变对方的意图、立场和行动，使其自愿做出符合己方意图的选择。己方这种通过文化、价值观、社会制度和外交政策日积月累、潜移默化地渗透和影响，吸引对方自愿选择符合自己意愿和观点的行为，体现的即是软实力的渗透性。软实力渗透性的核心是向对方传递孕育在己方观点、意图和行为中的价值观，目标是改变对方的态度、观点甚至行为，争取对方的追随、支持与合作。由于软实力传递的是己方的思想观念和价值取向，因此它可以通过各种学术交流、文化交往、对外援助和公共外交等非强制方式在各个领域、各种层次广泛进行，这无疑拓展了软实力发挥作用的渠道和空间。在全球化时代，软实力的渗透性特征，有助于一国以非强制的方式广泛运用各领域、各层次的资源，加强与国际社会的交流与互动，争取他的理解、支持与合作，提升本国的国际影响与声望。与此同时，这也为其他国家以相应的方式传播自己的价值观和意识形态提供了便利。

3. 综合性

软实力的综合性主要体现在两个方面：软实力源于对一国各种资源的综合运用。一个国家软实力的形成和发展，需要对该国硬资源与软资源、有形资源与无形资源的科学开发与合理利用。软实力的建设和发展，自然要注重对国家的文化、价值观、社会制度和外交政策等资源进行系统、综合和深度开发，在民族优秀传统文化的弘扬和当代文化的发展、核心价值观念的培育和践行、社会制度的改革、创新和发展以及外交战略和政策的制定、实施等方面，都要注重加强协调和协同，减少相互之间的碰撞、摩擦和内耗，形成以价值观为核心的软实力资源的有效开发和利用，不断增强软实力的合力。当然，我们也不能因为软实力主要表现为文化吸引力、价值同化力和外交政策影响力，就简单地推断只要利用好文化资源、政治资源和外交资源，就可以确保软实力的顺利发展和运用。

事实上，对军事资源、经济资源和科技资源的柔性运用，也能形成软实力。比如，一国通过派遣军队到他国实施救援，抑或为他国的经济发展提供战略规划和技术支持，这同样可以增进他国对该国的信任与支持，提升其国际形象，推动其国家利益的实现。另外，软实力产生的效果和影响也具有综合性。软实力的发挥，既可能影响国家间的政治关系、经济贸易与合作，还可能影响国家战略目标的实现和国际地位的变化。因此，我们在着眼于软实力的建设时，应重视构成软实力的各种资源的建设，注重对各种资源的综合统筹与科学运用，同时还应对软实力作用的发挥可能产生的综合效果给予正确评估，实现国家软实力的综合开发和整体提升。

第二节　软实力与综合国力的竞争

软实力在综合国力竞争中具有重要的战略地位和作用。深入分析软实力与硬实力、软实力与巧实力、软实力与综合国力之间的相互关系，正确把握软实力在综合国力中的战略地位和作用，对于我们高度重视和扎实推进软实力建设，无疑十分重要。

一、软实力与硬实力

综合国力包括软实力和硬实力。在日趋激烈的国际竞争中，软实力与硬实力一道，影响着各个国家综合国力的强弱变化和国际竞争力。

（一）硬实力

"硬实力"（hard power）是指一个国家在国际事务中，通过使用其诸如经济实力、军事实力、科技实力等强制性、支配性能力对其他国家采取强迫、制裁、压服、威慑的手段而获得的力量。其中，经济实力、军事实力、科技实力等是硬

23

实力资源，强制、支配、压服、威慑是硬实力作用的方式。"硬实力"是相对于"软实力"来说的。约瑟夫·奈认为："软力量是通过吸引而非强迫或收买的手段来达己所愿的能力。它源于一个国家的文化、政治观念和政策的吸引力。"①一个国家的经济实力、军事实力、科技实力等是一种硬实力，在一定意义上可以说，硬实力是构成综合国力的物质力量。

国家的硬实力是由经济实力、科技实力、军事实力等构成的重要实力。拨开千变万化的历史表象和纷繁复杂的现实境象，可以发现一个国家硬实力的根源，归根结底是生产力。"一切重要历史事件的终极原因和伟大动力是社会的经济发展，是生产方式和交换方式的改变"②，如果脱离了生产力这个根源，我们将无法科学地认识硬实力及其发展。

生产力是经济社会发展的原动力，科学技术是第一生产力，科技革命是生产力发展的火车头。谁致力于运用科技革命和科学技术推动生产力的发展，谁就会成为世界发展的引领者，并获得硬实力发展的主导权。人类文明自诞生以来，生产力的发展经历了原始生产力、农业生产力、工业生产力等不同形态。人类历史的几次产业革命对人类历史形态和社会结构的变革产生了巨大而深远的影响。历史事实表明，谁抓住了生产力这个社会发展的根源，搭乘了科技革命的快车，谁就取得了优先发展的主动权，就必定走在世界的前列。历史上第一次科技革命发生在英国，使当时的英国成为 19 世纪末世界上最强大的资本主义国家。"欧洲作为现代工业革命的先驱，凭借以大机器生产为动力的强大经济实力主导了民族国家兴盛与衰落的地理和政治图景"③；第二次科技革命，美国、德国采用新技术和新设备，使其生产获得巨大的发展，成为资本主义经济世界的冠军。"二战"后战败国日本、德国的迅速崛起在很大程度上是抓住了第三次科技革命的浪潮，推动了生产力的发展。如今，第四次科技革命方兴未艾，中国应积极抓住机遇、全力应对挑战，把发展科技作为国家发展的战略重点，以积极研发拥有自主知识产权的核心技术为主，并引进高精尖技术，使科学技术有效转化为强大生产力，推动经济社会发展，增强国家综合国力，提升人民生活幸福指数。生产力发展的客观需要，不仅推动了科学技术的发展，使生产力和科学技术相互促进，还从物质上和技术上有效促进了国防实力的增强。而国防实力保障了国家安全，又为经济和科技的发展创造了良好的条件，从而进一步增强了国家的硬实力和综合国力。

---

① ［美］约瑟夫·奈著，吴晓辉、钱程译：《软力量——世界政坛成功之道》，东方出版社 2005 年版，前言第 2 页。

② 《马克思恩格斯选集》第 3 卷，人民出版社 2012 年版，第 760 页。

③ 邓清柯：《世界进入文化软实力时代》，载于《湖南社会科学》2009 年第 5 期。

（二）软实力与硬实力的相互关系

软实力与硬实力之间的相互关系是软实力建设和发展的一个重要问题。正确分析和把握软实力与硬实力之间的相互关系，对于加强软实力建设、促进硬实力发展、增强综合国力，显得尤为必要。

1. 硬实力对软实力的作用

硬实力是软实力发展的基础，从根本上决定软实力的发展水平。硬实力对软实力的作用主要体现在：

首先，硬实力是软实力发展的可靠的物质保障。任何情况下一个国家的硬实力在其综合国力中都处于不可撼动的基础地位。"技术、教育和经济增长因素在国际权力中的作用越来越重要。"[①] 硬实力为文化、价值观、社会制度和外交政策等形成的软实力提供了坚实的基础、保障和支撑作用。没有坚强的硬实力的支撑，就不可能有国家强大的软实力。中国的汉唐文化享誉四野，其强大的经济实力发挥着汉唐文化软实力的巨大支撑作用；当初的日不落帝国正是凭借其先进的科技实力、工业实力、强大的海军力量得以称霸一时，并把大不列颠的语言和文化传播到世界各地；当今美国硬实力堪称世界最强，也为美国文化价值观的传播打下了物质基础。可见，在国际舞台上，没有强大的硬实力作支撑的国家，其话语权的强弱可想而知。旧中国即是典型的例证。积贫积弱的旧中国在国际舞台根本没有话语权，甚至正当的国家合法权益也得不到保护。第一次世界大战期间，中国作为协约国成员而参战，然而当中国代表以战胜国身份出席巴黎和会，提出收回山东权益、废除"二十一条"、取消列强特权等正当要求时，却被会议无理否决。"弱国无外交"刺痛着几代中国人的心。八国联军侵华的惨痛教训告诉我们，一个国家仅有软实力是不够的，还要有强大的经济、军事硬实力。而当时的中国国力羸弱是不争的事实，关键弱在经济实力、科技实力、军事实力等所体现的硬实力上面。

今天的国际舞台与人类历史，共同见证着来自中国的声音越来越强、对中国认同的国际力量越来越大，中国作为世界最大发展中国家，其国际影响力正迅速上升。而这一切不能不归功于新中国综合国力的提升尤其是改革开放以来我们经济建设取得的世人瞩目的伟大成就：中国国内生产总值由 1978 年的 3 678.7 亿元，跃升至 2021 年的 1 143 670 亿元，增长了 311 倍；国内生产总值保持高速增长，经济总量居世界位次从 1978 年的第十，跃升到第二，目前稳居世界第二大

---

① ［美］约瑟夫·奈著，吴晓辉、钱程译：《软力量——世界政坛成功之道》，东方出版社 2005 年版，第 99 页。

经济体的地位；经济总量占世界份额从 1978 年的 1.8% 跃升至 2021 年 18% 以上；人均国内生产总值（GDP）从 1978 年的 385 元，增加到 2021 年的 80 976 元，增长了 210 倍；我国外汇储备从 1978 年的 1.67 亿美元，增加到 2021 年末的 32 502 亿美元，增长了 19 462 倍，稳居世界第一。① "发展是硬道理"是一条颠扑不破的真理，这种发展主要是以物质生产力为基础的硬实力的发展，它为我国文化、价值观和外交影响力等软实力的增强提供了必不可少的物质基础，并使我国的软实力随着硬实力的发展而不断增强。

其次，硬实力资源可为软实力提供载体。国家经济实力、科技实力、军事实力等不仅可以作为硬实力资源而存在，经过开发，转化为国家硬实力，还可以为软实力提供载体。

"载体"是指能够携带和传载物质、信息、能量的事物。硬实力资源可以为软实力的形成和发展提供"承载物"。一定的文化、价值观和对外交往离不开一定的经济投入、物质设施和技术手段，这些经济投入、物质设施和技术手段就作为经济、科技硬实力，为文化、价值观和对外交往的软实力资源提供了载体和支撑。没有一定的经济投入、物质设施和技术手段，文化事业和文化产业得不到发展，价值观得不到传播，对外交往也难以开展。因此，软实力资源离不开硬实力的载体，软实力的发展离不开硬实力的支撑。在一定条件下，硬实力还能够有效转化为软实力。当军事科技用于国际人道主义救援而非战争时，军事科技就充当着软实力资源的角色而传载传播了可贵的人道主义和国际主义精神。可见，硬实力资源可以为软实力的发展提供有利的条件。

软实力借助于硬实力资源所提供的载体等便利条件可以更自如地施加影响。软实力依赖于硬实力资源，文化的传播、文明的传载是绝对无法脱离一定的载体而存在的，而能够发挥承载作用的"载体"必定是硬实力资源。古希腊文化、文明之所以能产生重大的吸引力和影响力，离不开古希腊经济、科技、军事等硬实力的发展，特别是数学、医学、天文、地理、航海等科学技术的发展。古希腊文明流传至今少不了物质技术的传播工具或者传播介质，而事实上，众多国家或者联邦（并不仅限于古希腊一国）的经济、科技、军事、文化的发展对古希腊文明的传承起到了很大的作用（否则古希腊文明早已随着古希腊国家的消亡而不复存在了）。由此，我们不难看出，软实力的存在和发展依赖于硬实力资源，硬实力资源能够有效促进软实力的存在及发展。

再次，硬实力可有效推动软实力的发展。国家经济实力的增强、人民物质生

① 《中华人民共和国 2021 年国民经济和社会发展统计公报》，国家统计局网站，2022 年 2 月 28 日，http://www.stats.gov.cn/xxgk/sjfb/zxfb2020/202202/t20220228_1827971.html。

活的富裕，可以有效地彰显一个国家的发展成就，扩大国家的文化、价值观和社会制度的影响。中国在国际上影响力和吸引力的提升，离不开新中国成立七十多年来，特别是改革开放四十多年来取得的巨大成就，离不开中华民族站起来、富起来到强起来的历史性飞跃。硬实力决定着软实力的发展，但并不代表硬实力的任何使用都可以推动软实力的发展。当硬实力用以维护自身正当权益、捍卫人类和平时，硬实力往往能够推动软实力的发展。中国维和军人一度受到联合国的嘉奖，中国国际救援队的历次行动均获国际褒奖，他们在进行国际援助的同时有效地传播着中国的文化、价值观、外交政策以及建立人类命运共同体的理念。

最后，硬实力也可能阻碍软实力的发展。硬实力的使用不当，会阻碍软实力的发展。一旦硬实力被霸权主义、强权政治之类威胁人类和平与安全、正当权益的邪恶意识所驱使时，硬实力往往就会对软实力的发展造成破坏。美国绕开联合国安理会对伊拉克实施军事打击的单边主义行动以及战争期间阿布格莱布虐囚等"美军虐待伊拉克俘房事件损害了美国的形象和'软权力'"①。2018 年以来，美国发动的中美贸易摩擦就是典型的贸易霸凌主义。从实质上看，这既是一场激烈的贸易战争，也是一场尖锐的政治斗争，更是一场严峻的战略较量。特朗普时期美国为打压中国，先后将 48 家中国企业抹黑为"中国军方控制"并列入"黑名单"。拜登上台后，比特朗普还要变本加厉。2021 年 6 月 3 日，拜登以"应对中国军方企业威胁"为借口签署了一项行政令，将包括华为、中芯国际、中国三大电信公司、中国航空工业集团、中国兵器工业集团等在内的 59 家中国企业列入投资"黑名单"，禁止美国人与名单上的公司进行交易。美媒彭博社认为，拜登的这项行政令，很大程度上是对特朗普时期所发布政策的延续和升级。路透社援引一名高级官员的话称，预计在未来几个月里，还将有更多中国企业会被列入"黑名单"。中美贸易摩擦背后所折射出来的是美国竭力打压遏制中国、维护美国一超独霸地位的霸权主义本质。这就损害了美国的软实力。

2. 软实力对硬实力的作用

硬实力是软实力的基础，而软实力能动地作用于硬实力，决定着硬实力建设的性质和方向，并为硬实力建设提供强大的动力。

软实力决定着硬实力建设的性质。一个国家硬实力的发展往往自觉或不自觉地受着该国核心价值观的主导和制约。我国是社会主义国家，在发展经济硬实力的过程中，不仅坚持"发展是硬道理"，而且始终坚持以人民为中心、人民至上的核心价值，坚持经济发展依靠人民、经济发展为了人民，走共同富裕的经济发展道路，致力于依靠和团结人民解决新时代的主要矛盾，实现更加平衡、更加充

---

① ［美］约瑟夫·奈著，门洪华译：《硬权力与软权力》，北京大学出版社 2005 年版，第 10 页。

分的发展，满足人民日益增长的美好生活需要，创造和实现人民更加美好的幸福生活。因此，我国的经济发展是以人民为中心的经济发展，我国的经济硬实力建设是以人民为中心的经济硬实力建设，是为满足人民更加美好的物质生活需要提供坚实的物质基础。美国作为最发达的资本主义国家，奉行的是"资本至上"的核心价值，发展经济不是为了人民，而是为了资本，为了资本垄断集团的利益，为了实现资本对劳动人民剩余价值的剥削，为了资本攫取更多的超额利润。美国2008 年爆发的金融危机、经济危机，就是美国金融垄断资本为了攫取超额利润而触发次贷危机，引发了一场战后最严重的经济危机，最后演变成世界金融危机、经济危机。可见，美国经济硬实力建设是资本至上、资本主导的经济硬实力建设。作为软实力核心的中国的"人民至上"和美国的"资本至上"的价值观，对中美两国经济发展产生了根本影响，导致两国经济硬实力建设在性质上的根本差异与对立。

软实力决定着硬实力建设的方向。作为软实力核心的价值观，不仅决定着软实力建设的性质，还决定着软实力发展的方向。我国发展经济、科技软实力，是为了更好地增强综合国力，造福于人民。我国加强国防建设，发展必要的军事力量，也是为了更好地保卫我们国家的主权、安全和发展利益。中国致力于和平发展、合作共赢，发展是为了更好地促进世界和平，在发展本国利益的同时，促进世界各国利益的共同发展。而美国加强硬实力建设，却是为了维护美国的一超独霸，维护美国垄断资本集团在全世界的垄断利益。美国不断在国家预算中加大军费投入，2022 年通过的军事预算超过了 8 000 多亿美元，是世界许多国家军费的总和。[1] 美国面临严重的新冠疫情危机，截至 2022 年 7 月，累计确诊人数已超过 9 000 万例，累计死亡病例超过 102.5 万例。[2] 中国（不含港澳台）累计确诊人数为 22 万例，死亡 5 226 人。[3] 美国累计确诊人数是中国的 409 倍，死亡人数是中国的 205 倍。美国是世界上最发达的国家，其疫情感染人数和死亡人数均较多，同最大的发展中国家中国在疫情防控上形成了鲜明的反差。美国不把主要精力和资金投入到疫情防控和解决高通胀以及基础建设等与美国民生息息相关的问题上，反而穷兵黩武，在世界上频频制造动乱和战乱，甚至以破坏世界和平来维护美国的绝对安全和垄断集团的利益，导致美国的综合国力建设走上了一条以军事扩张为方向的错误道路。美国资本至上的核心价值观正是导致美国综合国力建

---

① 王金志：《美国国防费首破 8 000 亿美元威胁有多大?》，新华网，2022 年 3 月 30 日，http://www.xinhuanet.com/mil/2022 - 03/30/c_1211626907. htm。

② 谭晶晶：《综述：美国新冠病例超 9 000 万 累计死亡病例超 102.5 万》，新华社洛杉矶，2022 年 7 月 22 日，http://www. news. cn/world/2022 - 07/22/c_1128854699. htm。

③ 钱景童：《7 月以来中国内地本土疫情已波及 20 个省份 广东疫情仍多点散发》，中国新闻网，2022 年 7 月 12 日，http://www. chinanews. com. cn/gn/2022/07 - 11/9801101. shtml。

设严重扭曲并走上军事扩张错误方向的价值根源。

软实力为硬实力建设提供强大动力。一切硬实力都是靠人来建设的，而人的凝聚力、创造力和内驱力等软实力则为硬实力建设提供着强大的动力。人的凝聚力、创造力和内驱力都离不开一定的文化和价值观念，都离不开一定的文化和价值观念对人的凝聚力、创造力和内驱力的激发，都离不开人的头脑反映外部世界尤其是物质利益所形成的精神动力。尽管物质利益是一切精神动力的最终根源，但如果不把物质利益以观念的形态再现于人的头脑，不用正确的观念反映物质利益和凝聚人们的共识，也就无法凝聚人们的意志和力量，无法增强凝聚力、创造力和内驱力，无法形成人们社会实践的强大的精神动力和社会合力，推动生产力的发展和硬实力的建设。软实力渗透在硬实力建设之中，成为国家经济发展的助推器。历史发展证明，具有精神支柱的国家强盛才是持久的，缺乏民族的优秀文化文明和价值观支撑的国家崛起很可能昙花一现。一个国家要全面提升其综合国力，并在国际竞争中长久保持领先，必须深入发掘并合理利用本国的"软实力"资源。"软实力"是一种柔性竞争力，其效用的发挥寓于硬实力的发展壮大中。如果经济发展缺乏本土文化的滋养、正确价值观的引领和精神动力的推动，那么经济很难持续发展并很可能走偏方向。因此，一国的经济发展只有增强人民的凝聚力、创造力和内驱力，才能获得沿着正确方向持续发展的强大动力，不断增强国家的硬实力。

3. 软实力与硬实力作用方式的差异

软实力与硬实力之间存在诸多差异，其中，软硬实力作用方式的差异最为显著，直接影响着两者的互动与发展。

正如约瑟夫·奈所说："了解硬力量与软力量区别的方式之一就是考虑你为达到目的可选用的各种方式。"[①] "软力量使用的是不同的手段（既非武力，亦非金钱）来促进合作，即由共同的价值观产生的吸引力，及为实现这些价值观做贡献的正义感和责任心。"[②] "硬力量人人皆知。军事和经济的威力往往能让他人转变立场。硬力量可用引诱（'胡萝卜'）或者威胁（'大棒'）得以实现。"[③] 约瑟夫·奈把"软实力"概括为"一种能够影响他人喜好的能力"[④]；"硬实力"是通过军事强迫或经济利诱从而拥有支配力以达到支配他人或他国的目的。在国际社会中，一个国家的硬实力的作用方式往往体现在以下几个方面：军事力量主要

---

① ［美］约瑟夫·奈著，吴晓辉、钱程译：《软力量——世界政坛成功之道》，东方出版社2005年版，第6页。

② ［美］约瑟夫·奈著，吴晓辉、钱程译：《软力量——世界政坛成功之道》，东方出版社2005年版，第7页。

③④ ［美］约瑟夫·奈著，吴晓辉、钱程译：《软力量——世界政坛成功之道》，东方出版社2005年版，第5页。

是用恐吓、武力等手段并以胁迫、阻碍或者保护的行为，通过威慑性外交、战争、同盟等诸如此类的政策呈现出来；经济力量则用交易、制裁等主要手段并以引诱、胁迫等行为，通过援助、贿赂、制裁等政策得以体现出来。然而，软力量主要体现在以文化价值观为核心的吸引、设定议程等的政府和民间行为，依赖于价值观、文化、政策、体制等主要手段，往往通过公共外交、多边和双边外交等政府政策而表现出来。①

美国前国务卿赖斯曾说过，弘扬美国的价值不能仅靠剑（硬实力），还需要靠橄榄枝（软实力）。但是，在约瑟夫·奈看来，与硬实力相比，软实力有其自身的优越性，他认为："如果你能让人仰慕你的观念，想你所想，你就用不着大张旗鼓地用胡萝卜加大棒驱使他们朝你的方向前进。诱惑往往比强迫更有效，诸如民主、人权和个人机会等价值观的诱惑力很深。"② "如果领袖代表着他人愿意追从的价值观，领导起来就省事多了"③。在当前全球化进程中，软实力远比硬实力更能服人。软实力比武力压迫的方式文明得多，也持久得多。此前的布什政府已经从伊拉克战争中尝到苦果。伊拉克战争未经联合国授权，遭到世界大多数国家和民众的质疑和反对，最后联合国和美国均未发现传说中的"大规模杀伤性武器"。

软实力与硬实力在达到一定目的和愿望的使用方式上的差异十分明显。"你可以用武力或者经济制裁相要挟，命令我改变喜好，并按照你的意志行事。你也可依仗经济实力，以报酬的方式诱惑我遵从你的意志。你能通过设定议程，使我宏大的目标看上去不切实际而无从实施，从而来限制我的选择。或者你能与我就彼此关系中的吸引、友爱或者责任等问题达成一致认识，共同抱有为共同的价值观和目的做贡献的正义感。"④ 这些清晰地说明了软实力与硬实力作用方式的差异以及使用软实力的相对优越性。正如约瑟夫·奈所说："如果国家能使其力量在其他人眼中合法化，它们所遭遇的有违其愿的阻力就要少得多。""如果一个国家借助机构和规则来鼓励别的国家按照它喜欢的方式来行事或者自制，那么它就用不着太多昂贵的胡萝卜和大棒。"⑤

在纷繁复杂的国际事件中，不同的力量产生作用的结果可能不同，同样的力量因为使用的方式不同所招致的结果可能会大相径庭。拥有强大的力量并不一定

① ［美］约瑟夫·奈著，吴晓辉、钱程译：《软力量——世界政坛成功之道》，东方出版社2005年版，第29页。

② ［美］约瑟夫·奈著，吴晓辉、钱程译：《软力量——世界政坛成功之道》，东方出版社2005年版，前言第2页。

③④ ［美］约瑟夫·奈著，吴晓辉、钱程译：《软力量——世界政坛成功之道》，东方出版社2005年版，第6页。

⑤ ［美］约瑟夫·奈著，吴晓辉、钱程译：《软力量——世界政坛成功之道》，东方出版社2005年版，第10页。

意味着你能够达成所愿，这正如我们所熟知的"最好的投入并不一定能得到最好的产出"一样。美国在各种资源优势上要远远超过越南，但越南战争最终还是以美国败北而告终。作为当今世界上唯一的超级强国的美国同样未能防止"9·11"事件的发生。约瑟夫·奈曾警告美国人："若我们行事傲慢，破坏了深层次价值的真正含义，吸引力就会变成排斥力。"① 历史是最有说服力的证人——"欧洲民意调查显示，美国对伊拉克开战的方式使'9·11'事件后对美国的同情和良好祝愿一扫而空"②。

正确运用软实力与硬实力可以取得事半功倍的效果。中国软实力已经步入新的发展轨道，2008 年北京奥运会、姚明现象、功夫电影、杭州 APEC 会议展现的如诗如画的梦幻杭州的艺术片，世界各地如雨后春笋般出现的孔子学院，都是中国软实力建设成效显著的例子。以"城市，让生活更美好"（Better City，Better Life）为主题的 2010 年上海世界博览会更是得到了全球人民的热烈好评，参观者突破 4 000 万人次。历时 6 个月的上海世博会在力抵金融风暴影响之下吸引了来自全球的 189 个国家和 57 个国际组织参展。这无疑是中国向全世界展示自身良好国际形象的成功典范。

二、软实力与巧实力

软实力对巧实力的发展至关重要。约瑟夫·奈指出，"最有效的领导是能够将'硬实力'和'软实力'在不同的情况下按不同的比例相结合。如果能够将'软实力'和'硬实力'有效结合，就能得到'巧实力'"③。巧实力之巧，不仅在于具有硬实力，还在于具有软实力，并且在于软实力与硬实力智慧地组合、结合与融合。

（一）巧实力：软实力与硬实力的巧妙结合

2009 年 1 月 13 日美国时任国务卿希拉里在国会参议院外交委员会举行的听证会上，频频抛出一个新概念——"巧实力"（smart power），随后，"巧实力"成为热门话语。哈佛大学教授约瑟夫·奈在《外交政策》上曾发表题为《重新思考软实力》的文章，指出，"单独依靠硬实力或软实力都是错误的。将它们有

---

① ［美］约瑟夫·奈著，吴晓辉、钱程译：《软力量——世界政坛成功之道》，东方出版社 2005 年版，前言第 2 页。

② ［美］约瑟夫·奈著，吴晓辉、钱程译：《软力量——世界政坛成功之道》，东方出版社 2005 年版，第 28 页。

③ 于盈：《约瑟夫·奈：从"软实力"到"巧实力"》，载于《南风窗》2009 年第 13 期。

效结合起来可以称作'巧实力'"①。"巧实力"既不是单纯的硬实力，也不是单纯的软实力，而是软实力与硬实力的巧妙结合。

1. 巧实力提出的背景

"巧实力"是美国在总结传统对外战略经验、反思和总结小布什一味使用"硬实力"做法受挫而导致美国国际声望和影响力下降的基础上提出的，是回应日益高涨的全球反美主义声浪、维护美国全球主导权、应对金融危机和经济衰退以及美国国家安全威胁等国内外挑战的必然选择，其现实针对性非常强。

首先，"巧实力"是在总结美国对外战略经验的基础上提出的。在"冷战"时期，一方面，美国用硬实力遏制苏联等社会主义国家，推行军备竞赛和军备扩张的政策，以及在世界各地通过种种强硬手段打击亲苏政权和阻止苏联势力的扩张，这给当时的苏联以极大的压力，导致苏联陷入忽视经济发展，盲目同美国进行军备竞赛的泥沼。另一方面，美国也通过软实力加紧对苏联等社会主义国家进行渗透，最主要的表现就是通过经济往来、人员交往、思想交流以及舆论宣传等途径，加强西方价值观念和意识形态渗透，彰显西方社会所谓的"活力和优越性"。美国等西方国家通过推行民主、自由、人权等所谓的普世价值观，结合外交、文化、心理等强大的软实力影响了苏联等社会主义国家的政治、经济、社会和文化。约瑟夫·奈指出，美国之所以能赢得"冷战"的胜利，是聪明地把硬的强制性实力与软的吸引性实力结合起来的缘故。因此，"巧实力"的提出正是美国对外战略经验的总结。

其次，"巧实力"的提出是对小布什"单边主义"战略的反思和总结。在新保守主义的影响下，小布什政府自恃国内稳固而片面强调硬实力的"单边主义"战略，加紧对外扩张，结果使美国树敌颇多。一是"9·11"事件后发动反恐战争，武装打击阿富汗的塔利班势力；在没有取得任何伊拉克拥有大规模杀伤性武器实质证据的情况下，不顾国际社会的普遍反对，悍然发动伊拉克战争。加之公开偏袒以色列，进一步激化巴以冲突，反美主义运动在伊斯兰世界迅速蔓延，致使美国在国际关系舞台上陷入战略被动。二是通过东扩"北约"，进一步挤压俄罗斯战略生存空间。三是置欧洲传统战略盟友的利益关切于不顾，原本稳固的美欧关系出现严重倒退。美国抛出"新老欧洲论"，旨在控制与分化欧洲，边缘法、德等传统盟友。同时，欧洲传统盟友力争保持独立性，离心力越来越大，不愿配合美对外战略，更不愿为美"单边主义"行动"买单"，双方在北约东扩、核不扩散、全球气候变暖等问题上摩擦不断，使得美欧关系一度跌至谷底。② 美国是

---

① Joseph S. Nye, Jr. Think Again: Soft Power. *Foreign Policy*, February 2006, P. 152.

② 李怀亮、郝京清：《美国软实力政策的变化：从小布什到特朗普》，载于《国外理论动态》2018年第8期。

当今世界唯一的超级大国，它的决策可以影响世界，但这不代表美国可以为所欲为，或者说，拥有超级大国的全球地位并不代表具有可以在世界范围内随意发号施令的权力。特朗普政府一意孤行推行"单边主义"，实际已陷入了"内外交困"的境地。美国独立民调机构皮尤研究中心在 2020 年 9 月 15 日公布的一项民意调查结果显示，"因应对新冠肺炎疫情表现糟糕，美国在全球的形象急剧下滑，跌至历史最低点。英国、加拿大、法国、日本和澳大利亚民众对美国的好感度已经降至该中心开始这项调查 20 年来的最低水平，与 2003 年美国入侵伊拉克时的水平大致相同"①。而 2022 年 6 月发布的一份研究报告称，"美民众对联邦政府信任度持续低迷已近 20 年。只有 21% 的人表示相信联邦政府大多数时候会做正确的事情"②。美国《华盛顿邮报》2021 年 6 月 7 日报道，德国马歇尔基金会巴黎办公室副主任马丁昆塞斯表示，调查结果表明，"拜登效应并没有发生"，人们认为"今天美国影响力的下降仍与特朗普执政时一样"③。美国前国防部部长罗伯特·盖茨认为，美国对外政策的重点应该围绕外交、经济援助、战略交流和民间行为等方面展开，需要将更多的经费和精力投入到软实力的挖掘与建设上。如果单靠军事力量，美国将无法完全保护自身的国家利益。因此，"巧实力"的提出是对小布什"单边主义"外交战略的反思和调整。

最后，"巧实力"的提出是美国应对当今国内外挑战的需要。目前，世界格局正向多极化方向发展。美国虽仍是当今世界唯一的超级大国，但是相对实力有所下降。中国、印度等新兴大国正在崛起，经济高速发展，影响力不断上升。美国作为世界唯一的超级大国，自然十分希望保持其全球霸主地位，维持现行以美国为主导的国际体系。因此，美国担心中国、印度等新兴大国的崛起会动摇其世界霸主地位。为打击恐怖主义势力，小布什执政期间把对外战略的重点放在中东地区。随着恐怖主义威胁的消退和中国等新兴大国的崛起，美国开始把中国视为最主要的战略竞争对手，在提出"重返亚太"战略的基础上，又提出"印太战略"，将战略重点转移至亚洲，矛头直指中国。全球化时代，美国认识到，尽管自己是唯一的超级大国，但不可能单凭军事力量等硬实力解决一切问题，必须把硬实力和软实力结合起来，才能取得效果。因此，"巧实力"就是美国为应对当今国际国内挑战而提出的。

---

① 《皮尤最新民调：美国在全球的形象跌至历史最低点》，《北京日报》客户端，2020 年 9 月 18 日，https：//new. qq. com/rain/a/20200918A0LZ5D00。

② 苏缨翔：《皮尤调查显示美民众对政府信任度近 20 年来持续低迷》，人民网，2022 年 6 月 20 日，http：//world. people. com. cn/n1/2022/0620/c1002－32451178. html。

③ 罗萌，《调查：拜登上任后未能扭转美形象下滑趋势 中国声誉提升》，中国新闻网，2021 年 6 月 8 日，https：//www. chinanews. com. cn/gj/2021/06－08/9495155. shtml。

2. "巧实力"的提出及其内涵

"巧实力"一词最早是由诺瑟在 2004 年《外交》杂志上发表的题为《巧实力》的论文中提出的。在苏珊尼·诺瑟看来,美国"必须实行这样一种外交政策,不仅能更有效反击恐怖主义,而且能走得更远,通过灵活地运用各种力量,在一个稳定的盟友、机构和框架中促进美国利益。必须设定一种进程,组合所有力量资源,然后坚定、务实地应对挑战、捕捉机遇。这种政策将平息美国公众的不安,统合缺乏协调的政府部门,在全球实现美国的目标"①。由于这一战略的提出为陷入阿富汗、伊拉克战争泥潭的美国提出了全新解决方案,逐渐为美国其他学者、思想库和政界接受。

2006 年 1 月,哈佛大学教授约瑟夫·奈在《外交政策》上撰文指出"单独依靠硬实力或软实力都是错误的。将它们有效结合起来可以称作'巧实力'"②。同年,战略与国际问题研究中心(CSIS)专门成立常设机构"巧实力委员会",致力于研究这一战略。美国前副国务卿阿米蒂奇和约瑟夫·奈担任该委员会共同主席。2007 年 11 月,CSIS 发表题为《一个更灵巧、更安全的美国》的最终报告,全面阐释"巧实力"战略。报告建议新一届美国政府(不管是民主党还是共和党执政)在对外政策方面通过"巧实力"的正确运用,构建一个能够应对全球挑战的框架,以期延长和保持美国优势,使美国成为一个更加聪明的大国。2008 年 4 月 24 日,阿米蒂奇和约瑟夫·奈在美参议院对外关系委员会以《实施巧实力:为国家安全改革设定议程》为题,全面阐述"巧实力"战略。

同时,美国其他智库发表的报告也不约而同地建议美国新一任领导人把"巧实力"作为外交政策的调整方向。美国全球接触中心(Center for U. S. Global Engagement)2007 年 7 月发表题为《巧实力:建设一个更美好、更安全的世界,一个给总统候选人的政策框架》的报告。这个报告得到了美国两党的超党派支持,并在美国军政界产生重要影响。2008 年 3 月,美国海军陆战队退休将军津尼和退休海军上将史密斯代表 50 多位退休将军在参议院对外关系委员会作证,题目是《巧实力:建设一个更美好、更安全的世界》,呼吁下届美国总统参照杜鲁门总统实施马歇尔计划、提升美国巧实力的成功案例,抓住时机,果断行动,重振美国在全球的领导力。甚至以保守主义思想著称的卡托研究所的高级研究员卡彭特(Ted Galen Carpenter)2008 年 3 月也发表了名为《巧实力:美国的务实外交政策》的著作。"巧实力"战略似乎成了美国的共识,并得到美国各界的认可。

2009 年 1 月 13 日,获奥巴马提名出任国务卿的希拉里·克林顿在国会参议

---

① 钟龙彪:《"巧实力"战略与奥巴马新外交》,载于《现代国际关系》2009 年第 5 期。

② Joseph S. Nye, Jr. Think Again: Soft Power. *Foreign Policy*, February 2006, P. 152.

院外交委员会就其提名举行的听证会上指出，美国面临的现有安全威胁要求新一届政府必须诉诸"巧实力"，动用一切可以动用的手段，包括外交、经济、军事、政治、法律和文化等领域的可行手段，团结一切可以团结的力量，巩固原有联盟，形成新的联盟，以便打开美国外交的新局面。希拉里有关"巧实力"的外交战略宣示在美国国内和国际社会广受关注。拜登上台后，调整了特朗普政府的"美国优先""以实力换取和平"的外交战略，重拾"巧实力"外交战略，其所提出的"中美关系是在合作的领域合作，在竞争的地方竞争，在对抗的领域对抗"的观点等，以及企图通过"价值观外交"重塑美国国际领导力的行为，就是"巧实力"外交战略的运用。

那么，"巧实力"究竟指的是什么？

"巧实力"是软实力和硬实力的巧妙结合，是软实力和硬实力的综合运用。如果一个国家只使用"硬实力"而不使用"软实力"，则有可能导致其他国家的抵制。约瑟夫·奈指出，"解决问题的最好办法往往需要根据具体情况将这两种工具混合起来运用，这就是我所提的巧实力概念。巧实力之'巧'主要在于针对不同的具体情况，灵活地、平衡地将硬实力和软实力结合起来使用"[1]。

值得注意的是，"巧实力"虽为硬实力与软实力的巧妙结合和综合运用，但软实力与硬实力结合的程度和比例却难以做出明确规定。比如，90%的硬实力与10%的软实力的组合，以及10%的硬实力与90%的软实力的组合，都可以被称为"巧实力"。实际上，任何决策者都可以把自己描绘成为使用"巧实力"的行家里手。即使被贬为"不可思议的自我毁灭"的特朗普政府的外交，亦不能否认特朗普在外交战略中综合运用了软实力与硬实力。甚至新保守主义的信奉者们的理念在某种程度上也是源自软硬实力的"巧妙结合"。因为"巧"字具有较强的不确定性，所以难以清晰确定"巧实力"的使用边界。但是，在"巧实力"的运用中，却可以确定是以硬实力为主的"巧实力"战略，还是以软实力为主的"巧实力"战略，抑或是软硬实力相平衡的"巧实力"战略。

3. 美国"巧实力"战略及其对中国的启示

美国战略界对于运用"巧实力"重塑美国形象、解决当前紧迫问题、实现美国目标的共识，为美国政府的外交战略奠定了舆论和思想基础。坚决主张采用"巧实力"战略的美国政要首推奥巴马政府外交政策的主要决策者与执行者——国务卿希拉里·克林顿。2009年1月13日，希拉里在参议院国务卿提名听证会时表示，美国政府将推行"巧实力"外交政策，通过巧妙和组合运用外交、经济、军事、政治、法律和文化等综合手段，有效维护美国的利益和国际地位。

---

① 甘藏春、方正辉、胡必亮：《约瑟夫·奈谈"巧实力"》，载于《对外传播》2009年第3期。

2009 年 7 月 15 日，希拉里在美国外交关系委员会发表讲话，首次比较系统地诠释了"巧实力"概念。她说，"巧实力"体现在五个方面的具体政策途径：第一，计划更新和创造与伙伴国家加强合作的有效渠道；第二，谋求同那些与美国有不同观点的国家和组织进行有原则的接触；第三，将把"发展"作为美国实力的核心支柱；第四，要在冲突地区有效整合和综合运用军事及民间力量；第五，要充分利用包括经济实力和榜样力量在内的一切美国实力。① 这些标志着"巧实力"战略已正式确立为奥巴马政府外交政策的指导思想并得到细化。将"巧实力"战略作为美国外交政策和行动的指导思想并运用到其外交实践中，就形成了奥巴马政府的"巧实力"外交，其主要特点是"软硬兼施"。

从"软"的方面看，美国政府试图让世界看到美国不再是咄咄逼人之态，而是一副"乐于倾听与合作"的谦逊模样和一个"更加友善、更加温和"的形象。2009 年 1 月 20 日，奥巴马总统在就职演说中，彻底抛弃前总统小布什在对外战略中推行的"非黑即白""非敌即友"价值观，表示"美国是每个国家的朋友，是想寻找和平与尊严的男人、女人和小孩的朋友"②。可以说，高举"变革"大旗的奥巴马政府，其上台后迅速地将"巧实力"理念融入其外交新政之中，果断、明确地与小布什政府的外交政策拉开距离，逐步形成具有奥巴马特色的"军事观""敌友观""合作观"和"发展观"，主要表现在："它告诉世界美国无法单独应对世界上的各种挑战；倡议建立无核世界；宣布尽快从伊拉克撤军；承诺重启美俄双边关系；强调美国不与伊斯兰世界为敌，积极推动巴以和谈，将塔利班温和派视为可以争取的力量；表示愿与伊朗、叙利亚、委内瑞拉、古巴和朝鲜等'无赖国家'领导人'无条件'对话；下令关闭关塔那摩监狱；提出美国要在应对气候变化、保证能源安全方面发挥领导作用；声称要通过全球经济发展增进所有人的机会；支持发展中国家在国际货币基金组织（IMF）和世界银行中拥有更大发言权，等等。"③ 总之，较小布什政府时期在对外政策方面过分依赖武力、简单地以"非友即敌"划分世界、大谈"推进自由民主"、常常将美国利益凌驾于各国利益之上，奥巴马政府更重视灵活的外交手段的运用，注重同世界各国开展广泛的交流与合作，团结国际上一切可以团结的力量，积极展现其作为一个"负责任的大国"的国际形象。希拉里认为，奥巴马开启了一个以共同利益、共同价值观和相互尊重为基础的接触交往的新时代。

---

① 鞠辉：《希拉里：发表"巧实力"演讲》，中国青年报网站，2009 年 7 月 17 日，http：//zqb. cyol. com/content/2009 - 07/17/content_2761261. htm。

② 《奥巴马演讲全文》，凤凰资讯，2009 年 1 月 21 日，http：//news. ifeng. com/opinion/200901/0121_23_981290. shtml。

③ 王霄巍、王甜：《论奥巴马政府"巧实力"外交的实质》，载于《和平与发展》2009 年第 6 期。

从"硬"的方面看，美国政府也并没有忽视"硬实力"的运用。奥巴马政府向阿富汗大举增兵，并不断加大打击塔利班"顽固派"和"基地"组织的力度。美国怂恿乌克兰同俄罗斯打"代理人战争"之后，不仅同北约和欧盟国家一起向乌克兰输送大量武器装备，还同 G7 集团及欧盟其他国家等频频发起对俄罗斯的经济、金融制裁，制裁的数量高达 1 万多项，其目的就是在经济、军事、科技等硬实力上削弱俄罗斯，为增强和提升美国的硬实力、巩固美国"基于规则的国际秩序"中的一超独霸地位提供支撑。

究其本质而言，美国政府的"巧实力"外交仅是一种力量运用手法上的变化，即由小布什政府的过分依赖"硬实力"变为奥巴马政府的"软硬兼施"，而维持美国的绝对优势和全球领导地位、强化美国领导的联盟体系、推进所谓人权、民主和自由以及防范可能挑战美国利益的新兴大国崛起的战略目标并没有改变，也不会改变。综观奥巴马政府的"巧实力"外交实践，"倾听""合作""接触"的辞令难以掩盖"美国要成为领导者"和"美国利益至上"的心态与实质。未来的美国，既要团结朋友，也要接触对手；既要巩固原有联盟，也要展开新的合作。简言之，"巧"就是要变"过分依赖硬实力"为"软硬兼施"。改变的是策略，不变的是利益。奥巴马政府采取"巧实力"战略，目的是通过外交途径，以最小的代价实现美国的国家利益最大化，巩固美国的"全球领导者"地位。国际社会对奥巴马政府的"巧实力"外交总体上反映积极，表明奥巴马政府的"巧实力"外交确有柔性吸引力。挪威诺贝尔委员会认可奥巴马为促进国际外交与合作、营造良好国际氛围做出的努力，授予奥巴马 2009 年度诺贝尔和平奖。美国皮尤调查中心 2009 年 7 月 23 日的民调显示，自奥巴马当选后，美国的国际形象在世界大多数国家和地区包括伊斯兰世界得到了显著改善。2008 年，皮尤"全球态度项目"就美国好感度对法国民众进行了调查，近 60% 的法国人对美国的印象不佳，40% 的人对美国印象良好，这与自 2003 年以来的调查结果相似。2009 年，调查结果有了很大变化，随着奥巴马入主白宫，法国民众的美国好感度突然增至 75%，不佳印象降至 25%，净变化率达 65%。①

综观美国的"巧实力"战略，中国可从中获得怎样的启示呢？中国应把"巧实力"作为保障中国和平发展的重要手段，协调各方面力量，挖掘现有潜力，促进中国的和平发展。

首先，坚持以经济建设为中心，加强"硬实力"建设。改革开放以来，我国取得举世瞩目的成就，经济实力大幅提升，跃居世界第二大经济体，仅次于美

---

① 详见聂鲁彬：《美国调查报告显示：全球对美国好感度走低》，环球网，2013 年 10 月 31 日，https：//finance. huanqiu. com/article/9CaKrnJCWik。

国，人民生活总体上达到小康水平，但中国的"硬实力"还不够"硬"，从中国人均 GDP 来看，2020 年虽然突破 10 000 美元①，可还远落后于发达国家水平，经济建设依然任重道远。因此，中国应该从实际国情出发，集中精力搞好经济建设，继续坚持改革开放，加快推进社会主义现代化建设，为全面建成社会主义现代化国家、实现中华民族伟大复兴奠定坚实基础。

其次，坚持以社会主义核心价值观为核心，加强软实力建设。习近平总书记指出，"核心价值观是文化软实力的灵魂、文化软实力建设的重点。这是决定文化性质和方向的最深层次要素。一个国家的文化软实力，从根本上说，取决于其核心价值观的生命力、凝聚力、感召力。"② 这说明"提高国家文化软实力"被提升到了国家战略的高度，充分反映了党和国家对提升国家"软实力"的重视。一个国家硬实力的增强并不必然意味着它的软实力会随之提升，中国的软实力还比较"软"。如果一个国家在崛起过程中同时开发软实力资源，发展软实力，让更多国家感受到和平发展的成果，这个国家的崛起阻力将会变小。但是，"正如中国的经济和军事实力还无法与美国相匹敌一样，中国的软实力发展也任重道远"③。近年来，我国与文化软实力有关的文化贸易有所发展。据商务部统计，2019 年我国文化贸易保持平稳快速发展。文化产品进出口总额 1 114.5 亿美元，同比增长 8.9%。其中，出口 998.9 亿美元，增长 7.9%，进口 115.7 亿美元，增长 17.4%，贸易顺差 883.2 亿美元，规模扩大 6.8%。④ 2020 年，中国知识密集型服务进出口 20 331.2 亿元，增长 8.3%，占服务进出口总额的比重达到 44.5%，提升 9.9 个百分点。⑤ 2021 年，知识密集型服务进出口 23 258.9 亿元，增长 14.4%。其中，知识密集型服务出口 12 623.9 亿元，增长 18%。⑥ 但是要看到，文化贸易在我国对外贸易中的比重仍然偏低，特别是内容产品出口还不多，占国际文化市场的份额还很低。因此，我国要推进文化创新，加大对国内文化建设的政策支持力度，培育弘扬社会主义核心价值观，进一步增强中国特色社会主义主流意识形态的吸引力和凝聚力，增强文化发展活力，建设和谐文化，为中华

---

① 杨曦、夏晓伦：《我国人均 GDP 突破 1 万美元》，《人民日报》客户端，2020 年 1 月 17 日，http：//finance. people. com. cn/n1/2020/0117/c1004－31553384. html。

② 《习近平谈治国理政》第一卷，外文出版社 2018 年版，第 163 页。

③ ［美］约瑟夫·奈、王缉思、赵明昊：《中国软实力的兴起及其对美国的影响》，载于《世界经济与政治》2009 年第 6 期。

④ 《商务部服贸司负责人谈 2019 年我国文化贸易情况》，中华人民共和国商务部网站，2020 年 3 月 17 日，http：//www. mofcom. gov. cn/article/ae/sjjd/202003/20200302945819. shtml。

⑤ 参见《2020 年中国服务进出口总额达 45 642.7 亿元》，中国政府网，2021 年 2 月 9 日，https：//www. gov. cn/xinwen/2021－02/09/content_5586245. htm。

⑥ 参见《商务部：2021 年我国服务贸易持续快速增长》，人民网，2022 年 1 月 31 日，http：//finance. people. com. cn/n1/2022/0131/c1004－32344223. html。

民族伟大复兴奠定厚实的"软实力"基础。

最后，推行"巧实力"外交，推动构建人类命运共同体。我国在和平共处五项原则的基础上制定外交战略时，要把"软实力"和"硬实力"结合起来，为我国的和平发展营造有利的国际环境。走和平发展道路是中国历史文化传统和当今世情国情的必然选择。和平共处五项原则是由中国政府倡导的，是我国奉行独立自主和平外交政策的基础，是各国建立正常关系及进行平等交流合作时的基本遵循，业已成为处理国际关系的重要准则。中国政府在国际交往中应注重"巧实力"的运用，倡导多边主义，积极参与建构多边国际合作框架，加强公共外交，开展民间外交，发展同世界各国的友好关系，同世界各国人民携手共建持久和平、共同发展的人类命运共同体。

（二）软实力与巧实力的关系

"软实力"与"巧实力"既有区别，又相联结，两者相辅相成。

1. 软实力与巧实力的区别

软实力与巧实力的区别主要表现在以下方面：

一是软实力与巧实力的核心蕴涵不同。"软实力"主要是指一个国家对其他国家所具有的吸引力。当一个国家在"软"的方面如文化、政策、价值观念等方面有足够的吸引力，同时还能做到让别国从内心深处主动地认同和接受这种吸引力，就说明这个国家拥有软实力。而"巧实力"既包括软实力，又包括硬实力。当一个国家既拥有诸如军事、经济等方面的硬实力，又拥有来自文化、政策、价值观念等方面的软实力，并且能够将软实力和硬实力巧妙结合、综合运用，就表明这个国家获得了"巧实力"。

二是软实力与巧实力的作用方式不同。"软实力"是通过接触、沟通、交流等方式以价值观、文化、政策、制度和规范等的力量去潜移默化地改变别人的观念和认同，或说服别人相信某些准则、价值观念和制度安排，以产生吸引力和追随力量，强调通过"软"的因素作用于别人以取得自己想要的利益。1998年电影《泰坦尼克号》以惊人的速度席卷全球，在我国创造3.6亿元票房纪录，而1998年中国电影票房总额才只有14亿元。① 而《复仇者联盟4》只用了11天就取得超过20亿美元的全球票房，创下达到这一票房成绩的最快纪录。而之前的纪录由《阿凡达》保持，它用的时间是47天。史上票房超过20亿美元的影片还

---

① 参见邹菁、蒋波：《〈泰坦尼克号〉公映20周年 北影节特别展映12秒售罄》，人民网，2018年4月3日，http://ent.people.com.cn/n1/2018/0403/c1012-29905702.html。

包括《星球大战：原力觉醒》（2015 年）和《复仇者联盟：无限战争》（2018 年）。① 美国的电影不仅赚得盆满钵满，还潜隐渗透和传播了美国的价值观，扩大了美国的影响力。"巧实力"则是通过软硬兼施的手段来作用于别人以取得自己想要的利益，手段多样，重在灵巧。"巧实力"既强调软实力的重要性，也不忽视硬实力的运用，通过外交、经济、军事、政治、法律和文化等囊括了"软"的因素与"硬"的因素的综合手段来作用于别国以实现自己的利益。

三是软实力与巧实力的作用效果不同。"所有国家都有创造'软实力'，并通过'软实力'来提升自己国家国际地位的能力。'软实力'比强制性威胁的方式更文明、也更持久。"② 如果一个国家只使用"硬实力"而不使用"软实力"，则有可能导致其他国家的抵制。如果只使用"软实力"而不使用"硬实力"，不把"软实力"和"硬实力"结合起来，也难以实现相应的国际目标。因此，解决问题的最好办法往往需要根据具体情况将"硬实力"和"软实力"混合起来运用。如果能够将"软实力"和"硬实力"巧妙结合和综合运用，就能得到"巧实力"，达到单纯使用"软实力"或"硬实力"所达不到的效果。

四是软实力与巧实力提升的途径与难度不同。国家"软实力"建设是一项长期的工作，不可能立竿见影。增强国家"软实力"既要从宏观着眼，又要从微观着手。要大力发展经济等"硬"的因素，增强国家"硬实力"，从而为"软实力"的提升提供坚实的基础。同时，要大力发展文化等"软"的因素，提高本国文化、政策、价值观念等的吸引力，增强国家"软实力"。"巧实力"提升的前提条件就是国家软实力和硬实力的提升。但是仅仅软实力和硬实力的提升与强大并不必然带来"巧实力"的提升与强大，因为"巧实力"强调根据具体情况将"硬实力"和"软实力"组合起来运用。因此，提升"巧实力"，不仅需要提升软实力和硬实力，而且要实现软实力与硬实力更为巧妙而有效地结合和综合运用。由此可见，"巧实力"提升的难度较"软实力"而言更大。

2. 软实力与巧实力的联系

软实力与巧实力的联系主要表现在以下方面：

一是软实力与巧实力相辅相成、相互促进。"软实力"在消除疑虑、取得信任、争取合作支持、提高国际威望、创造有利的发展环境方面有不可替代的作用。一个拥有较强"软实力"的国家，能为该国"巧实力"的发展奠定坚实的基础，促进"巧实力"的发展强大。"巧实力"把软实力和硬实力巧妙结合起来综合运用，往往能弥补"软实力"的不足，为"软实力"创造更加有利的施展

---

① 参见邵梓恒《〈复联 4〉超越〈泰坦尼克号〉名列全球影史票房第二》，人民网，2019 年 5 月 8 日，http：//media. people. com. cn/n1/2019/0508/c14677－31073079. html。

② 于盈：《约瑟夫·奈：从"软实力"到"巧实力"》，载于《南风窗》2009 年第 13 期。

环境，从而收到单独使用"软实力"所达不到的良好效果。另外，"巧实力"的有效运用，将极大地提高一国的国际地位和国际形象，进而增强该国在文化、政策、价值观念等"软"的方面对其他国家的吸引力，从而促进该国"软实力"的提高。

二是软实力与巧实力相互制约、相互影响。"软实力"是"巧实力"的重要构成，一个没有"软实力"的国家谈不上拥有"巧实力"，正所谓"巧妇难为无米之炊"。一个国家"软实力"的强弱也影响着其"巧实力"的强弱。同时，"巧实力"的发展也影响和制约着"软实力"的发展。一个国家不能很好地将"硬实力"和"软实力"在不同的情况下组合运用，那么该国就得不到"巧实力"或得到的"巧实力"较弱，在国际上的形象地位也会大打折扣。相应地，该国在文化、政策、价值观念等"软"的方面对其他国家的吸引力也会减弱，国家"软实力"就会降低。

三、软实力与综合国力

随着时代的发展，综合国力的战略支点也发生明显的变化。"在工业化时代，世界领导国必须是拥有海上霸权的国家……在核时代，世界领导国所增添的必要条件是拥有核霸权和空间霸权。到了信息时代，拥有信息霸权自然成为世界领导国的题中应有之义"[1]。和平与发展仍是当代世界的主题，滥用硬实力往往会极大削弱综合国力、损害国际形象。"软实力"的提出极大改变了世人对综合国力以及国际竞争力的见解。人们对文化的影响力以及政治价值的感召力表现出极大的热情。一轮又一轮的文化热及其背后价值观的激烈冲突日渐昭示着软实力成为当今时代炙热的话题。软实力的较量因其自身"天下之至柔，驰骋天下之至坚"的优势而愈发成为世界各国较量的重点。作为综合国力的重要组成部分，软实力在既往的历史和当前的世界中显示出超出人们预料的重要性，随着信息化时代的深入发展，软实力也日渐成为综合国力的核心竞争力。

从党的十六大提出"文化体制改革"的任务，到党的十七大、党的十八大、党的十九大将"文化软实力"写入大会报告；从党的十七届六中全会首次从完整意义上制定"文化强国战略"，到党的十八大报告再度强调"建设社会主义文化强国，关键是增强全民族文化创造活力"[2]。党的十九大报告明确提出"要坚持

---

① ［美］保罗·肯尼迪著，陈景彪等译：《大国的兴衰》，国际文化出版公司2006年版，推荐序二第8页。

② 中共中央文献研究室：《十八大以来重要文献选编》上，中央文献出版社2014年版，第24页。

中国特色社会主义文化发展道路，激发全民族文化创新创造活力，建设社会主义文化强国"①。这些体现了我们党对软实力建设的核心要素——文化软实力建设规律认识的逻辑深化和实践升华。党的十九大报告指出："文化是一个国家、一个民族的灵魂。文化兴国运兴，文化强民族强。没有高度的文化自信，没有文化的繁荣兴盛，就没有中华民族伟大复兴。"② 我国把发展文化软实力提升到国家战略高度，彰显了党中央对文化软实力战略地位的科学认识，凸显出以文化为核心的国家软实力在综合国力中的重要位置。

（一）综合国力

随着时代发展和国内外环境的变化，综合国力呈现出动态化的发展势态和趋势，进而影响国际力量格局变化。2012 年 11 月，习近平总书记带领新一届中央政治局常委参观中国国家博物馆举办的《复兴之路》展览时，提出了实现中华民族伟大复兴的"中国梦"。随后不久，在十二届全国人大一次会议上，他又对中国梦作了全面阐述："实现中华民族伟大复兴的'中国梦'，就是要实现国家富强、民族振兴、人民幸福"。③ 此后，"中国梦"不仅成为中国软实力的重要"符号元素"，而且构成综合国力的有机组成部分。

1. 综合国力的内涵

综合国力（national power）是衡量一个国家的软实力和硬实力的综合性指标，是一个国家所拥有的生存、发展以及对内、对外施加影响的各种力量和条件的总和；它既包括一个国家的自然资源、环境、人口、疆域等基础性实力，又包括以经济实力、科技实力、军事实力等为主导的硬实力，还包括文化制度、意识形态、外交政策、价值观等所辐射的软实力。可见，综合国力既包含基础性实力"泛"的广度，又包括硬实力"硬"的刚度，还包含软实力"软"的柔度，是"刚柔相济"的结果，体现了三者的有机统一，而绝非各种力量的简单组合。各种实力相互磨合、此消彼长，共同组成了综合国力。缺少任何一方或者"任何一方等于零，综合国力就是零"④。综合国力的大小强弱，反映着一个国家发展水平的高低，并从根本上决定着该国在国际上的地位和作用，制约着该国在处理国际事务中话语权的轻重。因而，综合国力的提升成为国际社会不遗余力追求的目标。

2. 综合国力竞争的新特点

苏联解体、"冷战"结束之后，特别是进入新世纪以来，世界上综合国力竞

---

①② 《习近平谈治国理政》第三卷，外文出版社 2020 年版，第 32 页。
③ 《习近平谈治国理政》第一卷，外文出版社 2018 年版，第 39 页。
④ 阎学通：《软实力与中国崛起》，载于北京大学中国与世界研究中心《研究报告》2007 年第 5 期。

争发生显著的变化，主要表现在以下几个方面：

第一，软实力的竞争成为综合国力竞争的中心内容。

在信息科技日益发达的时代，软实力在国家综合国力中的地位日益凸显，其竞争力逐渐超越硬实力。而软实力竞争的核心即是文化软实力的竞争。文化软实力的竞争成为综合国力竞争愈益突出的一个方面，实质是不同的价值观之间的较量。那么，以价值观为主导的文化的创新和繁荣则成为综合国力尤其是软实力竞争的制高点。

国际竞争的得失成败依然以综合国力为后盾是不争的事实。和平与发展仍然是时代最大的主题，发展依然是颠扑不破的硬道理。发展可以表现为经济、科技、军事、文化、政治、外交等多方面的发展。以经济、科技、军事实力为主导力量的发展固然能够提高一个国家硬实力的水平，提高其在综合国力中的地位。但是，单凭硬实力不可能全面、有效地解决人类面临的各种问题。因此，人们的注意力自然而然地转向了软实力。

文化与价值观等软实力是提升综合国力和解决国际问题的重要因素。"文化是人类为了适应和改造自己的生存环境而进行的精神生产的产物。"① 文化承载着的价值观是意识形态、制度、外交政策等软实力的核心，但其作用并不"软"。充满生命力的、优秀的文化定是历经岁月的打磨、历史的考验而沉淀下来的人类文明的精华，它对于一个国家核心价值观的培育和维持，对于一个国家的精神状态、一个民族凝聚力的塑造和强化，对于一个国家国民的素质及其能力的培养和提高，都起着极其重要的作用。21 世纪，文化之间的交流、交融、交锋呈现出前所未有的状态。随着互联网时代的深入推进，世界不同国家、地区之间，围绕着文化、意识形态、价值观的分歧与整合、传播与防范、扩张与抵制等，展开着激烈的较量。以美国为首的西方资本主义国家凭借其强大的硬实力基础和发达的传媒体系，大肆传播和推行所谓"自由、民主、人权"的"普世价值"，费尽心机地进行资本主义文化扩张，对其他文化造成不同程度的威胁。面对美国的文化入侵，许多国家忧心忡忡，并作出了诸多努力以保护自己民族文化的独立性。积贫积弱的国家面对强势文化的扩张显示出无能为力，被迫陷入西化的泥潭。而综合国力强大尤其是文化软实力雄厚的国家则能在以美国为首的西方资本主义主导的全球化、西方化的残酷竞争中取得主动权，赢得国际文化软实力竞争的制高点。

第二，科学技术、军事力量仍然是综合国力竞争中的重要因素。

科学技术实力是一个国家综合国力的重要体现。科学技术是第一生产力，而

---

① 陈先达：《陈先达文集·第 4 卷·哲学与文化》，中国人民大学出版社 2006 年版，第 480 页。

且是先进生产力的集中体现和主要标志。科学技术上的重大突破，在提升产品的竞争力的同时能带动形成一个新的产业，为一个国家的经济、政治、文化的发展与创新提供动力。因此，科学技术的竞争自工业革命以来一直是国际竞争的关键点。谁掌握了核心科技，谁就能在国际竞争中占据主导地位。因而众多国家瞄准科技前沿悉心规划、投入大量的人力物力财力，加速科技研发及向生产力的转化。科技竞争的热潮滚滚不息。科技推动相关产业的发展，形成一定规模的产业链，进而可能催生具有吸引力的文化产业，出现相关的产业文化，硬实力衍生出了文化资源以及文化软实力。因而在国际竞争力的计算中，涉及科学技术领域的统计如科技人员的数量及比例、所申报的专利项目以及数量、在刊物发表的论文数量、所获诺贝尔奖人数等占据很大比重，这一方面显示的是该国科技实力、水平以及该国对科学技术的重视程度，另一方面这些数据作为潜在的软实力资源，必定对特定的人群尤其是发展中国家的优秀人才产生超强的吸引力。这些软实力成为发达国家吸引外国移民不可小觑的力量。

军事力量在国防建设中饰演主力军角色，在保护国民利益、增强民族凝聚力和提高国民自信心方面发挥着巨大的作用，是构成国家实力诸要素中的一支带有威慑性的力量。在国际关系史上，国力的竞争以最强硬、最直接的姿态出现的往往是军事力量的竞争。在当前的国际较量中，军费开支明显增长、高技术武器竞赛此起彼伏、军火交易日益扩大、地区军事冲突接连不断、美国等西方国家军事威慑日益常态化以及核威胁不断升级等事件的存在，极大威胁着世界和平与安全。

第三，人才竞争是综合国力竞争的关键。

2018年5月28日，习近平总书记在中国科学院第十九次院士大会、中国工程院第十四次院士大会上讲话时指出："世上一切事物中人是最可宝贵的，一切创新成果都是人做出来的。硬实力、软实力，归根到底要靠人才实力。"[1] 随着传统的物质资源（例如经济资源的争夺）竞争地位的相对下降，人才、人的素质，作为第一人力资源，其作用和地位日益凸显和上升，成为当今时代综合国力竞争的关键因素。人才的竞争在当今世界表现得越来越突出，人力资源的争夺尤其是对掌握"高、精、尖"技术人才的争夺战早已打响。用吸引留学、提供较好的工作条件和较高的工资等方式大量吸引高级人才或者阻碍他国人才到发达国家的主流前沿科学领域留学的做法，都体现了人才和科技对综合国力提升的决定性影响力。纵观人类文明史和科技革命史，毫无疑问，科技人才是探索、发现、发

---

[1] 习近平：《在中国科学院第十九次院士大会、中国工程院第十四次院士大会上的讲话》，载于《人民日报》2018年5月29日，第2版。

展和运用科学技术的主体，脱离了人才，一切科技的开发、运用都成为空谈。因而，"中国未来发展、中华民族伟大复兴，关键靠人才，根本在教育"[1]。《国家中长期教育改革与发展规划纲要（2010－2020 年)》深刻阐发了培养高层次创新人才的紧迫性和重要性，应当引起我们的高度重视。

总之，当今世界，综合国力的竞争不断变化，在更多的领域集中表现为各个国家的软实力尤其是文化软实力之间的较量。我们仔细观察后就会发现，表面风平浪静实际波浪汹涌的国际竞争中的软实力，俨然成为综合国力的核心竞争力。我们只有清醒地看到软实力竞争，认真研究它的特点和态势，积极采取应对措施，有效发挥自己的优势，才能掌握主动权，在激烈的世界竞争中立于不败之地。

（二）软实力是综合国力的核心竞争力

核心竞争力是指那些在一个组织内部能够高效协调多种技术发挥超强组合效力的核心能力。"整合"与"引领"是其功能与实质。核心竞争力能够使一个组织或者个体（个人、企业、国家等）从容应对迅速变革与激烈竞争的外部环境，保持长期稳固的竞争优势，维护自身正当权利并获得稳定的超额利益。软实力就是这样一种核心竞争力。

随着进入信息高速发展的时代，软实力变革国家竞争的形式、变革国际交往的方式、制约世界发展的格局，日益成为综合国力的核心竞争力。

1. 软实力变革国家竞争的形式

东西方"冷战"以及东欧剧变的发生，标志着国家斗争和国际竞争形式的重大改变。可以说，当今时代，以经济、政治、军事和科技为主要内容的硬实力对抗正在让位于软硬兼施的对抗。越来越多的国家开始意识到软实力的重要性，在千方百计地壮大本国硬实力的同时，提升软实力和国际竞争力。自 20 世纪 90 年代以来，随着苏联的解体，我国作为一个迅速崛起的社会主义大国，已经成为西方发达资本主义国家"西化""分化"的重要目标，承载着比以往任何时候都要大的来自意识形态领域和文化领域的巨大压力。实践证明，要想在新的国际竞争中立于不败之地，维护国家发展利益和文化安全，必须高扬自己的理想信念、价值观念，增强道路自信、理论自信、制度自信、文化自信，尽快形成与我国经济社会发展和国际地位相适应的文化优势，提升国家软实力。

---

[1] 国家中长期教育改革和发展规划纲要工作小组办公室：《国家中长期教育改革和发展规划纲要（2010－2020 年)》，中华人民共和国教育部门户网站，2010 年 7 月 29 日，http：//www.moe.gov.cn/srcsite/A01/s7048/201007/t20100729_171904.html。

2. 软实力制约硬实力

"以柔克刚"是软实力制约硬实力智慧的结晶。随着信息时代的高速发展，国际社会日益认同这样一个观点：软实力越来越深刻而广泛地制约着硬实力。"在很多情况下，只有推动作为前提的思想、文化、制度等因素的演变，硬实力发展的潜力才可能得到释放。对外部而言，一个国家如果不能树立起一个负责任的、爱好和平的国际形象，不能赢得世界各国的信任与合作，其发展经济与军事的努力就会受到遏制，事半功倍，更谈不上得到国际社会的援助；如果一个国家的政策和人民的心理排外性很强，缺乏宽容性，就难以吸引和容纳国外人力资源，本国经济发展必然受到限制。"① 可以说，没有民族精神为核心的民族凝聚力，就不可能做到众志成城、坚不可摧、内兴国家、外御强敌。没有文化创意，就没有文化产业和旅游业的发展。没有文化与经济的融合，没有文化搭台、经济唱戏，没有广告文化助力和国际文化氛围的改善，就没有物质产品的外销和国际贸易的增长。没有改革开放方针和和平外交政策的实施，就不能建设和利用国际国内两种市场，获取国际国内两种资源。因此，软实力无时无处不在制约硬实力的发展。

软实力竞逐有着悠久的历史。春秋末期，齐国大夫晏子出使楚国，楚王三次侮辱晏子试图扬楚贬齐，晏子予以巧妙回击，维护了国家的形象，挽回了自己的尊严。晏子充分发挥其高超的外交策略，有力抑制了楚王嚣张的气焰。无独有偶，19 世纪的美国取代英国成为世界霸主，很大程度上得益于美国的软实力。美国借助 1823 年发表的"门罗主义"（Monroe Doctrine）② 公然反对欧洲列强干涉拉丁美洲，有效制止了神圣同盟对拉丁美洲革命的镇压，挫败了英国入侵拉丁美洲的图谋，客观上保护了新独立的拉丁美洲国家，赢得了拉丁美洲人民的好感，在美洲乃至世界树立了一个良好的国际形象，使美国自身实力上升。事实证明，"门罗主义"强胜于当时的神圣同盟。可见，越是要发展硬实力，就越要增强软实力。

3. 软实力决定国际竞争力

21 世纪是综合国力激烈竞争的世纪。在当今的国际竞争中，一个国家的强弱不单单取决于军事力量、经济力量、科技力量等硬实力的强弱，还取决于综合国力中日渐凸显的软实力高低。随着信息技术的深入发展，硬实力单独决定着国际竞争力的时代已经成为历史，硬实力之间的较量已经让位于软实力起着核心作用的综合国力的较量，软实力对综合国力和国际竞争力的较量发挥的影响和作用

---

① 韩勃、江庆勇：《软实力：中国视角》，人民出版社 2009 年版，序言第 1~2 页。
② "门罗主义"表明美利坚合众国当时的观点，即欧洲列强不应再殖民美洲，或涉足美国与墨西哥等美洲国家之主权相关事务。

越来越大。

其实，软实力决定国际竞争力的事实早在 20 世纪美苏"冷战"中就已充分显示出来。由于科学技术迅猛发展使得美苏双方硬实力不相上下，原子弹的发明使得通过直接的军事手段来消灭对方成为不可能。在此背景下，美国展开了一场没有硝烟的软实力战争——"充分利用好莱坞、麦当劳、肯德基、可口可乐等软实力的载体，将西方（美国）的价值观念、政治文化等软实力资源，向对手进行潜移默化的宣传，并最终主导了对手政治、经济和文化走向，从而'导演'了震惊世界的苏东剧变"[1]。"美国在信息革命中一直处于领先地位"[2]，其软实力远比当时的苏联强大。美国巧借软实力的绝对优势提升其国际竞争力，得以在两极争霸的斗争中取得了最终的胜利。软实力产生了硬实力所不可能产生的效应，日益上升为决定国际竞争力的中坚力量。

第三节　软实力与国际格局的调整

当今世界正处于大发展大变革大调整时期，面临百年未有之大变局，国际关系更加错综复杂，国与国之间的竞争已经更多地转向"巧实力"的较量。作为巧实力的重要组成部分，软实力的发展对国际力量的对比、国际格局的变化和国际秩序的重建发挥着越来越大的作用，深刻影响着国际格局的变化与调整。

一、软实力影响国际力量对比

"二战"结束以后，特别是"冷战"结束以后，发展经济成为各国的战略重心。各国均把提升本国的综合国力作为国家的工作重心，以经济和科技为主导的综合国力的竞争成为衡量各国在国际上地位的重要指标。然而随着时间的推移，人们发现以经济和科技为主导的综合国力已经不能完全代表一个国家在国际上地位的高低，以文化、价值观、政治制度、外交等为主要内容的软实力在影响一国国际地位方面的作用日益增强。软实力日益成为国家综合国力的一部分，也成为影响国际力量对比的重要因素。国际力量可以从纵向方面进行比较，即自身绝对实力的比较，也可以从横向方面进行比较，即同时期不同国家之间的比较。同样

---

① 程天权：《提高国家软实力：一个重大的现实课题》，载于《教学与研究》2008 年第 2 期。

② ［美］约瑟夫·奈著，门洪华译：《硬权力与软权力》，北京大学出版社 2005 年版，第 180 页。

软实力对于国际力量对比的影响也可以分别从纵向和横向两方面来比较。无论从哪个方面来说，软实力都是国家综合国力的重要组成部分，对国家的国际地位都有着重要的影响。因此，各国越来越重视软实力的建设。

（一）软实力与国家绝对力量的对比

国家绝对力量的比较就是该国不同历史时期自身力量强弱的对比。一国软实力的强弱在不同的历史时期有所不同，软实力的强弱影响着国家国力的强弱，也影响其在国际上的地位。

以中国为例，封建社会的中国特别是盛唐时期，由于经济繁荣，其文化、政治制度等对周边国家产生了巨大的吸引力，使得中国的软实力在两千多年的封建社会发展过程中发挥了巨大的影响力，不仅形成了中央集权的"封建王权"、科考举士的科举制度，而且还形成了影响后世的中华优秀传统文化。汉代在经历"文景之治"后进入了中国经济发展的鼎盛时期，这也是中国对外文化传播的兴盛期。华夏文明从东、南、西三面对外部世界特别是周边地区产生了巨大的影响力和吸引力。这种影响力和吸引力不仅辐射到亚洲的日本和朝鲜，而且波及整个欧洲，对欧亚国家的社会变革产生了重要影响。唐代在经历"贞观之治"后出现中国历史上著名的大唐盛世。唐代的中国文明是世界科技文明的制高点，长安是当时最大的世界文化中心。长安人穿着波斯的衣服，吃着阿拉伯的面食，看着印度的杂技，享受着胡姬的服务，文化既多彩多姿又和谐一致。同时，唐代是中华文化对外传播范围最广、影响最盛的时期。正是由于中国经济的繁荣、文化的兴盛，中国对周边国家的吸引力越来越大，"藩属国"日渐增多，朝贡的次数也越来越多。如在唐朝鼎盛时期，与中国建立宗藩关系的国家多达"七十余番"，宋朝时有 26 个藩属国，元朝时藩属国达到 34 个，宋朝时藩属国的朝贡次数达到302 次[1]，元朝时达到 200 多次[2]。除了中国经济文化繁荣的自然吸引力之外，中国政府还非常重视对外交往。一方面，设立专门的机构主管对外交往，比如在宋朝设立了鸿胪寺，专门管理藩属国到中国的朝贡事宜。另一方面，主动走出去传播中华文明。唐朝主动派人到日本传播文化，高僧鉴真就六次东渡日本。元世祖时期积极推行外交政策，多次向海外派出外交使节，主动与周边国家建立外交关系。明代的郑和下西洋更是展现了天朝国威。这些政府的主动作为也在一定程度上促进了中国古代软实力的发展，增强了国家的软实力。因此，封建社会的中国在很长一段时期内是非常强大的，中国的软实力也是非常强大的，产生了巨大的

① 李金明、廖大珂：《中国古代海外贸易史》，广西人民出版社 1995 年版，第 104 页。
② 喻常森：《元代海外贸易》，西北大学出版社 1994 年版，第 84～87 页。

影响力、吸引力、辐射力和强大的民族凝聚力、向心力。

然而，也就是在鸦片战争前的数百年间，由于盲目自大、故步自封、发展理念滞后，封建制度逐渐落后，缺乏创新、闭关锁国，近代中国逐渐落伍了。形成这一结局的，首先是中国"软实力"发展的停滞，导致硬实力发展的落后，进而导致整个国力的衰退。

鸦片战争后，中国软实力建设进一步"软化"，硬实力受到极大的削弱，结果导致国门被西方的坚船利炮攻破。一方面，中国政府在两次鸦片战争、中日甲午战争、八国联军侵华战争中接连失败，签订了多个丧权辱国的不平等条约，中国的软实力受到极大的重创，"天朝上国"的雄威荡然无存。另一方面，延续两千多年的"宗藩体系"瓦解，中国最主要的属国朝鲜和越南分别被日本和法国霸占。在1918年巴黎和会上，中国作为战胜国却遭受了外交上的失败，不但没有收回山东的主权，还被迫同意了门户开放政策，使列强在中国"利益均沾"的图谋得逞。19世纪后半叶到20世纪上半叶是中国的百年屈辱史，国家主权被践踏、领土被瓜分，国家硬实力和软实力跌入低谷。

新中国成立以后，中国的国家软实力出现了大幅提升。

首先，积贫积弱的中国有了伟大的中国共产党的领导，有了强大而先进的思想武器和先进的意识形态。在中国共产党的领导下，中国建立了优越的社会主义制度和先进的发展理念。有了这些软实力，我们逐步有了强大的硬实力。我们经过艰苦的浴血奋战取得了民族的独立，血洗了百年耻辱。中国人民经历了抗日战争、解放战争，推翻了压在中国人民头上的三座大山，重新屹立在世界民族之林。

其次，国力的强大让中国的国际地位和影响力日益增强。经历70多年的发展，特别是改革开放四十多年来的突飞猛进，中国从一个一穷二白的国家一跃而成为世界上第二大经济强国，这本身为中国吸引了众多的国际眼球，中国的文化、发展模式等日益成为世界关注的对象。中国在世界开设了数百个孔子学院，中医养生、中华美食、武术健身、京剧艺术、唐诗宋词、书法国画和当代中国优秀的影视戏剧、文学艺术作品受到世界各国人民的喜爱。习近平总书记提出的一系列治国理政重要理念得到国际社会广泛认同，"中国梦""一带一路""人类命运共同体"在国际上的影响日益增大。

最后，中国的外交战略日益成熟，树立了"坚持和平发展、促进共同发展、维护国际公平正义、为人类作出贡献"的负责任大国形象。中国在管好自身事务的同时，在全球、地区及双边交往过程中坚持国际规则，发挥积极的作用，逐渐树立了良好的国际形象。"构建人类命运共同体"关于对话协商、共建共享、合作共赢、交流互鉴、绿色低碳的倡导，关于建设持久和平、普遍安全、共同繁荣、开放包容、清洁美丽的世界的主张，赢得国际社会热烈反响和广泛好评，已被多次写入联合国文件，产生日益广泛而深远的国际影响。

从中国自身软实力对比变化可以看出，软实力对于一个国家、一个民族的发展，特别是硬实力和综合国力的发展与壮大必不可少，对一个国家的国际地位和影响力至关重要。

（二）软实力与国家相对力量的对比

国家相对力量的比较就是同一时期不同国家之间力量强弱的对比。国际力量的对比不仅仅表现在国家自身国力的纵向对比上，而且更多地反映在国家之间力量的横向对比上。绝对实力的上升和下降，仅靠一国某一时期在国际上地位的变化还不能完全反映，重要的还是要通过国家间的横向比较反映出来。软实力作为国家综合国力的一部分，对国际格局重塑的作用，更重要的是反映在与外国相对软力量的比较上。

软实力强弱的相对比较影响了国家在国际上地位的高低和国际形象的好坏。美苏两国在"冷战"期间软实力的强弱对比对其各自的国际地位和形象产生了重大影响。"二战"结束以后，美国和苏联以其强大的实力成为世界上最强大的两个国家，积累了强大的软实力。美国以其强大的影响力，通过马歇尔计划扶植欧洲和通过道奇计划扶植日本，建立和控制世界银行、国际货币基金组织、关贸总协定等国际机制，形成了以其为首的西方阵营，而苏联也以其政治制度和强大的国力吸引了大批东欧国家建立了社会主义制度。但是双方在"冷战"过程中对其软实力的不同运用直接导致了两国软实力对比出现了巨大的差距。美国非常重视软力量的运用，在与苏联的争霸过程中，除了重视经济和军事的发展外，特别重视运用军事手段以外的方式对苏联内部进行"和平演变"，其软力量的运用对于击垮苏联起到了重要的作用。而苏联却不甚重视软实力的建设和运用，不仅在与西方的斗争过程中过分重视军事力量，在社会主义阵营内部也消耗了其原来强大的软实力。20世纪50年代，社会主义阵营内部出现了矛盾，苏联先后武力干涉波兹南事件和匈牙利事件，这种武力干涉的做法虽然巩固了社会主义阵营，却引起了一些国家的反感，加之苏联式的政治经济模式也在这些国家出现问题，导致这些国家国内经济的困难，这一切都使得苏联式的政治经济模式的影响力受到极大的冲击，苏联的国家形象也受到极大的损害。到20世纪80年代末90年代初，东欧国家巨变、两德统一、苏联解体，标志着"冷战"的结束。从另一个角度来说就是在西方意识形态的渗透下，苏联放弃了自身的核心价值，经济体制缺乏创新，发展模式适应不了新的形势，苏联的软实力降低到最低点。美苏两国"冷战"期间软实力的对比是非常明显的，总体上说就是美国保持并发挥了软实力的作用，而苏联却使自身的软实力不断被消耗，其软实力此消彼长的结果影响了美苏争霸的结局。

"冷战"结束以后，国家间软实力的对比也进一步反映了软实力在影响一国的国际地位、国际影响力和国家形象方面的重要作用。"冷战"结束，美国成为唯一的超级大国，它的政治制度、文化影响力、外交政策等对世界各国产生了更大的影响力。约瑟夫·奈认为，从软实力领域来考察，美国文化的优越、崇尚自由和民主的理念以及维护这些理念的社会和政治体制都是美国实力强大的部分原因。20世纪90年代，美国文化通过"芯片、薯片、大片"不断向外传播，受到世人的追随和青睐。但进入21世纪后，美国的软实力已经有所下降。2008年美国金融危机爆发，并迅速演变为全球金融危机和经济危机，对美国乃至全球带来了巨大的冲击，造成了严重的危害，打击和损害了美国在政治和经济方面的声望，美国的软实力出现了严重下降的局面。相反，中国的软实力和综合国力则越来越强大。中国的文化兴盛、经济发展、道路模式、外交政策等对外的吸引力和影响力不断提升。2009年约瑟夫·奈在题为《中国软实力的兴起及其对美国的影响》一文中肯定了中国改革开放以来软实力的提升，并且强调这种提升对中国和世界都是好事。他运用比较手法，在文中作出了如下判断："最近30年来，年均8%～10%的经济增长率带来了中国国民生产总值的显著增加。这一实质性的经济成就，伴随着以儒学为特征的传统文化的复兴，提升了中国在亚洲和整个世界的软实力。"[1] 在东南亚金融危机、印度洋海啸、汶川地震、海地大地震、2008年全球金融危机、北京奥运、上海世博会、"一带一路"、中非合作论坛、世界互联网大会等表现出来的中华民族强大的民族凝聚力、强烈的民族自豪感、出色的救援能力和重大国际活动的组织与协调能力，使中国的软实力得到了极大的提升。皮尤研究中心的一项调查显示，中国的形象在全球民众的眼中越来越正面，中国在逐渐缩小同美国在全球民意调查中的差距。该调查显示，有很大一部分人认为在某些方面中国已然取代美国坐上了世界第一强国的宝座。在一项对40个国家发布的调查中发现，27个国家中的大部分民众认为中国即将甚至已经取代美国成为世界领头力量。[2] 2020年9月15日，由当代中国与世界研究院主办的《中国国家形象全球调查报告2019》在京发布。报告指出，2019年，海外受访民众对中国的整体印象为6.3分，较2018年提升0.1分。发展中国家对中国形象好感度较高，达7.2分，呈现持续上升趋势。63%的海外受访民众认为中

---

① ［美］约瑟夫·奈、王缉思、赵明昊：《中国软实力的兴起及其对美国的影响》，载于《世界经济与政治》2009年第6期。

② 《皮尤好感度调查：中国全球支持率过半》，中国日报网，2015年6月25日，https：//world．chinadaily．com．cn/2015－06/25/content_21098717．htm。

国国家形象在过去 70 年整体上不断上升，其中发展中国家受访者持此观点的比例高达 80%。六成以上的海外受访者认可新中国成立 70 年来取得的成就，其中有高达 77% 的发展中国家民众认为中国 70 年来的发展是成功的。①

"冷战"结束后，美国的软实力相对下降而中国的软实力相对上升，美国的综合国力提升速度放缓，中国的综合国力和国际影响力则飞速提升。这表明，一国软实力的强弱与国家综合国力的强弱有着紧密的联系，两者呈现出同频共振的特点。

（三）各国积极提升自身的软实力

从上面的论述中可以看出，软实力在影响国家的综合国力和国际地位方面发挥着重要的作用，成为国家力量对比的重要方面，因此，各国越来越重视自身软实力的建设。在软实力的建设方面，各国既有相同之处也有差异。

从共同之处来看，各国纷纷增强软实力资源的建设，注重本国特色文化建设、制度的吸引力、发展模式的影响力及创新的发展理念、外交理念等。具体来说主要表现在以下几个方面：首先，许多大国都日益强调自身文化的特性，注意宣传和推动本国文化走向世界。近年来，法国文化年、德国文化年、俄罗斯文化年等比比皆是。一些国家还出台了相关倾斜政策，扶植本国的电影、文学、艺术等走向国际。印度作为世界上生产电影最多的国家，不断努力通过电影来宣传和提升印度的国际软实力。韩国自 20 世纪末以来，逐步推行电影国产化路线，有意识地抵制美国等西方电影在其国内的影响。经过几年发展，目前的"韩剧""韩流"等不但在其国内日益占据主要市场，而且在中国大陆、中国香港、中国台湾以及日本等国家和地区也日益流行并开始走向世界，大大提高了韩国在国际上的形象。其次，在社会制度与模式方面，角力也在加大。"华盛顿共识"曾对拉丁美洲国家产生过重大的影响力。欧洲以高福利、社会公平、重视环保等为特色的欧洲发展模式有别于美国的社会经济模式，竭力推销自己的"全球治理"模式。而欧洲成功的一体化模式已经成为世界各地区推行区域合作与一体化效仿和借鉴的主要模式之一。"北京共识"对众多发展中国家产生了巨大的吸引力。最后，重视对外推广其全新的国际理念，力求树立一种不同的国际理念与规范。欧洲国家在外交中突出强调人权和环保，重视人道主义干预，主张消除南北差距，积极支持对发展中国家进行发展援助。

不同之处在于，各国由于国情、优劣势以及生存环境的不同等，在加强软实

---

① 张雪：《〈中国国家形象全球调查报告 2019〉在京发布》，中国经济网，2020 年 9 月 15 日，http：//www.ce.cn/xwzx/gnsz/gdxw/202009/15/t20200915_35746730.shtml。

力的建设方面侧重点又有所不同。第一，软实力建设主体性上有所不同。以中国和美国为例，中国在推进软实力的建设过程中，目前很明显的特征是政府主导，而非政府组织参与较少有关。这既有中国的特殊国情导致中国非政府组织发育不成熟的因素，也与中国历来把对外交往作为国之大事，所以非政府组织、公司、个人及其他社会团体直接参与较少有关。而美国的非政府组织在推进美国的软实力中的作用却非常引人注目。以美国对外推进民主计划为例，如国际民主基金会、国家民主国际事务研究所、开放研究所等很多非政府组织在推进民主计划中发挥了重要的作用。第二，各国在软实力方面的优势有所不同，侧重点也就有所不同。法国的文化外交享誉海外，它是最早有意识地将文化手段付诸外交目的的国家之一，也是最重视、最善于开展和运用文化外交并形成了显著特点的一个国家。属于儒家文化圈的韩国，非常注重文化软实力建设。一个突出的表现就是韩国特别注重文化遗产的保护，共有 8 处世界文化遗产，其在保护、利用文化遗产方面都值得我们借鉴。第三，在实施的手段和机制方面各国有所差异。比如美国可以有效利用它对国际机制的控制力来推进和建设自身的软实力，其在世界贸易组织、国际货币基金组织、世界银行等国际组织中拥有绝对的控制力和发言权，这样就在无形中推进了美国的软实力。在推进软实力建设方面，欧洲国家越来越倾向于以欧盟为中心，发挥集体的力量和作用。而中国、俄罗斯等国家则更倾向于通过双边渠道来实施和增强自身的软实力。中国对一些国家和地区的援助计划，更多的是通过中国与这些国家和地区的双边和多边交流来实现的，中国的"一带一路"倡议在世界上产生的影响力越来越大。而俄罗斯的软实力的扩展也多通过双边的方式对一些国家产生影响。

二、软实力影响国际格局变化

国际格局是基于一定历史时期国际社会的主要矛盾，处于国际关系体系中主要的行为主体相互联系和作用而形成的一种力量对比的基本结构和战略态势。国际格局的变化是由主要国际格局行为体（主要指国家）的变化引起的，而主要国际格局行为体的变化又是由这些行为体的自身力量的变化和相互之间的此消彼长引起的。因此，在综合国力成为衡量一个国家强弱和在国际上地位高低的标准后，软实力作为国家综合国力的组成部分，也成为影响国际格局变化的重要因素。

（一）软实力资源自身的吸引力对国际格局变化的影响

约瑟夫·奈认为文化、政治价值观、外交政策等本身可能产生一种吸引力，使其他国家效仿。而这种吸引力自然而然地成为一个国家力量的一部分，即国家软实力，这种力量强大到一定程度的时候就能成为影响国际格局变化的重要因素。

软实力的吸引力在影响国际格局变化方面是潜移默化的，并且这种软实力往往要依托强大的硬实力，只有硬实力强大到一定程度了，软实力才能引起其他国家的重视。从这个方面来说，硬实力是国家软实力的强大支撑。古今中外，软实力的吸引力和感召力在改变国际格局方面都发挥了重要的作用。就中国来看，从秦统一天下到清朝灭亡，中国经历了两千多年的封建社会，在这一漫长的历史进程之中，主要经历了秦、汉、隋、唐、宋、元、明、清几个主要的朝代，这些朝代在中国历史上有着举足轻重的地位，它们对中国经济的繁荣、文化的昌盛起过不同的历史作用，对周边国家和地区产生了重要的影响和吸引力。首先，中国的儒家文化对周边国家产生了巨大的吸引力。儒家文化远播海外，在周边形成了独特的儒家文化圈。其次，中国的政治制度对周边国家产生了巨大的影响力，许多国家效仿中国的政治体制管理国家。最后，中国的外交政策对周边国家有着极大的吸引力，历代明智的君主都非常重视与周边国家的交往，吸引周边国家来中国学习交流，并给予它们很多帮助。正是在这样强大的吸引之下，古代中国与周边国家形成了独特的"宗藩体系"。这种"宗藩体系"完全是因中国繁荣的经济和昌盛的文化对周边国家产生的巨大吸引力而形成的，这种文化的吸引力和感召力形成了古代东亚国际体系独特的魅力，使其由一个松散的状态转变为一个延续两千年之久的体系。

在近现代西方历史上，软实力的吸引力在改变国际格局方面也发挥了巨大的作用。这种吸引力表现在以下几个方面：第一，在民族主义思想的影响之下，形成了以民族国家为单位的西方国际格局体系。中世纪时，所有的西方基督徒都属于天主教会，并隶属于神圣罗马帝国，在民众的意识里不存在国家这个概念。国家是阶级矛盾不可调和与民族主义兴起的产物。在阶级矛盾激化和民族主义思想的影响之下，一些国家逐渐脱离了天主教会，比如英国、法国、西班牙、葡萄牙等。民族国家逐渐成为西方国际格局的主角，以 1648 年的《威斯特伐利亚和约》为标志，中世纪以来形成的以罗马教皇为中心的神权统治终结，以主权独立的民族国家体系在西欧得以确立。[①] 在 19 世纪末叶，民族主义深深吸引了殖民地国家，成为 20 世纪民族解放运动的指导思想，在经历了 20 世纪的民族解放浪潮以后，世界真正形成了以民族国家为单位的世界体系。第二，在自由主义思想的影响下，西方主要国家发生的政治革命，促进了现代西方政治制度的形成。自由主

---

① 肖月、朱立群：《简明国际关系史（1945－2002）》，世界知识出版社 2003 年版，导言第 7 页。

义的主要特点是把个人从一定阶级、社团或政府的约束中解放出来，其主要主张是反对王室任意干涉宗教信仰自由、人身自由和财产安全。更确切地说，这包括议会对统治权的控制、独立政党的存在以及反对党的必要性及其权利的承认。①正是在自由主义思想的指导之下，在英国革命、美国革命和法国革命的过程中出现的自由主义采取了立宪会议政体的制度形式，选举权逐渐得以确立，公民的社会福利得到重视，西方的自由民主制度最终得以确立。第三，在社会主义思想的影响之下，国际格局体系中的主角又加入了社会主义国家的成分。社会主义产生于 18 世纪末 19 世纪初，主张有利于整个社会利益的社会管理或生产资料所有制，与自由主义强调个人和个人的权利不同，社会主义强调社会和社会的集体福利。在社会主义思想的影响之下，资本主义国家的无产阶级和部分殖民地和半殖民地国家的有识之士谋求新的救国之路，社会主义和共产主义的信仰深深地吸引着他们。正是在这样的吸引力之下，俄国社会主义者团结带领人民在第一次世界大战期间成功地夺取了国家政权，建立了有史以来第一个无产阶级领导的苏维埃政府。"二战"结束以后，由于苏联强大的国力和苏联模式的吸引力，社会主义超出一国的范围，在欧洲、拉丁美洲和亚洲纷纷出现了社会主义国家。社会主义国家的出现改变了国际体系的结构，出现了资本主义和社会主义相互并存的局面。正如美国著名历史学家斯塔夫里阿诺斯所言："包括社会主义和共产主义的马克思今天已经成为世界事务中的一支主导力量，就其推动力和普遍的吸引力而言，可与民族主义相匹敌。"② 这足见社会主义在世界历史上的吸引力之大、影响力之强。而这些文化因素的影响都是自然而然地源于文化本身的吸引力。

从历史的发展来看，软实力建设只要符合时代的潮流和历史发展的趋势，影响力就一定会不断增强，并影响国际体系的变化与发展。

（二）软实力资源的运用对国际格局变化的影响

上面我们说到的是软实力自身的吸引力对国际格局的影响，但是软实力除了自身的吸引力之外，对软实力资源的运用得当与否，也会对国际格局的变化产生巨大影响。对软实力资源运用得当，会增强本国的软实力，使本国在国际社会拥有更高的社会地位和影响力，如若运用不当则会产生相反的效果。在软实力的此消彼长之间，国际格局就相应地发生了变化。

软实力资源的运用在改变国际格局方面最鲜活的实例莫过于"冷战"期间美

---

① ［美］斯塔夫里阿诺斯：《全球通史：从史前史到 21 世纪》，吴家婴等译，北京大学出版社 2006 年版，第 446 页。

② ［美］斯塔夫里阿诺斯：《全球通史：从史前史到 21 世纪》，吴家婴等译，北京大学出版社 2006 年版，第 454 页。

苏在雅尔塔体制之下进行的软实力博弈了。在这场持续近半个世纪的历史较量中，对软实力资源的运用展示了两个超级大国的智慧，也在这场博弈中非常鲜明地表明了软实力在改变国际格局方面的重要作用。

在"二战"期间，反法西斯阵营共同努力，特别是美苏相互配合，打败了德意日法西斯国家对世界各国的侵略。依靠在"二战"中的贡献和强大的国力，两个国家在战争结束之后都有强大的软实力。一方面，为打败法西斯做出贡献，使一些受侵略的国家免于战争之苦，为两国赢得了较高的国际威望。美苏两国在"二战"中做出的贡献是巨大的，美国"民主国家兵工厂"的角色不仅极大增强了美国经济的活力，更是为同盟国提供了强有力的支持。珍珠港事件之后美国更是参与到反法西斯的战斗中去，在本土并未受到威胁的情况下为人类的反法西斯斗争作出了贡献。苏联在"二战"中遭受了巨大的损失，但作为唯一的社会主义国家，是同盟国中抗击法西斯德国的主力。正是凭着这样的贡献，美苏在世界上赢得了巨大的荣誉和威望。另一方面，两个国家均拥有强大的国力，为自身的软实力奠定了坚实的基础，自身的发展模式也产生了巨大的影响力。美国在"二战"期间利用罗斯福新政使国家摆脱了经济大危机的局面，国力迅速上升。相较于利用战争摆脱经济危机的德意日法西斯国家，美国的经济政策是成功的，也使得它成为当时世界上经济最强大的国家之一。在美苏等国的倡导之下，联合国成立了，在美国的主导之下，又相继建立了以美元为首的布雷顿森林体系，成立了国际货币基金组织、关贸总协定、世界银行，在这些国际机制之中美国不仅拥有绝对的控制权，更重要的是美国将其价值理念贯穿其中，通过国际机制为美国的利益服务。国际机制作为软实力的重要组成部分，在"二战"结束不久就已经发挥巨大的作用，目前这些机制在维护美国的经济利益方面仍发挥了至关重要的作用。这无疑是在软实力应用方面取得的巨大成功。苏联也以其强大的国力为后盾积累了较强的软实力。苏联自成立以后，其政治经济模式在促进苏联国力增长方面发挥了巨大作用，使其迅速成长为世界强国。特别是 20 世纪 30 年代西方经济大萧条期间，苏联的经济却一枝独秀。美国罗斯福总统的新经济政策还借鉴了苏联管理经济的方式，强调政府应加强对经济的干预力度。"二战"结束以后，苏联成为当之无愧的第二大经济强国，其政治经济模式超越一国的范围，在世界范围内产生了广泛的影响，建立了自己的体系。苏联的政治经济模式自身的吸引力是巨大的，在有些国家建立人民民主政权方面，苏联还给予了一定的支持和帮助，比如苏联对东欧人民民主政权的建立起了重要的作用，在某些国家甚至起了至关重要的作用。因此，应该说美国和苏联在"二战"结束之后为成为超级大国奠定了良好的软实力基础，分别成为新的国际格局的主导力量。

1941 年 6 月，在德国入侵苏联的当天，英国首相丘吉尔宣布："苏联的危险就是我们的危险，也是美国的危险，正如苏联人为保家而战的事业是全世界自由的人们和自由的民族的事业一样。"① 1946 年 3 月，丘吉尔在美国的威斯敏斯特学院发表演说时指出："从波兰的什切青到亚得里亚海的里雅斯特，一幅横贯欧洲大陆的铁幕已经落下来了。"短短 5 年的时间从战时的盟友转变为敌人，美苏为首的东西方世界开始了长达 40 多年的"冷战"。在这期间，美苏之间除了在硬实力（主要是军事实力）之间的较量之外，软实力的较量也夹杂在其中，一直延续到"冷战"结束。其间，美苏在运用软实力方面的得失成败直接影响了两极格局的变化。

一方面，在各自的阵营内部，软实力资源的运用对国际格局的演变产生了一定程度的影响。在资本主义阵营内部，美国利用外交援助的手段，极大地提高了自身的软实力。从 1948 年到 1952 年，美国先后向西欧提供了 130 多亿美元的经济援助②，美国的援助极大地帮助了西欧的重建；美国还实行了援助日本的"道奇计划"，也极大地帮助了日本经济的恢复。这种援助不仅仅是帮助受援国家经济的重建和恢复，也为美国赢得了巨大的海外市场，使美国获得了巨大的经济利益，还为美国赢得了良好的声誉，增强了其软实力，资本主义阵营内部达到高度的统一，不仅经济上密切合作，军事上更是形成了同盟的格局。但是到 20 世纪 60 年代末 70 年代初，随着美国硬实力的相对削弱，美国的软实力也相应削弱，资本主义阵营内部出现了分化的局面。这一时期的美国处于内忧外患中，在外部深陷越南战争的泥潭，在国内反战运动高涨，陷入经济危机，加上"二战"后西欧和日本经济实力的快速增长，使美国的综合国力相对衰退，国家形象受到很大影响。在这种情况之下，资本主义阵营内部出现了分化的局面，比如西欧和日本在外交上出现了离心的倾向，特别是法国坚持发展自己的核武器，在外交上成为第一个承认中华人民共和国的西方国家。这一切都表明了美国在这一时期硬实力的相对削弱造成了软实力的相对下降，并且造成其阵营内部结构发生了变化，即美国、日本、西欧三足鼎立的局面开始形成，西欧和日本不仅在经济上有了较好发展，在外交成就和国际影响力上也取得了很大的成绩。而这种格局在"冷战"结束 30 余年之久的今天仍然存在。在社会主义阵营内部，苏联没有运用好在"二战"期间积累起来的软实力，社会主义阵营最终解散。"二战"结束之后，苏联加强对社会主义阵营内部意识形态和经济的控制，时常无视其他社会主义国家的主权和利益，造成了 20 世纪 50 年代社会主义阵营由内部危机转化为公开危机的矛盾，苏联的政策引起了社会主义阵营内部一些国家的反感，极大地损害了

---

① 赵新宇：《纳米世纪奇迹、革命与未来世界》，广州出版社 2001 年版，第 79 页。
② 含铁等：《战后美国史》，人民出版社 1989 年版，第 29 页。

苏联的国家形象，也造成了阵营的分裂。

另一方面，双方在运用软实力资源进行斗争方面也对最终结束"冷战"起到了巨大的作用。在这方面，美国为首的西方阵营大力实施"和平演变"战略，对抗、扰乱、分化和削弱苏联为首的社会主义阵营，起到了硬实力起不到的作用。"冷战"期间，美国对社会主义国家实行的总体上是遏制的战略。这一政策根源于 1946 年 2 月美国驻苏外交官乔治·凯南的"八千字电报"，该电报主张对苏联实行长期、坚定、耐心的遏制，以达到使苏联阵营内部按照西方的愿望，改变其内政和外交，乃至政权本身发生改变的目的。为了达到这一目标，西方国家试图运用政治、经济、文化、外交等方面的影响力，打一场"没有硝烟的战争"，以和平手段瓦解社会主义国家。在"和平演变"战略总体思想的指导之下，美国先后出台了具体的对苏和平演变的具体措施：艾森豪威尔时期实行了"和平解放"战略，这一战略就是要用"政治战、心理战和宣传战"等战争以外的一切手段，宣传西方的思想意识和生活方式，促进社会主义国家内部的"和平变革"，最终促使东欧国家摆脱苏联的控制，把东欧人民"解放"出来，把共产主义"推回去"。卡特当政时期特别强调对苏"软力量"的应用，提出"人权外交"，明确表示要把承担对人权的责任作为美国外交政策的核心。在 20 世纪 70 年代波兰危机时，卡特专门访问了华沙，成为第一个访问波兰的美国总统，不仅对波兰的人权和自由状况表示了关心，还支持波兰反对党团结工会的存在，促进波兰向"自由"社会演变。里根政府时期把人权纳入美苏斗争的框架，推广美国的"民主"与"自由体制"，促进东欧国家的和平演变。老布什政府时期提出了超越遏制战略，主张要把苏联纳入国际社会，使苏联成为一个西式的开放社会，并减少苏联对东欧社会的控制。从"遏制政策"到"解放政策""人权外交"再到"超越遏制"，美国对苏东国家竭力推行和平演变战略，充分发挥软实力的作用，实现了单靠军事力量无法达到的目的，最终在与苏联的争霸过程中成了赢家。相比美国，苏联不仅在自己阵营内部没有运用好软实力，在对美国的斗争过程中，过分地强调和迷信军事力量等硬实力的斗争，使西欧资本主义国家及邻国感到极大的恐惧和威胁，极大地损害了苏联的软实力。

由此可见，软实力在改变"冷战"格局的过程中发挥了巨大的作用。因而，软实力成为"冷战"之后大国竞相发展的重要力量也就不足为奇了。在"冷战"结束之后的国际格局的演变和国际秩序的重建过程中，软实力仍继续发挥着重要作用。

三、软实力影响国际秩序重建

国际秩序是指以一定世界格局为基础所形成的国际行为规范和相应的保障机

制，通常包括国际组织、国际规则、国际协议、国际惯例等。国际秩序和世界格局有内在的因果关系，格局主要反映国际社会各种力量对比及其配置结构的客观状况，而国际秩序则是那些具有重大影响力的国际行为主体根据一定目标所建立的一套国际行为机制，多数国家不得不遵循这些规范行事。一般而言，只要世界格局发生重大变化，国际秩序迟早也会改变，新的国际行为准则会逐渐取代旧的一套。

"冷战"结束之后，国际格局发生了根本性的变化，国际秩序也处于变动不居的态势。国际秩序的变化，实际上是国家力量消长的结果。而随着软实力成为国家综合国力的一部分，受到各国越来越多的关注，它在国际秩序的重塑和重建过程中发挥着重要的作用。国际秩序分为国际经济秩序和国际政治秩序。软实力在重塑国际经济秩序方面的作用，主要表现在国家经济发展模式和国际经济体制的改革与发展对经济秩序的影响。软实力在重建国际政治秩序方面的作用，则主要表现在国家的政治制度和外交政策的影响力对国际政治秩序的影响。

（一）经济发展模式与国际经济秩序的重建

资本主义制度诞生以来，西方民主自由的社会模式统治了世界几百年。从苏联诞生到解体的半个多世纪中，西方资本主义模式虽然受到以苏联社会主义模式为主的其他模式的挑战，但它仍然是世界的主导模式。"冷战"结束后，西方特别是美国政界盛行"历史终结论"，认为世界共产主义运动和社会主义意识形态从此"消亡"，西方的民主自由社会模式成为人类政府和人类社会的"最终模式"。西方的民主自由价值观和政治经济模式在世界上曾经风行一时。美国更以"冷战"胜利者自居，乘机竭力在全球推广美国的新自由主义市场经济和政治模式。然而好景不长，"历史终结论"并未终结历史，它们欲以其政治经济模式治理天下的意图也如"南柯一梦"，在现实中碰壁受挫。与此形成鲜明对照的是中国的经济发展模式随着中国经济实力的强大对众多发展中国家产生了巨大影响。

第一，西方模式自身弊端凸显，吸引力明显下降。西方的政治经济模式创造过辉煌的资本主义文明，是推动人类历史前进的一大动力。西方模式至今仍基本适合西方国家的国情和发展需要，但随着时代变迁，其弊端愈益显现。奉行这一模式的西方国家固有的贫富两极分化、种族矛盾、社会公平正义缺乏等种种痼疾趋于严重。另外，不断爆发的经济危机使西方模式的吸引力日益下降。从世界经济发展的数据看，自1825年英国开始出现第一次周期性普遍的生产过剩危机以来，这种危机每隔一定时期就要发生一次。进入20世纪后，又发生了1907年、1914年、1921年、1929~1933年和1937~1938年的经济危机。第二次世界大战后，各国又发生了次数不等的经济危机。其中有三次危机表现出明显的国际同期性。2008 年发端于美国的金融危机中，雷曼兄弟申请破产保护、美国第三大投资银行美林公司"委身"美国银行、美国国际集团（AIG）告急等一系列突如其来的变故使得世界各国都为之震惊。此次金融危机迅速引发多米诺骨牌效应，世界各国特别是发展中国家经济基础遭到重创，整个西方国家的经济处于非常危险的境地，直至 2020 年欧洲老牌的资本主义国家仍没有摆脱危机的困扰，反而被希腊、葡萄牙等西欧资本主义国家的债务危机缠身，这使得西方发展模式的吸引力明显下降。

第二，不少发展中国家和转型国家曾自愿或被迫实行西方经济发展模式，结果陷入社会和政治动荡，经济连年滑坡。它们在反思之余摒弃原来的选择，不再照搬西方模式而改走自己的路，努力探索适合本国国情的发展道路与社会经济政治制度。以"金砖四国"为代表的新兴大国特别是中国顶住西方压力，率先取得经济长期高速发展的骄人业绩。事实证明，凡是根据本国国情选择发展道路的国家，其发展情况、经济形势都好于全盘照搬西方模式的国家。选取适合自身国情的发展模式是新兴大国和其他新兴经济体异军突起的根本原因。随着新兴大国不断发展壮大，走"自己道路"的国家会越来越多，传统西方模式将受到更大的冲击。模式多样化将成为新的时代特征和世界政治景观。

第三，中国经济发展模式的影响力日渐增强。中国经济发展模式是追赶型的发展模式，基本的目标和任务就是实现经济的跨越式发展。改革开放后的 40 多年中，中国通过转变经济发展方式，改革和完善现有的经济体制，由原来积贫积弱的国家发展成为世界第一工业产品生产大国、第二大经济体和世界最大的实物贸易国。中国经济的巨大成功无疑给众多发展中国家树立了良好的典范。中国的经济发展模式，在发展中国家受到广泛好评和欢迎。中国在发展中国家进行了大量基础设施投资，提供了大量发展援助，同发展中国家特别是新兴市场国家的合作无疑会改善和提升中国的国家形象。从北京 APEC 到杭州 G20，从达沃斯论坛到厦门金砖会晤，在世界舞台上，更多中国理念、中国方案正在得到世界的广泛认同。2015 年皮尤研究中心做了一项调查，调查结果显示，中国全球支持率过半，全球受访者喜欢中国的平均比例为 55%，中东地区更倾向于中国，中东对中国的积极看法超过 50%，而美国则不到 30%。在撒哈拉以南的非洲，中国的支持率达 70%。[①]

（二）国际经济机制的改革和发展与国际经济秩序的重建

国际经济机制主要指国际经济组织及其在调节国际经济过程中形成的国际规

---

① 参见《皮尤好感度调查：中国全球支持率过半》，中国日报网，2015 年 6 月 25 日，https：//world. chinadaily. com. cn/2015 − 06/25/content_21098717. htm。

则、协定和规范惯例。"冷战"结束以来,发展经济成为各国的共识,经济全球化的趋势日益增强,世界上大部分国家纷纷加入经济全球化的浪潮,积极参与全球范围内的经济合作。经济全球化的重要表现就是国际经济机制发挥着越来越重要的作用,基于此,广大发展中国家积极参与国际经济机制构建,打破以往以美国为首的西方国家所主导的国际经济机制,通过加入原有的国际经济组织或发展新的国际经济组织的方式谋求更大的经济利益。随着发展中国家的不断努力和老牌资本主义国家面临的危机,国际经济机制也出现了改革和发展的趋势。尤其是2008年全球金融危机的爆发使国际经济结构发生前所未有的变化,由西方发达国家与新兴经济体共同构建的二十国集团成为代替G7的新的全球经济治理机制,世界经济格局出现了新的变化,新的国际经济秩序正在重建。

一方面,随着现有国际经济机制的改革,发展中国家话语权的增大对旧国际经济秩序产生深刻影响。现有的国际经济秩序是以1944年创立的布雷顿森林体系为基础的,该体系的运行基础和运行方式基本由美欧发达国家掌控,这表现为世界上最重要的两个国际金融机构——国际货币基金组织和世界银行一直由美欧等发达国家把持,不仅历届首脑出自美欧,而且美欧在这两大组织中占有最大的股权和话语权。随着经济全球化的发展特别是新兴国家的国力不断上升,发展中国家在经济机制改革中力求获得更大的发言权,现有国际经济机制的改革势在必行。

发端于2008年的金融危机暴露了现有国际经济体制特别是金融体制存在的漏洞。以国际货币基金组织为例,作为国际金融体系的主要多边性国际组织,在此次金融危机中与当年的东南亚金融危机一样再次显露了其无能为力的尴尬。相对于全球救助资金需求量而言,IMF的可用资金只是"杯水车薪",无力缓解资金困难国家的困境。2009年中国注资国际货币基金组织购得500亿美元的IMF债券,并表示希望这笔债券投资可以帮助IMF成员国应对全球金融危机,尤其帮助发展中国家和新兴市场早日复苏。[①] 2016年1月27日,IMF宣布IMF2010年份额和治理改革方案正式生效,根据该方案,IMF的份额将增加一倍,约6%的份额将向有活力的新兴市场和代表性不足的发展中国家转移。这意味着中国正式成为IMF第三大股东。中国份额占比将从3.996%升至6.394%,排名从第六位跃居第三位,仅次于美国和日本。印度、俄罗斯和巴西也均进入前十位。[②] 除此之外,IMF执行董事会于2015年11月30日批准人民币加入特别提款权(SDR)

---

① 苗苏:《中国注资国际货币基金组织购500亿美元IMF债券》,中国经济网,2009年9月7日,ht-tp://intl. ce. cn/zhuanti/data/sdr/sdrnews/200909/07/t20090907_19959627. shtml。

② 高伟东:《中国正式成为IMF第三大股东》,载于《经济日报》,中国政府网,2016年1月29日,https://www. gov. cn/xinwen/2016 - 01/29/content_5037031. htm。

货币篮子。2016年3月4日，IMF表示，将从2016年10月1日起在其官方外汇储备数据库中单独列出人民币资产，以反映IMF成员人民币计价储备的持有情况。2023年4月11日，IMF发布最新《世界经济展望报告》，报告预计，2023年全球经济将增长2.8%，而中国经济增速为5.2%，对全球经济将产生积极助推作用。[1]

再将目光转向世界银行。2010年4月25日，世界银行发展委员会春季会议通过了发达国家向发展中国家转移投票权的改革方案，这次改革使中国在世界银行的投票权从2.77%提高到4.42%，成为世界银行第三大股东国，仅次于美国和日本。[2] 2018年4月，世界银行又通过了130亿美元的增资计划。此次增资完成以后，世界银行每年平均贷放金额可以从2017年的600亿美元，以及2018年预期的800亿美元，提高至1000亿美元，并且一直延续到2030年。此次增资之后，中国在世界银行的投票权较之前上升了1.26个百分点，份额达到5.71%，位次上升至第三位，仅次于美国和日本。美国和日本的份额则均略有下降，分别降至15.87%和6.83%。投票权反映成员国对世界银行运营的影响力，其份额是根据经济规模和各国对世界银行的贡献度等因素决定的，中国投票权的提高体现了在国际经济规则的制定中权利的提升。

世界贸易组织（WTO）中发展中国家的影响力也在逐步提升。2001年中国正式加入WTO，凭借强大的市场潜力和改革开放政策的支持，中国成为国际贸易领域举足轻重的力量。在应对国际贸易争端方面，中国由原来的被动应对到主动维护自身的利益，运用国际贸易规则维护自身利益的能力日益增强。随后，很多拉丁美洲国家也接连加入WTO，积极参与国际贸易合作。发展中国家在世界贸易组织举行的多哈会谈中团结一致、统一立场，为维护发展中国家的权益进行了有效的斗争。俄罗斯也积极参与国际经济机制，于2012年成为WTO的成员国。

国际货币基金组织、世界银行和世界贸易组织的改革彰显了国际经济秩序重建的火花，使发展中国家在未来新的国际经济秩序的重建过程中看到了希望。

另一方面，新的国际经济机制的发展对国际经济秩序的重塑产生了重大影响。国际经济秩序的重构还体现在新的国际经济机制的建设方面，这主要是新兴发展中国家参与国际经济秩序的结果。通过建立新的国际经济组织、建立自由贸

---

[1] 潘丽君、杨士龙：《IMF预计今年中国经济增长5.2%》，源于新华社，载于中国政府网，2023年4月12日，https://www.gov.cn/yaowen/2023-04/12/content_5750971.htm。

[2] 刘丽娜、刘洪：《中国成世界银行第三大股东国 投票权提高到4.42%》，源于新华社，载于中国政府网，2020年4月26日，https://www.gov.cn/jrzg/2010-04/26/content_1592260.htm。

易区等方式，新兴发展中国家以自己的方式在建立新的国际经济秩序的过程中发挥着重要的作用。在亚洲，组建目前世界人口最多的自贸区，也是发展中国家间最大的自贸区——中国—东盟自由贸易区。积极组建亚洲基础设施投资银行（以下简称"亚投行"，AIIB），重点支持基础设施建设，加快亚洲区域的建设互联互通化和经济一体化的进程，加强中国及其他亚洲国家和地区的合作。截至2023年初，亚投行已有106个正式成员国。① 倡议建立丝绸之路经济带与21世纪海上丝绸之路经济区域战略，即"一带一路"倡议，涵盖了亚洲诸多经济体国家，特别是对于发展中国家来说，使其能够参与到国际经济规则的制定中。在非洲，中国通过中非合作论坛的方式积极与非洲国家开展经济等领域的合作，加强同非洲国家的团结，在非洲树立"负责任大国"的形象。此外，近年来新兴发展中国家中"金砖四国""远景五国"在经济领域的合作也不断增强。拉丁美洲和非洲地区也组建了众多的区域经济组织，如里约集团、拉丁美洲经济体系、南方共同市场、非洲联盟、东非合作组织、西非经济共同体、南部非洲发展共同体等，在促进本地区经济发展方面发挥了重要作用，也无形中对国际经济秩序的重建发挥了重要影响。这些新的形式各样的国际经济组织和机制反映了国际经济秩序重建的新内容，是对旧的国际经济秩序的补充与重构。

（三）政治制度与国际政治秩序的重建

一个国家政治制度影响力的上升与下降直接影响这个国家在国际上的地位，从而一定程度上影响国际政治秩序的重建。回顾"冷战"结束初期，美国为首的西方国家以胜利者的姿态屹立在世界政治舞台上，东欧巨变、德国统一，标志着苏联式的政治经济体制的彻底倾覆，与此形成鲜明对照的则是美国式的政治经济体制一度傲视全球。作为"冷战"的大赢家，美国的政治体制对当时国际政治秩序产生了重大的影响，许多前苏东国家为了摆脱困境纷纷效法美国的政治体制。但是采取了美式的政治体制并不等于就能拯救自己的国家，由于各国的国情不同，美国式的政治体制在这些国家并没有实现国家的稳定和繁荣，反而更加困难重重。进入21世纪，仍旧有国家试图复制西方的政治体制，结果并不尽如人意。这表明，美国式的政治体制在重塑国际政治秩序方面的影响力已大大下降了。

习近平总书记在党的十九大报告中指出："治理一个国家，推动一个国家实现现代化，并不只有西方制度模式这一条道，各国完全可以走出自己的道路

---

① 潘洁：《开业运营7周年 亚投行"朋友圈"何以越来越大？》，中国政府网，2023年1月17日，https：//www.gov.cn/xinwen/2023 – 01/17/content_5737425.htm。

来。"① 发展中国家应采取适合本国国情的政治体制，在新的国际政治秩序的建构过程中发挥重要作用。中国自改革开放以来实行了适合中国国情的具有中国特色的社会主义政治体制，并对其进行不断的改革和完善。这种政治体制维护了中国社会的安定，为国家发展经济创造了良好的政治环境。除中国外，近年来，拉丁美洲国家左翼力量迅速发展，左翼政府纷纷登台。查韦斯的成功连任标志着拉丁美洲左翼执政团队的阵地得到巩固，表明拉丁美洲左翼势力进一步增强。尽管2015 年至今，左翼力量在拉丁美洲多国受到了挫折，拉丁美洲地区政治格局呈现"左退右进"之势，但是，2017 年厄瓜多尔左翼执政党的胜选又使地区左翼力量稳住了阵脚。自 2018 年开始，在新一轮选举周期中，拉丁美洲左翼再次在多国赢得执政权。"在 2022 年拉美国家的大选中，左翼继续延续了强劲的势头，不仅数次成功收获选举胜利，甚至在一些国家创造了历史。"② 这种新的政治潮流一方面凸现了发展中国家在选择自己道路上的自主性，另一方面也表明了美国式的政治体制在世界影响力的削弱，新的国际政治秩序中这些国家的声音也将进一步显现出来。

（四）外交政策与国际政治秩序的重建

一个国家的外交政策的合法性和道义性直接影响该国在国际上的形象，并进而潜移默化地影响该国在世界上的影响力，而这种影响力是政治秩序重建的重要因素。

美国的外交政策对国际政治秩序重建的影响力正在下滑。"冷战"时期美国的外交政策可以说是非常成功的，它不仅团结西方国家，在亚洲等地与很多国家结盟，而且在使用"和平演变"的战略向苏东国家推行其民主政治、市场经济和自由的价值观念方面也是非常成功的，这也是造成东欧巨变的重要外部因素。但"冷战"结束之后，美国在其外交战略中过分相信武力的作用。从 1998 年北约轰炸南联盟到 2001 年的阿富汗战争、2003 年的伊拉克战争再到 2011 年延续至今的叙利亚战争，美国的武力至上、单边主义发展到了极致，极大地损害了美国在国际上的形象。英国《金融时报》著名评论员马丁·沃尔夫在《撕碎布什主义》一文中指出，布什政府背弃了支撑"二战"后美国对外政策的多项原则，武力至上，试图以武力将民主制度强加于别国，严重损害了美国的国际形象，削弱了美国主导国际事务的能力。特朗普上台后提出的"美国优先"更是使美国彻底抛弃

---

① 中共中央文献研究室：《习近平关于社会主义文化建设论述摘编》，中央文献出版社 2017 年版，第 7 页。

② 金晓文：《2022 年的拉美：在左右分化中探寻未来方向》，载于《光明日报》2023 年 1 月 2 日。

其所谓"世界领导者"的外衣，把美国的利益置于世界各国利益包括盟友的利益之上。特朗普撕毁伊朗核协议，加大对伊朗的制裁，使得美伊关系急剧恶化；对俄罗斯奉行以遏制为主的政策；与中国发生贸易摩擦，在经贸问题上对中国施加强大压力，其《国家安全战略报告》更是将中国列为主要战略竞争对手；特朗普政府先后退出了跨太平洋伙伴关系协定（TPP）、《巴黎协定》、北美自由贸易协定、联合国教科文组织等国际组织，引发了国际社会的不满。盖洛普最近调查的134个国家中，只有30%的人认可特朗普领导的美国，是盖洛普成立以来最低的数字。[1] 拜登"价值观外交"的提出，也表明了美国已经越来越没有足够的硬实力和软实力来维持全球领导力和号召力，只能通过人权民主等虚伪的问题来蛊惑人心。总体而言，美国外交政策的影响力已经处于下滑的态势，美国的国际信用与国际形象受到极大的损害，而与此相适应的是其在新的国际政治秩序中的影响力也处于下滑的态势。

发展中国家秉持和平外交政策，在国际上的地位不断提升，在重建国际政治秩序中的作用不断增强。以中国为例，"冷战"结束以来，中国继续奉行独立自主的和平外交政策，在反恐、防核扩散、经济危机、跨国犯罪、全球气候问题以及自然灾害等问题方面都发挥着越来越积极的作用，树立了积极的负责任的国际形象。在地区事务中，中国本着负责任的态度，为朝鲜核问题的解决积极斡旋，对东北亚的稳定发挥了积极的作用。在中亚，以上海合作组织为平台，与其他成员国在反对三股势力和维护地区稳定方面发挥了积极的作用。在双边关系方面，中国在同主要国家发展友好关系，并与周边国家和睦相处的同时，还积极与拉丁美洲国家和非洲国家发展友好关系，与以"金砖四国"为首的广大发展中国家在谋求建立新的国际秩序方面进行了良好的合作。这些都为中国树立良好的国际形象奠定了基础，中国在国际政治舞台上的声音越来越响亮。更加主动、更加进取、更加自信、更加成熟的中国外交气度，契合了"中国不能缺席"的多数国家共识。

进入新世纪以来，随着新兴大国的兴起和发展中国家整体力量的壮大、综合实力的增强，尤其是软实力的增强，它们在世界舞台和国际秩序中的分量和影响日益加重，美国单边支配国际秩序的局面难以为继，国际秩序的重建进程加速发展，并已成为难以逆转的势头。

---

① 王骁：《美国盖洛普民调显示美国世界形象在雪崩，但是〈纽约时报〉偏要拉上中俄说事》，观察者网，2018年1月19日，https：//www.guancha.cn/america/2018_01_19_443845.shtml。

第二章

中国软实力建设与发展的历史回顾

中国软实力的建设经历了从无到有、由小到大、从弱到强的孕育、形成和发展的历史演进。中国软实力在建设与发展过程中经历了不同的发展阶段，取得了发展的重要成就，积累了发展的基本经验。当前，探索中国软实力建设与发展战略，一定要注重历史与现实的结合，深入分析我国软实力建设的历史进程和重要成就，总结我国软实力建设的发展经验，把握我国软实力建设的历史方位，为我国软实力建设与发展战略的制定提供坚实基础。

第一节　中国软实力建设与发展的历史进程

中国软实力建设与发展是伴随中国人民站起来、富起来、强起来的伟大实践而展开的。把握中国软实力建设与发展的历史进程，首先必须弄清其建设与发展的主要阶段。

一、中国软实力建设与发展的主要阶段

软实力的主要构成要素包括文化、价值观念、社会制度与发展模式、外交政策与国家形象等，其中，核心要素为价值观。因此，我们从这些主要构成要素尤其是核心要素出发，以不同时期软实力建设的标志性事件为依据，把新中国成立

以来中国软实力的建设与发展划分为以下三个主要阶段。

（一）中国软实力创建奠基阶段（1949～1978年）

新中国成立初期，根本任务就是建设"独立、自由、民主、统一和富强"[①]的新中国。1949年10月1日，毛泽东在天安门城楼上庄严宣告中华人民共和国成立。新中国的成立，开启了中国软实力建设与发展的新纪元。到1956年，随着社会主义改造基本完成，国家政治经济形势发生了根本性变化，社会主义基本制度在中国全面确立，建立了主权独立的人民当家作主的社会主义国家，为中国软实力形成与发展奠定了政权和制度基础，中国软实力建设稳健前行。尽管后来遭到"文化大革命"的破坏，中国软实力建设与发展受到一些挫折，但在艰苦探索中，软实力建设与发展整体成就明显，党和政府在全国各族人民中的声望和凝聚力、向心力空前提高，中国共产党领导下的社会主义发展模式的稳定性和吸引力大幅提升。新中国成立到党的十一届三中全会前夕，是中国软实力奠基探索阶段。

在制度建设上，建立了新中国，确立了公有制为基础的一系列新的政治经济文化制度，包括人民代表大会制度、中国共产党领导的多党合作和政治协商制度等；发展社会主义公有制经济，迅速完成了国家工业化的原始积累，建立了比较独立的、完整的工业体系和国民经济体系，逐步建立和完善社会主义经济制度，明确社会主义的根本任务是促进生产力的快速发展，提出了工业、农业、国防和科学技术"四个现代化"的宏伟目标，为国民经济和社会发展指明了前进的方向。

在文化建设上，确立了马克思列宁主义、毛泽东思想在意识形态领域的主导地位，发展具有中国特色的民族的、科学的、大众的文化，以提高人民文化水平，培养国家建设人才，肃清封建的、买办的、法西斯主义的思想，发展为人民服务的思想为主要任务，荡涤半殖民地半封建旧社会遗留下来的"黄、赌、毒、黑"等污泥浊水，以社会主义和为人民服务的思想代替资本主义及一切剥削阶级的思想，形成了以马克思列宁主义、毛泽东思想为核心的社会主义思想文化体系，这是中国先进文化建设进程中的一次历史性跨越。

在外交上，探索创立并落实独立自主的和平外交政策，积极推动建立新型外交关系。20世纪50年代，共同倡导和提出了和平共处五项原则。到60年代末，

[①] 《毛泽东选集》第三卷，人民出版社1991年版，第1030页。

与中国建交的国家达 50 多个①，为中国软实力建设与发展做出了贡献。在外交政策上，50 年代中国联苏抗美，中苏结盟，加入以苏联为首的社会主义阵营，通过抗美援朝战争、援越抗法战争等，巩固了中国的大国地位和伸张正义的大国形象；60 年代，放弃"一边倒"外交政策，提出"反帝反修"外交政策，发展与周边国家睦邻友好关系，改善同西欧国家的关系，大力支援亚非拉国家的革命斗争，为亚非拉民族解放运动做出了巨大贡献；70 年代，奉行以联美抗苏为特征的"一条线""一大片"的第三世界国家战略。在外交事务上，中国发挥了作为第三世界大国的作用，在缓和国际紧张局势、发展与亚非拉国家和社会主义国家的关系等方面取得了一系列成就。例如，参加日内瓦会议（1954 年）、万隆会议（1955 年）和 77 国集团（不结盟运动，1964 年），尤其是万隆会议上提出的万隆十项原则，这是对和平共处五项原则的引申和发展，扩大了和平共处五项基本原则的国际影响力，后取得联合国宪章认可，成为公认的处理国家间关系的基本准则。在这五项原则指导下，中国成功解决了与缅甸、蒙古、巴基斯坦等国家的边界问题，与许多中小国家建立了良好关系。1971 年，中美拉开"乒乓外交"的序幕，促进中美和解与外交关系的建立，1972 年美国总统尼克松访华，打破中美隔绝的状态，打开了中国外交的新局面。1971 年，中国在联合国大会上赢得 2/3 以上成员国的支持，恢复合法席位，正式加入联合国，成为安理会常任理事国，积极参与国际组织活动，维护人类的利益，充分展现负责任大国的形象。1974 年毛泽东正式提出"三个世界"划分的思想，明确反对霸权主义，得到国际社会认可，增强了中国在第三世界国家和社会主义国家的向心力和号召力，促进了中国在国际舞台上发声、发力，大大提升了中国的国际威望和国际影响力。

（二）中国软实力稳步建设阶段（1978～2012 年）

1978 年 12 月，党的十一届三中全会在北京召开。大会重新确立了解放思想、实事求是的思想路线，确定将党和国家的战略重点从"以阶级斗争为纲"转向以经济建设为中心上来，确立了党"一个中心，两个基本点"的基本路线，落实拨乱反正，促进了中国的稳定与发展，为软实力建设与硬实力发展奠定了基础。同时，实行改革开放，促进中国更好地融入国际社会，更好地发挥中国在国际社会中的作用，打开了中国软实力建设与发展的新局面。党的十一届三中全会到党的十八大的召开，是中国软实力稳步建设阶段。

在制度建设和价值观念上，党的十一届三中全会提出了"改革开放"的战略

---

① 唐家璇：《新中国外交的光辉历程》，中华人民共和国外交部网站，1999 年 12 月，https：// www.mfa.gov.cn/web/ziliao_674904/wjs_674919/2159_674923/200012/t20001220_7950084.shtml。

思想，接着在深圳等地探索"特区发展模式"，为中国道路、理论和制度的创新打开了新境界。1982 年党的十二大确立了"走自己的道路，建设有中国特色的社会主义"① 这一指导思想，提出了"全面开创社会主义现代化建设新局面"② 的正确纲领和一系列方针政策。1987 年党的十三大确立了社会主义初级阶段理论和"三步走"发展战略目标，明确和平与发展是当今世界的两大主题。20 世纪 90 年代初，邓小平南方谈话为中国特色社会主义理论和社会主义市场经济体制的确立奠定了基础。1992 年，党的十四大明确了我国经济体制改革的目标是建立社会主义市场经济体制。世纪之交，党的十五大确定了社会主义初级阶段的基本纲领和"科技兴国"战略、"可持续发展"战略，为中国软实力建设与发展提供了新的战略思想和依据。2002 年，党的十六大报告首次将"社会更加和谐"作为重要目标提出。中国共产党在第十六届中央委员会第四次全体会议上明确提出了"构建社会主义和谐社会"的指导思想。2005 年，十届人大三次会议提出建设社会主义和谐社会的发展理念，全面推进社会主义和谐社会建设；2007 年10 月，党的十七大把科学发展观写入党章，并在报告中提出，要坚持以人为本，促进社会全面、协调、可持续发展，明确强调"兴起社会主义文化建设新高潮，激发全民族文化创造活力，提高国家文化软实力"③。约瑟夫·奈认为，这表明软实力已经进入中国的官方语言。④ "和谐社会"与"科学发展观"的提出，在国际社会尤其是广大发展中国家中产生了较大影响，被称为"北京共识"，成为吸引广大发展中国家的软实力。这些具有纲领性和方向性的战略目标推动了社会主义制度的守正与创新，开创了中国特色社会主义道路、理论、制度和文化，促进了中国软实力的生成与发展。

在文化软实力建设上，党的十三大报告在社会主义文化建设上迈出了跨越性的一步。报告中指出，必须以马克思主义为指导，努力建设精神文明，按照"有理想、有道德、有文化、有纪律"的要求，提高整个民族的思想道德素质和科学文化素质。⑤ 该报告明确了社会主义精神文明的概念和社会主义精神文明建设要求，指明了进一步推进中国特色社会主义文化建设的根本原则。党的十四大报告提出"坚持两手抓，两手都要硬，把社会主义精神文明建设提高到新水平"⑥，从物质文明和精神文明相互作用的角度探讨和论证了新时期国家文化建设的战略

---

① 《中国共产党第十二次全国代表大会文件汇编》，人民出版社 1982 年版，第 4 页。
② 《中国共产党第十二次全国代表大会文件汇编》，人民出版社 1982 年版，第 1 页。
③ 《胡锦涛文选》第二卷，人民出版社 2016 年版，第 639 页。
④ 张国祚、[美]约瑟夫·奈：《对话"软实力"》，载于《光明日报》2012 年 7 月 10 日。
⑤ 中共中央文献研究室：《十三大以来重要文献选编》上，人民出版社 1991 年版，第 14 页。
⑥ 中共中央文献研究室：《改革开放三十年重要文献选编》上，人民出版社 2008 年版，第 666 页。

思想。党的十五大报告提出了"中国特色社会主义的文化"①的概念，将社会主义精神文明建设理论拓展为中国特色社会主义文化建设理论，确立了中国社会主义初级阶段的文化纲领。党的十六大报告指出，"全面建设小康社会，必须大力发展社会主义文化，建设社会主义精神文明"②，要求全党同志必须牢牢把握先进文化的前进方向，提出并形成了以中国特色社会主义文化为核心的先进文化建设理论。党的十七大报告首次提出"国家文化软实力"概念，并从"建设社会主义核心价值体系，增强社会主义意识形态的吸引力和凝聚力；建设和谐文化，培育文明风尚；弘扬中华文化，建设中华民族共有精神家园；推进文化创新，增强文化发展活力"③四个方面提出具体要求。党的十七届六中全会做出《中共中央关于深化文化体制改革推动社会主义文化大发展大繁荣若干重大问题的决定》，强调"发展面向现代化、面向世界、面向未来的，民族的科学的大众的社会主义文化，培养高度的文化自觉和文化自信，提高全民族文明素质，增强国家文化软实力，弘扬中华文化，努力建设社会主义文化强国"④。文化强国成为国家战略，我国文化软实力建设稳步发展，民族凝聚力明显增强。

在外交上，调整中国外交战略，积极拓展深化多边外交，构建外交新格局，推动中国软实力稳步发展。在外交政策上，20世纪80年代，中国调整了外交政策，坚定不移地实行对外开放政策，积极同世界各国平等互利合作，明确外交工作的目标和任务是为改革开放和社会主义现代化建设争取一个较长时期的国际和平环境，奉行独立自主的和平外交政策。80年代末90年代初，国际形势风云突变，东欧剧变、苏联解体，国内发生政治风波，西方打压和制裁中国。邓小平提出了"冷静观察、稳住阵脚、沉着应付、韬光养晦、善于守拙、决不当头、有所作为"⑤的外交方针，这些政策的调整为国内经济建设创造了良好的国际和平环境，成功突破了西方国家的制裁，促进了中国经济的快速发展。随后，中国继续坚持"韬光养晦，有所作为"的方略，设立外交部、中央部委和各级政府发言人和新闻发布会制度，积极对外发声，统筹推进大国关系，实行"以邻为伴，与邻为善"⑥的睦邻外交政策。此外，在公共外交方面，积极落实民间外交，如地方外事、专业交流、招商引资、留学通婚、出国旅游等，拓展了国际交流互鉴的领

---

① 中共中央文献研究室：《改革开放三十年重要文献选编》下，人民出版社2008年版，第899页。
② 中共中央文献研究室：《改革开放三十年重要文献选编》下，人民出版社2008年版，第1259页。
③ 中共中央文献研究室：《改革开放三十年重要文献选编》下，人民出版社2008年版，第1730～1731页。
④ 《中共中央关于深化文化体制改革推动社会主义文化大发展大繁荣若干重大问题的决定》，人民出版社2011年版，第8页。
⑤ 《中华人民共和国简史》，人民出版社、当代中国出版社2021年版，第195页。
⑥ 张平：《中国改革开放：1978－2008综合篇》下，人民出版社2009年版，第1004页。

域和范围，扩大了中国文化等方面的影响力。在外交事务上，坚持独立自主，积极加强国际合作，力争有所作为，谋求和平发展，不仅与周边国家的关系明显改善，而且与发达国家和世界强国普遍建立或恢复了良性的外交关系，扩大了中国的国际影响力，诸如建立了与美国、俄罗斯、日本、英国、德国、法国、印度等20 多个国家长远性、建设性的双边和多边关系，在联合国改革、朝鲜核问题、伊朗核问题、中东问题、非洲问题、气候问题、国际反恐等领域发挥了积极的作用。2001 年，中国经过几轮谈判，成功加入世界贸易组织，中国经济融入世界经济，有力促进了中国经济与世界经济互动共进的经济全球化进程。2008 年，中国在遭遇了汶川大地震等罕见的自然灾害之后，成功地举办了奥林匹克运动会，一洗中华民族历史上"东亚病夫"的耻辱，引起了世界对中国的高度关注和评价。2010 年又成功举办了上海世博会，进一步增强了中国的国际影响力和国家软实力。在 1997 年亚洲金融危机期间，"北京拒绝人民币贬值，以这样的决定来支持亚洲"①。中国在东南亚金融危机期间的积极作为，不仅保持了国内经济金融秩序的稳定，而且有力支援东南亚国家度过了亚洲金融危机，提升了中国的国际地位。而自 2008 年祸起美国的世界经济危机爆发以来，中国加入 G20 国际经济合作论坛协商机制，合作应对世界经济危机，不仅为走出世界经济危机的阴霾做出了努力，而且中国经济在危机中高速发展，对世界经济的贡献率直线上升，为世界经济复苏做出了巨大贡献。约瑟夫·奈指出，"中国经济成功的本身就是中国软实力增长的一个增长点。中国的经济增长不仅让发展中国家获益巨大，中国特殊的发展模式和道路也被一些国家视为可模仿的榜样"②。

（三）中国软实力创新发展阶段（2012 年至今）

党的十八大以来，中国特色社会主义进入新时代，中国软实力建设进入创新发展的阶段。中国特色社会主义进入新的历史方位，意味着中国人民经历了由站起来、富起来到强起来的历史性飞跃，意味着中国特色社会主义道路、理论、制度、文化不断发展，为世界社会主义事业发展做出了贡献，也意味着拓展了发展中国家走向现代化的途径，给世界上那些既希望加快发展又希望保持自身独立性的国家和民族提供了全新的选择，为解决人类问题贡献了中国智慧和中国方案。这个新时代"是我国日益走近世界舞台中央、不断为人类作出更大贡献的时

---

① Joshua Kurlantzick. China's Charm: Implications of Chinese Soft Power. *Policy Brief*, No. 47, June 2006, pp. 1 - 7.

② 席来旺：《美国著名学者约瑟夫·奈接受本报专访：中国软实力可以打 60 分》，载于《环球时报》2008 年 2 月 22 日。

代"①。新时代，中国软实力建设站在了新的历史起点，取得了新的显著成就。

在文化上，文化软实力建设与发展被提到了新的高度。2012 年，党的十八大首次提出建设社会主义文化强国的战略任务，向世界表明中国将大力发展文化软实力。建设文化强国"关键是增强全民族文化创造活力"②，须持续改革那些阻碍激发文化内在活力的陈旧体制机制，促进中国文化软实力的发展。党的十九大以来，习近平总书记多次强调意识形态工作是一项极为重要的工作，要从新的历史条件特别是网络空间不同文化和价值观念相互激荡的现实出发，在多元中立主导，在多样中谋共识，在多变中把方向，加强中国特色社会主义文化建设，弘扬中华优秀传统文化、中国革命文化和社会主义先进文化，深入学习、研究和传播马克思主义尤其是中国化马克思主义，巩固马克思主义在我国意识形态领域的主导地位，坚持用习近平新时代中国特色社会主义思想铸魂育人，坚定理想信念，培育和践行社会主义核心价值观，厚植爱国情怀，增强道路自信、理论自信、制度自信和文化自信，培育担当民族复兴大任的时代新人，不断提升国家文化软实力和中华文化国际影响力。"统筹推进'五位一体'总体布局、协调推进'四个全面'战略布局，文化是重要内容；推动高质量发展，文化是重要支点；满足人民日益增长的美好生活需要，文化是重要因素；战胜前进道路上各种风险挑战，文化是重要力量源泉。"③ 新时代，中国在软实力建设中，强调社会主义核心价值观是兴国之魂，在实践中培育、践行和弘扬社会主义核心价值观，使"富强、民主、文明、和谐，自由、平等、公正、法治，爱国、敬业、诚信、友善"④ 的社会主义核心价值观深入人心、家喻户晓，成为人们自觉践行的准则，成为国家软实力建设和发展的价值引擎。习近平总书记先后主持召开了全国宣传思想工作座谈会、文艺工作座谈会、新闻工作座谈会、哲学社会科学工作座谈会、网络安全和信息化工作座谈会、高校思想政治工作座谈会、学校思想政治理论课教师座谈会等具有重要意义的座谈会并发表系列重要讲话，对新时代中国特色社会主义文化建设和意识形态工作做出了全面的部署、进行了科学指导，有力推进了新时代我国软实力特别是文化软实力的创新发展。

在外交上，党的十八大以来，以习近平同志为核心的党中央高度重视外交工作，不断创新外交理论和实践、全球治理理念和实践，创造性地提出了许多重大国际战略思想、外交政策和策略方针，创新性地发展了多边外交，逐渐形成了具有中国特色、中国风格、中国气派的大国外交。中国特色大国外交，致力于构建

---

① 《习近平谈治国理政》第三卷，外文出版社 2020 年版，第 9 页。

② 中共中央文献研究室：《十八大以来重要文献选编》上，中央文献出版社 2014 年版，第 24 页。

③ 习近平：《在教育文化卫生体育领域专家代表座谈会上的讲话》，人民出版社 2020 年版，第 5 页。

④ 《习近平谈治国理政》第一卷，外文出版社 2018 年版，第 169 页。

以和平发展、合作共赢为核心的新型国际关系，形成了全方位、多层次和立体化的战略布局。一是提出了"中国梦"的伟大梦想，阐明了"中国梦与世界梦"息息相通的理念。习近平同志在出访和接待外国来宾的过程中，向各国领导人和公众深入介绍了实现中华民族伟大复兴中国梦的重要思想，深刻阐述中国梦的丰富内涵，强调中国梦与世界各国人民的梦想息息相通，中国在实现自身发展的同时将努力带动和帮助其他国家特别是发展中国家和周边国家发展，使它们更好地实现自己的梦想。"中国梦与世界梦息息相通，中华民族应该对人类社会作出更大贡献。"[①] 中国希望同世界各国合作共赢、共同发展，中国人民希望同各国人民一道，实现中国梦，共圆世界梦。二是提出了坚定不移走和平发展道路，但决不牺牲国家核心利益的外交政策底线。2013 年 1 月，习近平在主持中共中央政治局第三次集体学习时，既表达了我国始终不渝走和平发展道路的意志和决心，又明晰划定了中国维护核心利益的底线，"决不能放弃我们的正当权益，决不能牺牲国家核心利益。任何外国不要指望我们会拿自己的核心利益做交易，不要指望我们会吞下损害我国主权、安全、发展利益的苦果"[②]。中国在南海仲裁案、中美贸易摩擦等事件中维护了中国的国家利益。特别是在 2021 年 3 月中美高层战略对话过程中，面对美方的打压，中央外办主任杨洁篪在对话开场白中明确阐明中方立场，"与中国打交道，就要在相互尊重的基础上进行。历史会证明，对中国采取卡脖子的办法，最后受损的是自己"[③]。三是提出了"人类命运共同体"的理念。习近平总书记在博鳌亚洲论坛发表的演讲中指出人类只有一个地球，各国共处一个世界，我们"应该牢固树立命运共同体意识"[④]，推动亚洲和世界共同发展。2020 年，新冠疫情在全球肆虐，成为百年来全球发生的最严重的传染病大流行。面对突如其来的严重疫情，习近平总书记多次强调同世界各国携手合作、共克时艰。中国用支援全球抗疫的实际行动彰显了中国致力推动构建人类命运共同体的真诚愿望。习近平总书记关于人类命运共同体的理念，充分反映了全球化时代中国外交的新思维和新思路。中国签署和落实《巴黎协定》，积极参与联合国世界维和行动，加强对非洲等发展中国家的援助、投资和建设，推进"一带一路"建设等，有效扩大了中国的影响力，提升了国家的软实力。四是创新外交形式，增强中国外交的亲和力与影响力。在 APEC 峰会期间，习近平总书记为普京总统送上生日礼物开展"蛋糕外交"；彭丽媛作为主席夫人开展"第一夫

---

① 习近平：《在纪念五四运动 100 周年大会上的讲话》，人民出版社 2019 年版，第 18 页。

② 《习近平谈治国理政》第一卷，外文出版社 2018 年版，第 249 页。

③ 李志伟：《杨洁篪在中美高层战略对话开场白中阐明中方有关立场》，载于《人民日报》2021 年 3 月 20 日。

④ 《习近平谈治国理政》第一卷，外文出版社 2018 年版，第 330 页。

人"外交，为首脑外交锦上添花等。英国《每日电讯》将习近平在外交上的多种创新评价为"习式外交"。习近平的"友情外交"积极推进国际关系，为开创外交新局面发挥了重要作用，不断提升着中国的软实力和全球影响力。五是更加重视外交工作的顶层设计和主动推进。以习近平同志为核心的党中央十分重视外交工作的顶层设计，不断强调要对中长期对外工作作出战略规划和整体布局，落实一系列重大外交行动。以"一带一路"为例，2013 年 9 月和 10 月，习近平在访问中亚和东南亚国家时，提出建设丝绸之路经济带和 21 世纪海上丝绸之路的倡议。2015 年，中国政府制定并发布《推动共建丝绸之路经济带和 21 世纪海上丝绸之路的愿景与行动》，对"一带一路"系统工程进行整体谋划，促进扩大"一带一路"的"朋友圈"，"打造国际合作新平台，增添共同发展新动力"①。2017 年，"一带一路"国际合作高峰论坛在北京召开，中国逐步确立了以"一带一路"建设为统领的对外开放新格局。2021 年，与沿线国家货物贸易额达 11.6 万亿元，创 8 年来新高，同比增长 23.6%。2021 年全年对沿线国家直接投资 1 384.5 亿元，同比增长 7.9%；沿线国家企业也看好中国发展机遇，对我直接投资首次超百亿美元，达到 112.5 亿美元；在沿线国家承包工程完成营业额 5 785.7 亿元，一批"小而美"的减贫、卫生、教育、体育等民生领域援助项目落地见效，援非洲疾控中心等项目顺利实施。②"把'一带一路'打造成合作之路、健康之路、复苏之路、增长之路，加强绿色发展合作，为推动世界共同发展、构建人类命运共同体贡献力量。"③"一带一路"成效惠及了沿线国家和世界，展现了中国外交软实力的风采。

二、中国软实力建设与发展的突出特点

经过长期的建设和发展，中国软实力在新的国内外环境中的价值日益凸显，并且形成了鲜明的中国特色。

（一）传统文化的厚重性

软实力从其根本上来说是一种吸引力和影响力。一个国家的软实力要产生吸

---

① 中共中央党史和文献研究院：《十九大以来重要文献选编》上，中央文献出版社 2019 年版，第42 页。

② 《国新办举行 2021 年商务运行情况新闻发布会》，中华人民共和国商务部网站，2022 年 1 月 25 日，http：//interview. mofcom. gov. cn/detail/202201/ff8080817e9fb4d9017e9fd236220004. html。

③ 习近平：《习近平在亚太经合组织第二十七次领导人非正式会议上的讲话》，人民出版社 2020 年版，第 8~9 页。

引力、影响力必须要有坚实的平台和厚实的基础，而一个国家的文化底蕴应该是这个平台和基础的重要基石。中国有五千年的文明发展史，中华文化源远流长，造就了中国独特的文化传统。就中国文化的流派而言，有儒家文化、道家文化、墨家文化、法家文化等；就文化的领域而言，有社会文化、家庭文化、职业文化、茶文化、饮食文化等；就文化的民族性而言，有汉民族文化及少数民族文化；就文化的区域性而言，有长江流域文化、黄河流域文化以及大江南北不同区域各自独特的文化；等等。中国传统文化从不同的角度构建了我国庞大的文化体系，形成了丰富多彩的文化思想。这些文化思想所显现出来的价值观强调家庭作为社会结构的基石，非常注重美德和伦理，集体对于个人的优先地位，强调统一和谐以及秩序，强调艰苦奋斗、勤俭以及教育的重要性。此外，中国的文明和历史遗产增加了中国倡导亚洲乃至世界价值观的权重，这种价值观在一定程度上促进了亚洲经济的快速增长，更展示了中国文化底蕴的魅力。虽然我国的文化思想内涵不尽一致、表现形式也多种多样，但在丰富多彩的文化思想中所显现出的思想精髓却是一致的，那就是：自强不息的进取精神、厚德载物的尚德精神、公而忘私的奉献精神、重义轻利的崇义精神、威武不屈的人格精神、勤劳勇敢的勤俭精神、和而不同的包容精神等，这些中华民族文化的精髓是我国建设软实力的坚实基础。

（二）经济实力的支撑性

软实力的发展需要经济硬实力这一重要的载体，软实力作用的发挥离不开经济硬实力的支撑。如果没有硬实力的支撑，软实力资源再好也得不到应有的关注。有了硬实力的支撑就有了广泛的关注，才能拥有话语权，在这样的前提下，软实力的作用才能显现出来。新中国成立 70 多年来，特别是改革开放 40 多年来，中国建立了独立的国民工业体系，激发了中国经济的活力，增强了综合国力，吸引了世界的目光。应当看到，首先是中国快速发展的经济引起了外国人对中国的关注，进而掀起了全球学习汉语的热潮，最终使中国文化在全球产生极大的吸引力。可以说，如果没有中国快速发展的经济，中国文化对全球的吸引力将是极其有限的。其逻辑就在于，一个国家的经济实力越雄厚，其影响世界局势的能力就越强，国际地位就越高，就越加受到国际社会的关注。可以想象，一个经济发展不力的国家，无论其对于世界的走向有着怎样的主张，它也只能是一个无足轻重的角色。因此，这样的国家很少进入人们的视野而被人们所重视。中国吸引世界目光的首要原因是迅猛发展的经济，在世界企图了解中国经济快速发展的原因时才促使世人对中国的外交政策、社会制度、价值观念、中华文化等问题产生浓厚的兴趣，才会出现多国领导人对中国外交理念的认同与支持。如果没有中国经济实力的发展，中国在国际社会不可能有今天的地位。因此，充满活力的中国经济是中国软实力建设与发展的重要特点。中国在经济方面的软实力主要体现在中国的发展模式上，作为社会主义市场经济体制的国家监管下的灵活市场适应性，与西方扩张性新自由主义市场变革相比，中国模式对很多发展中国家更有吸引力。强调政治稳定、创新探索和灵活选择国家发展道路的"北京共识"，对于很多第三世界国家来说很有吸引力，因为它们也必须兼顾政治稳定和经济发展，"北京共识"的提出为它们解决社会问题提供了可供借鉴的经验，也是我国软实力的具体体现。

（三）价值观念的包容性

和则相生，同则不济。国际社会的发展更是如此。价值观念的差异、多样与包容既是客观现实的反映，也是衡量国际社会是否成熟的重要标志。我们环顾世界史可发现，由于不同的文化背景，国际社会也呈现出多元化的特点。事实上，本着相互尊重的态度，一国不应对他国的内政横加干涉，应允许他国自主地选择自己的发展道路。随着时代的发展，强制性方法在处理国际事务中的作用越来越小，国际争端的解决越来越依赖于和平的手段，而国家与国家之间和平关系的确立必须是以对他国文化以及社会制度等多样性的存在、承认与包容为前提的。很难想象，如果缺乏多样性文化和价值观的包容精神，国家之间怎么能够保持良好的关系？因此，和而不同、兼容并蓄是当今处理国际事务应有的价值观念。事实上，近些年来中国在国际上的话语权越来越大，其中一个主要的原因就是中国兼容并蓄的价值观念给自己搭建了一个有效的话语平台。我国"和平共处""求同存异"的外交原则、超越意识形态的外交方式，都是和而不同、兼容并蓄价值观的具体体现，使我国在国际社会赢得了越来越多的赞誉，我国软实力也得到了进一步的显现。

（四）外交政策的独立性

独立自主的和平外交政策是新中国成立以来一贯奉行的外交总方针、总政策。我国奉行独立自主的和平外交政策，旨在维护世界和平、促进各国共同发展。和平与发展是当今世界的两大主流，也是时代发展的两大难题。中国作为世界上最大的发展中国家，国际地位不断上升，但仍然恪守"互相尊重主权和领土完整""互不侵犯"的主张，不称霸、不做超级大国、不恃强凌弱，强调国家之间平等相待，相互尊重主权，尊重发展选择，各国人民走什么样的道路、选择什么样的社会制度都由各国人民自己决定，其他外国都无权干涉。中国在处理自己本国事务上，则强调独立自主地处理本国的事务，不容许其他任何国家和势力损害我国的尊严和主权，始终坚持以是否有利于世界和平与促进共同发展作为判断是非的根本标准。同时，我们积极争取国际力量的支持，也珍惜一切同国际社会合作与发展的机会。我国独立自主的和平外交政策为我国制定正确的外交战略、发挥我国外交政策的国际影响力提供了坚实的基础。独立自主的和平外交政策的成功运用，为世界的和平、发展、合作做出了积极的贡献，推动了我国的国际交往与国际关系，为我国的繁荣和发展营造了良好的国际环境。与此同时，国际社会对独立自主的和平外交政策的认同，加深了世界各国人民对中国人民的感情和友谊，塑造了中国良好的国家形象，增强了我国的外交软实力和国际竞争力。

第二节　中国软实力建设与发展的总结回顾

历史尺度与价值尺度的统一，是马克思研究社会历史的重要方法论。在中国软实力建设与发展历史进程的阐发中，只有在分析和总结中国软实力建设与发展的突出特点的基础上，从历史尺度与价值尺度相统一的视角出发，总结其有着内在逻辑联系的经验与教训，把握经验与教训的辩证关系，才能科学定位中国软实力建设与发展的历史方位，为中国软实力的发展提供依据。

一、中国软实力建设与发展的历史成就

21世纪以来，中国的软实力在世界，尤其是"一带一路"沿线国家，东南亚、非洲、拉丁美洲等发展中国家增长比较明显。伴随着中国经济的快速增长，中国的文化、发展模式和外交影响在世界上特别是发展中国家持续扩大。改革开放以来中国软实力建设的历史成就包括以下方面。

（一）中国软实力有了坚实的物质基础

经济的成功发展和综合国力的提升，使中国制度、文化和价值观变得更加富有吸引力，物质财富的增长是中国软实力尤其是其文化、价值观、发展模式受到关注的主要原因。改革开放以来，尤其是21世纪以来，中国意识到了用"硬权力"和"软实力"两条腿走路在发展"综合国力"方面的重要性，强调经济、军事等硬实力对软实力建设的基础性作用，通过硬实力的支持和推动来发展增强我国的软实力。改革开放40多年来，我国始终坚持以经济建设为中心，不断解放和发展社会生产力，创造了世界经济发展史上的奇迹。2021年，我国国内生

产总值比上年增长 8.1%，经济增速在全球主要经济体中名列前茅；经济总量达 114.4 万亿元，突破 110 万亿元，按年平均汇率折算，达 17.7 万亿美元，稳居世界第二，占全球经济的比重超过 18%。人均国内生产总值 80 976 元，按年平均汇率折算，达 12 551 美元，突破了 1.2 万美元。2021 年，外汇储备余额 32 502 亿美元，稳居世界第一。[①] 全面建成小康社会，人民生活水平显著提高和生活品质明显改善，中国人的精神面貌发生了历史性变化。2020 年，我国脱贫攻坚战取得了全面胜利，9 800 多万农村贫困人口全部脱贫，832 个贫困县全部摘帽，12.8 万个贫困村全部出列，完成了消除绝对贫困的艰巨任务。[②] 我国提前 10 年实现《联合国 2030 年可持续发展议程》减贫目标，赢得国际社会广泛赞誉。中国创造了一个又一个人间奇迹，取得了世人瞩目的伟大成就。

随着中国经济的迅猛发展，中国的综合国力已经大大加强。2008 年北京奥运会的成功举办以及中国在载人航天工程、探月工程和火星探测工程方面取得的巨大进展，标志着中国在国际舞台上的地位已经发生了根本的变化。中国 GDP 总值 2010 年超过日本，现已巩固提升为世界第二大经济体，促进了百年未有之大变局的形成。改革开放后，中国快速的经济崛起使许多国外进步人士把中国作为发展的成功范例，认为中国的发展经验表明，有可供选择的与发达资本主义国家不同的走向现代化的道路。不同于"华盛顿共识"的"北京共识"的提出，引发了关于中国发展模式的讨论、比较和第三世界国家的借鉴和效仿。中国硬实力增长的软实力效应日益凸显。

（二）"中国模式"的国际影响力与日俱增

伴随着中国的和平发展，如何看待中国的发展模式及其意义成了一个世界性话题。在改革开放过程中，中国共产党人和中国政府针对中国独特的国情和历史使命，摸索出了一条中国特色社会主义的发展道路和模式。尤其是 20 世纪 90 年代初邓小平南方谈话以来，中国共产党领导中国人民对市场经济条件下的社会主义建设模式进行了积极探索，建立和发展了社会主义市场经济体制。21 世纪以来，中国共产党人提出了以科学发展观为核心的发展战略，强调以人为本的全面、协调、可持续发展。党的十八大以来，以习近平同志为核心的党中央又提出了坚持以人民为中心的发展理念，强调发展成果由人民共享，加大实现共同富裕的力度。中国的发展理念与实践引起了国内外的极大关注。早在 2004 年 5 月 7

---

① 国家统计局：《国家统计局局长就 2021 年国民经济运行情况答记者问》，国家统计局网站，2022 年 1 月 17 日，http://www.stats.gov.cn/tjsj/sjjd/202201/t20220117_1826479.html。
② 习近平：《在全国脱贫攻坚总结表彰大会上的讲话》，人民出版社 2021 年版，第 1 页。

日，乔舒亚·库珀·雷默在伦敦《金融时报》上就提出了"北京共识"。同年，英国外交政策研究中心全文发表了他撰写的题为《北京共识》的报告，将中国的发展模式称为"北京共识"，其核心思想是中国从实际出发，形成了"义无反顾地进行创新和试验（例如开办经济特区）、积极维护国家领土完整和利益（例如台湾问题）、不断精心积累不对称力量（例如拥有 4 000 多亿美元的外汇储备）"① 为主要内容的发展模式，追求在保持独立的同时实现经济增长。英国伦敦政治经济学院亚洲研究中心主任阿塔尔·侯赛因认为，改革开放以来的中国发展模式是历史上从来没有过的模式，它不同于 20 世纪六七十年代"四小龙"的出口导向型快速发展的经济，也不同于以消费为主导的美国模式，或者是以德国和法国为代表的市场经济模式，中国的模式是一个幅员辽阔、人口众多的国家在保持中国数千年的社会、文化传统的前提下，经济快速实现市场化，国内和国际市场迅速全球化的发展模式。从某种程度上说，中国发展模式是兼具"四小龙"、美国和欧洲等经济模式的中国特有模式，也就是中国人常说的有中国特色的社会主义模式。② 1978 年以来，中国在正确的发展模式下，实现了政治的长期稳定、经济的长期快速发展。即使在西方的金融危机爆发之后，中国的经济依旧保持健康发展的良好势头，这充分验证了中国发展模式的巨大成效。2008 年底，《人民论坛》的问卷调查结果显示："中国模式"取得成功的主要原因，排在前四位的分别是："保持了长期政治稳定"（2 865 票，58.71%）、"强调发展是硬道理，从经济领域突破"（2 545 票，52.15%）、"始终坚持了中国特色，强调一切从实际出发"（2 390 票，48.98%）、"采取了渐进式改革的战略"（1 918 票，39.3%）。③

"中国模式"毫无疑问是 20 世纪 80 年代以来最为成功的，发展模式在国际上取得广泛认可。由于中国的经济崛起和快速发展，中国道路和"中国模式"对后发国家提供了一条可资借鉴的挑战"华盛顿共识"的现代化新路，成为追求经济增长和改善人民生活的发展中国家效仿的榜样。习近平总书记指出："中国为什么能？中国共产党为什么能？国内外不少人都在思考这个问题。我们现在有底气、也有必要讲好中国故事，这对激励广大干部群众继续沿着中国道路前进的信心和勇气、对加深国际社会对中国道路的认识至为重要。"④ 非洲一些国家领导

① 张恒军：《"北京共识"与"华盛顿共识"之比较——一种中国模式与拉美模式的视角》，载于《当代教育论坛》2005 年第 7 期。

② 赵曜：《"中国模式"影响深远》，载于《人民论坛》2008 年第 24 期。

③ 许晓平：《74.55% 民众认可"中国模式"——民众如何看待"中国模式"调查》，载于《人民论坛》2008 年第 24 期。

④ 中共中央文献研究室：《习近平关于社会主义文化建设论述摘编》，中央文献出版社 2017 年版，第 207 ~ 208 页。

人对中国在保持政治稳定的前提下实现经济迅速发展充满兴趣，纷纷到中国考察学习，借鉴中国发展模式。苏联解体后，中欧国家经济发展陷入低潮，哈萨克斯坦、乌兹别克斯坦、土库曼斯坦等中亚国家从中国而非国际货币基金组织寻找新的发展思路。印度时任总理莫汉·辛格强调，印度应将中国视为经济增长和全球贸易的典范。世界银行中国办事处主任戴维·多拉尔甚至指出，其他国家不可能简单地复制中国的所作所为，但中国对人类发展指数提高的坚持、对改善投资环境的努力、对开放的热情所构成的制度性安排却是其他国家可以模仿的。① 2017年，达沃斯会议后，英国《金融时报》一篇文章这样评述 2017 年初达沃斯小镇迎来的中国时刻："如果现在大家要想想，自己应该走哪条路，未来在哪里，那么就请看一看中国。"② 2018 年 1 月，当代中国与世界研究院发布《中国国家形象全球调查报告 2016－2017》，报告显示，"海外受访者承认中国发展道路和模式是中国快速发展的主要原因"③，"中国模式"让世界刮目相看。2019 年 6～9月，当代中国与世界研究院与凯度集团合作开展了第 7 次中国国家形象全球调查（2019）。本次调查结果显示，2019 年海外受访民众对中国的整体印象为 6.3 分，较 2018 年提升 0.1 分，其中发展中国家对中国形象好感度达 7.2 分，呈现持续上升趋势。2019 年，中国在科技、经济、文化、安全、政治、生态等各领域参与全球治理表现的认可度均获提升，其中文化、安全领域认可度上升 4 个百分点，其他各领域均上升 3 个百分点。在中国参与全球治理的实践中，海外受访者最为认可的三个领域为：科技（66%）、经济（63%）和文化（57%）。中国参与全球治理形象获得更高认可。共建"一带一路"获得更多海外认知与了解。"一带一路"的海外认知度逐年提升，是海外认知度最高的中国理念和主张。2019 年，23% 的海外受访者了解该倡议，同比上升 3 个百分点。④ 可见，中国发展及其模式在世界上的影响力越来越大。

（三）中华文化的国际吸引力大幅提升

一个国家软实力的渗透力、吸引力和影响力主要是通过文化来展现的，文化

① 门洪华：《中国软实力评估报告》（下），载于《国际观察》2007 年第 3 期。

② 吴绮敏、裴广江、赵成、杜一菲、白阳：《让思想之光引领世界前行之路》，载于《人民日报》2018 年 1 月 25 日。

③ 中国外文局对外传播研究中心传播战略研究室：《中国国家形象全球调查报告 2016－2017》，当代中国与世界研究院网站，2018 年 1 月 5 日，http://www.accws.org.cn/achievement/201801/P20180124575867951495.pdf。

④ 当代中国与世界研究院对外传播研究中心：《中国国家形象全球调查分析报告（2019）》，当代中国与世界研究院网站，2020 年 9 月 15 日，http://www.accws.org.cn/achievement/202009/P020200915609025580537.pdf。

价值观的认同及其影响力是一个国家软实力的核心。在国家软实力建设中，与政治、社会制度和外交政策相比，文化具有更为根本的意义。中国政府在软实力建设过程中，始终把文化建设和对外传播与交流放在突出位置，并取得了显著成就。

第一，中华文化的国际影响力显著增强。

中国文化建设取得举世瞩目的成就，这是我国文化软实力进一步提高的新起点。改革开放40年多来，我国政府高度重视文化建设，文化事业和文化产业有了长足的发展。优秀的文化遗产得到了有效的保护，公共文化服务能力不断增强，初步形成了覆盖城乡的公共文化服务网络，覆盖全社会的均衡的公共文化服务体系正在进一步构建和完善。文化产业发展快速，竞争力不断提升，逐步形成了一个以公有制为主体、多种所有制共同发展的文化产业新格局，一批有较强实力、竞争力、影响力和自主创新能力的大型文化企业和企业集团脱颖而出，一批具有民族特色、自主知识产权和原创性的知名文化品牌应运而生，文化产业实现的增加值、年增长速度高于同期 GDP 的增长速度。近年来，我国文化产品和服务出口出现可喜增长势头。大量国产电视节目和电视剧通过交易、交换等形式输出到海外，国产电影票房收入在海外连续多年实现较大增长。联合国教科文组织统计指出，2013 年，中国文化产品的出口总额为 601 亿美元，而美国为 279 亿美元，中国取代美国成为文化产品的最大出口国。① 2018 年，我国文化贸易实现快速增长，进出口总额达 1 370.1 亿美元，比上年增长 8.3%，推动了外贸高质量发展。② 总体来看，2018 年我国文化贸易发展呈现三大特点：文化产品贸易结构不断优化；文化服务贸易实现高速增长；文化领域双向投资有序健康发展。根据海关发布的数据，2018 年，我国文化产品进出口 1 023.8 亿美元，同比增长 5.4%。其中，出口 925.3 亿美元，增长 4.9%；进口 98.5 亿美元，增长 10.3%；顺差 826.8 亿美元。③ 相比文化产品贸易，文化服务贸易的增长速度更快。据商务部统计，2018 年，我国文化服务进出口总额 346.3 亿美元，增长 17.8%，占文化产品和服务进出口总额的比重为 25.3%，比上年提升 2.1 个百分点。这是我国文化贸易高质量发展的重要体现。④ 2019 年文化产品进出口总额 1 114.5 亿美元，同比增长 8.9%；其中，出口 998.9 亿美元，增长 7.9%，进口 115.7 亿美元，增长 17.4%，规模扩大 6.8%。⑤ 近年来我国文化服务贸易进出口规模逐年

---

① 《教科文组织：全球文化产品贸易受到数字化冲击 中国取代美国成为最大出口国》，联合国网站，2016 年 3 月 10 日，https://news.un.org/zh/story/2016/03/253412。

②③④ 刘昕：《2018 年成绩单亮眼 我国文化贸易结构持续优化》，载于《国际商报》2019 年 3 月 21 日。

⑤ 商务部新闻办公室：《商务部服贸司负责人谈 2019 年我国文化贸易情况》，中华人民共和国商务部网站，2020 年 3 月 17 日，http://bgt.mofcom.gov.cn/article/c/d/202003/20200302945813.shtml。

扩大。文化服务进出口快速发展，2009～2021年，我国文化服务进出口规模由177亿美元增长至1 244亿美元，2021年文化服务进出口规模首次突破千亿美元。其中，出口由103亿美元增长至691亿美元，年均增长17%；进口由74亿美元增长至552亿美元，年均增长18%。文化服务贸易总体呈现顺差。2009～2012年，我国文化服务贸易顺差增长较快，从28亿美元增至110亿美元，年均增长58%；2013～2020年，顺差规模保持在年均69亿美元左右的水平；2021年顺差进一步扩大，较2020年增长1.1倍至139亿美元。[①] 我国文化产品和文化服务贸易的大幅增长，为加强国家软实力建设提供了有力支撑，中华文化的国际地位明显增强。

第二，中华文化的国际感召力大幅提升。

历史悠久的中华优秀传统文化在亚洲邻国的影响可谓根深蒂固。对于这些深受中国优秀传统文化熏陶的国家来说，中国的思想文化比起西方的更易理解和引起共鸣。特别是传统文化中的儒家思想更是在东亚地区甚至世界范围内都颇有影响。近一百多年来，西方文明对东方文明发起并构成了巨大的挑战，但以中国改革开放取得重大成就和国际实力向亚太地区转移为标志，中华文明正在积极弘扬与发展之中，而西方文明则进入反思和调整阶段，东西方文明的交融将展开崭新的一页，而中国正在成为东西方文化的交会中心。[②] 中国文化博大精深，中国文化软实力具有优势的一个重要方面，在于丰富的民族文化遗产和传统文化资源，在于中华民族文化的独特性和现实性，这主要体现在古代中国以儒家文明为核心的文化对世界特别是周边地区的巨大辐射力。西方学者认为，中国正在寻找确定与西方相分离的具有普遍意义的东西，作为独一无二的对国际社会和世界文化的积极贡献，这种贡献将与中国有特别联系。而传统文化价值观、准则和格言，特别是那些与儒家思想相关的被认为是中国未来可以提升的更具根本和普遍意义的文化贡献[③]，比如"己所不欲，勿施于人"的格言成为世界各国政要和精英乐于引用的话语，其思想被誉为处理国家间关系的"黄金法则"而镌刻在联合国总部大厅。

中华文化是中华民族生生不息的纽带，是国家软实力的优势资源和重要载体。中华文化不仅博大精深，而且兼容并蓄，具有很强的包容性。中国优秀传统文化强调胸怀天下、自强不息，儒家文化强调和谐、和合，和而不同，仁政、仁

---

① 国家外汇管理局国际收支分析小组：《2021年中国国际收支报告》，国家外汇管理局网站，2022年3月25日，http：//www.safe.gov.cn/safe/2022/0325/20772.html。

② 门洪华：《中国软实力评估》（上），载于《国际观察》2007年第2期。

③ C. F. Bergsten, C. Freeman, N. Lardy and D. Mitchell, "Soft Power in Chinese Foreign Policy", 2009 - 02 - 05, https：//universityofleeds.github.io/philtaylorpapers/vp01843c.html。

爱，己所不欲、勿施于人，追求天人合一、民族团结，天下太平，崇尚以德服人……中华文化的精髓具有强大的生命力和特殊的时代价值，不仅能够增强我国的民族凝聚力和国家认同感，而且能够为世界的和平发展、和谐共处提供不竭的智慧和能量。中国传统文化具有很强的国际吸引力和感召力，在国际社会上得到许多国家尤其是广大发展中国家的认同，是提升中国文化软实力的重要资源。改革开放以来，数千年积淀的中国传统文化魅力在经济发展的带动下，激发起国际社会的浓厚兴趣。一些国家已经把中国的传统佳节春节确定为法定假日。此外，中国的武术、京剧、书法、绘画、传统服饰（主要是旗袍）、传统工艺、饮食文化、中医药等在世界上都很有吸引力。

"中华民族在几千年历史中创造和延续的中华优秀传统文化，是中华民族的根和魂。"[1] 中国政府重视挖掘中华传统文化资源，从传统文化中汲取精华，不遗余力地弘扬中华优秀传统文化，让优秀传统文化成为观念、发展模式、国际制度和国际形象的直接推动力，以优秀传统文化优势促进中国软实力的提升。越来越多的外国人学习和认识中国的语言和文化，这是中国文化软实力提升的具体体现。美国《纽约时报》发表的一篇题为《中国的又一热门出口产品：汉语》的评论谈到，中国正在用汉语文化来创建一个更加温暖和更加积极的中国社会形象。[2] 世界各地孔子学院的建立，无疑扩大了中国的世界影响，加快了中国的文化对外传播与交流，提升了中国的文化软实力。

第三，中华文化与教育的国际辐射力日益凸显。

一个国家的文化要发挥其国际影响力，必然要走向世界，与国际文化趋势相契合。新中国成立初期，中国政府把文化作为外交的两翼之一。1951年，我国与波兰签订了政府间文化合作协定，这是新中国与外国政府签订的第一个文化合作协定，标志着新中国对外文化交流正式拉开了帷幕。改革开放以来，对外文化交流迎来了明媚的春天。1983年，邓小平指出，"经济上实行对外开放的方针，是正确的，要长期坚持。对外文化交流也要长期发展"[3]。2004年中法文化年是新中国成立以来中国开展的规模最大的一次对外文化交流活动。文化年在法国举办期间，不仅受到法国政府的高度重视，更受到法国民众的热烈欢迎，共有约200万法国人直接参与了中法文化年活动。这一年，法国民众用280盏红灯为埃菲尔铁塔披上红装迎接中国猴年春节，中国艺术家舞长龙、踩高跷走过香榭丽舍大街。[4] 文化年实现了中法人民的"零距离接触"，在法国形成了看中国文化展、

---

① 《习近平谈治国理政》第二卷，外文出版社2017年版，第426页。

② 郭扶庚：《孔子学院：给世界一个温暖积极的中国》，载于《光明日报》2007年4月10日。

③ 《邓小平文选》第三卷，人民出版社1993年版，第43页。

④ 韩松、黄燕：《国家战略新落点》，载于《瞭望》2007年第11期。

说中国文化年的新时尚。"中国热"伴随着中国文化年的广泛影响在法国持续升温。中法文化混合委员会法方主席昂格鲁米先生也曾发出这样的感慨：法国人从没有像现在这样关注中国、向往中国。①

21 世纪以来，随着改革开放的深入和国家综合国力的提升，我国文化的对外交流与合作快速发展，迈上了新的台阶，中国在世界上的影响力明显增强。新时代，提高国家文化软实力、增强中华文化影响力和国际竞争力成为中国文化建设和对外文化交流的基本目标，文化与政治、经济一起构成了我国整体外交工作的三大支柱。截至 2017 年底，中国已与 157 个国家签署了文化合作协定，已投入运营的海外中国文化中心有 30 个、中国馆有 14 个，开展各类文化活动达 4 000 余场次，直接受众达到 800 余万人次②，累计签署文化交流执行计划近 800 个，初步形成了覆盖世界主要国家和地区的政府间文化交流与合作网络③。此外，2017 年，全年经文化系统审批的对外文化交流项目达到 3 054 起，63 961 人次参加。④ 截至 2019 年末，海外中国文化中心数量达到 40 家，驻外旅游办事处有 20 家。指导驻外机构联动举办"中国旅游文化周"等品牌活动，组织各类活动 379 场次，参与公众累计达 194 万余人次，中外媒体报道 1 100 余篇，有效覆盖超过 5 000 万人次。⑤ 2019 年，由文化和旅游部支持，中外文化交流中心联合海外中国文化中心等主办的 2019 年"中国旅游文化周"活动在全球联动举办。活动举办期间，全球 34 家海外中国文化中心和 19 家驻外旅游机构陆续举办了各类文化和旅游交流活动 250 余场，着力展示了中国文化和旅游产品、服务的升级成果，充分阐发了中国精神、展现了中国风貌。⑥ 2020 年，在全球暴发新冠疫情的情况下，我国文化和旅游部持续提升"美丽中国"整体形象，举办"欢乐春节"活动近 200 场，统筹指导海外中国文化中心和驻外旅游办事处开展全球联动的"云·游中国"系列线上活动和"天涯共此时——中秋节"线上文化周，举办各类活动 2 200 余项。截至 2020 年末，在全球设有 45 家海外中国文化中心，

① 陈伟源、刘东平：《回望："中法文化年"带给我们什么?》，载于《对外大传播》2005 年第 10 期。

② 欧阳雪梅：《改革开放 40 年中国文化建设的成就》，载于《国家行政学院学报》2018 年第 6 期。

③④ 中华人民共和国文化和旅游部：《中华人民共和国文化和旅游部 2017 年文化发展统计公报》，中华人民共和国文化和旅游部网站，2018 年 5 月 31 日，https：//zwgk. mct. gov. cn/zfxxgkml/tjxx/202012/t20201204_906475. html。

⑤ 中华人民共和国文化和旅游部：《中华人民共和国文化和旅游部 2019 年文化和旅游发展统计公报》，中华人民共和国文化和旅游部网站，2020 年 6 月 20 日，http：//zwgk. mct. gov. cn/zfxxgkml/tjxx/202012/t20201204_906491. html。

⑥ 王洋：《推动交流互鉴展示美丽中国》，载于《中国旅游报》2019 年 7 月 9 日。

20 家驻外旅游办事处。① 中国广泛开展对外文化交流，向世界展示了具有悠久历史和民族魅力的中华优秀文化传统，展现了和平、包容的形象，大大提升了中国的文化软实力。

随着中国综合国力的逐渐强盛和中华文化在世界的传播，越来越多的外国人被中国文化所吸引。约瑟夫·奈曾形象地描述了近年来中国软实力提升的种种表现，其中之一表现为：在中国的外国留学生数量大幅增加。② 据《中国统计年鉴》，2004 年外国留学生在校生总数为 64 107 人。③ 而到 2018 年，共有来自 196 个国家和地区的 492 185 名各类外国留学人员在全国 31 个省（区、市）的 1 004 所高等院校学习，比 2004 年增长了 6.68 倍。④ 外国留学生数量的增加不仅体现了中国经济增长的魅力，还表明中国文化已经成为世界文化磁场之一，吸引力日益强劲。

（四） 中国特色的外交软实力不断增强

外交政策和理念体现一个国家外交行为的走向和塑造国际秩序的能力，是一国软实力的重要组成部分。中国推行的有中国特色和民族风格的外交理念和政策，同样也是建设我国软实力的宝贵资源。

第一，中国外交政策受到世界的普遍欢迎。

改革开放以来，中国创立与推行的中国特色的外交政策和实践，得到了国际社会的广泛赞同和欣赏，如和平共处五项原则，和而不同、求同存异，建立国际政治经济新秩序，睦邻外交、与邻为善和以邻为伴，新安全观，和平崛起与和平发展，主权观与人权观，对话而非对抗，多边主义，国际关系民主化，维护和尊重世界文化多样性、促进全球的均衡和可持续发展，负责任的大国外交，以及文化外交政策、多边外交政策和对外援助外交政策，构建人类命运共同体，等等。在处理国际事务中，中国不以意识形态划线，坚持爱国主义与国际主义相结合，坚持从中国的根本利益和世界各国人民的共同利益出发处理国与国之间的关系，努力构筑稳定的大国关系框架，在多边事务中发挥了建设性作用。中国积极融入

---

① 中华人民共和国文化和旅游部：《中华人民共和国文化和旅游部 2020 年文化和旅游发展统计公报》，中华人民共和国文化和旅游部网站，2021 年 7 月 5 日，http://zwgk.mct.gov.cn/zfxxgkml/tjxx/202107/t20210705_926206.html。

② ［美］约瑟夫·奈：《提升国家软实力是中国的明智战略》，载于《人民日报》2015 年 2 月 16 日。

③ 中华人民共和国国家统计局编：《中国统计年鉴 2005》，中国统计出版社 2005 年版，第 695 页。

④ 中华人民共和国教育部门户网站：《2018 年来华留学统计》，2019 年 4 月 12 日，http://www.moe.gov.cn/jyb_xwfb/gzdt_gzdt/s5987/201904/t20190412_377692.html。

国际社会，截至 2021 年底，"已有 181 个国家同中国建立外交关系"①，"中国参与了几乎所有政府间国际组织和 500 多项国际公约"②。随着中国经济、军事实力的增强和软实力的提升，国际社会尤其是西方国家"中国威胁论"颇为盛行，对中国的发展充满猜测、疑虑和排斥，中国政府适时提出和平发展、合作共赢理念，以"和平、发展、合作"为基调，积极与西方大国和世界各国合作，推动全球热点问题，如朝核危机、伊核危机、全球气候变暖等的和平解决，积极参加联合国的维和行动。中国经济的高速发展和全球治理的主动参与，有助于消除"中国威胁论"，营造有利于中国和世界共同发展的更好的国际环境。

第二，"经济外交"有效提升中国软实力。

对外经济援助是软实力建设的重要举措。中国是世界上最大的发展中国家，中国的对外援助属于南南合作范畴，是发展中国家间的相互帮助。中国坚持帮助受援国提高自主发展能力、不附带任何政治条件、量力而行、尽力而为、与时俱进、改革创新的对外援助政策，通过提供无偿援助和无息贷款等援助资金帮助受援国发展生产和民用领域的工程项目，通过向受援国提供所需生产生活物资、技术性服务与合作、人力资源开发合作、援外医疗队、紧急人道主义援助、援外志愿者和债务减免等方式，来援助发展中国家。特别是在援助发展中国家的过程中，中国坚持互不干涉内政，不附加任何苛刻条件，赢得了广大发展中国家的认可与欢迎。

中国开展对外援助 70 多年来，共向 166 个国家和国际组织提供近 4 000 亿元人民币援助，派遣 60 多万名援助人员，700 多人为他国发展献出了宝贵生命。先后 7 次宣布无条件免除重债穷国和最不发达国家对华到期政府无息贷款债务。中国积极向亚洲、非洲、拉丁美洲和加勒比地区、大洋洲的 69 个国家提供医疗援助，累计为 120 多个发展中国家落实联合国千年发展目标提供帮助。中国—联合国和平与发展基金 2030 年可持续发展议程子基金 3 年来成功实施 27 个项目，惠及 49 个亚非拉国家，为全球落实议程注入强大动力。2015 年，中国宣布设立南南合作援助基金，截至 2018 年，已在亚洲、非洲、美洲等地区 30 多个国家实施了 200 余个有关救灾、卫生、妇幼、难民、环保等领域的发展合作项目。③

以中国对非洲的经济援助为例，与西方国家对非援助大都带有苛刻的政治和经济条件不同，中国对非援助着眼于推动非洲国家的发展和巩固中非友好合作关

---

① 《建交国家一览表——中华人民共和国外交部》，中华人民共和国外交部门户网站，https：//www. fmprc. gov. cn/web/ziliao_674904/2193_674977/。

② 王毅：《谱写中国特色大国外交的时代华章》，载于《人民日报》2019 年 9 月 23 日。

③ 中华人民共和国国务院新闻办公室：《新时代的中国与世界》白皮书，国务院新闻办公室网站，2019 年 9 月 27 日，http：//www. scio. gov. cn/zfbps/32832/Document/1665426/1665426. htm。

系，且不附带任何条件。在援助方式上，中国不仅不以施舍者的身份自居，而以"互赢"为基本原则，强调中非合作过程中的团结、互助与共同发展。新中国成立以来，中国一直向非洲国家提供不附加任何政治条件的经济援助，在非洲承担了筑路、修建医院、城市供水、住宅建设等近 900 个基础设施和社会公益项目。改革开放前，中国在自身经济非常困难的情况下，给予了非洲国家大量的无私援助。1956～1977 年，向非洲国家提供了超过 24.76 亿美元的经济援助，占中国对外援助总额的 58%。① 2013～2018 年中国对外援助金额为 2 702 亿元人民币，其中对非洲国家的援助占比为 44.65%，包括无偿援助、无息贷款和优惠贷款。② 这些援助项目涉及农业、农产品加工、水利水电、交通运输、文教卫生等领域。新世纪以来，在中非合作论坛框架下，中国对非洲的援助规模不断扩大。目前，中国对非洲援助已经成为中非新型战略伙伴关系的重要组成部分，成为新时期中非实现互利合作与共同发展的重要表现。一些非洲国家领导人在不同场合对中国的援助表示感谢和赞赏，而对西方国家带有附加条件的援助则颇有微词。比如，中国向安哥拉提供 20 亿美元基础建设贷款，便使其最终舍弃 IMF 的贷款，首次拒绝西方附带政治条件的经济援助。

21 世纪以来，中国与东盟国家的经济贸易和合作规模不断扩大。中国与东盟达成了"中国—东盟自由贸易区框架协议"，先后签署了《中国与东盟全面经济合作框架协议》《中国与东盟全面经济合作框架协议货物贸易协议》《中国与东盟全面经济合作框架协议争端解决机制协议》等文件，标志着中国—东盟自由贸易区建设进入了实质性阶段。中国—东盟自由贸易区《货物贸易协议》、中国—东盟自由贸易区《服务贸易协议》的付诸实施，为中国—东盟自由贸易区全面建成奠定了更为坚实的基础。马来西亚时任首相阿都拉说中国"是当今世界上最高层次的一个财富创造者。马来西亚与中国的政治的和社会的联系肯定随之产生。因此，我们应该利用各种机会加强与中国的联系"③。在泰国，超过 3/4 的民众认为中国是泰国最密切的朋友，只有 9% 的人选择美国，尽管美泰是传统军事盟友。据国务院新闻办公室 2021 年 1 月 10 日发布的《新时代的中国国际发展合作》白皮书，2013～2018 年，中国对外援助金额为 2 702 亿元人民币，包括无偿援助、无息贷款和优惠贷款。其中，提供无偿援助 1 278 亿元人民币，占对外援助总额的 47.30%，重点用于帮助其他发展中国家建设中小型社会福利项目以

---

① 李安山：《论中国对非洲政策的调适与转变》，载于《西亚非洲》2006 年第 8 期，转引自 Weinstein and T. H. Henriksen, ed. *Soviet and Chinese Aid to African Nations Praeger*, 1980, P.117, 121.

② 中华人民共和国国务院新闻办公室：《新时代的中非合作》，载于《人民日报》2021 年 11 月 27 日。

③ 刘宏：《中国崛起时代的东南亚华侨华人社会：变迁与挑战》，载于《东南亚研究》2012 年第 6 期，转引自 Denis D. Gray. China's Reach Extending to South-east Asia. *The Seattle Times*, April 29, 2004.

及实施人力资源开发合作、技术合作、物资援助、南南合作援助基金和紧急人道主义援助项目。提供无息贷款113亿元人民币，占对外援助总额的4.18%，主要用于帮助其他发展中国家建设社会公共设施和民生项目。提供援外优惠贷款1 311亿元人民币，占对外援助总额的48.52%，用于帮助其他发展中国家建设有经济社会效益的生产型项目和大中型基础设施，提供成套设备、机电产品、技术服务以及其他物资等。2013～2018年，中国共向124个国家和地区提供物资援助890批，共在95个国家和地区完成技术合作项目414个，主要涉及工业生产和管理、农业种植养殖、文化教育、体育训练、医疗卫生、清洁能源开发、规划咨询等领域。截至2019年底，中国累计向72个国家和地区派遣长期医疗队，共1 069批次27 484名医疗队员。西非埃博拉疫情暴发后，中国第一时间向13个非洲国家提供了5轮、累计1.2亿美元的紧急人道主义物资援助，向几内亚等疫区国家派出近1 200名医护人员和公共卫生专家，累计留观诊疗相关病例900多例，检测样本近9 000份，培训医护人员1.3万人次。2020年，新冠疫情在全球多地暴发并迅速扩散蔓延。面对突如其来的疫情，中国在做好自身抗疫工作、保障国内抗疫需要的前提下，根据疫情严重程度、医疗卫生条件、疫情国具体援助需求和自身能力等因素，向150多个国家和国际组织提供力所能及的援助和支持，开展了新中国成立以来援助时间最集中、涉及范围最广的一次紧急人道主义行动。[①]

中国对亚洲、非洲、拉丁美洲等地区国家尤其是发展中国家所开展的广泛而持续的经济医疗等援助，树立了中国积极参与国际事务的负责任大国形象，提升了中国的软实力，促进了中国同世界各国特别是发展中国家的互利合作。

第三，中国参与多边国际机制话语权提升。

不同国家在国际社会的话语权强弱一定程度上反映国际权力的分布状况和该国软实力的强弱。一国通过一定的话语方式进行利益表达，是现代国际政治参与和国际机制构建的必要环节。长期以来，由于一些发达国家凭借其政治、经济、科技和媒介方面的优势向全球输出其价值观念，以及历史上殖民统治所造成的文化方面的断层和落后，许多发展中国家在全球话语交锋中经常处于失语的困境，使得国际秩序在价值取向和制度安排上更多地体现了发达国家的意志，成为它们支配发展中国家的工具。

1971年，中国恢复联合国安理会常任理事国席位，走向世界外交舞台中心。不久后与美国建交，赢得了更广阔的国际空间。改革开放后的20世纪80年代，中国从国际经济组织获得了大量的技术和资金，并利用国际规则维护和拓展自己

① 中华人民共和国国务院新闻办公室：《新时代的中国国际发展合作》白皮书，国务院新闻办公室网站，2021年1月10日，http://www.scio.gov.cn/zfbps/32832/Document/1696685/1696685.htm.

的利益。但在国际机制的议程设置中仍处于较被动的地位，原则性声明较多，建设性设计较少。20 世纪 90 年代邓小平南方谈话后中国进一步改革开放，综合国力大为提升，日渐成为和平崛起的大国。1997 年中国对外宣称"做国际社会中负责任的大国"，1998 年中国在亚洲金融危机中的出色表现，有力提升了在亚洲邻国乃至世界的国际地位。中国以此为战略基础，强化亚太区域合作，主导创设了上海合作组织，合作应对恐怖主义等非传统安全威胁，促进了国际机制的创新。正如普京所言，上海合作组织"已发展成为一个有影响的区域组织"，是"维护欧亚大陆稳定的重要元素"，"为欧亚大陆树立了平等伙伴关系的典范"。①习近平总书记在上海合作组织成员国元首理事会第二十次会议上讲道，"上海合作组织成立以来，走过了不平凡的发展历程，经历了时间检验，成为欧亚地区和国际事务中重要的建设性力量"②。同时，中国积极支持和参加东盟地区论坛等多边安全对话，推动多层次的亚太多边安全机制的建立。提出设置中国—东盟自由贸易区的倡议，促进东亚一体化的实现。由中国创设并主导的中非合作论坛是中国与非洲友好国家建立的集体磋商与对话的平台，是南南合作范畴内发展中国家间的合作机制。中国通过创新国际机制，推动建立了和平、发展、合作的国际平台，积极提倡、推动和落实国际共识，主动强化中国在国际规则上的话语权，从而不断提升中国的软实力。

（五）中国塑造的国家形象认同度提升

国际形象是一个国家内部和外部公众对其政治、经济、社会、文化与自然要素的一种综合认知与评价，是一个国家过去的所作所为给国际社会留下的关于该国意志、决心和能力的印象。国家形象是国家软实力的重要要素之一，关乎国际社会对某国的好恶，战时影响国际上的人心向背，平时则决定国际社会对某国的合作意愿。一国的国家形象，能对其生存和发展的周边和国际环境产生重大影响。正面、积极的国际形象对内可促进本国的政治、经济、文化的发展，对外能促进与其他国家的友好关系。当前，世界已经进入一个形象影响发展的时代，国际形象被视为主权国家最重要的无形资产之一，各主要大国均将国际形象视为软实力的重要因素并加以塑造。习近平总书记强调指出："要注重塑造我国的国家形象，重点展示中国历史底蕴深厚、各民族多元一体、文化多样和谐的文明大国形象，政治清明、经济发展、文化繁荣、社会稳定、人民团结、山河秀美的东方

---

① 《上海合作组织——成功开展国际合作的新模式》，载于《人民日报》2006 年 6 月 14 日。
② 习近平：《弘扬"上海精神" 深化团结协作 构建更加紧密的命运共同体》，载于《人民日报》2020 年 11 月 11 日。

大国形象，坚持和平发展、促进共同发展、维护国际公平正义、为人类作出贡献的负责任大国形象，对外更加开放、更加具有亲和力、充满希望、充满活力的社会主义大国形象。对那些妖魔化、污名化中国和中国人民的言论，要及时予以揭露和驳斥。做这项工作，要大音希声、大象无形，坚持不懈、久久为功，让当代中国形象在世界上不断树立和闪亮起来。"①

　　国际形象的建构并不完全是一种国际行为，一个国家在国际社会中的形象更多的是国内政治和国内事务的延伸②，当然也受国家主动建构能力的影响。因此，国际形象的建构在一定意义上取决于国内和国际两个层面。在国内层面，中国坚持中国特色社会主义发展模式和社会主义核心价值体系，坚持改革开放，凝心聚力建设社会主义现代化强国，国家建设取得了举世瞩目的成就。实现了经济发展和社会进步的同步提升，保持政治稳定、文化繁荣、社会和谐，成功树立稳定、发展、和谐的正面形象，构成了中国向心力和国际影响力的基础。尤其是近年来中国发展循环经济，走新型工业化道路，建设资源节约型、环境友好型社会，取得了一定的成就，赢得了国际社会的好评。在国际层面，中国坚持独立自主的外交政策，走和平发展道路，奉行互利共赢的开放战略，积极倡导各国不分大小，平等参与国际事务，平等互利、合作双赢。同时主动提供必要的国际公共产品，积极援助贫穷国家和受灾国家。中国充分发挥自身经济的辐射作用，积极发展与周边国家的经贸关系，已成为周边一些国家经济增长的主要动力。中国同亚洲和世界各国合作，共同应对 1998 年亚洲金融危机和 2008 年世界经济危机，并在党的十八大以后提出构建人类命运共同体，积极推动履行巴黎气候协议的碳排放减持义务，为保护和优化全球生态环境做出了重大贡献，赢得了世界声誉。

　　2018 年 1 月，当代中国与世界研究院发布《中国国家形象全球调查报告 2016－2017》，报告显示，中国国家形象好感度稳中有升，整体印象得分为 6.22 分，总体好于发达国家，对全球治理的贡献和国内治理的表现得分分别为 6.5 分和 6.2 分，对国际事务的影响力在所有国家中位居第二，仅次于美国。③ 2019 年，美国皮尤研究中心公布 2018 年全球态度调查数据，数据显示：在所调查的 26 个国家中，对中国形象持积极态度的比例超过 40% 的有 20 个国家，对美国形

---

　　① 中共中央文献研究室：《习近平关于社会主义文化建设论述摘编》，中央文献出版社 2017 年版，第 202 页。

　　② 王希：《有关中国国际形象的思考》，载于《国际新闻界》2000 年第 1 期。

　　③ 中国外文局对外传播研究中心传播战略研究室：《中国国家形象全球调查报告 2016－2017》，当代中国与世界研究院网站，2018 年 1 月 5 日，http://www.accws.org.cn/achievement/201801/P020180124 575867951495.pdf。

象持积极态度的比例超过 40% 的有 15 个国家①，中国多于美国。总体看来，中国的国际形象比较积极、正面、友善。

二、中国软实力建设与发展的基本经验

伴随着中国社会的全面进步，中国软实力呈现出蓬勃发展的可喜局面。改革开放 40 多年来，我国软实力逐渐向规模化、集约化、国际化方向发展。面对百年未有之大变局，软实力已经成为我国综合国力的核心竞争力，在中国和全球治理中发挥着越来越重要的作用。梳理中国软实力建设与发展的成功做法，对于提升国家软实力，实现中华民族伟大复兴的中国梦具有重要的战略意义。

（一）坚持以增强国家硬实力为基础，提升国家的软实力

软实力建立在硬实力之上，软实力的积累与运用需要一定的硬实力作为基础。一个国家的软实力离不开一个国家在经济、科技和军事上的成功。当今世界，经济和军事、科技实力依然是国家在国际社会发挥作用的基础和根本。亨廷顿认为，物质上的成功使文化和意识形态具有吸引力，而经济和军事上的失败则导致自我怀疑和认同危机。② 可见，没有一定的经济和军事实力，软实力在很大程度上将成为无本之木、无源之水。

从软实力和硬实力的关系看，硬实力是软实力的有形载体，而软实力是硬实力的无形延伸。一方面，软实力需要以硬实力为载体。文化、价值观、制度和政策的传播与推广需要以一定的信息、传播技术及其基础设施为前提，即便最典型的硬实力——军事力量，同样成为一国软实力的载体，传载和传播本国的文化、价值观和政策。比如，中国的联合国维和部队，被利比里亚总统约翰逊·瑟利夫赞之为"一支战斗力强、训练有素、纪律严明、高度职业化的部队，是伟大的中国人民和中国军队的友好使者"③。这里，最典型的强制手段转化成了表达友善与合作态度的软实力工具。另一方面，硬实力不仅可以为软实力的发展创造条件，而且可以促进一国软实力的提升。一个国家的经济和军事实力越雄厚，越容易引起其他国家和地区的关注，其国际地位和国际话语权越大，参与国际制度设计与制定的能力越强。只有以强大的硬实力做后盾，才有足够的人力、物力和财

① Pew Research Center. Global Indicators Database. March 2020，https：//www.pewresearch.org/global/database/indicator/24.

② Keohane，Robert O. and Joseph S. Nye. Power and Interdependence in the Information Age. *Foreign Affairs*，Vol. 77，No. 5，1998，pp. 81 – 94.

③ 张光政：《神圣使命》，载于《人民日报》2007 年 11 月 5 日。

力推进社会变革、制度创新和文化建设，拓展对外交往的广阔空间，并使软实力得以迅速提升。改革开放初期，在中国人均 GDP 不到 200 美元、贫困人口多达数亿人的情形下，中国的软实力受到严重制约。在中国融入经济全球化进程的初期，由于中国硬实力还处于崛起的初步阶段，中国在国际规则制定完善、全球治理议程设置以及国际话语权等方面的作用依然有限。改革开放 40 多年来，中国坚持以经济建设为中心，坚持四项基本原则、坚持改革开放，坚定走中国特色社会主义道路，不断完善中国特色社会主义政治、经济、文化制度，经济快速发展，国力不断增强，在硬实力方面缩小了同西方发达国家的差距。2020 年，中国国内生产总值同比增长 2.3%，达到 1 015 986 亿元人民币[1]，历史上首次突破100 万亿元关口。在百年不遇的新冠疫情暴发以来，中国逆势突围，成为全球唯一实现正增长的主要经济体。据统计，中国 GDP 在 2020 年达到 14.7 万亿美元左右，人均国内生产总值连续两年超过 10 000 美元。[2] 世界银行 2021 年 1 月 5 日发布的《全球经济展望》报告指出，全球经济 2021 年可能的增长"很大程度上基于对中国经济反弹的预期"，否则全球经济的"复苏程度将更加缓慢"。2021 年，我国国内生产总值比 2020 年增长 8.1%，经济增速在全球主要经济体中名列前茅。[3] 此外，在中国倡导下，先后建立了上海合作组织、亚洲基础设施投资建设银行、金砖国家新开发银行等区域性国际组织，并于 2020 年签署《区域全面经济伙伴关系协定》（RECP），全球最大的区域贸易协定正式确立。在亚太地区安全论坛、东亚合作论坛、APEC、G20 集团、联合国等框架内，中国角色和中国因素也越来越被重视，话语权逐步提升。

当然，中国硬实力的增强并非意味着软实力的自然提升，除非我们今后继续加大对外交事务及国内政治、文化、价值观、制度建设的物质支持力度，通过硬实力的支持提升软实力的辐射能力，为中国软实力提供坚实的物质基础。在当今经济全球化和大国战略博弈加剧的背景下，中国必须构建以内循环为主、内循环和外循环相互促进的新发展格局，立足国内、面向世界，用好国内、国际两种资源，在更大范围内获取更多的国际资源、国际资本、国际市场和国际技术，实现全球范围内的资源优化配置。这将是提升中国硬实力、促进中国软实力增长的一种战略性选择。

---

① 国家统计局：《中华人民共和国 2020 年国民经济和社会发展统计公报》，国家统计局网站，2021年 2 月 28 日，http：//www. stats. gov. cn/tjsj/zxfb/202102/t20210227_1814154. html。

② 《国家统计局介绍 2020 年国民经济运行情况》，中国政府网，2021 年 1 月 18 日，https：//www.gov. cn/xinwen/zhibo3/20210118fbh1/index. htm。

③ 《国家统计局局长就 2021 年国民经济运行情况答记者问》，国家统计局网站，2022 年 1 月 17 日，http：//www. stats. gov. cn/tjsj/sjjd/202201/t20220117_1826479. html。

（二）探索中国式现代化道路，提升中国发展模式软实力

在国际社会，发展模式也是软实力的一个重要源泉。所谓发展模式，"是一系列带有明显特征的发展战略、制度和理念"[①]。在改革开放的伟大历史进程中，中国共产党人从世情、国情出发，摸索出了一条具有中国特色的社会主义发展道路，促进了中国的长期稳定和持续发展。"中国发展模式"首先是一种中国特色社会主义模式，是否坚持生产资料公有制的主体性地位，是否坚持中国共产党领导，是否坚持马克思主义为指导，是否坚持四项基本原则，这些是理解"中国发展模式"的基本原则。中国发展模式的核心是建设社会主义市场经济。它是一种将市场经济配置资源高效率引入社会主义制度中来，用社会主义"化"市场经济的方式来增强社会主义制度优越性，同时又将社会主义的价值维度引入市场经济来保证公平与效率相统一的发展模式。这种发展模式在自主发展的原则下，坚持实事求是的实践理念，在实践中创造性地探索中国发展模式，并在实践中检验与修正这种发展模式，这是中国共产党人的一条宝贵经验。我们党始终坚持把全心全意为人民服务作为根本宗旨，从"三个代表"中"始终代表最广大人民群众的根本利益"，到科学发展观中"以人为本"再到党的十九大报告中的"以人民为中心"，均体现了党的"执政为民"发展理念。同时，中国发展理念还体现在科学发展观上，坚持以人为本，树立全面、协调、可持续的发展观，促进经济社会和人的全面发展。在发展模式步骤上，采取循序渐进、有步骤、分阶段的方式推进改革，或者说采取累积性的边际演进的转换模式。

在发展模式上，采取和谐发展的模式。当代中国社会提出了科学发展观与社会主义和谐社会建构两者相统一的和谐发展理念，倡导一种人与自然、人与人、人与社会、身心和谐的社会和谐观。以科学发展观、和谐社会等理念的提出为标志，中国在发展模式上开始同时关注硬实力和软实力的增长，并追求两者的有机结合，这代表着中国发展模式的积极变革，也成为中国最重要的软实力资源之一。中国发展模式的实践历程仅仅只有40余年，就使得中国这样一个历尽沧桑的国度创造出世人瞩目的成就。中国国人的生活水平有较大的提高，国力强盛，经济社会快速发展，人民生活总体上实现了由温饱到小康的飞跃。中国保持了高速稳定的经济发展态势，成为亚洲乃至世界经济发展的新引擎。在此基础上，政治建设、文化建设、社会建设、党的建设全面向前推进，综合国力上了一个大台阶，国际地位日益提高，影响不断扩大。正如美国华盛顿大学国际问题研究院前

[①] 俞可平：《"中国模式"：经验与鉴戒》，引自俞可平等主编：《中国模式与"北京共识"——超越"华盛顿共识"》，社会科学出版社2006年版，第12页。

院长、著名中国问题专家何汉理所云："中国不仅仅是在军事和经济领域突飞猛进，而且在国际舞台上的'软实力'也大大增强。中国以一种过去许多年来我们从未见过的方式崛起为一个全方位的大国。"①

中国特色社会主义发展模式的成功日益赢得国际社会的认同。2004 年 5 月，美国《时代周刊》高级编辑、著名思想库高盛公司的资深顾问库珀·雷默发表了一篇题为《北京共识：提供新模式》的论文。该文认为"北京共识"有三个内涵，即创新、可持续和平等的发展模式、自主的国际关系。"它的目标和关键是在保持独立的同时实现经济增长，其主张的现代化路径是'摸着石头过河'，而非'休克疗法'或'大跃进'。"② 雷默认为，"中国模式"是一种适合中国国情和社会需要，是寻求公正与高质增长的发展途径。它不仅关注经济发展，也同样重视社会变化，通过发展经济与完善管理改善社会。③ 英国《卫报》曾刊登题为《中国为解决亿万人民温饱问题的经验》的文章，认为中国的发展为其他国家提供了除西方发展模式之外的强有力选择。④ 2006 年，美国《国际先驱论坛报》刊登了一篇题为《中国模式的魅力》的文章，大力推崇"中国模式"。作者认为许多参加中非首脑会议的非洲领导人并不只是被援助和贸易的机会所吸引，他们也为中国的发展模式所吸引。⑤ 中国的经济发展模式不仅适合中国，也是追求经济增长和改善人民生活的发展中国家效仿的成功榜样。目前非洲、拉丁美洲等地发展中国家普遍出现了"向东看"趋势，如希望借鉴或仿效"中国模式"，摆脱长期被西方国家边缘化的不利状态；"中国模式"的有关政策、经验、做法，以及自主选择适合本国国情的发展道路的理论，均对非洲国家产生了巨大的吸引力。⑥ 联合国发行的杂志《非洲复兴》发表题为《中非关系大跃进》的文章，援引埃塞俄比亚前总理梅莱斯的话说："中国是我们所有人的灵感。中国向非洲展示的是，非洲确实能够在经济发展上渡过难关。"⑦ "中国模式"吸引了全球的目光，体现出中国特色的经济社会发展道路和民主政治建设方面的内涵和优势，例如稳定优先、以人为本、和谐社会、科学发展等。某种发展模式之所以有吸引力，是因为这种模式有效解决了发展过程中遇到的种种问题，并对他国具有

---

① 赵曜：《"中国模式"影响深远》，载于《人民论坛》2008 年第 24 期。

② 《世界舆论评中国模式》，载于《参考消息》2004 年 6 月 2 日。

③ 刘世昕：《"中国模式"牵动世界目光》，载于《中国青年报》2009 年 8 月 10 日。

④ 刘好光：《"北京共识"、"中国模式"与中国现代化之路》，载于《中国教育报》2004 年 9 月 28 日。

⑤ Wei Wei Zhang. The allure of the Chinese model. *International Herald Tribune*, 2006 – 11 – 02.

⑥ 姚桂梅：《中国：非洲经济增长的新动力》，载于《中国社会科学院院报》2006 年 10 月 24 日。

⑦ 张业冰、曹大松、青木、李宏伟：《中国把世界目光带向非洲》，载于《环球时报》2007 年 2 月 1 日。

借鉴和启示作用。

进入中国特色社会主义新时代，以习近平同志为核心的党中央提出了"创新、协调、绿色、开放、共享"的发展理念，并形成了一系列治国理政方略，更加注重平衡、充分的发展，进一步充实、发展、完善了中国发展模式，增强了道路自信，扩大了中国发展模式的向心力和影响力。

（三）弘扬社会主义核心价值观，提升国家的价值软实力

意识形态是社会的思想上层建筑，是一定社会一定阶级、集团基于自身利益对现存社会关系特别是经济关系自觉反映而形成的思想体系。这种思想体系由一定的政治、法律、哲学、道德、艺术、宗教等学说、观点所构成，并成为一定的政治纲领、行为准则、价值取向、社会发展的理论依据。它是社会政治生活中非常重要的一个问题，是统治阶级指导、动员、调控、约束全体社会成员社会活动的思想工具。在国家的整体层面上，意识形态是一种软实力。一个国家没有一个权威的思想体系，没有一个统一的意志或意识形态，软实力的建设就无从谈起。在现代社会，理性权威的意识形态不仅能很好地维持一国的政治制度和社会秩序，而且能借助各种思想形态手段，将执政党的执政理念与主体价值自觉转化为社会民众普遍认同的信仰体系和价值准则，既为政治行为提供合法性基础，也为国家软实力建设提供可靠的保证。马克思主义是中国共产党和中国特色社会主义事业的指导思想，这是中国软实力超越西方国家软实力的意识形态前提。马克思主义具有最彻底的科学性、实践性和现实性，并成为西方众多思想家的思想资源和灵感来源。只有坚持马克思主义在意识形态领域的指导地位，才能走出西方资本现代性的困境和危机，并由此超越西方软实力的缺陷，构建自己的软实力。以初心使命、理想信念、人民中心、爱国情怀、核心价值、改革创新、从严治党、民族复兴、人类命运共同体等为标志的当代中国社会意识形态核心话语，为中国现代化道路的探索提供了明确的指向标，成为推动中国发展的核心价值理念，也成为中国软实力提升的主脉络。

软实力在很大程度上表现为国民的精神状态、意志品格和内在凝聚力，而这一切主要来自人们对社会核心价值的认同。任何一个国家要把全社会的意志和力量凝聚起来，都必须有一套与经济基础、政治制度相适应的核心价值体系。国家核心价值是一个国家意识形态的本质体现，是一个国家软实力的核心资源，从根本上规定着软实力的性质和内容。在软实力的各种资源中，国家核心价值处于统摄地位，对软实力建设发挥着导向性和支配性作用。党的十六届六中全会通过的《中共中央关于构建社会主义和谐社会若干重大问题的决定》指出："马克思主义指导思想，中国特色社会主义共同理想，以爱国主义为核心的民族精神和以改

革创新为核心的时代精神，社会主义荣辱观，构成社会主义核心价值体系的基本内容。"① 社会主义核心价值体系既突出了我们党和国家的指导思想，又强调了社会主义理想信念的重要作用；既继承吸收中国文化的优秀传统，又结合当今社会主义精神文明的本质特征，指明了社会主义文化的发展方向。党的十八大对社会主义核心价值体系进一步凝练，提出了社会主义核心价值观。党的十九大报告明确重申，"坚持社会主义核心价值体系。文化自信是一个国家、一个民族发展中更基本、更深沉、更持久的力量。必须坚持马克思主义，牢固树立共产主义远大理想和中国特色社会主义共同理想，培育和践行社会主义核心价值观，不断增强意识形态领域主导权和话语权，推动中华优秀传统文化创造性转化、创新性发展，继承革命文化，发展社会主义先进文化，不忘本来、吸收外来、面向未来，更好构筑中国精神、中国价值、中国力量，为人民提供精神指引"②。此外，报告中还强调，社会主义核心价值观是当代中国精神的集中体现，凝结着全体人民共同的价值追求。把社会主义核心价值观融入社会发展各方面，转化为人们的情感认同和行为习惯。③ 社会主义核心价值体系是社会主义意识形态的本质体现和重要内容，它决定着社会主义的发展模式、制度体制和目标任务的价值属性，在所有社会主义价值目标中处于统摄和支配的地位。它是中国共产党在经济全球化和社会多样化的形势下，团结带领人民开拓前进的精神旗帜，是中华民族价值观念的核心。中国共产党通过塑造社会主义核心价值观念形成了整合社会、动员社会力量、凝聚民族精神、提升国民素质等方面的软实力，这是一种价值软实力。

中国软实力的国内认同度和国际认同度的提升，有赖于中国硬实力的进一步发展，也有赖于其他国家对中国崛起进程认知认同的进一步增强，这两者都离不开社会主义核心价值体系的建设。社会主义核心价值体系和核心价值观是提升国家软实力的基石，也是社会主义制度的内在精神和生命之魂，在所有社会主义价值目标中处于统摄和支配的地位。一个民族，一个国家，如果没有自己的核心价值和精神支柱，就等于没有灵魂，就会失去凝聚力和生命力。社会主义核心价值体系的提出和建设，直接转化为中国的软实力，有力提升了中国政府的感召力、凝聚力和引领力。

（四）完善中国特色社会主义制度，提升中国制度软实力

从世界近现代历史的发展来看，国家崛起的关键不仅在于加强军事、经济等

---

① 《中共中央关于构建社会主义和谐社会若干重大问题的决定》，人民出版社 2006 年版，第 22 页。
② 《习近平谈治国理政》第三卷，外文出版社 2020 年版，第 18 页。
③ 《习近平谈治国理政》第三卷，外文出版社 2020 年版，第 33 页。

国家的"硬实力",还要注重制度、文化、价值观等"软实力"的建设和创新。硬实力与软实力相互依赖、相辅相成、共同发展。制度的创新是国家发展崛起的重要力量,也是一个国家软实力提升的保证。只有制度创新才能形成国家制度的先进性,而先进的国家制度才能对全国人民乃至世界人民形成强有力的制度吸引,直接促进国家软实力的增强。因此,制度的先进性和创新性、制度的根本性和稳定性、制度自我调整和自我改造的能力以及制度创新的强度与频率是软实力大小的重要表现。一个国家的制度不仅是一种重要的软实力来源,而且国家制度本身也是评估一国软实力的重要指标之一。先进的制度可以促进经济社会发展,改善国家形象,提升国家的软实力。制度的创新使一个国家在国际关系中扮演重要角色,并占据重要地位,成为其他国家仿效的对象,从而在经济、政治各方面获得利益。在全球化和信息化时代,一国国内的制度建设和治理状况很容易辐射到国外,引起正面或负面的国际效应,导致其软实力的上升或下降。

从一定意义上讲,制度创新可以确保一个国家处于国际关系的领先地位,而中国关于中国特色社会主义道路和制度的探索与成就,彰显出"中国模式"的示范意义,中国所逐渐探索出来的发展道路产生巨大的溢出效应。除"中国模式"之外,中国依据本国的国情,并且有选择地吸收、借鉴西方制度建设的经验,改革和完善中国特色社会主义制度,提高了中国制度软实力。新中国成立70多年以来,尤其是改革开放40多年以来,中国在迈向社会主义现代化的历史进程中,开创了人类制度文明的崭新局面,构成了中国软实力建设的制度依据。中国特色社会主义制度包括始终坚持中国共产党领导的根本政治制度,保障人民当家做主的人民代表大会的根本政治制度;巩固马克思主义在意识形态领域指导地位的根本制度,以及中国共产党领导的多党合作和政治协商制度;维护和发展各民族平等、团结、互助、合作的民族区域自治制度;建设公有制为主体、多种所有制经济共同发展,按劳分配为主体、多种分配方式并存,社会主义市场经济体制等社会主义基本经济制度。

当代中国的现代化进程是经济现代化和制度现代化的结合。中国国家制度现代化的实现本身是一个制度转型与制度创新的过程,是推进国家治理体系和治理能力现代化的过程。改革开放以来,中国不断完善经济、政治、文化、外交等各项制度,加强制度软实力建设。主要表现在:一是经济制度改革。渐进式改革开放的实践使人们认识到制度变迁对经济增长方式转变的制约,开始把体制因素纳入经济增长方式的转变中。现在,中国已经初步建立了社会主义市场经济体制,确立了公有制为主体、多种所有制经济共同发展的基本经济制度,充分发挥市场在配置资源中的决定性作用。注重制度建设和创新是改革的重点之一。现阶段,中国的经济体制改革致力于建立和完善能够使社会资源有效配置、经济有效运行的市场经济体制，紧紧围绕使市场在资源配置中起决定性作用深化经济体制改革，坚持和完善基本经济制度，加快完善现代市场体系、宏观调控体系、开放型经济体系，加快转变经济发展方式，加快建设创新型国家，创造能够最大限度地发挥人的积极性和创造性进而提高社会整体创新能力的社会环境和体制，推动经济更有效率、更加公平、更可持续地发展，更好地体现和发挥社会主义制度的优越性。二是政治体制改革。社会主义民主政治的完善、政治文明的提升是中国社会进步的重要标志，也是软实力建设的重要内容。改革开放以来，中国积极发展社会主义民主政治，完善人民代表大会制度、政治协商制度和中国共产党领导的多党合作制度，加强社会主义法治建设，使占世界人口约 1/5 的中国人民享有更加广泛的民主权利，这是对人类政治文明发展的重大贡献。三是文化体制改革。"文化体制是一个国家关于文化与政治、经济关系的制度性体现和反映，集中体现了一个国家执政主体关于这三者关系的理论主张，以及在这种理论主张下建立起来的国家文化体制和政策系统。"① 文化体制是理顺文化与政治、经济关系，促进文化产业良性发展的制度保障，事关文化产业发展大局。党的十六大明确提出大力发展文化产业之后，国家集中出台了加快文化体制改革，推动文化事业和文化产业发展的措施。党的十七大报告明确指出，"深化文化体制改革，完善扶持公益性文化事业、发展文化产业、鼓励文化创新的政策"②。党的十八大报告指出，"建设社会主义文化强国，关键是增强全民族文化创造活力。要深化文化体制改革，解放和发展文化生产力"③。党的十九大报告强调，"要深化文化体制改革，完善文化管理体制，加快构建把社会效益放在首位、社会效益和经济效益相统一的体制机制"④。

中国特色社会主义经济、政治、文化等制度的建设、改革、创新与完善，不断提升和彰显了中国的制度软实力。

（五）参与完善国际合作规则制定，提升全球治理软实力

所谓制度治理，不仅包括国内基本制度的创立、改革和完善，还包含在国际上参与改进国际制度、利用国际制度维护和拓展国家利益、积极完善国际制度。国际制度的创新能力表现在对国际规则、国际机制制定和再制定的参与与控制中。随着全球经济相互依赖程度的加深，国际社会的制度化进程在加速，国际制度在各国战略中的地位愈加突出。从战略角度看，参与国际制度已经成为国际社

---

① 胡惠林：《文化产业学》第 2 版，清华大学出版社 2015 年版，第 386 页。
② 《胡锦涛文选》第二卷，人民出版社 2016 年版，第 641 页。
③ 《胡锦涛文选》第三卷，人民出版社 2016 年版，第 637 页。
④ 《习近平谈治国理政》第三卷，外文出版社 2020 年版，第 34 页。

会中衡量一个国家开放程度的重要标志，游离于国际制度之外必然落后于时代的发展。其一，国家在国际制度创设中的地位对其在国际地位中利益的分配有很大的影响。"国际社会中制度的建立以及规则的制订，是世界大国对于国际事务的一种软性而精致的控制权。大国通过这种形式，将自己的意志转化为国际社会成员须共同遵循的规则和程序，以此提高追求自身利益的合法性，并降低操作成本。"① 其二，国际组织和国际机制可以通过授权而赋予国际行动以合法性，并进而增强为首国家的号召力，甚至有助于其价值观念的传播。其三，参与国际制度建设，提升国际制度塑造力可以加强国际合作、影响他国行为的选择，减少国家发展与崛起的阻力。

新中国曾长期被排除在国际制度治理之外。进入 20 世纪 70 年代，中国与美国、日本等西方国家的外交关系取得重大突破。1971 年 10 月中国恢复在联合国的常任理事国席位，标志着中国赢得了更广阔的国际空间。改革开放以来，中国走和平发展与和平崛起之路，积极融入国际体系。为此，中国积极参与多边国际制度的制定和创新，最大可能地参与和改造国际规则，以便利用国际制度维护和拓展国家利益，提升中国软实力。进入社会主义新时代，中国参与国际制度的制定和创新愈益体现出全面性、战略性、长远性的特征。中国提出和推动构建人类命运共同体，积极参与国际制度的完善和新领域国际制度的创设，主动参与国际规则制定和调整，推动依法处理涉外经济、社会事务，增强我国在全球治理中的话语权和影响力，运用法律手段维护我国主权、安全、发展利益。20 世纪 90 年代中期以来，随着中国经济的发展，中国承担国际责任的期待和能力在增强，中国宣布"做国际社会中负责任的大国"更是一个明确的战略宣示。在国际社会重大全球问题上，中国越来越注重国际参与与合作，主动融入以《联合国宪章》为基础的国际秩序。中国签署了《生化武器公约》《全面核禁试条约》《巴黎气候协议》等，主动承担和履行国际责任，做负责任的大国，提升自己的国际形象。作为 APEC 成员，中国在这一机制内的影响不断扩大，在化解 1997 年、1998 年亚洲金融危机时表现不俗。21 世纪初，中国经过长期谈判最终加入 WTO，在全球多边贸易体制中获得发言权。在 2008 年世界经济危机爆发后，中国积极参与 G20 国际协调机制，推动世界经济危机的化解。中国积极推动与东盟的关系，参加东盟地区论坛（ARF）、亚信会议（CICA）、"10＋1"、"10＋3"②机制进展顺利，中国成为东亚区域一体化的重要推动者。中国倡导朝核问题六方会谈等多边

---

① 喻希来：《新兴世界大国的成长之旅：光荣与梦想——20 世纪中国历史总成绩的回顾》，载于《战略与管理》1999 年第 6 期。

② "10＋1"是指东盟 10 国分别与中国、日本、韩国 3 国合作的机制（即 3 个"10＋1"）；"10＋3"是指东盟 10 国与中日韩 3 国共同合作的机制。

安全对话，推动建立多层次的亚太多边安全制度。近年来，中国积极主导成立多边组织，亚洲博鳌论坛、上海合作组织是比较成功的范例。亚洲博鳌论坛成为展示中国的重要舞台，为促进亚洲各国间交流和共同发展提供重要平台，对一些国家产生了很强的辐射力和吸引力。上海合作组织成为中国与独联体有关国家多边交往的一个平台，促进了在能源、反恐等一系列问题上的国际合作，实现了合作共赢，成为一个重要的地区性国际组织。中国在外交上的独立自主、平等互利、合作共赢，既维护和实现了国家利益，又增强了国家的外交软实力。

（六）增强中华文化的国际传播力，提升国家文化软实力

当今时代，文化越来越成为软实力的重要源泉，越来越成为综合国力竞争的重要因素。文化是人类在社会历史发展进程中所创造的物质财富和精神财富的总和，它包括器物文化（物化了的劳动）、制度文化（包括社会理论、社会组织制度等）和观念文化（精神层面，即文化心理状态，包括价值观念、道德、宗教、审美、民族心理、民族性格等）三个层次，其核心部分为价值观念及其形成的行为模式。文化是软实力中的重要一环，软实力的说服力、渗透力和吸引力主要是通过文化来展现的，文化价值观、政治价值观的认同及其影响力是一个国家软实力的核心。

新中国成立 70 余年来，尤其是改革开放 40 余年以来，在中国共产党的领导下，中国政府不断加强文化建设，充分挖掘中华优秀传统文化资源，构建有中国特色的社会主义文化，大力发展文化事业和文化产业，促进文化创新，加强文化的对外传播与交流，增强国家文化软实力。

第一，挖掘中华优秀传统文化资源，促进中国传统文化的现代化。

五千年悠久灿烂的中华文化，对人类文明进步做出了巨大贡献，是中华民族生生不息、薪火相传的精神基因，是中华民族面临挑战以及各种复杂环境屹立不倒、历经劫难而百折不挠的力量源泉。

中华传统文化是世界主流文化之一。中华优秀传统文化"讲仁爱、重民本、守诚信、崇正义、尚和合、求大同"，追求和谐、崇尚仁爱、注重自律，讲求"天人合一""和而不同"。"和合"是中国文化的核心价值观之一，它强调平等相待、诚信合作、互利互惠、相互交融的理念，其本质表达的是人与人、人与社会、人与自然以及国家之间的和谐关系。"和合"是和谐的基础。随着中国硬实力的不断发展和壮大，中华传统文化的魅力正在增加，传统文化中的许多价值观念，尤其是儒家、道家的不少思想观点正得到国际社会的认同并被应用于国际关系的处理之中。中华优秀传统文化以仁为本的价值观念，"格致正诚""修齐治平"的道德实践和道德修养，"仁者以万物为一体"的道德境界，"为天地立心，

为生民立命，为往圣继绝学，为万世开太平"的道德责任，有利于中国在国际上树立负责任的大国形象。中华传统文化具有多样性和包容性，基督教、伊斯兰教、犹太教在中国与儒教、道教一起共存了千余年，体现了中国优秀传统文化"和而不同"的文化特质。历史上，中国以其程度极高而造诣极深的多样性文化价值而享誉世界。

文化转化为软实力需要具备两个条件：一是这种文化要具有吸引力，二是该文化所蕴含的价值、精神能得到其他国家和地区人们的认同、追随并转化为他们的价值、精神。近代以来，在追寻救国救民道路的过程中，中华传统文化在注重民族性的同时，又注重世界性。在吸收传统文化精髓的同时，吸收世界先进文化，确立了中华文化的国际地位。改革开放以来，党和政府充分发掘中华优秀传统文化资源，弘扬中华优秀传统文化精髓，大力推进中华优秀传统文化创造性转化和创新性发展，使中华优秀传统文化推陈出新、焕发生机。通过对外开放与文化交流，传统文化与外来文化有机结合，"把跨越时空、超越国度、富有永恒魅力、具有当代价值的文化精神弘扬起来，把继承传统优秀文化又弘扬时代精神、立足本国又面向世界的当代中国文化创新成果传播出去"[1]，提升中国文化的包容性、多样性，维护多元文化交融的有益性，营造一种更具生命力的良性循环的文化环境，从而促进中华文化的繁荣发展，实现中华民族的文化复兴。

第二，积极探索文化体制改革，大力发展文化事业与文化产业。

改革开放以来，党中央、国务院十分重视文化软实力的建设和发展，先后出台了《中共中央关于深化文化体制改革、推动社会主义文化大发展大繁荣若干重大问题的决定》《关于进一步繁荣发展哲学社会科学的意见》《关于实施中华优秀传统文化传承发展工程的意见》《关于非公有资本进入文化产业的若干决定》、《国家"十一五"时期文化发展规划纲要》《国家"十二五"时期文化改革发展规划纲要》《国家"十三五"时期文化发展改革规划纲要》《"十四五"文化发展规划》等一系列重要文件和政策措施，深化文化体制改革，坚持"两手抓"、发展中国特色社会主义先进文化，提高文化对外开放水平，推动我国文化事业全面繁荣和文化产业快速发展。文化产业是从事文化产品生产和提供文化服务的经营性行业。大力发展文化产业，推出高质量、高品位的文化产品是目前中国提升文化软实力的重要组成部分。在文化事业建设的同时，中国政府积极发展文化产业，一方面深挖中国传统文化中的宝贵资源，另一方面大力发展创意产业。文化产业越来越成为重要的经济增长点，具有极大的发展空间。为此，国家和各地政府出台一系列政策，大力扶持文化产业发展，如改革文化产业投资体制，完善文

---

[1]　《习近平谈治国理政》第一卷，外文出版社 2018 年版，第 161 页。

化产业投资政策；支持重点项目的开发。充分利用现代高新技术，推动文化产业高质量发展，打造中国文化产业的品牌等。

第三，积极加强中华文化的对外传播与国际交流。

文化的影响力超越时空、跨越国界。文化因交流而丰富，因交融而多彩。人类社会的发展过程，就是各种文明不断交流、融合、创新的过程。文化可以通过跨国界传播成为其他国家和国际社会的基本价值或主流文化，发源这种文化的社会自然就获得巨大的软实力。只有在其他国家羡慕并期望模仿一国文化之时，其软实力才得以实现。中国文化走出去，是时代赋予中华文明和中国文化的历史责任。软实力竞争最主要的手段之一就是对外文化传播与交流。改革开放以来，党和政府积极制定和实行对外文化发展战略，加强中外文化交流，"着力推进国际传播能力建设，创新对外宣传方式，加强话语体系建设，着力打造融通中外的新概念新范畴新表述，讲好中国故事，传播好中国声音，增强在国际上的话语权"[1]，提高中华文化的国际地位和影响力。截至 2019 年底，中国已与 157 个国家签署了文化合作协定，已投入运营的海外中国文化中心数量达 40 家，驻外旅游办事处 20 家。指导驻外机构联动举办"中国旅游文化周"等品牌活动，组织开展各类活动 379 场次，参与公众累计 194 万余人次，中外媒体广泛报道，有效覆盖超过 5 000 万人次。此外，2019 年全年经文化系统审批的对外文化交流项目达到 2 292 项，46 060 人次参加。[2] 中国在美国、法国、俄罗斯、印度等国家和地区举行了一系列中国文化节活动，加深了世界各主要国家对中国文化的理解和认识，积极展现了友好、合作的形象。外国留学生的数量也不断增加，不仅体现了中国经济增长的魅力，还表明中国文化的世界吸引力。中华文化走出去，在文化交流中实现文明互鉴，扩大了中华文化国际影响力的同时，也促进了世界文化的发展。

（七）坚持独立自主和平外交政策，提升中国外交软实力

一国的外交战略和政策是软实力的重要组成部分。外交作为软实力的实现手段，在国家软实力建设中起着非常重要的作用。它主要表现在国家对外关系、对外政策、对外活动以及对国际的贡献能力，涉及政治、经济、军事、文化等各个领域。中国外交政策的宗旨是维护世界和平，促进共同发展。在处理国与国之间

---

① 中共中央文献研究室：《习近平关于社会主义文化建设论述摘编》，中央文献出版社 2017 年版，第 197~198 页。

② 中华人民共和国文化和旅游部：《中华人民共和国文化和旅游部 2019 年文化和旅游发展统计公报》，中华人民共和国文化和旅游部网站，2020 年 6 月 20 日，http：//zwgk. mct. gov. cn/zfxxgkml/tjxx/202012/t20201204_906491. html。

的关系时，中国坚持独立自主的和平外交政策，主张以和平共处五项原则为指导，政治上相互尊重，共同协商；经济上相互促进，共同发展；文化上相互借鉴，共同繁荣；安全上相互信任，共同维护。

中国外交政策的制定和外交风格的形成，受到了我国深厚的中华传统文化的影响。早在封建社会时期，中国就形成了重"王道"、轻"霸道"的国家治理传统，中国"在与外部世界打交道时，只是自然地将内部伦理秩序向外扩展，中国与属国的关系主要依靠华夏礼义的吸引力，依靠提供公共物品"[①]。中国传统文化中"以和为贵""睦邻友好""求同存异"等精神影响了中国几千年的外交风格。新中国成立之初，在万隆会议上，周恩来总理代表中国提出了"和平共处五项原则"，为正确处理国家间关系提供了依据，改善了中国同世界许多国家尤其是发展中国家的关系，在国际舞台上初步展现了中国外交的魅力。新中国成立半个多世纪以来，中国一直坚持独立自主的和平外交政策，并且不断发展和完善，取得了明显的外交效果。如捍卫和维护了国家的根本利益，为国家建设创造了良好的周边环境和国际环境，树立了良好的国家形象，为和平解决国际争端提供了新思路和新方法，促进了世界的和平、发展与安全。改革开放以来，中国又提出了建立国际政治经济新秩序、总体国家安全观、人类命运共同体、和平发展、合作共赢、多边主义、睦邻外交等有中国特色的外交理念和政策。

新时代，中国高举和平、发展、合作、共赢的旗帜，积极发展中国特色大国外交，恪守维护世界和平、促进共同发展的外交政策宗旨，坚定不移在和平共处五项原则基础上发展同各国的友好合作，推动建设相互尊重、公平正义、合作共赢的新型国际关系，推动构建人类命运共同体。中国秉持共商共建共享的全球治理观，倡导国际关系民主化，坚持国家不分大小、强弱、贫富一律平等，尊重主权，共享安全，维护世界和平稳定。尊重世界文明多样性、发展道路多样性，尊重和维护各国人民自主选择社会制度和发展道路的权利，相互借鉴、取长补短，推动人类文明进步。积极开展国际合作，通过合作达到共赢，与世界其他国家共享繁荣，得到了国际社会的广泛认可和赞同，为中国和平崛起创造了良好的国际环境。

---

① 门洪华：《软实力评估报告》（上），载于《国际观察》2007 年第 2 期。

第三章

中国软实力建设与发展的战略问题

软实力建设关系到中国特色社会主义新时代国家发展的战略全局，关系到综合国力和国际竞争力的提升，关系到中华民族的伟大复兴。因此，在综合国力竞争日趋激烈的当代世界，为了进一步提升中国的软实力，必须深入分析中国软实力发展的战略依据，全面把握我国软实力发展战略的演进，科学制定我国软实力建设的发展战略。

第一节　中国软实力建设与发展的战略依据

当前，加强我国软实力建设需要制定国家的软实力发展战略，而我国软实力发展战略的制定，主要源于增强我国的综合国力、实现我国的和平发展、应对信息时代的挑战的战略需要，这些构成了我国软实力发展战略研究、制定和提出的战略依据。

一、增强我国综合国力的战略需要

综合国力既包括硬实力又包括软实力，软实力既是综合国力的重要组成部分，又是综合国力中的核心竞争力。然而，目前我国的软实力在综合国力及国家竞争中的战略地位和作用没有得到应有的体现。因此，研究、制定和提出软实力发展战略，是增强我国综合国力及国际竞争力的战略需要。

（一）我国硬实力和软实力发展严重失衡

改革开放以来，我国经济迅速腾飞，不断实现跨越式发展，创造了一个又一个奇迹，国家硬实力建设取得了令世人瞩目的成就。2002 年，我国国内生产总值（GDP）排名世界第六，经过不到 10 年的发展，我国国内生产总值先后超过意大利、法国、英国、德国，2010 年，我国 GDP 总量又首次超过日本，一跃成为世界第二大经济体。2021 年，我国国内生产总值达 114.4 万亿元，按年平均汇率折算达 17.7 万亿美元，同期美国国内生产总值为 23.04 万亿美元。1995 年，我国 GDP 总量占美国 GDP 总量的 9.5%，不到美国 GDP 总量的 1/10；2021 年，我国 GDP 总量约为美国 GDP 总量的 76.94%。国家统计局数据显示，2021 年，中国货物进出口总额达 39.1 万亿元人民币，居世界第一位。2021 年底，我国外汇储备余额达到 3.25 万亿美元，居世界第一位。[①]《财富》杂志 2021 年 8 月公布的世界 500 强企业名单显示，中国进入世界 500 强的企业达到 143 家，较上年增长 10 家。上榜企业数量再次超过美国（122 家），蝉联榜首。[②] 上述一系列数字表明，我国经济发展势头强劲，硬实力成就斐然，正逐步缩小与美国的差距，甚至在某些经济指标上已经超过美国。可见，无论从外汇储备世界第一、进出口货物贸易总量世界第一、GDP 世界第二来看，还是从世界 500 强企业的增长数量和比例来看，我国硬实力增长都取得了巨大成就。

与硬实力迅速增强形成鲜明对照的是，我国的软实力增长不够明显。根据美国皮尤研究中心近十多年在 21 个国家对中国好感度的调查数据，经过对比分析发现，20 多个国家对我国的好感度并没有随着硬实力的增长而上升，甚至有所下降。

世界各国对一个国家的好感度，是衡量一个国家软实力的重要指标之一，好感度的增加或减少，从一个角度反映了一个国家在世界上软实力的增强或减弱。为什么中国硬实力在大幅增长的同时，软实力却没有同步增长甚至出现下降的现象呢？这只能说明，软实力和硬实力既有联系也有区别。硬实力的发展可以为软实力的增长提供重要的物质基础，促进软实力的发展，但硬实力不等于软实力，软实力是与硬实力相对应的一种国家的重要实力，是国家综合实力的重要组成部分。综合国力，既包括经济实力、国防实力、科技实力等国家硬实力，又包括文

---

① 部分数据引自宁吉喆：《国民经济量增质升"十四五"实现良好开局》，载于《求是》2022 年第 3 期。

② 邱海峰：《2021 年〈财富〉世界 500 强榜单出炉 中企上榜数量领跑全球》，载于《人民日报》（海外版）2021 年 8 月 3 日。

化、价值观、外交政策等国家软实力。硬实力主要由军事实力和经济实力等所构成，军事实力往往被作为强制性威胁的"大棒"，经济实力往往被作为诱惑别人的"胡萝卜"，硬实力往往是建立在强大的物质技术基础之上、以威胁和引诱作为基本手段和方式所显现出来的一种实力。软实力则不同，软实力主要是通过一定的文化、价值观和发展模式、外交影响等体现出来的吸引力，它是国家综合国力的重要组成部分。离开了软实力，国家的综合国力就存在着严重的结构性缺陷，就不能称为真正综合性的国力，就会严重阻碍综合国力的提升。

国家软实力不会自然而然地得到提升，国家的文化、价值观和外交政策等也不会自然而然地变为软实力。要增强国家的软实力，就必须加大对软实力建设的投入，加强对文化、价值观和外交政策等软实力资源的开发，把文化、价值观和外交政策等由潜在的软实力转化为现实的软实力。然而，我国在软实力方面的投入与硬实力方面的投入相比，存在很大差距。仅从文化建设的投入来看，软实力与硬实力建设的投入还不成比例。

图3-1表明，我国30多年来，财政收入虽然增长很快，但文化事业费占财政支出的比重却较小，并且呈明显下降和低位徘徊的趋势。20世纪90年代初，我国文化事业费占财政支出的比重尚达0.5%左右，而2000年以来，则长期在0.4%以下徘徊。这对我国软实力特别是文化软实力的增长产生了制约作用。

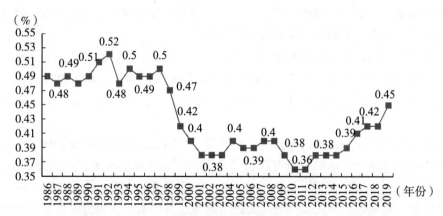

图3-1 全国文化和旅游事业费占财政总支出比重

资料来源：《中华人民共和国文化和旅游部2019年文化和旅游发展统计公报》。

文化产业是软实力发展的重要指标，而我国文化产业发展十分滞后。国家统计局相关数据显示，2020年全国规模以上文化及相关产业企业营业收入为98 514亿元，占GDP的比重为9.7%。而早在2010年，就文化产业在国内生产总值中所占的比例而言，"西方发达国家已经平均达到10%以上，美国则达到25%。美国的文化产业在世界文化市场当中占43%，欧盟占34%，而整个亚太

地区只占 19%，我国所占世界文化产业市场的份额低于 3%。我国文化产业集约
化程度低、文化出口能力弱，文化贸易逆差严重"①。2019 年，我国图书、期刊、
报纸出口 1 472.85 万册（份），出口金额为 6 079.69 万美元，而进口 4 206.50 万
册（份），进口额达 38 560.51 万美元，进出口数量逆差为 2 733.65 万册（份），
进出口金额逆差达 32 480.82 万美元。② 国务院新闻办公室原主任赵启正曾指出，
"和中国对外贸易'出超'相比，中国的对外文化交流和传播则是严重'入
超'……其根本原因是我们文化这个软实力本身……还不够强大"③。可见，我
国文化产业发展水平较其他发达国家还有很大差距，我国的文化产业要成为国民
经济的支柱性产业要走的路还很长。

（二）我国软实力不足制约了硬实力发展

正像软实力的发展离不开硬实力创造的物质基础一样，硬实力的发展也离不
开软实力发展创造的精神条件。然而，我国软实力的发展与硬实力的发展相比还
存在着不小的反差。习近平总书记在党的新闻舆论工作座谈会上的讲话指出：
"我国综合国力和国际地位不断提升，国际社会对我国的关注前所未有，但中国
在世界上的形象很大程度上仍是'他塑'而非'自塑'，我们在国际上有时还处
于有理说不出、说了传不开的境地，存在着信息流进流出的'逆差'、中国真实
形象和西方主观印象的'反差'、软实力和硬实力的'落差'。"④ 目前，我国软
实力发展的不足从三个方面制约了硬实力的发展。

一是软实力发展不足对经济硬实力的制约。文化产业是国民经济的一个重
要新兴产业，在产业结构中具有越来越重要的地位和作用，对经济硬实力的提
升影响越来越大。许多发达国家的文化产业已经成为国民经济的重要支柱性产
业。英国是世界上第一个提出创意产业概念的国家，也是第一个利用公共政策
推动文化创意产业发展的国家，其创意产业一直走在全球前沿。英国摇滚乐的
经济效益早就已经远远超过了钢铁产业。《2021 年英国娱乐行业报告》显示，
2019 年英国休闲消费达到了 3 260 多亿英镑，2020 年英国"在家"娱乐支出达
到了 777 亿英镑，同比增长 2.3%，英国娱乐零售支出总额 2020 年连续第 8 年增
长，增长率达 18%，英国消费者数字娱乐休闲支出增长至 80 亿英镑，较 2019 年

① 张国祚：《提升我国文化软实力的战略思考》，载于《红旗文稿》2011 年第 8 期。
② 国家统计局：《中国统计年鉴（2020）》，国家统计局网站，2020 年 9 月 20 日，http://www.stats.gov.cn/tjsj/ndsj/2020/indexch.htm。
③ 赵启正：《民族的振兴需要文化的振兴》，载于《文汇报》两会专刊 2006 年 3 月 14 日。
④ 中共中央文献研究室：《习近平关于社会主义文化建设论述摘编》，中央文献出版社 2017 年版，第 212 页。

增长 24%。① 美国是当今世界文化产业最发达的国家，相关数据显示，美国的文化产业收入占其外贸出口的 38.5%，文化产业出口占世界出口总量的 70%，其音像制品出口超过航天工业。目前，世界 75% 的电视节目和 60% 的广播节目由美国生产；美国电影占世界电影市场票房收入的 2/3，视听文化产品的年出口额达 600 亿美元。美国文化产业产值占 GDP 的比重早已达到 30% 以上。② 美国从蜘蛛侠、钢铁侠等"漫威"经典动画人物，到华纳兄弟、迪士尼等好莱坞电影巨头，再到 Facebook、Twitter 等社交媒体，在全球都有着重要的影响力。多年来，美国文化产业的很多经验、做法和探索，引领着全球产业发展的风向标。日本的娱乐业经营收入也已超过汽车工业产值，日本几乎垄断了全球的唱片业、出版业和动漫卡通业，文化产业年产值占到其 GDP 的 20%。美国的米老鼠、唐老鸭和哈利·波特、阿凡达等卡通形象和电影形象，日本的动漫，英国的摇滚乐、足球联赛，韩国的韩剧"韩流"，等等，不仅风靡全球，而且这些文化产品及其衍生物迅速占领国际市场，赚得巨大的经济效益的同时，这些文化符号所承载的美国及西方文化和价值观也随之传播到世界各地。

反观中国，尽管 2021 年中国已经拥有 143 家企业进入世界 500 强，但进入世界 500 强的文化企业还寥寥无几。中国的文化产业缺乏打入国际市场的精品，甚至于中国的文化资源经过外国的包装，转变成了外国的文化品牌。如花木兰、功夫熊猫等影视、动漫产品，都是外国对中国文化资源的开发和转化，这就使我国在文化产业发展上陷入了尴尬和被动。中国和德国的出版业相比，2019 年，我国图书出版实现营业收入 989.7 亿元人民币，而德国贝塔斯曼集团同年的销售额就超 180 亿欧元，折合人民币约 1 407 亿元，一个出版集团远远超过了我国一个国家所有图书出版年收入的总和。据北京大学文化产业研究院和国家文化产业创新与发展研究基地发布的《中国文化产业年度发展报告 2019》披露，党的十八大以来，我国文创产业发展态势良好，但是也面临着文创人才短缺、高质量内容和核心创意缺乏、创意产业链不完整、文化消费不足等问题。我国文化产业发展的滞后，不仅是因为投入不足，更主要的是文化创意不足，而这种文化创意正是文化产业发展的生命线，也是文化产业的核心竞争力之所在。这种文化创意就是一种软实力，它离不开文化创造力，离不开文化发展中的思想解放和观念创新。在我国文化产业领域，存在着国民经济其他产业，尤其是制造业的一些类似

---

① 电子零售业协会：《2021 年英国娱乐行业报告》，中文互联网数据资讯网，2021 年 8 月 17 日，http://www. 199it. com/archives/1293242. html。

② 中国民营文化产业商会：《美国文化产业报告》，微信公众平台，2019 年 4 月 10 日，https://mp. weixin. qq. com/s?_biz = MjM5NDQwMjU2NQ = = &mid = 2651080568&idx = 1&sn = 3251250b8b153de13ec15f9ad4289480&chksm = bd78bf128a0f360419f6b203a3926a18558b98be64abe041d60e2626466007cde05afc39cffb&scene = 27。

"来料加工"的情形，如在服装、皮包、首饰等产业，产品的策划、设计和文化包装是别人的，皮尔卡丹（Pierre Cardin）、路易威登（Louis Vuitton）、古驰（Gucci）等品牌是别人的，加工则是我们的，中国人赚的是辛辛苦苦加工的一点点血汗钱。这种情况说明，加快文化产业发展，提高文化产业竞争力，不仅要加大文化产业的经济投入和基础设施建设，更要注重文化创意，加强文化软实力建设，通过发展创意文化来带动和推动文化产业的发展，提高文化产业对国民经济发展的贡献度。

经济硬实力的发展还需要提高经济产品的文化含量，发挥文化的经济功能。文化创意不仅对文化产业的发展至关重要，而且对整个国民经济的发展都至关重要。随着社会生活水平的提高和人们精神文化需要的发展，人们越来越注重经济产品的文化意蕴，越来越注重购买和享用具有丰富文化内涵的经济产品和社会服务。比如餐饮业，越来越注重文化品位，越来越具有饮食文化的特色，从酒店的特色命名到就餐的文化环境，乃至各种充满文化意蕴的菜谱，使人在享受美味的同时，也享受了文化的盛宴。如"东来顺""湘鄂情"等富有内涵的店名，对特定人群有着特殊的吸引力。房地产事业的发展与房地产开发商及其产品的文化品位也有极大关系，建筑是一种凝固的音乐，房地产开发商对开发产品的文化定位、文化创意和文化营销，直接影响着楼盘销售的业绩，影响着房地产经济的发展。信息时代，信息技术（IT）产业的发展更加离不开文化，科技和文化的结合成了 IT 产业的一大趋势，就像文化的发展离不开科技一样，科技的发展也越来越离不开文化。比如各种手机、平板电脑、移动终端的设计，越来越注重用户的文化需求，不断丰富和创新的文化功能，满足了用户日益现代化、多样化、个性化的精神文化需求，产品的销售额和企业的总收入一路看涨，企业的竞争力和实力不断增强。华为手机就是这样，作为一种融合手机和移动互联网等功能的 5G 产品，由于文化功能强大、使用方便快捷，销售额迅速上升，市场份额不断扩大。据全球著名的国际数据公司（IDC）数据报告显示，2019 年华为手机出货量迅速增长，达 2.41 亿部，在 2019 年全球手机销量中排名第二，全球市场份额也增长到 17.6%，较 2018 年同比增长 16.8%，同期苹果手机呈负增长，同比增长率为 -8.5% 。[①] 尽管华为手机在美国的封锁打压下遇到了暂时的困难，但华为手机等代表的文化与互联网技术融合的趋势并没有改变。

二是软实力发展不足对军事硬实力的制约。军事实力是国家综合实力的重要组成部分，是国家硬实力的重要方面。中国军事实力的发展是维护我国领土主权

---

① 《IDC：苹果夺得 2019 年 Q4 全球智能手机出货量冠军，华为升至 2019 年全年第二位》，环球网，2020 年 2 月 4 日，https：//3w. huanqiu. com/a/c36dc8/3wtZtawHrin? agt =23。

和国家安全的正当需要，但总是遭到一些西方国家的质疑、歪曲甚至污蔑，对我国军事硬实力的发展造成了严重的影响和制约。表 3 - 1 是根据斯德哥尔摩国际和平研究所发布的 SIPRI 官方统计数据绘制的。

表 3 - 1　　　2000 年以来中美军费开支总量及其占 GDP 的比重

年份	军费开支总量（百万美元）		军费开支占 GDP 的比重（%）	
	美国	中国	美国	中国
2000	475 217	41 167	3.1	1.8
2001	479 077	48 813	3.1	2.0
2002	537 912	56 064	3.4	2.0
2003	612 233	60 675	3.8	2.0
2004	667 285	66 832	4.0	1.9
2005	698 019	73 390	4.1	1.9
2006	708 077	84 477	4.0	1.9
2007	726 972	92 862	4.1	1.7
2008	779 854	101 601	4.5	1.7
2009	841 220	123 287	4.9	1.9
2010	865 268	129 359	4.9	1.7
2011	855 022	138 869	4.8	1.7
2012	807 530	153 138	4.5	1.7
2013	745 416	165 589	4.0	1.7
2014	699 564	178 806	3.7	1.7
2015	683 678	192 843	3.5	1.8
2016	681 580	203 944	3.4	1.8
2017	674 557	216 487	3.3	1.7
2018	694 860	229 168	3.3	1.7
2019	734 344	240 333	3.4	1.7
2020	766 583	244 934	3.7	1.7

资料来源：斯德哥尔摩国际和平研究所。

由表 3 - 1 可见，我国军费支出及其占 GDP 的比重方面远不及美国。2020 年，军费开支占 GDP 的总量，美国为 3.7%，中国为 1.7%，美国的比例高出中国一倍以上。从绝对值来看，美国的军费开支为 7 666 亿美元，中国的军费开支为 2 449 亿美元，美国军费达到中国军费的 3 倍以上。

因此，要加大中国的军费投入，加紧中国新式装备的研制，加强中国的国防现代化建设，一句话，要有效地提升中国的军事硬实力，维护国家安全，就必须有力反驳"中国威胁论"，消除"中国威胁论"给世人造成的错误印象，提升中国的软实力。

三是软实力发展的不足对科技硬实力的制约。科技的发展离不开人力、物力、财力的投入，因此，科技实力是一种国家硬实力。但是，科技的发展同样离不开软实力。经济、国防实力的发展离不开科技，科技的发展离不开人才。科技是第一生产力，人才资源是第一资源。在经济全球化时代，人才资源的国际竞争日趋激烈。谁能在全球人才竞争中吸引和凝聚大量人才，特别是创新型人才，谁就能在世界科学技术的发展和综合国力的国际竞争中占领制高点。而我国目前在全球人才的激烈竞争中，情况并不乐观。近年来，我国留学归国人数有所增加。《中国统计年鉴（2020）》数据表明，2018 年我国出国留学人员总数为 66.21 万人，较 2012 年增幅为 65.69%。出国留学与留学回国人数比例从 2012 年的 1.46∶1 下降到 2018 年的 1.27∶1，留学回国人员总数为 51.94 万人，增幅为 90.33%。据中国教育部网站消息，从 1978 年到 2019 年，我国各类出国留学人员累计达 656.06 万人。其中 165.62 万人正在国外进行相关阶段的学习和研究；490.44 万人已完成学业；423.17 万人在完成学业后选择回国发展，占已完成学业群体的 86.28%。[1] 然而，据教育部国际合作与交流司有关人士的权威分析，从 1978 年到 2013 年，我国虽有一百多万留学人员先后学成回国，但其中高层次人才仅约 2 万人。近 10 多年间，留学回国人员中硕士学位持有者所占比例从 2001 年的 43.2%，上升到 2012 年的 76% 左右，同期获博士学位或从事博士后研究者所占回国人员的比例则不断下降，从 2001 年的 35.7%，下降到 2012 年的 11% 左右。[2] 具体数据显示，目前，我国高层次人才国际流动方向总体上仍然处于"流出量大于流入量"的状态，中国仍属于高端人才流失率较高的国家之一。《美国博士学位调查》数据显示，美国授予的博士学位者中，国际留学生比重较大，排在前三的是来自中国、印度和韩国的留学生。仅 2018 年，在美国高校或科研机构获得博士学位的中国籍学生数为 6 182 名，其中有 79.4% 的博士毕业生计划留在美国。据美国政府研究机构的数据，在美国拿到科学和工程方面博士学位、5 年后仍然滞留在美国的毕业生中，中国滞留率最高，达到 92%。[3] 中国虽

---

[1] 教育部：《2019 年度出国留学人员情况统计》，中华人民共和国教育部网站，2020 年 12 月 14 日，http：//www.moe.gov.cn/jyb_xwfb/gzdt_gzdt/s5987/202012/t20201214_505447.html?eqid=d999d9e200011c7700000003642a3e6e。

[2] 苗丹国：《对出国留学若干问题的观察、讨论与思考》，载于《世界教育信息》2014 年第 7 期。

[3] 中国教育报：《观察：中国高端人才流失率仍居高不下》，新浪教育，2014 年 1 月 20 日，http：//edu.sina.com.cn/a/2014－01－20/1148238838.shtml。

已从人才资源相对匮乏的国家发展成为世界第一人力资源大国，但我国流失的顶尖人才数量仍居世界首位。这种人才流失特别是高层次人才流失的情况，严重制约了我国科学技术的发展。这种情况近年来虽有所缓解，但仍需要高度重视。

经济全球化背景下人才的竞争，不仅是硬实力的竞争，更是软实力的竞争。习近平总书记在中国科学院第十九次院士大会、中国工程院第十四次院士大会上强调："世上一切事物中人是最可宝贵的，一切创新成果都是人做出来的。硬实力、软实力，归根到底要靠人才实力。"① 为了改变我国在全球人才竞争中的不利态势，进一步争取、吸引和凝聚国外人才，尤其是出国留学的高层次人才，我们不仅通过实施"千人计划""长江学者""杰青学者"等计划提高生活待遇、改善工作环境等来吸引优秀人才，而且更注重依靠"留学外交"的实施和拓展、留学政策的改革与创新、对留学人员的关心和爱护、爱国主义精神和情感的感召、伟大愿景和价值观念的凝聚、优秀文化和良好氛围的吸引等，也就是说，靠提升国家软实力来赢得全球化时代人才资源的国际竞争，并通过增强人才的国际竞争优势，来增强我国科技竞争的国际优势。可见，科技硬实力的发展离不开软实力的吸引和支撑。软实力对科技硬实力的促进，还体现在可以通过进一步激发和调动科技人才的积极性、主动性、创造性，增强科技人才的创新意识、创新能力、创新精神，尤其是爱国主义精神等得以实现。人才要育得好、引得进、留得住、用得好，就要加强人才管理制度创新，建立公开、公平、公正的竞争机制，创造有利于拔尖人才脱颖而出的良好环境和氛围。所以，科技的发展离不开人才，人才的聚集和作用的发挥始终离不开软实力。

因此，无论从经济发展、国防建设还是科技进步来看，要增强我国的经济实力、国防实力、科技实力，提升我国综合国力中的硬实力，也必须始终重视和不断加强我国的软实力建设和发展。只有把硬实力和软实力结合起来，制定软实力和硬实力协调、协同发展的战略，共同建设、协调发展、相互促进、整体提升，才能有效增强我国的综合国力。

二、实现我国和平发展的战略需要

坚持走和平发展之路，维护我国和平发展的战略机遇，确保我国持续发展的国际和平环境，不仅需要我国强大的硬实力做后盾，更需要运用软实力做先导。因此，制定和实施软实力战略，是维护和实现我国和平发展的战略需要。

---

① 《习近平谈治国理政》第三卷，外文出版社 2020 年版，第 253 页。

（一）维护我国领土主权与国家安全的需要

实现我国的和平发展，必须维护我国领土主权与国家安全。改革开放以来，我党把工作重心转移到经济建设上来，坚持和实行了以经济建设为中心，坚持四项基本原则，坚持改革开放的"一个中心、两个基本点"的基本路线，始终把发展生产力放在第一位，探索和走出了一条中国特色社会主义的发展道路，促进了中国经济的迅速发展和综合国力的显著提升。经过新中国成立70多年来特别是改革开放40多年来的发展，我国GDP总量和综合经济实力上升到世界第二，迅速缩短了同世界最发达国家——美国的差距。而美国由于发生了金融危机和经济危机并迅速演变成世界金融危机和经济危机，使其经济硬实力和综合实力被严重削弱，并影响了国际经济、政治的发展，导致了世界格局的变化。中美GDP总量和综合国力的此长彼消，使美国感受到了来自中国和平发展和迅速崛起带来的巨大压力和危机，产生了一种战略危机感和焦虑感。

美国的最大战略目标是维护其所谓"世界领导地位"，即一超独霸的地位。为了干扰、打压、制衡、阻遏中国的崛起，维护美国的世界霸主地位，美国推出和实施"巧实力"战略，大力推行价值观外交，打出"重返亚太"和"维护南海航行自由"的旗号，把软实力和硬实力结合起来，把经济、政治、军事、文化、外交等各种手段结合起来，有选择地加以组合和运用。

亚洲是美国全球争霸的重点，"重返亚太""重返印太"战略的实质是加强美国在亚洲、太平洋和印度洋的存在和竞争，加紧对中国的打压与干扰，以平衡和削弱中国日益崛起的影响力，遏制中国的发展。中国同周边国家的紧张局势都与美国实施"重返亚太""重返印太"战略有关。分析美国的"重返亚太""重返印太"战略，正是探寻中国南海与周边紧张局势的关键。

美国政府的"重返亚太"战略是由时任美国国务卿希拉里提出来的。2010年10月28日，希拉里访问亚太地区前在夏威夷发表讲话，阐明美国致力于在亚太地区发挥领导作用，促进经济繁荣，维护地区安全，推动民主与人权。希拉里在讲话中指出："美国具有特殊地位，能在亚太地区扮演一个引领角色——这是基于我们的历史、我们的能力以及我们的信誉。""在所到之处，我们将会推动一套总体目标：保持和加强美国在亚洲太平洋地区的领导能力，改善安全，扩大繁荣，促进我们的价值观。"

希拉里提出了美国的"前位外交"理念，强调"通过三条主要路线发展我们的前位外交：第一，打造未来的亚太经济；第二，保证地区安全；第三，支持加强民主体制和传播普世的人的价值"。"我们要在这三个领域——经济增长、区域安全和持久的价值观——发挥美国的领导作用。""我们在亚洲的军事活动是我们展开全面接触的一个关键部分。通过将它们与前位外交和发展方针平衡与融合，我们就能处于保障自身利益并增进共同利益的最有利的地位。"而"这正是我们对外政策中的三个D——国防（Defense）、外交（Diplomacy）和发展（Development）——的完整体现"。美国在所谓的"前位外交"中，融合了国防、外交和发展，不仅注重通过国防来维护美国的安全利益，通过发展来实现美国的经济利益，尤其注重通过外交来推行美国的价值观，促进世界各国尤其是亚太各国的"民主和人权"。希拉里指出，"我们作为一个国家最宝贵的财富，比我们的军事力量和我们的经济规模都更宝贵的是，我们的价值观——具体而言，是我们对于民主和人权的坚定不移的信念——的令人信服的力量。我们致力于捍卫并倡导这些价值观是我国特征的一个不可或缺的方面。这也是我们对世界的最佳、最重要贡献之一。因此，这当然也是我们在美国对外政策一切工作中的一个关键因素"[1]。2011年10月14日，希拉里在美国《外交政策》上发表《美国的太平洋世纪》的文章，进一步集中阐述了美国的"重返亚太"战略，指出："在今后10年中，我们对在哪里投入时间和精力需要做到灵活并有系统性，从而使自己处于最有利的地位，以保持我们的领导作用、保障我们的利益以及推进我们的价值观。因此今后10年美国外交方略最重要的使命之一是大幅增加对亚太地区外交、经济、战略和其他方面的投入。""从战略上转向该地区，在理念上与我们保障和保持美国的全球领导力的总体努力一致。"希拉里提出了美国"重返亚太"的六大战略重点："鉴于这一点，我们的工作将遵循六个关键的行动方针：加强双边安全联盟；深化我们与新兴大国的工作关系，其中包括中国；参与区域性多边机构；扩大贸易和投资；打造一种有广泛基础的军事存在；促进民主和人权。""与我们的军事力量或经济规模相比，我们作为一个国家所拥有的最有影响力的资产是我们的价值观，特别是我们对民主与人权的坚定不移的支持。它显现了我们最深厚的民族性格，是我国外交政策的核心，包括我们向亚太地区的战略转移。"[2] "在我们深化与在这些问题上和我们持有不同观点的伙伴的接触时，我们将继续敦促他们实施改善国家治理、保护人权和推进政治自由的改革。"[3] 2016年第6期的《外交事务》上，时任美国国防部部长卡特发表了名为《再平衡与亚太安全：构建一个以规则为基础的安全网络》的文章，将美国"重返亚太"战略具体分解为两步："第一个阶段是从2011年到2015年，美国主要是加强在亚太地区的军事部署，在冲绳、关岛和夏威夷保持强有力的军事力量，以保证美

---

① 《克林顿国务部长发表美国亚太政策讲话》，美国国务院国际信息局，2010年10月28日，http：//iipdigital. usembassy. gov/st/chinese/texttrans/2011/11/20111129113956x0. 1860402. html# ixzz3AqA6nMHE。

②③ ［美］希拉里：《美国的太平洋世纪》，新华网，2011年10月14日，http：//www. xinhuanet. com//world/2011 - 10/18/c_122167538. htm。

国能够在本地区发挥关键性作用；第二个阶段是 2015 年到现在，美国主要是部署更加先进的武器，推动抵消战略，以掌握主动权。"① 充分显示了美国决意插手亚太地区发展以保证美国霸权的"强硬态度"。可见，美国"重返亚太"战略的"前位外交"，就是以推行美国的价值观为核心，以国防、外交、发展为路径，以三者的相互融合与协调运用为特征的"巧实力"外交。

特朗普担任美国总统后，在前任奥巴马政府的基础上，提出和推行"美国优先"的理念，把"亚太战略"扩大为"印太战略"（Indo - Pacific），企图将美国控制力从"亚洲—太平洋"扩大到"亚洲—太平洋—印度洋"，进一步强化美国在亚太地区的影响力。2017 年 11 月 3 ~ 14 日，特朗普对亚太地区进行了为期 12 天的马拉松式的访问，在访问中多次推销"自由和开放的印太"概念。访问结束不久后，2017 年 12 月 18 日，特朗普发布了上台后首份综合安全政策文件《国家安全战略报告》。该报告声称"我们的战略是为了推进美国在世界上的影响力"并将重点关注"印太地区"。在这份报告中特朗普政府把中国定位为"战略竞争对手"和"修正主义国家"，矛头直指中国。

拜登政府上台以后，延续和强化了特朗普提出的"印太战略"，着力推动实施美国、日本、澳大利亚、印度四国构成的印太机制。2021 年 3 月 12 日，美国总统拜登、日本首相菅义伟、澳大利亚总理莫里森、印度总理莫迪以视频会议的形式举行了四方安全对话，主张建设一个"自由、开放、包容、健康、以民主价值观为基础、不受胁迫的地区"。路透社认为，这项计划显然是为了"对抗中国日益增长的影响力"。② 美国企图把所谓美日印澳四国同盟纳入"民主同盟"，着力打着意识形态的旗号来构建"海上的"战略同盟，加强对中国在太平洋和印度洋的"海上围堵"。

长期以来，中国为了集中力量发展生产力，维护同周边国家的良好关系，促进中国同周边国家的经济合作与共同发展，在处理同周边国家的领土主权和海洋权益问题上，采取了"主权在我，搁置争议，共同开发"的方针。这一方针保证了中国同亚洲国家的睦邻关系和经济繁荣，维护了亚太地区长期和平稳定的发展环境，亚太地区逐渐成为世界经济的增长引擎和发展重心，中国在亚太地区的影响力也不断攀升。亚太地区强劲的发展势头、独特的战略地位，尤其是中国影响力的提升，使美国感受到了中国在亚太地区对其"领导地位"的挑战。

近年来美国在南海区域的军事行动越来越多，2018 年，美军明显加大所谓"航行自由行动"的频率和烈度，基本保持每 8 周一次的频率，在南沙中方驻守岛礁的 12 海里内多伴有高速机动、演习训练和其他刺激性活动，增强了针对西沙的挑衅活动。"航行自由行动"之外，美军还大幅强化战略威慑和前沿存在。

美国为了同中国争夺影响力，还企图把挑起周边国家同中国的误解和纷争从沿海国家扩大到周边陆地国家，并将竞争领域由军事领域拓展延伸至经济、文化、价值观等其他领域。

美国通过"巧实力"战略和价值观外交，把经济、政治、文化、军事、外交等各种手段结合起来，把软实力和硬实力结合起来，打着"重返亚太""重返印太"，维护"南海航行自由"的旗号，设置相关议题，向中国及周边国家强行推销美国自由、民主、人权所谓"普世价值"，导致价值的分歧、关系的撕裂与利益的冲突。因此，要缓和中国同周边国家的紧张关系，解决中国同周边国家的领土主权与海洋权益纠纷，维护中国的国家主权、领土完整和海洋权益，不仅需要增强经济、国防等国家硬实力，发挥硬实力的作用，还要大力加强软实力建设，提高议题设置能力。只有把软实力和硬实力结合起来，才能有力回击美国的挑衅，在解决中国和周边国家的争端中，赢得主动，切实维护国家的主权、领土完整与海洋权益，为我国的和平发展提供有力的保障。

（二）营造和平发展的良好国际环境的需要

中国的和平发展是中国式现代化建设的必由之路。"从更宽广的世界历史视野看，和平发展道路归结起来就是：既通过维护世界和平发展自己，又通过自身发展维护世界和平；在强调依靠自身力量和改革创新实现发展的同时，坚持对外开放，学习借鉴别国长处；顺应经济全球化发展潮流，寻求与各国互利共赢和共同发展；同国际社会一道努力，推动建设持久和平、共同繁荣的和谐世界。这条道路最鲜明的特征是科学发展、自主发展、开放发展、和平发展、合作发展、共同发展。"① 新时代，推动和平发展，就是要坚持"和平发展、合作共赢"的理念，着力构建人类命运共同体。正是因为坚持走和平发展之路，我们才创造了"中国奇迹"，谱写了中国故事，推动了中国的发展与崛起。反对霸权主义遏制中华民族伟大复兴的斗争，"既包括硬实力的斗争，也包括软实力的较量"②。坚持走和平发展道路，把握我国和平发展的重要战略机遇，不仅要运用硬实力和软实力处理好我国与周边国家的关系，还要大力发挥软实力的作用，化解世界各国对中国的误解、偏见和疑虑，塑造好中国形象，营造和维护和平发展的良好国际环

---

① 国务院新闻办公室：《中国的和平发展》，中华人民共和国国务院新闻办公室网站，2011 年 9 月 6 日，http://www.scio.gov.cn/zfbps/ndhf/2011/Document/1000032/1000032.htm。
② 中共中央文献研究室：《习近平关于社会主义文化建设论述摘编》，中央文献出版社 2017 年版，第 208 页。

境，促进我国与世界各国的合作共赢、共同发展。

为了维护和平发展的良好国际环境，还必须大力倡导我国的发展理念，推动构建人类命运共同体，促进我国与各国经济发展的合作共赢。经济全球化时代，世界各国经济的相互依存日益加深，通过促进各国经济的密切合作来促进经济的共同发展，已成为各国经济发展的必由之路，也成为世界经济发展的必由之路。中国的经济发展，也始终离不开与世界各国经济发展的合作共赢，中国需要世界，世界也需要中国。中国只有加深同世界各国经济发展的合作共赢，才能增进中国和世界各国的共同利益，也才能为维护世界和平、促进中国的和平发展营造更加有利的良好国际氛围和环境。中国正是秉持这样的理念来促进同世界各国的经济合作。然而，因担心中国的崛起会威胁和动摇美国的世界霸主地位，以美国为首的西方国家，利用强大的全球舆论工具干扰中国与世界其他国家的国际合作，破坏中国的和平发展。

中非合作本是双方互利双赢的事。中国政府非常重视中非合作共赢，倡导和举办了中非合作论坛，持续主动开展对非洲的无私援助，向非洲国家提供优惠贷款或无息贷款，援助非洲国家开展公路、铁路、桥梁、水库、电站等基础设施建设，并向非洲国家提供医疗、卫生、教育、文化等各项事业的资金、技术、人员支持和帮助，受到了非洲国家和人民的好评。不仅如此，习近平主席还倡导"真实亲诚"对非政策理念，积极推进"一带一路"建设，提出对非的"五大支柱"[①] "十大合作计划"[②]，构建起中非合作的四梁八柱。中非之间在经贸合作上也不断扩大和深入，中非互利合作取得了丰硕成果。2009 年，中国超过美国成为非洲第一大贸易伙伴。2016～2019 年，中非贸易总额分别为 1 492 亿美元、1 697 亿美元、2 040 亿美元和 2 068 亿美元。中非贸易额不断创造历史新高，中非合作成就斐然。随着中非之间合作的深入发展和关系的日益紧密，以及中国在非洲影响力的不断扩大，一些国家开始极力抹黑中非关系，污蔑中国对非洲实行"新殖民主义""掠夺资源"。新加坡《联合早报》曾对此加以分析：由于地理和历史的原因，非洲曾长期属于欧洲势力范围。老欧洲正是通过在非洲进行殖民扩张才加速了资本积累，并最终完成了帝国的崛起。二战后，西方殖民体系虽已瓦解，但欧洲在非洲的势力基本得以保留，再加上美国的涉入，非洲事务在整体上为西方所把持。这种局面正在被迅速到来的中国无情地打破。具体而

---

① 中非"五大支柱"是习近平主席提出的中非新定位，指坚持政治上平等互信；坚持经济上合作共赢；坚持文明上交流互鉴；坚持安全上守望相助；坚持国际事务中团结协作。

② 2015 年，在中非合作论坛约翰内斯堡峰会上，中国与非洲达成"十大合作计划"，包括中非工业化合作计划、农业现代化合作计划、基础设施合作计划、金融合作计划、绿色发展合作计划、贸易和投资便利化合作计划、减贫惠民合作计划、公共卫生合作计划、人文合作计划、和平与安全合作计划。

言，中国需求提高了非洲在国际大宗商品市场中的议价能力，从整体上改善了其贸易条件，从而在国际上创造出一波由北向南的财富大转移；中国投资则有助于非洲摆脱对西方资本的依赖，而赋予其在国际交往中获取更大的自由空间。

中国不断用事实证明了中非的平等相待、友好相处、互惠合作、共同发展。2013 年 3 月，习近平访问非洲时提出中国 3 年内将向非洲贷款 200 亿美元；2014 年 5 月，李克强对非盟总部进行正式访问时表示将向非洲追加 100 亿美元贷款额度，中非合作不断深化。2014 年 8 月，埃博拉病毒在非洲暴发和蔓延，中国宣布向利比里亚、几内亚和塞拉利昂提供 500 万美元的医疗物资，并派出三支公共卫生专家组前去救援。全球新冠疫情暴发以后，中国再次向非洲等发展中国家伸出援手，受到包括卢旺达、埃塞俄比亚、尼日利亚等国家领导人的高度评价，其中埃及自由埃及人党主席哈利勒表示：疫情发生以来，中国向非洲提供紧缺的防疫物资，派遣医疗专家组，及时分享研究成果，分享防控和救治经验，为包括埃及在内的非洲国家制定疫情防控对策起到重要参考作用。"中国对非洲抗疫支持是方方面面的，也是实实在在的，帮助保护了非洲人民的生命安全和身体健康。"[1]中国以负责任的大国形象和对非洲人民真诚、无私的帮助，打破了所谓"新殖民主义"的污蔑。

未来，中国要在夯实硬实力的基础上，制定和实施软实力发展战略，充分发挥软实力的作用，讲清中国政策，讲好中国故事，传播中国声音，塑造中国形象，化被动为主动，变"中国威胁"为"中国机遇"，积极维护我国和平发展的良好国际环境，促进我国与世界各国的合作共赢、共同发展。

三、应对信息时代挑战的战略需要

当今世界，信息技术革命日新月异，互联网已走入千家万户，并融入社会生活的方方面面，深刻改变了社会的面貌和人们的生产生活方式，也改变了软实力的形成方式。信息时代不仅给我国软实力建设带来了机遇，也带来了挑战。制定软实力发展战略，正是我国应对信息时代挑战的战略需要。

（一）提升我国信息开发能力的需要

信息时代，软实力与信息密切相连，信息获取、掌握、开发、利用的能力日

---

[1] 龚鸣、李琰、曲翔宇、黄培昭、景玥、吕强：《坚定不移推进中非合作——习近平主席主持中非团结抗疫特别峰会并发表主旨讲话引发非洲各界热烈反响》，载于《人民日报》2020 年 6 月 20 日。

益成为软实力的重要标志。随着信息时代的到来，我国互联网和信息化工作取得了显著成就，中国已成为世界网络大国。据中国互联网络信息中心（CNNIC）发布的第 47 次《中国互联网络发展状况统计报告》显示，截至 2020 年 12 月，我国网民规模达 9.89 亿人，互联网普及率为 70.4%。其中，使用手机上网的人群占整个网民比例的 99.7%，规模达 9.86 亿人，中国网民的人均周上网时长达 26.2 小时。我国网民数量包括手机网民数量已居世界第一，总体规模已占全球网民的 1/5 左右。[①] 新冠疫情防控加速推动了从个体、企业到政府全方位的社会数字化转型浪潮。个体由于疫情的隔离加速形成上网习惯，借助网络购物、网上外卖解决日常所需，通过在线政务应用和"健康码"办事出行，不断共享互联网带来的数字红利；对于企业来说，疫情的出现为企业数字化转型按下了"加速键"，在线办公、在线交易、在线教学等线上运营方式为企业、学校在特殊时期正常运作提供了支撑；政府的数字化应急能力和在线政务服务能力在疫情下不断"淬炼"，在线服务指数由全球第 34 位跃升至第 9 位，迈入全球领先行列。同时，现代信息科学技术的发展，导致我国信息传播的方式发生了急剧变化，由固定网络传播向移动网络传播发展，由单向信息传播向交互信息传播转变，由网上信息传播向网上网下结合传播转变，由单网信息传播向多网融合信息传播转变，由新媒体、多媒体向全媒体、自媒体转变，由小数据、小容量信息传播向大数据、大容量信息传播转变。网上信息的海量传播，导致"信息爆炸"，不仅对人们获取信息的方式产生了重要影响，而且对软实力的形成产生了巨大影响。"网络信息是跨国界流动的，信息流引领技术流、资金流、人才流，信息资源日益成为重要生产要素和社会财富，信息掌握的多寡成为国家软实力和竞争力的重要标志。"[②]约瑟夫·奈也曾指出："信息革命正对我们构成更加微妙的挑战，它正在改变国家、主权和控制的实质，也正在改变着软实力的作用。"[③] 也就是说，信息时代的国家、主权和控制，实质上越来越多地表现为国家对信息的主导权和控制权，表现为信息的主导权和控制权在形成、掌握和运用过程中产生的软实力。

信息时代的信息传播，特别是国际互联网的信息传播，创造了一个超越国家地理疆域的"信息疆域"。"互联网就像几个世纪前新出现的中世纪市场一样，正在创造一个主权国家之上的新的跨国领域，而且它也有望带来一场同样重大的

---

① 中国互联网络信息中心：《第 47 次中国互联网络发展状况统计报告》，中国网信网，2021 年 2 月 3 日，http：//www.cac.gov.cn/2021 - 02/03/c_1613923423079314.htm。

② 《习近平谈治国理政》第一卷，外文出版社 2018 年版，第 198 页。

③ ［美］约瑟夫·奈著，郑志国、何向东、杨德、唐建文译：《美国霸权的困惑——为什么美国不能独断专行》，世界知识出版社 2002 年版，第 80 页。

观念和身份的演变。"① 在跨国界的信息疆域中，谁的信息传播方式越现代化，谁传播的信息量越大，传播的信息范围越广，传播的信息越有价值，谁传播的信息被别人关注、了解、认同和接受得越多，谁对别人的吸引力和影响力就越大，谁的软实力也就越强。同时，信息的传播是一个交互传播的过程。不同的国家、组织和个人都在通过不同方式发布和传播信息，网上信息成了一种信息流。海量的信息容易使人淹没在信息的海洋中，使人们真假难辨、轻重难分、充满困惑、无从选择。"与信息流日益增加相关的实力中，最令人感兴趣的一个方面是'大量信息造成的困惑'。丰富的信息分散了人们的注意力。当我们被面临的大量信息所淹没时，就很难知道该关注什么。注意力而不是信息就成了稀缺的东西，那些能够把有价值的信息与虚假信息区分开来的人就取得了优势。对编辑、信息筛选人员、信息提要编制人员的需求变得更大，对于那些能告诉我们该关注什么的人来说，这就是一种实力来源。实力并不一定属于信息生产者或拥有者。信息流中的实力不同于贸易中的非对称相互依存。在贸易关系中，实力属于那些能经得起贸易关系破裂的人，而在信息流中，实力属于那些能够编辑信息、对信息进行权威性证实、并能筛选出既正确又重要的信息的人。"② 信息流涉及信息的流量、方向、真伪和价值问题，而无论是自己传播信息还是接受别人传播的信息，都有一个信息的比较、判断和选择的问题，只有加强对信息时代海量信息的比较、判断、选择和凝练，提高信息处理能力，有效地开发和利用信息，提高传播和接收信息的价值，才能有效提升国家软实力。如前所述，我国网民已有 9.89 亿人，手机网民有 9.86 亿人，网民和手机网民的数量不仅居于世界第一，而且数量还在不断增加。网民获取信息的方式主要是网络，而网民作为个体，受各种条件的制约，往往容易被网上的海量信息所左右，个人处理信息的能力有限，甚至容易被网上信息所误导。而在大数据时代，只有国家、团体等网络主体才能有计划、大规模地处理各种网络信息，并且通过这种网络信息的判断、选择、凝练、传播、开发、利用，才能有效地影响数以亿计的网民，并通过网民来传播到其他非网民和广大社会成员中，有效地影响广大网民和社会成员的思想、情绪和行为，凝聚网民共识和社会力量，增强内部凝聚力和外部影响力，不断提升国家软实力。因此，提升国家软实力，一定要提高信息的开发能力。

---

① ［美］约瑟夫·奈著，郑志国、何向东、杨德、唐建文译：《美国霸权的困惑——为什么美国不能独断专行》，世界知识出版社 2002 年版，第 79 页。

② ［美］约瑟夫·奈著，郑志国、何向东、杨德、唐建文译：《美国霸权的困惑——为什么美国不能独断专行》，世界知识出版社 2002 年版，第 71 页。

（二） 加强我国网络舆论引导的需要

网络舆论是一种以现代网络技术为基础，借助网络公开表达的各种诉求、意见、观点、态度、情绪等构成的新兴舆论形态。

网络因具有多媒体、交互式、即时性、便捷性、覆盖广、跨疆域、虚拟性等特点，并且可以利用微博、微信、QQ、贴吧、抖音、知乎、豆瓣小组、哔哩哔哩等发表意见，提供了人人可以自由表达和发表意见的公共信息平台，加上现代网络传播技术的不断升级换代，已由 Web 1.0 上升到 Web 6.0 时代，实现包括"信息共享""信息共建""知识传承""知识分配"及"物联网与互联网的结合"的升级换代，人们自由表达意见诉求和获取分享信息的方式更加多样和快捷。社会不仅进入网络新媒体、多媒体时代，而且进入全媒体时代，人人都有信息表达权，人人都有麦克风，人人都成了信息发布者，人人都成了网络舆论的参与者。广大民众特别是网民越来越习惯于通过网络分享掌握的信息，发出自己的声音，表达自己的诉求，维护自己的利益，甚至对一些自己关心的国内外重大事件、突发事件、热点问题发表自己的见解，表明自己的立场、观点和看法，表达自己的态度和情绪。网络舆论往往把一些热点问题炒作成一些热点话题，并变为一些网络热词和热门话语，催生持续发酵的网络舆论事件，形成广泛的舆论氛围和巨大的舆论力量。特别是一些重大突发事件，更容易引起网民的普遍关注和广泛议论，迅速形成网络舆论热点，产生重要社会影响。"5·12"汶川大地震经过网络媒体的迅速报道，各种灾情和救灾的图片、信息等实时传播，引起了全国人民的广泛关注，凝聚起全国人民的力量，形成了一方有难、八方支援、万众一心、抗震救灾的局面，有力地推动了抗震救灾行动。2020 年突如其来的新冠疫情在湖北武汉暴发，经过网络媒体等迅速报道，不仅迅速形成舆论关注的热点，而且动员了全国人民的力量来支持湖北武汉的疫情防控工作，做好自身的防护工作，对打赢新冠疫情阻击战起到了重要的推动作用。各种贪腐案件，通过网络曝光后，起到了揭发贪腐线索、举报贪腐事件、打击贪腐行为、遏止贪腐现象的积极作用。网上舆论对群体性突发事件的发生、发展和处置更是具有重要影响，每起重大群体性突发事件的发生、发展、发酵和蔓延，网络舆论都起着重要的催化剂作用。网络舆论是把"双刃剑"，特别对重大突发事件，网上舆论引导得好，有助于形成正能量，促进重大突发事件的妥善解决；网上舆论引导得不好，或者忽视了网上舆论的引导，就可能掩盖真相、蒙蔽视听，导致谣言盛行，扩大负面影响，容易使很多无直接利益相关者卷入重大群体性突发事件，使重大群体性突发事件事态恶化、急剧蔓延，一发不可收拾，产生严重后果。因此，处置重大突发事件，一开始就要注重加强舆论引导，提高突发事件处置的软实力，把软实力与硬实力结合起来，组合运用，不断增强处置重大突发事件的能力和实效。

由于网络是信息集散地和舆论"放大器"，网上舆论又是无数网民共同参与、彼此传播和交互作用的结果，因此，网上舆论就形成了一种"舆论场"。各种舆论都在网上表达和呈现出来，真假混杂、良莠不齐，有的舆论经过网络推手利用"网络大V"有目的、有组织地进行渲染和扩散，迅速在网络空间里发酵成舆论热点，对人们的思想和行为产生了很大影响。尤其值得注意的是，在互联网空间中，国际国内网络信息双向互动，国外的一些势力也极力利用互联网传播一些虚假信息和谣言，甚至收买、利用"网络大V"，制造、炒作谣言，误导网络舆论，对一些重大事件包括重大群体性事件推波助澜、有意误导，加大了对网络舆论是非曲直的判断难度，特别是网络舆论引导的难度。但越是这样，越要加强网络舆论引导。只有增强网络引导的主动性，掌握网络舆论引导的主导权，有针对性地加强网络舆论引导，才能形成正确的网络舆论导向，提升国家软实力。因此，我们要把网络舆论引导作为舆论引导的重点，通过引导网络舆论来引导整个社会舆论，引导人们正向的思想和行为，进一步提高国家软实力，并使其转化为国家综合实力。

（三）应对西方网络价值渗透的需要

当今时代，网络已成为意识形态和价值交锋的主战场。以美国为首的一些西方国家，把网络作为对华进行意识形态和价值渗透的主要渠道。2010年1月21日，时任美国国务卿的希拉里，在美国的哥伦比亚发表所谓"网络自由""信息自由"的讲话，明确把网络自由、信息自由宣示为美国的重要国策。希拉里声称："互联网是增强所有其他网络的能力和潜力的一个网络，因此，我们认为确保其使用者享有某些基本自由至关重要。其中最重要的是言论表达自由。""两个月前，我在德国参加了推倒柏林墙20周年纪念活动……许多人因散发传单受到残酷迫害，但他们的声音帮助穿透了'铁幕'的钢筋水泥和带刺的铁丝网。""柏林墙象征着一个分隔的世界，代表一个时代。在我们这个时代，具有代表性的基础设施就是互联网。它取代了分隔，象征着联系。但是，就在网络扩展到世界各国的同时，我们发现许多地方以虚拟的墙壁代替了有形的墙壁。"① 约瑟夫·奈曾经指出：美国流行文化的吸引力和软实力对美国获取"冷战"的胜利做出了贡献，"柏林墙早在1989年倒塌之前就被电视和电影凿得千疮百孔。如果不是多年来西方文化形象在柏林墙倒塌前就对其进行了渗透和破坏，锤子和压路机

---

① ［美］希拉里·克林顿：《关于互联网自由的讲话》，美国国务院国际信息局，2010年1月21日，http：//www.america.gov/mgck。

也不会管用"①。希拉里拿柏林墙推倒前的西方价值渗透说事，隐喻着用网络自由、信息自由来推动网络领域西方价值渗透的意图，企图像当年西方文化、价值渗透打开和推倒柏林墙象征的冷战"铁幕"一样，来打开和推倒所谓网络隔离所形成的"竹幕"。希拉里明确指出："人人都有权通过'各种媒体不受疆界限制地寻求、接收和传播信息和思想'。"宣称美国政府将"致力于促进互联网自由"，并公开表示美国通过支持开发"翻墙软件"等新工具，为世界各地的团体和组织提供资金，加强上网培训等方式，"使公民能够避开政治审查而行使其自由表达的权利"②。

事实表明，网络是舆论斗争和价值交锋的主战场，而价值观又是软实力的核心。我们要提升国家的软实力，就要高度重视和积极应对西方在网络领域的价值渗透，采取一切必要手段，坚持用社会主义核心价值观引领网络舆论和社会思潮，形成正确的舆论导向和价值导向，并主动地回应西方的价值渗透和舆论误导，更好地维护我国的网络安全和国家安全，不断提升我国的网络软实力，为全面建设社会主义现代化强国、实现中华民族的伟大复兴奠定坚实的思想基础，铸牢坚固的精神长城。

（四）维护我国网络信息安全的需要

习近平总书记多次指出："没有网络安全就没有国家安全。"③ 维护网络信息安全，不仅关系到我国的软实力建设，而且关系到我国的国家安全。

在我国，互联网已经成为重要的生产生活工具，政府机关、军警系统、交通运输、金融贸易、医疗机构、文化教育、网上购物、交友聊天等社会运行的各个领域都离不开互联网的支撑，随之而来的网络系统的安全维护，各类私人、商业、军事、政治等信息尤其是机密信息的保护，便成为维护信息安全、保障国家利益的重要工作。一旦网络系统遭到黑客的蓄意破坏，机密信息遭到泄露，将会造成不可估量的损失，带来无法想象的灾难。尽管我国出台了一系列相关法律法规保护网络信息安全，却仍有大量不法分子为了利益链而走险，破坏目标网络系统，盗取各类机密信息，牟取暴利。

我国是美国信息窃取的全球重点目标，是美国网络黑客攻击和窃密行为的最大受害者。香港《南华早报》称，据斯诺登透露，"美国国家安全局曾入侵中国

---

① ［美］约瑟夫·奈著，吴晓辉、钱程译：《软力量——世界政坛成功之道》，东方出版社2005年版，第51页。

② ［美］希拉里·克林顿：《关于互联网自由的讲话》，美国国务院国际信息局，2010年1月21日，http://www.america.gov/mgck。

③ 《习近平谈治国理政》第三卷，外文出版社2020年版，第317页。

电讯公司以获取手机短信信息，并持续攻击清华大学的主干网络以及电讯公司 Pacnet 香港总部的计算机，该公司拥有区内最庞大的海底光纤电缆网络"①。美国对我国的网络威胁远不止于此。"美国的'八大金刚'（思科、IBM、谷歌、高通、英特尔、苹果、甲骨文、微软）"，"几乎渗透到了中国网络的每一个环节：政府、海关、邮政、金融、铁路、民航、医疗、军警，每一个部门几乎都有美国科技巨头的影子。中国国家互联网应急中心抽样监测显示，2011 年，有近 5 万个境外 IP 地址作为木马或僵尸网络控制服务器，参与控制了我国境内近 890 万台主机，其中有超过 99.4% 的被控主机，源头在美国。而仿冒我国境内银行网站站点的 IP，也有将近 3/4 来自美国"②。2019 年 4 月 28 日，美国总统特朗普在推特（Twitter）上也公开表示，"刚刚见了谷歌公司总裁桑达尔·皮查伊。他向我强烈保证，谷歌忠于美国军队而不是中国军队。我们同时也讨论了政治公平以及谷歌还可以为美国做的各种事情。会面非常愉快的结束！"③ 在特朗普担任美国总统期间还一度以国家安全为由，实施了美国对华为的国家紧急状态法，颁布了针对中国应用程序 Tik Tok 和微信的行政禁令。而在拜登担任美国总统后不久就表示其正在发起一项改善国家网络安全的"紧急倡议"，并直接将矛头对准中国和俄罗斯。可见，我国网络安全面临着严重威胁。美国等西方国家通过多种方式，一方面窃取我国重大机密信息，另一方面加大了对我国网络领域的意识形态渗透，直接危害了我国的网络信息安全和国家安全。

因此，加强我国网络信息安全，不仅需要采取一切技术手段，防止国内外尤其是西方的黑客入侵和信息窃取，更要提高人们的安全意识，筑起思想的安全防护网，切实加强网络舆情监控，特别是重要敏感节点的网络舆情监控，注重分析和研判网络舆情，及时发现和删除各种网络有害信息，加强对网络舆情的正确引导。只有这样，才能有效维护我国网络信息安全，提升我国网络软实力，进而有效维护社会稳定和国家安全，保障和推动我国的改革发展。

---

① ［美］斯诺登：《美国曾入侵中国电讯公司及清华主干网络》，新华网，2013 年 6 月 23 日，http://news. xinhuanet. com/2013－06/23/c_124896371. htm。

② 白朝阳：《美"八大金刚"渗透中国大起底：实力强悍 渗透广泛》，人民网，2013 年 6 月 25 日，http://media. people. com. cn/n/2013/0625/c40606－21959599. html。

③ 杨阳：《特朗普：谷歌保证效忠于美军 而不是中国军队》，环球网，2019 年 3 月 29 日，https://mil. huanqiu. com/article/9CaKrnKjnMS。

第二节　中国软实力建设与发展的战略演进

　　我们党在长期的历史发展过程中，非常重视软实力的建设，并从综合国力竞争的战略高度和时代发展的客观需要来谋划、探索和加强软实力建设，形成了不同时期软实力建设的战略思想和重点，促进了我国软实力战略的与时俱进，提升了软实力建设在国家发展中的战略地位，有力地促进了我国软实力的建设与发展。系统梳理、总结和把握我国软实力建设和发展战略的演进，对于探索和制定当下我国软实力发展战略至关重要。

一、坚持除旧立新

　　中华人民共和国的成立是一件开天辟地的大事件，标志着中国的发展进入了一个新纪元。伴随着中华人民共和国的创立，中国人民从此站起来了，中国步入了"独立、自由、民主、统一和富强"① 的发展大道，中国的国家软实力和国际影响力也不断得到提升。国家软实力和综合实力的日益增强，国际影响力的不断扩大，关键在于毛泽东和党中央在团结带领全党、全军、全国各族人民创建和缔造新中国的过程中，始终坚持和奉行"除旧立新"的发展战略。

　　中国共产党人长期奋斗的目的，"在于建设一个中华民族的新社会和新国家。在这个新社会和新国家中，不但有新政治、新经济，而且有新文化。这就是说，我们不但要把一个政治上受压迫、经济上受剥削的中国，变为一个政治上自由和经济上繁荣的中国，而且要把一个被旧文化统治因而愚昧落后的中国，变为一个被新文化统治因而文明先进的中国。一句话，我们要建立一个新中国"②。要把旧中国变为新中国，就要破旧立新、除旧布新。

　　毛泽东明确指出："不破不立，不塞不流，不止不行。"③ 除旧是立新的前提。"新的政治力量，新的经济力量，新的文化力量，都是中国的革命力量，它们是反对旧政治旧经济旧文化的。这些旧东西是由两部分合成的，一部分是中国自己的半封建的政治经济文化，另一部分是帝国主义的政治经济文化，而以后者

---

① 《毛泽东选集》第三卷，人民出版社 1991 年版，第 1055 页。
② 《毛泽东选集》第二卷，人民出版社 1991 年版，第 663 页。
③ 《毛泽东选集》第二卷，人民出版社 1991 年版，第 695 页。

为盟主。所有这些，都是坏东西，都是应该彻底破坏的。中国社会的新旧斗争，就是人民大众（各革命阶级）的新势力和帝国主义及封建阶级的旧势力之间的斗争。"①"我们要革除的，就是这种殖民地、半殖民地、半封建的旧政治、旧经济和那种为这种旧政治、旧经济服务的旧文化。而我们要建立起来的，则是与此相反的东西，乃是中华民族的新政治、新经济和新文化。"② 只有革除殖民地、半殖民地、半封建的旧政治、旧经济和旧文化，才能建立中华民族的新政治、新经济和新文化，创建不同于以往历朝历代国家的崭新的中华人民共和国。

这种除旧立新的建国方略，体现在政治、经济、文化、外交等各个方面，实现了由新民主主义向社会主义的过渡，创立了体现中国国情的全新的社会制度，塑造了新中国崭新的国家形象。

新中国的政治，就是建立工人阶级领导的以工农联盟为基础的人民民主专政的国家。《中国人民政治协商会议共同纲领》（以下简称《共同纲领》）是新中国的建国纲领，《共同纲领》总纲第一条明确规定："中华人民共和国为新民主主义即人民民主主义的国家，实行工人阶级领导的、以工农联盟为基础的、团结各民主阶级和国内各民族的人民民主专政，反对帝国主义、封建主义和官僚资本主义，为中国的独立、民主、和平、统一和富强而奋斗。"③"中华人民共和国的国家政权属于人民。人民行使国家政权的机关为各级人民代表大会和各级人民政府。各级人民代表大会选举各级人民政府。国家最高政权机关为全国人民代表大会。"④《共同纲领》在全国人民代表大会召开和制宪之前，具有临时宪法的作用，其对我国国家性质、国体和政体的规定，阐明了我国各阶级在国家中的社会地位、人民在国家政权中的主体地位和国家政权的组织形式。人民是一个历史概念，新中国成立之初，人民包括工人、农民、小资产阶级和民族资产阶级，它是一个由工人阶级领导的、以工农联盟为基础的人民民主专政，工人阶级对人民民主专政的国家起着领导作用，占人口90%以上的工人、农民的联盟是人民民主专政的基础，各个民主党派及其代表的阶级、阶层，是人民民主专政的重要社会力量。国家的根本问题是政权问题，国家政权的根本问题又是国家由哪个阶级来领导的问题，新中国的《宪法》明确规定我国的国家政权由工人阶级来领导和以工农联盟为基础，阐明了工人阶级的领导地位和工农联盟的基础地位，并且阐明了人民在国家政权中的主体地位。这样一个国家政权是人民真正当家作主的国家

---

① 《毛泽东选集》第二卷，人民出版社1991年版，第695~696页。

② 《毛泽东选集》第二卷，人民出版社1991年版，第665页。

③ 中共中央文献研究室：《建党以来重要文献选编（1921~1949）》第26册，中央文献出版社2011年版，第759页。

④ 当代中国研究所：《中华人民共和国史稿》第1卷，人民出版社2012年版，第22页。

政权，是在推翻了帝国主义、封建主义和官僚资本主义的政治统治之后建立起来的国家政权，是与半殖民地半封建社会的旧中国的国家政权完全不同的新的国家政权，一句话，是政治上的"除旧立新"，是政治上与旧中国完全不同的新中国。随着新民主主义向社会主义的过渡和转变，1954年正式制定颁布的第一部《中华人民共和国宪法》，对工人阶级的领导地位和工农联盟的基础地位做了更加明确的规定："中华人民共和国是工人阶级领导的、以工农联盟为基础的人民民主国家。"① 之后，在《宪法》的修订完善中，这一提法改为："中华人民共和国是工人阶级领导的、以工农联盟为基础的人民民主专政的社会主义国家。"② 毛泽东指出，"总结我们的经验，集中到一点，就是工人阶级（经过共产党）领导的以工农联盟为基础的人民民主专政"③。"对人民内部的民主方面和对反动派的专政方面，互相结合起来，就是人民民主专政。"④ 不管《宪法》怎么修订和完善，工人阶级的领导地位和工农联盟的基础地位始终没有变，这既是新中国成立的根本经验，是新中国不同于旧中国的根本标志，也是新中国繁荣发展的根本保障。它有力地增强了新中国的民族凝聚力和国际影响力，提升了中国的政治软实力。

新中国的经济，就是建立在以公有制为基础、多种所有制经济共同发展的基本经济制度上的经济。它也是在革除旧的殖民地、半殖民地、半封建社会的旧的经济制度基础上建立起来的新的经济，是除旧立新的结果。《共同纲领》规定了新中国的经济制度、方针和政策："中华人民共和国经济建设的根本方针，是以公私兼顾、劳资两利、城乡互助、内外交流的政策，达到发展生产、繁荣经济之目的。……国营经济为社会主义性质的经济。凡属有关国家经济命脉和足以操纵国民生计的事业，均应由国家统一经营。凡属国有的资源和企业，均为全体人民的公共财产，为人民共和国发展生产、繁荣经济的主要物质基础和整个社会经济的领导力量。"⑤ 新中国成立初期实行的是新民主主义的经济制度，这种经济制度是一种混合经济制度，其中，国营经济为社会主义的经济，主导着国家的经济命脉和国计民生，其他经济也同时存在和发展。经过"一化三改"，即实现社会主义工业化和对农业、手工业和资本主义工商业的社会主义改造，实行生产资料私有制的社会主义改造，建立和发展社会主义公有制，我国的全民所有制和集体所有制的社会主义公有制经济在整个社会经济生活中，占据了主导地位。社会主义公有制的建立，是适应社会生产力发展需要建立起来的新型社会经济制度，这

---

① 中共中央文献研究室：《建国以来重要文献选编》第5册，中央文献出版社1993年版，第522页。
② 中共中央文献研究室：《改革开放三十年重要文献选编》上，中央文献出版社2008年版，第300页。
③ 《毛泽东选集》第四卷，人民出版社1991年版，第1480页。
④ 《毛泽东选集》第四卷，人民出版社1991年版，第1475页。
⑤ 当代中国研究所：《中华人民共和国史稿》第1卷，人民出版社2012年版，第23页。

种制度一经建立，极大地调动了工人、农民和广大劳动者的积极性，有力地解放和发展了生产力，提高了劳动生产率，保证了我国经济的较快发展，增强了我国的综合经济实力，创造了殖民地、半殖民地、半封建社会无法想象的经济奇迹，并且在长期的经济发展实践中显示了社会主义经济制度对资本主义经济制度的比较优势，体现了社会主义经济制度的优越性。这种社会主义经济制度是马克思主义的普遍真理与新中国的经济建设实践相结合的产物，它不仅保障和促进了我国经济长期持续、快速地发展，而且为坚持走中国经济的发展道路，探索和形成中国特色的经济发展模式奠定了重要基础，有力地彰显了社会主义经济制度的创造力、吸引力和影响力，极大地增强了我国的制度软实力。

新中国的文化，就是以马克思主义为指导的"民族的、科学的、大众的文化"。在新民主主义革命时期，我们党将马克思主义基本原理同中国革命的具体实践相结合，创造性地探索出了符合中国国情的新民主主义文化，并通过各种行之有效的宣传动员工作，充分发挥了先进的革命文化在广大人民群众中的影响力、凝聚力和战斗力，激发了广大人民群众的革命热情和精神动力，使当时的先进文化转化为中国人民革命的巨大力量。

毛泽东指出："一定的文化（当作观念形态的文化）是一定社会的政治和经济的反映，又给予伟大影响和作用于一定社会的政治和经济；而经济是基础，政治则是经济的集中表现。这是我们对于文化和政治、经济的关系及政治和经济的关系的基本观点。"[①] 中国社会的旧文化，是反映殖民地、半殖民地、半封建社会的经济、政治的文化，是一种帝国主义、封建主义和官僚资本主义的文化，中国社会的新文化，是反映新中国的经济、政治的文化，是一种马克思主义指导的"民族的、科学的、大众的"新文化。新中国的文化建设，必须"除旧立新"，用新中国的新文化，反对和代替旧中国的旧文化。毛泽东指出："帝国主义文化和半封建文化是非常亲热的两兄弟，它们结成文化上的反动同盟，反对中国的新文化。这类反动文化是替帝国主义和封建阶级服务的，是应该被打倒的东西。不把这种东西打倒，什么新文化都是建立不起来的。"[②] 打倒和革除旧文化，是创建和发展新文化必不可少的前提。而要打倒和革除旧文化，就要着重转变文化工作者的思想观念，消除旧社会给他们带来的思想影响。"许多文艺工作者生长在国民党统治的社会或封建社会，旧社会的影响有的受得多，有的受得少，有的根底浅，有的根底深，有着程度的不同。这些东西如果不加以指明，如果不使他们把这些东西来一个自觉的破坏，逐渐转变为无产阶级思想，那末就会成为这些同

---

① 《毛泽东选集》第二卷，人民出版社 1991 年版，第 663～664 页。
② 《毛泽东选集》第二卷，人民出版社 1991 年版，第 695 页。

志在行动中完全同工农兵和党相结合的一个障碍，阻碍他们这个结合的过程的速度，阻碍他们自己的进步。"① 因此，要采取有效措施，加强文化工作者的思想建设，使其"把资产阶级思想、小资产阶级思想加以破除，转变为无产阶级思想"②。

　　新民主主义文化建设的重要内容是建设民族的、科学的、大众的，具有中国气派和中国风格的文化。毛泽东在《新民主主义论》中明确指出，中国的新文化，就是在共产主义思想指导之下的"民族的科学的大众的文化"③，他认为："这种新民主主义的文化是民族的。它是反对帝国主义压迫，主张中华民族的尊严和独立的。它是我们这个民族的，带有我们民族的特性。……这种新民主主义的文化是科学的。它是反对一切封建思想和迷信思想，主张实事求是，主张客观真理，主张理论和实践一致的。……这种新民主主义的文化是大众的，因而即是民主的。它应为全民族中百分之九十以上的工农劳苦民众服务，并逐渐成为他们的文化。民族的科学的大众的文化，就是人民大众反帝反封建的文化，就是新民主主义的文化，就是中华民族的新文化。"④ 毛泽东所提出的建设新民主主义的新文化，就是要建设中华民族的新文化。这种建设新中国的"民族的、科学的、大众的"新文化的思想，被作为新中国文化建设的指导思想和方针政策，在《共同纲领》中得到了确认和重申："'中华人民共和国的文化教育为新民主主义的，即民族的、科学的、大众的文化教育。人民政府的文化教育工作，应以提高人民文化水平、培养国家建设人才、肃清封建的买办的法西斯主义的思想、发展为人民服务的思想为主要任务。''提倡爱祖国、爱人民、爱劳动、爱科学、爱护公共财物为中华人民共和国全体国民的公德。'同时还提出：要努力发展自然科学和社会科学；提倡为人民服务的文学艺术；有计划有步骤地改革旧的教育制度，实行普及教育；提倡国民体育，推广卫生医药事业；保护报道真实新闻的自由，发展广播、出版事业。"⑤ 从毛泽东关于建设民族的、科学的、大众的新文化思想和《共同纲领》的规定来看，建设这种新文化，一是要从社会发展的全局把握政治、经济、文化的内在联系和相互影响，建设与新的经济基础和政治结构相适应的新文化，重视和凸显新文化在社会发展中的战略地位和作用；二是要把握新文化同旧文化的本质区别，注重在破除和肃清封建的、买办的、法西斯主义的思想文化的过程中，建立和发展新文化，建设同帝国主义、封建主义、官僚资本主义文化相对立的民族的、科学的、大众的文化；三是要把建设新文化作为思想文化

---

①② 《毛泽东选集》第二卷，人民出版社 1991 年版，第 426 页。

③ 《毛泽东选集》第二卷，人民出版社 1991 年版，第 706 页。

④ 《毛泽东选集》第二卷，人民出版社 1991 年版，第 706 ~ 709 页。

⑤ 当代中国研究所：《中华人民共和国史稿》第一卷，人民出版社 2012 年版，第 24 页。

战线的根本任务，以共产主义为指导思想，通过建设新文化来消除帝国主义、封建主义、官僚资本主义文化的影响，为新中国社会经济、政治的发展创造思想文化条件。

在马克思主义文化理论的指导下，毛泽东不仅提出了新民主主义文化理论，还提出了相应的文艺理论，形成了马克思主义中国化的文艺观。1942 年 5 月，毛泽东发表了著名的《在延安文艺座谈会上的讲话》（以下简称《讲话》），指出："我们要战胜敌人，首先要依靠手里拿枪的军队。但是仅仅有这种军队是不够的，我们还要有文化的军队，这是团结自己、战胜敌人必不可少的一支军队。"[1] "要使文艺很好地成为整个革命机器的一个组成部分，作为团结人民、教育人民、打击敌人、消灭敌人的有力的武器，帮助人民同心同德地和敌人作斗争。"[2] 毛泽东在这里不仅明确指出了文化是人民革命战争综合实力的重要组成部分，而且明确指出了文艺是克敌制胜的有力武器。而要使文化特别是文艺成为人民革命的重要实力和锐利武器，就要解决好文艺工作者的立场问题和文艺发展的方向问题，发展代表人民、贴近人民、表现人民、服务人民的革命文艺。他指出："为什么人的问题，是一个根本的问题，原则的问题。"[3] "我们的文艺工作者一定要完成这个任务，一定要把立足点移过来，一定要在深入工农兵群众、深入实际斗争的过程中，在学习马克思主义和学习社会的过程中，逐渐地移过来，移到工农兵这方面来，移到无产阶级这方面来。只有这样，我们才能有真正为工农兵的文艺，真正无产阶级的文艺。"[4] 在《讲话》精神指引下，广大文艺工作者自觉走与工农兵相结合的道路，深入群众、深入实际、深入生活，加深同工农的感情，创造了大量反映社会生活本质和人民群众需求的脍炙人口的文艺作品，为新民主主义文化建设做出了积极贡献。在革命战争年代，中国共产党在经济和军事实力相对弱小的情况下，坚持以先进的革命理论为指导，创造性地开展广泛的思想动员和深入的思想政治工作，在革命根据地、抗日根据地和解放区开展了丰富多彩的、为人民群众所喜闻乐见的文化活动，不仅丰富了广大人民群众的精神文化生活，极大地激发了广大革命群众和战士夺取革命和战争胜利的热情，而且发挥了动员群众、凝聚人心的重要作用，从而有效地弥补了我们在物力、军力方面的不足，有力地配合和推进了党领导的政治、军事斗争。

新中国的成立，既为扫除旧文化创造了必要的前提，又为新文化的发展创造了必要的经济政治条件。新中国成立之初，为了扫除旧文化的残余及其影响，党在全国组织开展了以扫除黄赌毒为重点的移风易俗的社会改造。首都北京最先采

---

① 《毛泽东选集》第三卷，人民出版社 1991 年版，第 847 页。
② 《毛泽东选集》第三卷，人民出版社 1991 年版，第 848 页。
③④ 《毛泽东选集》第三卷，人民出版社 1991 年版，第 857 页。

取废除娼妓的制度。1949 年 11 月 21 日下午，北京市人民代表大会通过了"关于封闭妓院的决议"，并当即决定成立封闭妓院总指挥部，立即采取行动，自当天下午五点半开始，市公安局、民政局、中华全国妇女联合会（以下简称"妇联"）等动员干部和警力 2 400 余人，分成 27 个行动小组，包围了全市 224 家妓院，一夜之间全部将其封闭。400 多个老板、老鸨、领家被受审法办，1 300 多名妓女被送到教养院检查身体，接受学习和教养，成为自食其力的劳动者。随后，上海、天津、哈尔滨、沈阳、大连、武汉、西安等地也取消了当地所有妓院。① 经过一年的整治，根除了娼妓制度这一旧社会的毒瘤，在全国乃至世界产生了广泛而积极的社会反响。

新中国的成立，不仅为新文化的发展奠定了重要的经济、政治基础，而且为新文化的发展提供了强大的社会需求和内在动力。1949 年 9 月 22 日，在中国人民政治协商会议第一届全体会议上，毛泽东庄严宣布："随着经济建设高潮的到来，不可避免地将要出现一个文化建设的高潮。中国人被人认为不文明的时代已经过去了，我们将以一个具有高度文化的民族出现于世界。"② 毛泽东的远见卓识，深刻揭示了经济建设与文化建设、文化发展与文明进步之间的本质关系。这就是：经济建设既为文化建设创造了必要的物质条件和基础，又为文化建设创造了巨大的社会需求和内在动力，而文化建设则既可以为经济建设的发展创造必要的思想文化条件，又可以满足人民群众日益增长的精神文化需要；经济建设的蓬勃发展必然导致文化建设高潮的来临，而文化的繁荣发展必将有力地促进经济建设的深化；文化的繁荣发展必然减少和消除社会的愚昧落后，促进社会的文明进步，而社会的文明进步离不开社会的文化发展，离不开进步文化的"以文化人"及文化的物化。新中国成立以后，随着经济建设高潮的到来，我国文化建设果然也兴起了新高潮，出现了文化大变革、大发展、大繁荣的局面，毛泽东的伟大预言逐渐变为了现实。

在探索社会主义发展道路的过程中，我们在软实力建设方面也遭遇了严重的挫折，这主要是指在"左"的错误思想路线指导下发动了"文化大革命"。"文化大革命"大大损害了我国的文化形象和文化软实力，充分说明文化建设必须坚持正确的方向和路线，在扬弃的过程中发展，在继承的基础上创新，只有这样，才能不断推进我国的文化软实力建设。

新中国的外交，是建立在平等、互利和互相尊重领土主权基础上的外交。毛泽东指出："任何外国政府，只要它愿意断绝对于中国反动派的关系，不再勾结

① 当代中国研究所：《中华人民共和国史稿》第一卷，人民出版社 2012 年版，第 115 页。
② 《毛泽东文集》第五卷，人民出版社 1996 年版，第 345 页。

或援助中国反动派，并向人民的中国采取真正的而不是虚伪的友好态度，我们就愿意同它在平等、互利和互相尊重领土主权的原则的基础之上，谈判建立外交关系的问题。中国人民愿意同世界各国人民实行友好合作，恢复和发展国际间的通商事业，以利发展生产和繁荣经济。"①《共同纲领》明确规定了新中国的外交政策和原则："中华人民共和国外交政策的原则，为保障本国独立、自由和领土主权的完整，拥护国际的持久和平和各国人民间的友好合作，反对帝国主义侵略政策和战争政策。""凡与国民党反动派断绝关系，并对中华人民共和国采取友好态度的外国政府，中华人民共和国中央人民政府可在平等、互利及互相尊重领土主权的基础上与之谈判，建立外交关系"，并在平等和互利的基础上，与外国政府和民间恢复并发展通商贸易关系。② 毛泽东非常赞赏孙中山"联合世界平等待我之民族"的外交思想，特别强调国际交往和外交关系中的国与国之间的平等。为了贯彻平等外交的原则，反对和消除帝国主义在国际关系中欺凌弱小国家的行为，毛泽东明确提出了"另起炉灶""打扫干净屋子再请客""一边倒"的新中国成立初期的三大外交方针。"另起炉灶"就是不承认旧中国签署的一切不平等条约；"打扫干净屋子再请客"就是在废除不平等条约和清理旧有外交关系的基础上，重新建立中国与外国的外交关系；"一边倒"就是在帝国主义及其帮凶对中国采取敌视、威胁、干扰、破坏、遏制的情况下，旗帜鲜明地采取"一边倒"的外交政策，倒向平等待我的苏联等社会主义国家及新兴民主国家，联合苏联和新兴民主国家共同反对帝国主义对我国的威胁、干扰、破坏和遏制，维护我国的独立、主权、领土完整和国家安全，促进我国的经济发展和社会进步。这种以"平等、互利和互相尊重领土主权"为基本原则的外交政策，不仅为中国赢得了朋友，也为中国赢得了日益增长的国际影响力。

综上所述，正是由于在经济、政治、文化、外交等方面，全面实施了"除旧立新"的战略，才有效地促进了新中国的成立和发展，提升了新中国的国际地位和影响力。正如毛泽东所说："中国人民将会看见，中国的命运一经操在人民自己的手里，中国就将如太阳升起在东方那样，以自己的辉煌的光焰普照大地，迅速地荡涤反动政府留下来的污泥浊水，治好战争的创伤，建设起一个崭新的强盛的名副其实的人民共和国。"③

---

① 《毛泽东选集》第四卷，人民出版社 1991 年版，第 1466 页。
② 当代中国研究所：《中华人民共和国史稿》第 1 卷，人民出版社 2012 年版，第 24 页。
③ 《毛泽东选集》第四卷，人民出版社 1991 年版，第 1467 页。

二、坚持"两手抓"

如果说毛泽东是从经济、政治、文化相互关系的角度分析和揭示了新中国文化建设和软实力发展的战略重要性，那么邓小平则是从物质文明和精神文明相互关系的角度探讨和论证了新时期国家文化建设和软实力发展的战略重要性。党的十一届三中全会后，以邓小平为核心的党中央在领导全国人民坚持以经济建设为中心，大力发展生产力，促进物质文明建设不断发展的基础上，把以思想文化建设为主要内容的精神文明建设提到了与物质文明建设同等重要的战略高度，及时提出了社会主义物质文明建设和精神文明建设必须坚持"两手抓，两手都要硬"的方针，这也是新时期软实力建设的重要战略。

邓小平反复强调，我们建设的社会主义国家，不但要有高度的物质文明，还要有高度的精神文明，两个文明都搞好，才是有中国特色的社会主义，必须"两手抓，两手都要硬"[1]。针对在中国特色社会主义建设实践中一度出现的认为"物质文明是硬道理，精神文明是软任务"的思想偏向，邓小平明确地指出，"我们的人民生活水平和文化水平还不高，这也不能靠谈论人的价值和人道主义来解决，主要地只能靠积极建设物质文明和精神文明来解决"[2]。"不加强精神文明的建设，物质文明的建设也要受破坏，走弯路。光靠物质条件，我们的革命和建设都不可能胜利。"[3] 因此，"我们要在建设高度物质文明的同时，提高全民族的科学文化水平，发展高尚的丰富多彩的文化生活，建设高度的社会主义精神文明"[4]。坚持物质文明和精神文明建设"两手抓，两手都要硬"是改革开放新时期我国社会主义现代化建设的重要方针。坚持这一方针，要求我们在中国特色社会主义建设实践中，第一，要从建设社会主义现代化强国的高度，大力推进改革开放，探索一条中国特色的社会主义发展道路。只有抓住和平发展的时代主题和战略机遇，深化改革、扩大开放，加强制度创新，大力发展社会主义市场经济，把社会主义基本制度和市场经济运行机制结合起来，走符合社会主义初级阶段基本国情的发展道路，才能提高核心竞争力和劳动生产率，实现国民经济的高速持续发展，扩大中国特色社会主义道路和发展模式在世界上的吸引力和影响力，提升制度软实力和国际竞争力，增强社会主义制度的优越性和中国人民的道路自

---

① 中共中央文献研究室：《改革开放三十年重要文献选编》上，中央文献出版社2008年版，第872页。

② 《邓小平文选》第三卷，人民出版社1993年版，第41页。

③ 《邓小平文选》第三卷，人民出版社1993年版，第144页。

④ 《邓小平文选》第二卷，人民出版社1994年版，第208页。

信。第二，要从中国特色社会主义建设全局的高度来看待文化建设和精神文明建设的战略地位，把包括文化发展在内的精神文明建设始终放在同物质文明建设同等重要的战略地位，不能物质文明"一手硬"，精神文明"一手软"，而要做到"两手都要硬"，坚持把两个文明建设作为统一目标和共同任务，一起部署，一起落实，一起推进。第三，要从全面满足人民群众需要的高度来看待精神文明建设。人民群众的需要不仅体现为物质生活需要，还体现为精神文化需要。只注重发展物质文明，满足物质生活需要，而不注重同时发展精神文明，满足精神文化生活需要，就是一种社会文明的片面发展和人民需要的片面满足。只有在发展物质文明、满足物质生活需要的同时，大力加强文化建设、发展精神文明，丰富精神文化生活，才能全面促进我国社会文明的发展和人民群众需要的满足。第四，要使包括文化发展在内的精神文明建设同物质文明建设一样不断向前发展，达到新的高度。我们要推进的社会主义文化建设，我们要发展的社会主义精神文明，同社会主义物质文明一样，都是一个不断由低级向高级发展的过程，都是要建设高度的文明，都是要达到文明发展的高级状态。因此，只有持之以恒、持续建设，才能使我们的文化发展和文明状态达到新的高度。

根据社会主义物质文明建设和精神文明建设必须坚持"两手抓，两手都要硬"的指导方针，邓小平对中国特色社会主义文化建设的一系列重大问题进行了深入探索，形成了中国特色社会主义文化发展的重要思想。

其一，社会主义文化建设的根本任务是培养社会主义"四有"新人。邓小平指出，"建设社会主义的精神文明，最根本的是要使广大人民有共产主义的理想，有道德，有文化，守纪律"[1]。邓小平明确提出了培养有理想、有道德、有文化、有纪律的社会主义"四有"新人的培养目标，既注重培养提高"四有"新人的科学文化素质，更注重培养提高"四有"新人的思想道德素质，并把社会主义"四有"新人整体素质的共同提高和不断优化作为社会主义文化建设的根本任务，突出强调了文学艺术在社会主义精神文明建设和社会主义"四有"新人培养中义不容辞的社会责任。他指出，"不论是对于满足人民精神生活多方面的需要，对于培养社会主义新人，对于提高整个社会的思想、文化、道德水平，文艺工作都负有其他部门所不能代替的重要责任"[2]。邓小平认为，思想战线上的战士，都应当是人类灵魂工程师。希望"文艺工作者中间有越来越多的同志成为名副其实的人类灵魂工程师"[3]。"我们的文艺，应当在描写和培养社会主义新人方面付出更大的努力，取得更丰硕的成果。要塑造四个现代化建设的创业者，表现他们那

---

① 《邓小平文选》第三卷，人民出版社1993年版，第28页。
② 《邓小平文选》第二卷，人民出版社1994年版，第209页。
③ 《邓小平文选》第二卷，人民出版社1994年版，第211页。

种有革命理想和科学态度、有高尚情操和创造能力、有宽阔眼界和求实精神的崭新面貌。要通过这些新人的形象，来激发广大群众的社会主义积极性，推动他们从事四个现代化建设的历史性创造活动。"①邓小平认为，"作为灵魂工程师，应当高举马克思主义的、社会主义的旗帜，用自己的文章、作品、教学、讲演、表演，教育和引导人民正确地对待历史，认识现实，坚信社会主义和党的领导，鼓舞人民奋发努力，积极向上，真正做到有理想、有道德、有文化、守纪律，为伟大壮丽的社会主义现代化建设事业而英勇奋斗"②。文学艺术要"反映社会主义建设新生活"，"反映社会生活的深度和广度"。"要通过有血有肉、生动感人的艺术形象，真实地反映丰富的社会生活，反映人们在各种社会关系中的本质，表现时代前进的要求和历史发展的趋势，并且努力用社会主义思想教育人民，给他们以积极进取、奋发图强的精神。"③

其二，社会主义文学艺术发展的源泉在于艺术地再现人民群众的社会生活和丰富情感。邓小平深刻指出，"人民是文艺工作者的母亲。一切进步文艺工作者的艺术生命，就在于他们同人民之间的血肉联系。忘记、忽略或是割断这种联系，艺术生命就会枯竭。人民需要艺术，艺术更需要人民。自觉地在人民的生活中汲取题材、主题、情节、语言、诗情和画意，用人民创造历史的奋发精神来哺育自己，这就是我们社会主义文艺事业兴旺发达的根本道路"④。人民需要艺术，艺术更需要人民。这两句话深刻而精辟地揭示了人民和艺术之间的本质联系。人民群众对精神文化生活的需要是文学艺术发展的强大动力，人民群众的社会实践生活是文学艺术创作不竭的源泉。文艺工作者只有深入人民群众、深入社会生活，反映社会生活的本质，倾听群众的心声，表达人民的情感，才能获得创作的灵感和艺术的生命，不断创作出富有时代精神和生活气息的新的文学艺术作品，促进文学艺术的繁荣与发展。

其三，社会主义文化建设要坚持为人民服务和为社会主义服务的方向，把社会效益放在第一位。邓小平指出，"任何进步的、革命的文艺工作者都不能不考虑作品的社会影响，不能不考虑人民的利益、国家的利益、党的利益"⑤。"思想文化教育卫生部门，都要以社会效益为一切活动的唯一准则，它们所属的企业也要以社会效益为最高准则。"⑥邓小平针对文化领域偏离为人民服务和为社会主义服务的正确方向、忽视社会效益的不良现象进行了尖锐批评，他指出："属于

---

① 《邓小平文选》第二卷，人民出版社 1994 年版，第 209～210 页。
② 《邓小平文选》第三卷，人民出版社 1993 年版，第 40 页。
③ 《邓小平文选》第二卷，人民出版社 1994 年版，第 210 页。
④ 《邓小平文选》第二卷，人民出版社 1994 年版，第 211～212 页。
⑤ 《邓小平文选》第二卷，人民出版社 1994 年版，第 256 页。
⑥ 《邓小平文选》第三卷，人民出版社 1993 年版，第 145 页。

文化领域的东西，一定要用马克思主义对它们的思想内容和表现方法进行分析、鉴别和批判。西方如今仍然有不少正直进步的学者、作家、艺术家在进行各种严肃的有价值的著作和创作，他们的作品我们当然要着重介绍。但是，现在有些同志对于西方各种哲学的、经济学的、社会政治的和文学艺术的思潮，不分析、不鉴别、不批判，而是一窝蜂地盲目推崇。对于西方学术文化的介绍如此混乱，以至连一些在西方国家也认为低级庸俗或有害的书籍、电影、音乐、舞蹈以及录像、录音，这几年也输入不少。这种用西方资产阶级没落文化来腐蚀青年的状况，再也不能容忍了。"①

其四，要按照文化建设和文学艺术发展的规律加强党对文化工作的正确领导。邓小平明确指出，各级党委要"根据文学艺术的特征和发展规律，帮助文艺工作者获得条件来不断繁荣文学艺术事业，提高文学艺术水平，创作出无愧于我们伟大人民、伟大时代的优秀的文学艺术作品和表演艺术成果"②。邓小平特别强调指出，为了保证文艺的路子越走越宽，文艺工作"要永远坚持百花齐放、百家争鸣的方针"，"'双百'方针的目的是促进社会主义文化的繁荣"③，这就告诉我们，"双百"方针体现了文学艺术发展的特点和规律，体现了党对文学艺术工作领导的内在要求，只有把"双百"方针同社会主义文学艺术的发展有机地结合起来，始终坚持贯彻"双百"方针，才能达到促进社会主义文化繁荣的目的。

正是由于贯彻了邓小平坚持"两手抓，两手都要硬"的指导方针和中国特色社会主义文化发展的一系列重要思想，改革开放以来，我国社会主义文化建设的战略地位不断提高，纠正了文化建设上的"左"的错误思想，遵循了文学艺术发展的规律，我国的文化建设和文学艺术工作迎来了春天，出现了百花争艳、姹紫嫣红、繁荣发展的大好局面。

三、发展先进文化

在推进中国特色社会主义建设的伟大历史进程中，在发展社会主义市场经济，进一步深化改革、扩大开放的新形势下，江泽民在文化建设方面进行了新的总结、发展和创造，第一次从综合国力建设的高度探讨了发展先进文化、加强中国特色社会主义文化建设的重要性。

首先，提出了以中国特色社会主义文化为核心的先进文化建设理论。江泽民

---

① 《邓小平文选》第三卷，人民出版社 1993 年版，第 44 页。
② 《邓小平文选》第二卷，人民出版社 1994 年版，第 213 页。
③ 《邓小平文选》第三卷，人民出版社 1993 年版，第 47 页。

指出："在当代中国，发展先进文化，就是发展有中国特色社会主义的文化，就是建设社会主义精神文明。"① 党的十五大明确把建设有中国特色社会主义经济、政治、文化作为一个统一的目标和整体，确定为党在社会主义初级阶段的基本纲领。党的十五大报告指出："建设有中国特色社会主义的文化，就是以马克思主义为指导，以培育有理想、有道德、有文化、有纪律的公民为目标，发展面向现代化、面向世界、面向未来的，民族的科学的大众的社会主义文化。这就要坚持用邓小平理论武装全党，教育人民；努力提高全民族的思想道德素质和教育科学文化水平；坚持为人民服务、为社会主义服务的方向和百花齐放、百家争鸣的方针，重在建设，繁荣学术和文艺。建设立足中国现实、继承历史文化优秀传统、吸取外国文化有益成果的社会主义精神文明。"② 在新的历史时期，江泽民集中全党的智慧，提出了"三个代表"重要思想，明确强调作为执政党的中国共产党，在代表先进生产力的发展要求，代表最广大人民根本利益的同时，必须始终代表中国先进文化的前进方向，努力发展面向现代化、面向世界、面向未来的，民族的科学的大众的社会主义文化，促进全民族思想道德素质和科学文化素质的不断提高，为我国经济发展和社会进步提供精神动力和智力支持。

其次，将中国特色社会主义文化提到"综合国力重要标志"的高度加以重视和建设。江泽民明确指出，"当今各国特别是大国之间的关系，集中表现为包括经济实力、科技实力、国防实力、民族凝聚力在内的综合国力的较量与竞争"③。民族凝聚力是综合国力的重要组成部分，民族精神是民族凝聚力的核心。党的十五大报告明确指出："有中国特色社会主义的文化，是凝聚和激励全国各族人民的重要力量，是综合国力的重要标志。"④ 这是党的报告中首次将中国特色社会主义文化作为综合国力的重要标志之一，表明我党立足于国际形势的新变化，从更宽广的视野开始审视文化建设在综合国力竞争中的地位和作用。中国特色社会主义文化是滋养以爱国主义为核心的中华民族精神、增强民族凝聚力的不竭源泉。江泽民曾指出："一个民族只有在努力发展经济的同时，保持和发扬自己的民族文化特色，才能真正自立于世界民族之林。我们能不能继承和发扬中华民族的优秀文化传统，吸收世界各国的优秀文化成果，建设有中国特色社会主义的文化，这是事关中华民族振兴的大问题，事关建设有中国特色社会主义事业取得全面胜利的大问题。"⑤ 中国特色社会主义文化在增强民族凝聚力、提升我国综合

---

① 《江泽民文选》第三卷，人民出版社 2006 年版，第 276 页。
② 《江泽民文选》第二卷，人民出版社 2006 年版，第 17~18 页。
③ 江泽民：《论"三个代表"》，中央文献出版社 2001 年版，第 28 页。
④ 《江泽民文选》第二卷，人民出版社 2006 年版，第 33 页。
⑤ 《江泽民文选》第一卷，人民出版社 2006 年版，第 507 页。

国力、促进中华民族伟大复兴中具有不可替代的巨大作用和价值。因此，越要提升综合国力，实现中华民族的伟大复兴，就越要注重深入推进中国特色社会主义文化建设。

最后，创造性提出了促进文化建设的重要指导思想。江泽民明确提出，要"以科学的理论武装人、以正确的舆论引导人、以高尚的精神塑造人、以优秀的作品鼓舞人"[1]，这是新时期党在文化建设上的重要指导思想。无论是理论武装、舆论引导，还是精神塑造、作品鼓舞，都是文化建设的重要内容和重要任务。在文化建设中，理论要科学，舆论要正确，精神要高尚，作品要优秀，只有这样，才能真正武装人、引导人、塑造人、鼓舞人，从而从不同的方面，提高人的思想道德素质和科学文化素质，为社会主义新人的成长、为中华民族整体素质的提高、为我国社会文明的发展与进步服务。我们党还创造性地提出了"文化产业"这一新概念。作为党的重要文献，《中共中央关于制定国民经济和社会发展的第十个五年计划的建议》里第一次使用了"文化产业"的概念，指出"完善文化产业政策，加强文化市场建设和管理，推动有关文化产业发展"[2]。这就是说我们不仅要发展我国的文化事业，还要发展我国的文化产业，并且要把文化事业和文化产业的发展结合起来，相互促进，从而表明我们党对社会主义文化建设的新探索、新进展。

四、提升国家软实力

以胡锦涛为总书记的党中央，在总结和继承党在文化建设方面的历史经验和优良传统的基础上，明确提出"要提高国家软实力"，在我国全面建设小康社会的新的历史条件下，第一次把软实力建设上升到提高国家综合国力的战略高度，对新世纪中国软实力建设作出了重要战略部署。

党中央提出加强国家软实力建设，有着深刻的社会背景。我国有着五千年以上的文明史，是世界公认的文明古国，曾在很长时间内引领世界先进文明，有着广泛、深远的国际影响力。但是，由于思维的僵化和一味排斥外来文化，以及其他历史原因，我国"软实力"在近代远远落后于世界，一度几近于无。新中国成立后，虽然一直没有停止追赶的步伐，但我国"软实力"与西方国家相比依然差距巨大。兴起社会主义文化建设新高潮，是经济社会发展到一定阶段的客观要求。当时，我国"硬实力"经过近30年的改革开放，已经发生了翻天覆地的变

---

[1] 《江泽民文选》第二卷，人民出版社 2006 年版，第 537 页。
[2] 中共中央文献研究室：《十五大以来重要文献选编》中，人民出版社 2001 年版，第 1395 页。

化。但文化"软实力"现状显然和经济"硬实力"的发展不相匹配。2004 年，我国文化产业的增加值只有 3 440 亿元，仅占 GDP 的 2.15%[①]，与欧洲、美国、日本等发达国家和地区有很大的差距。就最具影响的文化贸易而言，虽然我国近年有了较为明显的增长，但相比之下，中国文化产品的进口远远大于出口，存在着巨大的贸易逆差。麦当劳快餐文化、电视剧"韩流"现象、迪士尼乐园活动场所目前正占据着中国青少年一代的生活空间。中国在国际舞台上扮演的是一个文化制造弱国和文化输出小国的形象，这与我国文化资源大国的地位极不相称。尽管我国经济建设取得了举世瞩目的成就，但与经济的快速发展相比，我国文化发展相对滞后，同全面建设小康社会的要求不相适应，同人民日益增长的精神文化需求不相适应，同我国的国际地位不相适应。这也在客观上迫切需要我国的文化有一个大发展、大繁荣。因此，提高我国文化软实力不仅是党和国家在新的历史时期所面临的重要历史使命，更是继续把我国社会主义建设事业全面推向前进、提高我国综合国力和国际竞争力的必然要求。

文化软实力的提出有一个过程，这一过程也体现着党对文化软实力建设的认识和探索过程。在"软实力"这一概念出现之前，我们党就开始形成了关于"文化生产力"的概念。党的十六届四中全会把文化建设提高到党的执政能力建设的高度，首次提出了"文化生产力"这一概念，为文化软实力的提出准备了思想条件。党的十六届六中全会通过的《中共中央关于构建社会主义和谐社会若干重大问题的决定》，在党的历史上首次明确提出了"社会主义核心价值体系"的命题，并给予了具体的阐释：马克思主义指导思想、中国特色社会主义共同理想、以爱国主义为核心的中华民族精神、以改革创新为核心的时代精神、社会主义荣辱观，这就是社会主义核心价值体系的基本内容。社会主义核心价值体系本身就是文化，是思想、精神层面的文化，是意识形态和文化价值观的整合。而这，正是改革开放以来我们的经济社会能够长期迅猛发展的精神支撑和价值依托。社会主义核心价值体系的提出，是对作为文化软实力核心组成部分的意识形态和价值观念的科学把握，触及了文化软实力的实质。

文化软实力的概念源于"软实力"。"软实力"最早出现在党和国家的文件报告中是在 2006 年。胡锦涛在中华全国文学艺术工作者代表大会（简称"文代会"）、中国作家协会全国代表大会（简称"作代会"）上高屋建瓴地指出："当今时代，文化在综合国力竞争中的地位日益重要。谁占据了文化发展制高点，谁就能够更好在激烈的国际竞争中掌握主动权。"[②] "面对当今世界各种思想文化相

---

① 学习时报：《匡贤明：加快文化领域供给侧结构性改革》，中国共产党新闻网，2016 年 6 月 13 日，http：//theory. people. com. cn/gb/n1/2016/0613/c49157 – 28428823. html。

② 《胡锦涛文选》第二卷，人民出版社 2016 年版，第 538 页。

互激荡的大潮，面对国家发展和人民生活改善对文化发展的要求，面对社会文化生活多样活跃的态势，如何找准我国文化发展方位，创造民族文化新辉煌，增强我国文化的国际竞争力，提升国家软实力，是摆在我们面前的一个重大现实课题。"① 2007 年 1 月，胡锦涛在中共中央政治局第三十八次集体学习时又指出，加强网络文化建设和管理，"有利于增强我国的软实力"②。可见，中国领导人已经敏锐地意识到了发展文化、提升软实力对中国的重要性。软实力的概念已然进入了中央领导和国家发展的战略视野。

2007 年两会期间，"文化软实力"再次成为两会委员们的热门话题，关于文化议题的关注度有增无减。2007 年 7 月，贾庆林在全国政协"以文化建设为主要内容的国家软实力建设"的专题协商会上指出，文化建设是国家软实力建设的重要内容，对增强国家综合实力具有重要作用，关系党和国家事业发展的全局。加强以文化建设为主要内容的国家软实力建设，是夺取全面建设小康社会新胜利、开创中国特色社会主义事业新局面的必然要求，是巩固民族团结、促进祖国统一的必然要求，是不断满足人民群众日益增长的精神文化需求的必然要求，也是增强我国综合国力、赢得国际竞争的必然要求。扎实推进以文化建设为主要内容的国家软实力建设，要注重建设社会主义核心价值体系，形成全民族奋发向上的精神力量和团结和睦的精神纽带；要大力发展文化产业，更好地满足人民群众多样化的文化需求；要大力弘扬中华民族优秀文化传统，推动中华文化走向世界。

2007 年 10 月党的十七大召开，文化软实力被正式写入党的十七大报告，这标志着软实力正式成为国家发展战略新的着力点，中国正开始通过发展国家文化软实力提升国家形象、增强国家综合竞争力。党的十七大报告关于文化建设方面的最大亮点之一，就是明确提出了当前文化建设的总的战略重心和战略思路。在党的十七大报告文化建设部分的引言里，文化建设的总任务得以明确定位："要坚持社会主义先进文化前进方向，兴起社会主义文化建设新高潮，激发全民族文化创造活力，提高国家文化软实力，使人民基本文化权益得到更好保障，使社会文化生活更加丰富多彩，使人民精神风貌更加昂扬向上。"③ 其中，两个新提法特别引人注目。一是"使人民基本文化权益得到更好保障"，这是按照科学发展观对文化建设提出的更高要求；二是"提高国家文化软实力"，这是根据科学发展观对文化建设明确提出的战略重心。国家的"软实力"主要表现为一个国家的文

---

① 《胡锦涛文选》第二卷，人民出版社 2016 年版，第 539 页。

② 《胡锦涛强调：以创新精神加强网络文化建设和管理》，央视网，2007 年 1 月 24 日，http：//news. cctv. com/china/20070124/111284. shtml。

③ 《胡锦涛文选》第二卷，人民出版社 2016 年版，第 639 页。

化、价值观、社会制度和外交政策等的吸引力，核心是一个国家价值观的吸引力。因此，党的十七大报告把"建设社会主义核心价值体系"作为文化建设的首要任务。后面三条，"建设和谐文化""弘扬中华文化""推进文化创新"，也都是围绕提升国家"软实力"这根线索，以纵贯古今、横跨中外的大气魄大眼光，重新梳理、归纳、表述文化建设的总体构想。

2011 年 7 月 1 日，胡锦涛在庆祝中国共产党成立 90 周年大会上的讲话中强调指出："社会主义先进文化是马克思主义政党思想精神上的旗帜。面对当今文化越来越成为综合国力竞争重要因素的新形势，我们必须以高度的文化自觉和文化自信，着眼于提高民族素质和塑造高尚人格，以更大力度推进文化改革发展，在中国特色社会主义伟大实践中进行文化创造，让人民共享文化发展成果。"① "要着眼于推动中华文化走向世界，形成与我国国际地位相对称的文化软实力，提高中华文化国际影响力。"②

2011 年 10 月，党的十七届六中全会集中研究了文化改革发展的问题，这是建党 90 年来我们党第一次专门研究文化改革发展的中央全会，会议作出了《中共中央关于深化文化体制改革，推动社会主义文化大发展大繁荣若干重大问题的决定》（以下简称《决定》），突出强调了加强文化建设、提高国家文化软实力的极端重要性，对兴起社会主义文化建设新高潮、推动社会主义文化大发展大繁荣作出了全面部署。《决定》在回顾改革开放以来我国文化建设的成就时指出："我国文化改革发展，显著提高了全民族思想道德素质和科学文化素质、促进了人的全面发展，显著增强了国家文化软实力，为坚持和发展中国特色社会主义提供了强大精神力量。"③《决定》分析了当今世界综合国力竞争的新态势和国家全面建设小康社会的新任务对文化发展的新定位、新要求，强调指出："当今世界正处在大发展大变革大调整时期，世界多极化、经济全球化深入发展，科学技术日新月异，各种思想文化交流交融交锋更加频繁，文化在综合国力竞争中的地位和作用更加凸显，维护国家文化安全任务更加艰巨，增强国家文化软实力、中华文化国际影响力要求更加紧迫。当代中国进入了全面建设小康社会的关键时期和深化改革开放、加快转变经济发展方式的攻坚时期，文化越来越成为民族凝聚力和创造力的重要源泉、越来越成为综合国力竞争的重要因素、越来越成为经济社会发展的重要支撑，丰富精神文化生活越来越成为我国人民的热切愿望。"④ "文

① 《胡锦涛文选》第三卷，人民出版社 2016 年版，第 539 页。
② 《胡锦涛文选》第三卷，人民出版社 2016 年版，第 539~540 页。
③ 中共中央文献研究室：《十七大以来重要文献选编》下，中央文献出版社 2013 年版，第 559~560 页。
④ 中共中央文献研究室：《十七大以来重要文献选编》下，中央文献出版社 2013 年版，第 560 页。

化建设是中国特色社会主义事业总体布局的重要组成部分。没有文化的积极引领，没有人民精神世界的极大丰富，没有全民族精神力量的充分发挥，一个国家、一个民族不可能屹立于世界民族之林。物质贫乏不是社会主义，精神空虚也不是社会主义。没有社会主义文化繁荣发展，就没有社会主义现代化。在新的历史起点上深化文化体制改革、推动社会主义文化大发展大繁荣，关系实现全面建设小康社会奋斗目标，关系坚持和发展中国特色社会主义，关系实现中华民族伟大复兴。"① 再次强调了推动文化繁荣发展、提高文化软实力的重要性和紧迫性。《决定》还提出了建设中国特色社会主义文化、提升我国文化软实力的根本任务和发展道路，强调"坚持中国特色社会主义文化发展道路，深化文化体制改革，推动社会主义文化大发展大繁荣，必须全面贯彻党的十七大精神，高举中国特色社会主义伟大旗帜，以马克思列宁主义、毛泽东思想、邓小平理论和'三个代表'重要思想为指导，深入贯彻落实科学发展观，坚持社会主义先进文化前进方向，以科学发展为主题，以建设社会主义核心价值体系为根本任务，以满足人民精神文化需求为出发点和落脚点，以改革创新为动力，发展面向现代化、面向世界、面向未来的，民族的科学的大众的社会主义文化，培养高度的文化自觉和文化自信，提高全民族文明素质，增强国家文化软实力，弘扬中华文化，努力建设社会主义文化强国"②。党的十七届六中全会明确提出了建设社会主义文化强国的宏伟任务和战略目标，三次强调增强国家软实力，这是我们党总结历史、立足现实、着眼未来作出的重大战略决策，充分反映了对当今时代发展趋势、综合国力竞争态势和我国文化发展方向的科学把握，体现了我们党在新的历史条件下的高度文化自觉和深远战略眼光，有力地推动了中国特色社会主义文化的大发展大繁荣，促进了全球化条件下我国的文化崛起和推进了全面建设小康社会的进程。

五、着力"铸魂育人"

中国共产党团结带领全国人民长期奋斗和改革开放的伟大实践，推动中国特色社会主义进入了新时代，也推动中国特色社会主义软实力建设进入了新的历史方位。适应新时代中国特色社会主义软实力建设和发展的需要，以习近平同志为核心的党中央形成了一系列治国理政方略，软实力发展战略是其中的重要组成部分，而"铸魂育人"则是新时代软实力发展战略的核心。

新时代软实力发展战略，集中体现在以习近平同志为核心的党中央文化强国

---

① 中共中央文献研究室：《十七大以来重要文献选编》下，中央文献出版社 2013 年版，第 561 页。
② 中共中央文献研究室：《十七大以来重要文献选编》下，中央文献出版社 2013 年版，第 536 页。

的方略中。以习近平同志为核心的党中央，对新时代的软实力建设高度重视，从全面建成社会主义现代化强国、实现中华民族伟大复兴的战略高度，形成了新时代软实力发展战略的内在逻辑：

时代使命—文化强国—以文化人—铸魂育人—凝心聚力—团结奋斗—民族复兴

新时代软实力发展战略的内在逻辑就是：新时代中国特色社会主义进入了新的历史方位，全面建成社会主义现代化强国、实现中华民族伟大复兴，是新时代赋予全党和全国人民的新的历史使命；而建设社会主义现代化强国，必须推进文化强国，提升国家文化软实力，文化强国、提升国家文化软实力成为建设社会主义现代化强国的重要组成部分和不竭力量源泉；推进文化强国、提升文化软实力的根本是以文化人，用中华优秀传统文化、中国革命文化和社会主义先进文化培育人；以文化人的核心是铸魂育人，铸魂育人的关键是用作为中国特色社会主义文化核心的理想信念、价值观念特别是社会主义核心价值观熔铸和塑造人的思想灵魂，确立人生正确的政治方向和价值取向，进而凝聚人们的思想价值共识，夯实人民的共同思想基础，整合人民群众和全民族的力量，为实现中华民族伟大复兴而团结奋斗。

在以习近平同志为核心的党中央新时代文化软实力发展战略的内在逻辑中，核心是铸魂育人。思想文化是一个国家、一个民族的灵魂。无论哪一个国家、哪一个民族，如果不珍惜自己的思想文化，丢掉了思想文化这个灵魂，这个国家、这个民族是立不起来的。要做到文化强国，提升国家文化软实力，一定要立足兴国强国的时代需要，加强爱国主义、集体主义、社会主义教育，坚持用共产主义远大理想、社会主义共同理想和社会主义核心价值观塑造人民的精神世界，熔铸人民的思想灵魂，弘扬民族精神和时代精神，坚定人民的理想信念，坚持正确的历史观、民族观、国家观、文化观，增强做中国人的骨气和底气，培养和造就有理想、有本领、有担当，能够肩负和完成民族复兴大任的时代新人。因此，铸魂育人集中体现了新时代我国文化软实力发展战略。

铸魂育人不仅在新时代软实力发展战略的内在逻辑中居于核心地位，而且是新时代软实力发展战略的核心内容。新时代软实力发展战略的实施是一项复杂的系统工程，在中国特色社会主义文化建设中，无论是培育核心价值、传承传统文化、发展文学艺术、创新文化产业，还是发展网络文化、加强文化交流、拓展大众传播，都是围绕铸魂育人来展开的，铸魂育人构成了软实力发展战略的核心。新时代，只有紧紧抓住铸魂育人这一核心，才能有效推进和实施文化软实力发展战略。

核心价值观是文化软实力的灵魂、文化软实力建设的重点，是决定文化性质和方向的最深层次要素。习近平在 2018 年五四青年节同北京大学师生座谈时指出："人类社会发展的历史表明，对一个民族、一个国家来说，最持久、最深层的力量是全社会共同认可的核心价值观。"① 一个国家的文化软实力，从根本上说，取决于其核心价值观的生命力、凝聚力、感召力。实施文化软实力发展战略，必须坚持用社会主义核心价值观凝魂聚力、铸魂育人，只有这样，才可以更好地构筑中国精神、中国价值、中国力量，增强中华文化的凝聚力、吸引力、影响力，提升国家文化软实力。

优秀传统文化是一个国家、一个民族传承和发展的根基，如果丢掉了，就割断了民族的精神命脉。中华优秀传统文化源远流长、博大精深，反映了中华民族的精神追求，其中最核心的内容已经成为中华民族最基本的文化基因。要使中华民族最基本的文化基因与当代文化相适应、与现代社会相协调，增强文化软实力，就要努力实现中华优秀传统文化的创造性转化、创新性发展，用中华优秀传统文化铸造中华儿女的华夏之魂。

统一思想、凝聚力量是宣传思想工作的中心环节。习近平指出，"中国特色社会主义进入新时代，必须把统一思想、凝聚力量作为宣传思想工作的中心环节。当前，我国发展形势总的很好，我们党要团结带领人民实现党的十九大确定的战略目标，夺取中国特色社会主义新胜利，更加需要坚定自信、鼓舞斗志，更加需要同心同德、团结奋斗。我们必须把人民对美好生活的向往作为我们的奋斗目标，既解决实际问题又解决思想问题，更好强信心、聚民心、暖人心、筑同心"②。要"做好新形势下宣传思想工作，必须自觉承担起举旗帜、聚民心、育新人、兴文化、展形象的使命任务"③。只有聚民心、育新人，铸魂育人，才能带动和推动各项宣传思想工作，提升国家文化软实力，服务社会主义现代化建设大局。

文学艺术的根本任务是以文化人、铸魂育人。正如习近平所指出的，"文艺是铸造灵魂的工程，文艺工作者是灵魂的工程师。好的文艺作品就应该像蓝天上的阳光、春季里的清风一样，能够启迪思想、温润心灵、陶冶人生，能够扫除颓废萎靡之风"④。"追求真善美是文艺的永恒价值。艺术的最高境界就是让人动心，让人们的灵魂经受洗礼，让人们发现自然的美、生活的美、心灵的美。"⑤优秀的文艺作品往往通过典型化艺术方法创作的生动感人的艺术形象传递真善美，引导人们在强烈的艺术感染和心灵震撼中，获得情感的共鸣、情操的陶冶、

---

① 《习近平谈治国理政》第一卷，外文出版社 2018 年版，第 168 页。
② 《习近平谈治国理政》第三卷，外文出版社 2020 年版，第 311 页。
③ 《习近平谈治国理政》第三卷，外文出版社 2020 年版，第 312 页。
④ 习近平：《在文艺工作座谈会上的讲话》，人民出版社 2015 年版，第 23 页。
⑤ 习近平：《在文艺工作座谈会上的讲话》，人民出版社 2015 年版，第 24 页。

思想的启迪和精神的洗礼，形成向上向善的价值追求和道德境界。

文化产业是铸魂育人的隐性载体。满足人民过上美好生活的新期待，需要大力发展文化产业，提供丰富的精神食粮。"要推动文化产业高质量发展，健全现代文化产业体系和市场体系，推动各类文化市场主体发展壮大，培育新型文化业态和文化消费模式，以高质量文化供给增强人们的文化获得感、幸福感。"① 文化产业是文以载道、文化育人的重要载体，是提高中华文化影响力，增强中国文化软实力的重要支撑。"国际社会对中国的关注度越来越高，他们想了解中国，想知道中国人的世界观、人生观、价值观，想知道中国人对自然、对世界、对历史、对未来的看法，想知道中国人的喜怒哀乐，想知道中国历史传承、风俗习惯、民族特性，等等。这些光靠正规的新闻发布、官方介绍是远远不够的，靠外国民众来中国亲自了解、亲身感受是很有限的。而文艺是最好的交流方式，在这方面可以发挥不可替代的作用，一部小说，一篇散文，一首诗，一幅画，一张照片，一部电影，一部电视剧，一曲音乐，都能给外国人了解中国提供一个独特的视角，都能以各自的魅力去吸引人、感染人、打动人。京剧、民乐、书法、国画等都是我国文化瑰宝，都是外国人了解中国的重要途径。"② 文化产业发展应当遵循社会效益和经济效益相统一的要求，大力发展创意文化，培育新的文化业态，创造更多融思想、技术、艺术于一体的优秀文化产品，在满足人们精神文化需要的过程中进行价值引导、铸魂育人，在发展文化产业的过程中增强国家文化软实力。

网络文化是铸魂育人的创新形态。网络文化是文化发展的新形态，是文化交流的新载体，是立德树人的新渠道，是思想互动的新平台。发展网络文化，最重要的，就是要用网络文化蕴涵的价值观影响、引导和凝聚人们的思想价值共识。"凝聚共识工作不容易做，大家要共同努力。为了实现我们的目标，网上网下要形成同心圆。什么是同心圆？就是在党的领导下，动员全国各族人民，调动各方面积极性，共同为实现中华民族伟大复兴的中国梦而奋斗。"③ 网络文化只有真正做到铸魂育人、凝心聚力，才能有效引领和促进社会思想文化乃至社会实践的发展。

文化教育是以文化人、铸魂育人的基本途径。习近平在全国教育工作会议上强调指出，"培养什么人，是教育的首要问题。……我国是中国共产党领导的社会主义国家，这就决定了我们的教育必须把培养社会主义建设者和接班人作为根本任务，培养一代又一代拥护中国共产党领导和我国社会主义制度、立志为中国

---

① 《习近平谈治国理政》第三卷，外文出版社 2020 年版，第 314 页。
② 《习近平谈治国理政》第二卷，外文出版社 2017 年版，第 315～316 页。
③ 《习近平谈治国理政》第二卷，外文出版社 2017 年版，第 335 页。

特色社会主义奋斗终身的有用人才"①。习近平还深刻阐明了教师的责任，指出，"教师是人类灵魂的工程师，是人类文明的传承者，承载着传播知识、传播思想、传播真理，塑造灵魂、塑造生命、塑造新人的时代重任"②。传播知识、传播思想、传播真理的目的在于塑造灵魂、塑造生命、塑造新人，即铸魂育人。

文化传播与交流，是开阔视野、沟通心灵、加深理解、增进共识的必由之路。"要不断提升中华文化影响力，把握大势、区分对象、精准施策，主动宣介新时代中国特色社会主义思想，主动讲好中国共产党治国理政的故事、中国人民奋斗圆梦的故事、中国坚持和平发展合作共赢的故事，让世界更好了解中国。"③广泛深入的国内外文化传播与交流，有助于沟通情感、打动人心、扩大共识、形成共鸣，使人们在持续的文化交流中提升人文素养，在深度的心灵沟通中形成价值共识，在广泛的文化互动中增强文化自信。

可见，无论哪一项文化建设，都要坚持以文化人、铸魂育人，不断提高人的思想道德素质，凝聚价值共识，整合主体力量，有力增强和提升文化软实力。新时代文化软实力发展战略的核心就是铸魂育人。人是社会实践的主体，是民族振兴的主体，也是文化发展的主体。而文化软实力发展战略实施的关键，是坚持以文化人，用社会主义核心价值观铸魂育人，引导人们自觉培育、践行和弘扬社会主义核心价值观，坚定理想信念，厚植爱国情怀，坚持正确的政治方向、价值取向和人生航向，坚定不移地走中国特色社会主义道路。无论是优秀传统文化的弘扬、革命红色文化基因的传承、社会主义先进文化的建设，还是文化事业的发展、文学艺术的繁荣、文化产业的拓展、基层文化的建设、网络文化的发展，都要注重以文化人，突出铸魂育人。只有这样，才能带动、推动各项文化建设，促进文化的繁荣发展，也才能使各项文化建设成为以文化人、铸魂育人的有效载体，真正通过以文化人、铸魂育人来推动文化软实力发展，建设社会主义文化强国，并通过文化强国推动社会主义现代化强国的建设。

第三节　中国软实力建设与发展的主要战略

新中国成立以来，特别是改革开放以来，中国特色社会主义取得了长足的发

---

①　中共中央党史和文献研究院：《十九大以来重要文献选编》上，中央文献出版社 2019 年版，第647 页。

②　习近平：《坚持中国特色社会主义教育发展道路 培养德智体美劳全面发展的社会主义建设者和接班人》，载于《人民日报》2018 年 9 月 11 日。

③　《习近平谈治国理政》第三卷，外文出版社 2020 年版，第 314 页。

展，奠定了国家软实力发展的重要基础。跨入新世纪，我国软实力建设面临着客观环境的深刻变化和一系列重大挑战。当今世界，综合国力的竞争日趋激烈，世界正处在大发展、大变革、大调整时期，世界多极化、经济全球化、社会信息化、文化多样化深入发展，全球思想文化交流、交融、交锋呈现新特点，综合国力竞争中软实力建设的战略地位日益凸显，给我国软实力发展带来新的机遇和挑战。我国软实力建设正处在进一步发展的重要战略机遇期。如何站在新的历史起点上，抓住机遇、迎接挑战，从综合国力竞争的战略高度，科学制定我国软实力的发展战略，指导和推动我国软实力建设向前发展，成为新世纪我国全面建设社会主义现代化强国和中华民族真正屹立于世界民族之林面临的重大战略课题。根据我国软实力建设的客观环境、现实基础和发展需要，在我国软实力建设中，可考虑选择和实施以下发展战略。

一、科学发展战略

坚持软实力建设的科学发展战略，就是要从全面推进社会主义现代化建设、实现中华民族伟大复兴的战略高度出发，科学把握我国软实力建设的战略定位，把软实力放在与硬实力同等重要的战略地位，坚持硬实力和软实力建设"两手抓，两手都要硬"的要求，统筹兼顾，全面促进硬实力和软实力的协调发展，并科学处理好软实力发展的各种关系，促进我国软实力全面、协调、可持续发展，从根本上增强和提升我国综合国力。

改革开放以来，我国硬实力和软实力的发展不够平衡，一手比较硬，一手比较软，软实力发展滞后于硬实力的发展。正如习近平所指出的："目前看，我们在经济合作上用力多，文化这条腿总体上还不够有力。"[1] 改革开放 40 多年来，我国经济建设取得了举世瞩目的巨大成就。从 1978 年到 2020 年，我国国内生产总值（GDP）由 3 679 亿元增长到 101.59 万亿元，年均实际增长 9.5%，远高于同期世界经济 2.9% 左右的年均增速。我国国内生产总值占世界生产总值的比重由改革开放之初的 1.8% 上升到 2020 年的 17%，多年来对世界经济增长贡献率超过 30%。我国进出口总额跃居世界第一，外汇储备跃居世界第一，国内生产总值跃居世界第二，综合国力迈上新台阶。[2] 改革开放 40 多年来我国经济的高速

---

① 中共中央文献研究室：《习近平关于社会主义文化建设论述摘编》，中央文献出版社 2017 年版，第 215 页。

② 《观察｜2020 年我国 GDP 突破百万亿：里程碑 新起点》，中共中央纪律检查委员会、中华人民共和国国家监察委员会网站，2021 年 1 月 19 日，http：//v. ccdi. gov. cn/2021/01/19/VIDELcPMS8aZdSig13f tC2kH210119. shtml。

增长和持续发展，创造了世界经济增长的奇迹，大大增强了我国的综合国力，为我国软实力的提高奠定了重要的物质基础。正是随着我国经济的不断发展，随着中国制造的各种物质产品不断走向世界，随着经济硬实力的不断增强，我国在世界上的影响力越来越大，世界各国人民对我国的关注和兴趣越来越大，中国文化、价值观和发展道路在世界上的吸引力和影响力也越来越大，软实力日益增强。因此，硬实力是软实力发展的基础，没有硬实力的发展，软实力的发展就缺乏必要的物质条件。同时，硬实力的发展也呼唤着软实力的发展，需要软实力来助推经济硬实力的发展。经济的发展离不开一定的软实力支撑。在经济全球化的条件下，我国的经济发展需要更好地融入世界经济的发展，纳入世界经济发展的轨道，但在这一过程中，伴随我国的经济发展，世界上一些国家产生了某些疑虑和误解，这些疑虑和误解很多同文化的差异、沟通的欠缺和舆论的误导有关，也就是说，我国经济在全球化进程中的发展遇到了重要的文化障碍，需要发展软实力来消解这些差异、误解和障碍，为经济发展注入更多的文化内涵，加强价值引领和舆论引导，创造更好的氛围环境。因此，软实力是硬实力发展到一定阶段的必然产物。

长期以来，我国在硬实力和软实力的相互关系上，一直比较注重经济硬实力的建设，这在一定的历史条件下是可以理解的。进入改革开放新时期，由于我国社会的主要矛盾仍然是人民群众日益增长的物质文化需要同落后的社会生产之间的矛盾，我国的社会生产力发展水平不仅同世界发达国家相比处于相对落后的状态，而且也远远不能满足人民群众日益增长的物质文化需要，文化的发展也缺乏相应的物质基础。在这种情况下，坚持以经济建设为中心，集中力量发展社会生产力是十分正确和必要的。经过几十年的发展，我国的社会主义现代化建设取得了巨大的成就，社会生产力获得了迅速的发展，人民群众的物质生活水平有了明显的改善。现在，我国已经进入了中国特色社会主义新时代，我国社会的主要矛盾已经转变为人民日益增长的美好生活需要与不平衡不充分发展之间的矛盾。在新的历史条件下，仍然需要坚持以经济建设为中心，大力发展社会生产力，但更需要贯彻以人民为中心、实现共同富裕的发展思想，促进社会更加平衡、更加充分的发展，全面提高人民群众的生活质量，满足人民日益增长的美好生活需要。其中，包括大力加强文化建设，满足人民群众日益增长的精神文化需要，维护人民群众的文化权益，提高人民群众的精神生活质量，振奋人民群众的精神风貌，增强民族凝聚力和文化软实力。也就是说，在硬实力得到较大增强的基础上，要改变过去一度忽视软实力建设的情况，更加重视软实力的建设，把软实力建设提到与硬实力建设同等重要的战略位置，科学设定软实力建设的战略地位，确立软实力发展的国家战略。

科学确立软实力发展的国家战略，关键是要从全面建设社会主义现代化强国和增强综合国力的战略高度，确立我国软实力建设的科学发展战略。在新时代全面建设社会主义现代化强国的历史条件下，不仅要继续注重物质生产力的发展，满足人民群众的物质生活需要，更要注重软实力的发展，满足人民群众的精神生活需要。这不仅是全面提高人民群众生活质量的客观需要，也是增强我国综合国力的迫切需要。发展是第一要务，发展既包括硬实力的发展，又包括软实力的发展。增强硬实力和增强软实力都是发展的重要内容，硬实力的发展和软实力的发展是相互联系、密不可分、互为条件、互相促进的。没有硬实力的发展，软实力的发展就缺乏相应的物质基础。没有软实力的发展，硬实力的发展就缺乏相应的精神条件。软实力发展是发展的不可或缺的内容，没有软实力的发展，社会的发展就是有严重缺陷的发展，这种发展是不全面的、不协调的，也是不可持续的。软实力是综合国力的重要组成部分，软实力的强弱是衡量综合国力的重要标准。软实力可对内增强凝聚力和创造力，对外增强吸引力和影响力，通过发展软实力，可直接有效地增强国家的综合国力。同时，加强软实力建设，还能有效地把软实力转化为硬实力，有力地促进经济、科技、国防的发展，进一步提升和增强国家的综合国力。可见，加强软实力建设可以从直接、间接两个方面增强国家的综合国力。因此，我们在全面建设社会主义现代化强国、提高综合国力的过程中，要始终坚持软实力建设的科学发展战略，切实做到硬实力和软实力建设"两手抓，两手都要硬"，统筹兼顾、相互促进、协调发展。只有把软实力建设放在与硬实力建设同等重要的战略位置，纳入我国经济社会发展的战略规划，科学定位、大力建设、增加投入，才能加大国家软实力建设的力度，有力促进我国软实力的建设和发展。

坚持科学发展战略，除了要处理好硬实力与软实力的关系，做到统筹兼顾、协调发展外，还要处理好软实力建设内部的各种关系。在软实力建设中，要统筹兼顾处理好文化、价值观、制度创新和对外交往等各种关系。而在文化软实力建设中，也要处理好文化软实力发展的各种内部关系。我国的文化发展，既包括新闻出版、广播电视、文学艺术、网络传播等文化事业的发展，又包括国家各种文化产业的发展；既包括国家宏观文化的发展，又包括国家基层文化的发展，如企业文化、校园文化、乡镇文化、社区文化的发展；既包括高雅文化，又包括大众文化；既包括中国优秀传统文化的继承与弘扬，又包括中国现代文化的创新与发展；既包括满足人民群众日益增长的文化需要的内需型文化发展，又包括加强文化对外传播，进军世界文化市场，扩大中华文化国际影响力的外向型文化的发展。上述各种文化关系的正确认识和处理，是不断增强和发展我国文化软实力的重要前提。因此，坚持科学发展战略，必须统筹兼顾，妥善处理好软实力内部的各种关系，奠定软实力发展的价值基础、制度基础、外交基础，尤其是要妥善处理好文化发展的各种关系，增强文化发展的创造力和竞争力，促进社会主义文化的科学发展和持续繁荣，不断增强我国的文化软实力，奠定软实力发展的文化基础。

二、价值主导战略

软实力发展与价值观念有着内在的不可分割的联系，一定的软实力总是以一定的价值观为核心，一定的价值观总是以一定的文化、社会制度和外交政策为载体。价值观念实质上是软实力的内核，它决定着一定软实力的性质和发展的方向，并时时处处主导和制约着软实力的发展。因此，当今中国，在软实力建设中，必须实施价值主导战略，坚持以社会主义核心价值体系和核心价值观建设为根本，主导和引领软实力的发展，推动国家软实力建设。

在软实力建设中，坚持价值主导战略，是我们党在长期的革命和建设过程中领导软实力建设的实践经验的科学总结。无论在战争年代还是在和平时期，我们党在领导人民进行革命、建设和改革的过程中，高度重视以价值观为核心的软实力建设，在文化建设、制度创新、对外交往等工作中，都始终注重坚持从党和人民的根本利益和根本立场出发，发挥先进价值观的核心主导作用，引领、主导和推动文化建设、制度创新和对外交往。从文化建设来看，价值观是文化的核心，文化是价值观的载体。为了充分发挥新闻出版、广播电视、文学艺术等各种文化形式和载体教育人民、引导人民、团结人民、动员人民投身伟大的革命、建设和改革实践的作用，我们党坚持以共产党人的马克思主义的科学价值观来引领和推动文化事业的发展，有效地增强了先进文化的吸引力、感染力和影响力，取得了巨大的成效。无论是街头剧《放下你的鞭子》，还是舞剧《白毛女》《红色娘子军》，或者长篇小说《红岩》《红旗谱》《青春之歌》《暴风骤雨》，或者电影《董存瑞》《英雄儿女》《大浪淘沙》《永不消逝的电波》，或者优秀的报告文学《谁是最可爱的人》《哥德巴赫猜想》，都是革命的、批判的现实主义作品，这些文艺作品对社会生活本质的揭示，对正面典型人物的塑造，对旧社会的无情挞伐，对新生活的执着追求，充分体现了共产党人的先进的价值观念和崇高的理想追求。实践证明，正是这种先进的价值观念和理想追求构成了革命文化的灵魂，赋予了其深刻的感染力和巨大的影响力，形成了革命的先进文化所特有的这种震撼力、感染力、吸引力、引导力和影响力，即文化软实力。

在软实力建设中，坚持价值主导战略，也是我国在改革开放和经济全球化条件下的必然选择。随着改革开放的深化和经济全球化进程的加快，我国社会出现了经济成分、组织形式、就业方式、分配方式和生活方式的多样化，作为反映经济发展的我国社会的文化，也出现了多样化的发展趋势。特别是在经济全球化进程加快的推动下，各种文化之间的交流增多，东西方文化之间的相互激荡不断增强，国内的文化发展与国际的文化交流相互作用，进一步增强了我国文化发展的多样性。在我国社会现实文化生活中，既有先进文化，又有健康文化，还有落后文化，甚至伴随着经济全球化渗透到我国的一些西方的腐朽文化。各种文化都体现了不同的价值观念和社会思潮，有的催人奋进，有的有益健康，有的愚昧落后，有的消极颓废，对人们的思想和行为产生了不同的影响，对经济社会发展产生了不同的作用。在这种情况下，进行文化软实力建设，就必须坚持以社会主义核心价值体系为主导，培育和践行社会主义核心价值观，以先进文化引领多样文化发展，推动中国特色社会主义文化建设，坚持把社会主义核心价值体系建设贯穿到我国文化建设的各方面和全过程，切实把社会主义核心价值体系转化为人民群众的自觉追求，积极发展先进文化，维护健康文化，转化落后文化，抵御腐朽文化，不断在文化建设中增强社会主义意识形态和先进文化的吸引力和凝聚力，"更好构筑中国精神、中国价值、中国力量，为人民提供精神指引"①，从根本上增强民族凝聚力和文化软实力，提升我国的综合国力。我国社会主义制度的建立、巩固和完善，我国的经济体制改革，我国社会主义市场经济体制的建立和发展，以及我国的外交政策与外交活动，无不体现以价值观为核心。

在软实力建设中，坚持价值主导战略，也是世界各国软实力建设的重要借鉴。世界各国的软实力建设，特别是文化软实力建设，都十分注重突出价值的主导地位。尽管具有不同的历史传统、民族特点和文化特色，千差万别、异彩纷呈，但世界各国的软实力建设有一点是相同的，就是在软实力建设中始终贯穿和体现了一定民族和阶级的价值追求。尤其是一些发达的资本主义国家，在文化交流和传播中，在文化产业的发展过程中，更是十分注重传播和渗透自身的价值观，以此作为文化发展的重要战略选择。西方一些发达国家，利用新闻出版、广播电视、文学艺术、网络传播以及动漫等各种方式，竭力向其他国家传播其价值观念，把西方的自由、民主、人权等作为所谓的"普世价值"，通过文化包装加以传播，力图推进所谓的"世界民主化"，即在全球范围内推行"美式民主""西式民主"，实行西方国家的所谓"民主制度"，把文化交流变成了价值渗透。且不说西方国家的新闻报道、文化出版、网络传播具有很强的价值倾向性和文化选择性，就是西方国家的文化产业也体现了很强的价值倾向性和渗透性。加拿大的马修·弗雷泽教授专门研究了美国的流行文化与美国的价值渗透之间的相互关系，他在《软实力：美国电影、流行乐、电视和快餐的全球统治》这本书中指

---

① 《习近平谈治国理政》第三卷，外文出版社 2020 年版，第 18 页。

出，"假如说硬实力建立在事实的基础上，那么，软实力就是建立在价值观的基础上的"①。他认为，美国流行文化在美国外交政策中充当了一种"工具性角色"。美国的软实力——电影、流行音乐、快餐、时装、主题公园——传播、确认、强化着美国的规范、价值观、信仰和生活方式。美国依赖着自己的软实力即流行文化进行潜移默化的渗透，从而达到向全球推广美国生活方式和价值观的目的。事实说明，西方发达国家尤其是美国在文化交流与传播中，始终注重渗透和传播自己的价值观。因此，这也清醒地告诉我们，在我国文化软实力建设中，必须始终以社会主义核心价值体系和核心价值观为主导，不断增强社会主义意识形态的凝聚力和吸引力，大力发展中国特色社会主义文化。只有这样，才能不断增强我国的文化软实力，扩大中华文化的国际影响力，并有效抵御西方文化生活方式和价值观念的渗透。

在软实力建设中，坚持选择和实施价值主导战略，就要着重处理好文化软实力建设中价值性与文化性、思想性与艺术性、主导性与多样性的关系。处理好价值性与文化性的关系，就是在发展文化事业、文化产业和文化产品的过程中，不仅要注重文化的表现形式，更要注重文化的实质内容，注重一定文化所体现的价值取向，始终以文化的价值取向引导文化的发展方向，以文化的内容决定和选择文化的表现形式，在文化产品的社会效益和经济效益上，把文化产品的社会效益放在第一位，创造和提供更多价值导向正确的高品位的公共文化产品，提高公共文化服务能力，更好地满足人民群众日益增长的精神文化需要。处理好思想性与艺术性的关系，就是在文学艺术作品的创作过程中，要坚持思想性和艺术性的统一，把思想性作为文学艺术创作的灵魂，注重创作反映时代发展主流和社会生活本质的优秀文学艺术作品，尤其是要通过塑造具有鲜明个性特征和深刻思想内涵的艺术典型，通过生动的艺术性来感染人，通过深刻的思想性来教育人，克服只注重文学艺术作品的艺术性而忽视思想性的创作倾向，更要反对所谓"告别崇高""告别革命"的庸俗化的艺术创作倾向。"告别革命"就意味着否定历史，"告别崇高"就意味着走向庸俗，这样的文学艺术作品不仅不能感染人民、激励人民、凝聚人民，反而可能误导人民、贻害社会、涣散人心，产生消极的思想影响和社会作用。我们生活的时代是一个伟大的新时代，时代的发展和社会的深刻变革，强烈呼唤和迫切需要我们的文学艺术工作者创作出更多更好的能够凝聚人心、振奋人心，鼓励人们奋发向上、昂扬进取的优秀文化艺术作品。处理好主导性与多样性的关系，就是在文化软实力建设的过程中，注重处理好主流文化与多

---

① ［加］马修·弗雷泽著，刘满贵、宋金品、尤舒、杨隽译：《软实力：美国电影、流行乐、电视和快餐的全球统治》，新华出版社 2006 年版，序第 2 页。

样文化的关系，主流文化是体现社会主义核心价值体系和先进文化发展方向的文化，是社会占主导地位的文化，它决定着我国文化的性质和方向，对社会其他文化的发展起着主导和支配的作用。坚持发展社会主义核心价值体系为主导的先进文化，就是要用科学的指导思想、共同的理想信念、强大的精神支柱和基本的道德规范来教育引导人民，坚持不懈地用马克思主义中国化最新成果武装全党、教育人民，用中国特色社会主义共同理想凝聚力量，用以爱国主义为核心的民族精神和以改革创新为核心的时代精神鼓舞斗志，用社会主义荣辱观引领风尚。我们必须大力发展以社会主义核心价值体系为主导的先进文化和主流文化，奠定全党全国人民共同奋斗的思想道德基础，并用先进文化引领和主导社会多样文化的发展。同时，还要贯彻"百花齐放，百家争鸣"的方针，大力发展多样文化，促进不同形式、不同层次、不同风格的文化的繁荣与发展，用文化发展的多样性来巩固和充实主流文化的主导地位。没有主流文化的发展，就不可能坚持我国文化发展的正确方向；没有多样文化的发展，就没有我国文化的真正繁荣和发展，也不可能从根本上巩固我国主流文化的主导地位。因此，要用主导性文化来引领和发展多样性文化，用多样性文化来充实和巩固主导性文化，真正实现文化发展的多样性统一。这种文化发展多样性的统一，是在社会主义核心价值观主导下的多样性文化的统一，社会主义核心价值观是我国文化软实力的发展之魂，也是我国软实力的发展之魂。只有始终以社会主义核心价值观铸魂赋能我国的文化、制度和外交，才能从根本上不断增强我国的软实力，提升国家综合国力和国际竞争力。

三、文化融合战略

在经济全球化、文化多样化和社会信息化的进程中，适应国际思想文化交流、交融、交锋的新特点，坚持促进我国社会的和谐文化建设，提高我国的文化传播能力，推动中国文化走向世界，促进中国文化同世界各国文化在交流、交融、交锋中不断融合，在批判和抵御一些西方腐朽没落文化的基础上，吸收世界优秀文化成果，丰富和发展中国文化，以文化交流消除文化隔阂，以文化融合化解文化冲突，增强中国文化在国际上的吸引力和影响力，增进世界各国人民对中国的理解、认同和支持，这既是经济全球化条件下我国文化软实力发展的必由之路，也是我国软实力发展的重要战略。

亨廷顿曾经研究和发现世界不同文化、不同文明都具有各自的民族特色和文化特征，彼此之间存在着差异和区别。这种差异和区别本来是极其正常的，有可能通过不同文化、不同文明之间的交流来逐渐加深理解，缩小差异点，扩大共同点，促进不同文化、不同文明的共同发展。但是亨廷顿的兴趣和重点却是寻找、夸大和强化不同文化、不同文明之间的差异甚至对立，强调"文明的冲突"，得出不同文化、不同文明之间的对立和冲突不可避免的结论，力图用西方的基督教文明来统合世界其他不同的文化与文明。这种"文明冲突论"为当代霸权主义激化不同民族、不同文明之间的矛盾、制造世界的紧张局势提供了理论依据。它不是增强了西方国家的软实力，恰好相反，而是损害了西方国家的软实力和国际形象。实践证明，"文明冲突论"是全球化条件下有害国家软实力的错误理论。我们要推动我国的软实力建设，就要深刻吸取这一教训，致力于促进不同文化、不同文明之间的相互交流、理解和融合，以文化的交流与融合来缩小文化的差异，化解文明的冲突，促进不同文化、不同文明、不同民族的和谐相处。正如习近平总书记所指出的："文化是沟通心灵的桥梁。"① 在全球化条件下推进和实施文化融合战略，不是否认不同文化、不同文明之间存在的差异、对立甚至冲突，而是要在承认差异和矛盾的基础上，通过文化交流、交融甚至交锋，达到相互了解、相互理解、相互尊重、相互借鉴、相互促进，着力消弭和化解不同文化、不同文明之间的对立和冲突，促进不同文化、文明之间的相互融合与共同发展。

在软实力建设中，坚持和实施文化融合战略，是提高中华文化国际影响力的需要。加强我国软实力建设，不仅要发挥文化凝心聚力、增强民族凝聚力的巨大作用，而且要扩大对外文化交流，提高中华文化国际影响力。"要深入开展各种形式的人文交流活动，通过多种途径推动我国同各国的人文交流和民心相通。"② 没有中华文化同世界各国文化的相互交流，就不可能促进中华文化同世界各国文化的相互借鉴和融合，就不能推动中华文化走向世界，提高中华文化的国际影响力，也就不能在全球范围内增强我国的软实力。文化融合需要文化交流，文化交流有利于文化融合。对外文化交流是我国改革开放政策的重要组成部分，在经济全球化的背景下，我国经济、政治、军事的对外交流与合作取得了长足发展，教育、科技的国际交流与合作也取得了巨大成绩，但总的来看我国新闻出版、广播影视、文学艺术的对外文化交流还存在严重不足，不能很好适应经济、政治、军事、教育、科技国际交流与合作的需要。因此，要致力于加强和扩大对外文化交流来推进文化融合战略，使中华文化融入世界文化，成为世界文化的重要组成部分，不断提高中华文化的国际影响力。

在软实力建设中，坚持和实施文化融合战略，是发展世界文化多样性的需要。我们生活的世界是多民族国家的多种文化、多种文明构成的世界，各种文化

---

① 中共中央文献研究室：《习近平关于社会主义文化建设论述摘编》，中央文献出版社 2017 年版，第 201 页。

② 习近平：《加强和改进国际传播工作 展示真实立体全面的中国》，载于《人民日报》2021 年 6 月 2 日。

和文明反映了不同国家、民族长期的历史积淀、鲜明的民族特性和优良的文化传统，各有其存在发展的根据和理由。正是这不同国家、民族各自不同的文化和文明，才构成了世界丰富多彩的文化图景，形成了世界文化发展的多样性。各国家、民族的不同文化和不同文明，都各有其文化特色和优势，不同的文化和文明之间应该互相尊重、平等相待、互学互鉴，主动吸收其他国家、民族文化和文明的优势与长处，促进不同文化和文明的彼此借鉴、相互融合与和谐发展，这是发展世界文化多样性的需要，也是世界文化发展的潮流和趋势。2004 年 7 月发表的《联合国人文发展年度报告》就明确强调："促进文化多样性是发展的关键。"2005 年 10 月，联合国教科文组织第 33 届大会高票通过的《文化多样性公约》，将文化多样性原则提高到国际社会应该遵守的伦理道德高度。该组织主办的"第三届全球化论坛——世界文化多样性"大会强调文化没有优劣之分，不同的文化要交流融合。承认世界文化的多样性是不同文化、不同文明交流和融合的前提，世界不同文化、不同文明的相互交流与融合有助于发展世界文化的多样性。毋庸讳言，在现实世界中，也存在着一种反对世界文化多样性的声音。塞缪尔·亨廷顿在《我们是谁？美国国家特性面临的挑战》一书中就指出："多文化主义实质上是反欧洲文明。"[①] 他的这种反多文化主义的观点是与其"文明冲突论"一脉相承的，实际上是想用西方基督教文明来否认和取代世界其他不同文明，以维护美国的所谓"国家特性"，它实质上是一种文化霸权主义，目的是通过张扬美国的文化霸权来维护美国及西方国家的国家利益，因而在实践上它必然导致不同国家、不同民族、不同文化、不同文明之间的紧张和冲突。这从另一个侧面告诫我们，要提高我国的软实力，就要在全球开放的文化环境中，坚持和实施文化融合战略，大力发展世界文化多样性。越是注重将中华民族的文化融入融合于世界文化，越能保持中华民族自身的文化特色，越能增强中华文化的创造力和生命力，也越能在世界文化的多样发展和共同繁荣中进一步扩大中华文化的吸引力和影响力。

在软实力建设中，坚持和实施文化融合战略，是塑造我国良好的国际形象，赢得经济长期持续发展的良好国际环境的需要。习近平总书记指出："要更好推动中华文化走出去，以文载道、以文传声、以文化人，向世界阐释推介更多具有中国特色、体现中国精神、蕴藏中国智慧的优秀文化。要注重把握好基调，既开放自信也谦逊谦和，努力塑造可信、可爱、可敬的中国形象。"[②] 我国发展软实

---

① ［美］塞缪尔·亨廷顿著，程克雄译：《我们是谁？美国国家特性面临的挑战》，新华出版社 2005 年版，第 142 页。

② 习近平：《加强和改进国际传播工作 展示真实立体全面的中国》，载于《人民日报》2021 年 6 月 2 日。

力的一项重要任务，就是要在世界上塑造我国良好的国家形象，为我国经济的长期持续发展赢得良好的国际环境，这也离不开推进和实施文化融合战略。改革开放以来，我国主动融入经济全球化进程，开辟国内国际两个市场，加快了我国现代化建设的步伐，中国经济的国际竞争力和影响力不断扩大，在和平发展中迅速崛起。然而，伴随着我国的和平发展与崛起，世界上一些国家尤其是西方国家的疑虑和猜忌却在增加，我国在世界上发展经济的障碍也随之增加。这些疑虑、猜忌和障碍往往与文化的差异有关，说到底，与我国文化同世界其他国家和民族的文化交流交融不够有关。2008 年的北京奥运会，是中华民族向世界展示发展成就、传递文化和友谊、塑造良好国家形象的重要机遇，但在奥运会之前的全球奥运火炬传递中，却遭到了西方某些势力的阻挠与抵制，中国的国家形象受到了损害。这与中华文化同世界其他国家和民族文化的交流、交融、交锋不够有关。不同文化与文明之间差异与冲突的大小，往往与文化交流与融合的程度密切相关。文化交流与融合的程度越高，文化差异和冲突的可能性就越小；文化交流与融合的程度越低，文化差异和冲突的可能性就越大。习近平总书记指出："人文交流是软实力的体现，软实力强大了，开展政治、外交、经济活动的阻力就会小。人文合作投入小、影响大、管长远，关键是要重视起来，用'随风潜入夜，润物细无声'的方式去做，推进民心相通，发挥文化影响力。"[1] 习近平总书记亦强调："在中外文化沟通交流中，我们要保持对自身文化的自信、耐力、定力。桃李不言，下自成蹊。大音希声，大象无形。潜移默化，滴水穿石。只要我们加强交流，持之以恒，偏见和误解就会消于无形。"[2] 在经济全球化进程加快、世界各国经济相互依赖程度加深的历史条件下，我们更要注重主动促进中华文化同世界不同国家、不同民族文化的交流与融合，通过交流来缩小文化差异，增加文化共识，通过融合来促进文化的和谐发展与繁荣进步，使中华文化为世界上越来越多的国家、民族所了解、接纳和认同，使中国的国家形象越来为世界各国人民所认可、欢迎和欣赏，从而增进中国人民同世界各国人民的友好情谊，促进中国同世界各国的和睦相处，为我国的和平发展创造和奠定良好的国际环境。

当今时代，坚持和实施文化融合战略、增强国家软实力，就要提高我国文化传播能力。一个国家的文化能不能同世界其他国家、民族的文化相互交流与融合，不仅取决于一个国家的文化交流意愿，更取决于一个国家的文化传播能力。国家的文化传播能力越强，越能将本国的文化传播到世界各国，越能让世界各国

---

[1] 中共中央文献研究室：《习近平关于社会主义经济建设论述摘编》，中央文献出版社 2017 年版，第 282 页。

[2] 中共中央文献研究室：《习近平关于社会主义文化建设论述摘编》，中央文献出版社 2017 年版，第 205 页。

人民接触、了解、接纳本国文化，越能使本国文化融入世界各国的文化。文化传播能力决定着文化交流融合的程度，决定着国家软实力的大小。"要下大气力加强国际传播能力建设，加快提升中国话语的国际影响力，让全世界都能听到并听清中国声音。"① "国际话语权是国家文化软实力的重要组成部分。尽管我们在提高国际话语权方面取得了重要进展，但同西方国家相比，我们还有不小差距。应该承认，对国际话语权的掌握和运用，我们总的是生手，在很多场合还是人云亦云，甚至存在舍己芸人现象。"② 为了坚持和实施文化融合战略，就必须大力发展和提高我国的文化传播能力。要大力发展语言文化，通过兴办和发展孔子学院、举办对外汉语水平考试等方式，加强对外汉语教学，提高世界各国人民运用汉语进行文化沟通的能力，使中国文化通过汉语的国际普及和发展走向世界；要大力弘扬和传播中国优秀传统文化，使中国的优秀传统文化伴随着诗歌、戏剧、曲艺、武术、书籍、书法、绘画、工艺、服饰、礼仪、中医、饮食、民俗文化等的发展而走向世界，传载和传播优秀的中华民族精神，提高中华文化的国际影响力；要大力发展国际大众传媒，加大国际文化传播的投入力度，打造一流的国际大众传媒，这是提高我国对外传播能力的基础工程。要大力发展我国的对外广播电视、新闻出版、互联网特别是移动互联网，增强用多种语言传播中国文化、报道中国发展的能力，善于利用现代传播媒介和技巧，扩大我国大众传媒的国际覆盖面和全球辐射力，不断增强我国舆论引导和文化传播的亲和力、吸引力和感染力；要大力发展我国的文化产业，优化我国文化产业的规模、结构、质量、效益，推动我国文化产业走向世界，提高我国文化产业的国际竞争力，在发展对外文化产业的过程中，增强我国文化的国际影响力，提高我国的软实力。

坚持和实施文化融合战略，增强国家软实力，就要提高文化融合能力，注重把中国文化融入世界各国文化，主动吸收世界各国的优秀文化成果，丰富和发展中国文化。文化的融合，是世界不同文化、文明相互融合的过程。文化的融合能力，既包括把中华文化融入世界不同文化、文明的能力，也包括主动吸收世界各国优秀文化成果，丰富和发展中国文化的能力。"要加强国际传播的理论研究，掌握国际传播的规律，构建对外话语体系，提高传播艺术。要采用贴近不同区域、不同国家、不同群体受众的精准传播方式，推进中国故事和中国声音的全球化表达、区域化表达、分众化表达，增强国际传播的亲和力和实效性。"③ 要把

---

① 中共中央文献研究室：《习近平关于社会主义文化建设论述摘编》，中央文献出版社 2017 年版，第 212 页。

② 中共中央文献研究室：《习近平关于社会主义文化建设论述摘编》，中央文献出版社 2017 年版，第 203 页。

③ 习近平：《加强和改进国际传播工作 展示真实立体全面的中国》，载于《人民日报》2021 年 6 月 2 日。

中国文化融入世界文化和文明，就要注重研究和发现不同国家和民族的文化传统、社会习俗和心理特点，找到中华文化和世界各国尤其是有代表性国家的文化契合点，使中华文化以世界各国人民所能理解和接受的方式更好地融入世界各国的本土文化，消除文化差异和隔阂，增进文化共识与和谐，加深中国人民同世界各国人民的友谊和情感。要拓宽中国文化发展的国际视野，加强对世界各国文化尤其是西方文化的分析和比较，把握各国文化的特色和优势，分清不同文化尤其是西方文化的精华和糟粕，注重取其精华，去其糟粕，吸收各国文化包括西方文化的有益成分和优秀成果，丰富、充实和发展中国文化，增强中国文化发展的动力、活力和潜力，从而使中国的软实力在开放的国际环境中得到有效的提升。

四、自主创新战略

创新是一个国家、民族软实力发展的源泉。要提高国家软实力，固然要继承和总结软实力创新的历史经验，借鉴和吸收世界其他国家软实力建设的有益成果，但更要立足本国发展的实践，从本国软实力发展的实际和需要出发，自主进行创新创造，这是我国软实力建设和发展的重要战略。

在软实力建设中，坚持实施自主创新的发展战略，是牢牢掌握软实力发展的主导权的需要。软实力发展的主导权，不仅是衡量一个国家软实力强弱的重要指标，而且是关系到能否坚持和维护一个国家主权、安全和利益的重大问题。中国软实力发展的主导权，涉及价值引领、文化建设、制度改革和对外交往等各个方面，只有坚持自主创新，从中国特色社会主义发展的需要和实际出发，自主地进行价值创新、文化创新、制度创新和外交创新，才能牢牢掌握我国软实力发展的主导权，充分体现我国价值建设、文化建设、制度建设和对外交往的中国特色社会主义的性质和特点，形成中国特色社会主义的价值观念、先进文化、社会制度和外交政策，更好地服务新时代中国特色社会主义的伟大实践，为全面建设社会主义现代化国家和实现中华民族的伟大复兴提供软实力支撑。无论价值建设、文化建设还是制度建设和对外交往，离开了自主创新，就会丧失我国软实力发展的主导权，不仅不能巩固和发展中国特色社会主义的价值、文化、制度和外交，不能增强国家内部凝聚力和外部吸引力，甚至可能使我国的价值建设、文化发展、制度改革和外交实践走偏方向，使国家软实力和综合国力逐渐式微，走向衰落。西方国家总是试图通过自身经济实力和高科技手段控制国际交往和文化交流的话语权，传播和渗透西方国家的价值观，影响和制约其他国家的发展，借以维护和实现自身的国家利益。对此，我们必须有清醒的认识，要通过坚持和实施自主创新的发展战略，"加快构建中国话语和中国叙事体系，用中国理论阐释中国实践，用中国实践升华中国理论，打造融通中外的新概念、新范畴、新表述，更加充分、更加鲜明地展现中国故事及其背后的思想力量和精神力量"①，牢牢掌握我国软实力发展的主导权，增强我国在全球发展中的话语权，不断提升我国的软实力，更好地维护我国的主权、安全和发展。

在软实力建设中，坚持实施自主创新的发展战略，是增强我国软实力的创造力和生命力的需要。一个国家的软实力，往往取决于其创造力和生命力，而软实力的创造力和生命力又往往取决于能否实施自主创新的发展战略。价值观念、文化建设、社会制度和外交政策，如果不进行创新，不能跟上时代的步伐，就会丧失创造力和生命力，难以满足中国特色社会主义发展的需要，服务于社会主义现代化强国的建设。在价值观念建设中，从弘扬爱国主义为核心的民族精神，到弘扬改革创新为核心的时代精神，从建设社会主义核心价值体系，到培育和践行社会主义核心价值观，都体现了我国价值观念的不断创新，赋予了我国社会主义价值观念的不竭创造力、持久生命力和强大软实力。社会制度、外交政策和文化发展，也都离不开创新。社会制度和体制机制要适应生产力的发展，不断改革创新。外交政策要适应国际形势和国家发展的需要，在坚持独立自主的基础上不断进行创新。文化发展要适应人民日益增长的精神文化生活需要不断进行创新。在文化发展中仅仅偏重于用古代文化和外来文化来满足人民日益增长的精神文化需要，并形成严重的依赖感，那就会丧失文化发展的原动力、创造力和生命力。只有从本国文化发展的实际和需要出发，在吸收和借鉴古代文化和外来文化优秀成果的基础上，独立自主地进行文化创新，创作出反映本民族社会实践和社会生活本质的富有本民族特色的原创性文化成果，才能不断增强文化发展的生命力，增强文化的吸引力和影响力，提升文化软实力。文化越是源于实践、源于生活、源于创新，就越具有创造力和生命力，也就越具有吸引力和影响力。因此，要立足中国特色社会主义建设的伟大实践，坚持从中国的国情出发，适应人民日益增长的精神文化生活需要，创造性地进行中国特色社会主义文化建设，深入实践、深入生活，不断进行文化创新，以多种多样的文化形式再现丰富多彩的社会生活，提供源源不绝的体现时代特征、反映社会本质的新的文化成果，努力形成具有中国特色的文化软实力建设的新路子，不断促进我国软实力的发展。

在软实力建设中，坚持实施自主创新的发展战略，是发展我国软实力，提升我国综合国力和国际竞争力的需要。综合国力的竞争既包括硬实力的竞争，又包括软实力的竞争。而文化产业则兼具硬实力和软实力的特点，既是国家软实力的

---

① 习近平：《加强和改进国际传播工作 展示真实立体全面的中国》，载于《人民日报》2021年6月2日。

重要组成部分，又是国家硬实力的重要组成部分，更是综合国力国际竞争的重要领域。文化产业是新兴产业领域，属于"朝阳产业"，关系到产业结构的优化调整和转型升级，在国家软实力、硬实力和综合国力竞争中日趋重要。文化产业的竞争力越强，文化产品的受众越多，文化的吸引力、影响力和软实力就越强。而文化产业的自主创新能力越强，文化产业的竞争力也就会不断增强。当今世界，全球文化市场的增长速度为全球 GDP 增长的 2 倍，美国等主要发达国家主导了全球文化贸易的 2/3。2019 年我国文化及相关产业增加值为 44 363 亿元，比2018 年增长 7.8%，占 GDP 的比重为 4.5%，比 2018 年提高 0.02 个百分点。[①]我国的文化产业虽然取得长足发展，但相对于发达国家来说，依然相去甚远，如2005 年美国文化产业的产值已占 GDP 总量的 18% ~ 25%[②]，日本文化产业的产值已占 GDP 总量的 17%[③]。同中国对外经济贸易长期顺差相比，中国的对外文化贸易则是严重逆差。中国文化产业产品的国际贸易逆差，反映了我国文化产业的国际竞争力不够，反映了我国具有自主知识产权的文化创新产品不够，反映了我国文化产业发展的自主创新不够。因此，要在加大文化产业投入力度的前提下，加大文化自主创新的力度，大力培养文化创新人才，发展创意文化产业，创造出大批形式新颖、内容丰富、吸引力强、影响力大的具有自主知识产权的文化创新成果，这是发展我国文化产业生产力，增强我国综合国力和文化产业国际竞争力的必由之路。

新时代，加强我国的软实力建设，就要始终坚持自主创新的发展战略，深入推进我国软实力的创新发展。要坚持以价值观创新为核心推动软实力创新建设，在加强社会主义核心价值体系建设、社会主义核心价值观建设的基础上，要针对人们现实生活、学习、工作、交往乃至人的一生发展中始终面对而又必须解决的根本的价值问题，推动社会主义核心价值观的创新，进一步凝练社会主义的核心价值，坚持人民中心、人民为本、人民至上，引导人们妥善处理各种价值关系，始终坚持正确的价值取向，增强核心价值的引导力和凝聚力。要以社会主义核心价值观为引领，大力发展文化事业和文化产业，推动文化的内容形式创新，引导和鼓励广大文化工作者坚持为人民服务、为社会主义服务的正确方向，深入实际、深入生活、深入群众，把握时代的脉搏和社会生活的本质，了解群众的情绪、愿望和心声，以强烈的社会责任感、独特的审美视角和新颖的文化形式，创

① 国家统计局：《2019 年全国文化及相关产业增加值占 GDP 比重为 4.5%》，国家统计局政府信息公开网站，2021 年 1 月 5 日，http：//www. stats. gov. cn/xxgk/sjfb/zxfb2020/202101/t20210105_1812059. html。

② 孙安民：《文化产业理论与实践》，北京出版社 2005 年版，第 59 页。

③ 转引自庄严：《日本文化产业发展创新的实现路径及经济效应分析》，载于《现代日本经济》2014 年第 2 期。

作思想精深、艺术精湛、制作精良，讴歌党、讴歌祖国、讴歌人民、讴歌英雄的无愧于时代的精品力作，满足人民群众日益增长的精神文化需要，振奋人民群众的精神面貌，不断增强文化软实力。要深化体制机制改革，推进社会制度创新。改革开放以来，我国体制机制的改革取得了重要成就，制度创新不断向纵深发展。今天，要适应新时代我国生产力的发展需要和综合国力国际竞争的需要，进一步创新和发展社会主义市场经济体制，深化经济体制机制改革和制度创新，革除经济基础和上层建筑中仍然与生产力发展不相适应的部分，解决发展过程中出现的新的矛盾和问题，坚持和完善中国的发展道路和发展模式，促进社会公平正义和共同富裕，实现发展成果更好地由人民共享，进一步巩固和完善中国特色社会主义制度，增强制度的凝聚力和吸引力。要坚持和践行人类命运共同体的理念，弘扬和平、发展、自由、民主、公平、正义的全人类共同价值，坚持独立自主的和平外交政策，加强新时代的外交创新，提倡平等外交和多边主义，反对单边主义和霸权主义，优先发展同周边国家和第三世界国家的关系，构建外交新格局，增强外交软实力，营造和平稳定、合作共赢的国际环境，促进中国和世界的共同发展。因此，自主创新才能不断增强我国的价值、文化、制度和外交的凝聚力、吸引力和影响力，形成强大的软实力，有力支撑和推动我国社会主义现代化强国建设和中华民族的伟大复兴。

五、整体优化战略

中国软实力建设和发展，还必须自觉地坚持和实施整体优化战略。软实力建设涉及软实力的种种内部因素和外部条件，是一个系统工程，只有把软实力看作一个系统整体，注重从整体上优化软实力的资源、要素、结构和环境，克服软实力建设中各自为政、资源分散、结构不佳、合力不强的状况，才能形成整体大于部分之和的软实力建设的整体效应，从总体上有效地提升我国的软实力。

在中国软实力的建设和发展中，坚持和实施整体优化战略，是运用现代系统论提升软实力的根本要求。根据现代系统论的观点，任何事物都可以看作一个系统，任何系统都是由一定的要素按照一定的方式相互联系和结合，形成一定的系统结构，构成一定的系统整体，系统的结构决定系统的整体功能。系统的整体由系统的部分所组成，但又具有大于系统部分之和的整体功能和效应，形成整体合力。软实力也是这样，从现代系统论的角度来看，软实力也是一个系统，它包含着一定的软实力要素，这些软实力要素按照一定的方式相互联系和结合，形成软实力系统的结构，构成了软实力系统的整体，决定了软实力系统的整体功能。软实力系统的整体优化，不仅取决于软实力系统的构成要素如何，更取决于软实力系统构成要素的结构如何。要素好不好，固然会影响软实力的整体状况，而结构合不合理，则会从根本上决定和制约软实力系统整体合力的形成与否。软实力系统内部的结构合理，诸要素得到最佳配置，其作用得到最佳发挥，可以形成大于软实力诸要素之和的整体软实力；软实力系统内部的结构不合理，诸要素配置不佳，甚至是无序配置，相互内耗，其作用就会大大降低，甚至互相抵消，产生副作用，形成小于软实力诸要素之和的软实力整体状况。软实力的整体提升，还取决于软实力系统和软实力环境的关系。软实力系统总是存在于一定的软实力的环境之中，软实力系统固然可以通过自身结构的优化，来改善软实力系统的整体功能，有效地作用于软实力的环境。但是，在软实力系统与软实力环境的相互关系上，总的来说，是软实力系统要适应软实力的环境，软实力的环境决定和制约着软实力系统的存在和发展。因此，我们从现代系统论的角度研究和提升我国的软实力，就不仅要分析和优化软实力系统和要素的关系，而且要分析和优化软实力系统和结构的关系，还要分析和优化软实力系统和环境的关系。只有这样，才能在现代系统论的科学指导和有力推动下，不断从整体上增强和提升我国的软实力。

在中国软实力的建设和发展中，坚持和实施整体优化战略，是整合我国软实力资源和力量的现实要求。软实力包含文化、价值观、社会制度、外交政策等资源，但在这些资源转化为软实力的过程中，存在着资源、要素、力量分散，整合不够的情况，甚至存在着相互抵消、耗散的情况，严重影响了我国软实力的发展和运用。从文化、价值观建设来看，我国的文化、价值观建设主要是由宣传、文化等部门主管，既包括主管的党务部门，又包括主管的政府部门，而文化、价值观建设既包括文化事业建设，又包括文化产业建设，既包括文化发展，又包括灵魂塑造，既包括有形的建设，又包括无形的建设，既要讲经济效益，更要讲社会效益。宣传、文化主管部门如何按照分工合作的原则加强协调、协同和协作，整合资源，形成合力，成为软实力建设的突出课题。我国文化产业存在资源分散、集中度低、整合不够的问题，影响了我国软实力的发展。文化产业发展进程中，行业界限越来越模糊，出现了行业融合的趋势。以前把文化细分成"文化艺术、广播影视、新闻出版"这三个领域，由于传播技术和手段的日益多样化，今后将逐渐出现融合的趋势，行业界限将不再明显。比如，广播电视的"两张网"，即有线电视网络和无线移动网，随着技术改造和规模化发展，将成为整合文化资源的重要平台，出现电视图书馆、电视互联网、电视报刊、电视剧场以及手机电视、手机电影、手机报刊、手机图书等新业态，到时就很难说这些是属于上述哪个领域中的了。文化产业部门和行业融合的趋势表明，迫切需要加强文化资源的整合，以促进软实力的增强和发展。从社会制度、外交政策来看，社会制度包括社会经济制度和社会政治制度，包括基本制度和体制机制，包括制度创新形成的经济社会发展模式。而外交政策的制定和实施，既涉及经济、政治、军事等因素，又涉及文化、价值观因素，既涉及双边外交，又涉及多边外交。因此，社会制度、发展模式、外交政策等形成的软实力，也是涉及种种复杂的因素，也需要克服各行其是、资源分散的情况，加强整合，增强软实力的合力。

在中国软实力的建设和发展中，坚持和实施整体优化战略，是借鉴国外软实力建设做法的根本要求。世界各国在软实力建设中，都十分注重软实力资源、要素、力量的整合与优化。法国在把文化资源转化成软实力的过程中就是这样。从1959 年开始，戴高乐政府开始制定"关于在国外扩张和恢复法国文化活动的第一个五年计划（1959—1963）"，将文化外交作为整个法国外交的重要内容，纳入法国大外交的战略框架。到 21 世纪初，法国已经与 100 多个国家签订了文化协定和文化交流计划，在世界 68 个国家开办了 134 个文化中心和文化学院、28个社会科学研究机构，作为最主要的文化阵地和对外交流渠道，许多文化外交活动都是依托这些机构开展的。无论是投入总量还是整合程度，法国的文化外交在世界各国中都位居前列。法国的文化外交形成的软实力也非常富有成效，正如《大国的兴衰》作者保罗·肯尼迪指出的那样："法国对世界事务的影响，总是远远超过人们对这么一个仅占世界国民生产总值 4% 的国家可能寄予的期望。"[①]日本政府也十分重视软实力建设中文化资源的整合与优化。为了将日本的卡通、电玩、音乐、饮食、时尚等文化推销到全世界，逐渐走向产业大国，日本经济产业省在 2010 年 4 月正式推出"文化产业大国"的政策，加强官民协调，整合政府与民间力量，设立了政府与民间合资合作的基金，有力推动了日本文化产业的发展。日本的动漫文化在世界上已崭露头角、声名鹊起，就得益于日本振兴文化产业的相关举措。美国更是重视软实力资源、要素与力量的整合与优化。美国十分重视整合和运用文化资源发展国家软实力，维护美国的国家安全和国家利益。美国国家安全委员会 2002 年 9 月出版的美国《国家安全战略报告》开宗明义地指出，在全世界推行、保卫美国式的价值观念与生活方式是美国国家安全战略的灵魂与核心。美国国土安全局在成立之初就明确强调，要"使广大公众和领导人理解文化在促进和威胁国家安全中的作用，通过调整、引导文化生产的格局，达到保护国家利益、维护国家安全的目的"[②]。在拜登刚刚担任总统时，国务卿布林肯便评价道：无论他走到哪里，他都是美国领导力的拥护者和美国价值观的捍卫者，并坚定不移地致力于利用外交来推动我们在世界各地的利益和捍卫我们的

---

① 转引自张锡昌：《法兰西不能不伟大》，载于《世界知识》2001 年第 14 期。
② 张国玉：《国家利益与文化政策》，广东人民出版社 2005 年版，第 106～107 页。

价值观。美国还十分注重把软实力的各种资源同硬实力的各种资源结合起来，加以运用，实施'巧实力'外交。2009年1月13日，希拉里·克林顿在国会参议院外交委员会就奥巴马提名其出任国务卿而举行的听证会上明确提出："我们必须奉行被称之为'巧实力'的政策，即面对每种情况，在外交、经济、军事、政治、法律和文化等所有政策手段中，选择正确的手段或手段组合。巧实力外交将是对外政策的排头兵"①，从而明确提出了奥巴马政府的"巧实力"战略。"巧实力"战略的实施表明了美国注重把软实力和硬实力结合起来，交叉运用、相互转化，体现了美国软实力建设与运用的更加开阔的视野。上述国家的做法启示我们，一定要注重加强国内外的战略协调，整合经济、政治、军事、科技、文化、外交等各种资源、要素和力量，形成国家软实力的整体合力，只有这样，才能有效提升和增强我国的软实力。

当前，在中国软实力的建设和发展中，坚持和实施整体优化战略，提升国家软实力，需要从以下几个方面着手：

提升国家软实力需要实现软实力要素的整体优化。约瑟夫·奈认为，软实力在行为上体现为"吸引、设定议程"，在资源或手段上，体现为"价值观、文化、政策、机构体制"等②，也就是认为，除了文化、价值观、外交政策外，机构体制等构成发展模式的社会制度因素也是软实力的重要资源，可以转换成为软实力。因此，软实力系统包含来源于文化、政治价值观、发展模式、外交政策等的软实力要素。

实际上，文化、价值观、发展模式、外交政策等软实力资源，经过开发转化，可以转变为相应的软实力系统的子系统或要素，即文化软实力、价值软实力、制度软实力、外交软实力。这四种软实力可以视为软实力的四大要素。当前，要提升我国的软实力，就要整体优化这四大软实力要素，就是说，要开发文化资源，实现优秀传统文化的现代转型，培育弘扬中华民族精神，加强文化的创新与传播，增强中华文化的民族凝聚力和国际影响力，把文化资源开发、整合、转化为文化软实力；开发价值观资源，加强社会主义核心价值体系建设，培育和践行社会主义核心价值观，进一步凝练社会主义核心价值，把社会主义的价值资源开发、整合、转化为价值软实力；开发制度资源，坚持从中国的国情和发展的实际需要出发，深化改革开放，促进制度创新，进一步改革与生产力发展不相适应的体制机制，大力发展社会主义市场经济，积极探索适合中国国情、具有中国特色的社会主义的发展道路或发展模式，不断发挥社会主义制度的优越性，增强

---

① 转引自胡水娟：《奥巴马"巧实力"外交战略评析》，载于《国际论坛》2010年第1期。

② ［美］约瑟夫·奈著，吴晓辉、钱程译：《软力量：世界政坛成功之道》，东方出版社2005年版，第26页。

中国道路、中国模式、中国故事的话语权和吸引力，把中国特色社会主义的制度资源开发、整合、转化为制度软实力；开发外交资源，坚持独立自主的外交政策与"和平共处"的五项基本原则，构建人类命运共同体，赋予我国外交政策以先进的外交理念、深刻的价值内涵和广泛的国际信誉，注重运用经济、政治、军事、科技、文化、生态等多种资源和手段，开展全方位的外交，提高中国外交的创造力、影响力和吸引力，把丰富的外交资源开发、整合、转化为我国的外交软实力。只有注重把文化、价值观、社会制度、外交政策等资源全面转化为软实力，整体优化文化软实力、价值软实力、制度软实力和外交软实力等软实力要素，才能为软实力的不断发展和整体增强奠定坚实的基础。

提升国家软实力需要实现软实力结构的整体优化。软实力系统既然包括来源于文化、价值观、社会制度和外交政策的软实力要素，即相应的文化软实力、价值软实力、制度软实力和外交软实力，那么，提升中国的软实力就要在全面提升和优化软实力要素的基础上，整体优化软实力的结构，实现我国软实力的整体提升。实施中国软实力建设与发展的整体优化战略，最重要的，就是要整体优化软实力的结构，分清主次，突出重点，加强协同，形成合力。在软实力系统中，来源于文化、价值观、社会制度和外交政策的软实力要素，即相应的文化软实力、价值软实力、制度软实力和外交软实力，以一定的方式相互联系、作用和结合，形成了一定的软实力结构。在软实力的系统结构中，来源于文化、价值观、社会制度和外交政策的软实力要素所处的地位和发挥的作用是不一样的，其中，一定的价值体系和价值观念在软实力系统的诸要素中起着主导性、决定性的作用，即价值体系和价值观念对于一定的文化、社会制度和外交政策转化成为软实力起着主导的、决定的作用，价值软实力决定着文化软实力、制度软实力和外交软实力。

从价值和文化的关系来看，价值对文化起着主导的、决定性的作用，无论是文化的创新还是文化的生产和传播，无论是高雅文化还是大众文化，都是以一定的价值体系和价值观念作为核心和灵魂，都是要通过一定的文化载体来承载、传播一定的价值观念，塑造一定的意义世界和人们的精神世界，增强一定国家的软实力。法国的文化外交理念可以概括为"伟大的法兰西"，法国通过法语教学、文化产业、社会交流和国际广播等渠道，塑造法兰西的伟大和神圣，进而确立法国作为文化大国和世界大国的国际形象。[①] 日本十分注重通过日本文化产业传播日本的价值观念和审美意识，《日本文化产业战略》明确指出："文化产业对海外的影响，可以促进（受众）对日本生活方式以及文化产业背景中的价值观、审

---

① 骆郁廷等：《文化软实力：战略、结构与路径》，中国社会科学出版社 2012 年版，第 35 页。

美意识的共鸣，加深其对日本文化、艺术和传统的理解。这种受众对日本综合文化实力的'憧憬'，能够为各种产业带来中长期正面效果。"① 在《美国国家利益报告》中，将在全球范围内特别是在具有战略重要性的国家中传播美国的价值观、生活方式和促进民主以影响这些国家的文化列为美国重要的国家利益。② "美国的大众文化、高等教育和外交政策中经常体现的民主、个人自由、经济和社会地位的流动性、开放性等价值观都在很多方面增强美国的实力。"③ 中国的软实力建设更是这样，在价值观和文化的关系上，价值观主导和决定着我国文化的发展，只有始终坚持以社会主义核心价值体系为灵魂，才能真正推动社会主义文化的繁荣发展，扩大中华文化的国际影响力，增强我国的软实力。

从价值观和社会制度的关系来看，一定的社会制度是根据一定的治国理念和价值观念建立、运行、变革和完善的，一定的治国理念和价值观念决定了一定社会制度的性质和特征，决定了一定社会制度变革、发展和完善的方向，而这一定的治国理念和价值观念又根源于一定国家和社会的国情、社情、社会实践和发展需要。资本主义的社会制度是建立在私有制的基础上，私有观念及其个人主义是资本主义社会制度建立的价值基础，资本主义社会强调的所谓自由、民主、人权实质是资产者的个人的自由、民主、人权，说到底是资本主导下的自由、民主、人权。中国特色社会主义的社会制度是建立在公有制的基础之上的，尽管现阶段存在多种经济成分，但仍然是以公有制为主体，公有观念和集体主义依然是中国特色社会主义制度的根本的价值基础，我国社会强调的平等、公平、公正、合作、共享、共富等观念，都是公有观念和集体主义价值取向的具体体现。我国在改革开放进程中实行的经济体制改革和社会制度创新，建立社会主义市场经济体制，把政府宏观调控和市场配置资源有机结合起来，探索形成了具有中国特色的社会主义发展道路、发展模式，既充分发挥了社会主义制度的优越性，又深刻体现了社会主义的价值取向。因此，社会主义的核心价值对我国社会的经济体制改革和社会制度创新，对我国的社会制度、发展道路、发展模式的影响力、吸引力的扩大和软实力的形成，起着主导的、决定性作用。

从价值观和外交政策的关系来看，价值观构成了外交政策的核心，主导着外交政策的制定、实施和调整。美国在对外交流和处理国际关系的过程中，明确提出了"价值观外交"的旗号，把美国倡导的"自由、民主、人权"看作所谓的

---

① 转引自新华网：《日本文化产业国家战略解读》，网易财经，2011 年 10 月 13 日，https://www.163.com/money/article/7G87CS7M00253B0H.html。

② 张国玉：《国家利益与文化政策》，广东人民出版社 2005 年版，第 103～104 页。

③ Joseph S. Nye, Jr. *The Paradox of American Power: Why The World's Only Super power Can't Go It Alone.* New York: Oxford University Press, 2002, P.11.

"普世价值"，把传播、渗透、践行这种价值观念作为美国外交政策的价值依据，把是否具有或奉行这种价值观念作为判断盟友或对手甚至敌手的标准。凡是奉行与美国相同价值观的国家，就视为盟友和朋友，竭力联合或拉拢；凡是奉行与美国相悖价值观的国家，就作为对手或敌手，竭力排斥或打压。所以，美国的外交政策是受着美国的价值观所主导和决定的，这种外交政策最终是为维护美国"一超独霸"的霸权地位服务的。我国的外交政策实际上也是受着我国的价值观念所主导和支配的。新中国成立以后，为了坚持独立自主的和平外交政策，反对以大欺小、恃强凌弱的不公平的国际交往现象和霸权主义，维护中国的独立和世界的和平，探索与世界不同社会制度的国家和平相处之道，在 20 世纪 50 年代，由中国政府提出，并与印度和缅甸政府共同倡导确立了"互相尊重主权和领土完整、互不侵犯、互不干涉内政、平等互利、和平共处"的"和平共处五项原则"①，这是建立各国间正常关系及进行交流合作时应遵循的基本原则。和平共处五项原则已逐步为世界大多数国家所接受，不仅在各国大量的双边条约中得到体现，而且被许多国际多边条约和国际文献所确认。现在，在新的历史条件下，我国又在和平共处五项原则的基础上，提出了推动构建人类命运共同体，强调"各国人民同心协力，构建人类命运共同体，建设持久和平、普遍安全、共同繁荣、开放包容、清洁美丽的世界。要相互尊重、平等协商，坚决摒弃冷战思维和强权政治，走对话而不对抗、结伴而不结盟的国与国交往新路。要坚持以对话解决争端、以协商化解分歧，统筹应对传统和非传统安全威胁，反对一切形式的恐怖主义。要同舟共济，促进贸易和投资自由化便利化，推动经济全球化朝着更加开放、包容、普惠、平衡、共赢的方向发展。要尊重世界文明多样性，以文明交流超越文明隔阂、文明互鉴超越文明冲突、文明共存超越文明优越。要坚持环境友好，合作应对气候变化，保护好人类赖以生存的地球家园"②。无论是和平共处五项原则还是推动构建人类命运共同体，都体现了新中国处理与世界各国的国际关系的价值取向，这是与某些西方国家打着"人权高于主权"的旗号动辄干涉别国内政根本不同的外交政策，它不仅体现了我国外交政策同西方某些国家奉行的霸权主义外交政策的本质区别，而且体现了我国外交政策与西方某些国家奉行的外交政策在价值观上的本质区别。正是新中国外交政策始终奉行和体现的这种正确的价值观念，成为我国外交政策具有广泛影响力和吸引力的力量源泉。

可见，在价值观、文化、社会制度、外交政策等资源形成的软实力中，价值观形成的价值软实力对文化、社会制度、外交政策等形成的文化软实力、制度软

---

① 《当代中国》丛书编辑部：《当代中国外交》，中国社会科学出版社 1988 年版，第 32 页。
② 《习近平谈治国理政》第三卷，外文出版社 2020 年版，第 46 页。

实力和外交软实力起着主导的、决定性的作用。价值软实力主导和决定着文化软实力、制度软实力、外交软实力等诸软实力的相互关系，决定着诸软实力乃至整个软实力系统的性质、方向和强弱。因此，在软实力结构中，要始终突出价值软实力的主导地位和决定作用。

同时，文化、社会制度、外交政策等资源形成的软实力又对价值观形成的价值软实力起着重要的作用。文化、社会制度、外交政策等资源是一定价值观的载体，它们不仅承载和传播一定的价值观念，使抽象的、无形的价值观念具体化、有形化，促进了价值软实力的形成，而且在文化、社会制度和外交政策的发展过程中，完善了价值观的表现形态和实现形式，形成了文化价值观、制度价值观和外交价值观，促进了价值观的丰富和发展，构成了价值软实力形成发展的重要资源。因此，整体优化软实力的结构，还要高度重视和充分发挥文化、社会制度、外交政策所形成的软实力对价值软实力的重要作用。

提升国家软实力需要实现软实力环境的整体优化。一定的软实力系统不仅具有一定的内部结构，而且具有一定的外部环境。软实力的内部结构表明了系统和要素、结构和功能的关系，软实力的外部环境表明了软实力系统和软实力环境的关系。一定的软实力系统总是存在于一定的环境之中，一定的环境总是对软实力系统起着重要的制约作用。软实力的增强，不仅取决于软实力的内部结构是否优化，更取决于软实力的外部环境的制约作用。软实力系统要适应一定的软实力环境，软实力环境从根本上制约着软实力系统的存在、发展和变化。所谓软实力的环境，就是存在于软实力系统之外并对软实力系统的存在、发展发挥重要作用的外部因素。我国软实力系统的外部环境，从影响因素来看，包括经济、政治、军事、科技、文化、外交等多种因素，从影响范围来看，既包括国内环境，又包括国际环境。软实力系统和软实力环境发生着物质、信息和能量的交换，外部环境因素的发展变化，会通过这种物质、信息和能量的交换，对软实力系统的要素及其结构产生重要的影响，进而对整个软实力的形成和发展发挥着重要的作用。

整体优化我国软实力发展的环境，就要从国内环境和国外环境两个方面入手，整合经济、政治、军事、科技、文化、外交等多种因素，加强各种环境因素开发、利用的综合协调，不断形成有利于我国软实力系统发展的良好环境，切实增强我国软实力的综合实力和整体效应。在这里，特别应当重视的是，在软实力建设的过程中，需要加强我国软实力系统诸外部因素、资源和力量的战略协调。

从国家内部来看，这种战略协调，不仅是要制定国家科学发展的战略，把软实力和硬实力建设放在同等重要的地位，作为国家共同的战略任务加以推进，而且要加强政府各部门之间、中央政府和地方之间、政府和民间之间等多个层面的战略协调，尤其要注重成立中央跨部门的软实力建设协调机制，定期分析我国软实力建设的情况和问题，确定我国软实力建设的政策和重点，加大软实力建设的投入，整合软实力建设的经济、政治、军事、科技、文化、外交等多种资源，这样才能既调动发挥各个方面软实力建设的积极性，又防止软实力建设中的相互牵制和内耗，真正形成既能统筹协调又能优势互补的软实力建设的长效机制，不断整合软实力资源，增强软实力建设的合力。

从国家外部来讲，就是要加强我国软实力发展的国际协调，制定我国软实力发展的国际战略，加强我国同世界不同国家在不同层面的协调，尤其是要在世界大发展大变革大调整的时期，适应国际和平、发展、合作、竞争呈现的新特点，注重把软实力和硬实力结合起来，在国际上全面整合和运用我国的经济、政治、军事、科技、文化、外交等各种资源和力量，加强双边外交和多边外交，加强同上海合作组织成员国、东南亚国家联盟、金砖五国、二十国集团（G20）国家中的发展中国家，以及整个第三世界国家在外交政策方面的战略协调，加强同区域组织、国际组织，特别是联合国的战略磋商，注重通过意见沟通、文化交流、价值整合、外交协调来加深理解、凝聚共识、增进互信、协调行动，反对霸权主义，维护世界和平，进一步增强中国软实力，提升中国在世界上的吸引力、影响力和国际竞争力。

因此，只有着力加强我国软实力系统的要素、结构和环境的整体优化，才能从整体上真正有效地提升我国的软实力。

中国软实力建设与发展的内容构成

　　随着软实力日益成为一个国家综合国力的核心竞争力，把发展软实力置于战略高度，将软实力纳入国家总体实力并对其基本要素进行整合，建构一个中国软实力建设与发展的内容体系，已成为中国软实力建设与发展的战略重点。

　　中国的软实力以核心价值体系为根本，以主流文化为主轴，以发展道路和外交政策等为重点，构成了中国软实力建设和发展的内容体系及其结构。其中，社会主义核心价值体系在中国软实力内容体系结构中起着主导、决定性的作用，决定着主流文化、发展道路、外交政策的软实力。而主流文化、发展道路和外交政策的软实力又对价值软实力的形成、发展和主导的实效起着重要的支持和促进作用。

第一节　价值体系

　　一个国家、一个民族在长期的实践活动和社会发展中，必然要形成一定的反映本民族根本利益和价值追求、居主导地位、起引领作用的核心价值体系，它是传承民族精神基因、维系民族文化血脉、凝聚民族奋斗力量的核心和灵魂。社会主义核心价值体系和核心价值观就是兴国之魂，也是我国的软实力之魂。"一个民族的文明进步，一个国家的发展壮大，需要一代又一代人接力努力，需要很多力量来推动，核心价值观是其中最持久最深沉的力量。"① 如果没有这样的核心价值体系与核心价值观，我们既不能构筑高度一致的民族文化认同感，巩固多民族国家的统一，也无法形成强大而又富有吸引力的国家软实力，增强国家的综合国力和核心竞争力。核心价值体系和核心价值观是中国软实力建设与发展的根本，是优化中国软实力整体结构、提升与增强中国软实力建设总体水平的关键。社会主义核心价值体系主要包括指导思想、理想信念、价值观念、民族精神和时代精神等。提升我国的国家软实力，必须坚持以铸牢社会主义核心价值为根本，深入培育、践行和弘扬社会主义核心价值体系和核心价值观。

一、指导思想

马克思主义作为党的指导思想，在我国意识形态中起主导作用。加强社会主义核心价值体系建设，建构社会主义核心价值，增强国家软实力，首先就要巩固和加强马克思主义在意识形态领域的指导地位，加强马克思主义的学习、研究和传播，坚持用马克思主义特别是中国化马克思主义和习近平新时代中国特色社会主义思想来武装思想、提高认识、铸魂育人。

（一）马克思主义是凝聚人民的一面旗帜

马克思主义是我国立党立国的根本指导思想。马克思主义传入中国以后，成为引导和凝聚全党全国人民的一面旗帜，成功地唤醒了人民大众，并深刻地改变着中国面貌。"马克思主义始终是我们党和国家的指导思想，是我们认识世界、把握规律、追求真理、改造世界的强大思想武器。"② 马克思主义为我们深入认识和把握共产党执政规律、社会主义建设规律和人类社会发展规律提供了强大的理论武器。中国共产党领导人民取得的举世瞩目的成就以及中国逐渐走向世界舞台的中心，不仅在于中国共产党能、社会主义好，更在于马克思主义行。在马克思主义的指导下，中国共产党领导中国人民，取得了国家、民族的独立和人民的解放，并成功走出一条中国特色社会主义道路，实现了从站起来到富起来再到强起来的飞跃。"历史和人民选择马克思主义是完全正确的，中国共产党把马克思主义写在自己的旗帜上是完全正确的，坚持马克思主义基本原理同中国具体实际相结合、不断推进马克思主义中国化时代化是完全正确的！"③ 这已在中国革命、

---

① 《习近平谈治国理政》第一卷，人民出版社 2018 年版，第 180 页。
② 习近平：《在纪念马克思诞辰 200 周年大会上的讲话》，人民出版社 2018 年版，第 15 页。
③ 习近平：《在纪念马克思诞辰 200 周年大会上的讲话》，人民出版社 2018 年版，第 14～15 页。

建设和改革的伟大实践中得到证明。我们党之所以能够领导人民在革命、建设和改革中不断攻坚克难，就是因为拥有马克思主义这一改造世界的强大思想武器，并创造性地运用和发展了马克思主义。"实践证明，马克思主义的命运早已同中国共产党的命运、中国人民的命运、中华民族的命运紧紧连在一起，它的科学性和真理性在中国得到了充分检验，它的人民性和实践性在中国得到了充分贯彻，它的开放性和时代性在中国得到了充分彰显！"① 特别是进入社会主义新时代，习近平新时代中国特色社会主义思想开辟了马克思主义中国化的新境界，指导推动实践解决了许多长期想解决而没有解决的难题，办成了许多过去想办而没有办成的大事，中国特色社会主义事业取得了历史性成就，发生了历史性变革，迎来了实现中华民族伟大复兴的光明前景，马克思主义在中国焕发出强大生机活力，为解决人类问题贡献了中国智慧和中国方案，吸引世界上越来越多的人关注中国，关注马克思主义，关注马克思主义在中国的创建与发展，这意味着马克思主义、中国化马克思主义和习近平新时代中国特色社会主义思想是能够提高认识、凝心聚力、推动实践的强大精神力量，已经成为构建和增强我国软实力的首要内容。

（二）马克思主义体现为意识形态软实力

意识形态在国家软实力中是国家用来凝聚和团结本国人民的一种强大的、无形的、有效的、具有一定政治倾向的精神力量。一国的意识形态既可以用来增强内部凝聚力，又可以用来增强外部吸引力。因此，任何一个国家都会重视意识形态在国家软实力建设中的重要作用。约瑟夫·奈指出，在当今世界政治中，文化、意识形态、社会制度以及对外政策等这些软实力资源正变得越来越重要。②

软实力是内部凝聚力和外部吸引力的统一。软实力只有深深吸引本国民众并得到他们的高度认同和广泛支持，凝聚起国内人民大众的共识和力量，产生强大的凝聚力，才能对外产生吸引力，形成强大软实力。马克思主义是社会主义意识形态的指导思想，在我国意识形态中居于主导地位。马克思主义传播到中国后，不断受到国内外各种声音的质疑和反对，但马克思主义依旧能够在中国牢牢占据意识形态的主导地位，焕发着旺盛的生命力和越来越强大的影响力，形成强大的内部凝聚力和外部吸引力，就在于马克思主义具有真理的力量、实践的力量以及与时俱进的力量。"马克思的思想理论源于那个时代又超越了那个时代，既是那

---

① 习近平：《在纪念马克思诞辰200周年大会上的讲话》，人民出版社2018年版，第14页。
② Joseph S. Nye, Jr. The Changing Nature of World Power, *Political Science Quarterly*, Vol. 105, No. 2, 1990, pp. 177–192.

个时代精神的精华又是整个人类精神的精华。"① "在人类思想史上，没有一种思想理论像马克思主义那样对人类产生了如此广泛而深刻的影响。"② 马克思主义具有强大的创造力、生命力和影响力，在指导人类认识世界、改造世界、推动社会进步方面已经并继续发挥着重大的作用。马克思主义作为科学的理论、人民的理论、实践的理论，改变了人类历史的进程，世界影响力与日俱增。2008 年资本主义金融危机，《资本论》在西方的热销就生动地诠释了马克思主义真理的说服力、影响力和生命力。"事实一再告诉我们，马克思、恩格斯关于资本主义社会基本矛盾的分析没有过时，关于资本主义必然消亡、社会主义必然胜利的历史唯物主义观点也没有过时。这是社会历史发展不可逆转的总趋势。"③

（三）发挥好马克思主义真理的磅礴力量

马克思主义深刻改变了中国人民和中华民族的前途命运。中国共产党将马克思主义基本原理同中国具体实际相结合，推动马克思主义中国化进程不断实现新的飞跃。当前，世界处于百年未有之大变局，我国发展处于新的历史方位，意识形态领域的斗争更加复杂。面对这一风险挑战，需要不断增强当代中国马克思主义的吸引力、感召力和凝聚力。马克思主义具有与时俱进的理论品格，这就要求我们在始终坚持马克思主义的同时坚持与时俱进、守正创新，不断丰富和发展马克思主义。"发展 21 世纪马克思主义、当代中国马克思主义，必须立足中国、放眼世界，保持与时俱进的理论品格，深刻认识马克思主义的时代意义和现实意义，锲而不舍推进马克思主义中国化、时代化、大众化，使马克思主义放射出更加灿烂的真理光芒。"④

"人类历史发展到今天，与马克思所处的时代相比已经发生了巨大而深刻的变化，但从人类历史发展的大视野来看，世界依然处于马克思主义所说的从资本主义走向社会主义的大时代。如何运用马克思主义来分析和解决时代问题，这就必然要求马克思主义理论本身始终保持开放性，不断实现理论本身的时代转化和创新发展。"⑤ 党的十八大以来，以习近平同志为核心的党中央坚持理论和实践相结合，系统、深入地回答了新时代坚持和发展什么样的中国特色社会主义、怎样坚持和发展中国特色社会主义这一重大时代课题，形成习近平新时代中国特色

---

① 习近平：《在纪念马克思诞辰 200 周年大会上的讲话》，人民出版社 2018 年版，第 7 页。

② 习近平：《在纪念马克思诞辰 200 周年大会上的讲话》，人民出版社 2018 年版，第 10 页。

③ 中共中央文献研究室编：《十八大以来重要文献选编》上，中央文献出版社 2014 年版，第 117 页。

④ 《习近平谈治国理政》第二卷，外文出版社 2017 年版，第 65 页。

⑤ 王易：《充分彰显马克思主义理论的科学真谛》，载于《光明日报》2019 年 5 月 24 日。

社会主义思想这一马克思主义中国化最新成果。新时代坚持和发展中国特色社会主义需要我们继续运用好马克思主义思想的力量，以习近平新时代中国特色社会主义思想为行动指南，在理论和实践创新中，不断彰显马克思主义中国化的最新成果基于真理的力量、实践的力量和与时俱进的力量所具有的软实力价值。进一步巩固马克思主义的指导地位，坚定马克思主义的信仰，夯实全党全国人民团结奋斗的共同思想基础，为新时代坚持和发展中国特色社会主义、全面建设社会主义现代化强国、实现中华民族的伟大复兴提供强大精神动力。

二、理想信念

理想信念，是人们对未来的向往和追求以及对这种向往和追求的坚定态度和执着信念，体现了最根本、最崇高、最持久的价值追求，具有强大的吸引力、感召力和凝聚力，构成了软实力的核心。

（一）理想信念是远大理想和共同理想的统一

当代中国，坚定理想信念就是要坚定共产主义远大理想和中国特色社会主义共同理想及其信念，坚定中国特色社会主义道路自信、理论自信、制度自信、文化自信，把我国建设成为富强民主文明和谐美丽的社会主义现代化强国。这一理想信念既包括共产主义远大理想及其信念，又包括中国特色社会主义共同理想及其信念，还包括新时代实现共同理想的伟大历史使命和具体奋斗目标。

理想信念，有远大理想和共同理想之分。共产主义理想是远大理想，也是最高层次的理想，它是马克思主义揭示了人类社会发展规律和必然趋势所确立的远大理想，反映了人类社会发展的自由人的联合体的美好愿景，它的实现是一个相当漫长的历史过程。中国特色社会主义共同理想是共产主义远大理想在社会主义初级阶段的体现。社会主义是共产主义的初级阶段，中国特色社会主义又是社会主义初级阶段的产物，中国特色社会主义共同理想是共产主义最高理想在我国社会主义初级阶段的具体体现，而中国特色社会主义共同理想在新时代，又体现为全面建设社会主义现代化强国、实现中华民族伟大复兴的伟大梦想和伟大愿景。远大理想和共同理想具有本质一致性。共同理想是远大理想在社会主义初级阶段的体现，实现中国特色社会主义共同理想是实现共产主义远大理想的前提。共产主义远大理想是最高层次的理想，它决定了社会主义共同理想发展的趋势和方向，引领着社会主义共同理想的实现。中国特色社会主义共同理想相比共产主义远大理想更具象、更现实，更能为广大人民群众所感知和接受。共同理想是共产主义远大理想在特定历史时期必须实现的纲领，在实现共同理想过程中，我们党又分阶段确立了战略目标。中国特色社会主义作为当代中国人民的共同理想，是由一个个具体的现实目标组成的。共产主义远大理想和中国特色社会主义共同理想之所以有很强的感召力，一个重要的原因就是我们党一个个现实目标的确立和如期实现。邓小平曾指出："我们共产党人的最高理想是实现共产主义，在不同历史阶段又有代表那个阶段最广大人民利益的奋斗纲领。因此我们才能够团结和动员最广大的人民群众，叫做万众一心。"[①] 因此，坚定理想信念，一定要引导人们正确认识远大理想和共同理想的关系，把两者有机统一起来，既胸怀共产主义的崇高理想，又脚踏实地为实现共同理想而奋斗，在实现中国特色社会主义共同理想和现实奋斗目标的过程中，增强人们实现共产主义远大理想的信仰、信念和信心，使理想信念真正能成为团结、引领、激励全党全国人民奋力前行的精神支柱和力量源泉，汇聚成凝聚国家和民族的强大软实力。

（二）理想信念具有感召力、吸引力和凝聚力

理想信念是中国共产党凝聚力的核心，也是国家吸引力、凝聚力和感召力的源泉。理想信念坚定与否，是因为这是事关马克思主义政党、社会主义国家的精神力量和前途命运的根本问题。"全党理想信念坚定，党就拥有无比强大力量；全党理想信念淡薄，党就会成为乌合之众，风一吹就散。"[②] 理想信念通过明确的政治价值观和社会发展目标来凝聚思想共识，激励人们前行。人们一旦形成愿意为之奋斗的共同理想追求和坚定信念，这种理想信念就会产生一种感召力、吸引力和凝聚力，激发人们的精神力量，团结凝聚人们为实现共同的理想信念而奋斗。理想信念所具有的凝聚力和向心力，可以让一个国家的人民紧紧团结在一起，为共同的美好理想和愿景而奋斗。而一旦失去共同的理想信念，人民就会失去前进的方向，国家就会丧失凝聚力，甚至变成一盘散沙，导致人亡政息，影响国家的前途命运。苏联的亡党亡国和分崩离析，在一定意义上就是丢掉了马克思主义信仰、共产主义理想和社会主义信念的结果。

马克思主义信仰和共产主义、社会主义理想信念的力量是无穷的。习近平指出："人民有信仰，民族有希望，国家有力量。"[③] "一个国家，一个民族，要同心同德迈向前进，必须有共同的理想信念作支撑。"[④] 无论是革命年代，还是社会主义建设和改革时期，正是由于共产党人有坚定的理想信念支撑，才能把全党全国人民紧密地团结凝聚在一起，才能战胜一个又一个的挫折和失败，才能取得

---

① 《邓小平文选》第三卷，人民出版社 1993 年版，第 190 页。
② 习近平：《推进党的建设新的伟大工程要一以贯之》，载于《求是》2019 年第 19 期。
③④ 《习近平谈治国理政》第二卷，外文出版社 2017 年版，第 323 页。

革命、建设和改革的伟大成就。邓小平曾经指出："为什么我们过去能在非常困难的情况下奋斗出来，战胜千难万险使革命胜利呢？就是因为我们有理想，有马克思主义信念，有共产主义信念。"① 习近平也指出："革命理想高于天。没有一大批具有坚定共产主义理想的中华儿女，就没有中国共产党，也就没有新中国，更没有今天我国的发展进步。要把我国发展得更好，离不开理想信念的力量。"② 坚定的理想信念，永远是激励我们奋勇向前、克难制胜不竭的力量源泉。理想信念的有无在一定程度上决定了一个国家人民的精神状态和意志品质，也决定了这个国家能否形成理想信念汇聚的强大软实力。要把理想信念教育同中国共产党的建党精神和精神谱系的学习教育结合起来，使之更加生动有效。

习近平将理想信念比喻为共产党人的精神之钙，缺钙就会得软骨病。因此，他特别重视共产党人的理想信念问题，只有增强党的理想信念的吸引力、感召力和凝聚力，才能把全党团结起来，并通过全党把全国人民团结起来，形成 9 000 多万中国共产党党员、14 亿多中国人民紧密凝聚而成的最强大的国家软实力。因此，在国家软实力建设中，发挥理想信念的凝聚作用，最重要的就是加强共产党人的理想信念教育，发挥理想信念对共产党人的团结凝聚作用。对于什么是共产党人的理想信念，习近平大体从六个方面作了概括："一是相信马克思主义科学真理，相信马克思主义理论的科学性和真理性；二是对共产主义远大理想的相信和追求；三是对于中国特色社会主义共同理想和中华民族伟大复兴中国梦的信奉和追求；四是对改革开放和社会主义现代化建设的信心；五是对党的领导的信任，对党的性质和宗旨的信仰和奉行；六是高尚的道德信念和精神境界。"③ 新时代共产党人理想信念教育的六个方面的内容，紧密相连，缺一不可。马克思主义信仰是理想信念教育的基础，政治上的坚定来源于理论上的清醒，没有马克思主义的坚定信仰，就不可能有对马克思主义揭示的共产主义远大理想和中国特色社会主义共同理想的深刻理解和坚定信奉。因此，加强理想信念教育首先要加强马克思主义信仰教育。加强共产主义远大理想、中国特色社会主义共同理想和中华民族伟大复兴中国梦的教育，是新时代共产党人理想信念教育的核心内容，始终要放在理想信念教育的最突出位置。对改革开放和社会主义现代化建设的信心，对党的领导的信任和对高尚的道德信念和精神境界的追求的教育是理想信念教育的现实要求，要紧密结合实际来加强广大党员和人民群众的信任、信心和精神情操教育，共产主义远大理想和中国特色社会主义共同理想内在地要求共产党

---

① 《邓小平文选》第三卷，人民出版社 1993 年版，第 110 页。
② 《习近平谈治国理政》第二卷，外文出版社 2017 年版，第 4 页。
③ 刘建军：《习近平理想信念论述的历史梳理与理论阐释》，载于《河海大学学报》（哲学社会科学版）2015 年第 3 期。

员和人民群众践行党的根本宗旨，树立集体主义道德价值观，反对自私自利的道德价值观。因此，新时代加强共产党人的理想信念教育，就要从这六个方面入手，既要突出重点，又要内在统一，更要联系实际。只有这样，才能使理想信念变成广大党员干部和人民群众的共同追求和自觉行动。

崇高的理想信念是共产党人先进性的根本标志，也是抵制错误思潮和防止领导干部腐化堕落的精神屏障。"理想信念是共产党人的政治灵魂，是共产党人初心的本质要求。共产党人只有树立了崇高而坚定的理想信念，才能做到不忘初心、牢记使命。要始终把不忘初心、牢记使命作为必修课、常修课，时常叩问和守护初心，及时修枝剪叶、补钙壮骨，把牢理想信念'总开关'，在大是大非面前旗帜鲜明，在风浪考验面前无所畏惧，在各种诱惑面前立场坚定，在关键时刻让党信得过、靠得住、能放心。"① 理想信念对内体现为一种凝聚力，对外体现为一种抵御力，理想信念的滑坡，必然带来思想道德的滑坡，而坚定的理想信念则能够增强抵抗错误思想的能力。"共产党人如果没有信仰、没有理想，或信仰、理想不坚定，精神上就会'缺钙'，就会得'软骨病'，就必然导致政治上变质、经济上贪婪、道德上堕落、生活上腐化。"② 因此，理想信念是中国共产党人的精神支柱和政治灵魂，是永葆共产党人政治本色的力量所在。理想信念不仅对人具有精神支撑作用，还具有精神净化作用。广大党员干部要牢固树立理想信念，自觉践行理想信念，使理想信念真正成为团结全党全国人民、推动党和人民事业发展的独特的政治优势和强大的软实力。

（三） 理想信念是指引国家和人民前行的灯塔

理想信念是指引一个国家和人民奋力前行的灯塔，照亮了前进的方向和道路。方向问题说到底是理想信念问题，一定的理想信念代表了一定的发展方向。共产主义和社会主义理想信念就是我们党和国家发展的根本方向的集中体现。

共产主义远大理想和中国特色社会主义共同理想所深刻揭示的发展方向，符合马克思主义揭示的人类社会发展规律和必然趋势。按照马克思主义的唯物史观，社会的基本矛盾是生产力和生产关系、经济基础和上层建筑之间的矛盾，生产力的发展必然导致经济基础和上层建筑或快或慢地变革。资本主义社会的固有矛盾是生产社会化和资本主义生产资料私人占有之间的矛盾，这一固有矛盾是社会基本矛盾运动在资本主义社会的具体体现，它必然要遵循社会基本矛盾的一般规律和资本主义固有矛盾的特殊规律。资本主义固有矛盾的发展和深化，必然导

---

① 习近平：《坚定理想信念 补足精神之钙》，载于《求是》2021 年第 21 期。
② 《习近平谈治国理政》第二卷，外文出版社 2017 年版，第 326 页。

致社会主义代替资本主义，这是资本主义固有矛盾解决的根本途径，也是人类社会发展的必然趋势。社会主义、共产主义理想信念揭示了人类社会发展的必然趋势和根本方向。习近平指出，"方向决定道路，道路决定命运"①。中国共产党的理想信念决定了我们的发展方向，而这一发展方向又决定了我们的发展道路，决定了党和国家的前途命运。坚持坚定正确的发展方向，沿着正确的道路前进，我们就能团结和凝聚全党和全国人民，推动中国特色社会主义事业的发展壮大和社会的不断发展进步。"无论过去、现在还是将来，对马克思主义的信仰，对中国特色社会主义的信念，对实现中华民族伟大复兴中国梦的信心，都是指引和支撑中国人民站起来、富起来、强起来的强大精神力量。"② 中国共产党的每一位党员，尤其是领导干部，都要牢固确立社会主义、共产主义的理想信念，并用这种理想信念凝聚全国人民，团结带领人民沿着正确的方向前进。

三、核心价值

核心价值从根本上决定着中国软实力的形成和发展，影响着综合国力的提升。习近平总书记指出："实现两个一百年奋斗目标，需要全社会方方面面同心干，需要全国各族人民心往一处想、劲往一处使。如果一个社会没有共同理想，没有共同目标，没有共同价值观，整天乱哄哄的，那就什么事也办不成。"③ 共同的价值观具有凝聚社会共识的作用，因此，需要加强社会主义核心价值体系建设，大力弘扬社会主义核心价值观，坚持和践行社会主义核心价值。价值观作为一种社会意识，归根结底是社会经济关系和社会实践的产物。由于人们所处的社会地位和经济关系不同，使得价值观具有多样性和差异性，加强社会主义核心价值体系建设，培育和践行社会主义核心价值观，就是要用核心价值观引领价值观发展的方向，凝聚全社会的价值共识，增强社会发展的价值软实力，促进国家硬实力和综合国力的提升。

（一）核心价值观是国家软实力的灵魂

核心价值观是国家软实力的灵魂，决定着国家发展的方向，决定着国家软实力的强弱，决定着国家的前途命运。社会主义核心价值体系是兴国之魂。《中共中央关于构建社会主义和谐社会若干重大问题的决定》中指出，"马克思主义指

---

① 习近平：《在庆祝中国共产党成立95周年大会上的讲话》，人民出版社2016年版，第12页。
② 习近平：《在庆祝改革开放40周年大会上的讲话》，人民出版社2018年版，第42～43页。
③ 《习近平谈治国理政》第二卷，外文出版社2017年版，第335页。

导思想，中国特色社会主义共同理想，以爱国主义为核心的民族精神和以改革创新为核心的时代精神，社会主义荣辱观，构成社会主义核心价值体系的基本内容"。2012 年党的十八大报告在社会主义核心价值体系的基础上，提出"三个倡导"，即"倡导富强、民主、文明、和谐，倡导自由、平等、公正、法治，倡导爱国、敬业、诚信、友善，积极培育和践行社会主义核心价值观"①。党的十八大提出的"富强、民主、文明、和谐，自由、平等、公正、法治，爱国、敬业、诚信、友善"的社会主义核心价值观，是社会主义核心价值体系的高度凝练和集中表达，是社会主义核心价值体系的发展和深化，是社会主义核心价值体系的内核。习近平总书记指出，"核心价值观是文化软实力的灵魂、文化软实力建设的重点。这是决定文化性质和方向的最深层次要素。一个国家的文化软实力，从根本上说，取决于其核心价值观的生命力、凝聚力、感召力"②。其实，核心价值观不仅是文化软实力的灵魂，也是国家软实力的灵魂。一个国家的软实力，从根本上说，取决于核心价值观的生命力、凝聚力和感召力。"一个民族的文明进步，一个国家的发展壮大，需要一代又一代人接力努力，需要很多力量来推动，核心价值观是其中最持久最深沉的力量。"③ 坚持用社会主义核心价值体系和核心价值观引领社会价值观建设，目的在于在全党全社会形成统一指导思想、共同理想信念、强大精神力量，形成最深沉、最持久、最强大的国家软实力。

（二）坚持和践行社会主义的核心价值

加强社会主义核心价值体系建设，培育、践行社会主义核心价值观，最根本的是要引导人们坚持和践行社会主义的核心价值，坚持正确的价值取向。

当前，加强社会主义核心价值体系建设，必须深入研究社会主义核心价值体系、社会主义核心价值观与社会主义核心价值的关系。社会主义核心价值体系蕴含着社会主义核心价值观，核心价值观是社会主义核心价值体系中的一组核心的观念群。社会主义核心价值观蕴含着社会主义核心价值，社会主义核心价值是社会主义核心价值观中最根本、最核心的价值。我们不仅要在构建社会主义核心价值体系的基础上凝练出社会主义核心价值观，还要在凝练社会主义核心价值观的基础上凝练出社会主义的核心价值。这是在价值认知与践行上逐步深化的过程。

社会主义核心价值从根本上来源于社会主义社会生产力发展基础上的经济关系，这种经济关系最根本的是公有制为主体的所有制关系。社会主义核心价值本

---

① 《坚定不移沿着中国特色社会主义道路前进 为全面建成小康社会而奋斗——在中国共产党第十八次全国代表大会上的报告》，人民出版社 2012 年版，第 31～32 页。

② 《习近平谈治国理政》第一卷，外文出版社 2018 年版，第 163 页。

③ 《习近平谈治国理政》第一卷，外文出版社 2018 年版，第 180 页。

质上是社会主义公有制为主体的经济关系的反映。社会主义核心价值就是集体利益与个人利益相结合的集体主义。"提倡以集体利益和个人利益相结合的原则为一切言论行动的标准的社会主义精神，是使分散的小农经济逐步地过渡到大规模合作化经济的思想的和政治的保证。"① 集体利益与个人利益相结合，是社会主义的核心价值，是衡量人们一切言论行动的根本标准。社会主义核心价值探索和回答的是人们在社会生活和社会实践中存在的最根本价值问题的价值观念，即探索"小我"与"大我"、社会价值与自我价值、集体利益与个人利益之间最根本价值关系的价值观念，这种核心价值就是集体主义，它要求把"小我"与"大我"、社会价值与自我价值、集体利益与个人利益结合起来，始终坚持正确的价值取向。

社会主义核心价值体系、社会主义核心价值观和社会主义核心价值，不仅为人们提供了应当坚守的核心价值观念，还为人们提供了价值评判与选择的标准。"人类社会发展的历史表明，对一个民族、一个国家来说，最持久、最深层的力量是全社会共同认可的核心价值观。核心价值观，承载着一个民族、一个国家的精神追求，体现着一个社会评判是非曲直的价值标准。"② 在价值多样化的社会中，通过引导社会成员形成和内化社会共同的、普遍的、核心的价值观念，坚持正确的价值取向，是社会价值观建设的根本任务。在我国现实社会，通过引导人们坚持和弘扬社会主义核心价值体系、社会主义核心价值观和社会主义核心价值，不仅可为人们坚持正确的价值取向指明方向，还可引导人们坚持社会主义核心价值体系、社会主义核心价值观、社会主义核心价值的评价标准，自觉地根据这一标准评判价值是非，作出价值选择，自觉应对价值多元的冲击和挑战，始终坚持正确的价值取向，为形成全社会的正确的价值共识和价值行为打下坚实的价值基础，从而有效增强国家的价值软实力。

（三）抵御西方"普世价值"渗透影响

铸牢社会主义的核心价值，坚持正确的价值取向，就要把握全人类的共同价值与西方"普世价值"的本质区别，抵御西方"普世价值"的渗透及影响。2015 年 9 月，习近平总书记在联合国大会发言指出，和平、发展、公平、正义、民主、自由，是全人类的共同价值。"共同价值"是一种价值共识，它不同于西方资本主义国家大肆宣扬的以资产阶级自由、民主、人权为核心内容的"普世价值"。"普世价值"将西方价值观宣扬为超阶级、超民族、超历史的、普遍适用

---

① 《毛泽东文集》第六卷，人民出版社 1999 年版，第 450 页。
② 《习近平谈治国理政》第一卷，外文出版社 2018 年版，第 168 页。

的、永恒的价值。这种脱离客观社会现实抽象地谈"普世价值"存在着难以自圆其说的现实悖论：西方"普世价值"具有价值观念的内在矛盾、价值实行的双重标准和价值利益的根本冲突，本质上是资产阶级价值观念和根本利益的集中体现。

价值观作为一种软实力，对于一个国家安全的影响，甚至超过军事力量等硬实力。美国政治学家亨廷顿指出，对一个传统社会的稳定来说，构成主要威胁的并非来自外国军队的侵略，而是来自外国观念的输入，印刷品比军队和坦克推进得更快、更深入。① 美国前总统尼克松就曾直言不讳地指出，美国过去是，将来应该永远是"意识形态的灯塔"，应把自己的价值观念传向全球，彻底战胜共产主义，以便领导世界。西方"普世价值"在中国的不断渗透和传播，影响了人们的价值判断和价值取向，导致了人们价值观认知和践履的困惑和混乱，影响了我国的国家软实力建设，还影响了我国意识形态安全、政治安全和国家安全。

党的十八大以来，以习近平同志为核心的党中央高度重视意识形态工作，旗帜鲜明地反对和批驳包括"普世价值"在内的各种错误思潮，引导人们认清"普世价值"的霸权本质、险恶用心及现实危害，大力倡导社会主义核心价值观。一方面维护了社会主义意识形态安全和文化安全，进而维护了国家政治安全；另一方面传播了当代中国价值观念，扩大了中国的国际影响力，提高了中国的国家软实力。正如习近平总书记所指出的："当代中国价值观念，就是中国特色社会主义价值观念，代表了中国先进文化的前进方向。经过长期努力，我国成功走出了一条中国特色社会主义道路，取得举世瞩目的辉煌成就，实践证明我们的道路、理论体系、制度是成功的。世界上越来越多的人开始对当代中国价值观念感兴趣，越来越多的人开始客观看待当代中国价值观念。"② 事实证明，坚持在批判中建设，用社会主义核心价值和全人类共同价值来批判和抵御西方资产阶级的"普世价值"，是铸就我国国家软实力，增强国家核心竞争力的有效路径。

四、民族精神

民族精神，指的是一个民族在长期的生存和发展中形成的反映本民族的优良传统、奋斗历史和共同追求的根本价值观念。民族传统、民族性格、民族思维以及民族实践都反映着这个民族独特的精神世界和价值追求。"在五千多年的发展

---

① ［美］塞缪尔·P.亨廷顿著，王冠华、刘为等译：《变化社会中的政治秩序》，生活·读书·新知三联书店1989年版，第141页。

② 中共中央文献研究室：《习近平关于社会主义文化建设论述摘编》，中央文献出版社2017年版，第199页。

中，中华民族形成了以爱国主义为核心的团结统一、爱好和平、勤劳勇敢、自强不息的伟大民族精神。"① 中华民族精神是社会主义核心价值体系的重要组成部分，是民族凝聚力的核心，是国家软实力建设的重点。加强社会主义核心价值体系建设，不断增强国家软实力，就要自觉培育和弘扬中华民族精神。

（一）民族精神是民族凝聚力的核心

民族精神是民族之魂，是民族赖以生存和发展的精神支撑，它对内具有凝聚力，对外则具有吸引力，是民族凝聚力的核心。一个民族能否自立于世界民族之林，主要依靠其民族精神的凝聚和支撑。"一个民族，没有振奋的精神和高尚的品格，不可能自立于世界民族之林。"② "有没有高昂的民族精神，是衡量一个国家综合国力强弱的重要尺度。"③ 民族凝聚力既可以增强国家软实力，又可以增强综合国力，是衡量一个国家综合国力强弱的重要尺度。

中华民族精神是中华民族凝聚力的核心。"中国人民在长期奋斗中培育、继承、发展起来的伟大民族精神，为中国发展和人类文明进步提供了强大精神动力。"④ 中华民族精神传承了中华民族的精神基因、维系了中华民族的文化血脉、凝聚了中华民族的奋斗力量，是中华民族五千年来自强不息、生生不已的强大精神动力。中华民族精神形成的民族凝聚力，是我国综合国力的重要组成部分。一个国家的综合国力，包括物质实力、科技实力、国防实力、民族凝聚力。民族凝聚力对物质实力、科技实力、国防实力和综合国力的增强起着核心的、基础的作用，没有凝聚力，整个民族如同一盘散沙，缺乏共识、相互掣肘、不断内耗，就根本不可能发展经济、科技和国防力量，增强国家的综合国力。而民族精神又构成了民族凝聚力的核心，没有民族精神的凝练、培育和弘扬，没有民族精神对民族共识和民族力量的凝聚，就不可能形成民族凝聚力，也不可能促进民族的振兴和国家的富强。

中华民族凝聚力是中华民族精神把中华民族大家庭紧紧团结凝聚在一起的核心力量，它既包括对各民族的团结与凝聚，也包括对中华民族每一个成员的凝聚。中华民族精神是中华民族凝聚力的内核，中华民族的大团结、14亿中华儿女的大团结，是民族凝聚力的外显。中华民族凝聚力是以民族精神为内核、以民族团结为显现的强大民族力量。没有民族团结就谈不上民族凝聚力，而没有中华民族精神的凝聚，就形成不了中华民族的大团结，也形成不了中华民族的凝聚

---

①② 《江泽民文选》第三卷，人民出版社 2006 年版，第 559 页。
③ 《江泽民文选》第二卷，人民出版社 2006 年版，第 231 页。
④ 中共中央党史和文献研究院编：《十九大以来重要文献选编》上，中央文献出版社 2019 年版，第 387 页。

力。中华民族精神是中华民族团结奋斗、自立自强的精神源泉。"一个没有精神力量的民族难以自立自强。"① 因此，增强中华民族凝聚力，一定要以培育和弘扬中华民族精神为重点，带动和促进中华民族的大团结，形成中华民族坚如磐石的民族力量。

(二) 爱国主义是中华民族精神的核心

中华民族精神是中华民族凝聚力的核心，而爱国主义则是中华民族精神的核心。"爱国主义是中华民族精神的核心。爱国主义精神深深植根于中华民族心中，是中华民族的精神基因，维系着华夏大地上各个民族的团结统一，激励着一代又一代中华儿女为祖国发展繁荣而不懈奋斗。"② "在中华民族几千年绵延发展的历史长河中，爱国主义始终是激昂的主旋律，始终是激励我国各族人民自强不息的强大力量。"③ 爱国主义在我国各个历史发展阶段都发挥过巨大的作用，尤其是近代以来中国长期处于内忧外患之中，爱国主义凝聚全体中华儿女的力量，万众一心、抵御外侮，支撑中华民族在逆境中砥砺前行，其感召、凝聚和激励价值充分彰显。在和平年代，爱国主义精神是增强民族团结、维护国家的安全和稳定、促进国家兴旺发达的根本力量。发扬爱国主义精神，不仅能够增强民族自尊心和自信心，凝聚全民族的共识和力量，增强民族凝聚力和国家软实力，还能够应对西方文化和价值观念的渗透，维护我国意识形态安全和国家安全。

当代中国爱国主义的本质是爱国、爱党、爱社会主义的高度统一。"祖国的命运和党的命运、社会主义的命运是密不可分的。只有坚持爱国和爱党、爱社会主义相统一，爱国主义才是鲜活的、真实的，这是当代中国爱国主义精神最重要的体现。"④ 爱国主义不是空洞的概念，不是虚无缥缈的，而是具有对象性、真实性和现实性的。当代中国，爱国主义就是要把爱国、爱党和爱社会主义统一起来。我们热爱的国家是中华人民共和国，而中华人民共和国是共产党领导的人民当家做主的社会主义国家。新中国成立以来，特别是改革开放以来，中国共产党领导全国人民开辟了中国特色社会主义道路，取得了举世瞩目的伟大成就，增强了国家的软实力和综合国力，中华民族在世界民族之林的地位日益提高，中华民族和中国人民实现了从站起来、富起来到强起来的历史性飞跃。没有共产党就没

① 《习近平谈治国理政》第一卷，外文出版社 2018 年版，第 52 页。
② 中共中央文献研究室：《习近平关于社会主义文化建设论述摘编》，中央文献出版社 2017 年版，第 128 页。
③ 《习近平谈治国理政》第一卷，外文出版社 2018 年版，第 58 页。
④ 中共中央文献研究室：《习近平关于社会主义文化建设论述摘编》，中央文献出版社 2017 年版，第 129 页。

有新中国，没有共产党就没有中国特色社会主义，没有共产党就没有中国人民日益美好的幸福生活，没有共产党就没有中国综合国力和国际影响力的日益提升。我们的爱国，不是抽象的爱国，而是有着真实对象和现实内涵的爱国，热爱的是中华人民共和国，热爱的是中国共产党领导的人民当家做主的社会主义国家。因此，没有中国共产党领导和团结全国人民推动中国特色社会主义的伟大事业，就没有当代中国的一切。因此，爱国、爱党、爱社会主义，是紧密相连、不可分割的。我们要把爱国、爱党、爱社会主义自觉统一起来，深刻把握和体现当代爱国主义的本质特征。

当代中国爱国主义具有鲜明的时代主题。中国特色社会主义新时代，爱国主义具有突出的时代内涵和鲜明的时代主题，这就是全面建设社会主义现代化强国，实现中华民族的伟大复兴。习近平总书记深刻指出："伟大的事业需要伟大的精神。实现中华民族伟大复兴的中国梦，是当代中国爱国主义的鲜明主题。"[1] "我国爱国主义始终围绕着实现民族富强、人民幸福而发展，最终汇流于中国特色社会主义。"[2] 实现中华民族伟大复兴的中国梦，作为当代民族精神的鲜明主题，关联着国家、民族和个人的幸福希冀，连接起历史、现实和未来。伟大的事业需要伟大的精神，伟大的精神推动伟大的事业。当前，中国人民的逐梦之路离不开爱国主义精神的支撑，需要深刻把握新的历史条件下爱国主义精神的时代内涵，加强新时代的爱国主义教育，巩固全党和全国各族人民爱国奋斗的共同思想基础，激发全体中华儿女爱党、爱国和爱社会主义的高度自觉，将爱国主义精神融入实现中国梦的伟大实践中，把爱国情、强国志、报国行转化为全面建设社会主义现代化强国的强大力量，奋力实现中华民族的伟大复兴。

（三）中华民族精神是多样性的统一

中华民族精神既以爱国主义为核心，又以多种价值观念为其丰富的内容，是多样性的统一。培育弘扬中华民族精神，既要坚持以爱国主义为核心，又要注重多种价值观念的统一。中华民族精神的核心是爱国主义，但还包含"团结统一、爱好和平、勤劳勇敢、自强不息"的丰富精神内涵。"团结统一、爱好和平、勤劳勇敢、自强不息"是中华民族精神不可或缺的重要内容，既是中华民族精神核心的爱国主义的重要展现和具体形态，又为爱国主义精神的弘扬与实践提供了丰富的内容和重要的支撑。因此，弘扬伟大的中华民族精神，既要以爱国主义为核

---

① 中共中央文献研究室：《习近平关于社会主义文化建设论述摘编》，中央文献出版社 2017 年版，第 127 页。

② 中共中央文献研究室：《习近平关于社会主义文化建设论述摘编》，中央文献出版社 2017 年版，第 129 页。

心，又要坚持和实践"团结统一、爱好和平、勤劳勇敢、自强不息"的重要价值取向，不断增强中华民族精神的凝聚力、创造力和生命力。

坚持以爱国主义为核心，弘扬中华民族精神，还要注重同各民族的发展历史和奋斗实践结合起来。"我们伟大的精神是各民族共同培育的。在历史长河中，农耕文明的勤劳质朴、崇礼亲仁，草原文明的热烈奔放、勇猛刚健，海洋文明的海纳百川、敢拼会赢，源源不断注入中华民族的特质和禀赋，共同熔铸了以爱国主义为核心的伟大民族精神。"[①] "中华民族精神是各族人民共同培育、继承、发展起来的，已深深融进了各族人民的血液和灵魂，成为推动中国发展进步的强大精神动力。"[②] 弘扬以爱国主义为核心的中华民族精神，一定要同各民族的发展历史、奋斗实践、民族文化和特质禀赋结合起来，既要强调中华民族精神的统一性，又要丰富中华民族精神的多样性，使中华民族精神成为 56 个民族共同的精神家园和强大的精神纽带，使 56 个民族如同石榴籽一般紧紧团结在一起，成为践行、弘扬以爱国主义为核心的伟大中华民族精神的共同主体，使中华民族精神在新时代得到赓续和发展，成为全面建设社会主义现代化强国、实现中华民族伟大复兴的强大精神力量。

五、时代精神

时代精神同民族精神一样，都是社会主义核心价值体系的重要构成。以改革创新为核心的时代精神是我国社会主义现代化事业发展的强大动力，也是国家软实力形成与发展的重要源泉。"中国人民是具有伟大创造精神的人民"[③]，加强国家软实力建设，推动我国的改革开放和社会主义现代化进程，必须大力培育和弘扬以改革创新为核心的时代精神，增强中国人民的伟大创造精神。

（一）时代精神是时代发展的精华

时代精神是源于一定的时代、反映一定的时代并引领一定时代的精神，因而是时代发展的精华。

时代精神是时代发展的产物。恩格斯认为对时代精神的把握离不开一定历史时期生产、交换及其社会结构所构成的社会基础，他说："每一历史时代主要的

---

① ② 中共中央党史和文献研究院编：《十九大以来重要文献选编》中，中央文献出版社 2021 年版，第 215 页。

③ 中共中央党史和文献研究院编：《十九大以来重要文献选编》上，中央文献出版社 2019 年版，第 387 页。

经济生产方式和交换方式以及必然由此产生的社会结构，是该时代政治的和精神的历史所赖以确立的基础，并且只有从这一基础出发，这一历史才能得到说明。"① 时代精神是一定时代社会实践活动，主要是经济生产方式和交换方式及其社会结构发展变化的产物。一定的时代精神反映了一定社会的实践活动、经济生产方式和交换方式及其社会结构，是一定时代社会实践活动特别是经济生产活动及其社会结构在精神领域的反映。简言之，是一定社会的社会存在的反映，是这个时代的精神气质、思想观念和价值追求的集中体现。时代精神作为时代发展的精华，它不是反映一定时代社会存在的一般的意识和精神，而是反映一定时代本质特征、发展趋势和根本要求的精神，是特定时代精神的精华。这样一种时代精神一经产生就能深刻地揭示一定时代社会生活的本质和趋势，凝聚一定时代人民的共同的思想意识和价值追求，因而对时代发展具有重要的引领和推动作用。

改革创新的时代精神是我国进入改革开放新时期以后时代发展的产物。改革开放和社会主义现代化建设的伟大实践催生了改革创新的时代精神，改革创新精神反映了时代发展的历史进程、本质特征和必然趋势。"改革创新是当代中国最鲜明的时代特征"②，"以改革创新为核心的时代精神，是马克思主义与时俱进的理论品格、中华民族富于进取的思想品格与改革开放和现代化建设实践相结合的伟大成果，已经深深地融入我国经济、政治、文化、社会建设的各个方面，成为各族人民不断开创中国特色社会主义事业新局面的强大精神力量"③。党的十一届三中全会前夕，我国开展了"真理标准"的大讨论，强调"实践是检验真理的唯一标准"，从根本上解放了人们的思想，破除了"两个凡是"的精神桎梏，实现了思想政治上的拨乱反正、正本清源，确立了"解放思想，实事求是，一切从实际出发"的正确思想路线，推动了全党全国工作的战略重点从"以阶级斗争为纲"转移到"以经济建设为中心"上来，鼓励人们大胆地试、大胆地闯，大胆地改革与生产力发展不相适应的经济基础与上层建筑，并推动了改革开放的伟大实践和社会主义市场经济的发展，有力地促进了我国的社会主义现代化建设。正是这样一种改革开放的伟大实践孕育出了改革创新的时代精神，而这一种反映改革开放新时期当代中国发展最本质特征及其发展大势的精神一经产生，就成为引领时代发展方向，凝聚全党全国人民的共识和力量，推动我国改革开放和社会主义现代化实践的不断向前发展的不竭精神动力。

---

① 《马克思恩格斯选集》第1卷，人民出版社2012年版，第385页。
② 《中共中央关于深化文化体制改革推动社会主义文化大发展大繁荣若干重大问题的决定》，人民出版社2011年版，第14页。
③ 吴潜涛：《准确理解社会主义核心价值体系的内涵》，载于《人民日报》2006年12月27日。

（二）改革创新是时代精神的核心

随着改革开放和社会主义现代化事业的发展，我国形成了以改革创新为核心的时代精神。"一个民族要在当今激烈的综合国力竞争中占据一席之地，就必须勇于改革，敢于创新。"[①] 当我国实行改革开放的方针政策，打开国门、走向世界时，才发现了我国的经济发展、科技水平和综合国力同发达国家之间的巨大差距，才发现了经济发展的差距最根本的是科技创新的差距，综合国力的竞争最根本的是创新能力的竞争。改革才能创新，创新才能发展，创新能力已经成为综合国力竞争中的核心竞争力，改革创新精神已经成为当代中国发展最重要的时代精神。没有这种改革创新精神，就不可能站在时代的前列，推动改革开放和社会主义现代化建设的伟大实践。

改革创新精神作为时代精神的核心，是改革和创新的统一。改革是创新的前提，创新是改革的精髓。改革是为了更好地创新，创新才能真正推动和深化改革。正如习近平总书记所说："创新是民族进步的灵魂，是一个国家兴旺发达的不竭源泉，也是中华民族最深沉的民族禀赋。"[②] 求变图新是中华民族最深厚的基因，中华文化元典《周易》提出要知变革之机，明同人之力，穷则变、变则通、通则久。"几千年前，中华民族的先民们就秉持'周虽旧邦，其命维新'的精神，开启了缔造中华文明的伟大实践。自古以来，中国大地上发生了无数变法变革图强运动，留下了'治世不一道，便国不法古'等豪迈宣言。"[③] 中华民族几千年来形成的最深层的创新的民族禀赋，在新中国成立以后，特别是改革开放以来，才真正得到了焕发和发挥，发展成改革创新的时代精神，赋予了中华民族新的生机活力，成为推动中华民族伟大复兴的强大软实力。

中华民族的时代精神是以改革创新为核心，但不局限于改革创新精神，还表现为与改革创新密切相连的一系列重要精神。在改革开放的伟大实践和中国人民的长期奋斗中，我们不但培育、积累和形成了改革创新的时代精神之核，还形成了与改革创新相辅相成的解放思想、求新务实、协同奋斗、开拓进取的精神，这些精神与改革创新的核心精神一起，构成了当代中华民族的时代精神。没有解放思想、破除迷信，突破僵化思维，就不可能克服各种思想障碍和重重阻力，实行改革开放，也不可能催生改革创新的精神。改革开放需要从实际情况和需要出发，实事求是、求新务实，在实践中探索和检验改革的政策和举措，经过试点逐

---

① 王岩：《建设社会主义核心价值体系必须高扬民族精神和时代精神的旗帜》，载于《马克思主义与现实》2008 年第 3 期。
② 《习近平谈治国理政》第一卷，外文出版社 2018 年版，第 51 页。
③ 习近平：《在庆祝改革开放 40 周年大会上的讲话》，人民出版社 2018 年版，第 39 页。

步推广，以改革推动创新和发展。改革开放涉及方方面面，需要系统设计、全面改革、协同推进、团结奋斗，才能形成改革创新的合力。改革开放是不断地改革与生产力发展不相适应的部分生产关系和上层建筑的过程，也是探索与生产力发展相适应的新的生产关系和上层建筑的过程，这样一个过程，必然充满了不确定性，需要大胆探索、开拓前进、勇往直前。因此，解放思想、求新务实、协同奋斗、开拓进取的精神，也是时代精神的重要组成部分。这些精神从不同的方面体现了改革创新精神，其核心就是改革创新精神。坚持以改革创新为核心的时代精神，还需要发扬解放思想、求新务实、协同奋斗、开拓进取的精神，只有这样才能更好地弘扬以改革创新为核心的时代精神。

时代精神是时代创造力的核心。伟大的时代创造了伟大的时代精神，伟大的时代精神推动了时代的伟大创造。以改革创新为核心的时代精神是中华民族在改革开放伟大实践中形成的宝贵的精神财富，它有效地转化为建设中国特色社会主义伟大事业的现实创造力，成为提升我国综合国力的核心力量。改革开放以来，正是凭借以改革创新为核心的时代精神，中国共产党团结带领人民"勇敢推进理论创新、实践创新、制度创新、文化创新以及各方面创新，不断赋予中国特色社会主义以鲜明的实践特色、理论特色、民族特色、时代特色，形成了中国特色社会主义道路、理论、制度、文化，以不可辩驳的事实彰显了科学社会主义的鲜活生命力"[1]，"绘就了一幅波澜壮阔、气势恢宏的历史画卷，谱写了一曲感天动地、气壮山河的奋斗赞歌"[2]。"改革开放铸就的伟大改革开放精神，极大丰富了民族精神内涵，成为当代中国人民最鲜明的精神标识！"[3] 正是基于这种改革创新的精神，中国人民才能在中国共产党的领导下焕发出极大的积极性、主动性和创造性，不断深化改革、扩大开放、创新发展，取得了改革开放 40 多年来举世瞩目的伟大成就，实现了中国巨龙的腾飞。

（三）时代发展呼唤改革创新精神

中国特色社会主义新时代，我国改革开放迈入了历史新阶段，开启了发展新征程。"当前，改革又到了一个新的历史关头，很多都是前所未有的新问题，推进改革的复杂程度、敏感程度、艰巨程度不亚于 40 年前，必须以更大的政治勇气和智慧，坚持摸着石头过河和加强顶层设计相结合，不失时机、蹄疾步稳深化重要领域和关键环节改革，更加注重改革的系统性、整体性、协同性，提高改革

---

①② 习近平：《在庆祝改革开放 40 周年大会上的讲话》，人民出版社 2018 年版，第 11 页。
③ 习近平：《在庆祝改革开放 40 周年大会上的讲话》，人民出版社 2018 年版，第 14 页。

综合效能。"① 改革是一个永无止境的过程，改革永远在路上，改革永远无坦途，新时代的改革开放迫切需要和强烈呼唤进一步增强以改革创新为核心的时代精神，为实现新时代的新使命提供强大的精神力量。

新时代新阶段，我国踏上了全面建设社会主义现代化强国，实现中华民族伟大复兴的新的历史征程。面对百年未有之大变局，统筹中华民族伟大复兴的战略全局，构建基于内循环为主，内循环和外循环相互联系、相互促进的新发展格局，解决新时代人民日益增长的美好生活需要同不平衡不充分发展之间的新的主要矛盾，都需要我们大力发扬以改革创新为核心的时代精神，以改革创新来推动完成新时代赋予我们的历史使命。党的十九届五中全会强调指出："坚持创新在我国现代化建设全局中的核心地位，把科技自立自强作为国家发展的战略支撑，面向世界科技前沿、面向经济主战场、面向国家重大需求、面向人民生命健康，深入实施科教兴国战略、人才强国战略、创新驱动发展战略，完善国家创新体系，加快建设科技强国。要强化国家战略科技力量，提升企业技术创新能力，激发人才创新活力，完善科技创新体制机制。"② 全面建设社会主义现代化强国，实现中华民族的伟大复兴，是时代赋予我们的历史使命。坚持创新驱动发展战略，建设创新型国家，提高以创新为核心的综合国力和国际竞争力，是实现新时代新使命的必由之路。而要推动创新发展，巩固创新在我国现代化建设全局中的核心地位，就要大力培育、弘扬和践行以改革创新为核心的时代精神。"发展是第一要务、人才是第一资源、创新是第一动力。"③ 新时代新阶段，只有大力培育、弘扬、践行以改革创新为核心的时代精神，才能使亿万人民群众高度自觉、团结一致地投身新时代改革创新的伟大实践，迸发出强大的时代创造力，使我国真正走在世界创新型国家建设的前列，为把我国建成社会主义现代化强国、实现中华民族伟大复兴提供强大的创新支撑。

第二节　主流文化

文化是构成国家软实力和综合竞争力、影响国家兴衰和前途命运的根本要素。"文化是一个国家、一个民族的灵魂。文化兴国运兴，文化强民族强。没有高度的文化自信，没有文化的繁荣兴盛，就没有中华民族伟大复兴。要坚持中国

---

① 习近平：《在深圳经济特区建立 40 周年庆祝大会上的讲话》，人民出版社 2020 年版，第 8 页。

② 《中国共产党第十九届中央委员会第五次全体会议公报》，人民出版社 2020 年版，第 12～13 页。

③ 习近平：《在深圳经济特区建立 40 周年庆祝大会上的讲话》，人民出版社 2020 年版，第 7 页。

特色社会主义文化发展道路，激发全民族文化创新创造活力，建设社会主义文化强国。"① 文化对国家软实力和综合竞争力之所以能产生决定性的影响，在于"文化是构成综合竞争力的软实力"②。"文化软实力集中体现了一个国家基于文化而具有的凝聚力和生命力，以及由此产生的吸引力和影响力。"③

文化软实力是综合国力的重要组成部分，对国家软实力和综合国力的形成发展起着越来越大的作用。当代中国，文化软实力主要是由中国特色社会主义文化形成的软实力。中国特色社会主义文化源自中华优秀传统文化，熔铸于中国革命文化和社会主义先进文化，共同构成了中国当代社会的主流文化。加强文化软实力建设，就要加强中国特色社会主义文化建设，大力培育、传承和弘扬中华优秀传统文化、中国革命文化和社会主义先进文化，通过这些主流文化的建设来增强我国的文化软实力，进而提升国家软实力。因此，加强当代中国主流文化建设，是加强中国软实力建设和发展的战略重点。

一、优秀传统文化

中华优秀传统文化是中华民族的突出优势，是实现民族伟大复兴的精神支撑和力量源泉。习近平指出："中国人民的理想和奋斗，中国人民的价值观和精神世界，是始终深深植根于中国优秀传统文化沃土之中的。"④ 中华优秀传统文化，是中华民族的"根"与"魂"，是中国最深厚的文化软实力。加强当代中国软实力建设，必须传承和弘扬中华优秀传统文化。

（一）中华优秀传统文化是最深厚的文化软实力

中华优秀传统文化是中华民族最深沉的精神底蕴，是中华民族生生不息、团结奋进的不竭动力，是我国最深厚的文化软实力。

千百年来，中华优秀传统文化凝聚、积淀、总结了许多思想精华，并深深融入中华民族的文化血脉之中，为一代代中华儿女所传承。中华优秀传统文化之所

---

① 习近平：《决胜全面建成小康社会夺取新时代中国特色社会主义伟大胜利——在中国共产党第十九次全国代表大会上的报告》，人民出版社 2017 年版，第 40～41 页。

② 习近平：《干在实处走在前列——推进浙江新发展的思考与实践》，中共中央党校出版社 2006 年版，第 66 页。

③ 中共中央文献研究室：《习近平关于社会主义文化建设论述摘编》，中央文献出版社 2017 年版，第 198 页。

④ 习近平：《在纪念孔子诞辰 2565 周年国际学术研讨会暨国际儒学联合会第五届会员大会开幕会上的讲话》，人民出版社 2014 年版，第 13 页。

以能薪火相传，是因为中华优秀传统文化已经成为中华民族的生命基因与精神家园。习近平指出："优秀传统文化是一个国家、一个民族传承和发展的根本，如果丢掉了，就割断了精神命脉。"① "中华优秀传统文化是中华民族的突出优势，是我们最深厚的文化软实力。"② 中华优秀传统文化的软实力价值建立在优秀传统文化极其丰富的文化资源之上，中华民族讲仁爱、重民本、守诚信、崇正义、尚和合、求大同的价值追求，有着穿越时空的恒久魅力，是我们民族的"根"和"魂"，也是中华民族自尊、自信、自强的深厚底蕴。习近平总书记指出："中华文明绵延数千年，有其独特的价值体系。中华优秀传统文化已经成为中华民族的基因，植根在中国人内心，潜移默化影响着中国人的思想方式和行为方式。"③ 中华优秀传统文化的软实力体现为其对人们的思维方式、价值观念和精神追求的深刻影响力，体现为其对民族融合与团结的历史熔铸力，体现为其对一个国家政治发展、社会制度和实践活动的时代推动力。

中国优秀传统文化有着超越地域、民族、宗教界限的巨大而又无形的文化整合力量。中国传统文化中蕴含的"大一统""兼容天下""公天下"等观念，是中华民族认同感和向心力的思想来源，也是中华民族团结统一的共同思想基础。传统文化正是通过人们思想上的共识、价值上的认同和情感上的亲近，形成了中华民族同心同德、万众一心的社会整合力量，将整个民族的感情、意志凝聚成为一个牢固而坚实的精神合力，促进了多民族国家的民族团结、国家统一和社会进步。

中华优秀传统文化源远流长、博大精深，是我们取之不尽、用之不竭的思想源泉，具有文化软实力建设的重要现实价值。其中，"关于道法自然、天人合一的思想，关于天下为公、大同世界的思想，关于自强不息、厚德载物的思想，关于以民为本、安民富民乐民的思想，关于为政以德、政者正也的思想，关于苟日新日日新又日新、革故鼎新、与时俱进的思想，关于脚踏实地、实事求是的思想，关于经世致用、知行合一、躬行实践的思想，关于集思广益、博施众利、群策群力的思想，关于仁者爱人、以德立人的思想，关于以诚待人、讲信修睦的思想，关于清廉从政、勤勉奉公的思想，关于俭约自守、力戒奢华的思想，关于中和、泰和、求同存异、和而不同、和谐相处的思想，关于安不忘危、存不忘亡、治不忘乱、居安思危的思想"④，等等，十分丰富、历久弥新、经久不衰，极具

---

① 《习近平谈治国理政》第二卷，外文出版社 2017 年版，第 313 页。
② 《习近平谈治国理政》第一卷，外文出版社 2018 年版，第 155 页。
③ 《习近平谈治国理政》第一卷，外文出版社 2018 年版，第 170 页。
④ 习近平：《在纪念孔子诞辰 2565 周年国际学术研讨会暨国际儒学联合会第五届会员大会开幕会上的讲话》，人民出版社 2014 年版，第 6～7 页。

创造力、生命力和影响力。这些优秀的传统文化所表达的价值观念和道德规范，积淀着中华民族最深层的精神追求，代表着中华民族独特的精神标识，是中华民族生生不息、发展壮大的丰厚滋养，是中华民族的精神命脉，是中华民族最深厚的文化软实力。

（二）中华优秀传统文化具有重要的国际影响力

中华优秀传统文化是诞生于中华大地而为人类共有共享的精神财富，具有广泛的国际影响力和世界性的普遍价值。习近平对传统文化的世界价值做了高度评价，认为其中蕴藏着解决当今人类面临的各种难题的重要启示。"老子、孔子、墨子、孟子、庄子等中国诸子百家学说至今仍然具有世界性的文化意义。"[①] 因而，中华优秀传统文化能够成为人类共有的精神财富，不断增强中华文化的对外感召力和国际影响力，提升当代中国的国家软实力。

约瑟夫·奈也对中国的传统文化表达过相似的肯定性评价。他说："中国传统文化中有很多非常吸引人的地方。譬如说中国的孝道，与之相关的尊重权威，以及集体主义等理念。在西方社会的当代文化里，人们崇尚的是推翻传统观念和传统仪式。当婚姻逐渐失去其严肃感和神圣感，当政府和各种社会机制失去让人信服的能力的时候，人们意识到社会的发展存在了危机。在这种时候，人们有可能把目光投视到海外寻求新的理念。那时中国文化所倡导的社区凝聚力就会被用来抵消个人主义所带来的对社会的破坏力。"[②] 这些表达以独特的视角揭示了中华文化的现代价值和世界意义。

中华优秀传统文化的世界价值和国际影响日益凸显、与日俱增。当今人类社会面临的很多重大问题和世界难题的解决，需要从世界各国的历史和文化中吸取智慧，包括从中国的历史和文化中汲取智慧。中国的优秀传统文化，为解决人类面临的共同问题和世界难题提供了独特的智慧。在中国优秀传统文化中，"和而不同"就是其中一个重要的思想。"和而不同"即在承认差异与多样的基础上，与他人相互沟通和协调，但并不盲目地重复或附和别人，也就是追求多样性基础上的内在的和谐统一，而不是表面的相同和一致。"和而不同"是贯穿在中国文化传统中的重要文化精神，中国文化几千年的发展进程，正是各种不同文化思潮不断交流、碰撞、融合的过程。当今世界，由于国家利益和民族利益所导致的文化纷争和地域冲突不断发生，甚至导致国家之间激烈的竞争与对抗。因此，运用

---

① 习近平：《出席第三届核安全峰会并访问欧洲四国和联合国教科文组织总部、欧盟总部时的演讲》，人民出版社 2014 年版，第 20 页。

② 约瑟夫·奈：《中国的"软实力"与发展——哈佛大学肯尼迪政府学院院长约瑟夫·奈访谈录》，载于《21 世纪经济报道》2003 年 6 月 19 日。

"和而不同"的中华文化和中国智慧处理不同文化之间的关系，乃至不同国家之间的纷争、矛盾和冲突，真正贯彻好和平共处五项原则，具有非常重要的现实意义。依据和践行"和而不同"的智慧，人们求大同，存小异、"致中和"、相互尊重、平等相待、和平共处、合作共赢，以达到和谐相处和共同发展的目的。中国优秀传统文化中的"己所不欲，勿施于人"对于国与国之间相互关系的处理，也有重要的现实启示。

今天，"文化对国际关系的影响增大，文化实力日益成为综合国力的重要因素。各国特别是主要国家更加重视文化在发展对外关系、增强本国影响力中的重要作用，注重加强以思想文化为核心的国家软实力建设。各大国注重提高文化和制度的影响力和渗透力，推进对外战略调整和外交变革，积极开展文化交流和公众外交，运用文化力量塑造国家形象"①。中华优秀传统文化在重塑国际关系中的影响加大，正是顺应了文化软实力提升国家综合实力和国际交往能力的需要，并且在这一过程中正在显示出越来越大的塑造国家形象、促进友好交往的文化魅力。

（三）中华优秀传统文化滋养着我国核心价值观

中华优秀传统文化能够为社会主义核心价值观提供丰厚的滋养。习近平指出："我们生而为中国人，最根本的是我们有中国人的独特精神世界，有百姓日用而不觉的价值观。我们提倡的社会主义核心价值观，就充分体现了对中华优秀传统文化的传承和升华。"② "培育和弘扬社会主义核心价值观必须立足中华优秀传统文化。牢固的核心价值观，都有其固有的根本。抛弃传统、丢掉根本，就等于割断了自己的精神命脉。博大精深的中华优秀传统文化是我们在世界文化激荡中站稳脚跟的根基。中华文化源远流长，积淀着中华民族最深层的精神追求，代表着中华民族独特的精神标识，为中华民族生生不息、发展壮大提供了丰厚滋养。"③ 社会主义核心价值观具有民族秉性，这种民族秉性承继了中华优秀传统文化的精神基因，中华优秀传统文化独特的价值将过去、现实和未来连接起来，能够为社会主义核心价值观提供厚实的文化滋养，增强对社会主义核心价值观的认同和自信。"中华文明绵延数千年，有其独特的价值体系。中华优秀传统文化已经成为中华民族的基因，植根在中国人内心，潜移默化影响着中国人的思想方式和行为方式。今天，我们提倡和弘扬社会主义核心价值观，必须从中汲取丰富

---

① 《胡锦涛文选》第二卷，人民出版社 2016 年版，第 505 页。
② 《习近平谈治国理政》第一卷，外文出版社 2018 年版，第 171 页。
③ 《习近平谈治国理政》第一卷，外文出版社 2018 年版，第 163 ~ 164 页。

营养，否则就不会有生命力和影响力。"① "要认真汲取中华优秀传统文化的思想精华和道德精髓，大力弘扬以爱国主义为核心的民族精神和以改革创新为核心的时代精神，深入挖掘和阐发中华优秀传统文化讲仁爱、重民本、守诚信、崇正义、尚和合、求大同的时代价值，使中华优秀传统文化成为涵养社会主义核心价值观的重要源泉。"② 习近平的这些重要论述深刻揭示了中华优秀传统文化与社会主义核心价值观的内在关系。

中华优秀传统文化是社会主义核心价值观形成和发展的文化渊源，社会主义核心价值观是中华优秀传统文化的传承与创新。中华优秀传统文化蕴含的丰富的价值观有的直接成为社会主义核心价值观的重要内容，比如"和谐""诚信""友善"，就深深地打上了中华优秀传统文化价值观的烙印；有的对中华优秀传统文化价值观进行了创造性转化与创新性发展，比如"仁爱""民本""正义""和合""大同"，特别是把"求大同"同建设富强、民主、文明、和谐、美丽的社会主义现代化强国结合起来；有的赋予了中华优秀传统文化价值观以新的时代内涵，比如"爱国"的核心价值观，把爱国主义作为民族精神的核心，强调当代爱国主义的本质特征是爱党、爱国、爱社会主义的高度统一。因此，中华优秀传统文化涵养了社会主义核心价值观，社会主义核心价值观在新的时代条件下传承、创新和弘扬了中华优秀传统文化价值观，赋予了中华优秀传统文化及其价值观以新的生机与活力。

中华优秀传统文化是中华民族的"根"与"魂"，"不忘本来才能开辟未来，善于继承才能更好创新"③。中华优秀传统文化不仅滋养着社会主义核心价值观，更滋养着整个中华民族。新时代，培育和弘扬社会主义核心价值观，只有深深扎根于中华优秀传统文化的"根"和"魂"，立足中国特色社会主义建设的伟大实践，对中华优秀传统文化进行创造性转化与创新性发展，才能充分发挥社会主义核心价值观的软实力作用，焕发出中华民族的生机活力，凝聚中华民族的磅礴力量，推动中华民族的伟大复兴。

二、革命文化

中国共产党团结带领人民在伟大革命斗争中孕育的革命文化，代表着中国共产党人和广大革命群众艰苦卓绝的斗争精神和崇高的价值追求，是中国文化软实

① 《习近平谈治国理政》第一卷，外文出版社 2018 年版，第 170 页。
② 《习近平谈治国理政》第一卷，外文出版社 2018 年版，第 164 页。
③ 《中共中央政治局进行第十三次集体学习习近平主持》，中国政府网，2014 年 2 月 25 日，ht-tps：//www.gov.cn/ldhd/2014－02/25/content_2621669.htm。

力建设的宝贵资源，具有重要的时代价值。革命文化在传承优秀传统文化、孕育社会主义先进文化的过程中起着承先启后的作用，是中国特色社会主义文化形成与发展的重要源头与精神滋养。新时代，加强文化软实力和国家软实力建设，就要高度重视和大力弘扬革命文化，把中国共产党人和人民群众在革命斗争中形成的革命精神和崇高追求转化为时代需要的独特的国家软实力。

（一）中国革命文化具有丰富的精神内涵

中国革命文化是马克思主义普遍真理与中国革命的具体实践相结合产生的一种反映中国革命斗争的性质与特点、体现中国革命斗争的方向与追求的革命文化，它以马克思主义为指导，以五四运动为源头，以中国革命的实践为基础，以反对帝国主义、封建主义、官僚资本主义的压迫剥削，实现国家主权、民族独立、人民解放作为根本任务，以共产党人的坚定理想信念、崇高价值追求和英勇斗争精神作为本质内容，是有着特定的丰富的精神内涵的革命文化。

传承弘扬革命文化，就要了解中国革命文化的根本性质。中国革命文化是以反映半殖民地半封建社会的中国反对帝国主义、封建主义、官僚资本主义的新民主主义的斗争为主要内容的革命文化，是新民主主义革命的文化，这种革命文化的精神内涵就是"人民大众反帝反封建的文化"①，准确地说，"就是无产阶级领导的人民大众的反帝反封建的文化"②。具体说来，中国革命文化是民族的文化，"这种新民主主义的文化是民族的。它是反对帝国主义压迫，主张中华民族的尊严和独立的"③。这种革命文化是反对帝国主义的侵略和压迫，是争取和维护中华民族独立与尊严的革命文化。中国革命文化具有反对帝国主义侵略压迫的鲜明内涵和特征；中国革命文化是科学的文化，"这种新民主主义的文化是科学的。它是反对一切封建思想和迷信思想，主张实事求是，主张客观真理，主张理论和实践一致的"④。这种革命文化以马克思主义的科学理论对中国革命的具体实践的指导为前提，是坚持实事求是、遵循客观规律、反对一切违反马克思主义科学的封建迷信思想的文化，具有彻底的科学性和革命性；中国革命文化是大众的文化，"这种新民主主义的文化是大众的，因而即是民主的。它应为全民族中百分之九十以上的工农劳苦民众服务，并逐渐成为他们的文化"⑤。中国革命文化不仅要反对帝国主义的侵略和压迫，还要反对勾结帝国主义欺压人民群众的封建主

---

① 《毛泽东选集》第二卷，人民出版社1991年版，第708~709页。
② 《毛泽东选集》第二卷，人民出版社1991年版，第698页。
③ 《毛泽东选集》第二卷，人民出版社1991年版，第706页。
④ 《毛泽东选集》第二卷，人民出版社1991年版，第707页。
⑤ 《毛泽东选集》第二卷，人民出版社1991年版，第708页。

义和官僚资本主义势力及其文化，为全国90%以上的工农大众的翻身解放提供精神武器。因此，中国革命的文化，说到底，就是中国共产党领导的反对帝国主义、封建主义和官僚资本主义的民族的、科学的、大众的文化。

传承弘扬革命文化，就要深刻把握中国革命文化的精神内涵。中国革命文化集中体现为中国共产党人和革命群众的坚定理想信念、崇高价值追求和英勇斗争精神，具有一批又一批共产党人和革命群众前赴后继、浴血奋战，用鲜血和生命铺就的红色底色。革命不是请客吃饭，不是绘画绣花，革命是暴动，是一个阶级推翻另一个阶级的暴烈的行动和激烈的斗争，在这个斗争中必然充满了殊死的搏斗、剧烈的冲突和巨大的牺牲。而这种斗争中体现出来的革命精神，必然在革命文化中得到反映、传播和发展，成为激励人民前进的强大精神动力。习近平在党史学习教育动员大会上深切地指出："在一百年的非凡奋斗历程中，一代又一代中国共产党人顽强拼搏、不懈奋斗，涌现了一大批视死如归的革命烈士、一大批顽强奋斗的英雄人物、一大批忘我奉献的先进模范"①，形成了一系列伟大精神，构筑起了中国共产党人的精神谱系。无论是红船精神还是井冈山精神、长征精神、延安精神、抗战精神、红岩精神等，都体现了共产党人在艰苦卓绝的革命斗争中不怕牺牲、不怕困难，抛头颅，洒热血，始终保持坚定的理想信念、崇高的价值追求和英勇的斗争精神。在这种艰苦卓绝的斗争中涌现了一批又一批信念坚定、意志顽强、宁死不屈的革命英雄，他们的感人事迹和革命精神是我们取之不尽用之不竭的宝贵财富。因此，革命文化具有红色底色，红色文化体现了革命文化的本质。中国的革命文化和红色文化在本质上是一致的。新时代，传承弘扬革命文化，就要以传承弘扬中国共产党人的坚定理想信念、崇高价值追求和英勇斗争精神作为重点，使之成为不竭的力量源泉。

传承弘扬革命文化，就要大力发掘中国革命文化的红色资源，将其转化为丰富的育人资源。革命战争年代，为了反映、体现、讴歌共产党人的革命精神，传播革命文化，中国共产党人、革命的进步的知识分子和人民群众创造了大量的革命文化作品，主要是新民主主义革命的理论、新民主主义革命的舆论、新民主主义革命的文艺等。拿革命的文学艺术作品来说，就产生了《游击队之歌》《义勇军进行曲》《黄河大合唱》《白毛女》《大刀向鬼子们的头上砍去》等一大批优秀的革命文艺作品，不仅深刻反映了当时波澜壮阔的革命斗争，而且有力推动了革命斗争广泛深入的发展。正如毛泽东所说，"革命文化，对于人民大众，是革命的有力武器。革命文化，在革命前，是革命的思想准备；在革命中，是革命总战

---

① 习近平：《在党史学习教育动员大会上的讲话》，人民出版社2021年版，第19页。

线中的一条必要和重要的战线"①。这些革命文化和红色资源，今天仍然有着重要的教育、引导、动员和激励作用，需要我们在新的历史条件下加以研究、传播、传承和弘扬，使之熔铸于红色文化育人活动和中国特色社会主义的伟大实践。

（二）中国革命文化充分彰显人民的立场

立场决定文化的性质和方向，人民的立场决定了革命文化必然是人民的文化，必然是为人民服务的文化。"民众就是革命文化的无限丰富的源泉。"② 人民是革命文化的主体，革命文化来源于人民大众，服务于人民大众，是满足人民大众革命精神需要的精神食粮、鼓舞人民大众革命精神的冲锋号角。中国革命文化充分彰显了人民立场。加强国家软实力特别是文化软实力建设，传承弘扬革命文化，就要深刻把握和始终坚持革命文化中体现出来的高度自觉的人民立场，大力发展反映人民群众根本需要又服务于人民群众根本利益的文化。

传承弘扬革命文化，就要始终坚持中国革命文化的人民立场。中国革命文化始终是人民大众的文化，始终是站在人民大众的立场上创作出来的革命文化。毛泽东在阐述新民主主义的文化时明确指出，"立场问题。我们是站在无产阶级的和人民大众的立场。对于共产党员来说，也就是要站在党的立场，站在党性和党的政策的立场。在这个问题上，我们的文艺工作者中是否还有认识不正确或者认识不明确的呢？我看是有的。许多同志常常失掉了自己的正确的立场"③。没有人民的立场，就不可能创作出具有人民属性，反映人民需要，表达人民群众态度、情感和诉求的革命文化。在革命战争中，文化涉及一些具体问题，是揭露还是歌颂？这实质上是个立场问题。立场涉及对什么人，以及与人相关的事情的态度问题。战争中要解决的立场问题涉及敌、我、友三部分，对敌人，对盟友，对自己人应该有不同的立场和态度。对敌人应该是批判、揭露和斗争的态度；对盟友应该是联合和批评的态度，分清是非，促进团结；对人民群众及其先锋队应该是认同、相信和赞扬的态度，当然也不能忽视自身存在的缺点和不足，讳疾忌医。因此，立场不同，态度不同，创作的文化作品的情感和倾向也不同。只有坚持人民立场，才能坚持革命文化的性质和方向。新时代传承弘扬革命文化，需要我们始终坚持革命文化的人民立场。

传承弘扬革命文化，就要在解决好为什么人的根本问题中坚定人民立场。文化的根本问题是什么？毛泽东在延安文艺座谈会上的讲话做了明确的回答："为

---

①② 《毛泽东选集》第二卷，人民出版社 1991 年版，第 708 页。
③ 《毛泽东选集》第三卷，人民出版社 1991 年版，第 848 页。

什么人的问题，是一个根本的问题，原则的问题"①，文化的根本问题，是为什么人的问题。这个根本的问题说到底"是一个为群众的问题和一个如何为群众的问题"②。革命文化是人民大众的文化，是为了人民大众和服务人民大众的文化。在毛泽东看来，新民主主义时期的人民大众主要有四种人，即工人、农民、兵士和城市小资产阶级。新民主主义革命的文化，要为新民主主义革命时期的人民大众服务，主要是"为全民族中百分之九十以上的工农劳苦民众服务，并逐渐成为他们的文化"③。为全中国 90% 以上的工农劳苦大众服务，而不是为社会少数人服务，更不是为半殖民地半封建社会的帝国主义、封建主义、官僚资本主义的势力服务，这是决定新民主主义革命文化的根本问题，是决定文化是否是人民大众的文化的根本问题，是决定和体现文化立场的根本问题。只有站在人民大众的根本立场，解决好为什么人的根本问题，才能创造出人民群众需要的革命文化，更好地推动人民群众的革命斗争，服务人民群众的根本利益。

　　传承弘扬革命文化，就要在深入社会生活的创作实践中始终站稳人民立场。站稳人民群众立场的问题，不是个理论的问题，而是个实践的问题。革命的文化工作者只有深入人民群众的实践、贴近人民群众的生活、了解人民群众的情感和诉求，才能创造出人民群众需要的革命文化。"中国的革命的文学家艺术家，有出息的文学家艺术家，必须到群众中去，必须长期地无条件地全心全意地到工农兵群众中去，到火热的斗争中去，到唯一的最广大最丰富的源泉中去，观察、体验、研究、分析一切人，一切阶级，一切群众，一切生动的生活形式和斗争形式，一切文学和艺术的原始材料，然后才有可能进入创作过程。"④ 革命的文艺工作者要深入人民群众的实践和社会生活，贴近人民群众，同群众打成一片，还因为这样做符合艺术创作的规律。人民群众的社会实践和社会生活是文学艺术的源头活水，一切艺术都是源于生活、高于生活。只有深入实践、深入生活，观察和反映社会生活的本质，才能创作出优秀的文学艺术作品。"文艺作品中反映出来的生活却可以而且应该比普通的实际生活更高，更强烈，更有集中性，更典型，更理想，因此就更带普遍性。革命的文艺，应当根据实际生活创造出各种各样的人物来，帮助群众推动历史的前进。例如一方面是人们受饿、受冻、受压迫，一方面是人剥削人、人压迫人，这个事实到处存在着，人们也看得很平淡；文艺就把这种日常的现象集中起来，把其中的矛盾和斗争典型化，造成文学作品或艺术作品，就能使人民群众惊醒起来，感奋起来，推动人民群众走向团结和斗

---

① 《毛泽东选集》第三卷，人民出版社 1991 年版，第 857 页。
② 《毛泽东选集》第三卷，人民出版社 1991 年版，第 853 页。
③ 《毛泽东选集》第二卷，人民出版社 1991 年版，第 708 页。
④ 《毛泽东选集》第三卷，人民出版社 1991 年版，第 860～861 页。

争，实行改造自己的环境。如果没有这样的文艺，那末这个任务就不能完成，或者不能有力地迅速地完成。"① 因此，只有在深入群众、深入生活的过程中，才能站稳人民立场，创作出优秀的文学艺术作品，成为团结、教育、鼓舞人民的有力武器。

（三）中国革命文化具有软实力时代价值

革命文化不仅在战争年代发挥了团结人民、教育人民、打击敌人、消灭敌人的重要作用，而且在新的历史条件下，成为铸魂育人、凝心聚力的红色文化资源和全面建设社会主义现代化强国，实现中华民族伟大复兴的强大精神动力。因此，中国特色社会主义新时代，革命文化彰显出越来越重要的时代价值。

第一，革命文化具有铸魂育人的时代价值。中国革命文化的软实力时代价值，首先就体现在具有铸魂育人的不可替代的作用，而铸魂育人正是一切软实力形成和发展的基础。一切软实力都体现为人的软实力，体现为人们灵魂深处对核心价值的认同和追求，体现为人心对人力形成、发展、发挥的能动作用，体现为人心向背的巨大力量。革命文化是当代中国主流文化的重要形态之一，革命文化不仅是社会主义核心价值体系和社会主义核心价值观的重要来源，而且为人民群众特别是时代新人的灵魂塑造提供了重要的精神滋养。习近平总书记曾经对红船精神、苏区精神、井冈山精神、长征精神、延安精神、抗战精神、西柏坡精神、红岩精神等中国共产党人的精神谱系做了系统的概括和凝练，这些精神谱系包含的革命精神，既显示了不同时期具体斗争精神的特色和个性，又蕴涵了中国共产党人革命精神的共性和精髓，是中国共产党人政治本色、精神特质和价值共识的集中体现，也是我们今天正在建设的社会主义核心价值体系和核心价值观的重要来源。因此，中国革命蕴含的革命价值观深深熔铸入社会主义核心价值体系和核心价值观之中，成为铸魂育人的宝贵资源和精神之核。新时代，缅怀革命历史及革命英雄，挖掘革命文化的精神资源，传递革命文化的价值观念，一定要同社会主义核心价值体系的建设及社会主义核心价值观的培育和践行紧密结合起来，使革命文化蕴藏的丰富精神资源成为涵养、培育、践行社会主义核心价值观，运用社会主义核心价值观铸魂育人的精神源泉，深入促进塑造灵魂、塑造生命、塑造新人的铸魂育人的实践活动，为提升新时代的国家软实力提供坚实的精神和人才支撑。

第二，革命文化具有凝心聚力的时代价值。革命文化强大的精神凝聚力和感召力来自革命文化蕴含着的中国共产党人的初心使命和坚定的理想信念。在纪念

---

① 《毛泽东选集》第三卷，人民出版社1991年版，第861页。

中国共产党建党百年的重要讲话中，习近平总书记明确概括提出了中国共产党的伟大建党精神，就是"坚持真理、坚守理想，践行初心、担当使命，不怕牺牲、英勇斗争，对党忠诚、不负人民"。中国共产党建党精神是中国共产党人的精神之源。贯穿建党精神最重要的、最核心的就是党的理想信念。理想信念是中国共产党的政治之魂、价值之本和精神之钙，是中国共产党和全国人民团结奋斗的力量源泉。"革命理想高于天。中国共产党之所以叫共产党，就是因为从成立之日起我们党就把共产主义确立为远大理想。我们党之所以能够经受一次次挫折而又一次次奋起，归根到底是因为我们党有远大理想和崇高追求。"① 革命文化承载着党和人民艰苦卓绝的革命斗争历史的共同记忆，铭刻着中国共产党人为实现崇高理想信念而前赴后继、浴血奋战、英勇不屈的斗争精神，具有凝心聚力的重要时代价值。运用革命文化凝心聚力，关键是要发挥中国共产党人崇高理想信念和价值追求凝聚党心、民心的特殊优势，形成强大的凝聚力。因此，在整体把握中国共产党领导人民奋斗历史的基础上，利用革命文化这一优质资源，挖掘革命文化所具有的理想信念教育的时代价值，运用革命文化特别是建党精神所蕴含的马克思主义坚定信仰、共产党人的理想信念、矢志奋斗的初心使命、爱国为民的价值追求以及英勇无畏的斗争精神，教育、凝聚、团结全党全国人民，发扬革命文化强化党的理想信念、初心使命和价值共识的凝聚作用，增强新时代中华儿女对党、祖国和民族的认同，紧密团结凝聚在党的周围，不断增强国家软实力。

第三，革命文化具有强国反霸的时代价值。文化在社会发展全局中具有重要的战略地位。"一定的文化（当作观念形态的文化）是一定社会的政治和经济的反映，又给予伟大影响和作用于一定社会的政治和经济。"② 新民主主义革命时期，革命文化对夺取革命斗争的胜利发挥了重大的作用。"在我们为中国人民解放的斗争中，有各种的战线，就中也可以说有文武两个战线，这就是文化战线和军事战线。我们要战胜敌人，首先要依靠手里拿枪的军队。但是仅仅有这种军队是不够的，我们还要有文化的军队，这是团结自己、战胜敌人必不可少的一支军队。'五四'以来，这支文化军队就在中国形成，帮助了中国革命，使中国的封建文化和适应帝国主义侵略的买办文化的地盘逐渐缩小，其力量逐渐削弱。"③ 文化力量的作用不亚于军事力量的作用，革命文化成为我们取得新民主主义革命胜利的重要武器。邓小平曾深刻指出："在长期革命战争中，我们……发扬革命和拚命精神，严守纪律和自我牺牲精神，大公无私和先人后己精神，压倒一切敌人、压倒一切困难的精神，坚持革命乐观主义、排除万难去争取胜利的精神，取

---

① 习近平：《在庆祝中国共产党成立 95 周年大会上的讲话》，人民出版社 2016 年版，第 10 页。
② 《毛泽东选集》第二卷，人民出版社 1991 年版，第 663～664 页。
③ 《毛泽东选集》第三卷，人民出版社 1991 年版，第 847 页。

得了伟大的胜利。搞社会主义建设，实现四个现代化，同样要……发扬这些精神。"① 这表明革命文化蕴涵的革命精神，不仅是夺取新民主主义革命胜利的强大精神武器，也是我们推进社会主义建设，实现四个现代化的重要力量。当今中国，革命文化对于我们全面建设社会主义现代化强国，实现中华民族的伟大复兴，挫败霸权主义对我们的打压遏制和围追堵截，具有重要的时代价值。

革命文化具有的强国反霸的时代价值主要体现在，能够使我们在全面建设社会主义现代化强国、实现中华民族伟大复兴的历史伟业中，以及开展具有新的历史特点的伟大斗争，打破大国战略博弈、霸权主义的围追堵截中，不断吸取和发扬革命文化矢志不渝、坚韧不拔、团结奋斗、英勇斗争的精神，成为新时代推动党和人民在前进道路上战胜各种新的艰难险阻、不断夺取新胜利的强大精神力量，让红色精神绽放出新的时代光芒。发挥革命文化蕴含的斗争精神的教育激励作用，要同"四史"教育②特别是党史学习教育紧密结合起来。"在全党开展党史学习教育，就是要教育引导全党以史为镜、以史明志，了解党团结带领人民为中华民族作出的伟大贡献和根本成就，认清当代中国所处的历史方位，增强历史自觉，把苦难辉煌的过去、日新月异的现在、光明宏大的未来贯通起来，在乱云飞渡中把牢正确方向，在风险挑战面前砥砺胆识，激发为实现中华民族伟大复兴而奋斗的信心和动力，风雨无阻，坚毅前行，开创属于我们这一代人的历史伟业。"③ 党的历史是革命文化产生的基础，革命文化是党的历史的反映。革命文化教育要同党史的学习教育结合起来，汇合到一点，就是要增强共产党人和全国人民坚定不移的理想信念和顽强不屈的斗争精神。当前，强国和反霸紧密联系在一起，强国需要反霸，反霸才能强国。无论是全面建设社会主义现代化强国，实现中华民族的伟大复兴，还是打破新时代霸权主义对我国的围追堵截，都需要我们结合党史的学习教育活动，运用革命文化蕴含的革命精神，激发人民的昂扬斗志，发挥其对强国反霸的巨大精神作用。只有这样，我们才能在新时代新征程中，切实增强国家软实力，战胜和克服各种风险挑战，推进全面建成社会主义现代化强国，实现中华民族伟大复兴的历史伟业。

三、先进文化

社会主义先进文化与中华优秀传统文化和革命文化一起熔铸入中国特色社会

---

① 《邓小平文选》第二卷，人民出版社 1994 年版，第 367~368 页。
② "四史"教育是中共党史、新中国史、改革开放史和社会主义发展史教育的统称。
③ 习近平：《在党史学习教育动员大会上的讲话》，人民出版社 2021 年版，第 7~8 页。

主义文化，构成了当代中国社会主流文化，成为文化软实力和国家软实力的来源。社会主义先进文化是适应先进生产力的发展水平、反映社会主义的本质要求、代表文化前进方向的文化。社会主义先进文化是马克思主义普遍真理和社会主义伟大实践相结合产生的一种文化，是比资本主义文化更科学、更高级、更先进的一种文化。当代中国，社会主义先进文化就是中国特色社会主义文化，是适应了当代中国先进生产力发展水平、反映了中国特色社会主义制度本质要求、代表了当代中国文化前进方向、体现了最广大人民群众根本利益的文化。因此，新时代，加强社会主义先进文化建设，就是要加强中国特色社会主义文化建设。"发展中国特色社会主义文化，就是以马克思主义为指导，坚守中华文化立场，立足当代中国现实，结合当今时代条件，发展面向现代化、面向世界、面向未来的，民族的科学的大众的社会主义文化，推动社会主义精神文明和物质文明协调发展。要坚持为人民服务、为社会主义服务，坚持百花齐放、百家争鸣，坚持创造性转化、创新性发展，不断铸就中华文化新辉煌。"① 发展当代中国社会主义先进文化，说到底就是要发展中国特色社会主义文化，最重要的就是要坚持社会主义先进文化的前进方向，发挥社会主义核心价值观的强大凝聚作用，促进我国社会先进生产力发展。这是加强我国文化软实力建设，提升国家软实力、增强国家综合竞争力的重中之重。

（一）社会主义先进文化代表前进的方向

加强国家软实力建设，特别是文化软实力建设，就要坚持以社会主义先进文化为根本，因为社会主义先进文化代表了当代中国文化的前进方向。

社会主义先进文化能够代表当代中国文化前进的方向，首先在于它以马克思主义理论为指导。先进文化在本质上是一定社会先进的生产力及与之相适应的经济和政治在意识形态领域的反映，而决定先进文化前进方向的，主要是处于先进文化核心地位的马克思主义的科学世界观。马克思主义是在充分吸收人类一切有价值的思想文化成果的基础上产生的，本身就是人类先进文化的代表成果。"马克思主义这一革命无产阶级的意识形态赢得了世界历史性的意义，是因为它并没有抛弃资产阶级时代最宝贵的成就，相反却吸收和改造了两千多年来人类思想和文化发展中一切有价值的东西。"② 马克思主义揭示了客观世界的发展规律和人类社会的发展趋势，代表着人类社会先进文化的前进方向，是引领人类社会和先进文化发展的旗帜。马克思主义的普遍真理和中国社会主义的具体实践相结合，

---

① 《习近平谈治国理政》第三卷，外文出版社 2020 年版，第 32 页。
② 《列宁选集》第 4 卷，人民出版社 2012 年版，第 299 页。

产生了民族的、科学的、大众的社会主义文化。正是在马克思主义理论的指导下，中国文化才能够在世界各种文化的交融激荡中立足中国实践，牢牢把握和引领人类文明发展方向，领时代风气之先，推动中国特色社会主义事业的发展；亦能够科学鉴别和批判吸收古今中外的思想文化，抵制和消除一切落后的、腐朽的思想文化影响，使得社会主义先进文化能够沿着正确的方向不断向前。正是由于当代中国社会主义先进文化既以马克思主义理论为指导，又从中国的实践出发，还反映了中国特色社会主义发展的需要和人民群众的根本利益，所以这种文化是一种民族的、科学的、大众的社会主义的文化。相较于民族的、科学的、大众的新民主主义文化，社会主义先进文化既是一种文化的传承，更是一种文化的创新，文化的性质发生了根本的变化，由新民主主义文化发展成社会主义文化，这是一种文化的飞跃和质变。社会主义的先进性决定了社会主义文化的先进性和文化的发展方向。文化具有先进和落后之分，不同社会性质和发展阶段的文化，其发展方向不同。社会主义先进文化的前进方向就是促进先进生产力发展、推动社会全面进步、实现人类自身解放和发展。文化是人类文明进步的尺度，将其置于人类历史长河中，文化同人类社会的演变规律一样，也遵循从低到高的演变规律。社会主义先进文化是社会发展进步的产物，它会伴随着社会的发展而发展，并有力推动着社会沿着正确的方向前进。

社会主义先进文化能够代表当代中国文化前进的方向，其次在于它始终坚持为人民服务、为社会主义服务的正确方向。党的十九大报告明确指出，发展中国特色社会主义文化，"要坚持为人民服务、为社会主义服务"的方针。为人民服务，为社会主义服务，是中国特色社会主义文化正确前进方向的根本体现。为人民服务，强调的是中国特色社会主义文化发展的价值取向。人民是社会主义国家的主人，是社会历史的创造者和推动者，是实践主体和价值主体的统一。代表社会主义先进文化前进方向，发展中国特色社会主义文化，最重要的，就是要坚持以人民为中心，依靠人民发展文化，发展文化为了人民，满足人民日益增长的美好精神生活需要，真正使文化成为人民的文化，成为人民需要的文化，成为能够满足人民需要、振奋人民精神、鼓舞人民前进的文化。这样的文化，才是富有生命力的文化，才能成为有效服务人民，引领人民沿着正确方向前进的文化。社会主义先进文化还要坚持为社会主义服务的正确方向。为社会主义服务，是中国特色社会主义文化发展的政治方向。当代中国的文化，是社会主义文化，是中国特色社会主义的文化。中国特色社会主义是在中国的大地上把马克思主义科学社会主义的基本原理运用于指导和推进中国社会主义实践而产生的具有中国特色的社会主义，这种社会主义不仅体现了马克思主义的科学性，符合中国的国情，而且扎根于中国特色社会主义实践，推动中国改革开放和社会主义现代化建设，取得了人类社会发展史和社会主义发展史上前所未有的辉煌成就。中国特色社会主义文化，既是中国特色社会主义实践发展的产物，又是为中国特色社会主义实践服务的文化。中国特色社会主义实践赋予了中国特色社会主义文化产生的源泉，中国特色社会主义文化赋予了中国特色社会主义实践强大的动力。当代中国先进文化源于中国特色社会主义实践，又服务于中国特色社会主义实践。这是当代中国社会主义先进文化负有的历史使命，也是当代中国社会主义先进文化前进的政治方向。只有坚持为人民服务和为社会主义服务相统一，才能把社会主义先进文化的政治方向和价值取向有机统一起来，更好地促进社会主义先进文化的发展，增强中国特色社会主义先进文化所具有的生命力、创造力和凝聚力，不断增强国家的软实力。

社会主义先进文化能够代表当代中国文化前进的方向，还在于注重坚持"三个面向"的正确方向。"在当代中国，发展先进文化，就是发展面向现代化、面向世界、面向未来的，民族的科学的大众的社会主义文化。"① "面向现代化"，是说建设社会主义先进文化要始终面向、紧密结合和主动服务社会主义现代化建设。社会主义先进文化如果脱离了社会主义现代化建设实践，脱离了社会主义现代化所代表的先进生产力的发展方向，发挥不了促进社会主义现代化的作用，就不能叫社会主义先进文化。今天，面向现代化，就是要面向建设社会主义现代化强国的伟大实践，大力发展社会主义现代化强国建设所需的社会主义先进文化，尤其是新时代的奉献文化、爱国文化、创新文化、奋斗文化。"面向世界"，就是社会主义先进文化建设必须增强世界眼光，在"不忘本来"的基础上"吸收外来"，在与世界其他民族文化的交流、交锋、交融中学习、借鉴、扬弃，吸收世界文化的精华，促进中国特色社会主义文化的发展。"面向未来"，是说要深刻把握历史发展规律和社会主义建设规律，把握中国特色社会主义文化发展规律和趋势，立足时代前沿，增强文化发展的前瞻性和预见性，着眼谋划社会主义先进文化的长远发展愿景，促进中国特色社会主义文化的大发展、大繁荣。

先进文化面向现代化、面向世界、面向未来的特性决定了先进文化必然是开放的文化、世界的文化、发展的文化。马克思和恩格斯强调指出："资产阶级，由于开拓了世界市场，使一切国家的生产和消费都成为世界性的了。……过去那种地方的和民族的自给自足和闭关自守状态，被各民族的各方面的互相往来和各方面的互相依赖所代替了。物质的生产是如此，精神的生产也是如此。各民族的精神产品成了公共的财产。民族的片面性和局限性日益成为不可能，于是由许多

---

① 《中国共产党第十六次全国代表大会文件汇编》，人民出版社 2002 年版，第 37 页。

种民族的和地方的文学形成了一种世界的文学。"① 世界市场和世界历史的形成，使得任何一个国家的文化都不可能是封闭的、孤立的。习近平指出："当今世界，开放包容、多元互鉴是主基调。在 21 世纪人类文明的大家园中，各国虽然历史、文化、制度各异，但都应该彼此和谐相处、平等相待，都应该互尊互鉴、相互学习，摒弃一切傲慢和偏见。唯有如此，各国才能共同发展、共享繁荣。"② 因此，发展社会主义先进文化，一方面要用马克思主义对西方思想内容和表现方法进行分析鉴别和批判，科学对待中国传统文化，保持民族文化独立性；另一方面必须尊重世界文化的多样性。"文明因多样而交流，因交流而互鉴，因互鉴而发展。"③ 习近平总书记指出："每一种文明都扎根于自己的生存土壤，凝聚着一个国家、一个民族的非凡智慧和精神追求，都有自己存在的价值。""每一种文明都是美的结晶，都彰显着创造之美。""各种文明本没有冲突，只是要有欣赏所有文明之美的眼睛。""一切生命有机体都需要新陈代谢，否则生命就会停止。文明也是一样，如果长期自我封闭，必将走向衰落。交流互鉴是文明发展的本质要求。只有同其他文明交流互鉴、取长补短，才能保持旺盛生命活力。"④ 社会主义先进文化顺应世界的进步潮流，坚持先进文化的开放性、世界性和发展性，这就要求我们像习近平在亚洲文明大会开幕式上的主旨演讲中所指出的一样，"坚持相互尊重、平等相待"，要"坚持美人之美、美美与共"，要"坚持开放包容、互学互鉴"⑤。面向现代化、面向世界、面向未来，紧密联系、相互促进，共同推动中国特色社会主义文化的创新创造和繁荣发展。

（二）社会主义先进文化体现核心价值观

加强国家软实力建设，特别是文化软实力建设，不仅要以先进文化为根本，还要以核心价值观为灵魂。先进文化以先进的核心价值观为灵魂，核心价值观构成了社会主义先进文化的精髓。一方面，文化在国家内部产生软实力效应时，主要是一国的核心价值观产生的凝聚力；另一方面，文化在对外产生软实力效应时，最主要的也是一定国家的核心价值观产生的吸引力。社会主义先进文化产生的软实力，主要是社会主义先进文化蕴含的核心价值观产生的凝聚力和吸引力。"一个国家的文化软实力，从根本上说，取决于其核心价值观的生命力、凝聚力、感召力。培育和弘扬核心价值观，有效整合社会意识，是社会系统得以正常运

---

① 《马克思恩格斯选集》第 1 卷，人民出版社 2012 年版，第 404 页。

② 习近平：《共倡开放包容 共促和平发展——在伦敦金融城市长晚宴上的演讲》，人民出版社 2015 年版，第 4 页。

③④ 《习近平谈治国理政》第三卷，外文出版社 2020 年版，第 468 页。

⑤ 《习近平谈治国理政》第三卷，外文出版社 2020 年版，第 496 页。

转、社会秩序得以有效维护的重要途径，也是国家治理体系和治理能力的重要方面。历史和现实都表明，构建具有强大感召力的核心价值观，关系社会和谐稳定，关系国家长治久安。"① 社会主义核心价值观作为凝聚一个国家和民族的广泛价值认同和共识，是社会主义先进文化的精髓。加强国家软实力特别是文化软实力建设，一定要深入把握文化的结构和层次，紧紧抓住核心价值观这一灵魂和精髓。

文化及其产生的软实力具有结构性与层次性。尽管文化产生的力量是多方面的，但不同层次的文化产生的力度与持续时间是不相同的。根据文化学者对文化的阐释和分析来看，文化在结构上大致可以分为内层、中层和外层三个层次。文化的外层主要表现为以器物形式存在的文化形式，即文化之"器"，反映的是人们的生产—生活方式的外在样式，包括饮食服装、居住条件、交通手段、劳动工具、工艺技术、文艺产品等以物质为载体的文化形式。物质文化是文化体系中最活跃、最不稳定的部分，是文化交流与传播中最多、最频繁的部分。文化的中层主要表现为以社会制度为中心的文化形式，即文化之"制"，包括作为正式制度的政治经济法律社会的制度与规范，以及作为非正式制度的道德伦理、风俗习惯等社会的生产—生活方式，是文化的制度性积淀。文化的中层相对于外层而言，一般比较稳定。文化的内层实际上就是文化的核心层，主要是一定文化内在固有的核心价值观，即文化之"核"，主要包括价值观念、思维方式、精神信仰、民族与国家认同感等观念形态的文化形式，是文化中最稳定、最不易改变的部分。在文化侵略或软实力攻势面前，以价值观念形态存在的文化内核的放弃或改变，也就意味着本源文化的替换和民族认同感的消失。因而外来文化在挑战或渗透本土文化时，越深入内层，碰到的抗阻力越大。文化外层的放弃不会太困难，中层的放弃后果相当严重，而内层放弃时，意即该文化的死亡和特定意识形态的终结。因此，"保卫一个文化的核心价值之战，类似防守堡垒群的内卫战"②。这就凸显出一个民族与国家的核心价值观在文化体系中的重要地位。

核心价值观是增强文化凝聚力、吸引力和感召力的关键所在。世界上每一种文明都以一定的价值观为内核，并形成一定文化与文明的软实力。"价值是文化之魂。在任何一种文化体系中，价值观都扮演着文化核心的角色，决定着文化的根本性质、基本气质。文化和价值观之间的这种内在关联，决定了文化软实力建设的重中之重即是价值体系建设……抽去了核心价值的文化，只能流为肤浅的、软而无力的文化式样，而绝不能成其为'软实力'。"③ 社会主义核心价值观是社

---

① 《习近平谈治国理政》第一卷，外文出版社 2018 年版，第 163 页。
② 殷海光：《中国文化的展望》，上海三联书店 2002 年版，第 411 页。
③ 沈壮海：《文化如何成为软实力》，载于《中国教育报》2011 年 4 月 26 日。

会主义主流意识形态的高度凝练和集中表达，是当代中国社会阶层和社会成员价值观的"最大公约数"。社会主义核心价值观建设的好坏决定社会主义文化的根本性质及其软实力功能的大小。社会主义核心价值观作为社会主义先进文化之魂，其软实力价值主要体现为社会主义核心价值观的凝聚力、吸引力和感召力，以及对西方价值观渗透的抵御力。

（三）社会主义先进文化促进先进生产力

先进文化就是能够反映先进生产力发展要求，引领社会前进方向，促进先进生产力发展和社会全面进步的文化。一种文化先进与否，关键要看其是否能够在实践中适应和推动社会先进生产力的发展和社会的全面进步。历史唯物主义告诉我们，凡是符合人类社会发展的方向，能够代表大多数社会成员的根本利益，适应和有利于推动社会生产力发展的文化就是先进文化。相反，凡是与社会进步潮流相悖逆，与科学相对立，违背广大社会成员的根本利益，阻碍社会生产力发展的文化就是落后的、腐朽的文化。"一定的文化是一定社会的政治和经济在观念形态上的反映。"① 文化与政治经济相互作用的关系决定了社会主义先进文化必然反映和体现着社会主义先进生产力的发展要求，即社会主义文化只有客观正确地反映社会主义政治经济的实践要求，才能适应和推动社会先进生产力的发展，成为社会主义先进文化。文化是实践的文化，"社会主义文化必须客观真实、生动感人地反映社会主义发展的具体实践、客观规律和巨大成就，又必须积极地、创造性地、有力地推动社会主义的发展进步。与社会主义同生，与社会主义伴行，与社会主义合力，这就是社会主义文化的本质属性、行为准则和发展规律"②。文化的生命力来自创新，只有通过不断发展和创新，文化才能适应社会先进生产力的发展要求，也才能具有长盛不衰的活力，为文化软实力提供源源不断的能量。当今世界，文化与经济和政治相互交融，在综合国力竞争中的地位和作用越来越突出。"文化的力量，或者我们称之为构成综合竞争力的文化软实力，总是'润物细无声'地融入经济力量、政治力量、社会力量之中，成为经济发展的'助推器'、政治文明的'导航灯'、社会和谐的'黏合剂'。"③ 文化的力量，深深熔铸在民族的生命力、创造力和凝聚力之中。文化的创新是社会主义先进文化软实力建设和发展的源泉所在，只有将发展先进文化与先进社会生产力结合起来，才能增强社会主义先进文化的创造力、凝聚力和吸引力，发展国家软实力，

---

① 《毛泽东选集》第二卷，人民出版社1991年版，第694页。
② 徐光春：《文化的力量》，载于《中原文化研究》2015年第4期。
③ 习近平：《之江新语》，浙江人民出版社2007年版，第149页。

形成软实力和硬实力的良性互动，增强两者的合力，不断提升国家综合国力和国际竞争力。

第三节 发 展 道 路

发展道路和发展模式是国家软实力建设内容体系的重要构成。一个国家的发展道路和发展模式如何，不仅影响国家软实力和综合国力的发展与兴衰，而且影响国家的前途和命运。中国发展的道路、模式问题，关系到中国的兴衰存亡，关系到中国的创造力、凝聚力、生命力，关系到中国的国家软实力、核心竞争力和国际影响力。因此，加强中国软实力建设，要注重促进中国道路、中国模式的探索、发展和完善，进一步增强中国自信，不断提升中国的国家软实力和国际影响力。

一、中国模式

中国在探索自身发展道路的过程中，形成了一些成功的做法、经验和明显的成效，被称为中国模式。探索中国发展道路，就要把中国模式和中国道路结合起来加以探讨，坚持中国道路，完善中国模式，增强中国自信，不断提升国家软实力。

（一）中国模式的聚焦

中国实行改革开放以后，取得了世人瞩目的伟大成就，引起了国外学术界和媒体的高度关注与热烈讨论，推动了中国发展模式问题研究的兴起和深化。

国内最早关注中国模式的是林毅夫，他在1994年出版的《中国的奇迹：发展战略与经济改革》一书中，从中国发展和转型的经验视角探讨了中国模式。国外关注中国模式大致经历了三个阶段。第一阶段主要关注中国的改革开放。西方国家对中国改革开放取得的巨大成就和变化另眼相看，但受到"冷战"思维的影响，要么认为中国开始"走资本主义道路"，要么期望中国步苏联和东欧后尘，恶意散布"中国崩溃论"和"中国无足轻重论"等。第二阶段主要以乔舒亚·库珀·雷默提出的"北京共识"为标志。2004年5月，雷默发表了一份名为《北京共识：中国是否能够成为另种典范》的报告。这一份报告提出了"北京共识"的新概念，"北京共识"是相对于"华盛顿共识"提出的一个新概念，探讨了中国的发展模式问题，这一模式不同于"华盛顿共识"的新自由主义的经济发展模式。"北京共识"的概念一经提出，就引起了世界各国政要、学者的广泛关注。在这一份报告中，雷默描述了西方世界对中国的基本认识和主要看法，并提出：正是中国，依靠它独特、典范而成功的发展路径，在帮助和重新塑造这个世界。正是中国人走的路，正变得越来越流行，并且给世界带来了希望。雷默在报告第一部分"北京共识：中国实力的新物理学"中首先提出，中国通过艰苦努力、主动创新和大胆实践，已摸索出一个适合本国国情的发展模式，并把这一模式称为"北京共识"。此后，国外学者围绕中国的经济发展、政治改革和社会进步，进一步加大了对"中国模式"研究的力度。国外大多数学者都尽可能本着尊重历史、尊重事实的治学精神，采取比较客观公正的态度，因而绝大多数人对"中国模式"的基本内涵及其实践成就有较为客观的认识和评价。但由于问题本身的复杂性，加上他们对中国国情缺乏了解以及西方媒体的负面影响，有些学者在研究中表现出一定的局限性，戴着有色眼镜解读中国的发展模式及其成就，有的甚至散布"中国威胁论"等错误言论，体现了一些人对中国发展道路和模式的误解和曲解。第三阶段则伴随着一系列彰显国力提升与国际认可的行动，如2008年中国成功举办奥运会、2009年经受了"二战"后最严重的世界经济危机考验的中国经济回升远远领先于发达国家和其他新兴经济体、2010年中国在上海首次举办精彩纷呈的世博会、2016年中国在杭州成功举办G20峰会，2020年起全球新冠疫情治理中国的疫情防控奇迹及其影响以及中国作为负责任大国在国际事务包括巴黎气候协议落实及新冠疫情防控中展现的新担当、新姿态、新作为等。这一切都让世界聚焦中国，外国学界和媒体关于"中国模式"的研究和热议再掀高潮。

国外对"中国模式"的研究，开始更加关注这一模式对未来世界的影响。2010年初，英国学者马丁·雅克的新书《当中国统治世界》中文版出版。他在书中预测，中国模式将使中国崛起，从而使中国有可能在2050年后代替美国，主导世界秩序，从而为西方国家称霸世界格局画上句号。在专家学者展开广泛深入研究的同时，"中国模式"作为认识中国现代化发展的一个视角也引起了世界众多媒体的关注。各路媒体从政治到经济，再到军事、文化和社会，或褒或贬，或"捧杀"或"棒杀"，众说纷纭，莫衷一是。《纽约时报》在一篇长文中指出，"中国模式"话题的热度与中国经济保持同步增长，而世界金融危机使这个话题更受关注。英国《泰晤士报》载文说，"中国模式"的成功将深刻影响国际体系转型的轨迹。英国《卫报》更是将2008年称为"中国模式年"。① 2020年新冠疫

---

① 袁秉达、官进胜：《国际视野下的"中国模式"研究》，载于《文汇报》2010年5月24日。

情全球暴发，中国的动员能力之强、应对速度之快、防治效果之好，世所罕见。新冠疫情全球防治的中国奇迹，再一次彰显了中国发展模式的优越性，已经并将继续吸引越来越多的人关注和探讨中国的发展模式。

（二）中国模式的核心

雷默当初提出"北京共识"的目的在于"为如何思考中国这样一个以历史上前所未有的速度迅速发展变化的国家提供一个框架"[1]。他自己就认为："'中国模式'是'北京共识'的一部分，即关于经济的部分。'北京共识'的范围更广一些，含有许多不涉经济的思想……其核心就是一个国家按照自身的特点进行发展。"[2] 说到底，"北京共识"只是中国特色社会主义道路的雷默版表达，因为中国的"发展和富强道路不能由任何其他国家照搬"，而且"它仍充满矛盾、紧张和陷阱"。[3]

"北京共识"其实讲的就是中国探索经济发展和社会公平的一种新的发展模式。雷默认为，"北京共识"的核心是探索适合自身特点的发展道路。主要体现为两点：一是创新，一是实验。创新，就是从中国的实际出发，破除迷信、解放思想、开拓进取、勇于创新，走前人没有走过的路，干前人没有干过的事。没有这样一种改革创新的精神，就不可能大胆探索出具有中国特色的发展道路和发展模式。实验，就是摸着石头过河。在实践中不断探索、实验，成功的我们就推广，不成功的，就暂时放下来，再继续探索，直到成功，再大范围推广。这样一种稳妥的、实事求是的改革，体现了马克思主义实践第一的观点，指导和推动我们走出了一条中国特色社会主义发展道路。实践证明，只有坚持从中国的实际出发，大胆探索和创新，才能找到适合中国的发展道路和发展模式，推动中国特色社会主义伟大实践和现代化建设的发展。

中国模式提供了一种走向现代化的中国智慧和中国方案。"现代化"一词，直到今天仍没有一致公认的定义，但一般可以把它理解为从不发达社会到发达社会的过程。早期的经典现代化理论，强调现代化是指从 16 世纪手工工场兴起特别是 18 世纪工业革命开始以来，逐步由传统的农业经济转变为现代工业经济，由农业社会转变为现代工业社会，由农业文明转变为现代工业文明的过程和状态。这一过程一直延续到 20 世纪 70 年代，以完成工业化为核心任务。当工业化

---

① ［美］乔舒亚·库伯·雷默：《北京共识》，引自黄平、崔之元主编：《中国与全球化：华盛顿共识还是北京共识》，社会科学文献出版社 2005 年版，第 1 页。

② 马晶：《北京共识之父："中国在培育一种创新文化"》，载于《新京报》2005 年 4 月 5 日。

③ ［美］乔舒亚·库伯·雷默：《北京共识》，引自黄平、崔之元主编：《中国与全球化：华盛顿共识还是北京共识》，社会科学文献出版社 2005 年版，第 7 页。

不再是发达国家经济与社会的基础时这种理论就被一种全新的现代化理论代替，即新的现代化理论。经典现代化理论是以发展工业经济为特点，以工业化、城市化等为重要特点，而新的现代化理论是以数字经济为背景，以数字化、网络化和全球化为主要特点。

从世界现代化进程来看，最重要的是探索适合自身发展需要和特点的现代化发展道路。对于中国的现代化建设，邓小平曾深刻指出，"我们进行社会主义现代化建设，是要在经济上赶上发达的资本主义国家，在政治上创造比资本主义国家的民主更高更切实的民主"[1]。"贫穷不是社会主义，社会主义要消灭贫穷。不发展生产力，不提高人民的生活水平，不能说是符合社会主义要求的。"[2] "落后国家建设社会主义，在开始的一段很长时间内生产力水平不如发达的资本主义国家，不可能完全消灭贫穷。所以，社会主义必须大力发展生产力，逐步消灭贫穷，不断提高人民的生活水平。否则，社会主义怎么能战胜资本主义？……不努力搞生产，经济如何发展？社会主义、共产主义的优越性如何体现？"[3] 从这些论述来看，中国的现代化建设有两个规定性内涵：一是以经济建设为中心，促进现代生产力的发展，努力提高人民群众的物质生活水平，即经济上或生产力的现代化的规定性；二是坚持社会主义发展方向，发展社会主义民主政治，体现社会主义的优越性，即政治上的现代化的规定性。中国的发展模式或曰中国模式，即为中国特色社会主义现代化道路的总体表达，是指中国改革开放以来的社会发展道路或发展经验。中国人民在中国共产党的领导下，探索出一种有别于历史上已有的现代化模式，而这种现代化模式的根本特点在于坚持共产党的领导、人民当家作主与依法治国三位一体的社会主义民主政治，坚持发展生产力、公有制的主体地位与共同富裕的社会主义本质，坚持以人民为中心的价值追求，从而形成优越于资本主义制度的发展道路和发展模式。

（三）中国模式的影响

目前来看，中国的发展模式或中国模式，已经显示出越来越大的软实力效应。一些发展中国家开始借鉴中国的发展经验，而中国也凭借经济上的相对成功开始增强在国际经济、政治、文化舞台上的吸引力与影响力。因此，中国模式的提出，是中国经济发展的结果，是综合国力和国际地位上升的结果，也是国家软实力不断增强的体现。

---

[1] 《邓小平文选》第二卷，人民出版社 1994 年版，第 322 页。
[2] 《邓小平文选》第三卷，人民出版社 1993 年版，第 116 页。
[3] 《邓小平文选》第三卷，人民出版社 1993 年版，第 10 页。

中国模式的提出，本身就是中国国家软实力和国际影响力上升的产物和反映。习近平总书记在《关于坚持和发展中国特色社会主义的几个问题》一文中指出，"近年来，随着我国综合国力和国际地位上升，国际上关于'北京共识'、'中国模式'、'中国道路'等议论和研究也多了起来。其中不乏赞扬者。一些外国学者认为，中国的快速发展，导致一些西方理论正在被质疑，一种新版的马克思主义理论正在颠覆西方的传统理论"[①]。"我们始终认为，各国的发展道路应由各国人民选择，所谓的'中国模式'是中国人民在自己的奋斗实践中创造的中国特色社会主义道路。"[②] 习近平总书记的这一段讲话，在一定程度上对"北京共识""中国模式"的提法给予了正面的回应与肯定。我们现在有很多人不谈"北京共识""中国模式"，一谈就觉得是西方人提出来的，讲"北京共识""中国模式"似乎不太合适。习近平总书记认为"北京共识""中国模式"的提出本身是有积极意义的。因为"北京共识""中国模式"，是相对于"华盛顿共识"提出来的。而"华盛顿共识"是美国在南美推行以新自由主义为核心的经济发展模式，最后在南美遭到了失败，导致南美经济下滑、两极分化，经济社会受到严重的损害，整个南美社会出现衰退。所以，"华盛顿共识"被实践证明是行不通的、失败的。而"北京共识"是相对于"华盛顿共识"提出来的，"北京共识""中国模式"的提出本身是对原有的"华盛顿共识"等西方一些理论及其提出的发展模式的质疑，同时也是中国从自身的实际出发坚持改革创新，探索出具有中国特色的社会主义的发展道路和发展模式的充分肯定，并且力图通过"北京共识"和"华盛顿共识"的比较，来找到不同于"华盛顿共识"倡导的新自由主义发展模式的一种新的发展模式，这是非常重要的，是有积极意义的。同时，习近平提出了关于中国道路和"中国模式"之间的关系的看法，强调所谓"中国模式"就是中国特色社会主义道路。这是对中国模式本质的科学揭示。中国人一般不大讲"中国模式"，而讲中国道路。因为一讲模式就容易固定化、刻板化，甚至容易僵化，所以不轻易用中国模式来概括中国的发展。我们不讲"中国模式"，而讲中国道路，说明这个道路是在实践中不断探索、不断发展、不断完善、不断前进的，它充满了生机活力。中国模式就是中国特色社会主义道路，中国道路就是在中国特色社会主义实践中不断开拓、不断发展和不断前进的道路。"北京共识"和中国模式的提出，进一步提升了中国的国家软实力，扩大了中国的国际影响力。

"中国模式"的提出及其影响与日俱增，很大程度上可以说，主要是基于中

---

①② 中共中央文献研究室编：《十八大以来重要文献选编》上，中央文献出版社 2014 年版，第111 页。

国经济的持续高速增长。改革开放40多年来，我们取得了伟大的成就，跟我们探索出的中国特色社会主义的发展模式，有着直接的、本质的联系。中国特色社会主义的发展模式促进了中国经济的持续高速增长，中国经济的持续高速增长又有力增强了"中国模式"的国际影响。中国这样一个有着14亿人口的世界巨量经济体，持续了40多年的高速发展，这种发展速度、发展规模、发展成就是前无古人、前所未有的。即使同最发达的国家相比，中国的经济增长也是傲视群雄，居于世界前列。2020年，在新冠疫情大暴发的影响下，美国、日本、德国、英国、法国、意大利等国经济都出现大幅下滑，而唯独中国经济逆势上扬，增长2.3%[①]，成为世界前十大主要经济体中唯一保持正增长的国家。中国为什么能取得这样伟大的成就？那是因为中国人民在中国共产党的领导下，探索出了中国特色社会主义的发展道路和模式，这是我们今天取得伟大成就的根本原因，也是我们继续取得新的伟大成就的根本保障。无论是经济发展还是疫情防控，都充分彰显了中国特色社会主义发展模式的优越性和影响力。

中国模式的探索，还为发展中国家走向现代化提供了中国方案和中国智慧。中国特色社会主义进入新时代，"意味着中国特色社会主义道路、理论、制度、文化不断发展，拓展了发展中国家走向现代化的途径，给世界上那些既希望加快发展又希望保持自身独立性的国家和民族提供了全新选择，为解决人类问题贡献了中国智慧和中国方案"[②]。当今世界是充满文明多样性的世界，世界各国的现代化也要从本国的实际出发，选择最适合自己的现代化道路和方式。"任何外国都不能强迫一个具有不同习惯和观念的民族按照外国的模式去生活。"[③] 同样，任何一个国家的现代化都不可能复制别国的模式，走与别国同样的现代化道路。当今世界，各国走向现代化的道路主要有两条：一条是资本主义发达国家的现代化之路；另一条是中国特色的社会主义现代化道路。

中国走的是一条新的现代化的发展道路。中国的现代化道路，是和平发展之路，是合作共赢之路，是改革创新之路，是奋斗拼搏之路。中国走向现代化靠的是什么？最重要的，靠的是中国共产党领导中国人民开辟的中国特色社会主义道路。中国特色社会主义能够集中力量办大事，形成资本主义国家所没有的更高的效率，有力促进生产力的发展。而中国之所以能集中力量办大事，说到底，是靠中国共产党的领导，靠公有制为主体、多种所有制经济共同发展的社会主义基本经济制度，靠社会主义市场经济体制，靠全国人民的自强不息、勤劳勇敢、顽强

---

① 国家统计局：《2020年中国经济年报》，中国政府网，2021年1月18日，https://www.gov.cn/zhuanti/2020zgjjnb/index.htm。

② 《习近平谈治国理政》第三卷，外文出版社2020年版，第8~9页。

③ ［美］本尼迪克特著，吕万和等译：《菊与刀》，商务印书馆1990年版，第217页。

拼搏、不懈奋斗。中国的现代化是勤劳智慧的中国人民团结奋斗、艰苦创业干出来的。中国的现代化是以党的领导为核心、以发展生产力为根本任务、以人民为发展的中心和主体、以社会主义制度作为根本保障的现代化。中国的现代化也是和平发展、合作共赢的现代化。我们的资源要从国内国际两个市场获取，我们的产品要在国内国际两个市场销售，都靠合作共赢，而不是靠侵略扩张、剥削掠夺。因此，中国的现代化道路与西方的现代化道路完全不同，在实践中彰显出与资本主义现代化发展的比较优势，为广大发展中国家走向现代化提供了新的参考与选择。

二、中国道路

"中国模式"和中国道路有着密切的联系，"中国模式"说到底是中国道路问题。加强中国道路的形成、发展、实质、特色及其价值的探索，是新时代中国软实力建设的重要内容，也是增强道路自信、坚定不移地走中国特色社会主义道路的重要前提。

（一）中国道路的探索

中国特色社会主义道路是从中国实际出发探索出来的一条道路。习近平总书记在 2013 年的一次讲话中，全面论述了中国特色社会主义道路的来之不易，指出："实现中国梦必须走中国道路。这就是中国特色社会主义道路。这条道路来之不易，它是在改革开放三十多年的伟大实践中走出来的，是在中华人民共和国成立六十多年的持续探索中走出来的，是在近代以来一百七十多年中华民族发展历程的深刻总结中走出来的，是在对中华民族五千多年悠久文明的传承中走出来的。"[1] 这四个"走出来"，体现了一种厚重的历史感。我们这条道路来之不易，它不仅是我国改革开放 40 多年探索的结果，也是新中国成立 70 多年探索的结果，并且是我们近代以来 180 多年和中华文明 5 000 多年的历史探索中走出来的一条道路。可以说，中国近代以来 180 多年和中华文明 5 000 多年的历史，为中国特色社会主义道路的探索提供了深厚的历史渊源，新中国成立 70 多年来的探索为中国特色社会主义道路的形成发展开辟了广阔的前景，改革开放 40 多年的探索为中国特色社会主义道路的形成发展奠定了最坚实的基础。

中国特色社会主义道路的探索，是从什么时候开始的？这是一个需要立足新中国发展历史和实践特别是改革开放新时期以来的伟大实践深入探索和回答的问

---

① 中共中央文献研究室编：《十八大以来重要文献选编》上，中央文献出版社 2014 年版，第 234 页。

题。新中国成立 70 多年来，特别是改革开放新时期以来，中国特色社会主义道路的探索、形成和发展，经历了新中国、新时期、新时代三个不同的历史阶段，实现了从站起来、富起来到强起来的历史跨越。

第一个历史阶段是新中国的建立和发展。以毛泽东为核心的党中央，团结带领全党全国各族人民，推翻了半殖民地半封建社会的旧中国，消除了帝国主义、封建主义、官僚资本主义"三座大山"对中国人民残酷而沉重的压迫、剥削，建立了人民当家做主的新中国——中华人民共和国，即工人阶级领导的，以工农联盟为基础的人民民主专政的国家。中国人民从此站起来了。经过大力发展社会主义工业化，实现对农业、手工业和资本主义工商业的社会主义改造，建立了我国社会主义的基本制度，主要是具有中国特色的社会主义基本经济制度，以及具有中国特色的社会主义政治制度，等等。工人阶级领导的，以工农联盟为基础的人民民主专政是我们的国体，表明了工人阶级的领导地位和工农联盟的基础地位，工人阶级经由自己的先锋队——中国共产党来实现对国家的领导。人民代表大会制度则是中国的根本政治制度，是中华人民共和国国体的政治实现形式。如果说新中国社会主义基本经济制度的建立还较多地受到了苏联模式影响的话，那么，新中国社会主义的政治制度则带有明显的中国特色，并且保持了长期稳定，保证了我国社会政治秩序的持续稳定，是中国特色社会主义民主政治发展道路的重要探索。中国特色社会主义道路的探索，包括经济、政治、文化等多方面的发展道路的探索，我国社会主义民主政治的发展道路是其中的重要组成部分。因此，可以说，中国特色社会主义道路的探索，特别是中国特色社会主义民主政治发展道路的探索，从新中国成立以后就已经开始了。中华人民共和国的成立特别是社会主义改造的完成，标志着中国特色社会主义道路发展进程的开始。

第二个历史阶段是改革开放新时期。以邓小平为核心的党中央，团结带领全党全国各族人民，开展了"实践是检验真理的唯一标准"的大讨论，重新确立了党的思想路线，即一切从实际出发，理论联系实际，实事求是，在实践中检验和发展真理。这极大地解放了全党全国各族人民的思想，实现了党和国家工作重点的转移，从"以阶级斗争为纲"转移到"以经济建设为中心"上来。确立了坚持以经济建设为中心，坚持四项基本原则，坚持改革开放的"一个中心、两个基本点"为核心内容的党的基本路线，探索坚持以公有制为主体、多种所有制经济共同发展，坚持按劳分配为主体、多种分配方式并存的基本经济制度，并突破了把计划与市场割裂开来、把社会主义与市场经济对立起来的错误观念，认为计划与市场都是经济发展的手段，把社会主义同市场经济结合起来，探索和建立了社会主义市场经济体制的基本经济制度，走出了一条具有中国特色的社会主义发展道路，特别是社会主义市场经济的发展道路，有效地促进了我国社会生产力的发展和人民生活水平的提高。中国人民从此富起来了。

第三个历史阶段是中国特色社会主义新时代。以习近平同志为核心的党中央，团结带领全党全国各族人民，奋进新时代，解决新矛盾，实现新使命，致力于推进新时代中国特色社会主义事业发展，着力探索回答"新时代坚持和发展什么样的中国特色社会主义、怎样坚持和发展中国特色社会主义，建设什么样的社会主义现代化强国、怎样建设社会主义现代化强国，建设什么样的长期执政的马克思主义政党、怎样建设长期执政的马克思主义政党"的时代主题，着力解决人民日益增长的美好生活需要与不平衡不充分发展之间的矛盾，提出了从 2020 年起，用 30 年时间分两步走实现新中国成立一百年奋斗目标的战略部署，统筹推进治党治国治军、改革发展稳定、内政外交国防等各项任务，坚持走新时代中国特色社会主义发展道路，全面建设社会主义现代化强国，实现中华民族的伟大复兴。中华民族迈向了强起来的新阶段。

由此可见，新中国成立 70 多年来，中国特色社会主义发展道路的探索，经历了新中国、新时期和新时代三个历史阶段。从毛泽东创立新中国，实行社会主义改造开始，到改革开放新时期，中国特色社会主义道路的探索，特别是经济发展道路的探索，达到了新的高度。新时代，则开启了全面深化改革、开放引领改革、充满生机活力的新篇章，赋予新时代中国特色社会主义道路以新的时代内涵。

（二）中国道路的实质

加强中国软实力建设，需要坚持和完善中国发展道路，增强中国道路的自觉自信，坚定不移地走中国特色社会主义道路。为此，需要深入探索和回答中国特色社会主义道路的实质是什么，这是中国道路探索的根本问题，也是增强道路自信的根本前提。

中国道路的实质，就是把马克思主义普遍真理与中国具体实践相结合，探索和坚持具有中国特色的社会主义发展道路。邓小平指出："把马克思主义的普遍真理同我国的具体实际结合起来，走自己的道路，建设有中国特色的社会主义，这就是我们总结长期历史经验得出的基本结论。"[①] 如果没有马克思主义普遍真理，不坚持马克思主义的普遍真理，不坚持科学社会主义的基本原理，不运用马克思主义关于科学社会主义的基本原理指导中国的实践，我们的社会实践可能具有中国特色，但不一定是社会主义。同样，如果我们不立足中国实践、扎根中国大地，不从中国的国情出发走社会主义道路，我们可能走的是社会主义道路，但

---

① 《邓小平文选》第三卷，人民出版社 1993 年版，第 3 页。

不具有中国特色，不符合中国国情，走的不是自己的路，也不能使我们走向成功，这一道路也不能称为中国特色社会主义道路。因此，中国特色社会主义道路一定是马克思主义关于科学社会主义的普遍真理同中国社会主义建设具体实践的结合，是"中国特色"和"社会主义"的紧密结合，这一道路两个方面都不能偏废，它实质是矛盾的普遍性和特殊性的结合。正像矛盾的普遍性离不开矛盾的特殊性，矛盾的普遍性存在于矛盾的特殊性之中，矛盾的特殊性也离不开矛盾的普遍性，矛盾的特殊性始终受到矛盾普遍性的规定和制约一样，中国特色社会主义道路也始终离不开马克思主义科学社会主义的普遍真理同中国社会主义建设具体实践的结合，离开了就不是真正的中国特色社会主义道路。中国共产党人坚持以马克思主义的普遍真理为指导，从中国的具体实际出发，立足中国的国情，探索中国特色社会主义的发展道路，就走出了我们今天跟世界任何一个国家，包括其他社会主义国家都不同的发展道路，我们才有了发展的生机活力，取得了举世瞩目的伟大成就。

中国道路的实质，要从矛盾的普遍性与特殊性的相互联结上加以把握。习近平总书记强调指出，我们既不走封闭僵化的老路，又不走改旗易帜的邪路，而要坚定不移地走中国特色社会主义道路。我们搞的是社会主义而不是别的什么主义，我们走的是中国特色社会主义道路，而不是别的什么道路。走中国特色社会主义道路，既要始终坚持马克思主义关于科学社会主义的普遍真理，又要始终坚持从中国的国情和具体实践出发，并且始终坚持把两者紧密结合起来。"鞋子合不合脚，自己穿了才知道。"① 中国特色社会主义道路已被实践证明，是一条符合中国国情和中国人民根本利益的正确道路。加强中国软实力建设，就要从矛盾的普遍性与特殊性相互联接上，从马克思主义普遍真理和中国社会主义具体实践的结合上，深刻把握中国特色社会主义道路的实质。只有这样，才能增强道路自觉，坚定道路自信，始终沿着正确的道路前进。

中国道路的实质，要同道路的核心内容结合起来加以把握。中国特色社会主义道路，它的核心内容是什么呢？这就是"一个中心、两个基本点"的党的基本路线。党的基本路线是中国特色社会主义发展的生命线。我们今天之所以能取得这么大的成就，就是我们在探索中国特色社会主义道路过程中形成了以"一个中心、两个基本点"为核心内容的党的基本路线。"一个中心、两个基本点"既是我们党的基本路线的核心内容，又是中国特色社会主义道路的核心内容。坚持中国特色社会主义发展道路，首先就要坚持以经济建设为中心，大力发展生产力。社会主义的根本任务是发展生产力，走中国特色社会主义发展道路，就应坚持以

① 《习近平谈治国理政》第一卷，外文出版社 2018 年版，第 273 页。

经济建设为中心，始终把发展生产力放在第一位。生产力是社会发展中起决定作用的因素，生产力的发展必然推动经济关系和整个社会的发展。我们在发展社会主义的过程中曾经走过一些弯路，究其原因，就是脱离了对我国基本国情和社会主要矛盾的正确判断，偏离了把发展生产力作为社会主义根本任务的轨道。坚持以经济建设为中心，大力发展生产力必然要求实行改革开放。改革开放是社会主义制度的自我完善，实行改革开放不仅是发展社会主义生产力的需要，也是坚持和完善中国特色社会主义制度的需要。以经济建设为中心是"兴国之要"，四项基本原则是"立国之本"，改革开放是"强国之路"。"兴国之要""立国之本""强国之路"是一个整体，坚持以经济建设为中心，大力发展生产力离不开坚持四项基本原则的"立国之本"和改革开放的"强国之路"，离开了就不能真正发展生产力；坚持四项基本原则的"立国之本"离不开改革开放赋予的时代内涵，否则就不能真正巩固"立国之本"；坚持改革开放的"强国之路"也始终离不开四项基本原则的"立国之本"，离不开社会主义制度的坚持和完善，离开了就可能走偏方向。坚持"兴国之要""强国之路"和"立国之本"的三位一体，有利于发展社会主义社会的生产力，有利于增强社会主义国家的综合国力，有利于提高人民群众的生活水平。因此，坚持中国特色社会主义道路，就要把握中国特色社会主义道路的实质和核心，坚持马克思主义普遍真理同中国具体实践的紧密结合，始终坚持党的"一个中心、两个基本点"的基本路线。

（三）中国道路的特色

中国道路的特色是什么？中国道路的特色，就在于运用马克思主义关于科学社会主义的基本原理和方法，分析和解决中国社会主义建设的实际问题，走出了具有中国特色的社会主义发展道路。中国道路的特色就在于符合中国的国情，切合中国的实际，体现了中国的独特探索与创新，这一道路特色体现在政治、经济、文化、社会、生态发展道路等各个方面。

中国特色社会主义道路是在中国共产党的领导下，把马克思主义普遍真理与中国的具体实际相结合探索走出的一条适合中国国情的发展道路。中国共产党领导是中国特色社会主义最本质的特征，也是中国社会主义道路最鲜明的特色。正是在中国共产党的领导下，我们在经济、政治、文化、社会、生态等各方面都走出了具有中国特色的发展道路。

中国特色社会主义政治发展道路，就是在坚持中国共产党的领导下，探索出中国特色社会主义民主政治发展的道路，实现坚持党的领导、人民当家作主、依法治国三者的有机统一。这种中国特色的政治发展道路在中国政治制度创新中得到了集中体现，中国共产党领导的多党合作和政治协商制度、人民代表大会的根本政治制度，民族区域自治制度、基层群众自治制度，都集中体现了中国特色社会主义民主政治发展道路，体现了中国政治发展道路与西方政治发展道路的根本区别。西方的多党制、三权分立等构成的政治制度、政治结构和发展模式，是一个资本主导、相互掣肘、效率极低的政治发展模式，代表和维护的是垄断资产阶级的利益。中国特色社会主义的民主政治和发展道路与此完全不同，代表的是最广大人民群众的最根本利益，创造了新中国成立70多年来特别是改革开放40多年以来经济长期快速发展和社会持续稳定的奇迹，充分体现了社会主义政治发展道路和模式的优越性。

中国特色社会主义经济发展道路，就是坚持公有制为主体、多种所有制经济共同发展，坚持按劳分配为主体、多种分配方式并存，建立和发展社会主义市场经济，把计划和市场结合起来，坚持在国家宏观调控下发挥市场对资源配置的决定性作用。中国特色社会主义经济发展道路的最大特色，就在于把社会主义与市场经济结合起来。过去，搞社会主义的，不搞市场经济，搞市场经济的，不是社会主义。现在，中国在改革开放中，大胆地闯、大胆地试，第一次把社会主义和市场经济结合起来，把社会主义制度的优越性与市场机制的竞争活力结合起来，把"有形的手"和"无形的手"结合起来，把政府的宏观调控与市场的有效调节结合起来，把全社会生产的有政府状态和企业经济组织的高效率结合起来，既能集中力量办大事，又能充分激发微观经济活力，使社会主义市场经济的优越性得到集中而充分的体现。

中国特色社会主义文化、社会和生态发展道路也各具特色。中国特色社会主义文化的发展道路，就是坚持为人民服务、为社会主义服务的"两为"方向，贯彻百花齐放、百家争鸣的"双百"方针，实施中华优秀传统文化创造性转化和创新性发展的"双创"方略，发展面向现代化、面向世界、面向未来的民族的科学的大众的社会主义文化，一手抓公益性文化事业，一手抓经营性文化产业，繁荣发展中国特色社会主义文化。中国特色社会主义的社会发展道路，就是构建共建共治共享的社会治理格局，加强和创新社会治理，完善党委领导、政府负责、社会协同、公众参与、法治保障的社会治理体制，提高社会治理社会化、法治化、智能化、专业化水平。保障和改善民生，解决好社会矛盾，处置好突发事件，维护好社会稳定，促进社会公平正义，建设社会主义和谐社会。中国特色社会主义的生态发展道路，就是坚持以正确处理人与自然的关系为核心，把开发资源与保护生态有机结合起来，走人与自然和谐、资源节约型和环境友好型的可持续发展道路。

可见，我国社会主义政治、经济、文化、社会、生态的发展道路都充分彰显了中国特色。实践证明，中国特色社会主义道路是中国全面协调可持续发展之路，也是新时代实现中华民族伟大复兴的必由之路。新时代，坚定不移地沿着这条道路前行，才能真正提高国家软实力和核心竞争力，全面建成社会主义现代化强国，实现中华民族的伟大复兴。

（四）中国道路的价值

道路决定国家的前途命运，决定着国家软实力和国际竞争力的强弱。中国道路是创新之路、强国之路、共享之路，具有重要的时代价值。

中国道路是创新之路。中国道路是从本国国情和实践出发，探索走出的一条改革创新的发展道路。"中国立足自身国情和实践，从中华文明中汲取智慧，博采东西方各家之长，坚守但不僵化，借鉴但不照搬，在不断探索中形成了自己的发展道路。"① 中国是世界上最大的发展中国家，也是世界上最大的社会主义国家。中国的发展没有现成模式可以套用，没有现成道路可以借鉴。既不能走封闭僵化的老路，也不能走改旗易帜的邪路，只能从中国的实际出发，探索一条改革创新的发展道路。通过改革与生产力发展不相适应的经济基础和上层建筑，破除妨碍发展的体制机制障碍，不断完善和发展中国特色社会主义制度，走出了一条中国特色社会主义道路，促进了社会生产力的不断解放和发展。中国特色社会主义道路是近代以来中国人民经过艰辛探索最终选择的现代化道路，是中国共产党和中国人民在长期实践中逐步开辟出来的道路，中国特色社会主义道路既坚持了科学社会主义的基本原则，又根据我国实际和时代特征赋予其鲜明的中国特色。邓小平指出，"社会主义要赢得与资本主义相比较的优势，就必须大胆吸收和借鉴人类社会创造的一切文明成果，吸收和借鉴当今世界各国包括资本主义发达国家的一切反映现代社会化生产规律的先进经营方式、管理方法"②。中国特色社会主义道路是在改革开放中不断探索，不断吸收和借鉴人类社会创造的一切文明成果，形成的一条独特的具有中国特色的社会主义发展道路。

中国特色社会主义道路是物质文明、政治文明、精神文明协同发展的道路。中国在走自己发展道路的过程中，坚持以经济建设为中心的同时，坚持四项基本原则，坚持改革开放，不断解放和发展社会生产力，巩固和完善社会主义制度，发展社会主义市场经济、社会主义民主政治、社会主义先进文化，推动建设富强、民主、文明、和谐、美丽的社会主义现代化国家，促进社会和人的全面发展，促进物质文明、政治文明和精神文明的协调发展。中国道路既包括经济发展道路，还包括社会主义民主政治、社会主义先进文化、社会主义和谐社会的发展

---

① 《习近平谈治国理政》第二卷，外文出版社 2017 年版，第 482 页。
② 《邓小平文选》第三卷，人民出版社 1993 年版，第 373 页。

道路。中国道路创造了党的领导、人民当家作主、依法治国有机统一的民主政治发展道路，创造了人民代表大会制度、中国共产党领导的多党合作和政治协商制度、民族区域自治制度、基层群众自治制度。邓小平曾明确指出："没有民主就没有社会主义，就没有社会主义现代化。"① 因此，民主是社会主义的内在要求和本质特征。在我国社会主义民主政治的发展进程中，党的十六大第一次提出"政治文明"，指出"发展社会主义民主政治，建设社会主义政治文明，是全面建设小康社会的重要目标"②。党的十七大报告进一步强调发展社会主义民主，指出"人民民主是社会主义的生命。发展社会主义民主政治是我们党始终不渝的奋斗目标"③。习近平也反复强调发展人民民主、民主政治、政治文明，指出："人民民主是中国共产党始终高举的旗帜。在前进道路上，我们要坚定不移走中国特色社会主义政治发展道路，继续推进社会主义民主政治建设、发展社会主义政治文明。"④ 习近平在党的十八大、十九大报告中，多次强调要发展中国特色社会主义文化，培育和践行社会主义核心价值观，促进社会主义精神文明的发展。因此，中国特色社会主义道路的创新，不仅体现在经济发展道路的创新，还体现为政治发展道路、文化发展道路的创新。中国特色社会主义道路就是物质文明、政治文明和精神文明协调发展的创新之路，有力地推动了我国社会主义社会全面协调可持续发展。

中国道路是强国之路。中国特色社会主义道路是全面建设社会主义现代化强国、实现中华民族伟大复兴的必由之路，是最大的发展中国家走向现代化强国的发展之路。中国作为最大的发展中国家，探索自身的现代化道路，实现中国的现代化发展，建成社会主义现代化强国本身就是对世界做出的重要贡献。邓小平曾说："十亿人的中国坚持社会主义，十亿人的中国坚持和平政策，做到这两条，我们的路就走对了，就可能对人类有比较大的贡献。"⑤ 中国领导人一直强调，把中国自己的事情即社会主义现代化建设搞好，就是对国际社会与人类的重大贡献。"中国将始终不渝地把发展作为执政兴国的第一要务，把中国自己的事情办好，这本身就是对人类和平与发展的重大贡献。"⑥ "中国的发展与全人类的共同利益息息相关。中国人口占世界人口的五分之一。如果中国发展不起来，13 亿中国人民的生活得不到改善，那么，全人类共同利益的实现就会受到严重影响。

---

① 《邓小平文选》第二卷，人民出版社 1994 年版，第 168 页。

② 中共中央文献研究室：《十六大以来重要文献选编》中，中央文献出版社 2006 年版，第 387 页。

③ 中共中央文献研究室：《十七大以来重要文献选编》上，中央文献出版社 2009 年版，第 22 页。

④ 《习近平谈治国理政》第二卷，外文出版社 2017 年版，第 285 页。

⑤ 《邓小平文选》第三卷，人民出版社 1993 年版，第 158 页。

⑥ 温家宝：《弘扬五项原则 促进和平发展——在和平共处五项原则创立 50 周年纪念大会上的讲话》，中国政府网，2004 年 6 月 28 日，http：//www.gov.cn/gongbao/content/2004/content_62873.htm。

因此，中国把自己的事情办好，实现全面建设小康社会的宏伟目标，就是对全人类发展和福祉作出的历史性贡献。"① 中国领导人十分强调中国的现代化建设的国际意义，一是中国的人口众多，解决好人民群众的物质文化生活，实现社会的稳定与发展，对国际社会减少贫困人口、实现人类社会进步都是一种贡献，二是中国选择了社会主义道路，对人类社会的进步与发展贡献了一种非资本主义的道路选择，对既想保持国家主权又想实现现代化的广大发展中国家，提供了一种新的参考和选择。习近平指出："中国特色社会主义不断取得的重大成就，……意味着中国特色社会主义拓展了发展中国家走向现代化的途径，为解决人类问题贡献了中国智慧、提供了中国方案。"② 中国坚持自己独特的现代化发展道路，从全面建成小康社会，到全面建设社会主义现代化强国、实现中华民族的伟大复兴，中国在强国之路上迈出了坚实的步伐，取得了伟大的成就，不仅为人类的发展做出了重要的贡献，还增强了中国人民的凝聚力和自信心。英国《经济学人》智库（EIU）2018 年 11 月公布的一项内容为"对自己国家满意度"的民意调查结果显示，中国民众对国家未来发展前景充满信心，91.4% 的中国民众相信中国在未来十年里会发展得越来越好，满意度在所调查国家中最高。此项调查覆盖全球 50 个国家和地区、3 221 人。③ 这种凝聚力和自信心充分彰显了中国道路的时代价值，是中国软实力的重要体现。

中国道路的时代价值还体现在具有越来越广泛的国际影响。中国道路不仅促进了中国自身的发展，还对世界经济的发展做出了重要贡献。党的十八大以来，我国贯彻创新、协调、绿色、开放、共享的新发展理念，加强供给侧结构性改革，使经济保持持续健康发展，质量和效益不断提升。"2013～2018 年，中国对世界经济增长的平均贡献率超过 28.1%。有关测算结果表明，2013～2016 年，如果没有中国因素，世界经济年均增速将放缓 0.6 个百分点，波动强度将提高 5.2%。"④ 麦肯锡全球研究院发布报告认为，"2000～2017 年，世界对中国经济的综合依存度指数从 0.4 逐步上升至 1.2，中国贡献了全球制造业总产出的 35%"⑤。中国成为世界经济发展的引擎，是世界经济增长的最大贡献者。中国道路在促进世界经济增长的过程中，也不断扩大了中国的国际吸引力和影响力，提升了国家软实力。

---

① 吴邦国：《开创亚洲和平合作和谐新局面——在博鳌亚洲论坛 2007 年年会开幕式上的主旨演讲》，中国政府网，2007 年 04 月 21 日，http://www.gov.cn/ldhd/2007-04/21/content_591128.htm。
② 《习近平谈治国理政》第二卷，外文出版社 2017 年版，第 62 页。
③ 经济学人智库（EIU）：《进步的优先事项：理解公民的声音》，中国经济网，2018 年 11 月 16 日，http://views.ce.cn/view/ent/201811/16/t20181116_30796883.shtml。
④⑤ 麦肯锡全球研究院：《中国与世界：理解变化中的经济联系》，麦肯锡咨询公司网站，2019 年 7 月 4 日，https://www.mckinsey.com.cn/。

中国道路是共享之路。中国道路的价值还体现在它是一条人民中心、共同富裕，合作共赢、共建共享的文明发展之路。从国内来说，中国的共享发展之路体现为坚持以人民为中心，把人民利益放在首位，走共同富裕的道路，发展利益人民共享。改革开放40多年来，中国秉持以人民为中心的发展思想，把人民对美好生活的向往作为奋斗目标，把改善人民生活、增进人民福祉、保障人民民主权利作为坚持中国发展道路的出发点和落脚点，依靠人民推动发展、使发展更好造福人民。改革开放以来，中国坚持人民中心、共同富裕、共享发展之路，人民生活得到极大改善。经过长期努力，中国从人民饥寒交迫、解决温饱到全面实现小康，迈向全面建设社会主义现代化强国。按照现行农村贫困标准计算，中国农村贫困人口从1978年的7.7亿人，下降到2018年的1660万人，农村贫困发生率从97.5%下降到1.7%，下降了95.8个百分点，创造了人类减贫史上的奇迹。中国初步构建起世界上规模最大、覆盖人口最多，包括养老、医疗、低保、住房、教育等民生领域的社会保障体系。2018年末，全国参加城镇职工基本养老保险人数41902万人，参加失业保险人数19643万人，参加工伤保险人数23874万人，基本养老保险覆盖超过9亿人，基本医疗保险覆盖超过13亿人，基本实现全民医保。70年前，中国人均预期寿命为35岁，2018年达到77岁，远高于世界平均预期寿命72岁。中国人民的精神生活更加丰富，精神面貌发生了深刻变化。① 美国波士顿咨询公司2018年发布的全球民生福祉报告显示，过去10年中，中国排名上升25位，在受调查的152个国家中进步最快。② 中国的共同富裕、共享发展之路赢得了人民的广泛认同和衷心拥护，增强了中国道路的向心力、凝聚力和生命力。

从国际来说，中国的共享发展之路体现为开放合作、互利共赢的发展道路，发展机遇共享、发展经验共享、发展利益共享。中国道路是在开放中谋求共同发展的道路。"中国坚持对外开放基本国策，奉行互利共赢的开放战略，不断提升发展的内外联动性，在实现自身发展的同时更多惠及其他国家和人民。"③ 实现了从封闭、半封闭到全方位开放的伟大历史转折，参与和推进了经济全球化进程，促进了人类和平与发展的崇高事业。中国既是"世界工厂"，也是"全球市场"。中国有14亿人口、4亿多中等收入群体④，市场规模庞大。中国经济持续

---

① 国家统计局：《2018年国民经济和社会发展统计公报》，国家统计局网站，2018年2月28日，http：//www. stats. gov. cn/sj/zxfb/202302/t20230203_1900241. html。

② 转引自新华社：《新时代的中国与世界》，中国政府网，2019年9月27日，https：//www. gov. cn/zhengce/2019 – 09/27/content_5433889. htm。

③ 王宇航：《新时代中国对外开放的国际影响与贡献》，载于《经济日报》2019年10月21日。

④ 宁吉喆：《国家统计局局长就2021年国民经济运行情况答记者问》，国家统计局网站，2022年1月17日，http：//www. stats. gov. cn/sj/sjjd/202302/t20230202_1896579. html。

健康发展，市场需求日益扩大，为促进中国和世界经济发展的良性互动、拉动中国和世界经济的共同发展提供重要动力。中国的开放合作、互利共赢的发展之路，在全球新冠疫情防治中发挥了重要作用。中国积极开展抗击新冠疫情的全球合作，力所能及为国际组织和其他国家提供援助，截至 2021 年 6 月，共为受疫情影响的发展中国家抗疫以及恢复经济社会发展提供了 20 亿美元援助，向 150 多个国家和 13 个国际组织提供了抗疫物资援助，为全球供应了 2 900 多亿只口罩、35 亿多件防护服、46 亿多份检测试剂盒，向 100 多个国家和国际组织提供 5.2 亿多剂疫苗，累计组派 33 批抗疫医疗专家组赴 31 个国家协助抗疫。① 中国在率先做好自身疫情防控的同时，全力支援世界各国的疫情防控，充分体现了携手抗疫、共克时艰的共享精神，在展现中国疫情防控的能力和实力的同时，彰显了中国的责任与担当。

正如英国剑桥大学教授马丁·雅克认为："中国提供了一种'新的可能'，这就是摒弃丛林法则、不搞强权独霸、超越零和博弈，开辟一条合作共赢、共建共享的文明发展新道路。这是前无古人的伟大创举，也是改变世界的伟大创造。"② 中国发展道路体现了中国的开阔胸襟和大国担当，塑造了中国负责任的全球大国形象，提升了中国的国际影响力和国家软实力。

三、中国自信

自信是开拓奋进的强大动力，是攻坚克难的精神支撑。一个国家、一个民族、一个政党，只有充满自信，才能坚如磐石、坚定前行。习近平同志指出："全党要坚定道路自信、理论自信、制度自信、文化自信。当今世界，要说哪个政党、哪个国家、哪个民族能够自信的话，那中国共产党、中华人民共和国、中华民族是最有理由自信的。"③ 这就是一种中国自信。中国自信是中国积极向上精神状态的体现，这种精神状态是我们战胜一切困难险阻的信心和力量，也是坚定理想信念和凝聚中国力量，继续推进中国特色社会主义伟大事业的精神动力。中国自信有着深刻的根源，正如习近平总书记所言，"我们说的道路自信、理论自信、制度自信，来源于实践、来源于人民、来源于真理。"④ 中国自信体现为

---

① 中共中央宣传部：《中国共产党的历史使命与行动价值》，人民出版社 2021 年版，第 84 页。

② 转引自何梦舒、谢琳、商婧：《人类命运共同体理念之光照亮世界前行之路》，载于《人民日报》2020 年 9 月 2 日。

③ 《习近平谈治国理政》第二卷，外文出版社 2017 年版，第 36 页。

④ 中共中央宣传部：《习近平新时代中国特色社会主义思想学习纲要》，人民出版社 2019 年版，第 34 页。

"四个自信"，首要的是道路自信，这种自信源于实践、源于人民和源于真理。

（一）中国自信源于实践

中国自信首先源于自身发展实践。无论是道路自信、理论自信还是制度自信、文化自信，归根到底，都是源自实践的自信。实践开辟了中国发展的道路，推动我们取得了各项发展的成就，检验中国探索和发展的道路是否正确，并为增强中国自信奠定了重要的实践基础。在庆祝改革开放 40 周年大会上，习近平总书记如数家珍地谈到了我国取得的伟大成就："40 年来，我们始终坚持以经济建设为中心，不断解放和发展社会生产力，我国国内生产总值由 3 679 亿元增长到 2017 年的 82.7 万亿元，年均实际增长 9.5%，远高于同期世界经济 2.9% 左右的年均增速。我国国内生产总值占世界生产总值的比重由改革开放之初的 1.8% 上升到 15.2%，多年来对世界经济增长贡献率超过 30%。我国货物进出口总额从 206 亿美元增长到超过 4 万亿美元，累计使用外商直接投资超过 2 万亿美元，对外投资总额达到 1.9 万亿美元。我国主要农产品产量跃居世界前列，建立了全世界最完整的现代工业体系。现在，我国是世界第二大经济体、制造业第一大国、货物贸易第一大国、商品消费第二大国、外资流入第二大国，我国外汇储备连续多年位居世界第一，中国人民在富起来、强起来的征程上迈出了决定性的步伐！"[1] 据国务院新闻办公室发布的《新时代的中国与世界》白皮书显示，新中国成立以来，特别是改革开放以来，我国的经济实力显著增强。从 1952 年至 2018 年，中国工业增加值从 120 亿元增加到 305 160 亿元，按不变价格计算增长了 970 倍，年均增长 11%；国内生产总值从 679 亿元增加到 90 万亿元，按不变价计算增长了 174 倍，年均增长 8.1%；人均国内生产总值从 119 元增加到 2018 年的 64 644 元，按不变价计算增长了 70 倍。根据世界银行数据，按市场汇率计算，2018 年中国经济规模为 13.6 万亿美元，仅次于美国的 20.5 万亿美元。目前，中国是世界上唯一拥有联合国产业分类目录中所有工业门类的国家，多项工业品产量居世界第一。[2] 2021 年，中国 GDP 达 114.4 万亿元，按年平均汇率折算达 17.7 万亿美元，美国的 GDP 为 22.9 万亿美元[3]，差距进一步缩小。中国社会主义现代化建设实践，推动我们取得了一系列伟大的成就，为增强中国自信提供了最重要的发展基础和物质保障。

习近平指出："实践充分说明，只要道路正确、理论正确、制度正确、文化

---

① 习近平：《习近平在庆祝改革开放 40 周年大会上的讲话》，人民出版社 2018 年版，第 11~13 页。

② 中华人民共和国国务院新闻办公室：《新时代的中国与世界》，人民出版社 2019 年版，第 4 页。

③ 宁吉喆：《国家统计局局长就 2021 年国民经济运行情况答记者问》，国家统计局网站，2022 年 1 月 17 日，http：//www. stats. gov. cn/sj/sjjd/202302/t20230202_1896579. html。

正确，只要坚定不移、坚韧不拔、坚持不懈、艰苦奋斗，朝着伟大目标持之以恒前进，风雨如磐不动摇，我们的目标就能够达到，我们的目标也一定能够达到！"[1] 中国取得翻天覆地变化的根本原因，就在于中国人民在中国共产党的领导下，坚持将马克思主义基本原理与中国具体实际相结合，走出了一条适合中国国情的发展道路，这是一条从本国国情出发的道路，是一条把人民利益放在首位的道路，是一条改革创新的道路，是一条共同发展的道路。正是在中国特色社会主义理论的指导、制度的保障和文化的滋养下，始终沿着中国特色社会主义道路前进，我们才取得了中国特色社会主义现代化建设的伟大成就，彰显了中国道路的独特魅力和巨大优势，为中国自信提供了最坚实的实践基础。

（二）中国自信源于人民

人民是中国自信的根本力量，人民的认同、支持、参与、创造的程度决定中国自信的程度。什么样的主义、道路、制度和文化适合中国，中国人民最有发言权。中国特色社会主义道路、理论、制度、文化是历史和人民的选择，人民之所以作出这样的选择，就在于它们能够维护和实现最广大人民群众的利益。在中国共产党的领导下，中国人民找到了一条实现中华民族伟大复兴的康庄大道，创立了中国特色社会主义理论，建立和巩固了中国特色社会主义制度，发展了中国特色社会主义文化，实现了从站起来、富起来并走向强起来的伟大飞跃。在这一过程中，党和国家始终坚持"以人民为中心"的发展思想，坚持以实现最广大人民群众的根本利益为目标，人民群众的获得感越来越强，中国特色社会主义因而赢得了广大人民群众的衷心支持和拥护。

中国特色社会主义是14亿人民群众的共同事业，人民群众的广泛参与、主动投入和自觉实践是中国特色社会主义发展的根本保障，人民群众首创精神的发挥是中国特色社会主义事业发展的力量源泉。中国特色社会主义始终以人民为主体，坚持人民利益至上，践行共同富裕的价值取向，最大限度解放和发展社会生产力，在政治上始终坚持人民当家作主的社会主义本质，充分发扬人民民主、促进公平正义，最大限度调动人民群众的积极性、主动性、创造性。正是有了广大人民的参与和支持，中国特色社会主义才创造了"中国效率"和"中国奇迹"。习近平曾满怀深情地讲道："人民是历史的创造者，人民是真正的英雄。波澜壮阔的中华民族发展史是中国人民书写的！博大精深的中华文明是中国人民创造的！历久弥新的中华民族精神是中国人民培育的！中华民族迎来了从站起来、富

---

[1]　习近平：《在纪念孙中山先生诞辰150周年大会上的讲话》，人民出版社2016年版，第12页。

起来到强起来的伟大飞跃是中国人民奋斗出来的！"① 中国共产党始终相信群众、紧密联系群众，不断探索和始终坚持适合中国国情的社会主义道路，谱写了中国特色社会主义事业的壮丽篇章。

改革开放 40 多年来，党带领人民不断开辟中国特色社会主义事业新境界，持续夯实道路自信、理论自信、制度自信、文化自信的群众根基。现在，我们比历史上任何时期都更接近、更有信心和能力实现中华民族伟大复兴的目标。同时也要清醒看到，中华民族伟大复兴绝不是轻轻松松、敲锣打鼓就能实现的。现在西方一些势力把我们实现民族复兴视为他们维持霸权的最大威胁，想方设法打压中国，甚至不惜实施国家紧急状态、运用国家力量对中国高科技企业进行极限施压，企图遏制中国的发展，打断中华民族复兴的历史进程。但我们拥有 14 亿多中国人民聚合的磅礴之力，这是我们克服一切困难和问题的自信和底气。

中国特色社会主义进入新时代，以习近平同志为主要代表的中国共产党人，"秉持以人民为中心的发展思想，把改善人民生活、增进人民福祉作为出发点和落脚点，在人民中寻找发展动力、依靠人民推动发展、使发展造福人民。中国坚持共同富裕的目标，大力推进减贫事业，让 7 亿多人口摆脱贫困，正在向着全面建成小康社会目标快步前进"②。中国特色社会主义坚持依靠人民推动发展，发展成果由人民共享，让全体人民在共建共享发展中有更多获得感，在更多获得感中增强中国自信。2021 年 2 月 25 日，习近平在脱贫攻坚总结表彰大会上庄严宣告，我国"完成了消除绝对贫困的艰巨任务，创造了又一个彪炳史册的人间奇迹"③。这一伟大成绩深刻诠释了"江山就是人民，人民就是江山"④ 的真理，确证了人民的团结奋斗和伟大创造，是中国奇迹发生的根源，也是中国自信最深厚的根源。

（三）中国自信源于真理

中国社会主义现代化建设的发展，离不开中国共产党的领导，离不开中国特色社会主义。中国共产党之所以能，社会主义之所以好，归根到底在于马克思主义行。马克思主义是我们立党立国的根本指导思想。中国共产党人始终坚持把马克思主义的科学理论作为自己的行动指南，当马克思主义这一光辉理论与具有五千年历史文明的当代中国发生碰撞与融合的时候，具有中国特色的社会主义道

---

① 中共中央党史和文献研究院：《十九大以来重要文献选编》上，中央文献出版社 2019 年版，第 386～387 页。

② 《习近平谈治国理政》第二卷，外文出版社 2017 年版，第 483 页。

③ 习近平：《在全国脱贫攻坚总结表彰大会上的讲话》，人民出版社 2021 年版，第 1 页。

④ 习近平：《在党史学习教育动员大会上的讲话》，人民出版社 2021 年版，第 15 页。

路、理论、制度和文化便应运而生。"马克思主义诞生 170 年来，社会主义从理论到实践，从一种运动到形成制度，从一国胜利到多国胜利，在坚持中深化，在深化中发展，不断昭示着人类前进的方向。"① 马克思主义真理性通过世界社会主义运动的实践得到了确证。"中国共产党之所以能够完成近代以来各种政治力量不可能完成的艰巨任务，就在于始终把马克思主义这一科学理论作为自己的行动指南，并坚持在实践中不断丰富和发展马克思主义。这使我们党得以摆脱以往一切政治力量追求自身特殊利益的局限，以唯物辩证的科学精神、无私无畏的博大胸怀领导和推动中国革命、建设、改革，不断坚持真理、修正错误。"② 实践是检验真理的唯一标准，马克思主义是在实践中产生并得到实践反复检验的科学真理。正如毛泽东所说："我们说马克思主义是对的，决不是因为马克思这个人是什么'先哲'，而是因为他的理论，在我们的实践中，在我们的斗争中，证明了是对的。"③ 实践表明，在以马克思主义为理论武装的中国共产党领导下，我们用百年的接力奋斗，取得了从革命、建设到改革的巨大成功；我们用 70 多年的拼搏创新，跑过了资本主义 300 多年的发展历程。这一切都当之无愧地归功于马克思主义和当代中国马克思主义的科学真理及其指导。马克思主义不仅从根本上改变了中国面貌，也深刻地改变了世界格局。放眼全球，工人阶级和劳动人民所获取的一切权利与利益，都直接或间接得益于马克思主义的巨大影响，得益于国际社会主义运动的鼎力推动。

马克思主义具有与时俱进的品格，它在不断创新中发展着自身。习近平总书记在纪念马克思诞辰 200 周年大会上的讲话中也指出："一部马克思主义发展史就是马克思、恩格斯以及他们的后继者们不断根据时代、实践、认识发展而发展的历史，是不断吸收人类历史上一切优秀思想文化成果丰富自己的历史。"④ 马克思主义来到中国后，与中国实际相结合，产生了马克思主义中国化创新理论成果，形成了毛泽东思想和中国特色社会主义理论体系，指引中国人民实现了从站起来、富起来再到强起来的历史飞跃。进入新时代，在习近平新时代中国特色社会主义思想的指导下，全党全国人民深化了对共产党执政规律、社会主义建设规律、人类社会发展规律的认识，道路的方向愈发明晰，理论的光芒更加璀璨，制度的优势不断凸显，文化的伟力源源释放，综合国力不断增强，中国特色社会主义理论展现更加强大、更有说服力的真理力量，在科学理论的指导下新时代所取

---

① 刘伟、谭彦德：《深刻把握马克思主义的真理力量和时代价值》，载于《毛泽东研究》2018 年第 5 期。

② 习近平：《在庆祝中国共产党成立 95 周年大会上的讲话》，人民出版社 2016 年版，第 8 页。

③ 《毛泽东选集》第一卷，人民出版社 1991 年版，第 111 页。

④ 习近平：《在纪念马克思诞辰 200 周年大会上的讲话》，人民出版社 2018 年版，第 9 页。

得的历史性成就和历史性变革使得我们更加自信。

历史和经验告诉我们，只要始终坚持中国特色社会主义道路，坚定道路自信、理论自信、制度自信和文化自信，就会具有无比强大的战略定力，释放源源不绝的内生动力，生发绵绵不绝的实践伟力。习近平同志在纪念毛泽东同志诞辰120周年座谈会上饱含深情又无比坚定地指出："站立在960万平方公里的广袤土地上，吸吮着中华民族漫长奋斗积累的文化养分，拥有13亿中国人民聚合的磅礴之力，我们走自己的路，具有无比广阔的舞台，具有无比深厚的历史底蕴，具有无比强大的前进定力。中国人民应该有这个信心，每一个中国人都应该有这个信心。"[1] 习近平总书记的话，彰显了中国自信源自马克思主义和中国化马克思主义真理的从容和底气，增强了中国人民战胜一切困难和挑战、不断创造中国奇迹和时代辉煌的勇气和力量。

第四节　外　交　政　策

外交政策之所以能成为软实力体系中的主要组成部分，在于一国需要通过它来传达价值观念、发展对外交往、维护国家利益、塑造国家形象并参与世界治理。习近平总书记强调："要注重软实力建设，把我国标准、规则、理念推出去，逐步形成一套带有中国印记的多边治理规则，扩大以我为主的全球伙伴关系网，提升我国在地区乃至全球治理中的影响力和话语权。"[2] 中国在外交方面所坚持的以和平共处五项原则为核心的一些基本外交原则、外交战略与外交政策，促进了国家软实力的建设与发展，成为中国软实力建设与发展体系中的主要内容，同时也是新时代建设和发展国家软实力的重要生长点和拓展方向。

一、和平共处五项原则

和平共处五项原则，是中国外交政策的基本原则，也是对国际社会处理国际关系之理论与实践的一大创新贡献。

---

① 习近平：《在纪念马克思诞辰200周年大会上的讲话》，人民出版社2018年版，第9页。

② 中共中央文献研究室：《习近平关于社会主义文化建设论述摘编》，中央文献出版社2017年版，第215页。

（一）中国外交政策的基本原则

独立自主的和平外交政策的国际影响力是我国重要的软实力。中国在处理同包括社会主义国家在内的一切国家的关系中，一贯坚持和平共处五项原则。在此基础上，中国同许多国家建立、发展和深化了友好合作关系，为中国建设与发展国家软实力奠定了良好的外交基础。1953 年 12 月，周恩来在会见印度政府代表团时，首次系统地提出了和平共处五项原则，后经过 1955 年的万隆会议为许多亚洲国家所接受。和平共处五项原则的内容是：相互尊重主权和领土完整、互不侵犯、互不干涉内政、平等互利、和平共处。和平共处五项原则的内容是相互联系的，其核心和主要内容是互相尊重主权和领土完整。1957 年，毛泽东在莫斯科向全世界庄严宣告，中国坚决主张一切国家实行和平共处五项原则。1963 年底至 1964 年初，周恩来出访亚洲、非洲和欧洲 14 个国家时，提出了中国经济援助的八项原则，把和平共处五项原则扩展到了经济领域。1974 年，邓小平在联合国大会特别会议上再次强调国家之间的政治和经济关系都应建立在和平共处五项原则的基础上。1988 年，邓小平又率先明确提出以和平共处五项原则为准则来建立国际政治经济新秩序的主张。

和平共处五项原则是正确处理国际关系的最基本准则，反映了新型国际关系的本质特征，符合联合国宪章的宗旨和原则；它是一套完整的行为规范，比其他国际性、区域性的法律原则更基础、更合理，是国际社会普遍能够接受的行之有效的原则；它是落实和平与发展两大主题的要求，是多元多变多样世界的现实情况所决定的，是同霸权主义和强权政治针锋相对和截然不同的，最能反映世界各国特别是广大发展中国家的共同愿望，非常符合国际社会整体的安全和发展利益。和平共处五项原则经受住了历史的考验。随着时代的前进，它对处理国际关系的重要意义不断凸显。

习近平在和平共处五项原则发表 60 周年纪念大会上指出："和平共处五项原则作为一个开放包容的国际法原则，集中体现了主权、正义、民主、法治的价值观。"① 在庆祝党成立 95 周年大会上，习近平指出，"中国坚持独立自主的和平外交政策，在和平共处五项原则的基础上同所有国家发展友好合作。中国坚定不移实行对外开放的基本国策，坚持打开国门搞建设，在'一带一路'等重大国际合作项目中创造更全面、更深入、更多元的对外开放格局"②。和平共处五项原

---

① 习近平：《弘扬和平共处五项原则，建设合作共赢美好世界——和平共处五项原则发表 60 周年纪念大会上的讲话》，人民出版社 2014 年版，第 4～5 页。

② 《习近平谈治国理政》第二卷，外文出版社 2017 年版，第 42 页。

则经受了国际局势风云变幻的考验，显示了强大的生命力，在促进世界和平与国际友好合作方面发挥了巨大作用。中国不仅是和平共处五项原则的倡导者，而且是其忠诚的奉行者。在这五项基本原则的基础上，中国与世界上绝大多数国家建立了外交关系。从这方面来看，中国为国际社会树立了一个典范，亦赢得了许多国家的赞誉。

从实践来看，由于坚持和平共处五项原则，坚持务实与"双赢"的外交风格，中国在广大亚非拉国家有着重要的吸引力。从目前来看，和平共处五项原则已逐步为世界大多数国家所接受，不仅在各国大量的双边条约中得到体现，而且被许多国际多边条约和国际文献所确认。1970年第25届联合国大会通过的《关于各国依联合国宪章建立友好关系及合作的国际法原则宣言》和1974年联合国大会第六届特别会议通过的《关于建立新的国际经济秩序宣言》，都明确把和平共处五项原则包括在内。和平共处五项原则不仅是中国外交政策的基本原则，也是中国外交软实力的根本体现。

（二）中国外交政策的具体原则

在和平共处五项原则的基础上，中国外交政策逐步形成一些具体原则，既突出反映了中国的社会主义性质、中国共产党与中国人民对外交往的价值追求，又有效指导我国外交理念转化为中国的外交政策及其实践。

1. 维护世界和平、促进共同发展是中国对外政策的宗旨

习近平指出："中国外交政策的宗旨是维护世界和平、促进共同发展。中国始终是世界和平的建设者、全球发展的贡献者、国际秩序的维护者，愿扩大同各国的利益交汇点，推动构建以合作共赢为核心的新型国际关系，推动形成人类命运共同体和利益共同体。"[①] 中国国家的社会主义性质、中国的国际地位和自己的切身利益都决定了维护世界和平、促进共同发展是中国对外政策的宗旨和首要目标。这是因为，中国在近代史上曾经屡受帝国主义欺压和侵略之苦，中国人民饱经战乱、流离和穷困之难。中国人民经过长达百余年的艰辛奋斗，付出了高昂的代价，才赢得了国家独立和民族解放，并渴望在一个和平的国际环境中建设自己的国家，实现社会主义现代化和中华民族伟大复兴的中国梦。中国人民从自己的历史遭遇中深刻体会到独立与和平的弥足珍贵。这样的经历和认识促使中国外交始终坚持追求和平与发展的目标。和平与发展是当今世界的两大主题，中国始终致力于维护和推动世界的和平与发展。中国是一个社会主义国家，从未发动战争去侵略和奴役别国人民。同时，中国仍处在社会主义初级阶段，正在为实现社

---

① 《习近平谈治国理政》第二卷，外文出版社2017年版，第42页。

会主义现代化而奋斗，需要一个和平稳定的外部环境作为国家发展的保证。正如邓小平所说："中国对外政策的目标是争取世界和平。在争取和平的前提下，一心一意搞现代化建设，发展自己的国家，建设具有中国特色的社会主义。"① 习近平也指出："为了和平，中国将始终坚持走和平发展道路。"② 因此，优化国际环境、集中力量发展生产力、维护中国的国家安全、领土完整和巩固国家政权和社会主义制度，需要我们始终坚持把和平与发展作为中国外交的首要目标。

2. 独立自主是中国对外政策的根本

新中国成立以来，无论是在新民主主义革命时期、社会主义革命时期、改革开放新时期还是进入中国特色社会主义新时代，中国都始终坚持独立自主的外交政策。20 世纪 80 年代以来，中国赋予独立自主以新的内容，实行真正不结盟政策，不同任何大国结盟，不支持任何一方反对另一方，从而更好地维护了中国的独立自主。在"冷战"后的时期，中国与一些世界大国建立战略伙伴关系，但这只是协作友好关系，不是结盟关系，不针对第三方，更不对任何国家构成威胁，目的是加强与该国的合作和交往，更好地促进自身的发展，有利于维护中国的独立自主，也符合各国人民的长远利益，有利于推进世界的和平与发展事业。习近平在外事会议上强调："要在坚持不结盟原则的前提下广交朋友，形成遍布全球的伙伴关系网络。要提升我国软实力，讲好中国故事，做好对外宣传。"③ 这鲜明彰显了当代中国独立自主之外交政策根本原则。

3. 加强和巩固同广大发展中国家的团结与合作是中国外交政策的重点

中国是世界上最大的发展中国家，同其他发展中国家有着相似的历史遭遇和苦难历程，今天又面临着发展本国经济、改善本国人民生活的现实任务。中国的命运与发展中国家的命运紧紧联系在一起。中国始终重视同发展中国家的团结和合作，十分重视同发展中国家的关系，并始终身体力行维护和保障国际社会中发展中国家的利益。1974 年初，毛泽东提出"三个世界的"划分理论，奠定了中国外交理论价值规范的基石。毛泽东说："我看美国、苏联是第一世界。中间派，日本、欧洲、澳大利亚、加拿大，是第二世界。咱们是第三世界"④，"亚洲除了日本都是第三世界。整个非洲是第三世界，拉丁美洲是第三世界"⑤。"三个世界"理论关注和强调国家主权独立、自主外交和国家安全等主导性外交理念和原则，获得了广大第三世界国家的认同。由此，中国同广大第三世界国家建立了反

---

① 《邓小平文选》第三卷，人民出版社 1993 年版，第 57 页。
② 《习近平谈治国理政》第二卷，外文出版社 2017 年版，第 446 页。
③ 《习近平谈治国理政》第二卷，外文出版社 2017 年版，第 444 页。
④ 《毛泽东文集》第八卷，人民出版社 1999 年版，第 441 页。
⑤ 《毛泽东文集》第八卷，人民出版社 1999 年版，第 442 页。

对霸权主义的国际统一战线，对"冷战"时期国际格局和国际秩序产生了直接影响。时至今日，这一理论仍具重要的现实价值。当前中国按照"平等互利、讲求实效、形式多样、共同发展"的原则，促进同发展中国家的经济合作与战略合作关系。中国一贯尊重发展中国家的独立和主权，支持和促进发展中国家内部的团结和合作，一贯主张要以大局为重，以团结为重，以共同利益为重，采取克制态度，以和平谈判解决发展中国家之间的问题和分歧。中国始终把加强和巩固同广大发展中国家的团结与合作作为外交政策的立足点。习近平在论述中国特色的大国外交时明确指出："要坚持国际关系民主化，坚持和平共处五项原则，坚持国家不分大小、强弱、贫富都是国际社会平等成员，坚持世界的命运必须由各国人民共同掌握，维护国际公平正义，特别是要为广大发展中国家说话。"[1] "要切实加强同发展中国家的团结合作，把我国发展与广大发展中国家共同发展紧密联系起来。要切实推进多边外交，推动国际体系和全球治理改革，增加我国和广大发展中国家的代表性和话语权。"[2] 因此，扩大中国外交的国际影响力，加深同广大发展中国家的团结合作、互利共赢是必由之路。

4. 中国的国际政治经济新秩序的主张

建立什么样的国际新秩序，是当前国际社会普遍关心的重大问题。中国政府与人民认为，世界是多样性的，各个国家之间存在着种种差异。各国人民都有权根据本国的具体情况，选择符合本国国情的社会制度和发展道路。国家无论大小、强弱、贫富，都应当作为国际社会的平等成员参与国际事务治理。国与国之间理应互相尊重、求同存异、平等相待、友好相处。国与国之间的分歧和争端，应当遵照联合国宪章和国际法准则，通过协商和平解决，不得诉诸武力。霸权主义国家拉拢少数国家构建所谓"民主同盟"，操纵和垄断国际事务的霸权主义和强权政治行径，归根到底也是行不通的。中国主张在和平共处五项原则的基础上，建立和平、稳定、公正、合理的国际新秩序。中国政府主张的国际政治经济新秩序的基本内容包括：政治上应相互尊重、共同协商，而不应把自己的意志强加于人；经济上应相互促进、共同发展，而不应造成贫富悬殊；文化上互相借鉴、共同繁荣，而不应排斥其他民族的文化；安全上应相互信任、共同维护，树立互信、互利、平等和协作。建立国际政治经济新秩序是长期的任务，中国人民将同世界各国人民一道，为此作出不懈的努力。对此，习近平提出，"世界多极化、经济全球化、国际关系民主化的大方向没有改变，要引导国际社会共同塑造更加公正合理的国际新秩序"[3]。中国支持发展中国家争取建立国际新秩序的努

---

[1] 《习近平谈治国理政》第二卷，外文出版社2017年版，第443页。
[2] 《习近平谈治国理政》第二卷，外文出版社2017年版，第444页。
[3] 《习近平谈治国理政》第二卷，外文出版社2017年版，第382页。

力，强调国家之间的政治和经济关系，都应该建立在和平共处五项原则的基础上；国际经济事务应该由世界各国共同管理，而不应由少数国家来垄断，发展中国家应该参与决定国际贸易、货币、航运等方面的大事；主张发展中国家对自己的自然资源应享有和行使永久主权，对发展中国家的经济援助应该严格尊重受援国的主权，不应附带任何条件和特权。

当前，中国积极推动构建公正合理的新型国际关系，旨在走出一条国与国交往的新路。这是党中央立足时代发展潮流和我国根本利益作出的战略选择，反映了中国人民和世界人民的共同心愿。新型国际关系核心内涵如下：一是"各国和各国人民应该共同享受尊严"，即"坚持国家不分大小、强弱、贫富一律平等，尊重各国人民自主选择发展道路的权利，反对干涉别国内政，维护国际公平正义"；二是"各国和各国人民应该共同享受发展成果"，即"只有各国共同发展了，世界才能更好发展"；三是"各国和各国人民应该共同享受安全保障"，即"各国要同心协力，妥善应对各种问题和挑战"。① 党和国家强调把相互尊重、公平正义、合作共赢理念体现到政治、经济、安全、文化等对外合作的方方面面，把理念、信念和价值观念一以贯之地落实到实践之中，"提出践行正确义利观，推动构建以合作共赢为核心的新型国际关系、打造人类命运共同体，打造遍布全球的伙伴关系网络，倡导共同、综合、合作、可持续的安全观，等等"②。这些都在国际舞台上有力地发出了中国的声音与主张，提高了中国外交的国际话语权，促进和正在促进当今国际关系的民主化。

二、中国外交创新战略

新中国成立 70 余年来特别是改革开放 40 多年来，中国从国家发展的根本利益和实际需要出发，赋予中国独立自主和平外交新的时代内涵，不断探索、创新和发展外交战略，成功地走上了一条与本国国情和时代特征相适应的和平发展道路。实现和平发展，是中国人民的真诚愿望和不懈追求，也是中国外交政策的战略依据与价值追求。习近平在二十国集团工商峰会开幕式上指出："和衷共济、和合共生是中华民族的历史基因，也是东方文明的精髓。中国坚定不移走和平发展道路。"③ 中国将始终不渝奉行和平发展、合作共赢的对外理念，继续以自己的发展促进地区和世界共同发展，扩大同各方利益的汇合点，在实现本国发展的

---

① 《习近平谈治国理政》第一卷，外文出版社 2018 年版，第 273 页。
② 《习近平谈治国理政》第二卷，外文出版社 2017 年版，第 450 页。
③ 习近平：《中国发展新起点，全球增长新蓝图——在二十国集团工商峰会开幕式上的主旨演讲》，载于《人民日报》2016 年 9 月 4 日。

同时兼顾对方特别是发展中国家的正当关切。中国将继续按照通行的国际经贸规则，扩大市场准入，依法保护合作者权益；支持国际社会帮助发展中国家增强自主发展能力、改善民生，缩小南北差距；支持完善国际贸易和金融体制，推进贸易和投资自由化、便利化，通过磋商协作妥善处理经贸摩擦。中国决不做损人利己、以邻为壑的事情。不管国际风云如何变幻，中国政府和人民都将高举和平、发展、合作旗帜，奉行独立自主的和平外交政策，维护国家主权、安全、发展利益，恪守维护世界和平、促进共同发展的外交政策宗旨。

（一）"韬光养晦、有所作为"的外交战略

从根本上说，中国坚持独立自主、和平发展、合作共赢的外交战略，以及对世界的政治经济贡献，主要取决于国内的社会主义现代化建设。邓小平明确地表达过这个观点：在国际事务中反对霸权主义，维护世界和平、实现祖国统一和现代化建设，是中国的三大主要任务，而三件事情的核心是现代化建设，"这是我们解决国际问题、国内问题的最主要的条件"。三件事情的处理，"一切决定于我们自己的事情干得好不好"。"我们在国际事务中起的作用的大小，要看我们自己经济建设成就的大小。如果我们国家发展了，更加兴旺发达了，我们在国际事务中的作用就会大。现在我们在国际事务中起的作用并不小，但是，如果我们的物质基础、物质力量强大起来，起的作用就会更大。"① 也就是说，我国社会主义现代化建设是中国处理国际问题的基石。美国一智囊机构认为："中国'实际的'软实力很可能在继续增长，但这并不必然意味着中美之间一定会发生冲突，为争夺世界影响力而战。"其中一个原因在于，"中国内部的一系列因素最终会限制它的软实力，包括政治的、社会经济的和环境的挑战"②。这说明，中国软实力的建设与发展，同样取决于我们国内的社会主义现代化。因此，中国外交战略在追求和平与发展的过程中，在特定的历史条件下，首要的是坚持邓小平提出的"韬光养晦、有所作为"的外交战略。

20世纪80年代末，邓小平根据和平与发展这一时代主题和当时国内外形势的变化，提出了"韬光养晦、有所作为"的外交战略。"韬光养晦"的目的是争取较长时间的国际和平环境，为国内经济发展和改革开放服务；"有所作为"是为了促进韬光养晦战略目标的实现，是对"韬光养晦"的有力补充，从某种意义上讲还是"韬光养晦"的最终目标。③ 换句话说，"韬光养晦"也就是指埋头苦

---

① 《邓小平文选》第二卷，人民出版社1994年版，第240页。

② Carola McGiffert. *Chinese Soft Power and Its Implications for the United States: Competition and Coorperation in the Developing World.* Washington, D. C.: Center for Strategic & International Studies, 2009, P. 126.

③ 郑启荣：《改革开放以来的中国外交（1978—2008）》，世界知识出版社2008年版，第19页。

干，一心一意地进行国内的社会主义现代化建设，到本世纪中叶把中国努力建设成社会主义现代化强国。只有国内有丰厚的物质基础、稳定的政治秩序、繁荣的文化生活、发达的科技教育，中国才可能增强在国际社会中的话语权，才可能对世界的和平与发展有更大的作用力——也就是才可能"有所作为"。正是 20 世纪 80 年代以来中国坚持改革开放，坚持以经济建设为中心，中国的物质基础逐渐丰厚起来，才可能在 90 年代的亚洲金融危机中有所作为。正如科兰兹克（Joshua Kurlantzick）认为的那样："1997 年为中国软实力的出现提供一个合适的标志性日期。在金融危机期间北京拒绝人民币贬值，并决定站在亚洲这边。……这为中国的软实力打开了一扇窗户。"① 金融危机爆发后，中国政府在国际货币基金组织安排的框架内并通过双边渠道，向泰国等国提供了总额超过 40 亿美元的援助，向印度尼西亚等国提供了出口信贷和紧急无偿药品援助。而为了帮助亚洲国家摆脱金融危机，中国履行了自己的诺言不对人民币实行贬值，并通过国际机构和双边援助来支持东南亚国家的经济，充分展现了负责任的大国风范。因而他认为中国外部软实力始于中国政府在这场金融危机中表现出来的负责任的行为。因此，中国的行动看起来是有成效的。新加坡驻美大使陈庆珠（Chan Heng Chee）后来说："不管美国对 1997 年的亚洲金融危机的反应成功与否都加强了中国在这一地区的地位。"②

随着中国经济实力的进一步增强，中国加大了对一些发展中国家的援助。作为发展中国家，中国自身也面临许多问题，联合国没有规定中国应该承担对外援助义务，但中国在对外援助领域主动担当、有所作为、贡献突出，外援金额高居发展中国家首位。"在 2008 以前，我们尽了自己的义务，免除了 46 个最不发达国家的债务，多达 400 多亿元人民币，并且提供发展中国家的援助超过 2 000 亿元（约合 292.6 亿美元）。去年在联大会议上，我又代表中国政府郑重地承诺，要继续免除截止到 2008 年底最不发达国家没有偿还的全部中国债务。"③ 中国基于独立自主、和平发展的外交政策，和平共处的外交基本原则与合作共赢的外交战略而免除一些国家的债务并加大援助力度，获得了许多国家的赞誉，树立了中国在这些国家中的影响力与吸引力。韩国学者李淑钟（Sook - Jong Lee）认为："中国的软实力外交在亚非发展中国家富有成效，那儿对中国资源的要求很多。现在，比美国和欧洲国家更少受到当前金融危机困扰的中国更有优势将能在发展

---

① Joshua Kurlantzick. China's Charm：Implications of Chinese Soft Power. *Carnegie Endowment for International Peace Policy Brief*，No. 47，2006.

② Joshua Kurlantzick. Charm Offensive：How China's Soft Power Is Transforming the World. *Foreign Affairs*，Vol. 86，No. 5，2007，pp. 182 – 183.

③ 温家宝：《中国免除了 46 个最不发达国家债务达 400 多亿》，央视网，2009 年 3 月 13 日，https：// news. cctv. com/china/20090313/105190. shtml。

中国家配发它的资源来获得软实力。"① 这就说明了国内的社会主义现代化建设是中国国际影响力与吸引力的坚实基础,在国际上的"有所作为"是建立在"韬光养晦"、大力推进社会主义现代化建设的基础之上的。

(二)"和谐世界"的外交战略

2005 年 4 月,胡锦涛在参加雅加达亚非峰会上的讲话中提出,亚非国家应"推动不同文明友好相处、平等对话、发展繁荣,共同构建一个和谐世界"②。这是"和谐世界"理念第一次出现在国际舞台。2007 年 7 月,胡锦涛出访莫斯科,"和谐世界"被写入《中俄关于 21 世纪国际秩序的联合声明》,第一次被确认为国与国之间的共识,标志着这一全新理念逐渐进入国际社会的视野。同年 9 月 15 日,胡锦涛在联合国总部发表演讲时指出,"我们应该尊重各国自主选择社会制度和发展道路的权利,相互借鉴而不是刻意排斥,取长补短而不是定于一尊,推动各国根据本国国情实现振兴和发展;应该加强不同文明的对话和交流,在竞争比较中取长补短,在求同存异中共同发展,努力消除相互的疑虑和隔阂,使人类更加和睦,让世界更加丰富多彩;应该以平等开放的精神,维护文明的多样性,促进国际关系民主化,协力构建各种文明兼容并蓄的和谐世界"③。胡锦涛的这一讲话引起与会者的热烈回应,国外媒体也对讲话予以高度关注和积极评价,认为这是向世界传递了中国渴望和平发展、愿做负责任大国,并希望与其他各国共建和平、繁荣、和谐世界的信息。

建设和谐世界思想根植于中华民族五千多年的优秀传统文化,彰显出中华优秀传统文化的现代价值,体现了中华民族在对外交往中爱好和平、讲信修睦、追求和谐的文化传统。"和谐世界"的构想是新时期我国外交宗旨的升华,它将中国近年来在国际上所倡导的新秩序观、新安全观、新发展观、新文明观等有机联系在一起。自 2005 年中国政府正式提出"和谐世界"国际外交战略后,美国学术界就开始关注此课题,不少学者在学术杂志和各种新闻媒体上发表论文加以探讨,相关学术著作亦陆续问世。"和谐世界"的提出,表明中国主动承担大国责任、积极参与国际治理、推动构建和谐世界的战略主张,也体现了中国正在通过"和谐世界"外交战略思想来构筑中国的外交软实力。科兰兹克认为,美国因对外战争而损害了其国家形象,其软实力的直线下降无疑有助于中国对外吸引力的

---

① Sook – Jong Lee. China's Soft Power: Its Limits and Potentials. *EAI Issue Briefing* No. MASI 2009 – 07, 2009.

② 《十六大以来重要文献选编》中,中央文献出版社 2006 年版,第 851 页。

③ 《十六大以来重要文献选编》中,中央文献出版社 2006 年版,第 997 页。

日益增长。① 他还指出，这种吸引力通过各种不同的手段来表达，这些手段可以归纳为两类：第一类是文化和外交的手段——也就是同中国的文化、艺术、语言及种族相关的手段②，包括文化交流，国际组织的多边参与等。第二类是商业手段，包括海外商业投资和国家援助。③

"和谐世界"的外交战略思想继承和发扬了改革开放以来中国和平外交的基本理念，充分体现了中国人民愿与世界各国共同建设和平世界的美好愿望，也在更高的境界体现了中国的外交思想和外交实践的软实力；它代表了世界各国人民的根本利益和国际社会发展进步的正确方向，为建立公正合理的国际新秩序开创了道路；它标志着中国全球外交战略的进一步完善，成为指导我国对外工作和处理国际关系的新方针。可以说，"和谐世界"主张的提出和实践极大地丰富了我国的外交战略，增强了新时期我国对外政策的软实力。

近年来，随着中国国力的迅速发展以及与世界的互动更加密切，中国在地区和世界事务中的影响越来越大，因而引起了某些国家和势力的猜忌。因此，让世界了解中国的发展道路和发展方向成为中国外交的当务之急。中国领导人提出的"和谐世界"理念突出强调国与国之间的和平、人与人之间的和睦以及人与自然的和谐，强调和平发展、合作共赢，以合作谋和平，以合作促发展。在提出"和谐世界"政治主张的同时，中国亦强调和平、开放、合作、和谐、共赢的主张、理念和追求。中国走和平发展道路，就是要把中国国内发展与对外开放统一起来，把中国的发展与世界的发展联系起来，把中国人民的根本利益与世界人民的共同利益结合起来。中国对内坚持和谐发展，对外坚持和平发展，这两个方面是密切联系、有机统一的整体，都有利于建设一个持久和平、共同繁荣的和谐世界。这一理念充分展示了中国坚持走和平发展道路的决心。

科兰兹克认为："正像中国大众开始普遍地关心外交政策一样，中国的领导集团也变得更有信心并且对世界更加了解。"④ 从"和平崛起"到"和平发展"提法的转变，表明了中国在外交战略上的日渐成熟。2003 年 11 月，博鳌亚洲论坛上郑必坚第一次提出"和平崛起"，但引起了中外的争论。2004 年 4 月，胡锦涛和温家宝使用"和平发展"来代替"和平崛起"，因为后者更能反映中国对国内

---

① ［美］约书亚·科兰兹克著，陈平译：《魅力攻势：看中国的软实力如何改变世界》，中央编译出版社 2014 年版，第 148 页。

② ［美］约书亚·科兰兹克著，陈平译：《魅力攻势：看中国的软实力如何改变世界》，中央编译出版社 2014 年版，第 56 页。

③ ［美］约书亚·科兰兹克著，陈平译：《魅力攻势：看中国的软实力如何改变世界》，中央编译出版社 2014 年版，第 76 页。

④ Joshua Kurlantzick. Charm Offensive: How China's Soft Power is Transforming the World. *Foreign Affairs*, Vol. 86, No. 5, 2007, pp. 182 – 183.

外情况的政治判断与所奉行的价值理念。雷默认为，"Peaceful Rise" 这个词开始在国际知识界广为传播，随之产生的效果却往往与提出者的初衷相悖，因为在西方看来，崛起"描绘的是一场地震"①。约瑟夫·奈也认为："拥有最多人口的中国，其日益增长的经济和军事的实力，在 21 世纪初期对亚太地区和美国的外交政策将是一个主要问题。"② 约瑟夫·奈认为："中国有必要通过'软实力'和负责任的行为来消除这些恐惧。"③ 这也对中国如何提升与运用软实力提出了更高的要求。"中国领导人很快舍弃了这一说法，转而用'和平发展'，这个词直接源自邓小平所提出的'和平与发展'，而且在国内外不会引起那么强烈的反对情绪。之后，胡锦涛又提出了'和谐世界'，这是一种更巧妙也更有说服力的主张。"④

2005 年底，中国政府发布了《中国的和平发展道路》白皮书，明确指出："中国积极参与处理国际和地区热点问题，既承担着广泛的国际义务，也发挥着负责任的建设性作用。"⑤ 同时，中国政府向世界表明：中国以自身的发展促进世界的和平与发展，依靠自身力量和改革创新实现发展，实现与各国的互利共赢和共同发展，建设持久和平与共同繁荣的和谐世界。这种重视依靠自身力量实现国家的和平发展，并积极参与国际政治活动的观念与行为，有助于中国树立一个和平、友好、积极承担大国义务的大国形象并为中国外交软实力的发展奠定良好的基础。科兰兹克说："中国国家形象的转变应归功于一系列的因素，包括一些北京控制之外的因素。但是，在很大程度上要归功于中国日益增长的软实力，它已成为北京的外交政策武器库中最有力的武器。"⑥ 可见，"和谐世界"的外交战略在消除国际社会对中国发展的疑虑、营造中国发展的良好国际环境、促进中国社会主义现代化建设方面发挥了重要的作用，有力地提升了中国的国家软实力和综合国力。

---

① ［美］乔舒亚·库珀·雷默著，沈晓雷等译：《中国形象：外国学者眼里的中国》，社会科学文献出版社 2006 年版，第 6 页。

② Joseph S. Nye, Jr. China's Re-emergence and the Future of the Asia – Pacific. *Survival*, Vol. 39, No. 4, Winter 1997, pp. 65 – 79.

③ 约瑟夫·奈：《中国描绘人类未来积极图景》，载于《环球》2007 年 10 月 16 日。

④ ［美］乔舒亚·库珀·雷默著，沈晓雷等译：《中国形象：外国学者眼里的中国》，社会科学文献出版社 2006 年版，第 8 页。

⑤ 中华人民共和国国务院：《中国的和平发展道路》，中国政府网，2005 年 12 月 22 日，http://www.gov.cn/xwfb/2005 – 12/22/content_133974.htm。

⑥ Joshua Kurlantzick. Charm Offensive: How China's Soft Power is Transforming the World. *Foreign Affairs*, Vol. 86, No. 5, 2007, pp. 182 – 183.

（三）"人类命运共同体"的外交战略

进入中国特色社会主义新时代，随着中国国力的增强和世界影响力的提升，中国外交客观上有了更多在以前并不具备的、体现自身文化传统和发出世界治理倡议的战略空间与条件底气。党和国家抓住机遇、主动作为，积极提高我国参与全球治理的能力。正如习近平所言："随着国际力量对比消长变化和全球性挑战日益增多，加强全球治理、推动全球治理体系变革是大势所趋。我们要抓住机遇、顺势而为，推动国际秩序朝着更加公正合理的方向发展，更好维护我国和广大发展中国家共同利益，为实现'两个一百年'奋斗目标、实现中华民族伟大复兴的中国梦营造更加有利的外部条件，为促进人类和平与发展的崇高事业作出更大贡献。"① 构建人类命运共同体，是习近平提出的新时代最重要的外交战略思想，是我国外交战略的创新发展，是新时代坚持和发展中国特色社会主义的基本方略之一，是习近平新时代中国特色社会主义思想的有机组成部分。习近平新时代中国特色社会主义思想洞察时代风云、把握时代大势，站在人类发展前沿引领时代潮流，积极探索关系人类前途命运的重大问题，为应对当今世界面临的全球性挑战、解决人类面临的共性问题贡献了中国智慧和中国方案。"构建人类命运共同体"明确回答了世界向何处去、以什么样的理念建设一个什么样的世界这一重大问题。构建人类命运共同体战略思想，是以习近平同志为核心的中国共产党人为全球治理、为人类社会发展贡献的中国方案和中国智慧，它契合了当代国际社会发展需要，是推动构建人类命运共同体的指路明灯。

1. 对世界怎么了的思考

"世界怎么了、我们怎么办？这是整个世界都在思考的问题，也是我一直在思考的问题。"② 2017 年 1 月 18 日，习近平总书记在联合国日内瓦万国宫出席"共商共筑人类命运共同体"高级别会议，并发表题为《共同构建人类命运共同体》的主旨演讲时提出了这个大问题，这一大问题道出了世界各国对人类前途和命运的深切担忧，也是对国际社会共同诉求的关切和思考。

近代以来，欧美等西方发达国家所主导的世界发展历史，是资本主义生产方式形成、发展并在全球逐渐占据主导地位的历史，尽管在科技革命和工业革命推动下，极大地推进了整个世界的现代化进程，大大加速了现代世界的形成，但西方发达国家的现代化道路是一种强化"中心与边缘"的二元认识论和实践论的思维方式、行为方式，其所建立的世界秩序奉行丛林法则。资本主义的发展和资本

---

① 《习近平谈治国理政》第二卷，外文出版社 2017 年版，第 448 页。
② 《习近平谈治国理政》第二卷，外文出版社 2017 年版，第 537 页。

的无限扩张带来了世界发展的不平衡，各种弊端积重难返，甚至连西方大国自身都治理失灵、问题成堆，造成一系列西方思想家所深惧的"现代性问题"和"现代性病症"，以西方文明为圭臬的现代化文明所提供的标准日益显现出历史局限性，国际格局以西方占主导、国际关系理念以西方价值观为主要取向的"西方中心论"已难以为继，西方的治理理念、体系和模式越来越难以适应新的国际格局和时代潮流。

随着世界经济在深度调整中曲折复苏，新一轮科技革命和产业变革蓄势待发，全球性问题相互交织，新旧矛盾相互叠加，世界经济、政治、社会等领域的不稳定不确定因素明显增多，世界格局正处在一个加快演变的历史进程之中。当前，世界正处于大发展大变革大调整时期，和平与发展仍然是时代主题。世界多极化、经济全球化、社会信息化、文化多样化深入发展，新兴市场国家和广大发展中国家快速崛起，日益改变国际力量对比，也日益重塑国际关系理论和实践。但与此同时，当前世界发展面临的重大问题和挑战日益增多，经济全球化遭遇逆风，世界经济长期低迷，发展鸿沟日渐突出，地区冲突频繁发生，恐怖主义、人道主义灾难、全球气候变暖以及逆全球化等全球性挑战此起彼伏，各种社会政治思潮交锋激荡。面对日益深刻关联而又深度分裂的世界，面对日益深化的现代性困境和全球性危机，国际社会对未来发展方向感到迷茫彷徨，整个世界都在苦苦寻求治理之道，期盼能够出现引领世界文明开拓前进的可行方案，世界前途和人类命运再次走到开放还是封闭、合作还是对抗、共赢还是零和的历史十字路口。

2. 对人类向何处去的回答

构建人类命运共同体，核心就是要建设持久和平、普遍安全、共同繁荣、开放包容、清洁美丽的世界。这是中国在世界文明发展的关键历史节点，对"世界怎么了、我们怎么办"这个重大问题的深刻回答，为世界擘画了美好的远景蓝图，为人类文明发展提供了新的道路。

当前国际风云的急剧变化将世界推到"历史转折点"，也引发了"人类向何处去"的时代之问。在 2017 年初的达沃斯世界经济论坛上，习近平明确指出，人类历史告诉我们，有问题不可怕，可怕的是不敢直面问题，找不到解决问题的思路。[①] 在联合国成立 70 周年系列峰会上，习近平强调指出："当今世界，各国相互依存、休戚与共。我们要继承和弘扬联合国宪章的宗旨和原则，构建以合作共赢为核心的新型国际关系，打造人类命运共同体。"[②] 党的十九大指出："中国共产党是为中国人民谋幸福的政党，也是为人类进步事业而奋斗的政党。中国共

---

① 习近平：《共担时代责任　共促全球发展》，载于《求是》2020 年第 24 期。
② 习近平：《习近平在联合国成立 70 周年系列峰会上的讲话》，人民出版社 2015 年版，第 15 页。

产党始终把为人类作出新的更大的贡献作为自己的使命。"① "中国人民愿同各国人民一道，推动人类命运共同体建设，共同创造人类的美好未来!"② 中国共产党人是这样说的，也是这样做的。面对国际形势的风云变幻，以及诸多共同挑战，针对西方现代化道路存在的问题，以习近平同志为核心的党中央站在人类历史发展的战略高度，以大国领袖的责任担当，深入思考"建设一个什么样的世界、如何建设这个世界"等关乎人类前途命运的重大课题，力图开辟出一条有别于西方式现代化道路的中国式现代化道路，并为世界治理贡献中国智慧与中国方案。

人类命运共同体思想是以习近平同志为核心的党中央统筹国内国际两个大局，洞察世界各国人民前途命运越来越紧密地联系在一起的趋势，顺应并引领和平、发展、合作、共赢的时代潮流，从人类文明发展战略高度对人类走向何处作出的创新性思考，是马克思共同体思想的逻辑延续和当代发展，契合各国求和平、谋发展、促合作的共同愿望，解决了人们心中最大困惑，回答了事关人类的最基本问题，为应对当今世界面临的全球性挑战、解决人类面临的共性问题贡献了中国智慧，提供了中国方案，成为中国引领时代潮流和人类文明进步方向的鲜明旗帜，为全球治理体系变革指明了方向，得到世界各国的广泛关注。

构建人类命运共同体思想体现了国别性和全球性的辩证统一，阐明了国家发展与世界治理的相互关系。世界上不同的国家面对的问题千差万别，解决这些问题，既需要各国自己的努力，也需要从全球治理的视野、从人类命运共同体的高度寻求最佳方案。2013 年 3 月，习近平主席在莫斯科国际关系学院发表重要演讲时指出，这个世界，各国相互联系、相互依存的程度空前加深，人类生活在同一个地球村里，生活在历史和现实交汇的同一个时空里，越来越成为你中有我、我中有你的命运共同体。③ 这是以习近平同志为核心的党中央第一次对人类文明走向作出的明确判断。此后习近平总书记以强烈的时代担当，抓住每一次外交机会，向世界各国人民阐释构建人类命运共同体的思想，逐渐形成了科学完整、内涵丰富、意义深远的思想体系，并被多次写入联合国文件。这表明，人类命运共同体理念正逐渐成为国际共识，中国构建人类命运共同体的外交战略在世界上的影响不断提升。

推动构建人类命运共同体的战略目标是，建设持久和平、普遍安全、共同繁

---

① 习近平：《决胜全面建成小康社会夺取新时代中国特色社会主义伟大胜利——在中国共产党第十九次全国代表大会上的报告》，人民出版社 2017 年版，第 57 ~ 58 页。

② 习近平：《决胜全面建成小康社会夺取新时代中国特色社会主义伟大胜利——在中国共产党第十九次全国代表大会上的报告》，人民出版社 2017 年版，第 60 页。

③ 《习近平著作选读》（第 1 卷），人民出版社 2023 年版，第 104 页。

荣、开放包容、清洁美丽的世界，其实施方略是"五位一体"的总布局和总路径。在日内瓦联合国总部的演讲中，习近平总书记将"五位一体"的总布局和总路径概括为"五个坚持"：坚持对话协商，建设一个持久和平的世界；坚持共建共享，建设一个普遍安全的世界；坚持合作共赢，建设一个共同繁荣的世界；坚持交流互鉴，建设一个开放包容的世界；坚持绿色低碳，建设一个清洁美丽的世界。人类命运共同体理念从政治、安全、经济、文化、生态等方面，向国际社会响亮回答了"中国想要一个什么样的世界""人类向何处去"等重大问题。在政治上，要相互尊重、平等协商，坚决摒弃冷战思维和强权政治，走对话而不对抗、结伴而不结盟的国与国交往新路。在安全上，要坚持以对话解决争端、以协商化解分歧，统筹应对传统和非传统安全威胁，反对一切形式的恐怖主义。在经济上，要同舟共济，促进贸易和投资自由化、便利化，推动经济全球化朝着更加开放、包容、普惠、平衡、共赢的方向发展。在文化上，要尊重文明的多样性，以文明交流超越文明隔阂、文明互鉴超越文明冲突、文明共存超越文明优越。在生态上，要坚持环境友好，合作应对气候变化，保护好人类赖以生存的地球家园。

思想是推动人类实践的先导，战略是实施国家外交的依据。构建人类命运共同体为寻求人类新发展提供了新视角，将推动全球治理秩序变革。习近平总书记指出："世界各国尽管有这样那样的分歧矛盾，也免不了产生这样那样的磕磕碰碰，但世界各国人民都生活在同一片蓝天下、拥有同一个家园，应该是一家人。"[①] 当今世界已经进入一个生存相联、荣损相依的时代，尤其在事关影响世界和平发展进程的全球问题方面，没有哪一个国家能够独善其身，也没有哪一个国家可以独力应对。构建人类命运共同体的思想和战略坚持共商共建共享的全球治理观和共同、综合、合作、可持续的新安全观，营造公平正义、共建共享的安全格局，构建客观反映国际力量对比现实的全球治理体系，为人类破解和平赤字、安全赤字、发展赤字、治理赤字、信任赤字等难题指明了方向和路径。

新中国成立后特别是改革开放以来，中国共产党人高度重视推动构建和平稳定、公正合理的国际关系和国际秩序，先后提出和平共处五项原则、建立国际政治经济新秩序、和平发展道路、构建和谐世界等重要外交理念。党的十八大以来，以习近平同志为核心的党中央在继承和发展新中国不同时期重要外交思想的基础上，积极推进外交理论和实践创新，发起建立亚投行、提出了"一带一路"倡议、人类命运共同体、全球治理观、安全观、发展观等一系列新理念新主张，

---

① 习近平：《携手建设更加美好的世界——在中国共产党与世界政党高层对话会上的主旨讲话》，人民出版社 2017 年版，第 3 页。

在开创中国特色大国外交新局面的伟大实践中形成了习近平新时代中国特色社会主义思想，构建人类命运共同体思想就是其中的重要组成部分。构建人类命运共同体思想的理念和战略顺应了历史潮流，回应了时代要求，凝聚了各国共识，为人类社会实现共同发展、持续繁荣、长治久安绘制了蓝图，对中国的和平发展、世界的繁荣进步都具有重大和深远的意义。

当今世界是一个互联互通的世界，全球供应链、产业链、价值链紧密联系，各国都是全球合作链条中的一环，日益形成利益共同体、命运共同体。面对全球性挑战加剧、国际格局的大发展大变革大调整，走保护主义、单边主义甚至零和博弈、"冷战"对抗的老路，不仅解决不了问题，还会加剧世界的不确定性。"世界长期发展不可能建立在一批国家越来越富裕而另一批国家却长期贫穷落后的基础之上。只有各国共同发展了，世界才能更好发展。那种以邻为壑、转嫁危机、损人利己的做法既不道德，也难以持久。"① 面对世界，面向未来，中国始终坚持和平发展道路，着力推动建设平等相待、相互尊重、公平正义、合作共赢的新型国际关系，努力构建持久和平、共同繁荣的人类命运共同体。

3. 对全人类共同价值的追求

构建人类命运共同体思想不仅源自 5 000 多年中华文化天下为公的优良传统，源自中国共产党人把中国与世界人民福祉融为一体的世界情怀，还源自 70 年多来新中国和平外交的核心价值，它继承和发展了新中国不同时期的重大外交思想和主张。和平、发展、公平、正义、民主、自由，是全人类共同的价值追求，也是构建人类命运共同体自觉弘扬和践行的价值追求。

建立公正合理的国际秩序，维护世界和平，实现共同繁荣，是人类孜孜以求的目标。和平是人类共同的愿望，习近平总书记指出，回首最近 100 多年的历史，人类经历了血腥的热战、严峻的"冷战"，也取得了惊人的发展、巨大的进步。20 世纪上半叶以前，人类遭受了两次世界大战的劫难，那一代人最迫切的愿望，就是免于战争、缔造和平。20 世纪五六十年代，殖民地、半殖民地的人民普遍觉醒，他们最强劲的呼声，就是摆脱枷锁、争取独立。"冷战"结束后，各方最殷切的诉求，就是扩大合作、共同发展。这 100 多年全人类的共同愿望，就是和平与发展。然而，和平与发展任重道远。我们要顺应人民呼声，接过历史"接力棒"，继续在和平与发展的马拉松跑道上奋勇向前。让和平的薪火代代相传，让发展的动力源源不断，让文明的光芒熠熠生辉，是各国人民的期待。中国是构建人类命运共同体的倡导者，更是积极的践行者，党的十九大报告指出，中国将始终不渝走和平发展道路、奉行互利共赢的开放战略，坚持正确义利观，树

---

① 《习近平谈治国理政》第一卷，外文出版社 2018 年版，第 273 页。

立共同、综合、合作、可持续的新安全观，谋求开放创新包容互惠的发展前景，促进和而不同、兼收并蓄的文明交流，构筑尊崇自然、绿色发展的生态体系，始终做世界和平的建设者、全球发展的贡献者、国际秩序的维护者。

自工业革命以来，经济全球化、现代化进程都是在西方主导下推进的，现代化的文明成果基本上由发达国家独享，发展的"野蛮"代价则由全世界，尤其是发展中国家共担。广大发展中国家在经济全球化、现代化的洪流中扮演着被动和依附的角色。世界反法西斯战争胜利后，在中国等正义力量的推动下，《联合国宪章》等重要文件确立了主权平等、不干涉内政、和平解决国际争端等国际关系基本准则，集中反映了国际社会谋求持久和平、维护公平正义的崇高理想。在国际经济政治大调整的关键时期，世界经济增长需要新动力，发展需要更加普惠平衡。

随着经济全球化深入发展，特别是各种全球挑战日益突出，世界各国利益交融、安危与共，构建人类命运共同体日益成为推动国际协调合作的强大正能量。构建人类命运共同体的要旨就在于寻找妥善处理国与国关系的最大公约数，强调和平、发展、合作、共赢，体现了全人类对和平、发展、公平、正义、民主、自由共同价值的追求，为世界未来发展提供了价值引领。构建人类命运共同体，意味着国家不论大小、强弱、贫富，都是国际社会大家庭的一员，都应平等相待，既把自己发展好，也帮助其他国家共同发展，形成平等均衡的新型全球发展关系。当前，国际社会对构建人类命运共同体的认可度不断提升，已经成为中国顺应经济全球化趋势而向世界提供的核心发展理念和全球外交战略，越来越具有强大的理论吸引力、思想感召力和实践生命力。

人类命运共同体思想浸润着深厚的中华优秀传统文化的"天下观"与和合文化的哲学智慧。构建人类命运共同体，需要弘扬和光大中华优秀传统文化的天下精神与和合精神，推动各国实现以合作谋和平、促发展，解决全人类面临的共同问题。正如习近平总书记所强调的，只要我们牢固树立人类命运共同体意识，携手努力、共同担当，同舟共济、共渡难关，就一定能够让世界更美好、让人民更幸福。习近平总书记指出："什么样的国际秩序和全球治理体系对世界好、对世界各国人民好，要由各国人民商量，不能由一家说了算，不能由少数人说了算。中国将积极参与全球治理体系建设，努力为完善全球治理贡献中国智慧，同世界各国人民一道，推动国际秩序和全球治理体系朝着更加公正合理方向发展。"[①]构建人类命运共同体思想既反映了当代国际关系现实，又将人类共同价值和中华优秀文化在新高度上结合并弘扬光大。

---

① 《习近平谈治国理政》第二卷，外文出版社 2017 年版，第 41～42 页。

人类命运共同体是建立在尊重多样性和差异性基础上的共同体。构建人类命运共同体思想、理念和战略体现了中国人自古信奉的"世界大同，天下一家"哲学观，它强调多样性和统一性的辩证统一，回答了不同国家共同发展的历史课题。中华传统文化强调和合理念，主张天下为公、和而不同、以和为贵，推崇不同国家、不同文化"美美与共，天下大同"，蕴含着人类命运共同体的丰富的文化基因。当今世界，各国相互联系、相互依存的程度空前加深，人类命运共同体理念致力于不同制度、文化、宗教、民族和国家等的依存性和共通性，目的就是推进不同文明交流互鉴，在多样世界里寻找和维护全人类共同利益，在"多"中求"一"，在"异"中求"同"。人类命运共同体理念承认世界的差异性和多样性，并在此基础上追求世界的统一性，体现的是一种和而不同的价值追求与殊途同归的理性判断。习近平在第七十届联合国大会上一般性辩论中指出："我们要促进和而不同、兼收并蓄的文明交流。人类文明多样性赋予这个世界姹紫嫣红的色彩，多样带来交流，交流孕育融合，融合产生进步。文明相处需要和而不同的精神。只有在多样中相互尊重、彼此借鉴、和谐共存，这个世界才能丰富多彩、欣欣向荣。不同文明凝聚着不同民族的智慧和贡献，没有高低之别，更无优劣之分。文明之间要对话，不要排斥；要交流，不要取代。人类历史就是一幅不同文明相互交流、互鉴、融合的宏伟画卷。我们要尊重各种文明，平等相待，互学互鉴，兼收并蓄，推动人类文明实现创造性发展。"① 这意味着具有不同历史文化传统、实行不同社会制度、处于不同发展水平的国家和地区，在彼此信任的基础上，在涉及生存和发展等根本问题上要做到同舟共济、守望相助、荣辱与共。要求各个国家和地区之间通过和平与合作的方式建立和积累互信，反对霸权主义和强权政治。

中国的发展壮大是影响国际关系格局演变的重要因素，中国的思想、制度、文化开始辐射全世界，中国的国际战略本质上已经成为全球治理体系改革的重要增量。对于中国在国际关系格局中地位的变化，国际上有赞许、理解、信任，也有困惑、疑虑、误解。对此，习近平总书记反复强调，中国始终是世界和平的建设者、全球发展的贡献者、国际秩序的维护者。② 2017 年 1 月，习近平主席在联合国日内瓦总部发表演讲时再次郑重指出："几千年来，和平融入了中华民族的血脉中，刻进了中国人民的基因里。"③"数百年前，即使中国强盛到国内生产总值占世界 30% 的时候，也从未对外侵略扩张。"④ 因此，和平是中国发展的根本属性、中国外交的根本取向。中国坚持走和平发展道路，是基于国际环境、自身

---

① 《习近平谈治国理政》第二卷，外文出版社 2017 年版，第 524~525 页。
② 《习近平谈治国理政》第二卷，外文出版社 2017 年版，第 525~526 页。
③④ 《习近平谈治国理政》第二卷，外文出版社 2017 年版，第 545 页。

中国软实力建设与发展战略

基本国情、社会制度和历史文化传统所作出的战略抉择，对自身有利，对亚洲有利，对世界有利。

"构建人类命运共同体"的思想、理念和战略，顺应了经济全球化趋势，反映了全人类的普遍愿望和共同心声，日益产生广泛而强烈的国际影响，国际认同度越来越高。2017 年 2 月 10 日，联合国社会发展委员会第 55 届会议通过"非洲发展新伙伴关系的社会层面"决议，"构建人类命运共同体"理念首次被写入联合国决议。2017 年 3 月 17 日，联合国安理会通过关于阿富汗问题的第 2344 号决议，"构建人类命运共同体"理念首次载入安理会决议。2017 年 3 月 23 日，联合国人权理事会第 34 次会议通过关于"经济、社会、文化权利"和"粮食权"两个决议，"构建人类命运共同体"理念首次载入联合国人权理事会决议。构建人类命运共同体，中国在行动，并赢得了国际社会积极响应和广泛赞誉。中国成功举办"一带一路"国际高峰论坛，推进"一带一路"建设是习近平和中国政府深刻思考人类前途命运及中国和世界发展大势所提出的宏伟构想和中国方案。截至 2019 年底，共有 199 个国家和国际组织同我国签署共建"一带一路"合作文件。① 中巴经济走廊、中老铁路、雅万高铁、中欧班列等重大项目给沿线各国带去大量发展机遇，共建"一带一路"踏上高质量发展新征程。中国国际进口博览会盛况空前，成交金额屡创新高。围绕"构建人类命运共同体、共同建设美好世界：政党责任"这一主题成功召开了中国共产党与世界政党高层对话会，建立南南人权论坛，倡导以合作促发展，以发展促人权，共同构建人类命运共同体。"构建人类命运共同体"是具有中国特色的话语体系，它改变了很多战略和政策问题都被套用西方理论来解读的被动局面，能更好地解释中国外交战略，使世界更好地理解和接受中国的外交理念、战略与实践，能够有效地提升中国国际话语权和外交软实力。

三、独立自主平等互利的外交政策

中国外交政策具有独特的魅力和软实力。在国外学者看来："中国软实力的另一个来源是它的外交政策，尤其是它对亚洲的地区政策。正如约瑟夫·奈所论证的那样，外交政策是软实力的一个主要因素，并且实施深思熟虑的外交政策能够大大加强一个国家的软实力。中国也不例外。"② 中国之所以能凭借外交政策

---

① 王毅：《在 2019 年国际形势与中国外交研讨会开幕式上的演讲》，中国政府网，2019 年 12 月 13 日，http://www.gov.cn/guowuyuan/2019 - 12/13/content_5460883.htm。

② Young Nam Cho and Jong Ho Jeong. China's Soft Power: Discussions, Resources and Prospects. *Asian Survey*, Vol. 48, No. 3, 2008, pp. 453 - 472.

获得软实力，关键在于中国外交政策蕴含的独立自主、平等互利的精神。这种精神始终贯穿于改革开放以来的中国外交政策与活动，经受了国际风云的考验。正如习近平所言，"要坚持独立自主的和平外交方针，坚持把国家和民族发展放在自己力量的基点上，坚定不移走自己的路，走和平发展道路，同时决不能放弃我们的正当权益，决不能牺牲国家核心利益"①。同时，"我们要坚持合作共赢，推动建立以合作共赢为核心的新型国际关系，坚持互利共赢的开放战略，把合作共赢理念体现到政治、经济、安全、文化等对外合作的方方面面"②。

（一）独立自主的外交政策

独立自主和平外交政策的基本内容是：第一，从我国人民的根本利益和世界人民的共同利益出发，对于一切国际事务，都要根据事情本身的是非曲直决定中国自己的立场和政策，秉持公道、伸张正义，不屈从于任何外来压力；第二，把国家主权和安全放在第一位，坚定地维护我国的国家利益，反对任何国家损害我国的独立、主权、安全和尊严；第三，坚持各国的事务应由本国政府和人民决定，世界上的事情应由各国政府和人民平等协商，反对一切形式的霸权主义和强权政治；第四，主张和平解决国际争端和热点问题，反对动辄诉诸武力或以武力相威胁，反对颠覆别国合法政权，反对一切形式的恐怖主义。中国坚定不移地奉行独立自主的和平外交政策，这一政策的基本目标是维护中国的独立、主权、领土完整和国家利益，为中国的改革开放和现代化建设创造一个良好的国际环境，维护世界和平，促进共同发展。

"冷战"结束后，世界政治、经济形势发生了重大而深刻的变化，建立适应时代变化、符合人类共同发展需求的国际新秩序是国际社会和各国人民的共同愿望。中国主张国际新秩序应该以和平共处五项原则和其他公认的国际关系准则为基础。中国认为，世界的多样性不应成为各国发展关系的障碍，而应该成为相互交流、补充、创新、丰富的推动力。各国的事情要由各国人民自己作主，国际上的事情要由大家商量解决。中国在坚持独立自主的同时，也奉行不干涉原则。正如毛泽东所指出的："各国的事情要由各国自己管，这是个真理。"③ "世界在变化，不是一两个大国所能管住的。各国的事情应由各国人民来管，不能允许任何外国人干涉。"④ 中国一直追求独立自主的外交政策，互不干涉内政原则早已成为和平共处五项原则的重要组成部分，中国愿意在和平共处五项原则的基础上，

---

① ② 《习近平谈治国理政》第二卷，外文出版社 2017 年版，第 443 页。
③ 《毛泽东外交文选》，中央文献出版社 1994 年版，第 223 页。
④ 《毛泽东外交文选》，中央文献出版社 1994 年版，第 542 页。

同所有国家建立和发展友好合作关系。

（二）和平发展的外交政策

纵观中国的外交史可以清晰看出，中国一直奉行和平外交政策，毛主席曾明确表示："中国要和平。凡是讲和平的，我们就赞成。"[1] 习近平多次强调中华民族热爱和平、珍爱和平的民族传统。2015 年 11 月，他在新加坡演讲时强调："和平发展思想是中华文化的内在基因，讲信修睦、协和万邦是中国周边外交的基本内涵……中国自古倡导'强不执弱，富不侮贫'，深知'国虽大，好战必亡'……中国坚持走和平发展道路，坚持独立自主的和平外交政策，不是权宜之计，而是我们的战略选择和郑重承诺。"[2] 2017 年 1 月，习近平总书记在日内瓦联合国总部再次郑重指出："中华文明历来崇尚'以和邦国'、'和而不同'、'以和为贵'。中国《孙子兵法》是一部著名兵书，但其第一句话就讲：'兵者，国之大事，死生之地，存亡之道，不可不察也'，其要义是慎战、不战。几千年来，和平融入了中华民族的血脉中，刻进了中国人民的基因里。"[3] 中国人民不仅希望自己过得好，也希望各国人民过得好。中国积极致力于在和平共处五项原则的基础上，发展同世界各国的友好合作关系的同时，积极参与多边外交活动，成为维护世界和平和地区稳定的坚定力量。中国政府与人民主张国与国之间应该超越社会制度和意识形态的差异，相互尊重、和平共处。处理国家关系既要维护自身利益，也要尊重对方的利益，努力寻求共同利益的汇合点，不断扩大互利合作。对国家间存在的分歧和争端，应坚持对话，不搞对抗，力求以和平方式妥善解决，而不诉诸武力或以武力相威胁。中国反对冷战思维，提倡新安全观，主张平等参与、协商一致，通过对话与合作解决国际和地区安全问题。主张重视联合国等国际组织在协调与处理国际关系中的积极作用，主张加速国际关系民主化，反对以大欺小、以强凌弱、以富压贫。"作为国际社会重要一员，中国积极斡旋周边地区的热点问题。在半岛核问题上，我们从维护国际核不扩散体系，维护朝鲜半岛和平稳定出发，始终坚持实现半岛无核化目标，坚持通过对话谈判解决问题。为此，我们全面落实联合国安理会各项涉朝决议，一方面以实际行动阻遏朝鲜的核导开发进程，一方面提出旨在为恢复对话谈判创造条件的'双暂停'倡议。中国坚持客观公正立场，秉持负责任的态度，为执行决议、劝和促谈、维稳

---

① 《毛泽东外交文选》，中央文献出版社 1994 年版，第 530 页。

② 习近平：《深化合作伙伴关系共建亚洲美好家园——在新加坡国立大学的演讲》，人民出版社 2015 年版，第 5~6 页。

③ 习近平：《习近平主席在出席世界经济论坛 2017 年年会和访问联合国日内瓦总部时的演讲》，人民出版社 2017 年版，第 30 页。

防乱履行了应尽的国际义务，发挥了自身的独特作用。我们在阿富汗和巴基斯坦之间进行穿梭外交，推动双方同意建立双边危机管控机制，为阿富汗国内政治和解与重建、改善阿巴双边关系作出了贡献。我们对缅甸和孟加拉展开斡旋努力，提出了解决缅甸若开邦问题的'三步走'设想，得到缅孟两国积极响应，为双方坐下来达成初步共识、签署相关协议发挥了作用。"① 2019 年，中国外交在以习近平同志为核心的党中央领导下，继续开拓进取、奋发有为，在乱局中引领方向，在挑战中克难前行，取得一系列新进展，形成一大批新成果。全面加强同周边国家关系，继续高举互利共赢旗帜，坚守国际公平正义，主动承担大国责任，坚定捍卫国际核心利益。2020 年，新冠疫情成为全球性问题，中国积极开展有声有色的抗疫国际合作，推动构建人类卫生健康共同体。坚持扩大对外开放和互利合作，助力世界经济加快复苏。积极运筹同主要大国关系，为国际局势稳定提供有力支撑。②

中国反对霸权主义，维护世界和平，并积极探索国际热点难点问题的解决之道，强调坚持不干涉别国内政，反对强加于人，坚持客观公道，反对牟取私利，坚持政治解决，反对使用武力。2017 年 12 月底，中国还成功推进举办了首次中阿巴三方外长对话会，达成了八大共识。习近平在 2017 年底的讲话中指出，中国累计派出 3.6 万余人次维和人员，是联合国维和行动的主要出兵国和出资国，众多维和官兵在多个维和任务区履行使命，不畏艰苦和危险，维护世界的和平与安宁。中国认为，世界上国家不分大小、强弱、贫富，都是国际社会的平等一员。国与国之间应通过协商和平解决彼此的纠纷和争端，不能以任何借口干涉他国内政，更不能恃强凌弱，侵略、欺负和颠覆别的国家。中国从不把自己的社会制度和意识形态强加于人，也决不允许别国把它们的社会制度和意识形态强加于我们。③

（三）合作共赢的外交政策

中国始终把加强同发展中国家的团结与合作作为对外政策的一个基本立足点，同广大亚、非、拉发展中国家在政治领域里的合作和协调不断加强。在经济

---

① 王毅：《在 2017 年国际形势与中国外交研讨会开幕式上的演讲》，中华人民共和国外交部网站，2017 年 12 月 9 日，https://www.mfa.gov.cn/web/wjbz_673089/zyjh_673099/201712/t20171209_7588836.shtml。

② 王毅：《百年变局与世纪疫情下的中国外交：为国家担当 对世界尽责——在 2020 年国际形势与中国外交研讨会上的演讲》，中华人民共和国外交部网站，2020 年 12 月 12 日，https://www.mfa.gov.cn/web/wjbz_673089/zyjh_673099/202012/t20201212_7478649.shtml。

③ 习近平：《携手建设更加美好的世界——在中国共产党与世界政党高层对话会上的主旨讲话》，人民网，2017 年 12 月 2 日，http://politics.people.com.cn/n1/2017/1202/c1024-29681216.html。

上，中国除继续向一些发展中国家提供力所能及的援助外，还努力按照"平等互利、讲求实效、形式多样、共同发展"四项原则，扩大同它们的互利合作，开辟南南合作的新途径，促进了中国同广大发展中国家的经济贸易和科技合作。2000年中国与非洲国家成立中非合作论坛和2004年成立中阿合作论坛，成为促进中国与非洲以及阿拉伯国家之间关系全面展开的机制和平台。2006年成功主办"中非合作论坛"北京峰会，对巩固和发展我国与非洲国家的友好关系具有重大意义。许多国外媒体对北京峰会都进行了积极正面的报道，为国际社会树立了一个平等互利、共谋发展和积极担负大国责任的国家形象。中国同拉丁美洲、加勒比和南太平洋地区国家互利合作不断深化。加强了同巴西、南非、墨西哥等发展中大国的协调与合作。同时，中国也加强了与发达国家的合作，共同为解决国际问题努力。另外，中国也积极参与国际组织和国际条约，其数目也逐渐增多。通过加强与发展中国家、发达国家的往来与合作，积极参与国际组织与国际条约，中国正逐渐融入国际社会。发展中国家是中国外交的基础，当前中国秉持正确义利观和"真实亲诚"理念，加强同发展中国家的合作，加强与发展中国家政治互信与合作升级。党的十八大之后，中国更加重视义利观问题，明确提出把义利观作为构建与周边国家以及广大发展中国家和新兴国家合作的原则，强调正确的义利观要做到义利兼顾、以义为先。只有义利兼顾才能义利兼得，只有义利平衡才能义利共赢。习近平多次强调要坚持正确义利观，在中非合作论坛约翰内斯堡峰会开幕式致辞中指出："中国人讲究'义利相兼，以义为先'。中非关系最大的'义'，就是用中国发展助力非洲的发展，最终实现互利共赢、共同发展。"① 特别是对那些与中国长期友好而自身发展任务艰巨的周边和发展中国家，要更多地考虑到对方利益，注意多予少取，绝不损人利己、以邻为壑，如此才能实现良性互动、共同发展。

此外，中国一贯奉行睦邻友好政策，按照"亲诚惠容"理念和与邻为善、以邻为伴的周边外交方针，加强和深化同周边国家的睦邻友好关系，积极开展区域合作，同周边国家睦邻友好合作关系进一步扩大和深化。中国维持和发展了同朝鲜与韩国的友好关系，参加旨在建立半岛和平机制的中、美、朝、韩四方会谈，为维护半岛及东北亚地区的和平与稳定做出了建设性贡献。积极发展同东南亚各国的友好合作，与东盟确定建立面向21世纪的睦邻互信伙伴关系。中国作为首个非东盟国家加入《东南亚友好合作条约》，东盟—中国（10＋1）、东盟—中日韩（10＋3）合作成果显著。2020年12月，中国签署了由东盟发起，包括中国、日本、韩国、澳大利亚、新西兰和东盟十国在内的共15方成员制定的《区域全

---

① 《习近平谈治国理政》第二卷，外文出版社2017年版，第456～457页。

面经济伙伴关系协定》（RCEP）。《区域全面经济伙伴关系协定》的签署，标志着当前世界上人口最多、经贸规模最大、最具发展潜力的自由贸易区正式启航。中国与南亚各国，尤其是巴基斯坦等传统友好国家的关系不断发展。中国致力于维护中亚地区的和平与稳定，先后同俄罗斯、哈萨克斯坦、吉尔吉斯斯坦、塔吉克斯坦签署《关于在边境地区加强军事领域信任的协定》和《关于在边境地区相互裁减军事力量的协定》，并成立了上海合作组织、提出"一带一路"倡议、发起成立亚洲基础设施投资银行等新型多边金融机构。中国历来是周边区域合作的引领者，地区和平发展的维护者。在岘港，面对亚太经济合作新形势新挑战，习近平主席在 APEC 领导人会议上坚持建设开放型经济体系，呼吁推进亚太自贸区进程，推动亚太经济一体化取得新的进展。在阿斯塔纳，习近平主席出席上海合作组织扩员后首次峰会，强调应不忘初心，弘扬"上海精神"，同时与时俱进，开创地区合作新局面，确保上海合作组织沿着正确方向向前发展。在马尼拉，李克强总理出席东亚合作领导人系列会议，推动中国—东盟关系从成长期迈向更高质量和更高水平的成熟期，呼吁加快东亚经济共同体建设进程。"我们还积极推动澜湄合作这一中国首倡的次区域合作，弘扬'同饮一江水，命运紧相连'的澜湄主题，培育'平等相待、真诚互助、亲如一家'的澜湄文化，以推土机精神，开展接地气合作，突出务实高效，聚焦民生改善"[1]。习近平指出，中国特色的大国外交"要切实加强同发展中国家的团结合作，把我国发展与广大发展中国家共同发展紧密联系起来。要切实推进多边外交，推动国际体系和全球治理改革，增加我国和广大发展中国家的代表性和话语权"[2]。

（四）平等互利的外交政策

中国实行全方位的对外开放政策，坚持在平等互利原则的基础上，同世界各国和地区广泛开展国际交往、贸易往来、经济技术合作和科学文化交流，促进共同繁荣。"为达到共同解决的目标，软实力战略强调普遍的政治价值观，冲突管理中的和平方式和经济中的相互合作。"[3] 中国在这方面显然更有互信优势，因为 20 世纪 50 年代中国提出的"和平共处五项原则"已经得到了世界的认同并成为联合国的基本原则，中国作为首倡者对这些基本原则的遵守是一以贯之的。从

① 王毅：《在 2017 年国际形势与中国外交研讨会开幕式上的演讲》，中华人民共和国外交部网站，2017 年 12 月 9 日，https://www.mfa.gov.cn/web/wjbz_673089/zyjh_673099/201712/t20171209_7588836.shtml。

② 《习近平谈治国理政》第二卷，外文出版社 2017 年版，第 444 页。

③ Christian Wagner. *From Hard Power to Soft Power? Ideas, Interaction, Institutions, and Images in India's South Asia Policy.* Berlin：Heidelberg Papers in South Asian and Comparative Politics，2005，P.2.

对非洲、拉丁美洲的援助来看，"中国的援助填补了空白——中国在非洲和拉丁美洲建造了公路与桥梁，是那些地方最主要的援助者……并且中国建造的基础设施常常比为西方援助组织工作的承包商更便宜，并且其援助计划更透明更精心"①。与此同时，中国在对外经济活动中长期坚持不干涉别国内政的原则。尽管美国极力攻击并煽动非洲部分国家批评、对抗中国，但事实显示中国一贯主张的平等互利的价值观念对中国软实力建设和发展起到了积极作用。在法国著名外交官魏柳南（Lionel Vairon）看来："因为中国一贯奉行不干涉任何别国内政的政策，她的投资在南美洲处处都很受欢迎。"② 科兰兹克也认为，与美国相比，"中国领导人强调北京愿意倾听其他国家的意见。中国以真正的首创精神加强了这种'双赢'方法，签署了东南亚友好合作条约——美国是不会签署的——并且在南中国海遵守这种行为准则"③。2003 年 10 月 8 日，中国在印度尼西亚巴厘岛举行的第 7 次东盟与中国（10＋1）领导人会议上正式加入《东南亚友好合作条约》，使中国与东南亚国家的政治沟通与合作进一步在国际制度框架内深入进行。

美国学者丁盛也认为，坚持"双赢"的经济外交战略为中国提升软实力起到了很大的作用。他说："在非洲的外交努力已经形成了基于对主权的尊重和'双赢'战略上的经济合作的特点，而不是一种政治上的外交辞令。在最近的十年中，北京非洲政策的风格和实质已经显示出与中国软实力紧密相连的这个特征。"④ 面对世界经济低迷不振、复苏艰难，面对国际局势动荡不安、纷争不断，政治家的判断力、领导力和行动力比黄金还要宝贵。习近平总书记的达沃斯之行为世界各国提振了信心，给全球化进程指明了方向。2017 年习近平主席在世界经济论坛年会发表重要演讲，提出了推动世界经济增长和全球化再平衡的中国方案，呼吁联手打造创新驱动的增长模式、开放共赢的合作模式、公正合理的治理模式、平衡普惠的发展模式。⑤

在加强经贸合作的同时，中国也加强了政治上的对话与交流，逐渐将中国以和平共处五项原则为核心的外交价值观通过经济交往与外交政策传播出去，形成

① Joshua Kurlantzick. Charm Offensive：How China's Soft Power is Transforming the World. *Foreign Affairs*，Vol. 86，No. 5，2007，pp. 182 – 183.

② ［法］魏柳南著，王宝泉、叶寅晶译：《中国的威胁？》，人民日报出版社 2009 年版，第 131 页。

③ Joshua Kurlantzick. China's Charm：Implications of Chinese Soft Power. *Carnegie Endowment for International Peace Policy Brief*，No. 47，2006.

④ Sheng Ding. To Build A "Harmonious World"：China's Soft Power Wielding in the Global South. *Journal of Chinese Political Science*，Vol. 13，No. 2，April 2008，pp. 193 – 213.

⑤ 王毅：《在 2017 年国际形势与中国外交研讨会开幕式上的演讲》，中华人民共和国外交部网站，2017 年 12 月 9 日，https：//www. mfa. gov. cn/web/wjbz_673089/zyjh_673099/201712/t20171209_7588836. shtml。

中国的软实力。中国坚持不干涉别国内政的政治观念，但不意味着中国政府对国际事务就袖手旁观，而是进行力所能及的政治斡旋。中国在朝鲜半岛核问题上的外交努力得到了包括美国在内的相关国家的高度赞同。因此，中国国家形象的改善也为中国软实力的提升发挥着相当重要的作用。

如果有什么能解释中国这种因强调和平共处五项原则、加强经贸互利合作的外交政策而产生的吸引力的话，那么美国记者法里德·扎卡利亚的话颇能回答这个问题。德·扎卡利亚说，2004 年 11 月，美国总统布什和中国国家主席胡锦涛同样都访遍亚洲，但是几乎每个与我交谈的人都评价胡锦涛的访问比布什更为成功。马来西亚作家卡里姆·拉斯兰解释说："布什大谈特谈恐怖主义。他透过这个棱镜来看我们所有的人。是的，我们担心恐怖主义，但坦白地说，这不是我们生活的全部。我们还有许多其他问题。我们正在重振我们的经济，我们想知道如何对待中国的崛起，我们在努力解决卫生、社会和环境问题。胡锦涛谈到了这一切；他谈了我们的议程，而不仅仅是他的议程。""从印度尼西亚到巴西，中国正在赢得新朋友。"① 因而他认为： "中国的崛起不再是一种预测。它是一个事实。"② 党的十八大以来，中国外交积极进取。中国以周边和大国外交为重点、以发展中国家为基础、以多边外交为舞台、以参与和引领全球治理为开拓方向、以 "一带一路" 建设为对外合作重要渠道，实现了对五大洲不同类型国家元首外交的全覆盖。③ 随着中国在国际舞台上的作用和影响力越来越大，中国外交政策的软实力也越来越强。

新时代，坚持平等互利，必须坚持公平正义、合作共赢和共同发展。习近平指出："'大道之行也，天下为公'。公平正义是世界各国人民在国际关系领域追求的崇高目标。在当今国际关系中，公平正义还远远没有实现。""坚持合作共赢。'合则强，孤则弱。'合作共赢应该成为各国处理国际事务的基本政策取向。合作共赢是普遍适用的原则，不仅适用于经济领域，而且适用于政治、安全、文化等其他领域。""天空足够大，地球足够大，世界足够大，容得下各国共同发展繁荣。一些国家越来越富裕，另一些国家长期贫穷落后，这样的局面是不可持续的。水涨船高，小河有水大河满，大家发展才能发展大家。各国在谋求自身发展时，应该积极促进其他国家共同发展，让发展成果更多更好惠及各国人民。"④ 中国深知，中国的发展离不开国际社会，得益于国际社会，愿意以自己的发展为

---

① ②　Fareed Zakaria. Does the Future Belong to China? *Newsweek*，Vol. 145，No. 19，May 2005，pp. 12 – 23.

③　杨洁篪：《在习近平总书记外交思想指引下不断开创对外工作新局面》，载于《人民日报》2017 年 1 月 14 日。

④　习近平：《弘扬和平共处五项原则建设合作共赢美好世界——在和平共处五项原则发表 60 周年纪念大会上的讲话》，人民出版社 2014 年版，第 8～10 页。

国际发展做出贡献。中国欢迎各方共同参与开放合作，支持各国共同发展。中国希望通过坚持公平正义、合作共赢和共同发展的外交政策，增进中国和世界各国人民的共同利益，加深国际社会对中国外交政策的了解和认同，进而不断提高中国的国家软实力。

第五章

中国软实力建设与发展的途径方法

中国软实力的建设与发展，必须从中国的实际和世界的现实出发，探索有效的途径和方法，坚持以推进马克思主义大众化、培育和践行社会主义核心价值观为主导，进一步弘扬中华优秀传统文化，增强跨文化传播能力，提高网络话语权，增强外交影响力，发挥大型活动国际影响力，不断提高我国软实力建设和发展的实效。

第一节 推进马克思主义大众化

加强中国软实力建设，首先就要推进马克思主义大众化。马克思主义是立党立国、兴国强国的指导思想，中国共产党能，中国特色社会主义好，关键在于马克思主义行，而马克思主义要真正成为推动中国发展的强大精神力量，关键就在于马克思主义大众化。马克思主义大众化，就是马克思主义化大众的过程。马克思主义只有被广大人民群众所理解、所掌握、所践行，才能转化为改造世界、改造社会的强大物质力量。当今社会，要使马克思主义成为大众掌握的思想武器，就必须立足中国现实，突出创新理论，加强马克思主义理论的大众传播，使马克思主义真正走向大众、深入大众、武装大众，引导大众的思想和行为，凝聚大众的共识和力量。

256

一、突出创新理论

推进马克思主义大众化，要把握马克思主义一脉相承又与时俱进的特点，突出当代中国马克思主义大众化的重点内容，把马克思主义中国化的创新理论成果，特别是习近平新时代中国特色社会主义思想，作为马克思主义大众化的重中之重，引导人民群众了解和把握马克思主义的基本原理及其创新发展，着力学习、掌握和运用马克思主义的立场、观点和方法，奠定坚实的共同思想基础。

（一）推进马克思主义立场、观点、方法的大众化

马克思主义是一脉相承的科学理论。没有马克思、恩格斯创立的马克思主义的基本原理，就没有中国化的马克思主义理论创新成果。习近平总书记在纪念建党 100 周年的时候，阐述了中国共产党的建党精神，首要的一点就是，坚持真理、坚守信仰。这个真理，就是马克思主义揭示的普遍真理；这个信仰，就是马克思主义信仰。推进马克思主义大众化，就是要找到马克思主义大众化的原点，运用马克思主义的基本原理及其揭示的普遍真理，来教育、武装人民群众，使马克思主义成为人民群众所了解、理解、掌握的科学理论，促进马克思主义化大众，推动人民群众在改造主观世界的基础上改造客观世界，并在改造客观世界的过程中进一步改造主观世界，使马克思主义大众化和马克思主义化大众在实践基础上达到高度统一。

马克思主义理论博大精深，推动马克思主义理论大众化，关键是要使人民群众在学习掌握马克思主义的基本原理和普遍真理过程中，着重掌握马克思主义的立场、观点、方法，运用马克思主义的立场、观点、方法来分析解决中国特色社会主义实践中面临的各种现实问题。毛泽东强调："不但应当了解马克思、恩格斯、列宁、斯大林他们研究广泛的真实生活和革命经验所得出的关于一般规律的结论，而且应当学习他们观察问题和解决问题的立场和方法。"[①] 对于人民群众来说，最重要的，就是要"真正领会马克思列宁主义的立场、观点和方法"[②]。邓小平指出："学马列要精，要管用的。长篇的东西是少数搞专业的人读的，群众怎么读？要求都读大本子，那是形式主义的，办不到。我的入门老师是《共产党宣言》和《共产主义 ABC》。"[③] 人民群众学习、掌握马克思主义同专家学者学

---

① 《毛泽东选集》第二卷，人民出版社 1991 年版，第 533 页。
② 《毛泽东选集》第三卷，人民出版社 1991 年版，第 814 页。
③ 《邓小平文选》第三卷，人民出版社 1993 年版，第 382 页。

习研究马克思主义是不一样的。专家学者有长期的学术积累、良好的学术条件、专深的研究能力和充裕的研究时间，可以钻研一些马克思主义的"大本子"。而人民群众处在社会实践的第一线，承担着繁重的工作任务，不可能有大量的时间来系统地学习研究马克思主义，也不必像搞专业的专家一样来深入钻研马克思主义的"大本子"。马克思主义大众化，关键是要引导和推动人民群众学习、掌握马克思主义的立场、观点、方法，发扬实事求是的精神，善于运用马克思主义的立场、观点、方法，来探索、分析、解决社会实践中出现的大量矛盾和问题，推动实践的深化和社会的发展。"马克思主义的真理颠扑不破。实事求是是马克思主义的精髓。"① 实事求是是马克思主义立场、观点、方法的集中体现，坚持马克思主义的立场、观点、方法，就要坚持一切从实际出发，实事求是，这样才能有效推进马克思主义大众化和马克思主义化大众，提高人民群众自觉学习、运用、践行马克思主义立场、观点、方法的水平和实效，从根本上增强人民群众主导和推动中国特色社会主义事业发展的能力，切实提升国家软实力。

（二）突出当代中国马克思主义创新理论的大众化

马克思主义是与时俱进的科学理论。随着时代的发展，马克思主义也在不断向前发展。马克思主义普遍真理与中国革命、建设、改革具体实践相结合，产生了毛泽东思想、中国特色社会主义理论体系和习近平新时代中国特色社会主义思想，这是马克思主义中国化的创新理论成果。推进马克思主义大众化，就要着力推进当代中国马克思主义创新理论的大众化。

推进当代中国马克思主义创新理论的大众化，是马克思主义大众化的时代要求。"实践发展永无止境，我们认识真理、进行理论创新就永无止境。今天，时代变化和我国发展的广度和深度远远超出了马克思主义经典作家当时的想象。同时，我国社会主义只有几十年实践、还处在初级阶段，事业越发展新情况新问题就越多，也就越需要我们在实践上大胆探索、在理论上不断突破。"② 与时俱进是马克思主义理论品质的深刻体现，在马克思主义中国化的进程中，产生了毛泽东思想这一重要创新理论成果。毛泽东思想是中国共产党人把马克思主义普遍真理与中国具体实践相结合产生的第一个重大理论成果，实现了马克思主义中国化的第一次理论飞跃，既为我们推进当代中国马克思主义的大众化开创了先河，也为我们在新的历史条件下进行新的理论创新、推进中国化马克思主义创新理论的大众化打下了坚实的基础。我们党还以改革开放的实践为基础，以改革创新精神

① 《邓小平文选》第三卷，人民出版社 1993 年版，第 382 页。
② 习近平：《在庆祝中国共产党成立 95 周年大会上的讲话》，人民出版社 2016 年版，第 9 页。

为动力，不断推进马克思主义的理论创新和发展，创造出中国特色社会主义理论体系，实现了马克思主义中国化的第二次理论飞跃。"我们党在推进马克思主义中国化进程中，先后形成了毛泽东思想、邓小平理论、'三个代表'重要思想、科学发展观、新时代中国特色社会主义思想，为推进社会革命和自我革命提供了强大思想武器。"① 特别是中国特色社会主义理论体系的创新，更是在改革开放新时期的时代背景下对马克思主义的创新发展。作为理论创新伟大成果的中国特色社会主义理论体系，不仅成为我们进一步改革开放的指导思想，指引我们不断创新发展的理论旗帜，推动中国特色社会主义实践的强大力量，更已成为当代中国马克思主义大众化的重点内容。

中国特色社会主义理论体系是马克思主义中国化的重要理论成果和马克思主义大众化的重要内容。邓小平理论作为马克思主义中国化的理论创新成果，是指导中国特色社会主义建设的指路明灯。1992 年 1 月，邓小平同志就改革开放中的问题发表了南方谈话，指出，"改革开放迈不开步子，不敢闯，说来说去就是怕资本主义的东西多了，走了资本主义道路。要害是姓'资'还是姓'社'的问题。判断的标准，应该主要看是否有利于发展社会主义社会的生产力，是否有利于增强社会主义国家的综合国力，是否有利于提高人民的生活水平"②。"三个有利于"的标准的提出，冲破禁锢人们多年的思想禁区，解决了困惑中国多年的改革难题，进一步解放了人们的思想，也为社会主义市场经济的发展指明了方向、提供了动力。在此基础上，江泽民、胡锦涛在实践中分别创立了"三个代表"重要思想和科学发展观，创造性地回答了"建设什么样的党、怎样建设党""实现什么样的发展、怎样实现发展"的重大现实课题，为党的建设和科学发展提供了正确指导。

习近平新时代中国特色社会主义思想是马克思主义中国化的最新理论成果。进入新时代，以习近平同志为核心的党中央把马克思主义基本原理与中国具体实际相结合、与中华优秀传统文化相结合，系统回答了新时代坚持和发展什么样的中国特色社会主义、怎样坚持和发展中国特色社会主义，建设什么样的社会主义现代化强国、怎样建设社会主义现代化强国，建设什么样的长期执政的马克思主义政党、怎样建设长期执政的马克思主义政党的问题，创立和发展了习近平新时代中国特色社会主义思想。习近平新时代中国特色社会主义思想，是新时代马克思主义中国化的最新成果，是党和人民实践经验和集体智慧的结晶，标志着马克思主义中国化的新飞跃，为新时代全党全国人民实现中华民族伟大复兴提供了行

① 《习近平谈治国理政》第三卷，外文出版社 2020 年版，第 532 页。
② 《邓小平文选》第三卷，人民出版社 1993 年版，第 372 页。

动指南。"我国哲学社会科学的一项重要任务就是继续推进马克思主义中国化、时代化、大众化，继续发展 21 世纪马克思主义、当代中国马克思主义。"① 新时代，推进马克思主义大众化，就要突出习近平新时代中国特色社会主义思想的大众化，坚持以习近平新时代中国特色社会主义思想来提高认识、凝聚共识、指导实践、推动发展，为新时代全面建设社会主义现代化强国、实现中华民族的伟大复兴奠定团结奋斗的共同思想基础，不断提高国家软实力和综合国力。

二、立足中国现实

推进马克思主义大众化，一定要立足当代中国现实，贴近社会实践，贴近社会生活，贴近人民群众，使人民群众能够从现实的社会实践和社会生活中学习、领会、掌握和运用马克思主义、中国化马克思主义，特别是习近平新时代中国特色社会主义思想，加深人民群众对充满生机活力的马克思主义及其中国化的创新成果的理论认同，使人民群众更好地坚持真理、坚守信仰，牢固确立坚定正确的理想信念、价值理念、道德观念，增强马克思主义为指导的社会主义意识形态的说服力、引领力和凝聚力，为激励全国人民投身全面建设社会主义现代化强国、实现中华民族伟大复兴的历史伟业奠定团结奋斗的共同思想基础。

（一）贴近社会现实

马克思主义大众化首先要贴近现实。毛泽东同志曾指出，"我们说的马克思主义，是要在群众生活群众斗争里实际发生作用的活的马克思主义，不是口头上的马克思主义"②。邓小平同志也曾教导我们，"我们讲了一辈子马克思主义，其实马克思主义并不玄奥。马克思主义是很朴实的东西，很朴实的道理"③。正因为马克思主义是来自社会实践和社会生活的理论，所以，才能为中国的革命、建设和改革的社会实践提供指南，成为人民群众能够接受和自觉践行的科学的世界观和方法论。习近平指出，"今天，坚持和发展中国特色社会主义，全面深化改革，有效应对前进道路上可以预见和难以预见的各种困难与风险，都会提出新的课题，迫切需要我们从理论上作出新的科学回答。我们要及时总结党领导人民创造的新鲜经验，不断开辟马克思主义中国化新境界，让当代中国马克思主义放射

---

① 习近平：《在哲学社会科学工作座谈会上的讲话》，人民出版社 2016 年版，第 9～10 页。
② 《毛泽东选集》第三卷，人民出版社 1991 年版，第 858 页。
③ 《邓小平文选》第三卷，人民出版社 1993 年版，第 382 页。

出更加灿烂的真理光芒"①。只有深入实践，贴近实际、贴近社会、贴近人民群众，从社会的现实问题出发，才能在实践中发展马克思主义，不断推动马克思主义的大众传播。

马克思主义贴近现实，一是要贴近中国国情，使马克思主义与中国社会实际相结合，回答中国社会发展面临的问题和挑战。习近平指出，"我们党一贯重视理论工作，强调理论必须同实践相统一。理论一旦脱离了实践，就会成为僵化的教条，失去活力和生命力。实践如果没有正确理论的指导，也容易'盲人骑瞎马，夜半临深池'。理论对规律的揭示越深刻，对社会发展和变革的引领作用就越显著"②。而理论越彻底、越能说服人，也就越能掌握人民群众，成为人民群众需要、内化和践行的理论，从而有力促进马克思主义大众化，实现马克思主义化大众。新时代，我国仍然处于并将长期处于社会主义初级阶段，我们的生产力发展水平和社会物质精神财富还远不能满足广大人民日益增长的美好生活需要，因此，我们需要始终以马克思主义为指导，进一步探索中国社会主义现代化建设的发展道路、根本任务、制度保证、依靠力量等一系列重大现实问题，使马克思主义成为解决现实问题的指南。马克思主义越是从中国的实际出发，就越是能解决实践中面临的突出问题，就越能真正造福广大人民群众，也才越能让更多群众信服、认同、坚守和践行。

马克思主义贴近实际，二是要贴近群众的实际生活，解决群众的实际问题。马克思主义大众化必须想群众之所想、急群众之所急、解群众之所难。"我国哲学社会科学要有所作为，就必须坚持以人民为中心的研究导向。脱离了人民，哲学社会科学就不会有吸引力、感染力、影响力、生命力。"③ 随着改革开放的进一步深化，社会的深层次问题也不断暴露出来，如贫富悬殊问题、教育问题、医疗问题、住房问题、就业问题、养老问题等。如果我们不能正确地认识和解决这些群众关心的重要现实问题，势必会影响群众的认知和情绪，甚或引发人民群众对政策的质疑、对政府的不满和对社会主义前途的忧虑，进而影响马克思主义的感召力、影响力和生命力。正如邓小平同志指出的那样，"空讲社会主义不行，人民不相信"④。所以，我们还需要结合群众关心的社会问题、实际问题，用马克思主义的原理解释问题、认识问题，并找出解决问题的路径和方法，进一步发展马克思主义，推进马克思主义大众化。让群众知道马克思主义就是密切关心人

---

① 习近平：《在纪念毛泽东同志诞辰 120 周年座谈会上的讲话》，人民出版社 2013 年版，第 17 页。

② 中共中央文献研究室：《习近平关于社会主义文化建设论述摘编》，中央文献出版社 2017 年版，第 65 页。

③ 习近平：《在哲学社会科学工作座谈会上的讲话》，人民出版社 2016 年版，第 12～13 页。

④ 《邓小平文选》第二卷，人民出版社 1994 年版，第 314 页。

的自由而全面发展的科学理论，并让群众看到解决问题的希望和社会主义发展的前途，这样才能使群众真正相信社会主义、相信马克思主义，增强人民群众对马克思主义的认同感、获得感，使马克思主义真正成为群众的信仰，也才能有效推进马克思主义大众化和马克思主义化大众。

（二）把握时代脉搏

马克思主义大众化还必须立足时代前沿，把握时代脉搏。正如习近平在纪念马克思诞辰 200 周年大会上的讲话中指出的，"马克思主义是不断发展的开放的理论，始终站在时代前沿。马克思一再告诫人们，马克思主义理论不是教条，而是行动指南，必须随着实践的变化而发展。一部马克思主义发展史就是马克思、恩格斯以及他们的后继者们不断根据时代、实践、认识发展而发展的历史，是不断吸收人类历史上一切优秀思想文化成果丰富自己的历史"①。马克思主义不是教条，不是一个封闭、僵化、一成不变的体系，而是开放、创新、与时俱进的理论，是在实践基础上不断生长着的活的理论。马克思主义不仅要贴近实际、贴近群众，解决现实问题，还要根据时代的变化和社会发展趋势，不断向前发展，增强马克思主义对社会发展趋势的预见性、前瞻性和引领性，使马克思主义真正成为社会实践的指导力量。唯有如此，才能使马克思主义真正成为人民群众内在需要、主动悦纳、始终坚守和自觉践行的科学理论。

马克思主义大众化要立足新时代，切准时代脉搏，与时代发展同频共振。一是要根据时代的发展和变化，与时俱进地发展马克思主义，并用发展着的马克思主义教育、武装、引领广大人民群众。只有不断与时俱进、解放思想，才能不断推动马克思主义的发展，推动中国特色社会主义建设事业的创新与发展。党的十九大报告指出，"中国特色社会主义进入新时代，意味着近代以来久经磨难的中华民族迎来了从站起来、富起来到强起来的伟大飞跃，迎来了实现中华民族伟大复兴的光明前景；意味着科学社会主义在二十一世纪的中国焕发出强大生机活力，在世界上高高举起了中国特色社会主义伟大旗帜；意味着中国特色社会主义道路、理论、制度、文化不断发展，拓展了发展中国家走向现代化的途径，给世界上那些既希望加快发展又希望保持自身独立性的国家和民族提供了全新选择，为解决人类问题贡献了中国智慧和中国方案"②。因此，求真务实、与时俱进的习近平新时代中国特色社会主义思想正是新时代马克思主义中国化的最新成果。

---

① 习近平：《在纪念马克思诞辰 200 周年大会上的讲话》，人民出版社 2018 年版，第 9 页。
② 习近平：《决胜全面建成小康社会　夺取新时代中国特色社会主义伟大胜利——在中国共产党第十九次全国代表大会上的报告》，人民出版社 2017 年版，第 10 页。

新时代，推进马克思主义大众化，就要坚持用马克思主义中国化的最新成果来教育武装人民群众，深刻领会习近平新时代中国特色社会主义思想的精神实质、丰富内涵和时代价值，坚持把习近平新时代中国特色社会主义思想作为新时代开启新征程、实现新使命的行动指南，化为人民群众改造主观世界和客观世界的锐利武器，在强国复兴的各项工作中全面深入地贯彻落实。

二是要适应时代的发展大势发展马克思主义，推进马克思主义大众化。科学的理论不仅要总结实践经验、揭示客观规律，还应该站在时代前列、把握发展大势、引领前进方向。当今世界，人们最关心的是世界发展大势和本国的现代化道路问题。在某些西方学者看来，当代西方发达国家所走的资本主义道路就是现代化的必由之途。现代化理论的代表人物帕森斯就认为，美国社会是现代社会，而发展中国家属于传统社会，美国社会是第三世界国家在未来现代化发展所应仿效的模式。西方发达社会不仅是不发达国家要走的发展道路，也是全球化的现代化发展道路。这里实际上提出了现代化的发展道路与人类社会的发展趋势问题。事实上，对于资本主义社会取得的成就，马克思主义从来没有否认过，反而从历史唯物主义的角度给予了客观的分析和历史的肯定。马克思主义早就指出，资本主义的大工业生产"首次开创了世界历史，因为它使每个文明国家以及这些国家中的每一个人的需要的满足都依赖于整个世界"[1]。但是，马克思主义又从资本主义社会固有的基本矛盾及其弊端的透彻分析中，揭示了社会主义必然代替资本主义的发展趋势，指出人类未来的理想社会不是资本主义社会，而应是"自由人联合体"[2]的共产主义社会。中国特色社会主义的发展是马克思主义科学社会主义基本原理在中国的深入运用和实践，是推动中国式现代化的有益探索，它不仅适应了人类社会发展的大势，还为发展中国家走向现代化提供了有益的参考和选择。中国特色社会主义现代化的道路是一条符合中国国情、具有中国特色、体现强大优势的现代化道路，是我们全面建设社会主义现代化强国，实现中华民族伟大复兴的必由之路。新中国成立 70 多年来的发展，特别是改革开放 40 多年来的持续快速发展，不仅使我们赶超了一个又一个发达资本主义国家，而且大大缩短了同最发达资本主义国家——美国的差距。只有结合大国之间的战略博弈、百年未有之大变局和当今世界的发展大势，引导人民运用马克思主义的立场、观点、方法分析和把握时代发展的正确方向和必然趋势，回答人民群众关心的时代之问、未来之问、道路之问，才能使马克思主义特别是中国化马克思主义理论成为走在时代前列、引领时代发展的理论，成为融入群众实践、推动社会发展的理

---

① 《马克思恩格斯选集》第 1 卷，人民出版社 2012 年版，第 194 页。
② 《马克思恩格斯选集》第 2 卷，人民出版社 2012 年版，第 126 页。

论，成为人民群众创造和掌握自己与国家前途命运的理论，使马克思主义大众化在推动全面建设社会主义现代化强国、实现中华民族伟大复兴的实践中，汇聚磅礴的力量，绽放时代的光芒，谱写历史的华章。

三、加强大众传播

推进马克思主义大众化，必须加强马克思主义的大众传播，坚持用马克思主义、中国化马克思主义和习近平新时代中国特色社会主义思想武装全党、全国人民，在学懂弄通做实上下功夫，使马克思主义深入人心、深入群众、深入实践，成为推动新时代中国特色社会主义发展的不竭力量源泉。

（一）传播语言的大众化

加强马克思主义的大众传播，首先要注意传播语言的大众化。马克思主义是系统的、科学的理论体系，作为一种理论形态的表达方式，更多的还带有系统化、逻辑化、学理化色彩，对于广大人民群众来说，有些语言、话语和表述还过于深奥，难以理解。因此，要使马克思主义真正被群众所理解和掌握，还要用通俗化、生活化、大众化的语言来传播马克思主义，注意用百姓听得懂的生动活泼的语言来深入浅出地阐释和表述马克思主义，让群众听得懂、弄得清、学得会、用得上，这样才能真正推进马克思主义大众化和马克思主义化大众。

一是要注重运用通俗易懂、深入浅出的语言传播马克思主义。努力把一些与群众生活息息相关的马克思主义的基本原理、理论知识、科学论断，用群众喜闻乐见的语言和方式传播给群众。因此，推进马克思主义大众化必须推进传播语言的大众化。可以用百姓喜闻乐见的谚语、格言、警句、漫画、故事等，阐释和表述马克思主义的基本思想，提高马克思主义的普及程度。土地革命战争时期，红军和苏维埃政权曾组织编撰《工农兵三字经》，起到了很好的作用。借鉴这一经验，抗日战争时期，各抗日根据地为适应全面抗战的形势需要，编撰了《抗日三字经》《边区民众读本》等把群众日常生活、中国共产党的抗战主张及军民抗日事迹紧密结合在一起。这种通俗性读本，既坚持了马克思主义的基本观点和方法，又创造了通俗明白、易记易诵、丰富多彩、生动活泼的表达方式与载体，实现了内容和形式的有机统一，很好地适合了土地革命战争和抗日战争的需要，适应了当时工农群众及其子弟兵文化程度不高且文盲比例较大的特点，有效地推进了马克思主义的大众化。在中国马克思主义大众化的历史进程中，许多先进知识分子和理论工作者，编写通俗易懂的马克思主义创始人的传记，让大众知道马克思主义的发展历程；创造以漫画、图解的方式来解读马克思主义的经典著作，诸如《画说资本论》《画说哲学》等书的出版，对传播马克思主义就起到了很好的作用；撰写马克思主义理论的通俗读物，用群众喜闻乐见的语言和方式，介绍马克思主义的理论、观点和方法，艾思奇的《大众哲学》就是最好的范本；用格言、箴言、俗语等形式，阐释马克思主义的深刻思想和经典论断，诸如"从前是牛马，现在要做人"①"枪杆子里面出政权"②"发展才是硬道理"③"绿水青山就是金山银山"④ 等言语，都是用老百姓的语言来解读深刻的道理，老百姓也易于理解和掌握。

二是要注意结合一些少数民族地区少数民族群众的文化习俗、生活习惯和语言文字，进行马克思主义的大众传播，切不可教条化、格式化、"一刀切"。少数民族地区的少数民族群众有自己的历史文化、民族语言、习俗特点、生活习惯和思维方式，可以将马克思主义的大众传播同少数民族的历史文化、民族语言、习俗特点、生活习惯和思维方式结合起来，注重组织既有马克思主义理论造诣，又熟悉少数民族，甚至是少数民族出身的领导干部、理论工作者和有关知识分子，有针对性地运用少数民族通俗易懂的语言、话语和方式进行马克思主义的传播和教育，使少数民族地区的人民群众能够更好地学习、了解、掌握、认同和践行马克思主义，特别是中国化马克思主义和习近平新时代中国特色社会主义思想。

当然，马克思主义的通俗化、大众化不是低俗化和庸俗化，不能用低俗、庸俗、媚俗的语言和方式来曲解和扭曲马克思主义。只有这样，才能使马克思主义大众化取得真正的实效，推动马克思主义、中国化马克思主义和习近平新时代中国特色社会主义思想走进群众、走进生活、走进社会，成为指导、推动人民群众实践活动和社会发展的行动指南和精神动力。

（二）传播形式的多样化

加强马克思主义大众传播，推进马克思主义大众化，还要注意传播形式的多样化。新闻出版、广播影视、文学艺术、网络载体等，不仅是大众传播的工具，也是党和人民的喉舌，对传播马克思主义起着不可替代的重要作用。

一是通过新闻出版业深化马克思主义的大众传播。新闻出版业主要包括报纸、杂志、书籍等纸质媒介，这些媒介在信息时代仍发挥着现代新型媒介无法替代的功能，成为马克思主义大众传播的重要渠道。权威的新闻出版媒体《人民日

---

① 中共中央文献研究室：《毛泽东年谱（1893~1949）》（修订本）上卷，中央文献出版社 2013 年版，第 98 页。

② 《毛泽东选集》第二卷，人民出版社 1991 年版，第 547 页。

③ 《邓小平文选》第三卷，人民出版社 1993 年版，第 397 页。

④ 《习近平谈治国理政》第二卷，外文出版社 2017 年版，第 209 页。

报》、《光明日报》、《求是》、人民出版社等，一直是人们认同度非常高的主流媒体，是传播党和政府权威声音和信息的权威渠道，是社会主义主流意识形态建设的重要阵地。因此，我们一定要充分利用新闻出版媒介特别是权威媒体的优势，为公众提供方向性、引导性、有品位、有质量的马克思主义理论成果。

二是利用广播电视媒体加强马克思主义的大众传播。广播电视媒体的优势是覆盖面广、方式灵活、传播更快。特别是随着有线电视的进一步普及，传播接收方式发生了重大变革，以视听兼备、声画并茂的信息符号形成了传统影像传播所不具有的独特传播优势，较其他媒体传播范围更广、受众更多、作用更大。更多的家庭可以通过电视广泛了解、接收各种知识、信息和符号，能及时、全面地受到新闻舆论、政治时论、思想信息、创新理论的熏陶。2018 年中央电视台综合频道播出的《马克思是对的》，通过理论专家讲解、青年教师和大学生代表精彩问答，讲述千年伟人马克思的故事，感知马克思主义真理的力量。这一理论节目融科学性、思想性、艺术性于一体，灵活运用新媒体技术，以特定的议题设置、场景布置与情节衔接，让经典理论化繁为简、生动呈现、入脑入心，让马克思及其理论走近百姓，说家常话、说中国话、说老百姓喜欢的话，尤其是以青春的气息、活泼的形式、通俗的表达，赢得青年受众的喜爱。党的十九大后，浙江卫视推出电视理论专栏《中国共产党为什么能》，受到广泛好评。实践已经证明并将继续证明，只要我们坚持在改革中守正出新、不断超越，在开放中博采众长、不断探索，就能引领全国人民学而信、学而用、学而行，有效推进马克思主义大众化的进程。

三是利用网络传播手段创新马克思主义的大众传播。网络特别是移动互联网作为一种传播工具，是随着信息技术的发展而产生的，作为一种新型的传播形态，网络特别是移动互联网正在悄悄地替代传统传媒方式，成为文化传播的主要载体。我们要利用网络尤其是移动互联网这个平台，努力宣传科学理论、传播先进文化、倡导科学精神、塑造美好心灵、弘扬社会正气，形成积极向上的思想氛围，巩固马克思主义在意识形态领域的指导地位。《社会主义"有点潮"》既站位高又接地气，利用电视与网络融合传播的优势，以独有的视听魅力传播马克思主义和科学社会主义的真理，传播中国特色社会主义理论与实践的创新成果，好评如潮，得到习近平总书记的肯定，成为全国首档"三进"校园的电视理论节目。浙江广电集团微视频《红船缘》，得到全国全网推送。为凝聚和壮大网络正能量，营造更加清朗的网络空间，全国多次开展"五个一百"网络正能量精品评选活动，评选项目包括百名网络正能量"榜样""文字作品""图片""动漫音视频作品""专题活动"五个方面，以有益且有效的激励机制吸引广大网民参与，倡导人人都成为弘扬正能量的践行者和推动者，推动了社会主义核心价值观的培育、践行与弘扬。

四是利用文学艺术形式推进马克思主义的大众传播。文学艺术作品，如小说、诗歌、散文、绘画、雕塑、音乐、舞蹈、戏剧、电影、电视、微电影、微视频以及各种网络文学艺术作品，形式多样、生动活泼、精彩纷呈，是马克思主义大众传播必不可少的形式。文学艺术的主要特点是通过典型化的文艺创作方式，创造出生动感人的艺术形象，把抽象的、深刻的思想见解和价值观念寓于典型生动的艺术形象、矛盾冲突和情节细节之中，以形动人、以情感人、以文化人，引导人们在激烈的矛盾冲突中进行思考领悟，在精神需要的满足过程中进行价值引领，在强烈的情绪体验中形成情感共鸣，深入推进马克思主义的大众化。因此，利用文学艺术形式传播马克思主义更具有形象性、生动性、感染性等特点，易于为广大群众所接受。2021 年是建党一百周年，各种文学艺术形式，特别是电影电视播放的党的历史的纪录片、专题片、艺术片，包括《觉醒年代》等，把人们带进了中国共产党艰苦卓绝、筚路蓝缕、波澜壮阔的百年伟大历史征程之中，加深了人们对中国共产党人的马克思主义信仰、坚定的理想信念、崇高的价值追求，特别是初心使命的理解，有力地推动了人们学史明理、学史增信、学史崇德、学史力行，在多种形式包括艺术化的方式学党史的教育活动中，有效推进了马克思主义的大众化。因此，利用文学艺术形式广泛传播马克思主义，不啻为马克思主义大众化的一种有效方式。

（三）传播对象的层次化

加强马克思主义的大众传播，还要注意传播对象的层次性。毛泽东指出："共产党员如果真想做宣传，就要看对象，就要想一想自己的文章、演说、谈话、写字是给什么人看、给什么人听的，否则就等于下决心不要人看，不要人听。"[①]毛泽东把不顾对象、哇哇直叫的党八股讽喻为"像个瘪三"[②]、"老鸦声调"[③]。因此，一定要注意根据传播对象的不同层次和特点，把大众化与分众化结合起来，不断提高马克思主义大众化的效果。

传播对象的层次化主要是指，一方面，先从群众的文化知识教育入手，根据群众不同的知识文化层次，加以分层分类传播，使群众具有基本的文化知识和基本的理论理解能力。另一方面，是指在马克思主义大众化传播教育中，应注重大众化传播的分众化特点，具体问题具体分析，有层次、有区别、有分众地进行教育。对文化基础薄弱的群众，要首先进行文化知识的学习和教育，掌握基本的文

---

① ③ 《毛泽东选集》第三卷，人民出版社 1991 年版，第 836 页。
② 《毛泽东选集》第三卷，人民出版社 1991 年版，第 837 页。

字书写和表达能力；对有一定文化基础的群众，进行理论学习和教育，掌握理论思维的基本方法；对有理论基础的群众，要进行马克思主义科学理论的学习和教育。这样，才能分层次提高人民群众对马克思主义的领悟力、理解力和践行力。另外，在马克思主义大众化的普及教育中，也要有层次性和针对性。对领导干部要从严要求，不仅要求他们认真学习马克思主义理论，还要求他们身体力行、率先垂范，做践行马克思主义的表率。对于一般群众，要开展多种形式的教育，依城市和农村的地域差别，以居委会或村委会为基本组织形式，开展生动活泼的马克思主义的普及教育活动，使广大群众广泛地认识马克思主义的必要性和迫切性，自觉地接受马克思主义教育。层次性要与先进性相结合，要用先进性引领广泛性，把广泛性转化为先进性。这样，才能有条不紊、循序渐进地推进马克思主义的大众化，做到马克思主义化大众。

第二节　培育和践行社会主义核心价值观

加强中国软实力建设，提升国家软实力，一定要大力培育和践行社会主义核心价值观。培育和践行社会主义核心价值观是一项系统工程，需要从多方面入手，统筹协调、齐抓共管，这样才能使社会主义核心价值观的培育践行落到实处。

一、党委领导与政府主导相结合

中国共产党是领导中国特色社会主义事业的核心力量，也是领导社会主义核心价值观建设和国家软实力建设的核心力量。各级党委要充分认识培育和践行社会主义核心价值观的重要性，把党委领导与政府主导结合起来，切实负起政治责任和领导责任，把握方向，制定政策，营造环境，提供保障，切实推进社会主义核心价值观的培育和践行。

（一）加强党委领导

中国共产党的领导是中国特色社会主义的本质特征和最大优势，也是培育和践行社会主义核心价值观的根本保障。党的十九大报告明确指出，"党政军民学，东西南北中，党是领导一切的"[1]。培育和践行社会主义核心价值观，也要加强党的领导。

首先，要建立健全培育和践行社会主义核心价值观的领导体制。列宁说过，"任何革命运动，如果没有一种稳定的和能够保持继承性的领导者组织，就不能持久"[2]。所以，各级党组织要建立起稳定的领导体制和管理制度，保障培育和践行社会主义核心价值观的可持续性和有效性。确立稳定的领导体制，关键是要突出党委的核心领导作用，并通过实行民主集中制，把党委的核心领导作用落实到方方面面，包括落实到社会主义核心价值观的培育践行活动中。各级党委要结合本地实际，建立相应的领导机制和稳定工作机制，加强统筹协调和组织实施，加紧培育践行社会主义核心价值观的督促、落实。各地区、各部门、各单位要完善体制机制，落实工作责任，制定实施方案，明确任务分工，改进工作措施，有力推动社会主义核心价值观的培育践行。党的基层组织在推动社会主义核心价值观践行方面，也要建立健全领导体制、工作机制和监督机制，发挥党委的领导核心、政治核心和战斗堡垒作用，确保培育践行社会主义核心价值观的各项目标任务落到实处。

其次，各级党委要加强对行政机构培育践行社会主义核心价值观的领导。社会主义核心价值观培育践行得好不好，关键在于党委领导和行政主导结合得好不好。党委领导不能取代政府在培育和践行社会主义核心价值观中的主导作用。强调政府主导也不是削弱党的领导，而是在党委的领导下，由政府部门来主导落实具体工作和计划。各级政府部门和行政机构，在社会主义核心价值观的培育践行上，具有主导的责任。因为社会主义核心价值观的培育践行问题，绝不仅仅是一个思想政治教育的问题，而是要同政府的各项政策制定、制度创新和管理工作紧密结合起来。党委发挥领导作用，就要加强对政府部门的领导，通过共同策划、同步实施、制度保障、加强督导、强化激励等举措，指导和推动政府部门把培育践行社会主义核心价值观贯穿到经济建设、政治建设、文化建设、社会建设、生态文明建设等各项事业中来，推动培育和践行社会主义核心价值观同实际工作融为一体、相互促进、共同发展。特别要注意把价值导向和政策导向紧密结合起来，把价值导向寓于政策导向和制度保障之中，通过政策导向和制度保障深入推进社会主义核心价值观的培育和践行。习近平指出："培育和弘扬社会主义核心价值观，不仅要靠思想教育、实践养成，而且要用体制机制来保障。西方国家在这方面是很下功夫的，虽然执政的党派不断更换，各领风骚四五年，但他们的价

---

① 习近平：《决胜全面建成小康社会　夺取新时代中国特色社会主义伟大胜利——在中国共产党第十九次全国代表大会上的报告》，人民出版社 2017 年版，第 20 页。

② 《列宁全集》第 6 卷，人民出版社 2013 年版，第 118 页。

值理念保持着一定的稳定性和持续性，其中一个重要原因就是他们的制度设计、政策法规制定、司法行政行为等都置于核心价值理念的统摄之下。要发挥政策导向作用，使经济、政治、文化、社会等方方面面政策都有利于社会主义核心价值观的培育。要把社会主义核心价值观的要求转化为具有刚性约束力的法律规定，用法律来推动核心价值观建设。"① 因此，把核心价值观的培育和践行同各项政策的制定、法律的实施等结合起来，才能产生更好的效果。

最后，党委的领导作用还体现在党员干部的先锋作用上。"要知道，只是自称为'先锋队'，自称为先进部队是不够的，还要做得使其余一切部队都能看到并且不能不承认我们是走在前面。"② 党的领导干部不是在口头上而是要在行动上做践行社会主义核心价值观的模范、以身作则、身体力行、率先垂范，以模范行为和人格力量感召群众、引领风尚。习近平指出，"一种价值观要真正发挥作用，必须融入社会生活，让人们在实践中感知它、领悟它。要注意把我们所提倡的与人们日常生活紧密联系起来，在落细、落小、落实上下功夫"③。党员干部要成为培育和践行社会主义核心价值观的先进分子，就要同自己的日常生活与工作紧密结合起来，使社会主义核心价值观的培育践行经常化、生活化、制度化、常态化，特别在义利关系的处理上，始终把党和人民的利益放在第一位，把个人的利益放在第二位，把"大我"和"小我"，自我价值和社会价值，国家、集体和个人利益的实现结合起来，在实现"大我"价值、社会价值、国家和集体利益的过程中，实现"小我"价值、自我价值和个人利益，为普通群众作出表率，这样才能引导普通群众更好地弘扬和践行社会主义核心价值观。

（二）强化政府主导

社会主义核心价值观的主要内容，即富强、民主、文明、和谐、自由、平等、公正、法治等，实际上都与政府的工作有密切关系，应该由政府主导来推进社会主义核心价值观的培育和践行。

富强、民主、文明、和谐作为国家层面的价值目标，是政府工作的目标和责任。各级政府要担负起为广大人民建设一个富强、民主、文明、和谐的国家的责任。发挥政府主导，就是要把富强、民主、文明、和谐的价值观落实到具体的工作中。如政府工作努力实现综合实力更强、经济结构更优、发展质量更高、发展后劲更足、人民生活更富裕的奋斗目标，就是实现"富强"的价值目标。"民

---

① 中共中央文献研究室：《习近平关于社会主义文化建设论述摘编》，中央文献出版社 2017 年版，第 111 页。

② 《列宁全集》第 6 卷，人民出版社 2013 年版，第 80 页。

③ 《习近平谈治国理政》第一卷，外文出版社 2018 年版，第 165 页。

主"不能只是一般性地强调"主权在民"，更要通过健全和贯彻各项法律、制度来确保广大人民群众充分行使民主权利，通过各种途径和渠道来参政议政，使各项方针、政策能充分反映广大人民群众的呼声和需要。列宁曾明确指出，"民主是国家形式，是国家形态的一种"①，"民主意味着在形式上承认公民一律平等，承认大家都有决定国家制度和管理国家的平等权利"②。社会主义民主不只是"形式上的民主"③，更是实质上的民主。所以，政府还需要进一步推进社会主义民主政治的发展，"扩大人民有序政治参与，保证人民依法实行民主选举、民主协商、民主决策、民主管理、民主监督"④。"文明"既是一种社会形态，也是一种发展理念和价值观念。文明不仅体现为物质文明，还体现为政治文明、精神文明、生态文明等，体现在社会进步、政治发展、生态优化等各个方面。政府在各项工作中，应更好地遵循和贯彻文明的发展理念和价值观念，开创社会文明发展的新局面。"和谐"既是指一种友好相处的社会关系的状态，也是人们对美好的、和谐的社会状态和国家理想的一种价值追求。建设一个充满活力、安定有序、安居乐业、安宁祥和的社会，是人民政府和广大群众的共同价值追求。因此，在培育和践行富强、民主、文明、和谐的价值目标上，政府的主导作用不可替代。

自由、平等、公正、法治是社会层面的价值取向，是对社会治理、公共管理的价值要求，也是社会发展的价值导向。作为各级政府，不仅在培育和践行自由、平等、公正、法治价值观上起主导作用，也是建设自由、平等、公正、法治社会的主导力量。从社会价值的角度而言，自由是体现在经济、政治、法律等社会活动中的自主的权利，作为一级政府，在经济建设、政治管理、社会治理、法治建设上，更好保障公民依法充分行使自由权利，是政府工作的价值取向。从社会角度而言，平等是指人们享有平等的社会地位和相应权利，具体就是指人们在社会经济、政治、法律等方面享有基本同等的地位和权利。平等权利和价值的实现，最重要的是社会制度的保障，包括起点平等、机会平等、过程平等，等等，这些都需要政府的努力和作为。公正在社会领域上而言包括经济制度、政治制度、法律制度等的公正安排；就内容而言则主要是解决社会分配不公等问题，以及政治管理、社会治理、法治建设中的实质公正和程序公正的问题，这都是政府部门的责任。法治作为现代社会的管理形式和手段，不仅是社会政治文明的标志，也是社会建设和完善的有效途径，政府不仅在完善法治方面大有作为，在依法行政上更要有所作为。"坚持依法治国、依法执政、依法行政共同推进，坚持

---

① ② 《列宁全集》第 31 卷，人民出版社 2017 年版，第 96 页。
③ 《列宁全集》第 35 卷，人民出版社 2017 年版，第 270 页。
④ 习近平：《决胜全面建成小康社会 夺取新时代中国特色社会主义伟大胜利——在中国共产党第十九次全国代表大会上的报告》，人民出版社 2017 年版，第 37 页。

法治国家、法治政府、法治社会一体建设"①，这样才能有效推进法治社会的建设和法治价值观的践行。

爱国、敬业、诚信、友善是社会主义核心价值观的重要内容。虽然这是个人层面的核心价值观，但是却与政府的管理工作和整个社会的环境具有密切的关系。政府的决策、管理、实施、监督等，都要创造有利于培育践行社会主义核心价值观特别是爱国、敬业、诚信、友善的核心价值观的社会环境，有力推动公民牢固确立和自觉践行爱国、敬业、诚信、友善的社会主义核心价值观。

因此，在党委的领导下，充分发挥政府的主导作用，在政府工作中始终坚持和践行社会主义核心价值观，才能为培育、践行、弘扬社会主义核心价值观提供重要支撑和保障，进而从根本上增强民族凝聚力，提升国家软实力。

二、理论指导与公众倡导相融合

坚持用科学的先进的理论指导中国特色社会主义实践，是培育和践行社会主义核心价值观的基石。同时，科学和先进的理论只有被群众接受和践行才能发挥理论对实践的指导作用。因此，理论指导群众，倡导公众践行，也是培育和践行社会主义核心价值观的重要路径。

（一）坚持理论指导

社会主义核心价值观是在社会主义核心价值体系基础上发展而来的，马克思主义的指导思想是社会主义核心价值体系的首要内容，是社会主义核心价值观形成发展的理论基础。马克思主义是人类思想史上的伟大革命，第一次确立了科学的世界观和方法论，第一次揭示了人类社会发展的规律和趋势，第一次为争取人的价值和尊严找到了正确道路。因此，培育践行社会主义核心价值观，一定要坚持以马克思主义理论为指导。

马克思主义是真理性和价值性的高度统一。马克思主义具有实践性和阶级性的鲜明特征。它是在实践中产生并得到实践检验的科学理论，马克思立足国际共产主义运动的实践，揭示了人类社会的发展规律与必然趋势，为确立社会主义和共产主义的理想信念奠定了坚实的理论基础，而消灭人压迫人、人剥削人的社会，建立取而代之的新型社会，实现工人阶级和劳动人民的解放，实现人的自由全面发展，代表了马克思主义崇高的价值追求。所以马克思主义不仅具有实践性，而且具有鲜明的阶级性，它立足于无产阶级的立场，代表无产阶级和广大劳

---

① 《习近平谈治国理政》第二卷，外文出版社 2017 年版，第 119 页。

动人民的利益。马克思主义对社会发展规律揭示得越深刻，理论越彻底，越能代表工人阶级和劳动人民的利益，越能体现合规律性与合目的性的统一，越能体现真理性和价值性的高度统一。

马克思主义不仅为我们培育和践行社会主义核心价值观提供了世界观和方法论，而且其对人类美好价值的探索和追求，如平等、民主、自由、人的解放和全面发展等的论述，对我们深入理解和弘扬社会主义核心价值观具有重要指导意义。马克思主义的普遍真理与中国具体实践相结合，产生了中国化的马克思主义和习近平新时代中国特色社会主义思想。马克思主义、中国化马克思主义和习近平新时代中国特色社会主义思想，都深刻揭示了社会主义代替资本主义的必然性，揭示了共产党人理想信念的崇高性，成为社会主义核心价值观的理论基石和思想渊源。中国共产党人的理想信念、根本宗旨、初心使命都充分体现了崇高的价值追求，社会主义核心价值体系和社会主义核心价值观都是中国特色社会主义理论的重要组成部分，是中国共产党运用马克思主义的普遍真理探索回答中国特色社会主义价值建设重大问题的产物。因此，培育践行社会主义核心价值观，一定要以马克思主义、中国化马克思主义，特别是习近平新时代中国特色社会主义思想为指导，深刻理解社会主义核心价值观产生的理论基础和思想渊源，深刻把握社会主义核心价值观的基本内涵和精神实质，深刻体现社会主义核心价值观的时代特征和实践要求，坚持用先进的理论指导人民群众对社会主义核心价值观的践行，增强弘扬社会主义核心价值观的价值自觉，紧密结合当前价值建设中存在的突出问题，探索培育践行社会主义核心价值观的有效路径，不断把新时代的社会主义核心价值观建设引向深入。

（二）注意公众倡导

培育和践行社会主义核心价值观的主体是人民大众。人民群众不仅是创造和推动历史的主体，也是培育践行社会主义核心价值观的主体。只有充分发挥广大人民群众的主体作用，加深人民群众对社会主义核心价值观的普遍认同，倡导人民群众积极投身社会主义核心价值观建设，才能真正培育和践行社会主义核心价值观。

培育践行社会主义核心价值观，要同人民群众的日常生活实践相结合。"我们应当既以理论家的身份，又以宣传员的身份，既以鼓动员的身份，又以组织者的身份'到居民的一切阶级中去'"[①]，在群众中积极倡导和培育践行社会主义核心价值观。推动群众培育和践行社会主义核心价值观，既要增强价值自觉，又要

---

① 《列宁全集》第 6 卷，人民出版社 2013 年版，第 79 页。

注重工作方法。培育践行社会主义核心价值观，要同人民群众的日常生活紧密结合起来。习近平强调，"一种价值观要真正发挥作用，必须融入社会生活，让人们在实践中感知它、领悟它。要注意把我们所提倡的与人们日常生活紧密联系起来，在落细、落小、落实上下功夫"①。要引导广大群众在日常生活实践中培育践行社会主义核心价值观，不仅要结合日常生活实践，提高人民群众对社会主义核心价值观的领悟力和理解力，更要提高对社会主义核心价值观的实施力和执行力。要广泛参与文明城市、文明单位、文明校园、文明村镇、文明家庭等创建活动，在创建活动中不断提升人民群众的文明素质和文明程度，把社会主义核心价值观的培育践行活动不断引向深入，落细、落小、落实。

培育践行社会主义核心价值观，还要把先进性和广泛性结合起来。毛泽东曾指出，"任何有群众的地方，大致都有比较积极的、中间状态的和比较落后的三部分人。故领导者必须善于团结少数积极分子作为领导的骨干，并凭借这批骨干去提高中间分子，争取落后分子"②。针对不同群众的情况，应当区分不同的层次和类别，分层分类进行教育和引导，这是在公众中倡导和践行社会主义核心价值观的重要方法。对于群众中的先进分子，要重点做好社会主义核心价值观的培育践行工作，先学一步，学深一点，悟透一点，做好一点。不仅要了解社会主义核心价值观的基本内容，还要把握社会主义核心价值观的精神实质和核心要义，形成内化和外化社会主义核心价值观的高度自觉和表率作用，把社会主义核心价值观融入日常生活之中，作为正确的价值追求与价值标准，日用而不觉，习惯成自然，始终坚持正确的价值取向。更重要的，还要团结和依靠群众中的先进分子，作为培育践行社会主义核心价值观的骨干，通过这些骨干，去提高群众中的中间分子，带动群众中的中间分子深入学习、了解、培育和践行社会主义核心价值观，不断加深对社会主义核心价值观的认知认同，增强坚持和践行社会主义核心价值观的积极性、主动性和创造性，并用于指导实际工作和日常生活，牢固确立正确的义利观，在处理日常的价值关系、义利关系和利益关系中，注意坚持正确的价值取向。对于群众中间的落后分子，不能鄙视和嫌弃他们，而要关心和亲近他们，积极主动地争取他们加入培育践行社会主义核心价值观的行列中来。要注意结合群众中间的落后分子在日常生活工作中的价值行为和价值表现，有针对性地加深他们对社会主义核心价值观的了解，通过比较和对照社会主义核心价值观的要求和标准，找到正确的价值坐标，寻找自身价值观念和价值行为上的不足，发现差距，明确方向，不断改进，努力增强培育践行社会主义核心价值观的

---

① 《习近平谈治国理政》第一卷，外文出版社 2018 年版，第 165 页。
② 《毛泽东选集》第三卷，人民出版社 1991 年版，第 898 页。

意识和能力。因此，培育和践行社会主义核心价值观一定要注重分层分类推进，依靠先进分子，提升中间分子，争取落后分子，通过先进性引领广泛性，把广泛性转化为先进性，不断提高全社会培育践行社会主义核心价值观的整体水平和实效。

三、制度督导与教育疏导相互补

制度和教育在培育、践行社会主义核心价值观中相辅相成。"制度是一系列被制定出来的规则、守法程序和行为的道德伦理规范"①，制度的规范和督导是落实培育社会主义核心价值观的重要路径，而教育疏导则是培育和践行社会主义核心价值观的思想基础，两者各有优势，只有相互结合、优势互补，才能提高社会主义核心价值观培育践行的实效。

（一）加强制度督导

社会主义核心价值观的持续地、深入地培育践行，离不开制度和法治的安排与约束。习近平指出，"要用法律来推动核心价值观建设。各种社会管理要承担起倡导社会主义核心价值观的责任，注重在日常管理中体现价值导向，使符合核心价值观的行为得到鼓励、违背核心价值观的行为受到制约"②。核心价值观融入制度和法律，对人们价值行为的导向和约束往往具有更强、更稳定、更持续的作用。譬如，民主价值观的培育践行，就离不开社会主义民主制度的健全、完善和实施，社会主义民主制度的建立、健全和实施，往往比一般的价值观教育更能促进人们牢固确立社会主义民主的核心价值观。正如恩格斯所言，"首先无产阶级革命将建立民主的国家制度，从而直接或间接地建立无产阶级的政治统治"③。我国的人民代表大会制度、政治协商制度、民族区域自治制度、基层民主制度，以及民主选举、民主决策、民主管理、民主监督的制度化设计与落实，不仅能进一步推进社会主义民主的发展，还能有效推进社会主义民主核心价值观的确立。在践行自由的价值取向上，只有通过制度和法律来落实经济自由、政治自由、迁徙自由等，才会加深公众对社会主义自由的认知与认同，促进社会主义自由核心价值观的培育和践行。在落实平等的价值理念上，只有实现中国特色社会主义制

---

① ［美］道格拉斯·C. 诺思著，陈郁、罗华平等译：《经济史中的结构与变迁》，上海三联书店、上海人民出版社 1994 年版，第 225～226 页。

② 《习近平谈治国理政》第一卷，外文出版社 2018 年版，第 165 页。

③ 《马克思恩格斯选集》第 1 卷，人民出版社 2012 年版，第 304 页。

度保障的经济平等、政治平等、法律平等、规则平等，才能有力促进社会主义平等核心价值观的确立和实践。公正的核心价值观的培育践行也是如此，只有制度保障的公平正义，才能在社会生活中得以实现并促进社会主义公平核心价值观的确立。对社会主义法治核心价值观的确立和践行，更是离不开社会主义法律制度的建设实施和保障支撑。现代社会，对诉诸个人品行方面的价值要求，也在一定程度上需要制度监管。敬业的价值观念，不仅是一项职业道德的要求，也是一项制度规定，各个行业建立的岗位职责管理制度，就是对敬业行为的制度约束。诚信的价值观念，也需要诚信制度的建构来加以保障和巩固。无论对企业还是个人的诚信要求，建立征信制度都是一条切实有效的捷径。通过建立征信制度为守信企业和个人树立良好的社会形象，对失信的行为进行惩罚，可以有效地确立诚信的价值观。正是因为制度、法律具有刚性的约束力，所以我们要加强制度的创新、执行、规制和督导，为培育践行社会主义核心价值观提供重要的制度保障。

（二）强化教育疏导

教育疏导对培育践行社会主义核心价值观具有十分重要的作用，是大力弘扬社会主义核心价值观的有效路径。教育疏导重在启发自觉，制度督导重在刚性约束，加强制度督导的同时，要强化教育疏导，把启发自觉和刚性约束、内在约束和外在约束结合起来，推进社会主义核心价值观的培育践行。

学校教育是培育和践行社会主义核心价值观的重要渠道。社会主义核心价值观的培育践行要从娃娃抓起。儿童、少年、青年是弘扬和践行社会主义核心价值观最重要的主体，是国家繁荣兴盛的希望和未来。儿童、少年和青年人生价值观的"第一粒扣子"扣得怎么样，关系到他们一生的成长和发展。儿童、少年和青年在人生成长发展过程中，都要长期接受学校的教育和培养，学校教育成为儿童、少年、青年核心价值观形成发展的主要渠道。为了社会的发展和国家的未来，政府教育主管部门和各级各类学校应该有计划、有步骤地在学校教育中进行社会主义核心价值观的培育。要把社会主义核心价值观的培育纳入教材编写、课堂教学、课外活动与社会实践之中，有组织地编写针对不同层次和学段学生的教材和辅导资料，引导学生由浅入深地领会社会主义核心价值观的内涵、内容、要求。教材的编写和课堂的讲授，力求浅显易懂、图文并茂、确立主题、突出重点，特别是要针对儿童、少年、青年不同阶段的特点、需要和困惑，尤其是价值困惑，有针对性地传道授业、释疑解惑，让学生在理论联系实践中学习和领悟社会主义核心价值观，自觉践行社会主义核心价值观。培育践行社会主义核心价值观要加大实践教育的力度，"注重发挥社会实践的养成作用，完善实践教育教学体系，开发实践课程和活动课程，加强实践育人基地建设，打造大学生校外实践教育基地、高职实训基地、青少年社会实践活动基地，组织青少年参加力所能及的生产劳动和爱心公益活动、益德益智的科研发明和创新创造活动、形式多样的志愿服务和勤工俭学活动"①。要注重发挥课外活动和社会实践的养成作用，完善实践教育教学体系。"当学校能在这样一个小社会里引导和训练每个儿童成为社会的成员，用服务的精神熏陶他，并授予有效的自我指导的工具时，我们将拥有一个有价值的、可靠的、和谐的大社会的最强大的并且最好的保证。"② 所以，加强实践育人，可以说是培养儿童、少年和青年社会主义核心价值观的有效途径。

家庭是一个人成长的主要场所和环境，家庭文化氛围如何、家风如何、家庭教育如何，直接影响一个人的成长。著名教育家裴斯泰洛齐曾强调，家庭"是培养人品和公民品德的大学校"③。因此，家庭教育是培育践行社会主义核心价值观的一条必不可少的途径。习近平指出，"要从娃娃抓起、从学校抓起，做到进教材、进课堂、进头脑。要润物细无声，运用各类文化形式，生动具体地表现社会主义核心价值观，用高质量高水平的作品形象地告诉人们什么是真善美，什么是假恶丑，什么是值得肯定和赞扬的，什么是必须反对和否定的"④。家庭不仅是传承传统价值观的舞台，也应成为弘扬社会主义核心价值观的阵地。家庭是生活的场所，也是学习的场所，父母可谓孩子的第一任教师。父母要以身作则、率先践行，形成良好的家风，创造良好的环境，家庭生活中形成的民主作风、平等意识、公平相待、诚实守信、与人为善等家庭美德和价值取向，都会对孩子产生潜移默化的影响。父母还要随着孩子的成长，循序渐进地教育引导子女树立爱国意识、文明观念、和谐理念等。

学校教育、家庭教育离不开社会教育的支持与配合。要把学校教育、家庭教育同社会教育有机结合起来，协同加以推进，形成教育合力，不断提高社会主义核心价值观培育、践行的整体效应。

四、舆论引导与榜样先导相兼顾

培育和践行社会主义核心价值观，离不开舆论引导，也离不开榜样示范。舆

---

① 中共中央文献研究室：《十八大以来重要文献选编》上，中央文献出版社 2014 年版，第 580 页。

② ［美］约翰·杜威著，赵祥麟、任钟印、吴志宏译：《学校与社会·明日之学校》，人民教育出版社 2005 年版，第 138 页。

③ ［瑞］裴斯泰洛齐著，夏之莲等译：《裴斯泰洛齐教育论著选》，人民教育出版社 2001 年版，第 252 页。

④ 《习近平谈治国理政》第一卷，外文出版社 2018 年版，第 164～165 页。

论引导起着价值导向和氛围营造的作用，榜样示范起着典型引路的带头作用。舆论引导和榜样示范相互结合，是培育和践行社会主义核心价值观的有效路径。

（一）加强舆论引导

在培育和践行社会主义核心价值观中，需要重视发挥大众传播媒介的舆论导向功能。大众传播媒介在培育和践行社会主义核心价值观方面不仅能够加强理论政策阐释和传播，还能够在复杂多样的思想文化环境中提供正确的舆论引导，引领人民坚持和践行社会主义核心价值观。

舆论引导要成为培育践行社会主义核心价值观的"引航灯"和"助推器"。习近平强调指出，"必须坚持巩固壮大主流思想舆论，弘扬主旋律，传播正能量，激发全社会团结奋进的强大力量。让群众爱听爱看、产生共鸣，充分发挥正面宣传鼓舞人、激励人的作用。在事关大是大非和政治原则问题上，必须增强主动性、掌握主动权、打好主动仗"①。党报党刊等主流媒体具有主导性、权威性和引领性，在舆论传播中，要充分发挥主流媒体舆论引导的主导作用。要加大社会主义核心价值观的传播力度，把传播社会主义核心价值观同传播党的理想信念、价值观念、初心使命、根本宗旨和爱国主义精神结合起来，同传播中国特色社会主义道路、理论、制度、文化结合起来，同传播改革开放和社会主义现代化建设的伟大成就结合起来，同传播社会主义核心价值观培育践行的政策举措和建设经验结合起来，同传播践行弘扬社会主义核心价值观的先进人物、感人事迹和精神追求结合起来，增强社会主义核心价值观的引导力、影响力和感染力，引领人们始终坚持正确的价值取向。

舆论引导要注重在澄清、批判、矫正错误价值观念中进行价值引领。值得注意的是，在开放的社会环境和舆论生态中，特别是开放的网络空间中，各种社会思潮、思想观点和价值观念相互交织、复杂纷纭，既有真善美的内容，也有假丑恶的信息，既有正确的价值观，也有错误的价值观，加强舆论引导，就要揭露批判历史虚无主义、新自由主义、民主社会主义、西方"普世价值"等错误社会思潮和价值观念，在思想舆论和价值观念的交流交锋中，引导人们把握正确的价值标准，提高价值辨别能力，分清价值问题的大是大非，抵御错误的价值观念，对违反我国社会主流价值的错误舆论及其传播者及时予以曝光和追责，矫正社会舆论导向，克服错误思想和行为，使公众从中受到教育和启迪，自觉推进社会主义核心价值观的培育和践行，始终坚持正确的价值取向。

舆论引导还要贴近基层、贴近群众、贴近生活，用通俗易懂、生动活泼的话

① 《习近平谈治国理政》第一卷，外文出版社 2018 年版，第 155 页。

语吸引人民大众，提高舆论引导的感染力、吸引力和影响力。社会主义核心价值观作为中国特色社会主义理论的重要构成和价值表达，还带有学理化的色彩，对于广大人民群众来说，有些语言和表述还过于深奥、难以理解。因此，要使社会主义核心价值观真正被群众掌握，还必须联系群众的生活、工作和思想实际，注意用百姓听得懂的语言、看得到的事实来表述，用通俗化、大众化的语言来解读和传播社会主义核心价值观。当今社会信息爆炸，"当人们被大量信息所包围时，会难以分辨应该关注的焦点。于是注意力而非信息就成了稀有的资源，那些能够从混杂的背景中分辨有价值信息的人就掌握着力量"①。因此，在舆论引导中，还要注意对有价值信息的分辨、整理和凝练，加强社会主义核心价值观舆论引导的议题设置，把握舆论引导方向，增强公众对有价值信息的注意力，不断提高社会主义核心价值观舆论引导的吸引力和有效性。

舆论引导要不断创新社会主义核心价值观的传播引导方式。社会主义核心价值观的传播与舆论引导的方式有着密切的关系。新时代，根据时代发展的需要，要不断创新舆论引导方式，把网络舆论传播和引导作为重中之重，使互联网特别是移动互联网成为引领社会主义核心价值观传播、培育和践行的有效载体和方式。习近平明确提出，"宣传思想工作是做人的工作的，人在哪儿重点就应该在哪儿。我国网民有近六亿人，手机网民有四亿六千多万人，其中微博用户达到三亿多人。很多人特别是年轻人基本不看主流媒体，大部分信息都从网上获取。必须正视这个事实，加大力量投入，尽快掌握这个舆论战场上的主动权，不能被边缘化了"②。据统计，截至 2021 年 12 月，我国的网民规模突破 10 亿，其中手机网民也达到 10.29 亿。③ 互联网特别是基于智能手机的移动互联网，已成为广大网民获取信息、学习知识、交流思想、沟通情感、服务生活的主要方式。在这种情况下，加强舆论引导，就要高度重视网络舆论引导，适应网络传播互动强、方式新、速度快、覆盖广的特点，进一步创新网络舆论引导方式，加强网络新媒体、多媒体、全媒体、自媒体和微媒体的创造性运用，不断提高运用互联网特别是移动互联网引导推动网民培育践行社会主义核心价值观的能力。

（二）注重榜样先导

培育和践行社会主义核心价值观，要注重发挥先进典型、模范人物等榜样的

---

① ［美］约瑟夫·奈著，吴晓辉、钱程译：《软力量——世界政坛成功之道》，东方出版社 2005 年版，第 116 页。

② 中共中央党史和文献研究院：《习近平关于网络强国论述摘编》，中央文献出版社 2021 年版，第 51 页。

③ 参见《第 49 次〈中国互联网络发展状况统计报告〉》，中国互联网络信息中心，2022 年 2 月 25 日，http://www.cnnic.net.cn/hlwfzyj/hlwxzbg/hlwtjbg/202202/t20220225_71727.htm。

先导作用和示范效应，使之成为社会主义核心价值观的先行者、促进者和示范者。

榜样的先导和示范，是社会主义核心价值观培育践行的重要方式。习近平指出，"榜样的力量是无穷的，广大党员、干部必须带头学习和弘扬社会主义核心价值观，用自己的模范行为和高尚人格感召群众、带动群众"①。"心有榜样，就是要学习英雄人物、先进人物、美好事物，在学习中养成好的思想品德追求……大家要把他们立为心中的标杆，向他们看齐，像他们那样追求美好的思想品德。"② 实践出英雄，时势造英雄。在中国共产党的百年伟大实践中，特别是新中国成立和改革开放以来社会主义革命、建设和改革的伟大实践中，产生了一批又一批肩负历史使命、走在时代前列、追求和践行共产党人理想信念、根本宗旨和社会主义核心价值观的英雄模范人物。他们是社会主义核心价值观的先行者、践行者、引领者，培育践行社会主义核心价值观，就要充分发挥这些英雄模范人物的先导、引领和示范作用。

在培育、践行社会主义核心价值观中，发挥英雄模范人物的先导示范作用，要注意以下三点：第一，先进性。不同的时代产生不同的英雄模范人物，不同的英雄模范人物代表了不同时代的先进精神和价值追求。中国特色社会主义新时代，就要善于发掘、宣传、学习走在时代发展前列、肩负时代历史使命、创造时代丰功伟绩、涌现时代感人事迹、体现时代先进精神的先进模范人物，尤其是在建设现代化强国、为实现中华民族伟大复兴无私奉献、做出重要成就和贡献的先进模范人物，比如爱国奉献、勇于创新的科学家，知识分子尤其是青年知识分子的先进代表等。这样的先进模范人物，用实际行动弘扬和践行社会主义核心价值观，对于新时代社会主义核心价值观的培育和践行具有重要的示范引领作用。第二，多样性。新时代全面建设社会主义现代化强国，实现中华民族伟大复兴的伟大实践，内容丰富、形式多样、丰富多彩。实践的多样性，决定了英雄模范人物的多样性。三百六十行，行行出状元。我们要结合新时代中国特色社会主义现代化建设实践的共同使命和不同任务，发掘多方面、多岗位、多类型做出突出贡献的各行各业的先锋模范人物，使之成为不同方面、不同行业、不同岗位的榜样，充分发挥其在各行各业各方面培育践行社会主义核心价值观的引领示范作用。第三，亲近性。发挥英雄模范人物的示范引领作用，要同发掘、树立、宣传、学习、效仿身边的先进典型人物结合起来。全国性的英雄模范人物对全国人民具有重要引领示范作用，而身边的先进典型人物是在同一单位、同一实践、同一环境

---

① 《习近平谈治国理政》第一卷，外文出版社 2018 年版，第 164 页。
② 《习近平谈治国理政》第一卷，外文出版社 2018 年版，第 182～183 页。

中成长和涌现出来的身边的榜样，对本单位的人来说，更了解、更亲切、更可比、更可学，也更具有示范、引领、激励作用。因此，把树立、传播和学习全国性的先锋模范人物同树立、传播和学习身边的先进典型人物结合起来，更能发挥榜样的示范作用，促进"比学赶帮超"①，不断扩大和增强榜样的先进示范效应。正如刘少奇所说，"先进生产者不只是要保持自己的先进，而且要努力促进别人由落后达到先进。因此，先进生产者必须用一切方法帮助和教会别人，并且不断地争取更加先进"②，"每一个普通生产者应当向先进生产者学习，向先进生产者看齐，迅速地把一般的生产水平提高到先进分子的水平"③。一个榜样就是一面旗帜，把抽象的社会主义核心价值观具象化，不仅为人们学习、赶超先进提供了标杆、标准和参照，也为培育和践行社会主义核心价值观提供了重要的引领作用和强大的示范效应，有利于深入建设和大力弘扬社会主义核心价值观。

舆论引导与榜样先导相结合，是培育和践行社会主义核心价值观的基本路径，两者相互结合、相互促进，有助于更好地增强社会主义核心价值观的引领力、凝聚力和影响力，提升中国的国家软实力。

第三节　弘扬中华优秀传统文化

不忘本来才能开辟未来，善于继承才能更好创新。党的十九大报告强调指出，要"深入挖掘中华优秀传统文化蕴含的思想观念、人文精神、道德规范，结合时代要求继承创新，让中华文化展现出永久魅力和时代风采"④。中华民族的优秀传统文化是中华民族生生不息、薪火相传、历经磨难而不倒、饱经风霜而弥坚的强大精神支柱，也是我国软实力的源泉。增强我国的国家软实力就要大力弘扬中华民族的优秀传统文化。

一、注重优秀传统文化的传承

新时代，加强中国的软实力建设，就要注重中华优秀传统文化的传承与发

---

① 中共中央文献研究室：《邓小平文集（一九四九～一九七四年）》下卷，人民出版社 2014 年版，第 279 页。

②③ 《刘少奇选集》下卷，人民出版社 1985 年版，第 197 页。

④ 习近平：《决胜全面建成小康社会　夺取新时代中国特色社会主义伟大胜利——在中国共产党第十九次全国代表大会上的报告》，人民出版社 2017 年版，第 42 页。

展，厚植中华民族薪火相传的精神基因，系牢中华民族团结融合的精神纽带。

（一）注重传承中华优秀传统文化精华

传承中华优秀传统文化要注重传承弘扬文化精华。对待中华传统文化，既不能片面地讲厚古薄今，也不能片面地讲厚今薄古，更不能采取全盘接受或者全盘抛弃的绝对主义态度。要坚持马克思主义的方法，采取马克思主义的态度，坚持古为今用、推陈出新，有鉴别地加以对待，有扬弃地予以继承，取其精华、去其糟粕，用中华民族创造的一切精神财富来以文化人、以文育人。要讲清楚中华优秀传统文化的历史渊源、发展脉络、基本走向，讲清楚中华文化的独特创造、价值理念、鲜明特色，增强文化自信和价值观自信。深入挖掘和阐发中华优秀传统文化讲仁爱、重民本、守诚信、崇正义、尚和合、求大同的时代价值。中华优秀传统文化蕴含的最重要的文化精华和价值精髓就是以爱国主义为核心的民族精神，传承弘扬中华优秀传统文化，就要着重弘扬以爱国主义为核心的民族精神。自古以来，中国各民族就存在着一种强烈的中华民族认同感，都以自己是龙的传人、"炎黄子孙"而自豪，都有维护国家统一、反对民族分裂的民族责任感。国家、民族利益为重的理念所衍生的爱国主义，在历史上对促进祖国统一、维护民族团结起了积极的作用。加强爱国主义教育，弘扬以爱国主义为核心的民族精神，正是传承弘扬中华优秀传统文化的永恒主题。大力传播和传承中华民族的优秀文化，要同中华民族五千多年的文明史、中国近现代以来一百八十多年的发展历史和中国共产党百年艰苦卓绝的奋斗历史结合起来，要把厚植中华优秀传统文化、继承五四运动以来特别是中国共产党成立以来的革命文化和弘扬社会主义先进文化结合起来，把弘扬爱国主义为核心的民族精神同新时代的爱国主义、集体主义、社会主义教育紧密结合起来，通过多种方式引导人们树立和坚持正确的历史观、民族观、国家观、文化观，增强中华儿女做中国人的志气、骨气和底气。

（二）实施优秀传统文化"双创"方略

弘扬中华优秀传统文化，要处理好继承和创造性发展的关系，实现中华文化的创造性转化和创新性发展。中华优秀传统文化要适应和服务于社会主义市场经济、民主政治、先进文化、社会治理的发展，还需要进行创造性转化和创新性发展。创造性转化，就是要按照时代特点和要求，对中华优秀传统文化中那些至今仍有借鉴价值的内涵和陈旧的表现形式加以改造，赋予其新的时代内涵和现代表达形式，激活其生命力。创新性发展，就是要按照时代的新进步新进展，对中华优秀传统文化的内涵加以补充、拓展、完善，增强其影响力和感召力。中华优秀传统文化的创造性转化和创新性发展，主要涉及内容和形式两个方面。一个是内容方面，要立足新的时代，结合时代发展需要，深入研究发掘中国传统文化中的理论、文学、艺术经典等的精神精华，阐发、拓展和丰富中华优秀传统文化的思想内涵，赋予中华优秀传统文化中爱国、民本、自强、敬业、诚信、和谐、友善、勤劳、勇敢等价值观念以新的时代内涵。一个是形式方面，要创新优秀传统文化的表现形式，在把传统的表现形式融入现代的表现形式的同时，充分运用现代主流媒体特别是网络新媒体等现代表现形式来更好地传播、展现和表达中华优秀传统文化深刻的精神内涵和价值意蕴。要大力加强优秀传统文化的研究、阐释、传播和教育工作，推进中华优秀传统文化育人。要利用党报党刊传播中华优秀传统文化的研究成果，加强学习传承中华优秀传统文化的舆论引导；开展中华优秀传统文化的学术研究与交流活动，举办有关中华优秀传统文化的论坛、讲座、讲坛等，让国学大师和专家来宣讲中华民族优秀文化遗产；丰富弘扬中华优秀传统文化的文化艺术活动，让中华优秀传统文化走上艺术舞台，走进影视艺术，走进网络艺术，走进人民群众特别是青少年的头脑，让人民群众在生动活泼、精彩纷呈的艺术享受中，感受中华优秀传统文化的无穷魅力。

推进中华优秀传统文化的创造性转化和创新性发展，还要加强中华优秀传统文化物质文化资源和非物质文化资源的开发利用。优秀传统文化资源可分为物质文化资源和非物质文化资源。物质文化资源是指具有历史、文化、艺术和科学价值的文物；非物质文化是指由人类以口头或动作方式相传，具有民族历史积淀和广泛、突出代表性的民间文化。《中华人民共和国国民经济和社会发展第十四个五年规划和 2035 年远景目标纲要》（以下简称"国家'十四五'规划纲要"）明确强调，"要深入实施中华优秀传统文化传承发展工程，强化重要文化和自然遗产、非物质文化遗产系统性保护，推动中华优秀传统文化创造性转化、创新性发展。加强文物科技创新，实施中华文明探源和考古中国工程，开展中华文化资源普查，加强文物和古籍保护研究利用，推进革命文物和红色遗址保护"。"建设长城、长征、长江、黄河、大运河等国家文化公园，加强世界文化遗产、文物保护单位、考古遗址公园、历史文化名城名镇名村保护。健全非物质文化遗产保护传承体系，加强各民族优秀传统手工艺保护和传承。"① 利用传统民歌、歌谣、书法、篆刻、戏剧等非物质文化遗产，传播民族文化和传统文化。还要利用传统节日传承中华优秀传统文化的精神、特质和优势。中国的传统节日主要有春节、元宵节、清明节、端午节、中秋节、重阳节等，少数民族也有不少自己的节日。中国传统的节日都注重亲情、家庭和社会的和谐，注重怀念先人、孝敬长者、善待

---

① 《中华人民共和国国民经济和社会发展第十四个五年规划和 2035 年远景目标纲要》，人民出版社 2021 年版，第 103～104 页。

他人、关爱晚辈。共度中国传统节日，群众尤其是青少年可在亲身参与、感受和体验中，受到中华优秀传统文化和习俗的熏陶，自觉不自觉地接触、接受和内化中华优秀传统文化的价值，进而增强民族凝聚力，提升国家软实力。

实施中华优秀传统文化"双创"方略，要注意立足本来、吸收外来、面向未来。传承和弘扬中华优秀传统文化，并不意味着故步自封。中华民族是一个兼容并蓄、海纳百川的民族，在漫长的历史进程中，非常善于学习，一直是中华民族自强不息的突出特点。文明因交流而多彩，文明因互鉴而丰富。坚持从本国本民族实际出发，坚持兼收并蓄、取长补短、择善而从，善于学习各国人民创造的优秀文明成果，积极吸纳、汲取各种文明养分，丰富和发展中华文化，才能更好地促进中华优秀传统文化创造性转化和创新性发展，创造中华文化发展的灿烂和辉煌。

（三）凸显中华优秀传统文化传承主体

传承弘扬中华优秀传统文化要注重以青少年为主体。作为炎黄子孙的中华儿女都要传承弘扬中华优秀传统文化，而青少年则是继承和发扬中华优秀传统文化最重要的主体。青少年是中华民族文化繁荣兴盛的希望和未来。然而，现在有的青少年却是更多地受外来文化、流行文化的影响，对中华民族传统文化了解少之又少，其中华优秀传统文化底蕴尤为匮乏。因此，为了中华文化的发展和未来，政府教育主管部门、学校和家庭应该密切合作，有计划、有步骤地加强青少年中华优秀传统文化的教育和引导。学校是传承弘扬中华优秀传统文化的最佳场所。"我们生而为中国人，最根本的是我们有中国人的独特精神世界。"[1] 青少年处在拔节孕穗期，加强中华优秀传统文化的滋养，厚植爱国主义为核心的民族精神正当其时。学校要组织丰富多彩的主题班会、队会、团会等，通过举行各种庆祝、纪念活动和必要的仪式，引导未成年人弘扬民族精神，增进爱国情感，增强民族自豪感和荣誉感。在小学教育阶段除开设书法、绘画、传统工艺等课程之外，还可以安排诵读和学习《唐诗三百首》《宋词三百首》《三字经》《弟子规》等中华优秀传统文化的经典作品，让孩子们体验传统文化的魅力。在中学阶段可以安排读一些有哲理知识的经典著作，如《诗经》《论语》《礼记》《道德经》《孟子》等章节，进一步加深对优秀传统文化学习的兴趣，感悟中华民族传统文化的精髓和精神，熏陶青少年的思想道德情操。在大学教育中，应更全面地研究和探索中国传统文化各方面的知识，如哲学、伦理学、美学、艺术、语言、音乐、绘

---

[1]　习近平：《青年要自觉践行社会主义核心价值观——在北京大学师生座谈会上的讲话》，人民出版社 2014 年版，第 8 页。

画、技术、医学等，并组织学生深入研究中华优秀传统文化及其现实价值，让学生真正领略、体会、感悟中国文化的博大精深。还可以教会学生用母语甚至古文来进行创作，通过创作"对联""灯谜""诗歌""散文""小说"等，来增强学生学习了解中华优秀传统文化的兴趣，让学生领略汉语的语言之美、韵律之美、节奏之美和思想之美。因此，通过大中小学的优秀传统文化教育，让青年人了解中华优秀传统文化的精髓，厚植青少年的中华民族精神之根和爱国之魂，促进中华优秀传统文化的薪火相传与发扬光大，尤为重要。

二、发展民间的优秀传统文化

民间文化是中华优秀传统文化传承发展的重要载体，在国家软实力建设中发挥着重要的作用。民间优秀传统文化建设主要是通过社区民间文化、乡村民间文化、民间团体文化等形式建设来弘扬中华民族的优秀传统文化。

（一）社区民间文化建设

社区文化是最基层的公共文化服务体系，社区民间文化是新形势下弘扬中华优秀传统文化的最基础的阵地。因此，加强社区优秀传统文化建设是增强国家软实力的必要措施之一。

社区民间文化参与和服务的对象都是社区居民，它面向群众、面向社会、面向最普通的百姓。社区民间文化本身还具有教育性、娱乐性、知识性、艺术性等特点，在弘扬中华优秀传统文化和形成社区民间文化特色方面也发挥着重要作用。传承优秀传统文化，丰富社区民间文化活动内容，促进社区文化建设是增强文化软实力的需要。中华优秀传统文化的精华之一是"和谐"文化，而社区建设的重点之一是和谐社区建设，两者具有内在一致性。传播传承和谐等优秀传统文化有利于凝聚社区的民心，有利于和谐社会的建设。社区民间文化以其特有的功能，通过优秀传统文化的传播活动把不同年龄、不同性别、不同职业、不同阶层的人联系起来，不仅可以丰富社区群众的文化生活，而且还可以营造广大居民良好的人际关系与和谐共处的人文环境。社区文化的重要载体是群众民间文化活动，形式多样、内容丰富的社区民间文化活动，是传播中华民族优秀文化的最直接的载体。如社区的体育活动，包括太极拳、健美操、武术等形式，这些社区文化无形中加强了中华民族自强不息、坚韧不屈、乐观向上精神对人民群众的熏陶；如社区的文艺活动，包括扭秧歌、民族舞、唱民歌等，也是对优秀民族文化的传播。在社区民间文化的建设中，开展多种形式的民间文化活动，传播优秀传统文化，既是丰富居民群众文化生活的需要，也是展现优秀传统文化魅力、弘扬

285

优秀传统文化精神的需要，因而是夯实国家软实力基础的有效举措。

（二）乡村民间文化建设

乡村民间文化建设不同于城市社区民间文化建设，它更富有乡土文化、区域文化、历史文化、民族文化的特色。较之社区民间文化，乡村民间文化更具有中华传统文化的色彩，挖掘其中的优秀成分为国家软实力建设服务，是乡村传统文化建设的重点。

加强乡村民间文化建设，一方面要挖掘传统民间艺术的优秀成分，为弘扬优秀传统文化服务。比如富有地方色彩的历史传说演绎、民间故事会、民间歌舞、说唱、杂技和戏曲等艺术形式，不仅可以丰富乡村文化，更是丰富了中华优秀传统文化的形式，必须要加以保护和支持，使乡村民间文化焕发新的艺术魅力。按照国家颁布的《公共图书馆建设标准》和《文化馆建设标准》，不断推动对全国未达标的县级公共图书馆、文化馆进行新建或改扩建。在有条件的乡镇建设公共图书馆和文化馆分馆。鼓励社会力量参与建设新型乡村公共文化空间。培育一大批富有地方特色的博物馆、展览馆、纪念馆和文化馆，为乡村民间文化的发展提供重要的平台和载体。另一方面要大力发展民族文化，突出乡村文化的民族特色。党的十八大报告指出，要"繁荣发展少数民族文化事业。开展群众性文化活动，引导群众在文化建设中自我表现、自我教育、自我服务"①。民族优秀传统文化是国家软实力的重要组成部分，有鲜明特色的民族文化，不仅是中华民族传统文化的瑰宝，更是中华优秀传统文化的重要组成部分。挖掘、发展富有民族特色的乡村民间文化，既要挖掘开发各具特色的少数民族乡村民间文化资源，更要挖掘开发少数民族同各民族团结融合的乡村民间文化资源，这不仅有利于民族特色文化的继承和发扬，也有利于促进民族团结和社会和谐。五十六个民族，五十六朵花，五十六个民族的民族文化生成了中华文化百花园里的姹紫嫣红、盎然春意。富有地方和民族特色的乡村民间文化，不仅是不同地域民族团结的纽带，更是中华民族灿烂文化的标识。民族乡村文化传达的民族和谐、民族团结、民族进步的信息，会不断增强中国文化的魅力和国家软实力。

（三）民间团体文化建设

民间团体文化是传承中华优秀传统文化的又一载体，利用民间文化团体弘扬优秀传统文化是不可缺少的途径。民间文化团体种类繁多，有民间传统文化协会、民间表演艺术团体、民间绘画艺术团体、民间书法艺术团体、民间戏剧艺术

---

① 中共中央文献研究室：《十八大以来重要文献选编》上，中央文献出版社2014年版，第26页。

团体、民间说唱艺术团体、民间戏曲表演团体等，还有以民营形式运作的文化团体等。民间文化团体的表演多以传统节目为主，在丰富群众文化生活的同时，对民间优秀传统文化的挖掘和传播、传承中华优秀传统文化功不可没。因此，加强对民间社团文化组织的保护和引导，使其在传播优秀传统文化中发挥更好的作用，非常重要。2009年6月，文化部发布了《关于促进民营文艺表演团体发展的若干意见》，指出"民营文艺表演团体是传承和弘扬民族民间优秀传统文化的重要载体，是构建城乡协调发展的演出市场，促进城乡社会和谐的重要力量。民营文艺表演团体的发展，对推动我国非物质文化遗产传统戏剧、曲艺保护和发展起到了积极作用，走出了一条以非物质生产方式转移城乡富余劳动力的新途径"①。在肯定民间文化团体弘扬传统文化作用的同时，还要注意将民间文化社团纳入民营团体的管理中，使民间艺术有更好的发展空间，也可以使民间团体在传承和弘扬中华优秀传统文化中发挥更大的作用。

民间传统文化建设是中华优秀传统文化弘扬和传播的基础，加强民间传统文化建设有助于中华优秀传统文化扎根在中华大地上，结出丰硕的果实，不断增强民族凝聚力和国家软实力。

三、加强优秀传统文化的开发

中华优秀传统文化是我国文化产业发展的宝贵资源。文化产业是文化的现代产业形态，是现代经济的战略性产业，越来越成为第三产业中最富现代意义并与高科技发展结合最紧密的产业，是提升文化综合竞争力的重要力量。通过发展文化产业开发中华优秀传统文化资源，是增强国家软实力的重要举措。

（一）传统文化产业建设

加强优秀传统文化的开发，需要加强传统文化产业建设，开发和利用中华优秀传统文化资源，发掘我国文化产业发展的潜力，提升我国文化产业发展的实力。这是弘扬中华优秀传统文化、提升国家软实力的重要路径。

传统文化产业主要包括电影、广播电视、报业、图书出版、音乐制作、文化用品、文化娱乐业等。发展传统文化产业，需要把中华优秀传统文化有机融入传统文化产业的开发、建设和发展之中，使中华优秀传统文化成为传统文化产业发展的重要源泉。

---

① 《文化部关于促进民营文艺表演团体发展的若干意见》，中国政府网，2009年6月18日，http://www.gov.cn/zwgk/2009-06/18/content_1343656.htm。

　　影视产业是以生产、传播、销售影视产品及衍生产品为主要活动内容的文化产业，具有共享性、市场性、时效性、形象性、娱乐性、教育性等特点。在发挥电影电视传播社会主流价值观作用的同时，还要发挥其对优秀传统文化的传播、传载和传承作用，并要把优秀传统文化的价值观进行创造性转化和创新性发展，有机融入当代中国社会主流价值观，以有效抵御西方不良文化的渗透。影视产业对优秀传统文化传承弘扬和社会主流价值观传播的效果，同影视产品能否把社会效益和经济效益统一起来有很大关系。只有打开影视文化市场，创作出在国内外影视文化市场中有竞争力的影视作品，才能随着市场的拓展、观众的增加，扩大中华优秀传统文化的魅力和影响。因此，发展我国影视产业，一定要坚持社会效益和经济效益相统一。新闻出版业主要包括报纸、杂志、图书出版等产业，是大众传播的重要载体，也是传播民族优秀传统文化的重要媒介。要注意加强中华优秀传统文化创造性转化和创新性发展的优秀成果特别是经典研究优秀成果的发表和出版，不断提高出版发行量和市场占有率。音像出版业是文化产业中最具有复制性特点的行业，主要依靠市场来满足大众的消费需求。在现代市场经济的激烈竞争中，音像出版业要打造中国品牌，其出路之一就是弘扬中华优秀传统文化，借用中华优秀传统文化的独特魅力和宝贵资源，打造具有中国特色、中国元素、中国风格的音像文化品牌，在增强企业核心竞争力的基础上，进一步弘扬和传播中华优秀传统文化。

　　大众娱乐业在文化建设和传承弘扬中华优秀传统文化中也发挥着越来越重要的作用。大众娱乐业主要包括歌厅、舞厅、游戏厅、录像厅、电影院、歌舞剧院等营业性场所的活动，服务业主要包括餐饮、体育馆、美容院、美术馆、博物馆等提供的服务。在娱乐市场中，文化产品的教育、认识、审美等功能都在娱乐活动中得到实现，从发展的眼光来看，发掘中华优秀传统文化的丰富资源，走民族化、特色化道路，是文化产业特别是文化娱乐产业的出路所在。当前中华优秀传统文化在文化娱乐产业中发掘不够，我们的娱乐文化产业特别是动漫、电竞、手游等偏重现代的色彩，而对优秀传统文化资源还缺乏应有的关注和开发。因此，弘扬中华优秀传统文化，增强国家软实力，还要在大众娱乐业中进一步发挥现代娱乐方式开发、承载和传播优秀传统文化的作用。

（二）文化创意产业建设

　　文化创意产业是一种在全球化的消费社会的背景中发展起来的，推崇智力创新，发挥创造力，加强文化艺术对经济的支持与推动而形成的产业。文化创意产业涉及广告、设计、建筑、美术和古董交易、手工艺、时尚、互动休闲软件、文化旅游、音乐、表演艺术、出版、软件，以及动漫、视频等诸多部门和方面。

文化创意产业是以创新为灵魂，是建立在文化、知识、智慧、价值观念、精神动力、人文环境，以及高科技文化发展所形成的巨大创新能力和高素质人力资源之上的新型产业。在文化创意产业中融入中华优秀传统文化的内容、要素，通过文化创意产业大力发展传统文化，是提高文化竞争力的必由之路，是创意产业发展的合理选择，也是传承中华优秀传统文化、提升国家软实力的有效路径。

文化创意产业涉及的领域很广，但共同点就是要跟文化结合，并富有文化创意。而中华优秀传统文化则是文化创意产业取之不尽、用之不竭的智慧源泉和资源宝库。广告设计业是现代社会典型的文化创意产业，也是现实生活中无处不在的传播方式和手段。在全球化的浪潮下走中国特色广告业发展道路，发展中国特色的广告设计业，关键是要借用中国文化的元素、内涵，特别是中华优秀传统文化的元素与内涵，这不失为一条中国广告设计业异军突起的有效途径。旅游文化业在现代创意文化产业中具有越来越重要的地位，并且日益凸显创意文化产业具有的产业内涵和发展特色。可以说，没有文化创意，就没有现代旅游文化产业。新中国成立 70 多年来特别是改革开放 40 多年来，随着现代生产力和社会经济的不断发展，社会的劳动生产率不断提高，人们用于生产同样物质产品的必要劳动时间不断减少，而居民收入不断增长，闲暇时间日益增多，利用休闲时间开展文化旅游的需求越来越强烈，休闲娱乐消费在居民生活支出中的比重不断提高，因文化需求而产生的消费行为愈发频繁。从宏观层面来看，自 1978 年实行改革开放以来，新中国的发展转向以经济建设为中心，文化产业随着经济建设的快速前进也走上了快车道，文化旅游的需求日益增强。从微观层面来说，城乡人均收入不断增加，则为大众文化消费的成长提供了需求侧的助力。以此为基础，我国文化产业在经济发展进入快车道后迅速成长，《中华人民共和国国民经济和社会发展第十三个五年规划纲要》（以下简称"'十三五'规划"）更是将其定位为国民经济支柱型产业，近年来的增加值增速普遍超过 GDP 增速，为经济的持续增长做出了贡献。在文化产业中，文化旅游产业发展尤为迅猛。"截至 2020 年 6 月，共建成基层综合性文化服务中心 56 万个，覆盖率超过 95%。"[①] 2020 年文化和旅游部推出"300 条全国乡村旅游精品线路，努力挖掘乡村优秀传统文化和农业资源，开发适应现代生活的文创产品和旅游商品"[②]。数据显示，2019 年"我国已有 5A 级旅游景区 280 家、国家级旅游度假区 30 家、全国乡村旅游重点村 1 000 个、全国红色旅游经典景区名录 300 处。文化与旅游融合熔铸出越来越多具有历

---

①② 《一份文化成绩单透出百姓生活新变化——"十三五"期间我国文化建设成就综述》，新华网，2020 年 9 月 29 日，http://m.xinhuanet.com/culture/2020 - 09/29/c_1126555681.htm。

史文化底蕴的风景"①。还有数据显示,"十三五"以来,"有关部门支持各地设立各级非遗扶贫就业工坊超过 2 000 家,带动数十万人就业增收"②,并带动了相关文化旅游的发展。

在传承弘扬中华优秀传统文化、增强中华文化竞争力中,文化创意产业扮演着极其重要的角色。新时代,大力发展以中华优秀传统文化为重要内容的创意文化产业,纳入中华优秀传统文化的元素,汲取优秀传统文化的精华,才能占据文化创意产业发展的制高点,使文化创意产业在吸收中华优秀传统文化的精神滋养中获得长足的发展,从而更好地弘扬中华优秀传统文化,增强中国文化核心竞争力,不断提升国家软实力。

(三) 文化信息产业建设

文化信息产业已经成为世界各国制定面向信息时代的国家发展战略以及制度创新的核心问题之一,借助文化信息产业推动传统文化的建设也是重要路径之一。

作为文化信息产业之一的网络文化产业是在信息产业与文化产业、网络产业与内容产业的交融激荡中崛起的一个新的产业。网络文化产业以信息网络为载体,形式和内容都是有别于传统文化的新型文化产品,比如网络游戏、移动短信等。获取网上文化新闻资讯、网上聊天、网络游戏和下载网络音像制品,是当今网络文化消费的主要方式。网络文化服务业成为文化产业领域最有前途、发展最快的新宠,因此,充分利用网络文化资源推动中华优秀传统文化的传播和宣传,会起到意想不到的广泛作用。随着互联网走入千家万户,适于网络用户享用的电影、电视剧、动画片、音乐会实况转播等音像内容在网上会急剧增加,利用这些网络文化产业的平台,推广以爱国主义为核心的民族精神的音像内容是十分重要的举措。另外,作为文化信息产业的数字化内容产业,即将图像、文字、影像、语音等内容运用数字化高新技术手段和信息技术进行整合运用的产品或服务的产业也蓬勃兴起。目前,中国数字化内容产业已初步形成以网络服务、数字影音动画、无线内容服务为主,数字教育、数字出版等市场快速发展的产业格局。日益普及的宽带网络和无线应用,使人们对数字娱乐和内容的需求远远超过从前,新兴产业必然具有的勃勃生机以及电信新技术、新业务发展机制和良好环境必将形成极大的文化市场。利用数字化信息产业的发展传播优秀传统文化,也是新形势下弘扬民族优秀文化的新途径。发展文化信息产业,促进网络文化产业的推进,

---

①② 《一份文化成绩单透出百姓生活新变化——"十三五"期间我国文化建设成就综述》,新华网,2020 年 9 月 29 日, http://m.xinhuanet.com/culture/2020-09/29/c_1126555681.htm。

增强内容产业的拓展，弘扬中华优秀传统文化，会为文化的发展增添新的活力，从而改变文化资源大国文化产业薄弱的现状，增进国家的软实力，使中国文化具备应有的竞争力。

文化信息产业是时代发展的产物，并且在新的时代下，呈现出新的需要、新的动力、新的趋势。2020年，突如其来的新冠疫情深刻改变了人们的工作方式、交往方式、生活方式，特别是文化消费方式。据2020年发布的《中国广州文化发展报告（2020）》，受到新冠疫情的深度影响，广州传统文化产业数字化、智能化加速，公共文化服务数字化应用进程也全面提速，文化消费领域正出现快速新旧交替和市场分化。广州文化信息产业是全国文化信息产业发展的缩影，文化产业数字化、智能化已经成为文化产业信息化发展的最新趋势。这种趋势的实质是文化同产业、技术的深度融合。加大文化信息产业和公共文化服务的数字化、智能化发展，不仅能够促进我国文化产业的健康稳定发展，而且有助于促进中华优秀传统文化的现代转化，提升国家软实力。

总之，传统文化建设在国家软实力建设中有着不可取代的重要作用，加强优秀传统文化建设是增强国家软实力建设的需要。同时，通过基层传统文化建设和传统文化产业、文化创意产业、文化信息产业等文化产业的建设，大力弘扬中华民族优秀传统文化也是国家软实力建设本身的重要途径之一。正如党的十九大报告所言："中国共产党从成立之日起，既是中国先进文化的积极引领者和践行者，又是中华优秀传统文化的忠实传承者和弘扬者。当代中国共产党人和中国人民应该而且一定能够担负起新的文化使命，在实践创造中进行文化创造，在历史进步中实现文化进步！"[1]

第四节　提高跨文化传播能力

提高跨文化传播的能力，促进不同文化的交流互鉴，跨越文化的阻碍，化解文化的隔阂，成为当今我国软实力建设所面临的一个突出问题，需要在实践中不断地加以探索和解决。

---

[1]　习近平：《决胜全面建成小康社会　夺取新时代中国特色社会主义伟大胜利——在中国共产党第十九次全国代表大会上的报告》，人民出版社2017年版，第44页。

一、跨文化传播能力提升的重点

跨文化传播能力就是在特定的文化情境中，通过合适的传播与沟通方式在不同文化间有效地完成某一任务，并达到期望结果的能力。提高跨文化传播能力，重点在于提高跨文化辐射力、跨文化理解力、跨文化敏觉力和跨文化效用力。

（一）跨文化辐射力的提升

世界上不同文化文明的交流互鉴是人类文明发展的必由之路。"人类社会越发展，越要加强文明交流互鉴，增进相互了解，促进民心相通。应对日益突出的全球性挑战，迈向人类更加美好的未来，既需要经济科技力量，也需要文化文明力量。"[1] 当代世界文明的发展，需要进一步加强不同文化文明之间的交流互鉴，加强跨文化传播能力的提升。而提高跨文化的传播能力，首先就要提高跨文化的辐射力。

跨文化的辐射力指的是一定国家民族的文化在同其他国家民族文化交往的过程中把自己的文化传播、交流、辐射到其他国家民族文化的能力。跨文化辐射力说到底是一定国家民族文化跨文化传播交流的能力。如果一定国家民族的文化不能传播交流到其他国家、其他民族、其他文化，不能让其他国家民族接触、了解、认同和接受一定国家民族的文化，不能对其他国家民族的文化产生影响，不能促进国家民族文化之间的取长补短、相互借鉴、共同繁荣，就不能说具有跨文化的辐射力。

国家跨文化传播的辐射能力特别是传媒实力既是一国实力的重要组成部分，又是提升国家实力特别是国家软实力的重要渠道。国家大众传媒业发展水平对该国国民经济和社会发展水平具有很深的嵌入性和较大的依附性。现代传媒业不能脱离国家社会经济文化发展水平。传媒实力与国民经济、社会发展水平、人类发展水平具有高度的相关性，相关实证研究表明：一国传媒规模实力和国内生产总值，两者之间的相关系数为 0.878，是高度相关的；人均 GDP 与传媒实力的相关系数是 0.897，两者同样高度相关；人类发展指数（HDI）与传媒实力的相关系数是 0.844，也是高度相关。[2] 概言之，传媒实力与国家发展程度是相互匹配的。

改革开放以来，我国跨文化传播的辐射力虽不断有所改进，但与我国的综合

---

① 中华人民共和国国务院新闻办公室：《新时代的中国与世界》，人民出版社 2019 年版，第 51 页。

② 喻国明、焦中栋：《中国传媒软实力发展报告——传媒软实力的构建与评测方法》，同心出版社 2009 年版，第 68~70 页。

国力和国际地位的上升还不相匹配。在世界品牌实验室（World Brand Lab）编制的 2014 年度（第 11 届）《世界品牌 500 强》排行榜中，中国只有 3 家传媒品牌入选，分别为中央电视台（排名 57）、《人民日报》（排名 369）和新华社（排名 371）。可见，中国媒体的国际影响力仍十分有限，这也限制着中国文化国际话语权的提升。

世界上话语权的分配很不平衡，美国、英国等西方国家垄断着世界大部分地区近 90% 的新闻信息传播。① 中国的国际学术文化传播和交流不同程度存在着"有理说不出、说出传不开"的窘境。现在，中国大众传媒和文化传播在国际上声音微弱的局面正在不断得到改善。中国政府加大了大众传媒和文化传播能力的建设，这也是中国提高软实力的重要一环。从 2007 年开始，新华社调整了海外战略，加大了跨文化传播能力建设。在之后的 3 年里，新华社海外站点总数就从 102 个激增到 120 余个，并持续增加。积极拓展海外影响力的中国媒体并非只有新华社一家。近年来，人民网除中文版本外，还拥有 7 种少数民族语言及 9 种外文版本。目前在国内建立了 33 个分公司，在日本东京、美国纽约及旧金山、韩国首尔、英国伦敦、俄罗斯莫斯科、南非约翰内斯堡、澳大利亚悉尼、法国巴黎、瑞典斯德哥尔摩、泰国曼谷以及中国香港等多个国家和地区设立了 15 个公司或办事处。《人民日报》下属的《环球时报》开办了英文版；中国国际广播电台首次在美国租赁电台，全天候播放中文节目；中国中央电视台推出了阿拉伯语及俄语频道。中国政府还积极支持各大媒体创新传播手段、提高传播能力，特别是新媒体、多媒体和融媒体传播的能力。2019 年中国媒体融合传播指数研究，选取了我国中央级、省级、省会城市及计划单列市 295 家报纸，中央级、省级广播电台的 300 个广播频率和 34 家电视台作为评估对象，在采集报纸发行量、广播频率收听率、电视台收视率等数据基础上，分别考察这些媒体官方网站的传播情况，抓取上述媒体主办的 966 个微博账号、903 个微信公众号、484 个抖音账号，与之相关联的 5 家聚合新闻客户端、4 家视频客户端、4 家音频客户端以及各媒体自有客户端的相关数据，对我国媒体 2019 年融合传播发展状况进行综合分析。在对 2019 年媒体融合传播发展状况进行评估分析时，人民网研究院联合人民网舆情数据中心/人民在线，开发建设了"中国媒体融合传播指数平台"。其数据更全面精准，评估更客观公正，评估时效性更强，指导更有针对性。该平台以数据可视化的形式，不仅可以进行年度传播力评估，还可以通过数据实时分析，为媒体机构调整自身策略、优化融合传播路径及手段提供及时有效的参考。

---

① 转引自《新民晚报》：《西方垄断世界 90% 新闻信息传播 俄反击争夺话语权》，中国新闻网，2015 年 5 月 21 日，https://www.chinanews.com/mil/2015/05-21/7292538.shtml。

而且，通过对媒体传播数据实时抓取、计算分析，客观呈现各媒体融合传播状况。借助对全网数据信息追溯和智能化分析，整合多维度数据，即时反馈交互，不断优化体验，可以更好助力媒体凸显传播力、影响力。

除了加强国家主流媒体的国际传播能力建设，增强中国声音的国际传播力外，我国还大力加强其他文化传播能力的建设。特别是文化出版、电影电视、网络传播、文艺演出、文化产业等的发展，并且通过我国的微博、微信、抖音、快手以及抖音的国际版 Tik Tok，讲好中国故事，传播中国声音，呈现中国文化，全面真实生动地展现中国发展进步、物质生活的改善和老百姓的精神面貌，进一步提升了我国跨文化的传播辐射能力，增强了中国的国际影响力和国家软实力。

（二）跨文化理解力的提升

跨文化理解力是文化认知的一种能力。它强调在跨文化交流中，人们必须尽量多地知晓互动双方的文化知识和意蕴，在看到不同文化共性的同时了解文化间的差异，以便修正自己对特定文化下行为方式的理解，从而找出一种与这种文化情境相适应的方式进行沟通。

跨文化理解力是跨文化传播能力提升的前提。跨文化传播的信息须借助一定的载体，经特定的通道，通过译码与解码的过程才能在交流双方间流动。而且，在互动过程中信息传送者与接收者的角色也是循环变化的。由于译码与解码的过程依赖于信息传送者与接收者的"符码本"，即便在同一文化背景下，交流双方也会由于出生时代、成长经历、教育层次、理解能力等差异产生误读。在跨文化的语境下，由于交流双方的文化背景不同，拥有不同的表达方式、价值观、态度、信仰等，就使得沟通更加困难。当我们遇到一种陌生文化时，往往会以自己所习惯的视角、思维的定式和固有的逻辑去看待它，按本文化的符码本去解读对方所传达的符码，加上传播中物理的、生理的、心理的噪声，很可能产生信息的误读。这种情况下，即便我们出自友善的本心做出自认为恰当的回应，在接收者处也未必达到预想的效果。举一个简单的例子：中国人到德国人家吃饭做客。每到一道菜快吃完时，主人会问"还要再来一点吗？"出于中国的礼貌，客人们往往会说"不用了，谢谢！"就在说话的同时心里却想着，您再问一次我就加，可德国人偏偏不再问了。于是，晚上道别时可能是客人没吃饱，主人疑惑自己的饭菜不可口。如果主客双方预先了解对方文化及其行为方式，结果可能大不相同。

跨文化理解力就是对一个群体的价值、态度、信仰等特征的内化性洞察力。这一内化过程包括三个阶段：一是对文化表面特征的理解；二是对与我们自己文化对立的重要与隐藏的文化特征的理解；三是从对方角度看待自己文化的理解。[①]简单地说，就是首先要通过书籍、新闻报道、旅行体验等了解他文化的一些特点，如中国人的勤劳、法国人的浪漫、德国人的严谨、意大利人的热情、英国人的绅士、美国人的热情等。虽然，这些最初的印象通常建立在刻板印象的基础上，不能恰当描绘每一个法国人、德国人、英国人等的性格，但是为与他文化交往建立了一个基础的认知框架，帮助人们认识到文化与文化不同，不同的文化造就了不同的民族性格。在此基础上，人们应进一步分析文化的不同甚至是对立的思维方式，比如：东方的集体主义思维、西方的个人主义思维；东方的强权力距思维、西方的弱权力距思维；东方的图景性思维、西方的线性思维。最后，交流双方应站在对方的视角上审视本文化，从而认识到双方观点差异的原因何在，为什么会产生分歧、误解甚至纷争。只有做到知己知彼，认识到了差异，才有可能对照"文化地图"按图索骥，做进一步的有效沟通。

（三）跨文化敏觉力的提升

跨文化敏觉力代表着跨文化能力的情感面向，是在某种特殊的情境与异文化人们交流互动时，情绪或情感的变化。[②]跨文化敏觉力的发展是一个从我族中心主义（ethnocentric）到我族相对主义（ethnorelative）的转化过程，包括否认（denial）、防卫（defense）、化小（minization）、接受（acceptance）、适应（adaptation）、整合（integration）六个阶段。[③]从否认文化差异的存在；到认识差异、感受威胁，产生防范意识；到试图放大文化的相似性，缩小差异性以保护自己的世界观；然后开始正视同与异的平行存在；进而从他者的角度审视文化的差异；最终体验到差异是这个世界之所以精彩的重要源泉，是生活的一部分，并且悦纳不同的文化。可以说，跨文化敏觉力连接了跨文化能力的认知、情感、行为三个层次，在对他文化的知识和与他文化的交往中搭起了一座桥梁。

然而，这座桥梁的搭建并不是一件容易的事情。如果人们在与异文化的接触、比较中没有一颗强大而开放的心灵，很容易在内心的痛苦挣扎中出现民族自卑感或民族自傲感。那么要实现跨文化敏觉力又需要哪些条件呢？学者们对此提出了许多能力，包括自爱（self-esteem）、自省能力（self-monitoring）、开放的心

---

① Adler, P. S., *"Culture Shock and the Cross-cultural Learning Experience"* in Samovar, L. A. & Porter, R. E（Eds.）, *Intercultural Communication：A Reader.* CA：Wadsworth, 1982, pp. 389－405.

② Triandis, H. C., *"Subjective Culture and Interpersonal Relations Across Cultures"* in Adler, L. L.（Ed.）, *Issues in Cross-cultural Research.* Annals of the New York Academy of Sciencen, 1977, pp. 418－434.

③ Bennett, M. J. A Developmental Approach to Training for Intercultural Sensitivity. *International Journal of Intercultural Relations*, Vol. 10, No. 2, 1986, pp. 179－196.

灵（open-mindedness）、移情的能力（empathy）和暂缓判断能力（suspending judgment）。[1]

所谓自爱就是对本文化有着强烈的自爱、自重之心。只有热爱、尊重自己的文化，对本文化有强烈的认同感和自豪感，才能自信乐观地面对不同文化的冲击，才能够应对跨文化沟通中可能出现的挫折感、疏离感和各种心理压力。

一个拥有跨文化能力的人在沟通中需有自我检视或反省的能力，以保持对周遭世界敏锐的观察力，在互动中感知对方的反应和自身的表现，能够比较分析出现不同反应的原因，并借此来指导或调整自身的行为，使之与跨文化情境相配合。

而开放的心灵则是进行跨文化沟通的前提条件。现代信息科技帮我们打破了地域的壁垒，经济全球化帮我们打造了一个相互依赖的地球村，使远方的人和事一下子近在眼前，而随着人的流动，一个多文明相互杂糅的文化环境成为现代人所必须面对的现实环境。如果背离事实、拒绝变化、逃避交流，那么跨文化的沟通也难以实现。一个有跨文化传播能力的人应敞开心扉，一方面愿意倾听对方的解释，另一方面愿意解释自己的思想行为，以促进双方的相互了解。

还有移情的能力。这也是跨文化敏觉力中最常提及的一个重要能力。移情就是将自己置身于对方的地位上，从对方的角度去观察、感受、思考跨文化中的种种情况。它类似于人们日常所说的换位思考，只是跨文化的交流比日常生活纳入了更多的不同背景的文化元素。拥有了这一能力就可以更加清晰地发现双方理解与感受上的差异，更准确地判断分歧所在，并做出相应的回应。

最后，一个拥有跨文化敏觉力的人还需有暂缓判断的能力。错误的判断通常源于不全面的信息收集和不冷静的理性思考。在跨文化交流中，切忌在不明前因后果、文化背景和具体情境的状态下对事情妄加推测、冲动行事。要想进行有效的沟通，交流双方都应持开放的态度倾听对方的声音，表明自己的观点，在了解清楚来龙去脉后，进行理智的思考再做判断。千万不要意气用事，轻易得出结论。

（四）跨文化效用力的提升

即便拥有了跨文化理解力，具备了跨文化的敏觉力，要想有效地完成某一任务，并使之产生意欲结果，最终还需落实于行动。这种行动中的技巧的总和就是

---

[1] 陈国明：《跨文化交际学》，华东师范大学出版社 2009 年版，第 230～235 页。

跨文化效用力，包括信息技巧、行为弹性、互动经营以及认同维护四大技巧。①

有效地传达信息是有效沟通的前提。信息技巧可笼统地分为语言与非语言沟通技巧两大类。如语言学家威廉·冯·洪堡所说，"语言是精神不由自主的流射"②。言为心声，即使借助于最好的翻译，每经一次转述，语言中的信息量大概也要减少 10%。而熟练掌握一门外语不仅可以有效地避免传译过程中的信息损失，而且根据萨丕尔—沃尔夫的假设，语言会影响人的逻辑思维和看待世界的视角。因此，学习对方语言可以很好地促进沟通。而语言之外，许多动作、表情、图示等非语言因素也会影响沟通的效果。

行为弹性是指根据不同的情况，能够做出适当反应的能力。例如，一位积极、强势的美国主管到英国、德国等欧洲国家仍按照其风格行事，或许能比较容易成功，而当他来到中国这种具有东方思维的国度，其快言快语的风格就可能带来其职业生涯的滑铁卢。2021 年 3 月，中美双方外交高层在美国安格雷奇的对话，美国国务卿布林肯强调要"从实力出发同中国谈话"，就遭到了中央外事工作委员会办公室主任杨洁篪、外交部部长王毅的有力回击，美国以势压人的霸道风格也遭受了挫折和失败。所以，在不同环境中，面对不同地位和思维习惯的人，一个拥有强跨文化能力的人应懂得相互尊重、灵活处理，方可使沟通流畅自如。

跨文化传播中，一方面，人们渴望着彼此沟通；但另一方面，又担心沟通中会出现种种不愉快。因此，如何迈出第一步，引入主题，打开话匣子，如何深入交流讨论，如何结束交流，如何保持联系……都是跨文化交流中互动经营的学问。互动经营是指在整个沟通过程中适当建构与维持交流的控制能力。一个具有高度互动经营技巧的人，通常懂得在沟通中注重保持双方平等的交流机会，并对交流的话题表现出相当的兴趣、耐心，时时给对方以关照。③

认同维护是一个类似于中文里"面子"（自我的公众形象）的概念。无论东方、西方文化在沟通中都注重顾及对方的"面子"，同时建立和确认自己的各种身份认同。在留面子、给面子、要面子和挽回面子中，通过对自我面子的关切和他者面子关切的协商形式，创造一个良好的氛围以达到沟通的目的。④

---

① Chen, G. M., "*A Review of the Concept of Intercultural Effectiveness*" in Hinner, M. (Ed.), *The Influence of Culture in the World of Business*. Germany：Berlin, 2007, pp. 95 – 116.

② ［德］威廉·冯·洪堡特著，姚小平译：《论人类语言结构的差异及其对人类精神发展的影响》，商务印书馆 2009 年版，第 48 页。

③ Ruben, B. D. Assessing Communication Competency for Intercultural Adaptation. *Group and Organization Management*, 1976, pp. 334 – 354.

④ S. Ting – Toomey, "*Intercultural Conflict Styles：A Face – Negotiation Theory*" in Y. Y. Kim & W. Gudykunst (Eds.), Theories in Intercultural Communication, 1988.

注重上述四个环节的相互联动、层层深入，就能切实提高跨文化传播与沟通的效用力。

二、跨文化传播议程设置的优化

跨文化传播议程设置的能力是跨文化传播能力的重要组成部分，并且在跨文化传播中发挥着越来越大的作用。要增强国家软实力，提升跨文化传播能力，就要不断优化跨文化传播的议程设置。

（一）跨文化传播中议程设置本领的增强

议程设置能力是跨文化传播的一项重要能力，在相当程度上，主导着文化传播的方向、主题、进程和效果，影响着国家的软实力。传播学的"议程设置"理论，由唐纳德·肖（Donald Shaw）和麦克斯威尔·麦克姆斯（Maxwell Mc-Combs）于1972年提出，用来描述他们所长期观察到的在总统大选中一种选民舆论的现象。当时这个术语的主要意思是，"新闻媒体向公众展示了什么是一天当中最重要的事情，这种提示影响了公众对于重要事件的认知"①。

美国记者和社会学家李普曼是议程设置理论的鼻祖。1922年在其经典著作《舆论学》中，开宗明义提出和阐述"现实世界与我们的想象"②。虽然李普曼没有使用议程设置这个词语，但是他概括了议程设置的核心思想。他认为，作为超越人类直接经验而认知外部大千世界的窗口，新闻媒介决定了人们对整个世界的认识，大众传媒描绘了人们心中的地图和头脑中的世界。他指出，公众舆论的反应并不是针对真实存在的环境，而是针对新闻媒介制造的拟态环境。正是新闻媒介将外部世界与我们头脑中的世界的图像连接起来，议程设置理论就是将这种关系表现为定量的、实证的社会科学研究成果。北卡罗来纳大学新闻学院的麦克斯韦尔·麦克姆斯和唐纳德·肖，于1968年美国总统大选期间在北卡罗来纳州的查普希尔市展开了一次问卷调查。他们研究的核心理论假设是：大众媒介通过影响媒介议题在选民中的显要性，来为政治竞选设置议题议程。两位研究者为这种大众传媒的影响力创造了一个新术语——"议程设置"（setting-agenda）。在当时，"议程设置"还只是一种理论假设，其后的40年里研究者们继续开展的实证研究，不断补充或质疑议程设置理论这一传播效果规律。

---

① McQuail, D. *McQuail's Mass Communication Theory 5th Edition*. London：Sage Publications Ltd.，2005，pp. 512 – 513.

② ［美］沃尔特·李普曼著，林珊译：《舆论学》，华夏出版社1989年版，第1页。

议程设置理论的核心假设是媒介议程影响了公众舆论；与之对立的理论假设是公众议程影响了媒介议程，这颇似鸡和蛋孰先孰后的关系。"议程设置"的理论贡献在于该假设能证明出媒介内容与媒介效果之间的因果关系，即媒介议题与公众议题之间存在着明显相关性。议程设置理论的证明，可根据议题出现频率，来集中测量媒介效果，即通过重复测量大众传媒的内容，可以测量出媒介内容及媒介安排内容的显要性投影在"公众的头脑中图像"是怎样的一幅图景。

议程设置强调在特定的一组问题或论题中，受到媒体较多注意的那些议题的公众熟悉程度和重要性，在一段时间内日益提高；而那些较少得到注意的问题或议题则会相应地降低公众熟悉程度和重要性。议程设置主要有三种不同类型：媒体议程，即媒体内容在关注各种问题和事件时显示出的不同轻重次序；公众议程，即公众对各种问题的意见和了解程度的不同强度；政策议程，即政治家们考虑的问题和对策。

议程设置能力是指政府议程能够对大众传媒产生影响的一种能力。这种能力依赖于大众传媒在安排和引领公众讨论话题及以什么角度展开讨论的过程中所具备的媒介议程设置功能。无论大众传播媒介是什么性质，均以维护该国国家利益为价值取向。现代媒介化社会中，政府议程参与了媒介议程、公众议程的注意力竞争，政府议程主动影响和引导媒介议程，提升国家的议程设置能力。国家软实力建设之所以需要优化政府议程设置能力影响大众传媒议程，是因为大众传媒报道能够影响人们在跨文化领域的注意力会投向哪些国家、哪些国家的文化领域的什么话题是大众热点议题，其中传媒报道对某个议题的什么属性进行设置又为人们塑造了什么样的关注视角等。人们观察世界的视角决定了其能够看见什么、感知到什么、认识到什么，从而影响人们将形成怎样的某种认知与意见，乃至影响某种态度和行为。

跨文化领域的议程设置直接关系到世界上不同文化交流、交融、交锋的重点、导向和走势，关系到文化传播者对跨文化发展影响、引领和主导的能力，关系到国家软实力的提升。新时代，我国日益走向世界舞台的中央，中华民族复兴的步伐加快，遇到的外部压力和文化阻力也日益加大，东西方文化的差异和壁垒成为我国实现中华民族伟大复兴的最大障碍。只有高度重视和不断提高跨文化传播中议题设置的本领，才能引导跨文化传播的方向和进程，化解我国发展面临的文化隔阂和障碍，创造有利于我国现代化建设的文化生态、舆论氛围和国际环境，不断提升国家软实力，有力推动我国全面建设社会主义现代化强国，实现中华民族的伟大复兴。

（二）跨文化中国形象塑造议程设置优化

国家形象是一个国家软实力的综合呈现和集中体现。改革开放以来特别是新时代以来，我国在塑造国家形象、提升国家软实力方面取得了明显的进步。"中国模式""北京共识""中国制造""中国设计""一带一路"等成为西方学者政要、普罗大众所津津乐道的话题；中国的 500 多个孔子学院遍布世界各地，成为中国和世界文化特别是语言文化交流的桥梁和纽带，中国的语言文化在世界范围内受到欢迎和重视，学说中国话在一些国家成为时尚之举；在多个国家和大洲开展文化节交流活动，组织各国文化日、非物质文化遗产节等文化活动，聚焦打造文化和旅游一体的文化品牌项目。开展"中华文化旅游周"活动，包括葡萄牙中国文化节、俄罗斯文化节、跨越太平洋中国艺术节等大型文化交流品牌，仅 2019 年以春节为主要题材的跨国文化交流在 133 个国家和地区的 396 座城市开展近 1 500 场活动。[①] 中国主动参与和维护国际秩序的意识正在增强；中国在处理国际关系中的斡旋能力、协调能力以及对国际社会的号召力有所提高，以上这些都是我国软实力逐步提升的体现。毋庸置疑，我国的国家形象塑造特别是跨文化传播中的国家形象塑造还存在着诸多的不足，与我国的国际地位还不相称，影响了我国软实力的提升和硬实力的发展。而我国国家形象的塑造，离不开海内外的大众传播媒介，离不开大众传媒传播中国声音中的议程设置。既然提升中国软实力需要和各种大众传播媒介尤其是国际传媒打交道，那么相应地，"议程设置能力"就成为政府塑造国家形象、建设国家软实力时应对、使用大众传播媒介所必须具备的影响力，具体所指就是政府的"议程设置能力"。

国家形象的塑造，离不开国家的发展，离不开公众的认知和评价，也离不开大众传播对国家发展状况的报道、呈现和评价。大众传播在客观反映国家形象、影响和塑造公众对国家的认知和印象方面，发挥着中介和传导的作用。在国际交往和跨文化传播的语境中，一国的国家形象更是深深地受到大众传播尤其是国际传播的舆论生态和价值导向的影响。而中国的国家形象也不例外，中国的国家形象最根本地取决于中国自身的建设和发展，取决于国内外民众对中国发展的总体认知和综合印象，取决于大众传播特别是国际传播对中国发展成就和状况的反应、报道及其对国内外公众有关中国认知的影响。

国外的公众对中国的认知和印象更多的是通过大众传播尤其是国际传播对中国形象的呈现所形成的。这种认知和印象，更进一步地，可以理解为人们对"中国国家""中国文化"从具体的经验体认到抽象符号的记忆、认知、回忆；从具体的所见、所闻、所感到为"中国国家""文化形象"所建构的头脑中的景象。据《2016—2017 中国国家形象全球调查报告》："中餐成为海外受访者眼中最能

---

① 《2019 中国艺术年度报告》，艺术中国网，2020 年 9 月 27 日，http：//art. china. cn/huodong/node_ 1007845. htm。

代表中国文化的元素。谈及中国文化的代表元素，海外受访者首选中餐（52%），其次是中医药（47%）和武术（44%）。"① 从这里可以看出，中国的国家形象受多种因素影响，包括参与国家形象建构过程的国家发展、社会公众和大众传播三方面因素的影响。中国国家形象是由国家实体及其发展经由大众传媒投影在公众头脑中的显影，中国国家形象的塑造主体是国家，大众传媒是传播中国国家形象的主体，公众是反映和认知中国国家形象的主体。大众传媒在反映和报道中国的发展状况、塑造公众的国家认知方面，发挥着日益重要的影响，尤其是大众传播的议程设置能力，在相当程度上主导和影响着国内外公众对当今中国的认知和印象，影响着中国国家形象的塑造。跨文化传播语境中，中国的国家形象的主要元素被解读为中餐、中医、武术，说明中国的中餐、中医、武术等中国文化元素在国内外的大众传媒和文化交流中得到了很好的传播，同时也恰好表明中国的发展道路、发展模式和发展成就及整体形象未能在国内外大众传媒的跨文化传播中得到充分的呈现，中国的文明大国形象、东方大国形象、负责任大国形象和社会主义大国形象，也未能得到真实、全面、生动的展现。这种情况表明了跨文化传播中议程设置优化对中国国家形象建构的紧迫性。

中国国家形象、中华民族形象，诸如此类的形象均是由主体投影到客体认知世界的影像。探讨中国以何种面貌、何种形象呈现在世人面前，这个"公众"的范畴在全球化时代和跨文化传播中就从一国延展到世界各国。形象的呈现、形象的传播，与现代大众传媒和文化传播须臾不可分离，跨文化传播的议程设置功能使"形象问题"得到一种深刻的理论阐释。要把握跨文化传播的主导权，建构中国国家形象，就要提高议程设置能力，主导优化跨文化传播中的议程设置，引导中国跨文化传播的方向、主题和进程，吸引国内外公众对中国国家形象的关注和了解，从而在对中国真实、客观、全面的了解中，形成公众特别是外国公众对中国形象的良好认知和认同。

（三）中国跨文化传播的议程设置的路径

议程设置能力是大众传播领域的一种政府执政能力体现，是政府对大众传播议程产生的影响，指的是政府议题参与、引导和影响媒介议题、公众议题的过程。公众心目中大众传播的事件、议程或人物的相关重要性受到了大众传播呈现次序、传播特征的影响。大众传播媒介对于某些重要事件、议题或人物越是加以关注，受众便更容易认可其在社会生活中的重要度。这里大众传播媒介所影响的

---

① Matha Finnemore. *National Interests in the International Society*. Ithaca, NY: Cornell University Press, 1996, P. 2.

并非舆论意见本身，而是人们关注、讨论的主题。

中国软实力建设过程是与大众传播互赖互促的。软实力所涵盖的文化影响力、意识形态影响力、社会制度影响力和外交事务影响力，均要通过大众传播体现出来。中国的软实力建设受到大众传播能力的影响，而大众传播能力又受到跨文化传播的议程设置能力的影响。因此，在跨文化传播中，要在建设能在国际传播格局中发出有力、有理、有利声音的中国强媒体的基础上，以涵纳文化领域议题的政府议程来影响媒介议程设置，进而对公众议程产生作用，不断提升我国跨文化传播的议程设置能力。

1. 增强我国政府议题设置意识

增强政府议程设置意识是提高跨文化传播议程设置能力和国家软实力的前提。我国各级政府如果具备了议程设置意识，开列了政府文化建设领域的大众传播议程单，根据各级政府的议程、议题及议题排序和议题属性，进行适度的大众传媒议题的引导，就能形成不同时期的良好的文化舆论环境。一般政府大众传播议题和议程设置的内容可以涵括国内社会发展趋势，行业发展动态，国内外形势对国内教育、公共卫生、科技、环保事业等发展的影响等。以文化类议题为例，可分为文化生活方式与体验、文化消费信息、影视政策与影视产品信息等。有了一个可操作的"议题系统"储备，在一个明确的周期内，就可根据国家建设的重点，从中抽出某一议题及其子议题，根据实际形势形成大众传播的舆论热点和良好的舆论氛围。

跨文化传播需以政府的议程设置影响媒介议程，服务国家的经济建设规划，塑造我国的民族文化影响力，增强中华文化的吸引力。具体而言，由各级政府在"政府文化建设议程"上做出"议题重要性顺序排列"，形成政府、媒体、公众间议题的叠合。目前，我国致力于坚持社会主义先进文化的前进方向，兴起社会主义文化建设新高潮，激发全民族文化创造活力，但在提高国家文化软实力方面尚未能充分开展政府议题设置，政府文化主管部门所设置的政府文化类议题，可与公众文化议题、大众传媒的文化议题形成博弈和互动。

这类政府文化议题涉及领域是非常丰富的。以文化产业的动漫发展为例，我国"为在孩子的童年印象中留下点中国元素"的用心良苦是有目共睹的，但通过限制进口来扶持国内动漫产业的有效性，一直受到某种程度的质疑。国外有益的动漫可适当引进，但要优先支持国内动漫产业的发展，使国外有益动漫的引进与国内动画产业的发展相平衡。对于内容有问题的特别是有害无益的国外动漫则要加强限制，严防渗入。如果政府文化部门对此网络热点议题进行调研，真正掌握公众议程的热点，进而组织公众开展对此议题的深层次讨论，引导在动画业发展过程中就如何恢复、寻找、建立共同记忆、共同认同等形成文化话题，一方面可以真正获取公众关心的文化产业发展的信息；另一方面在构建软实力中，隐性地设置了网络舆论的媒介议程，有助于提升文化传播的议程设置能力及其效果。

跨文化传播的背景下，本国的政府议程积极引导媒介议程和公众议程，主动设置文化传播的议题，不仅对本国文化的大众传播具有主导的作用，而且对本国文化和外国文化的交流互鉴会产生重大影响。更重要的是，在深化改革扩大开放包括文化开放政策的引导下，中国文化的国际传播与交往不断扩大，中国和国际文化的互动在不断加深，在这种情况下，尤其要增强跨文化传播的议程设置意识，提升议程设置能力，掌握跨文化传播议题设置的话语权和主导权，积极推动中国文化的跨文化传播，扩大中华文化国际影响力。

2. 提升政府议程对媒介议程的影响

现代社会软实力竞争的一个重要方面就是通过大众传媒制造出视觉奇观，产生引人瞩目的传播效果。现代传媒在新闻报道上，尤其体现在新闻议题的设置上，编辑与记者们在思考与谈论、写作与报道中是有一种报道框架的，这也是议程设置理论的延伸理论——框架理论。他们心中想到的"客体的属性"，这些客体和客体的属性将相应地以新闻事实的形式给接触新闻报道的人们提供记忆、感知的信息基础。议程设置实质上是一种大众传媒的间接效果，传媒无论是选择客体加以关注，还是选择属性来描绘这些客体，这些选择都具有强大的影响公众议程设置作用，国家可以而且能够通过多种渠道来影响媒介议程设置。

世博会是中国形象的一次集中展示与中国文化传播的极佳机遇，也是中国跨文化传播议程设置的一次有益尝试。从 1851 年伦敦万国工业产品博览会开始，世博会以固定的传统规范，逐渐形成其固定的格局和稳定的内涵。同时每次世博会，又是各举办国国家形象的一次集中展示。在世博会惯例之上，每次世博会因举办国的文化底蕴不同而呈现不同的特色。不仅展示了举办国文化的独特魅力，而且提供了展现世界经济、文化发展潮流的一次契机。根据上海世博会官方统计显示，"自 4 月 20 日上海世博会试运行起，中国国家馆的接待能力从最初每日 3 万多名游客，增至每日超过 5.2 万人"①。中国馆从创意设计，到建筑完成，再到文化呈现，较好地展现了中国形象。根据世博会中国馆馆长、中国国际贸易促进委员会秘书长徐沪滨接受新华社记者专访的回答，"通过中国馆，我们希望向世界展现中国改革开放 30 多年所取得的巨大成就，展现新中国成立 60 年来不平凡的发展历程，展现中华文明 5 000 年的灿烂辉煌"②。这也正是我国政府提升议程设置能力在文化议程设置方面的进步。

①② 转引自新华社：《专访世博会中国馆馆长：立体、真实展现中国形象》，中国政府网，2010 年 8 月 1 日，http：//www.gov.cn/jrzg/2010 - 08/01/content_1669115.htm。

从大众传播视角来看，虽然我们不能了解、推介和影响每一位记者的报道视角、报道内容，但是我们可以通过中国馆现场的导引、文化特色展示的选择等来吸引外媒记者的关注。据世博会中国馆馆长徐沪滨介绍，世博园开园 3 个月来中国馆内最受欢迎的展品中，最具震撼力和口碑的展览项目当属改编自北宋时期张择端名作的动画版巨幅长卷《清明上河图》。[①] 无论是各国政要还是普通游客，都在这幅长达 128 米、高 6.5 米的长卷前驻足观望，这卷艺术作品是中国文化的精粹展示之一。艺术鉴赏中对美的喜好是各国各族人民心灵相通的。只要是真正有艺术价值的作品，就能吸引外媒和游客关注，在世博会上，各国竞相通过国家馆来展示各自的国家形象和文化品牌。如果中国政府着眼于传播中国文化及提升文化"软实力"，中国馆在呈现的"外看建筑，内看大片"之外，高科技背后传递的文明进步是否能给中国百姓带来文化生活的改善？是否能提升人民的生活质量？这些问题，完全可成为议程设置的文化议题。政府善用文化议程设置，影响海内外大众传媒，渠道应是多形式、多方面的。这些渠道可以是设置和完善新闻发言人制度、召开新闻发布会、主动接受记者参访、邀请记者参与国家活动等。这样就可以形成文化传播的焦点和热潮，扩大跨文化传播的影响力。

2020 年突如其来的新冠疫情及其防治，为我国政府议程影响媒体议程和公众议程提供了成功的实践。2020 年 1 月 22 日，根据中央和国务院的部署与要求，人民网即召开党委扩大会，成立了新冠疫情报道工作领导小组，贯彻落实习近平总书记一系列重要讲话和指示精神，启动应急报道机制，集全网之力开展疫情报道。一是政策解读，领跑全网；二是逆行武汉，展现担当；三是网评发力，引领舆论；四是搭建桥梁，凝聚人心；五是创新样式，融合传播；六是因时而变，拓展业态；七是对外发声，开展斗争；八是立足公益，提升服务。在党和政府的指导和人民日报社编委会的统一指挥下，人民网"全网联动、连续作战，推出了一系列思想深刻、内容鲜活、形式多样的报道，全景式地记录了中国战'疫'情况。截至 2020 年 4 月 26 日，人民网共发布相关图文、视频、融媒体报道及产品 18 万余篇，相关报道在人民网自有平台上阅读量超过 246 亿。3 个多月的报道过程中，前方采访团队不惧风险冲在一线，后方制作团队各尽其责形成合力，充分展现了党的主流网站工作者的政治责任感和专业化水平"[②]，引导营造了疫情防控的良好舆论生态，形成了万众一心、共同抗疫的强大正能量，不仅推动了疫情防控的全面胜利，而且有效提升了中国抗疫的国际影响力。

---

① 转引自新华社：《专访世博会中国馆馆长：立体、真实展现中国形象》，中国政府网，2010 年 8 月 1 日，http：//www. gov. cn/jrzg/2010 - 08/01/content_1669115. htm。

② 罗华：《守正创新 融合传播打造新型主流媒体》，人民网，2020 年 8 月 14 日，http：//media. peo-ple. com. cn/n1/2020/0814/c40606 - 31822845. html。

3. 议题设置更加符合传播规律

满足人们的好奇心，以有趣的软新闻来吸引人们注意力是基本的传播规律。

新闻是关于人的故事，中国传统文化和现实中国朝气蓬勃的现代化建设中有着非常丰富的故事资源，而不少媒体常常买椟还珠地抛弃了最有人情味、人性美的故事。在对外新闻议题上，一些中国媒体表现出硬新闻多，文化传播色彩明显不足；软新闻少，缺乏真正具有人情味和趣味性的新闻报道和文化传播，不足以展现当代中国人的精神生活面貌和当下中国人的生活方式。当下中国人的生活就是中国文化传统和现代文明交织中最鲜活的一段历程，中国人的生活状态是表现新世纪中国文化的载体。譬如，上海东方卫视的综艺电视节目《中国达人秀》中出现了中国达人群体：能用双脚演奏动人乐曲的"无臂钢琴师"刘伟、两次以即兴 RAP 迎接评委挑战的寿君超、用完美动人的舞蹈征服观众的残疾人舞蹈组合马丽和翟孝伟、挑战岁月与身体极限的快乐中年武汉肚皮舞团"时尚七太"等。这些普通中国人，既是寻常中国百姓又身怀某种特长，他们的生活经历和他们的面孔，正展现了中国人当下的生活状态和蓬勃的生命力。如果以他们的面孔出现在我国媒体对外报道和外媒的对中报道中，不单鲜活可信而且趣味性强、传播性强、吸引力强，这些"中国达人"身上也真实地反映了中华民族的文化特质和中国发展的时代脉搏。

改革开放以来，特别是进入中国特色社会主义新时代以来，无数中华儿女把个人梦融入国家富强、民族振兴、人民幸福的"中国梦"，把个人的梦想融入国家的梦想，把个人的理想融入共同的理想，把个人的奋斗融入共同的奋斗，在实现中国梦的伟大实践中创造人生出彩的机会，在为人民利益的不懈奋斗中书写人生华章，做出了无愧于时代的重要贡献，涌现了许多可歌可泣的先进人物和感人事迹，创造了很多令人难忘的奋斗故事。把这些感人的故事同中国发展的伟大成就有机融合起来，凝练出有意义的生活主题和重要议题，生动地加以报道、传播和展现，就能有效提升中国的跨文化传播能力和国家软实力。

4. 面对国际传媒更加开放自信

跨文化传播的国际新闻信息流中，由于新闻从业者新闻价值观的差异形成的新闻选择、新闻报道方面的差异，在涉及中国形象的西方媒介议程中，往往存在某些偏见和歧视。我们不仅要洞察西方媒介关于中国发展成就和文化发展的报道的差异、意图乃至偏见，更要以开放、自信的立场和态度与其展开接触、交流。

综观各国政府与媒体的关系，政府与媒体合作的水平莫不与政府议程设置能力的高低相关。随着 2008 年北京奥运会期间对外记者开放新政策，中国对外国媒体采访报道中国，打开了阳光政府的大门。实际上，当国外媒体没有得到正当的采访渠道时，往往会从非正常的渠道获取不利于我国形象的报道角度、报道题目。在 2010 年上海世博会期间，上海世博局副局长朱咏雷在接受新华社记者采访时介绍：在上海世博会开幕之际，报名采访世博会的境外记者已达 3 500 人，来自 589 家媒体机构，包括美联社、法新社、美国有线电视新闻网、《泰晤士报》等。截至 2010 年 8 月 31 日，中国 2010 年上海世博会进程过半，世博会新闻中心已向来自世界各地的媒体工作人员发放了 12 334 张注册证件；中外媒体工作人员累计入园已达 12.74 万人次。[1] 也就是说，上海世博会至此正式累计接待 3 500 名境外记者。这些记者关注什么、如何在现场报道、如何记录上海世博会的所见所闻，中国政府是无法控制的，一旦拒接采访或施加控制，则会被国际社会嘲讽。这些外媒报道直接关系到国外媒体的新闻作品中上海城市形象、中国形象的建构。如何更好地与外媒打交道？如何提高跨文化传播中的议程设置能力？目前我们展示中国形象的思路仍多处于正面宣传、介绍成就的比较单一的做法。某些狭窄的报道视角，不足以吸引外国媒体，而由于价值观不同，他们往往自己选择我们期望值之外的新闻事件来报道。

国外媒体，无论何种媒介形态（网站、报纸、电视广播等）都是其本国普通民众形成"中国印象"的认知来源，我们如果不能正视和纠正来自西方媒体的一些偏见，则直接地影响了西方普通受众头脑中关于中国的想象和印象。涉及跨文化新闻报道时，西方记者的偏见，常常表现为在没有获得全面、准确的信息的情况下，依据西方的认知框架和意识形态对他文化作出判断，进而由此形成对他文化的扭曲看法。西方既存的对中国的偏见致使其话语框架形成消极意义的偏向，这种话语框架又进一步维系着既存的偏见，贬抑着中国形象。从新闻专业主义的角度看问题的人会为此进行辩护，认为西方的新闻话语生产是遵循的新闻专业主义的"看门狗"[2]（watch dog）原则，而"看门狗"总是从揭示问题的角度建构新闻话语、开展大众传播，不能把它看作对外群体的不友好。英国《卫报》驻京首席记者华特在接受访谈时便说，"媒体有很多功能，而我们觉得最重要的一个功能就是看门狗。努力发现社会中出现的错误，显示这些错误，并希望有人能改变它。这种观念被称作给黑暗之处洒上光芒"。这个西方记者坦诚道，"当我在写报道时，我不是来写游记的，不是来说中国国家多美好的。当我们写报道时，我们往往会去讲问题。我们更多时候会写到中国的社会问题、环境问题，还有很多我们认为社会应该关注、应该改变的问题"[3]。这就启发我们应充分尊重国外记

---

① 新华社：《上海世博会累计接待中外媒体人员达 12.74 万人次》，中国政府网，2010 年 7 月 31 日，http：//www. gov. cn/jrzg/2010 - 07/31/content_1668627. htm。

② "看门狗"（watch dog）是经典自由主义传播学说对媒体的定位——秉持公正、客观立场的媒体，是代表民众监督政府行为的"看门狗"，或又称为"人民的忠犬"。

③ 单波：《跨文化传播的问题与可能性》，武汉大学出版社 2010 年版，第 277 页。

者在中国采访的法律框架下的自由。若我们缺乏从国外记者的视角来反思我们的媒介管理政策，则无益于国家管理和国外媒介报道之间的交流，也难以达到消除隔阂、增进互信的效果。

5. 拓展跨文化传播发声渠道

跨文化传播议程设置的优化，还要逐步扩大政府议程设置能力的覆盖面，不断拓展大众传播的发声渠道。我国媒介环境，目前是主流媒体掌握了重要的媒介议程设置，这是完全必要的。我国主流媒体是党和政府的喉舌，是人民群众表达利益诉求的主要载体，是传播中国声音、反映中国成就、展现中国形象的主要渠道。在大众传播过程中，要充分发挥我国主流媒体的议程设置能力、舆论引导能力和对外传播能力。美国政治学家伯纳德·科恩有一句名言，"在多数时间，报界在告诉人们该怎样想时可能并不成功；但在告诉读者该想些什么时，却是惊人的成功"①。不同的人们观察世界的角度是不一样的，这依赖于他们所阅读的报纸、所收看的电视、所浏览的网站等认知世界的媒体中介。当我国政府确立了政府议程设置的主导意识，具备了一些基本条件，譬如有若干个在国际传媒格局中的中国强媒体，那么中国软实力建设上，学会使用、善用政府议程设置能力对媒介议程、公众议程产生影响，则可在大众传播领域建立一种提升中国软实力建设的有效路径，逐步拓展政府议程设置能力的覆盖面和新空间。

除此之外，发掘跨文化传播议程设置的潜力，还要发挥民间媒体和个人在跨文化传播中的作用，拓展其发声的渠道和方式。目前，我国民间媒体和个人在跨文化传播中发出的声音能形成公众议题的相对较少，议程设置的地位也有待提升。以电视媒体为例，民营性质的蓝海电视台是目前唯一一家全面进入西方主流社会、仅面向西方受众传播中国内容的全英文电视媒体，设有《中国手工》《学汉语小技巧》等专门的文化类节目。此外，中国商人王伟胜收购了一家迪拜电视台，成立了阿拉伯·亚洲商务卫视。北京四达时代集团自 2002 年进入非洲市场以来，已在非洲 30 多个国家成立公司并开展数字电视运营，拥有超过 2 000 万用户，至 2018 年，其提供的广播电视信号已覆盖撒哈拉以南 45 个非洲国家。② 而曾在 2009 年收购英国普罗派乐卫视的商人叶茂西指出，目前中国政府对进军海外的官方媒体和民营媒体的支持力度还存在巨大差别，在中国文化的国际传播和议程设置中，民营媒体的力量还很薄弱。但其体制外的属性能使它在内容及经营上拥有更多自主权，从而更为灵活地面向世界传播中国文化，也更易得到国外受众的信任。除了民营媒体、民间机构外，还要注重发挥个人在跨文化传播中的作

---

① Bernard Cohen. *The Press and Foreign Policy*. New York：Princeton University Press，1963，P. 13.

② 参见《四达时代"走进非洲"搭建上万村落与外界的"信息通路"》，中国新闻网，2018 年 8 月 16 日，https：//www.chinanews.com.cn/cj/2018/08 – 16/8601542.shtml。

用。现在，随着中国同世界的联系日益紧密，中国和世界的经济、科技、文化交流日益频繁，中国"走出去"的人数包括旅游人数在不断增加，国外"走进来"的外国公众人数也在不断增加，中国人同外国人的个人交往和接触同以往相比已经不可同日而语。这种日常生活的、文化的个人交往和交流为中国民众传播中国文化和外国民众了解中国文化提供了最好的渠道，每个中国人都成为中国文化跨文化传播的友好使者。中国人在出国工作、生活、交流、旅游等过程中，用日常的、朴素的语言真实客观地陈述中国的发展变化、中国人的日常生活状况、生活方式、文化习俗和精神状态等，有助于外国民众更好地了解中国社会、历史和文化，形成对中国更加生动、深刻、全面的认知和印象，建构起中国的国家形象和文化印象，增强中国发展和中华文化的强大吸引力和国际影响力，不断提升中国跨文化传播的软实力。因此，我国政府在大力发挥政府机构和主流媒体跨文化传播的议程设置的主导作用的同时，还要注重发挥民间组织和个人在跨文化传播包括议程设置中的独特作用，使中国跨文化传播的主导性和灵活性能够有机结合、相辅相成，更好地传播中国声音，提升中国跨文化传播的话语权和影响力。

三、跨文化传播长效机制的构建

跨文化传播交流能力的提升不可能一蹴而就，而要久久为功，形成多样化、持续化、时代化的跨文化传播的长效机制。因此，构建跨文化传播的长效机制，才能够切实保障和推动跨文化传播交流的广泛持续深入的开展，以跨文化传播交流能力的持续提升促进中国软实力的不断增强。

（一）构建多样化跨文化传播交流机制

改革开放40多年来，中国的政治、经济、军事实力取得了长足的进步，在民族复兴之路上迈出了坚实的步伐。在民族复兴的伟大征程中，如何与不同文化背景的国家、民族、民众交往，如何消除中华民族伟大复兴的文化壁垒，已成为中国崛起过程中的一个亟待解决的问题。要解决这一难题，仅仅依靠硬实力是难以奏效的。加强软实力建设，特别是构建多样化跨文化传播交流机制，提高跨文化传播能力，则成为关键所在。

改革开放新时期，我国通过构建多样化跨文化传播交流机制，举办一系列文化体育交流活动，借力文化，向世界展示和而不同、和谐发展的理念，推进人类命运共同体建设和全方位外交。2019年，中国以文化和旅游双边交流机制及中俄、中南（非）、中印、中日、中欧、中英、中法、中德等高级别人文交流机制为抓手，深化推动与世界各主要国家的文化和旅游交流与合作。积极推动中文成为联合国世界旅游组织官方语言，成功连任联合国世界旅游组织执委会成员（2019～2023年），在金砖合作机制、G20机制、上合组织等多边合作机制框架下开展广泛合作。通过中外在跨文化交流中的比较分析来解析我国跨文化活动中的得失教训、发展变化，为提高我国的跨文化能力做出了有益的尝试和积极的贡献。

中国特色社会主义新时代，构建多样化的跨文化传播交流机制恰逢其时、更显重要。跨文化传播交流机制要在多样化上大做文章，一是通过大众传媒来传播介绍中国发展包括文化发展的成就，让外国民众更好地了解中国人民推动发展实现更加美好生活的向往和追求。二是加强学术文化交流，通过中国和国外学术界、文化界、民间的交流和交往，更好地加深中国文化同国外文化的交流互鉴，在各美其美、美人之美、美美与共中扩大中国文化的影响力，增强中国文化发展的生命力。三是把中国文化传播融入对外经济合作与交流。注重文化搭台、经济唱戏，提高中国对外经济发展的文化含量，在经济产品的设计、生产、制作、包装、营销等方面要突出中国文化元素，体现中国文化的内涵，使外国民众在购买和消费中国产品的过程中，了解和领略中国文化的博大精深。四是利用各种大型国际活动、国际会议等来促进中国文化的传播交流。承办和参与各种大型国际活动及国际会议，是发出中国声音、展现中国文化、促进文化交流的重要场所。2021年的东京奥运会、2022年的北京冬奥会，都是万众瞩目中展现中国成就、中国文化、中国形象的极佳机会。尤其是我国主办的北京冬奥会，更应视为2008年北京奥运会之后中国主办的又一场国际体育盛会，也是主场展现中国文化、中国精神和中国形象的一次国际盛会，通过精心策划、精心组织，成为中国文化与世界文化传播交流的重要载体。因此，不断探索和构建多样化的中国文化的跨文化传播交流机制，才能全方位提升我国跨文化传播能力，不断增强中国的国家软实力。

（二）构建持续化跨文化传播交流机制

跨文化传播交流机制，不仅要多样化，还要可持续，只有构建可持续的文化传播交流机制，才能使跨文化的传播交流能力持续得到提升。

构建可持续的跨文化传播交流机制，一定要因地、因国、因时制宜，使跨文化传播交流经常化、规范化、制度化，并不断在长期的文化交流中探索新的载体、设置新的话题、赋予新的内涵、发掘新的潜力，以跨文化传播的深度交流推动跨文化传播的持续发展，不断提高跨文化传播交流的能力，增强中国文化的影响力。

中国在同世界各国开展国际交流特别是文化交流的过程中，因地因国不同，

309

创建了各具特色又持续深化的国与国之间的文化传播交流机制，各种文化年、文化节等活动就是在中国同不同国家开展文化交往活动的重要载体和机制，是在长期开展中国文化和外国文化交流活动的过程中，集中地、深入地、持续地开展的大规模的双边和多边文化交流活动。其中，中法、中德文化年等活动开展得就富有成效。

中国真正意义上主动地、系统地展现中国文化魅力应追溯到中法文化年。1999 年和 2000 年，时任中国国家主席江泽民与法国总统希拉克在互访会晤时，首次提出了两国互办文化年的构想。在 20 与 21 世纪的交界点上，中国作为四大文明古国中唯一延续至今并充满生机活力的国家，做出了向西方、向世界展示文化风采的决定。经过两年的精心筹办。2003 年 10 月至 2004 年 7 月，中国在法国举办文化年；2004 年秋季至 2005 年 7 月，法国在中国举办文化年。在"古老的中国、多彩的中国、现代的中国"的主题下，中国艺术家向法国公众展示了 300 多个文化项目，全方位、多视角地展示了中国悠久灿烂的民族文化、多姿多彩的民间艺术和朝气蓬勃的当代文化。而法国则在"以人为本和革新""浪漫与创新"的主题下向北京、上海、天津、武汉等 20 多个省市和港澳地区，展示了一个拥有深厚文化底蕴和浪漫气息的法国，一个在工业革命中崛起的现代法国形象。

文化年涉及文学艺术、教育、科技、广播电视、图书出版、青年、体育、民族、宗教、建筑、环保、旅游等方面。对中国而言，可以说是一次全面的中国秀。通过诸如《四川三星堆文物展》《中国当代艺术展》《康熙时期艺术展》《神圣的山峰文物展》《走近中国——中国当代生活艺术展》《21 世纪中国高等教育展》《中国民族服饰展演》、中央芭蕾舞团巡演、中央民族乐团同巴黎国家交响乐团合作演出等一批高质量的项目展示及活动，中国艺术家与法国民众的零距离接触，激发了广大法国人对中国文化、对现在中国的浓厚兴趣，掀起一股到中国去的热潮。中国民众也首次可以在家门口亲近这个浪漫的国度，仅中国美术馆展出的法国印象派画展就一次迎来了 25 余万中国观众。[①] 而雅尔音乐会和法兰西巡逻兵空中芭蕾的实况转播更是让中国人民领略了法国当代艺术的魅力，产生了对法国的美好感情。

由于中法文化年的决策层高、时间跨度大、交流覆盖广、项目质量精、合作程度深，取得了前所未有的成功，所以中法文化年被誉为"中欧文化交流史上的创举"，通常被视为我国对外文化交流史上的一个里程碑。[②] 2020 年中法文化年

---

① 刘琼：《法国印象派画展为何这么"火"》，载于《人民日报》2004 年 11 月 26 日。

② 彭新良：《文化外交与中国的软实力：一种全球化的视角》，外语教学与研究出版社 2008 年版，第 442～464 页。

因新冠疫情停办，2021 年的"中法文化之春"以更创新和热情的姿态回归。法国驻华大使罗梁表示，得益于自 2006 年起 15 年来"中法文化之春"艺术节取得的成果，法国在文化机构合作、艺术家交流和民间互动等方面都已经是中国最大的文化合作伙伴。2021 年"中法文化之春"的举办，78 个项目将在中国 14 座城市展开①，涵盖视觉艺术、音乐、戏剧、电影、舞蹈、图书与思辨等众多文化领域，更加凸显出文化纽带将两国紧紧地联系在一起。

伴随中法文化年为载体和机制的中法文化的持续深入交流，中国同世界许多国家的持续文化交流活动也应运而生。最有影响的双边文化交流活动之一就是"德中同行"。

中法文化年的亲密接触，给了德国以触动和启发。如何亲近中国，如何与这个正在崛起的东方大国拉近距离，成了德国政府、企业界、民间共同关注的问题。于是，一个历时 3 年的大型国家层面的友好合作活动——"德中同行"孕育而生。在两国政府的通力合作下，2007 年 8 月到 2010 年 10 月，德中同行活动足迹遍布南京、重庆、广州、沈阳、武汉等中国城市，并在上海世博会落下帷幕。

"德中同行"意图增进德中双方的相互理解与信任，为长期成功合作奠定基础，开拓德中合作新领域，以塑造和维护一个积极的、富于创新的、面向未来的德国形象为目标，以文化为主线，在政治、经济、文化、科教等多个领域广泛开展合作，力求通过德中两国之间的对话，为未来可持续发展寻求解决之道。而紧随其后的 2011/2012 "中德同行"也相继举行。可以说，"德中同行"无论从时间跨度、活动的深度与广度上较之以往的文化年均更进一步。这一方面体现了我国对外交流的不断加深，另一方面也反映了我国跨文化能力的提高。"德中同行"活动足迹遍布南京、重庆、武汉、广州等 6 个中国城市，交流内容涉及环境保护、职业教育、文学创作、电影艺术、语言考试、经济合作等重要话题②，成为一个浩大的跨文化工程。

德中同行的浩大跨文化工程之所以能够成功开展，一个很重要因素就是两国最高领导层的大力支持。从决定开展活动之初，德国总统霍斯特·克勒与中国国家主席胡锦涛就共同担任起"德中同行"活动的监护人。德国总理安格拉·默克尔和中国总理温家宝于 2007 年 8 月 27 日在北京为"德中同行"活动揭幕。2010年 7 月，默克尔再度访华亲自答谢活动参与各方的积极支持。德中同行活动的高规格，体现在每一站的开幕主宾都是政府高层次人士。首站是德国总理默克尔，

① 《第十五届"中法文化之春"新闻发布会在京举行》，人民网，2021 年 4 月 22 日，http：//world. people. com. cn/n1/2021/0422/c1002 - 32084989. html。

② 《柏林中国文化中心邀"德中同行"特使作交流报告》，中国文化网，2009 年 11 月 30 日，http：//www. scio. gov. cn/hzjl/zxbd/wz/Document/479918/479918. htm。

此后德国副总理兼外交部部长施泰因迈尔、教育和科研部部长安妮特·沙万也先后赴中国为活动开幕。德中同行活动最后一站武汉站，时值德国大选，几经讨论，德国前总理施罗德成了双方都满意的嘉宾人选。作为中国人民的老朋友——施罗德先生也不负众望，担负起了这一增进两国友好关系的使命。中方对老朋友的来访也十分欢迎，这也使双方在文化交流之外增加了许多附加值。这种自上而下的高度重视以及跨国交流的重要决策及其实施，无疑为德中同行活动的顺利推行提供了强有力的保障。这既体现了我国领导层对来自不同文化的交流要求持一种积极开放的态度，有着开阔的胸怀、前瞻的视野，也显示出今日之中国对于本国文化有着高度的自觉与自信，相信自己有足够的文化实力与平和的开放心态展开和推进中外文化的交流，相信文化与文化和而不同，相信人民与人民之间、国家与国家之间都能够相互沟通、增进理解、合作发展。

文化交流纳入外交战略，文化外交推动了国家的整体外交，成为德中同行成功举行的重要原因。与中法文化年由文化部牵头、外交部辅助的组织架构不同，"德中同行"活动是由中德两国的外交部领导开展的。德方由德国外交部主办，德国经济亚太委员会、歌德学院和德国—灵感与创新工作组协办，德国联邦各部、州、市、企业和其他机构广泛参与。而中方则是在外交部的总体领导下，在活动各站的省、市政府直接领导下，由各厅局、高校、企事业单位、社会团体积极配合、组织落实的。这种组织结构使得活动的范围超越了简单的文化范畴，得以向科技、教育、经济、政治等多方面延伸，将两国政府的外交拓展到地方政府和民间的交流互动中，一个大的文化外交格局逐渐呈现。而这一组织架构之所以可行，也从另一角度反映了我国的地方政府以及民间的跨文化能力在过去几年中的提高与增强，他们不但具备了跟随国家部委处理问题的能力，在对外交流中也已拥有独当一面的能力。

德中同行活动的成功，还源自双方工作组领导层极强的跨文化能力。德意志联邦共和国外交部对华工作小组主任、德中同行特使芮悟峰博士，原为德国驻中国的上海领事馆领事，其夫人为汉学家，对中国有着深刻的了解与认同。歌德学院院长阿克曼先生，更是在"上山下乡"的20世纪70年代就留学中国，从事中德文化交流工作长达三十多年。我国外交部所选派的"德中同行"活动中方协调人——欧洲司副司长李念平、李晓驷也是"德国通""欧洲通"。他们不仅精通德语，还分别在德国、瑞士工作多年，担任参赞、领事等重要职务，有着丰富的外交经验和强大的人脉资源。这种安排使得双方的沟通不但能够轻易跳越语言的障碍，还能够站在对方立场上思考问题，根据双方的文化习惯灵活处理问题，在维护本国利益的同时兼顾对方的利益。无论德方还是中方，此次活动的核心团队成员均拥有海外留学工作背景，至少精通一门外语，大多熟悉两门外语。有了在不同文化下生活的经历，以及与陌生文化打交道的经验，使双方工作人员在交往中显得更加自信，也更加灵活，特别是有在对方土地上工作生活经验的工作人员，相互之间更多了一分文化互动的亲近感。这使得人们在相识之初就能够十分自然地寻找到共同话题，从而更容易营造出一种互信与宽容的合作氛围。在工作沟通中，中方工作团队能够熟练使用德语与德方沟通，很大程度上提高了沟通效率。在工作会谈中阿克曼先生也常常以中文与中方领导商讨问题，使得交流更加流畅，也赢得了中方的信任。

德中同行活动的载体是德中文化交流，主旨是德中同向同行。德中同行活动原来主要以德方创意为主，以建立德国新形象为目标，德国人占据了活动策划的主导地位。活动中一条由德国各部委、文化机构以及品牌企业共同展示德国形象，强调与中国普通民众互动沟通的大道就成了此次活动的重头戏。该大道的设计构想、展亭布置、舞台音响灯光甚至是搭建的材料均由德方操办，德方也理所当然地将大道冠以"德国大道"之名。这一做法在武汉站时却有所改变。湖北组委会认为，既然是德中同行，强调的是双方互动，就应该大家携手展示发展创新，展示友好交往一路走来的历程，展示对未来合作的期望，建议在大道中加入友好省州、姐妹城市共同发展的展亭，而"德国大道"在中国的土地上，为了亲近市民亦可更名"德中大道"。这一提议受到了德方的欣赏、重视与认可。到了"德中同行"武汉站时，"德国大道"就改名为"德中大道"。德中文化交流与合作的主旨得到了更好的呈现。然而，"德中同行"活动如何由分散走向集中，由浅层走向深入，由初级走向高级，由思想转化为行动，由文化交流变成合作成效？在这种背景下，举办一个高层次面向未来的发展论坛的创意受到了大家的高度认可和热烈欢迎。高层次论坛由央视主持人主持，由武汉市市长、大学校长、新生代企业家、高校学者与施罗德、歌德学院总秘书长、五百强企业掌门人、科技专家直接对话，并进行了现场直播。论坛下，中德双方的一些企业和机构还做了一对一的沟通。德方、中方均对论坛的举办十分满意，认为将交流落到了实处。德国外交部对华工作组主任芮悟峰称赞："在'德中同行'走进中国的5座城市中，武汉最成功、最富成效。"①

德中同行活动中，随处可见中德双方共同提出、商讨、争论、研究、妥协、达成共识，共同推进的生动案例。除了工作团队的出色配合外，普通中国民众的开放心态、积极参与和大学生志愿者的热情向上，也都给德方留下了深刻的印象，在一定程度上感染了参加此次活动的每一位德国人，也改变了许多德国人对

---

① 《"德中同行"活动武汉站最富成效》，长江网，2009 年 12 月 13 日，http://news.cjn.cn/whyw/200912/t1038791.htm。

中国的理解与认识。从活动中不难看出，一个由国家领导人到普通老百姓的大外交格局初步显现；一个自信、开放、务实的中国形象逐步建立，我们的外交战线以及各级政府的对外工作和跨文化能力也都有了长足进步。对外交流包括文化外交不仅能够长期保持与外方的接触、联络、配合，还能主动出击创造条件寻求理解与合作，并且能够主动提供、积极利用合作方人脉、资金等资源，借力推进双方合作。德中同行中融入了更多的市场元素。世界五百强里德国企业中的六大巨头——安联保险、巴斯夫化工、戴姆勒汽车、德意志银行、敦豪物流、西门子机电对此次活动的联袂支持，为活动的顺利开展提供了强有力的资金保障，并把两国的友好交往由文化交流引向经济合作。这些都说明，我国的跨文化传播与交流正在持续深入地向前发展。

媒体文化传播是德中同行又一值得借鉴的地方。此次活动不仅开设了自己的专门网站①，全程用中德两国文字记录活动的点点滴滴，还与各种媒体保持了紧密的合作。中国网、新浪、网易、大楚网等一批中国的主流门户、新闻网站均是德中同行的媒体合作伙伴，利用网络的及时性、互动性，开展了诸如"我眼中的德国""德中大道上最美的微笑"等征文、摄影比赛，加深了民众的参与度。传统媒体积极融入新媒体，形成了新媒体、多媒体、融媒体争相报道德中同行的盛况，形成了跨文化传播的合力，增进了德中两国人民的相互了解和文化交流，拉近了两国人民的心理距离，推动了两国的合作与发展，提升了我国的软实力和综合实力。

（三）构建时代化跨文化传播交流机制

跨文化传播交流还要与时俱进，随着时代的发展而发展，探索符合时代要求的跨文化传播机制，促进跨文化传播交流机制的时代化。

新时代，中国作为致力和平发展、合作共赢的最大发展中国家，主动服务国家发展战略，进一步加大了跨文化传播交流的步伐，主动探索适应和平发展、合作共赢的富有时代特征的跨文化传播交流机制，而"一带一路"跨文化的传播交流机制就是其集中体现。"一带一路"跨文化传播交流机制把文化传播交流同对外经济贸易结合起来，把历史文化交流同现实文化发展结合起来，把中国文化的对外传播同吸收世界各国文化的有益成果结合起来，把经济合作共赢同文明交流互鉴结合起来，赋予了中国跨文化传播交流以新的生机与活力。2015 年 3 月 28日，中国国家发展和改革委员会（以下简称"发改委"）、外交部、商务部联合发布了《推动共建丝绸之路经济带和 21 世纪海上丝绸之路的愿景与行动》，向全

---

① 网址为 http://www.dezhongtongxing.com。

世界发出倡议，以古丝绸之路的符号号召各方共同参与、共同建设新时代的"一带一路"，以促进各国经济繁荣与区域经济合作，加强不同文明交流互鉴。在2017年首届"一带一路"国际合作高峰论坛的279项成果中，265项已完成或转为常态工作，14项正在督办推进，落实率达95%。① 2019年，第二届"一带一路"国际合作高峰论坛召开，进一步推动了中国与"一带一路"沿线国家的合作。截至2021年1月30日，中国与171个国家和国际组织，签署了205份共建"一带一路"合作文件。"一带一路"建设不仅着眼各方的经贸合作，促进互联共通的经济联盟，是一条经济之路，也着力在与各方展开经贸交流的过程中扩大文化的交流、沟通和融合，形成一条文化之路。

"一带一路"的发展使得中外文化交流呈现时代化、高端化、快速化、多样化、品牌化发展趋势。2016年，《文化部"一带一路"文化发展行动计划（2016—2020年）》印发；2017年，《文化部"十三五"时期文化发展改革规划》发布；2021年7月，文化和旅游部又印发《"十四五""一带一路"文化和旅游发展行动计划》，这些政府发展规划和行动计划都强调加强中国与"一带一路"沿线国家开展文化交流与合作。据《中华人民共和国文化和旅游部2017年文化发展统计公报》显示，"截至2017年底，中国已与157个国家签署了文化合作协定，累计签署文化交流执行计划近800个，初步形成了覆盖世界主要国家和地区的政府间文化交流与合作网络"②。2020年，文化和旅游部持续推进"一带一路"建设，举办"云聚荟"直播盛典、全球博物馆珍藏展示在线接力、丝绸之路文献展览等活动，全面深化双边合作机制。

在"一带一路"合作发展的过程中，中国如何深化与不同文化背景的国家、民族之间的交往？如何构建具有时代感、融合力、前瞻性的跨文化传播交流机制，更好地主动服务于中国与"一带一路"沿线国家之间的合作与发展呢？

首先，加大跨文化传播交流的项目策划，坚持以重点项目引领和带动。2020年，文化和旅游部举办"一带一路"文化产业和旅游产业国际合作论坛，遴选2020年"一带一路"文化产业和旅游产业国际合作项目45个。2021年4月，文化和旅游部印发《"十四五"文化和旅游发展规划》，强调要"高质量推进'一带一路'文化和旅游发展，深化项目合作"③。提出要遴选150个"一带一路"文化产业和旅游产业国际合作重点项目，从投融资、宣传推介、人员培训等方面

① 《一带一路五年贸易额超五万亿美元》，转引自《人民日报》，中国政府网，2018年8月28日，https：//www.gov.cn/xinwen/2018－08/28/content_5317000.htm。
② 林善传、杨俊峰、李一博：《"一带一路"五年来中外文化交流成果丰硕》，载于《人民日报》海外版2018年11月27日。
③ 《文化和旅游部关于印发〈"十四五"文化和旅游发展规划〉的通知》，中华人民共和国文化和旅游部网站，2021年4月29日，http：//zwgk.mct.gov.cn/zfxxgkml/ghjh/202106/t20210602_924956.html。

加以支持和建设。2021年5月，文化和旅游部组织开展了2021年"一带一路"文化产业和旅游产业国际合作重点项目征集与扶持工作，共遴选认定18个申报项目为文化和旅游部2021年"一带一路"文化产业和旅游产业国际合作重点项目。因此，坚持以重点项目为跨文化传播交流的重要载体和抓手，通过重点项目推动跨文化传播交流和经济贸易合作，是一种行之有效的方式，必须长期坚持和不断深化。

其次，大力推进跨文化交流品牌建设，依托旅游品牌积极展现国家历史与形象。继续举办和拓展中国—中东欧、中国—东盟、中国—欧盟等文化年、旅游年活动。2015～2017年连续3年以"美丽中国—丝绸之路旅游年"为主题进行系列宣传推广，成功打造了"欢乐春节""丝路之旅""青年汉学研修计划""中华文化讲堂""千年运河""天路之旅""阿拉伯艺术节"等近30个中国国际文化和旅游品牌。其中仅"欢乐春节"2017年就在全球140多个国家和地区的500余座城市举办了2000多项文化活动。另外，还举办了丝绸之路（敦煌）国际文化博览会、丝绸之路国际艺术节、海上丝绸之路国际艺术节等以"一带一路"为主题的综合性文化节会。中央广播电视总台的"丝路名人中国行"活动等品牌影响力凸显，深受相关国家媒体和受众好评。因此，在巩固深化已有文化交流品牌的基础上，还要继续发挥中国和沿线国家人民的聪明才智，形成更多更新的文化交流创意，打造更多的文化交流品牌。

再次，着力推动跨国合作的文化产业建设，实现更广泛、深入的互联共通。发挥文化与旅游部的主导作用，进一步完善"一带一路"文化交流机制，建立健全丝绸之路国际剧院、博物馆、艺术节、图书馆、美术馆联盟。开展"一带一路"文化贸易与投资重点项目征集活动，培育一批重点文化企业和文化项目。继《动漫游戏产业"一带一路"国际合作行动计划》之后，《2018年文化部"一带一路"文化贸易与投资重点项目名单》等文件又相继印发，这对于进一步推进中国与"一带一路"沿线国家文化交流合作、促进文化贸易产业蓬勃发展起到了重要的作用。

最后，加强跨文化传播的双方人文交流，扩大智库、学界、媒体和民间团体的友好往来。2012～2019年，国务院新闻办连续举办9期"丝绸之路经济带相关国家媒体负责人研修班"，邀请了沿线国家的100多家媒体负责人齐聚新疆，进行研修、交流、考察。这些媒体人士与中国经济、文化、民族、宗教等领域专家学者座谈交流，增进对中国的理解和认识。此外，还要重视加强中方同外方在人力资源开发、教育和职业培训等方面的合作，以及在农村发展和民间工艺、考古和古生物、文化和自然遗产保护、旅游、卫生、体育等领域的进一步交流与合作。

因此，加强新时代的跨文化传播交流，构建中国和"一带一路"沿线国家的跨文化传播交流机制，不仅有利于推动沿线各国发展战略的耦合，创造各方的需求和就业，促进中国同国外的投资、消费和发展，还有利于增进沿线各国人民的人文交流与文明互鉴，提升我国的跨文化传播能力，增强中国的国家软实力和国际竞争力。

四、跨文化传播能力提升的进路

跨文化传播能力是国家软实力的重要组成部分，增强跨文化传播能力是提升国家软实力的有效路径。绵延了五千多年的中国文化无疑是有吸引力、感染力和影响力的。在信息爆炸的今天，在越来越小的地球村时代，中国应当大力"开展多渠道多形式多层次对外文化交流，广泛参与世界文明对话，促进文化相互借鉴，增强中华文化在世界上的感召力和影响力"①。中国文化通过跨文化传播，让世界知晓，让不同民族不同肤色的人了解、理解和认同，跨文化传播的文化力量才能推进中国软实力的提升和人类的共同发展。

新时代，跨文化传播能力的提高，需要从多方面入手，不断探索和开辟有效的路径。

（一）跨文化传播能力提升的观念变革

跨文化传播能力的提升有赖于文化观念的变革。在今天的中国，有两种具有典型性的心理状态。一部分人背靠着五千年的文明，凭借着四十余年的高速发展，只看到我国经济科技上的巨大成就，产生了自我膨胀、自我陶醉的心理，看不到其他文化的优点精华，对外来文化持傲慢、排斥的态度，封闭保守、不愿变革、不图进取。还有一部分人，只看到了外来文化特别是西方文化的光鲜一面，轻视本国的文化，认为外国的月亮比中国圆，外国的空气比中国甜，在对外文化交往中采取自我矮化、盲目崇拜的态度。这两种极端的看法，既不利于跨文化传播中真正的高层次交流互动，也不利于文化间的学习互鉴。因此，变革观念是一个十分艰巨的任务。只有当人们意识到文化的差异性，认识到不同文化均有其优势和不足，认识到不同文化的交流沟通有助于双方的提升，对外国文化持开放的态度，愿意相互讨论、交流、分享，才有可能实现文化间的平等互动，做到"兼容并包，有容乃大"，从而不断提高跨文化传播能力。

跨文化传播能力的提升要注重以文化开放促进观念变革。跨文化传播是在高

---

① 中共中央文献研究室：《十七大以来重要文献选编》下，中央文献出版社 2013 年版，第 578 页。

度开放的文化环境中进行的，开放的文化环境有利于拓宽人们的视野，加强文化的比较，增进对他文化的了解，并在这一过程中使自己的文化观念得到触动、促进和变革。不同的文化在不同的环境中产生，在长期的积累变革过程中或多或少拥有自己与众不同的特点。从语言到行为、从风俗到习惯，当人们进入陌生文化时会发现种种的不同，并可能感到不适、排斥甚至恐慌。为了避免不必要的恐慌，我们应该尽可能多地了解不同文化的相关知识。对不同文化知识及特点掌握得越多，越理解其文化背后的原因，那么，当人们遇到不同文化时就不会产生过度的不适，反而可能更加平和地看待文化间的差异，更加顺畅地进行文化的交流。

还要改变一定的语言文化的思维定式。语言是文化的载体，是文化的体现。习惯某种语言的人，常常会在不经意间以这种语言的逻辑去看待世界和周遭的人群，也能够更亲近、更自由地与使用该语言的人沟通。所以，语言能力一直被视为跨文化能力的一个重要指标。对于我国常常参与对外交往传播工作的人员来说，这一能力尤其重要。虽然我国在挑选外交官员时已注意到这一点，但在地方官员的选拔上做得还不够。为了提高我国的对外交流水平，应该在积极推进全民学习外语的同时，注重加强官员的语言培训和语言知识更新，不定期地邀请专家和一线的工作人员举办报告会和培训，不断提高运用不同语言及其文化进行思维、传播、交流的能力。

（二）跨文化传播能力提升的立体交流

提升跨文化传播能力，还要注重立体交流。长期以来，我国的文化交流多以政府官办为主。从文化年到奥运会再到各种学术交流，绝大多数都由政府机构牵头，习惯于调集各方力量共同办大活动或大办活动。这虽然在一定程度上有利于优势资源的调配与整合，集中展现国家的形象，但也使得活动形式相对单一。在当前西方一些国家和媒介对我国的认识存在着片面乃至偏见的情况下，常常会使一些友好交往活动被误读为单向的政治宣传，不利于增进互信与理解。在民间力量日益成熟的今天，我国可适度放宽限制，积极创造条件鼓励和推进民间文化交流，使走出去、请进来的跨文化互访交流常态化、多样化。跨文化传播交流绝不只是外交、教育、科学和文化部门的事，更不能仅仅看成是政府的职能。跨文化的传播交流也是民间的职能、企业的职能和公民的职能。民间组织、企业单位和公民个人作为民间文化交流的主体，在跨文化传播中大有可为。当前，中国企业走出去拓展国际市场已成为不可逆转的潮流，但中国企业走向国际市场并不只是一个经济行为，同时也是一个文化行为。国外民众往往通过中国企业来认识中国、认识中国经济、认识中国文化。中国企业不仅是对外贸易的经济细胞，而且是对外交往的文化细胞。企业只有形成良好的企业文化、形象标识和价值追求，才能提高企业产品的文化含量和国际影响。而企业产品离开了文化的设计、品位和追求，也难以拓展国际市场。因此，要高度重视企业的文化发展和文化的企业发展，引导企业和员工在国际经济交往中，积极而自然地讲述中国故事，传播中华文化，提升中国文化的影响力。除企业外，还要发挥好各种民间组织，尤其是普通民众的跨文化传播交流能力。截至 2023 年，海外侨胞总数逾 6 000 万人①，2023 年上半年我国出入境人员达 1.68 亿人次②，教育、文化、体育、卫生等各行业人员的国际交往日益频繁。他们都是中华文化鲜活生动的传播使者，要注意发挥他们在跨文化传播尤其是面对面文化传播中的作用。

（三）跨文化传播能力提升的载体创新

创新创造和灵活利用多种文化载体传播中国文化元素，展现中国文明发展的整体风貌，是跨文化传播能力提升的又一重要路径。今天，一谈到跨文化交流，人们想到的是少林武术、中国杂技、剪纸艺术、古筝旗袍……这些祖先流传下来的艺术形式固然是中华文化的历史精华和重要载体，但是仅仅停留在这些历史悠久的文化元素及其载体上，一味地以这些元素为媒介与世界交流，并不能全面展现当代中国的社会发展和文化风貌。相反，这种做法只会过度放大中国文化的传统印象，妨碍当代中国形象的现代文化塑造。如何将积极向上的现代化中国形象传达给世界，这是我国跨文化传播交流中有待改善的一个重要问题。

当今中国，文化的发展日新月异，不仅体现在文化内容的与时俱进上，还体现在文化传播形式和载体的不断创新上。随着互联网特别是移动互联网的发展，信息化、数字化、智能化向我们迎面走来，越来越广泛深入地介入我们的生产、生活、交往和文化活动。我们要把中华优秀传统文化、革命文化和社会主义先进文化的传播紧密结合起来，既要继续重视和发挥中华优秀传统文化元素的作用，使之成为中华文化跨文化传播的重要载体，更要重视中国传统文化元素融入现代文化元素、中国传统文化载体融入现代文化载体，特别要注重创新和运用现代信息化、数字化、智能化技术和新媒体、多媒体、全媒体、微媒体来创作、表现、传载、传播中国优秀传统文化、革命文化和社会主义先进文化，增强跨文化传播的创造力、表现力、感染力，不断扩大中华文化的影响力，提升中国的国家软实力。

---

① 陈旭：《国务院关于新时代侨务工作情况的报告——2023 年 4 月 24 日在第十四届全国人民代表大会常务委员会第二次会议上》，中国人大网，2023 年 4 月 26 日，http：//www.npc.gov.cn/npc/c30834/202304/69eec66402c94eaba162c46924a9b45b.shtml？eqid=dd22e29d000857ef0000000264896dc3。

② 《国家移民管理局：上半年 1.68 亿人次出入境》，国家移民管理局网站，2023 年 7 月 19 日，https：//www.nia.gov.cn/n741440/n741567/index.html。

跨文化传播能力的建设并非一朝一夕之功。只要我们不断增强跨文化传播的意识，注重观念变革、强化立体交流、促进载体创新，就一定能不断提升我国新时代的跨文化传播能力，增强国家软实力，中国文化和中华民族必将以更加自信的姿态屹立于世界民族之林。

第五节　提升网络话语权

在互联网条件下，网络话语权日益成为软实力的一项重要标志，提升网络话语权成为新时代中国软实力建设与发展的突出课题。

一、网络话语权是软实力的重要标志

当今时代，人们越来越认识到，话语不仅仅是沟通言说工具，更是实现权力意志的重要方式。法国著名思想家米歇尔·福柯认为，话语与权力是相互建构、相互渗透的。广义上的话语概念，即基于语言使用的基本形式，表达一定思想观念的交往实践方式，因而其从构成上不仅包括语言材料还包括非语言材料，其形式上不仅包括言语形式，还包括话语产品和话语实践，其功能上不仅具有基本的表达功能和交际功能，更有重要的价值功能和实践功能。以话语视角视之，网络空间就是一个纷繁复杂的话语场，它既有自身的特点又与社会话语场深切相融，在这片语声喧哗的"息壤"中，不同的网络参与者以"话语"为基本介质和交往形式相互影响、相互作用。话语的创造、流行与碰撞伴随着思想的认同、追随与交锋。在网络空间里，谁的话语说得出、讲得好、传得快、算得数，谁就掌握了网络话语权，谁就能更好地实现自身的意志，维护自身的利益。一般说来，网络话语权即网络话语主体通过创造、表达、传播、设置、调控、评价网络话语来支配和主导人的思想和行为，使之表达一定网络话语主体的思想意志、符合一定网络话语主体的价值标准、满足一定网络话语主体的利益需要的影响力，它本质上是网络话语的主导权。而网络话语主导权之争归根到底就是网络话语主体间意志与利益的角力。每个人都有在网络空间中发表话语的基本权利，但是各网络话语主体所获得的权力资源的支撑是不一样的，并且在能否运用好话语权利、支配好话语权力资源以影响他人的话语能力上更是千差万别。因而，网络话语权实际上是权利、权力与能力三者相统一的结合体，网络话语权的实现也内在地包含了硬实力与软实力的双重支撑，而随着时代的发展，软实力对网络话语权的核心支撑地位将进一步凸显，网络话语权的增强也必然成为软实力发展的重要标志。

进入 21 世纪以后，全球化在信息网络浪潮的助推之下迈进深入发展的新时期，网络话语空间的开放化、国际化趋势愈加明显，网络话语权的竞争也更趋激烈，"互联网是全球化进一步发展的新机遇。在技术发展仍然没有止境的互联网上，未来全球化拼的将是标准、是话语权、是内容生产和传播能力。进一步说，是在文化产品传播基本全球同步的情况下，谁能生产出独特的、能吸引受众、引领互联网潮流的技术和内容"①。在全球化的网络时代，可以说，网络话语权离不开经济、技术等硬实力的支撑。随着经济的发展、技术的普及以及对网络事业的充分重视，一些在网络建设方面起步较晚的国家与先进国家之间的硬件差距在不断缩小，然而在基于互联网的价值观念、思想文化、规则标准等方面的影响力、吸引力和认同度上却往往没有得到相应提升，受这一"瓶颈"的制约，这些国家的软实力尤其是在网络领域的软实力发展无法实现质的飞跃。

2023 年是我国全功能接入国际互联网的 29 周年，也是全面建设社会主义现代化国家新征程的起步之年。新形势下，我国已形成以提升网络话语权为突破口、不断增强网络软实力，实现从网络大国向网络强国转变的新的发展诉求。1994 年，中国国家计算与网络设施工程（NCFC）开通了一条连入因特网（Internet）的 64K 国际专线，从此中国成为正式拥有全功能因特网的国家，也正是在此基础上，中国开启了全球化条件下互联网快速发展之路。1997 年，中国互联网被列入国家信息基础设施建设。21 世纪初，我国已经认识到信息化尤其是网络对于国民经济和社会发展的重要价值，提出以信息化带动工业化，努力发挥后发优势，实现社会生产力跨域式发展的战略决策。中国工业和信息化部发布的《互联网行业"十二五"发展规划》指出，当前，我国已建成超大规模的互联网基础设施，形成了通达城市和乡镇的网络设施，互联网技术创新能力不断增强，技术标准影响力快速提升，具有国际影响力的互联网产业初步形成，互联网行业管理体系基本建立，互联网全面融入社会生活，并成为我国经济社会发展的重要引擎和基础平台。②尽管我国的网络硬实力与发达国家仍然存在着一定的差距，但是在短短的二十多年间已然发生翻天覆地的变化，为网络生活空间的开辟和发展提供了较为坚实的物质基础。站在互联网发展二十余载的节点上，中国已经身处由"网络大国"向"网络强国"转变的重大战略机遇期。除了继续提升网络硬实力，在核心技术和关键环节缩小与先进国家的差距之外，更重要的是提升以网络话语权为标志的"软实力"，以迎接全球信息化时代开放的网络话语空

---

① 吕洪：《福尔摩斯身后的网络全球化》，载于《人民日报》2014 年 1 月 9 日。

② 参见《〈互联网行业"十二五"发展规划〉发布》，中华人民共和国工业和信息化部网站，2012 年 5 月 4 日，https://www.miit.gov.cn/xwdt/gxdt/ldhd/art/2020/art_4afde45e52e74032b5a3a8e7398f0c7e.html。

间奔流激荡的思想文化冲击。互联网发展到今天，建构的是一个国际性的话语平台，国家、种族、文化的分区在网络空间中变得边界模糊，网络话语信息内容纷繁复杂，话语信息交互形式多种多样，话语信息传播速度进一步加快。一些发达资本主义国家依靠既有的经济技术优势，使网络话语信息挟裹自身的思想文化、价值观念源源不断地输送至世界各地。《人民日报》、新华社在脸书和推特建立账号并在账号上面发布涉及意识形态的内容，此举被《纽约时报》批评，认为这是中国共产党进行"舆论渗透"来宣传其"具有争议的政策"。而实际上，在类似国际舆论场的斗争中，中方平衡西方认知结构的努力往往被西方"敌我意识"张力所消解。因此，如何在网络话语空间中牢牢掌控话语主导权，壮大主流意识形态话语引导力，提升我国的网络话语权，在维护我国网络主权的基础上，增强我国思想文化和价值观念的传播力和影响力，是信息网络时代我国软实力建设与发展面临的重大挑战。

网络话语权是软实力的重要标志，具体表现在三个方面。

（一）主流意识形态凝聚力的标志

提升网络话语权有利于引导社会舆论，标志着主流意识形态凝聚力的增强。价值观念、意识形态的吸引力、影响力和认同度是软实力的核心要素，在开放竞争的话语空间中，建构和巩固主流意识形态的主导话语权，是认识和发展网络话语权的核心内涵和重要使命。掌握网络话语权就是通过掌控网络"话语肌体"的运作，调节网络空间"话语生态"的秩序，实现网络话语空间的价值主导。在自媒体时代，每个人都可以成为网络话语主体，基于网络技术，通过各类话语平台，向其他人提供、分享、传播话语信息，每个人也都是网络话语流通链中的一环，通过沿用、转载或者点评他人的话语信息，而对其他话语信息流通过程产生影响。"互联网特别是有'自媒体'之称的社交网络的裂变式发展，带来了信息传播方式的变革，改变了我国信息传播格局和人们的信息获取方式，进一步改变着社会舆论格局。互联网成为影响广泛的新兴媒体，成为社会意见的重要生成地，成为影响社会舆论的重要力量。"[①] 网络话语空间是人们社会生活的重要组成部分，它与人们的"线下"生活密不可分，网络空间中话语的交流互动体现了社情民意的现实状况，网络话语的聚焦与流行反映的是社会舆论大气候，网络话语权是否掌握在党的手中，是否能积极体现正能量和唱响主旋律，直接关系到主流意识形态形成的国民凝聚力的强弱，直接关系到我国软实力建设的价值塑造工

---

① 中共中央宣传部理论局：《指导新时期宣传思想文化工作的纲领性文献——学习习近平总书记在全国宣传思想工作会议上的重要讲话文章选》，学习出版社 2013 年版，第 187 页。

程的质量。

当前，国际形势的风云变幻，国内经济社会的转轨转型都深刻地体现在网络话语空间中。在如此复杂的网络话语空间中，只有牢牢掌握网络话语权，以"巩固马克思主义在意识形态领域的指导地位，巩固全党全国人民团结奋斗的共同思想基础"[1] 为网络舆论工作的根本任务，摒除消极、不良的思想话语，提高广大网民尤其是青年学生群体的话语甄别能力和价值选择能力，使弘扬健康向上价值观的网络话语成为舆论主流和价值主导，使社会主义核心价值观借助网络话语平台的传播深入人心，实现社会主义意识形态的传播、传承与再生产，才能筑好我国软实力建设与发展的价值之基。

（二）国家文化软实力的标志

提升网络话语权有利于丰富和发展我国文化事业，标志着国家软实力的增强。网络话语权之争的一个重要表现就是对网络话语信息的受众和网络话语产品的消费者之争。在接受网络话语信息、消费网络话语产品的过程中，话语客体也是在潜移默化地接受和内化网络话语蕴含的思想文化和价值观念，进而产生驱动社会实践的力量。时至今日，再没有人将网络视为单纯的技术工具，它与人类生活的联系是如此紧密，深刻地改变了人们的信息传播方式、思想交流方式、舆论引导模式、情感沟通方式。同时，通过虚拟与现实的结合、线上与线下的贯通，互联网对社会经济文化的多方位参与与全面渗透使得企业竞争方式和产业发展模式产生了结构性的调整。一句话，互联网给人们的经济文化生活带来的影响是全面而深刻的，因而网络话语权的掌控对于人们经济文化生活的导向作用无疑是至关重要的。价值观念是文化软实力乃至国家软实力的核心与灵魂，文化事业则是呈现与支撑价值观念的重要载体。可以说，网络开辟了文化事业新的发展空间，包含着意识形态、价值观念的文化信息产品借助互联网技术在这一广阔的话语空间中奔流驰骋，寻求话语受众和思想追随者。当前，网络话语形态丰富、层次多样，既包括分散无序的话语形态，也包括商品化、产业化的话语形态，而后者作为网络文化事业的基本"细胞"，是网络软实力发展水平的重要彰显。网络话语产品糅合了文字、图像、声音、光线甚至触感，通过对上述要素的处理和综合运用，使得网络话语产品呈现多样化的表现形态，能否创造出富有吸引力和感染力的话语产品，引导网络话语产品发展趋向，规范网络话语市场，打造有序流通、健康向上的网络话语生态，是掌控网络话语权旨在达成的重要使命。在全球化条件下，我国网络话语平台置身于开放的空间中，面临着机遇与挑战并存的现实状

---

[1] 《习近平谈治国理政》第一卷，外文出版社 2018 年版，第 153 页。

况，大力发展文化事业是各国增强文化软实力的重要举措，而网络文化事业的发展则成为打开互联网时代文化事业发展局面的"排头兵"。只有掌控网络话语权，善于创造、表达、传播好社会主流意识形态的话语产品，提高优秀话语产品在网络文化市场中的占有率，强调网络文化产业的社会责任，"下架"宣扬错误思想且内含低俗文化的话语产品，取缔和清除其不良影响，营建开放有序、和谐明澈的网络话语空间，才能将网络话语空间培植成适于发展我国文化事业和增强我国软实力的肥沃土壤。

（三）网络话语主导权的标志

提升网络话语权有利于维护网络主权，增强国家的网络话语主导权，提升我国在网络世界的国际影响力。当前，经济全球化与社会信息化的迅猛发展冲击、消解着由国土疆域构筑的壁垒，推动了国家安全领域的拓宽及其结构的嬗变。国家安全已经不仅仅局限于政治、军事、经济等传统领域，文化领域、网络空间等非传统领域也成为维护国家主权必须注意的方面。而全球信息化条件下，网络空间的国家主权又面临着全新的挑战。能否捍卫好网络主权也成为一国综合实力和国家安全的重要标志。《互联网行业"十二五"发展规划》明确指出："围绕互联网的全球战略布局加快、国际竞争加剧，网络空间成为继领土、领海、领空和太空之后的重要新疆域，保障网络空间国家利益成为新的任务。"[1] 尽管网络空间没有国界，但是网络基础设施有国别之属、网民有国籍之分，网络空间中进行的经济文化交流活动同样受到来自现实社会相应的规范制约，坚持网络领域的独立权、自主权、管理权是网络主权的要义。当前，网络技术水平对维护网络主权起着决定性的作用，构成了网络话语权的支撑骨架。然而，网络空间中的价值观因素则是决定网络话语权的灵魂，也构成网络话语权的核心力量，两种力量相互结合、相辅相成才能切实提升网络话语权，有效维护网络主权。一些西方国家凭借强大的技术优势和传播优势，占据制网权的高地，将互联网打造成干涉别国内政、实现政治目的，维护其全球利益的工具。在所谓"网络自由""信息自由"的旗号下，向其他国家传播、输出蕴含西方资产阶级价值观念和意识形态的话语信息，扰乱目的国话语舆论场，制造思想文化冲突和社会经济动荡，危害极大。而在自身网络安全的问题上，这些国家却是高度关注，不肯失之分毫。对于网络空间的话语交锋，必须积极应对，掌握主动权，打好主动仗，在关键领域、关键时刻敢于亮剑，打破国际舆论中的"话语逆差"，这对于维护国家网络主权，增

---

① 《〈互联网行业"十二五"发展规划〉发布》，中华人民共和国工业和信息化部网站，2012 年 5 月 4 日，https：//www.miit.gov.cn/xwdt/gxdt/ldhd/art/2020/art_4afde45e52e74032b5a3a8e7398f0c7e.html。

强我国的国际影响力同样是至关重要的。"一个国家走向强盛，既取决于强大的硬实力，也取决于强大的软实力。中国要走向强盛，不仅体现在世界各地的人们愿意接受来自中国的产品，更体现在世界各地的人们愿意倾听来自中国的声音，认同并推崇中国价值。"[①] 建设与发展我国软实力，就要在提升网络话语权上主动作为、有所作为、奋发有为，创新中国话语，讲好中国故事，传播好中国声音，这样才能不断增强中国话语和中国价值的国际认同度与世界影响力。

二、聚焦网络话语权的建设重点

网络话语权作为引导网络空间话语运作，主导网络参与者思想与行为的影响力，除了需要有基础设置、关键技术、经济实力等硬支撑外，也离不开软实力的支撑作用。在软实力视域下建设网络话语权必须聚焦五个重点，即建构和发展网络话语创造权、网络话语表达权、网络话语传播权、网络议题设置权以及网络话语管理权，而网络话语权的现实影响力正是以上五个建设重点综合效力的体现。

（一）增强网络话语创造权

创新是一个民族进步发展的灵魂，而网络话语的创造权则是网络话语权的灵魂。网络空间集聚和涌动着大量庞杂的话语信息，然而总有一些在内容与形式上富有创造性的网络话语成为网络话语海洋中的弄潮儿，吸引无数网络参与者的目光，对网络话语受众的思想与行为产生导向性的影响。不注重创新，因循守旧，一味地奉行"拿来主义"，则会步入"除却洋腔非话语，离开洋调不能言"的尴尬境地。"尽管我们已经明显地感到借来的鞋总难以合自己的脚，别家的话语难以言说自己的存在，尽管我们能够体察到自己的存在，却无法言说出自己的存在，一旦我们离开了别人的基本理论范畴，我们就无法思考，无法言说了。"[②] 当今中国，社会政治经济文化生活的发展变迁必然催动人们的思想产生变化，这些都会在网络空间中深刻地反映出来，而要掌控网络话语权，则必然要积极参与到人们主客观世界交互影响、辩证发展的过程之中，并在这一过程中发挥积极的、能动的作用，坚持不懈地进行网络话语创新。除此之外，一些西方国家凭借强大技术优势和传播优势，掌控着强大的网络话语创造权，对其网络话语产品和思想文化观念的传播以及在全球范围内扩大软实力的影响不遗余力。面对不断发

[①] 　中共中央宣传部理论局：《指导新时期宣传思想文化工作的纲领性文献——学习习近平总书记在全国宣传思想工作会议上的重要讲话文章选》，学习出版社 2013 年版，第 208 页。

[②] 　曹顺庆、李思屈：《重建中国文论话语的基本路径及其方法》，载于《文艺研究》1996 年第 2 期。

展的社会现实抛出的新问题，提不出新思想、新观点，概括不出新话语，则不能赢得话语受众，不能有效地解决问题、推动事物的发展，更无法引领人们的思想行为、坚持网络话语的主导权。独特话语的创造是表象，扩散思想的影响力是实质，沿用别人的话语套路，在别人创造的概念、理论中打转，只能拾人牙慧、随波逐流，难免落入别人的思想窠臼，更潜藏着价值观上为人所制的危机。可见，网络话语的创造是网络话语主体自主性和主导性的体现，它不仅仅体现了网络空间反映人们思想动向的新话语"从无到有"，更标志网络话语占领先机、满足需要、引导发展的主动姿态和主导地位，体现了网络话语强大的现实阐释力、理论说服力和社会影响力，是实现网络话语价值和提升网络软实力的"活水源头"。必须注重网络话语创造权的打造，基于社会生活实践，把握网络和现实生活的互动关系，坚持用创新理念不断赋予网络话语新的生长点，拓宽网络话语的发展视野，不断补充反映社会现实、解决时代问题的话语内容，把握网络话语与日常生活用语的联系与差异，推动话语体系的"新陈代谢"，引导网络流行话语的变动和发展，创造网络话语的新方式，优化话语关系，兼顾网络话语的"生产"和"消费"。唯其如此，才能为增强网络话语权奠定坚实基础。

（二）提升网络话语表达权

网络话语的表达权是指网络话语主体通过提出一定的网络话语宣示立场、阐明观点、发表见解及表达和维护自身利益的权力与能力。能否行使好表达权将直接影响思想观念是否为话语客体所接受、理解，因而网络话语的表达权又同网络话语的创造力、阐释力、说服力休戚相关，是形成软实力的基础环节和基本要件。从一般意义上看，话语表达权涵盖着"表"与"达"的两层要义，"表"意指借用一定的话语方式方法使思想观点充分呈现，"达"则既指"达意"又指"达人"，即使话语形式很好地呈现话语内容、表述真实想法，并且成功地为话语受众所接收，这是表达的目的所在。从更深层次的意义上挖掘，话语的表达权不仅仅是话语内容的呈现和接收，更关涉到表达主体思想意图的实现与自身权益的维护。马克思在《路易·波拿巴的雾月十八日》剖析了大革命时期的法国农民"不能代表自己，一定要别人来代表他们"[①] 的生存状况，从而明确地洞察到话语表达权的缺位与阶级意识的缺失、阶级统治的束缚是相伴随行的。萨义德也通过对"东方学"的研究，揭露了西方殖民者偏废于自身话语主体地位一方来描述东方，使东方沦为西方表述对象的现实。西方的强势话语表达与东方话语表达的缺位强化了西方作为话语中心、话语主体的地位，进而有力地巩固了西方作为利

---

① 《马克思恩格斯选集》第 1 卷，人民出版社 2012 年版，第 763 页。

益中心、利益主体的地位，东方则在"话语他者化"中进一步被推向了"利益他者化"的深渊，而西方在东方的殖民由于获得了话语表达强权的温柔粉饰，一切不合理由此笼上了一层合理的面纱——因为被统治者冲破不了"他们需要被西方拯救"的形象设定。可见，不能掌握话语的表达权，则只能被贴上"他者""次要""非正统"的标签，使话语主导权的合法性根基不断遭受侵蚀和冲击。因而，话语的表达权更蕴含着"由表及里"的深刻意义，与话语竞争中的自主权、主动权、主导权紧密关联。

当今时代，在经济全球化、社会信息化和文化多元化交织的条件下，网络话语表达权在表达形式上更为丰富、在表达渠道上更为多样、在表达机制上更加多元，包容性与开放性的结合使得网络话语表达权的提升面临着机遇与挑战并存的局面。总的来说，提升网络话语表达权，就是要优化网络话语内容与形式的结合，选取富有表达力、表现力的网络话语形式，将完整准确、明确清晰的话语内容有效地呈现；作为网络话语主体，还要处理好与网络话语客体的关系，以网络话语的顺畅"接收"作为表达的出发点，推动网络话语关系的建立和有效运行；此外，还应注重网络话语策略，从网络话语表达的修辞中获取话语表达的意志和目的，通过对话语修辞的巧妙运用，增强网络话语的吸引力和可接受性，推动话语引导的目的实现。正是因为修辞与引导的关系可以被处理为一种话语策略，所以在针对同一问题的评论上，我们常常可以看到不同国家通过话语措辞在网络空间进行意见交锋的暗战，并试图造成舆论影响。基于此，在全球化视野下进行网络话语表达权的建设，还必须注重语言转换，把中国话语转换成世界话语，一方面畅通表达渠道，另一方面敏觉表达差异，积极应对网络话语交锋，从而更好地维护、提升网络话语的表达权。

（三）扩大网络话语传播权

如果说网络话语的创造权、表达权是努力让网络话语发出"自己的声音"，那么网络话语的传播权要做的就是扩大网络话语的音量和影响，努力将"自己的声音"传得更广、更远、更深入人心。网络话语的传播权是网络话语权的重要内容，它对网络话语交往的向度、广度、深度和力度有着深刻影响。当今世界，掌握强大网络话语权的国家必定具有雄厚的传播实力，而这种传播实力正是一个国家现代传播技术、现代传播媒介和现代传播团队的集成与体现，它是国家传播能力和国家软实力的重要标志。互联网信息时代，拥有强势网络话语权的国家在争夺话语受众的争斗中占尽优势，"由不平等、不平衡、集中和垄断的国际传播秩序所导致的文化产品或信息产品的单向流动，将裹挟于其中的社会价值和政治观点倾斜给对象国，潜移默化地影响着他们的观念、信念和精神结构。这种媒介话语已经不仅仅是携带意义的语言，还是权力运作的方式，一种抹平文化差异的话语权力"①。当前，世界政治格局的多极化与文化发展的多样化使得国际舞台上的"声音"增多，但是全球化进程中西方国家的话语主导格局并未根本改变，而凭借先发优势，网络空间中这种不平衡的话语格局继续以顽固的方式存在着。环顾国际舆论场，针对中国崛起的种种质疑、误读与猜忌时有发生，且往往由于真实信息传播的受阻，不能给予及时的澄清和有力的回应，这与我国网络话语传播权的劣势不无关系。在国际舆论竞技场上，中国一反经济领域令人艳羡的顺差，暴露出"软实力逆差"的短板，"这种'软实力逆差'集中表现为：中国政府的形象刻意被抹黑，中国的政策意图被歪曲解读，中国的解释申辩被压制淡化，中国的价值观和传统被贬低和边缘化"②。《中国国家形象全球调查分析报告（2019）》显示，中国整体形象得分稳中有升，获发展中国家高度评价。2019年，海外受访民众对中国的整体印象为6.3分，较2018年提升0.1分。发展中国家对中国形象好感度较高，达7.2分，呈持续上升趋势。从年龄分布来看，海外18～35岁受访者打分最高，为6.6分，较2018年提升0.1分（见图5－1）。

图 5 - 1　2013 ~ 2019 年中国国家形象整体得分走势（满分为 10 分）

　　金砖国家民众对华好感度显著提升。对中国整体形象评价最高的前五个国家是墨西哥（7.8分）、沙特阿拉伯（7.6分）、印度尼西亚（7.4分）、俄罗斯（7.4分）和印度（7.4分）。南非（上升0.5分）、印度（上升0.4分）和巴西（上升0.3分）等金砖国家受访者对中国整体形象打分呈明显上升趋势。

　　中国参与全球治理形象获得更高认可。2019年，中国在科技、经济、文化、

---

①　熊伟：《话语偏见的跨文化分析》，武汉大学出版社2011年版，第196页。
②　吴旭：《为世界打造"中国梦"——如何扭转中国的软实力逆差》"代序"，新华出版社2009年版，第5页。

安全、政治、生态等各领域参与全球治理表现的认可度均有提升，其中文化、安全领域认可度上升 4 个百分点，其他各领域均上升 3 个百分点。在中国参与全球治理的实践中，海外受访者最为认可的三个领域为科技（66%）、经济（63%）和文化（57%）。①

然而，在《2016－2017 年中国国家形象全球调查分析报告》中，关于中国"信息接触渠道"的一项调研结果显示，国外民众通过当地的传统媒体（61%）、新媒体（43%）和使用中国产品（41%）获取了解中国的信息，其中，海外受访者不接触中国媒体的最主要障碍在于"不知道应该看什么中国媒体"（25%），第二是"话语表达方式不地道，看不明白"（19%），第三是"已经有习惯看的媒体了"（18%）（见图 5－2）②。可见，中国媒体在海外传播方面短板较明显，媒体话语传播权包括网络话语表达权呈现弱项。

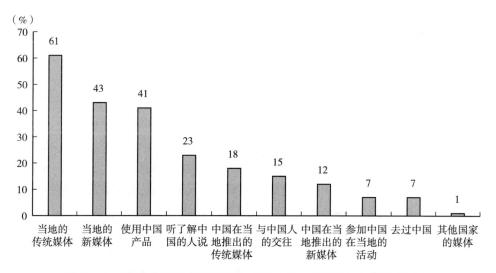

图 5－2　了解中国的主要渠道（样本量：10 500 个海外样本）

只要稍加分析便可发现，中国"软实力逆差"的每一表现都与话语权的缺失不无关系，而网络空间话语传播权的不足则是重要原因之一。要改变在网络话语空间中的被动地位和失衡格局，就必须牢牢掌握网络话语的传播权，既要全面把握网络话语传播过程，综合考量各种影响因素，又要积极主导网络话语传播的控制，做好网络信息的把关和引导。坚持正面主导的话语传播策略，唱响网络话语

---

① 当代中国与世界研究院课题组：《中国国家形象全球调查分析报告（2019）》，载于《人民论坛·学术前沿》2020 年第 20 期。

② 当代中国与世界研究院课题组：《2016－2017 年中国国家形象全球调查分析报告》，载于《对外传播》2018 年第 2 期。

主旋律，占领网络空间的各种话语阵地，柔化网络话语传播的方式方法。最后，还必须在网络话语的传播过程中敢于亮剑，攻防结合、有力出击，拿掉有害思想的传播渠道和话语阵地，攻破其存在基础，在斗争中争取和教育话语受众，才能为自己争取更多"发声"机会，获取认同、扩大影响，使网络话语的传播权和主导权牢牢掌握在我们手中。

（四）掌握网络议题设置权

网络议题的设置权是指主动提出网络议题、吸引话语对象关注及参与议题，并通过引导网络议题的发展对话语对象的思想与行为产生导向作用的权力和能力。议题与普通的话题不同，在生活中普通话题俯拾皆是，但参与者往往具有随机性、暂时性、偶然性，无法对人的思想行为产生富有组织、意义深远的影响。而议题则是由提出者着意构思、精心策划，排上重要工作日程、议事日程和舆论引导议程的重大话题。

成功策划与设置的重要议题，不仅制造社会的热点，吸引人们的眼球，而且牵动人们的思想，引导人们的行为，使人们自觉或不自觉地根据设置的特定议题来思考与行动，进而有效地影响社会的发展。从话语分析的角度来看，议题本身就是一种可供探讨的中心话语，同时，一定的议题总是与相关的话语群、话语体系密切相连，是相关话语积聚、生长、发展的圆心。我们可以看到，围绕议题产生的相关话语和话语体系往往承载着议题旨在传达的价值目的，议题参与者使用这种话语体系进行交往的过程也就是不断聚焦、了解、深化话语价值观的过程。因此，从一定意义上可以说，掌握了议题设置的主动权，就是占领了话语传播的制高点，并占据着将话语优势转化为价值引导优势的有利条件。网络话语空间中，热门议题往往以"头条""热点"的形式，占据各大网页或者各种社交空间的醒目位置，获得网民最多的关注，深刻地影响乃至重构人们的思想和行为，甚至影响当代中国和世界的发展。掌握网络议题设置权，一是要积极设置重要议题。从一定意义上看，网络议题设置也是网络话语传播的重要方式，通过议题的设置赢得受众的兴趣和注意，打造网络话语的表述平台和传播机会，使思想引导因其现实价值、问题意识的支撑而真实、可感、富有说服力，有助于扩大一定网络话语的传播面和影响力。二是要善于引导网络议题。设置一定的网络议题，围绕社会热点、矛盾焦点、重大问题，将与社会现实和人们思想发展的需要结合紧密的问题变成网络平台上热烈讨论的重大议题。同时通过积极的引导，推动网络议题的正向发展，使人们在接受议题相关的各种话语、评论、观点的过程中，通过比较分析，逐渐形成并确定自己的独立见解，实现以网络议题为舆论引导的制高点，唱响主旋律，传播正能量。因而聚焦网络热点、难点、焦点问题，积极设置网络议题，不断创新网络议题，加强网络思想价值引领，展示打造网络话语权的主动姿态，是增强软实力的重要体现。

（五）强化网络话语管理权

当前，网络话语空间的治理已经成为社会管理的重要组成部分。无规矩不成方圆，强化网络话语管理权，以良好的话语秩序保障网络话语空间的和谐有序，为增强主流意识形态话语的说服力，拓宽主流意识形态话语在网络平台上的影响力提供有力支撑，无疑也是提升网络话语权，建设我国软实力的关键环节。中国网民队伍之庞大、网络信息流速之快、数量之多、类型之杂、影响之广，网络与现实生活联系与互动之密切，无一不加剧着掌握和提升网络话语权的难度，因而也进一步凸显了强化网络话语管理权的重要性。根据中国互联网络信息中心（CNNIC）发布的第49次《中国互联网发展状况统计报告》显示，截至2021年12月，在中国庞大的网民群体中，20～39岁网民占37.2%[①]，互联网的普及率在青年群体中已经处于高位（见图5-3）。

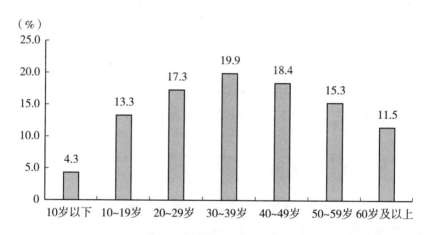

图5-3　网民年龄结构

网络已经深刻地融入青年学生的日常生活当中，开放的网络话语空间使得青年学生被良莠不齐的话语信息所包围乃至困扰，对青年学生的话语甄别能力、政治判断能力、价值选择能力以及自觉自律水平提出了较高的要求。如果对网络话语空间不加管理，使网络淫秽色情、低俗暴力、谣言蜚语放任自流，则会搅乱社会秩序、败坏社会风气，危害青少年的身心健康，更谈不上提升网络话语权，增

---

①　《第49次〈中国互联网络发展状况统计报告〉》，中国互联网络信息中心网站，2022年2月25日，http：//www.cnnic.net.cn/hlwfzyj/hlwxzbg/hlwtjbg/202202/t20220225_71727.htm。

强主流话语在网络话语空间中的影响力。除此之外，从世界范围来看，各国都把互联网作为软实力建设的重要抓手和主要载体，并且采取各种措施抢占发展先机，运用各种方式加大自身话语传播力度，其中不仅包括正常的网络文化传播、网络市场竞争等，还包括少数国家借机向外有意输出低俗网络话语产品、西方错误价值观念，制造网络信息干扰，攻击他国网络安全防护等。

当前，尽管我国网络平台的发展取得了长足进步，但要实现从网络大国向网络强国的转变，为我国软实力的发展提供良好的网络话语环境，网络话语管理权还有较大提升空间。强化网络话语管理权，要求我们加大网上话语管理力度，使网络话语传递健康向上的信息内容，优化网络话语阵地建设，提高主流声音的覆盖面和影响力。加强对各大网页以及微博、微信等即时通信工具的监管，坚决取缔不良信息的话语传播平台，打击网络谣言，提升网络文化信息的调控与管理能力。加强对社会公众人物、网络"大V"、意见领袖的引导和培养，打造敢于创新、善于实践的网络管理人才队伍。促进网络话语空间国际交流新秩序的建立，强调平等、合作与共赢，依法维护我国网络话语主权和信息安全，积极应对网络攻击，牢牢掌控并充分行使网络话语管理权。加快网络文化安全的机制建设，完善网络话语管理的政策规定，在严守网络安全"七条底线"① 的前提下，保证网络空间活力，增强网络话语权的接受度与实际效果。通过网络话语管理权的建设，净化网络话语环境，摒除有害信息，清除杂音、噪声与谣传，为我国软实力建设提供文明理性、健康有利的网络话语平台，着力培育和凸显"理性声音、健康声音、建设性声音"在网络话语空间的影响力。

三、优化网络话语权的作用方式

网络话语权是软实力的重要标志，提升网络话语权，必须抓住关键，着力突破网络话语创造权、网络话语表达权、网络话语传播权、网络议题设置权和网络话语管理权等建设重点。同时，还必须注重网络话语权的实践运用，在网络话语权的运行实践中，优化网络话语权的作用方式。

（一）网络话语权的整合优化

提升网络话语权，增强我国软实力是一项系统工程，离不开网络话语权各要素的通力合作与整体优化。一是要优化网络话语权的内容结构。网络话语权由网

---

① "七条底线"即法律法规底线、社会主义制度底线、国家利益底线、公民合法权益底线、社会公共秩序底线、道德风尚底线和信息真实性底线。

络话语创造权、网络话语表达权、网络话语传播权、网络议题设置权和网络话语管理权等内容构成。一方面，这五个部分各有不同的重点、不同的作用，在不同层次、不同方面体现着网络话语权的运行效果；另一方面，这五部分之间也是血肉相连、桴鼓相应的整体，任何一方的缺失都会影响其他方面作用的发挥，削弱网络话语权的整体力量。提升网络话语权，应以网络话语的创造权为核心，以网络话语的表达权、传播权为两翼，以网络议题的设置权为重点突破，以网络话语管理权为重要保障，五方面紧密联系、相互配合，才能扩大我国网络话语权的辐射力和影响力，为我国软实力建设打造适宜有利的网络平台。

（二）网络话语权的短板弥补

提升网络话语权，必须消除短板、弥补不足。随着中国经济的发展，了解、读懂中国成为许多外国人的期待，这正是塑造和宣传我国形象的良好机遇，然而，一些别有用心的冲击和曲解造成的挑战也同样存在。要抓住机遇、迎接挑战，就必须消除网络话语权在运行方式上的短板。一是要消除"硬件短板"。搭建多种层次的网络话语传播平台，拓宽传播路径，畅通网络信息输送渠道，运用各种科技手段、新媒体技术实现网络话语权的载体更新，为提升网络话语权、确保网络安全提供硬件支持。2015 年 4 月，世界经济论坛发布的《2015 年全球信息技术报告》显示，全球"数字鸿沟"日趋拉大。该份报告对 143 个经济体的信息通讯技术（ICT）发展条件和应用成效进行了评估。结果显示，前 10 名中有 6 个为欧洲国家，而多达 2/3 的亚洲国家没能进入排行榜的前半部分。[①] 据《2020 年上半年我国互联网网络安全监测数据分析报告》显示，2020 年上半年，捕获计算机恶意程序样本数量约 1 815 万个，我国境内感染计算机恶意程序的主机数量约为 304 万台，通过自主捕获和厂商交换发现新增移动互联网恶意程序 163 万余个，被篡改的政府网站有 318 个。[②] 因此提升技术实力、维护网络安全是参与网络空间全球治理的前提。没有技术实力就不能维护安全，谈不上全球治理上的发言权。二是要消除"软件短板"。转变思维，提升敏锐度，增强网络话语权的反应能力和处置能力，主动、即时、到位地占据话语空间，凸显网络话语权的最大价值。只有实现网络话语权建设在软件与硬件上的协作与配合，才能整体优化网络话语权的方式方法，增强我国网络话语权的可信度和可接受性，牢牢掌控网络话语空间的主动权。

---

① 参见《报告显示全球'数字鸿沟'日渐拉大》，中国新闻网，2015 年 4 月 15 日，https://www.chinanews.com.cn/cj/2015/04-15/7210325.shtml。

② 《2020 年上半年我国互联网网络安全监测数据分析报告》，中华人民共和国国家互联网信息办公室，2020 年 9 月 26 日，http://www.cac.gov.cn/2020-09/26/c_1602682854845452.htm。

（三） 网络话语权的能力提升

提升网络话语权的建设能力，要实现"点""线""面"的串联，把握"时""度""效"的结合。一是加大网络话语空间的建设投入，创新网络话语传播平台并以此为据点，应用多种传播载体，推动网络话语信息的多向传递，保持网络话语传播通畅，从而提升网络话语传播能力，扩大网络正能量的辐射面和影响力。二是要做到"时""度""效"的相互配合。由于空间的阻隔，人们对各种存在争议的事件往往不能做到"眼见为实"，这个时候，谁能最快地将最新、最全、最真实的信息传播到位，谁就占据了引导舆论、掌控了话语权的先机。必须主动出击、抓住时机，占据第一时间准确、权威发声的主动权，不能够满足于应对式、回应式、紧急公关式的被动宣传。同时要深入研究国内外话语受众在信息需求、心理特点、接受习惯、思维习惯方面的异同，运用适宜的话语传播方式和传播技巧的灵活方式，打出"组合拳"，增强话语的可接受性与认可度，使网络话语的呈现率、出场率、关注率以及吸引力和影响力得到进一步的提升。只有坚持"点""线""面"的衔接，"时""度""效"的结合，实现新媒体时代的空间覆盖、时间延展、时机掌控，才能把握网络话语信息传播的主动权和制高点，在网络文化和价值观念的碰撞、激荡、交锋中取得优势，为我国软实力建设营造良好的网络空间，赢得世界舆论的理解与认同。

（四） 网络话语权的交锋砥砺

在开放、复杂的信息网络领域掌握话语权，必须以积极主动的姿态，敢于交锋、锻炼砥砺，提高网络传播交流的水平。当前，"诸如热点面前当'鸵鸟'的应对、'反正我是信了'的辩白，说明轻网、厌网、怕网等心态也还相当普遍，对网上思想舆论工作不想抓，不敢抓、不会抓的问题十分突出"①。这些消极、生硬的处理方式通过网络加以传播和放大，在人们热闹的调侃与围观背后，必然是群众追随网络话语权热情的冷却。网络是舆论斗争和话语交锋的主战场，也是我们面临的一个最大变量，能否用好网络，把网络由最大变量变为最大增量，直接影响着我国网络话语权和国家软实力的强弱。只有正确分析和把握网络舆情社情，恰如其分地发声，掷地有声地表态，因势利导、顺势而为、言行统一，引领和敦促主流新闻网站和重点商业网站发挥好带头作用，才能切实维护网络话语权的威信，增强主流意识形态在网络空间的吸引力、说服力和影响力。积极进行网络话语交锋也是主动维护网络话语权的重要方式。网络话语权交锋具有隐蔽性、

---

① 人民日报评论部：《把握好互联网这个"最大变量"》，载于《人民日报》2013 年 9 月 4 日。

渗透性、长期性、复杂性和多样性等特征，只有敏觉时机，提前做好铺垫，才不致在冲突"显山露水"时被动无措，丧失主动性。树立阵地意识，通过发现阵地、创设阵地、争夺阵地、守护阵地，才能控制网络话语权发生作用的平台与渠道。树立能动意识，不仅要做好先期工作，以"先动"保证"主动"，还体现在"被动"的不利情况下，积极应对、能动处置、扭转局势、转"危"为"机"，保障主动权。最后，网络话语权的交锋，要在"收"与"放"之间保持适度张力，坚持合理、合法、合情的辩证统一，通过积极的准备与斗争，争取于己有利的局面，在价值观冲突与话语权角力中保护、巩固我国的网络主权，增强主流意识形态话语在网络空间的辐射力和影响力，为我国软实力的建设与发展提供有力的网络支撑，开创互联网时代软实力建设的新局面。

第六节 增强外交影响力

提升国家软实力，既要注重内部建设，又要注重外部交往，内外结合，才能有效增强国家软实力。新时代，提升我国外交软实力，重点要从以下方面着手。

一、坚持和平发展

增强中国外交影响力，提升国家外交软实力，就要始终坚持和平发展的外交理念与政策，维护世界和平，促进共同发展，为中国的发展营造良好的外部环境。

（一）坚持构建人类命运共同体

当今时代，世界面临百年未有之大变局，国际社会各种矛盾错综复杂，零和博弈的冷战思维沉渣泛起，霸权主义和强权政治严重威胁世界的和平与发展，急需寻求破解全球各种矛盾和促进世界和平发展的新的外交理念和发展观念。而构建人类命运共同体就是习近平提出的新时代坚持和平发展所要坚持和践行的新的外交理念。

习近平于 2013 年 3 月 23 日在莫斯科国际关系学院的演讲中最早提出了构建人类命运共同体的外交理念，"这个世界，各国相互联系、相互依存的程度空前加深，人类生活在同一个地球村里，生活在历史和现实交汇的同一个时空里，越来越成为你中有我、我中有你的命运共同体"①。习近平明确提出了"构建人类命运共同体"的思想和理念，这一思想和理念包含十分丰富的内容，就是要坚守和平、发展、公平、正义、民主、自由的全人类共同价值，着眼解决当今世界面临的现实问题，寻求各国发展的最大公约数，坚定走和平发展、合作共赢、共建共享的共同发展道路，建设一个持久和平、普遍安全、共同繁荣、开放包容、清洁美丽的世界。

构建人类命运共同体的思想和理念，揭示了世界各国相互依存和人类命运紧密相连的客观规律，反映了当今世界和平发展的时代要求和必然趋势，强调"政治上，倡导相互尊重、平等协商，摒弃冷战思维和强权政治，走对话而不对抗、结伴而不结盟的国与国交往新路；安全上，倡导以对话解决争端、以协商化解分歧，统筹应对传统和非传统安全威胁，反对一切形式的恐怖主义；经济上，倡导同舟共济，促进贸易和投资自由化便利化，推动经济全球化朝着更加开放、包容、普惠、平衡、共赢的方向发展；文化上，倡导尊重世界文明多样性，以文明交流超越文明隔阂、以文明互鉴超越文明冲突、以文明共存超越文明优越；生态上，倡导坚持环境友好，加强应对气候变化和生物多样性保护合作，保护好人类赖以生存的地球家园"②。坚持和平发展，就要自觉阐释和广泛传播构建人类命运共同体的思想，始终坚持和主动践行构建人类命运共同体的外交理念，并与世界各国一道共同推动人类命运共同体的构建，做到求同存异、平等互利、共建共享、合作共赢，不断增强人类命运共同体的构建合力，以和平来保障发展，以发展来促进和平，为中国和世界的和平发展、合作共赢提供坚强保障，切实维护和实现中国与世界各国人民和平发展的共同利益。

（二）坚持独立自主的和平外交政策

构建人类命运共同体，提升中国的外交影响力，就要始终坚持独立自主的和平外交政策。

新中国成立以来，我国始终坚持独立自主的和平外交政策。"从和平共处五项原则，独立自主的、不结盟的和平外交政策，到建设持久和平、共同繁荣的和谐世界，再到构建人类命运共同体、构建新型国际关系"③，都充分体现了中国奉行独立自主的和平外交政策。中国独立自主的和平外交政策，就是始终从中国的国情、实际需要和根本利益出发，选择自己的发展道路，确定自己的和平外交政策，处理同世界各国的外交关系。中国一贯强调，各国应尊重彼此的政治制

---

① 《习近平谈治国理政》第一卷，外文出版社 2018 年版，第 272 页。
②③ 中共中央宣传部：《中国共产党的历史使命与行动价值》，载于《人民日报》2021 年 8 月 27 日。

度，尊重彼此自主选择发展道路的权利，尊重彼此利益关切，反对干涉别国内政。中国不允许外国干涉中国选择自身发展道路的权利，损害中国的主权、安全和利益，中国也绝不会干涉别国选择符合自身国情的发展道路的权利，绝不干涉别国内政，更不会恃强凌弱，损害别国利益。

独立自主的和平外交政策实际上是世界上不同民族、不同社会制度、不同历史文化、不同利益诉求的国家和平相处的外交政策，是一种求同存异的政策。不能以一种制度取代另一种制度，一种道路否定另一种道路，一种国家集团的"小圈子"利益否定世界上广大发展中国家的普遍利益。这种政策也是一种维护世界多样性、促进世界和而不同的政策。中华优秀传统文化的智慧告诉我们，同则不继，和则相生。唯有不同，才能相辅相成，唯有和谐共处，才能多样共生。因此，要坚决反对把自己的制度和模式强加给他国的企图，反对用单一性世界取代多样性世界的企图。同时，不仅承认差异，还要和平共处、相互尊重，并寻求发展共同利益。只有这样，才能更好地维护世界和平，促进共同发展。

（三）坚持维护以联合国为核心的国际体系

维护当今世界的国际秩序，是各国共同的利益、愿望和诉求。而国际秩序的基础，是一定的国际规则。这种规则，就是"二战"后形成的以《联合国宪章》为核心、以国际法为基础的基本原则和国际规则，而不是个别国家或少数国家制定的规则，更不是霸权国家排除其他国家强行制定的规则。特朗普任总统时，美国政府到处"毁约""退群"，成为"二战"以后国际秩序的破坏者。拜登上台以后，虽然到处鼓吹"基于规则的国际秩序"，但其国际规则，并不是要遵守《联合国宪章》为核心、国际法为基础的国际规则，而是要以霸权主义和强权政治为基础，抛开以联合国为核心的国际体系，另起炉灶，纠集 G7 等发达国家重新强行制定美国主导的排他性尤其是排斥中国的国际规则。拜登与特朗普形式不同，实质一样，都是要否定、毁弃、破坏"二战"后的国际规则和国际秩序，维护美国霸权统治和国家利益，损害世界上其他国家特别是广大发展中国家的利益。因此，维护世界和平，促进共同发展，就要同一切破坏"二战"后国际规则和国际秩序的行为做坚决斗争。

当今世界，坚持和平发展，就要坚决维护以联合国为核心的国际体系、国际规则和国际秩序。中国是联合国创始会员国、联合国安全理事会常任理事国和最大发展中国家，因而始终坚定维护联合国权威和地位，维护以联合国为核心的国际体系，维护以《联合国宪章》宗旨和原则为核心、以国际法为基础的国际秩序。中国始终认为，"世界上只有一个体系、一种秩序，就是以联合国为核心的国际体系和以国际法为基础的国际秩序；只有一套规则，就是以联合国宪章宗旨和原则为基础的国际关系基本准则"①。只有始终恪守《联合国宪章》的宗旨和原则，遵守国际法的基本规则，坚持在联合国框架下积极开展能源安全、粮食安全、网络安全、生物安全、极地、外空、海洋等领域的国际交流与合作，坚决同违背和破坏《联合国宪章》及国际法的行为作斗争，才能有效维护当今世界的国际秩序。

维护当今世界的国际秩序，还要维护以世界贸易组织为核心的自由、开放、非歧视的多边贸易体制。坚决反对单边主义、保护主义的贸易政策，捍卫世界贸易组织核心地位和基本原则，推动全球贸易发展，建设开放型世界经济，以维护发展中成员国家的合法权益和发展空间，增进各国人民福祉。除此之外，还要严格遵守和履行《巴黎气候变化协定》《核安全公约》《不扩散核武器条约》《联合国人权公约》等国际公约。

维护国际秩序，促进和平发展，还要旗帜鲜明反对霸权主义和强权政治。始终坚持各国的事情必须由各国人民来办，中国的事情必须由中国人民来办，决不允许外来任何力量、任何形式的干涉，决不屈服于任何外来压力。要立场坚定、旗帜鲜明、敢于碰硬，勇于和善于开展具有新的历史特点的反对霸权主义的斗争，坚定维护国际秩序，坚定维护世界和平和人类共同利益，坚定维护中国的国家主权、安全、发展利益。

因此，只有始终维护联合国为核心的国际体系，遵守《联合国宪章》为核心和国际法为基础的国际规则，反对霸权主义，才能有效提升中国的国家软实力和国际影响力，维护世界和平，坚持公平正义，促进共同发展。

二、优化外交格局

增强外交影响力，还要在制定和实施外交政策的过程中，合理谋划外交布局，不断优化外交格局，进一步提升我国外交的吸引力和国家的软实力，更好地服务于维护世界和平发展和我国建设社会主义现代化强国、实现中华民族伟大复兴的战略全局。

（一）首要加强周边外交

中国是世界上周边邻国最多的国家，中国同周边国家的关系是非常重要而复杂的关系，中国同周边国家的关系直接关系到国家的主权、安全和发展利益，处理好同周边国家的关系是中国外交的首要任务。改革开放以来，中国同周边国家

---

① 中共中央宣传部：《中国共产党的历史使命与行动价值》，载于《人民日报》2021 年 8 月 27 日。

的经济合作关系不断加深,中国同周边国家特别是东南亚国家的经济合作取得了长足的进步。中国的经济发展离不开同周边国家的合作与贸易,中国的发展带动了周边国家的发展,周边国家特别是东南亚国家的发展,也有力地促进了中国的发展。中国和周边国家经济合作与贸易发展的相互联系、相互依存、相互促进的关系不断加深,日益成为你中有我、我中有你、共同利益不断壮大的命运共同体。中国和周边国家特别是东亚和东南亚国家的贸易额已经居于世界前列,东亚和东南亚国家已经成为中国最大的贸易伙伴。伴随着中国经济的快速发展和综合国力的不断提升,周边国家特别是东亚和东南亚国家一方面积极参与到中国的发展进程之中,搭乘中国发展的经济快车,分享中国经济发展的红利;另一方面一些周边国家包括东亚、东南亚和南亚的某些国家,又对中国的快速发展抱着复杂心态,担心中国的发展拉大了同自身发展的差距,造成自身发展的压力,甚至担心中国走国强必霸的道路,忧虑中国的强大影响自身的安全。这一问题由于两方面的因素变得更加复杂,一方面是中国同周边国家边界纠纷的历史因素。另一方面,一些西方国家不断插手和介入中国同周边国家的矛盾和纠纷,周边一些国家同中国的关系变得更为复杂和严峻,严重影响了中国周边环境的安定,威胁着中国的主权、安全和发展利益。

因此,优化中国的外交格局,就要重点加强和改善中国同周边国家的关系,发展睦邻友好关系。睦邻友好、亲诚惠容,中国才能形成和平、稳定、友好的周边国际环境,为中国的主权、安全和发展提供直接的、最重要的支撑。"中国视周边为安身立命之所、发展繁荣之基,始终将周边置于对外交往的首要位置,以促进周边和平、稳定、发展为己任。中国践行亲诚惠容理念和与邻为善、以邻为伴的周边外交方针,继续与周边国家增进互信互助,推进互联互通,深化互利合作,维护和平安宁,让中国发展成果更多惠及周边,为构建周边命运共同体汇聚力量,始终做周边区域合作引领者、地区和平发展守望者。"① 在发展周边外交中,一方面,要大力发展中国同东亚、东南亚及其他周边国家的经济贸易合作关系,推进 RECP 协议生效和落实,通过经济发展和经贸合作,来加深中国同东亚、东南亚及其他周边国家的共同经济利益关系,形成休戚相关、命运与共的经济发展和经济利益的命运共同体。另一方面,要主动加强同周边国家的外交关系,按照国际法为基础的基本规则,通过双边与多边机制的谈判和磋商,妥善处理中国和周边国家在领土、领海和资源等方面的矛盾与问题,切实维护中国和周边国家安宁友好的和平环境,促进中国和周边国家的稳定和发展,更好地实现中国的主权、安全和发展利益。

---

① 中华人民共和国国务院新闻办公室:《新时代的中国与世界》,人民出版社 2019 年版,第 62 页。

（二）重点推进大国外交

当今世界的和平与发展，美国、俄罗斯、欧盟等仍然具有举足轻重的地位和作用，它们仍是中国外交的重中之重。中国的经济发展离不开世界大国。美国、欧盟、日本等是中国重要贸易伙伴、先进技术来源地和对华投资来源地，目前国际经济秩序仍然掌握在以美国为首的发达国家手中；中国的国家安全也受到世界大国的重大影响。与中国安全密切相关的重大问题直接或间接地与这些大国相关联；中国参与全球治理，维护以联合国为核心、国际法为基础的世界秩序，维护中国和发展中国家在国际政治经济秩序中的合法权益，也需要把同大国的交往作为重点，加强同大国的交流与对话，甚至开展必要的竞争与斗争。世界大国尤其是主要大国，在当今世界发展中往往牵一发而动全身，影响着世界与中国的和平及发展。因此，优化中国的外交格局，就要重点推进中国同大国的外交关系。

重点推进大国外交关系，首先就要推进中美外交关系。中美关系不仅关系到中美两国的发展，还关系到整个世界的和平与发展。"中美关系是世界上最重要的双边关系之一。中国是最大的发展中国家，美国是最大的发达国家。"[1] 美国作为世界上唯一的超级大国，对世界发展的全局具有重要的影响。近年来，美国把中国作为主要的战略竞争对手，开启了对中国的贸易战、科技战、金融战、舆论战、外交战和法律战等，不仅影响了中美关系，影响了中国的主权、安全和发展，也干扰和破坏了世界的安全与稳定，影响了世界的和平与发展。在这种情况下，就要把中美关系放在百年未有之大变局和国际格局的新变化中加以审视，中国自觉坚持平等对待和平视美国，坚决反对霸权主义，调整完善对美战略，妥善处理好中美关系。美国现在对华实行"该竞争的竞争，该合作的合作，该对抗的对抗"的外交战略策略，实际上是以对抗为主，并且是构筑反华同盟来对抗中国。我们要在研究美国对华战略策略变化的基础上，采取相应的对策。平等相待、对等回应，既要开展竞争，甚至斗争，也要注重推进合作，并且以竞争和斗争来推进合作。以斗争求合作，则合作成；以妥协求合作，就合作亡。中国处理中美关系要求同存异，在涉及中国红线、底线的问题上，决不能让步，而要坚决斗争。在涉及中美共同利益的地方，要拓展合作、互利互惠。"中国愿同美国一道努力，切实肩负起大国担当，在互惠互利基础上拓展合作，在相互尊重基础上管控分歧，推进以协调、合作、稳定为基调的中美关系，不断增进两国和世界人民福祉。"[2] 善于竞争，敢于斗争，管控分歧，拓展合作，才能使中美关系回归正常，造福于中美两国和世界人民。

---

[1][2]　中华人民共和国国务院新闻办公室：《新时代的中国与世界》，人民出版社 2019 年版，第 61 页。

重点推进大国外交。就要优先发展中俄两国关系。中俄两国具有战略伙伴关系。在"冷战"思维沉渣泛起、霸权主义横行肆虐的情况下，中俄关系的发展至关重要。中俄两国是当今世界反霸维和、公平正义的主导力量和关键因素。俄罗斯有辽阔的国土、丰富的资源和强大的军事实力，中国有庞大的人口、独立完整而日趋先进的国民工业体系、不断进步的科技和日益强大的军力和综合国力，是世界第二大经济体。中俄两国要优势互补、战略互信、互相支撑、联合反霸、维护和平、促进发展。中俄互为最大邻国，历经国际风云考验。中俄全面战略协作伙伴关系日趋成熟、稳定、牢固，中俄关系始终是中国对外交往的优先方向。中国将进一步深化中俄友好合作关系，在重大问题上加强沟通，在发展战略上加强协调，推动两国关系进一步向纵深发展。加强中俄战略合作，有利于中俄双边关系的深度发展，也有利于世界的和平发展。

重点推进大国外交，还要注重推进中欧关系的发展。欧洲是当今世界重要一极，是中国的全面战略伙伴。当今世界格局中，美国力图以价值观外交拉拢欧盟特别是七国集团成员构筑反华同盟，破坏中欧关系和世界和平发展。欧盟同美国、俄罗斯、中国的关系微妙而复杂。欧盟同中国既有矛盾的地方，也有一致的地方，中欧在合作发展上有着诸多共同利益。中国应坚持多边主义，坚定反霸、联俄、友欧，支持和推动多极化格局发展。中国致力于推进中欧关系发展，将中欧两大力量、两大市场、两大文明结合起来，提升中欧全面战略伙伴关系的全球影响力。中国坚定支持欧洲一体化进程，坚定支持欧盟团结和壮大，支持欧洲在国际事务中发挥更重要作用。中欧进一步化异求同、深化合作，对于反对单边主义，维护多边主义，促进世界和平稳定发展，将起到更加积极的作用。

（三）持续深化南南合作

随着中国经济实力的增长、海外利益的扩展及经济全球化的迅速发展，中国与拉丁美洲、非洲国家和地区的关系发生重大的转变，由原来突出政治上的团结与支持转变为突出经济上的相互合作。拉丁美洲、非洲各国已经成为中国重要的原材料和能源来源地、产品出口市场及中国企业对外投资的重要场所。然而，中国在与这些国家经济合作的过程中还存在一些摩擦与障碍。如何化解这些摩擦和分歧，与这些国家顺利开展合作，在这一地区树立负责任的大国形象，是中国外交面临的重要问题。

中国同广大发展中国家的关系，应恪守不干涉发展中国家内政的原则，以密切合作和相互支持为主基调，注意揭露、挫败企图干扰破坏中国与亚洲、非洲、拉丁美洲发展中国家关系的图谋，保障和促进中国同广大发展中国家合作共赢关系的发展。2018年是中国外交的"南南合作年"，从中拉、中阿到中非合作论坛等，我国同发展中国家集体对话实现了全覆盖。2018年9月，中非合作论坛北京峰会成功召开。习近平提出"不干预非洲国家探索符合国情的发展道路，不干涉非洲内政，不把自己的意志强加于人，不在对非援助中附加任何政治条件，不在对非投资融资中谋取政治私利"① 的"五不"原则，确立了中国对非合作的准则，展示了国际发展合作的道德准则，为中非乃至中国同广大发展中国家关系的发展提供了遵循和依据。

中国和广大发展中国家利益攸关、命运与共，广大发展中国家与中国互为和平发展的伙伴和朋友。因此，中国应秉持真实亲诚理念和正确义利观，加强与发展中国家的团结合作。着力"构建更加紧密的中非命运共同体，不断深化平等互利、共同发展的中拉全面合作伙伴关系，不断深化全面合作、共同发展、面向未来的中阿战略伙伴关系，为南南合作注入新动力，让大家都能过上好日子"②。在对发展中国家的经贸活动中，应更加重视中国和发展中国家的共同发展，更加关注发展中国家的经济发展与民生问题，注重与国际社会协调在发展中国家的外交活动，致力于维护发展中国家的稳定和权益，还要把经贸合作同政治、文化外交结合起来，加大中国对亚洲、非洲、拉丁美洲外交政策的传播力度和文化交流力度，增进合作互信，促进合作共赢，创造深度合作、共同发展的更加美好的明天。

（四）积极参与全球治理

全球问题全球面对，全球治理全球参与。当今世界正处于百年未有之大变局，国际格局正处于大发展大变革大调整时期，和平与发展仍然是时代主题，但遇到严峻挑战；各国相互联系和依存日益加深，全球治理体系和国际秩序变革加速推进，但影响全球秩序和全球治理的各种重大问题日益突出。和平赤字、发展赤字、环境赤字、治理赤字等已成为摆在全人类面前的共同挑战，各国人民完善全球治理的呼声越来越高。

中国是世界上最大的发展中国家，也是综合国力和国际地位日益提升的国家。世界对中国的关注和期待在增加，中国对世界的参与和影响在增强。中国正在成为完善全球治理最为活跃的力量和动力。当前，中国如何积极主动地参与全球治理，提高全球治理能力，维护"二战"后形成的以《联合国宪章》为基础的世界秩序，变革不合理的经济政治秩序，维护世界和平，促进中国和世界的共

---

① 习近平：《携手共命运 同心促发展：在2018年中非合作论坛北京峰会开幕式上的主旨讲话》，人民出版社2018年版，第3页。

② 中华人民共和国国务院新闻办公室：《新时代的中国与世界》，人民出版社2019年版，第63页。

同发展，已成为中国外交日益重要的战略议题。

作为世界负责任大国，中国始终坚持权利和义务相平衡，积极参与全球治理体系改革和建设，推动建立更加公正合理的国际政治经济新秩序。中国通过主办一系列主场外交活动，出席二十国集团领导人峰会、达沃斯世界经济论坛、APEC 领导人非正式会议等多边会议，推动众多中国方案和中国倡议转化为国际共识和全球行动，积极参与全球治理体系改革和建设。中国全面参与全球气候变化、反恐、核安全、网络安全等多边治理进程和国际合作，积极推动国际金融机构改革，发起成立上海合作组织、金砖国家、亚投行等以发展中国家为主体的国际组织和合作机制。坚定支持多边主义，搭建政治、经济、安全、人文等领域多边平台，促进对话与合作。中国积极参与共同应对 2008 年爆发的世界金融危机，并积极参与国际货币基金组织和世界银行等国际金融组织和金融秩序的变革，向国际货币基金组织和世界银行扩大注资，增强了在两大国际金融组织中的发言权。中国在世界银行的投票权从 2.77% 提高到 4.42%①，成为第三大股东国，影响力进一步扩大。中国在全球治理方面虽然已经做出了一些贡献，但与维护中国主权、安全和发展利益的需要相比，与世界对中国的期待相比，还显得不相适应。

当前，全球治理体系改革和建设仍然面临诸多困难和挑战，任重而道远，中国将扮演更加重要的全球治理角色，加大参与全球治理的力度。"中国将继续发挥负责任大国作用，秉持共商共建共享的全球治理观，积极参与引领全球治理体系改革和建设，推动全球治理体系向着更加公正合理方向发展，使发展成果更多更好惠及各国人民。"② 中国参与全球治理不仅要确立正确的全球治理观，还要把正确的全球治理观变为中国参与全球治理的实际行动，真正推动中国与利益攸关的世界各国在全球治理中的共商共建共享。要"加强团结协作，应对全球挑战。中国坚定支持多边主义，积极参与国际发展领域双多边对话与合作，推动优化和完善国际发展合作领域全球治理，维护以联合国为核心的国际体系。加大对国际组织的资金支持，积极支持国际组织发挥作用，共同应对公共卫生危机、粮食安全、经济衰退等全球性挑战。加强与其他国家和国际组织的沟通协调，在充分尊重受援国主权和意愿的基础上，与有关国家和国际地区组织探讨并稳步开展三方合作，推动国际发展合作创新发展"③。时代呼唤中国在全球治理当中扮演

---

① 《推动世界银行投票权改革如期完成》，中华人民共和国财政部网站，2011 年 11 月 3 日，http：//www. mof. gov. cn/zhuantihuigu/czjbqk2010/6dwhz/201111/t20111103_604703. htm。

② 中共中央宣传部：《中国共产党的历史使命与行动价值》，载于《人民日报》2021 年 8 月 27 日。

③ 中华人民共和国国务院新闻办公室：《新时代的中国国际发展合作》，人民出版社 2021 年版，第 67～68 页。

更加重要的角色，中国也将积极主动地在全球治理中发挥与自身责任、能力和利益相匹配的更大作用。

三、创新外交实践

增强外交影响力除了要有正确的外交政策、合理的外交布局以外，还要不断创新外交实践，丰富外交内容，加强多边外交，发展公共外交，不断提高新时代中国外交的实效，增强中国的软实力。

（一）丰富外交内容

国际关系是丰富多样的，对外交往的内容也应该是丰富多样的，中国只有不断创新和丰富对外交往的内容，才能让世界更加全面地接触和了解中国，增强其他国家对中国内政外交政策的理解、认可和支持，从而增强中国外交的影响力。现在，中国对外交往的内容已经越来越多样化了，由"冷战"时期的政治为主到"冷战"结束初期的经济外交为主，再到进入21世纪的政治、经济、安全等全方位外交，外交内容愈加丰富，现在应该进一步丰富外交内容，大力加强对外文化的传播与交流：首先，中国五千年的文明具有强大的吸引力，能增加外部世界对中国的关注。汉语、儒家文化、武术、艺术等是中华文明的宝贵遗产，吸引了越来越多的人学习。在对外交往中增加文化的因素能够进一步增强中国文化的吸引力。其次，文化是中华民族之魂，是中国外交政策之根源。传播中国的文化能够让世界更加了解中国外交的文化渊源，独立自主的外交、和平发展的外交、合作共赢的外交等战略、方略、政策的提出，都与中华文化有很大的关联，都受到中华优秀传统文化中"和合""和谐"等思想的影响。中国的外交是一种崇尚和合的外交，是一种自强内敛的外交，不主动展现对抗性和攻击性。因此，传播中华文化能增强其他国家对中国外交政策的了解。最后，传播中华文化有助于与其他文明相互交流、加深了解、彼此借鉴、取长补短、消除误解、增进互信。中国同很多国家和地区共同举办的文化年、文化月及其他文化交流活动，就有效地增进了国家间的文化交往和人民的相互接触与理解。文化作为软实力的重要组成部分，是一国软实力的基石，在外交中丰富文化传播的内容，使世界了解博大精深的中国文化，对于提高外交影响力有重大的促进作用。

除了加强文化外交，中国开展国际发展合作时，还要发展民生外交、生态外交、健康外交等。要"重视对接各国发展战略规划，积极回应发展中国家经济社会发展的优先需求，把增进各国民生福祉作为发展合作的出发点，加大对减贫、减灾、教育、卫生、农业、就业、环保和应对气候变化等领域的投入，积极参与紧急人道主义救援行动，让更多实实在在的发展成果惠及普通民众"①。中国外交要推动落实联合国 2030 年可持续发展议程，助力消除贫困，确保粮食安全，推动卫生发展，支持生态环保，推进可持续创新经济增长，开展自然灾害应急救援，提高防灾减灾能力。新冠疫情给世界各国人民的生命安全造成巨大威胁，中国要助力构建人类卫生健康共同体，为有效应对全球疫情，保护和促进人类健康及人民生命安全做出中国贡献。

中国外交只有不断拓展外交领域、丰富外交内容，把经济、政治、安全、文化、民生、生态、健康外交等结合起来，相互交叉、相互融合、相互促进，才能进一步扩大中国外交的广度、深度和力度，全方位提升中国外交的影响力。

（二）加强多边外交

新时代，中国外交越来越注重反对单边主义，坚持多边主义。单边主义外交是排斥世界各国的孤立主义的外交，在特朗普时期一度甚嚣尘上、登峰造极，一味强调"美国优先"，把美国利益置于世界各国利益之上，破坏了世界的和平、稳定、发展，损害了世界各国人民尤其是发展中国家包括中国的利益。中国要反对单边主义，坚持多边主义，就要改变和创新外交的机制和方式，在继续发展双边外交的同时，大力发展多边外交。外交机制和方式的单一性是不利于对外交往的，创新外交机制和方式，在巩固和深化双边外交的基础上，构建多边外交的机制，加大多边外交的力度，是增强外交影响力的重要手段。"冷战"结束以前，中国的外交形式一直是以双边形式为主，多边外交为辅。"冷战"结束以后，多边外交得到了进一步的发展。在全球层面，中国加入了多个全球性的国际组织，这些组织涉及政治、经济、科教文卫等方面；在地区层面，中国参加或牵头建立了区域性的组织，如东盟 10＋1、东盟 10＋3、中国—东盟自由贸易区、上合组织、亚太经合组织等。近年来中国越来越重视与发展中国家间多边外交的发展，"金砖四国"领导人会晤、中非合作论坛等都是基于机制创新的典型的重要多边交流平台。2020 年 11 月，中国与东盟 10 国、日本、韩国、澳大利亚、新西兰正式签署了《区域全面经济伙伴关系协定》（RCEP）。这标志着当前世界上人口最多、经贸规模最大、最具发展潜力的自由贸易区正式启航。这些多边外交机制虽然开端良好，但还不太成熟，在形成维护成员国利益的合力方面有所欠缺，需要进一步发展和完善。

中国要把坚持和利用联合国为核心的国际体系和外交机制同探索和创新新的

---

① 中华人民共和国国务院新闻办公室：《新时代的中国国际发展合作》，人民出版社 2021 年版，第 8 页。

多边外交机制结合起来，不断发展和深化多边外交，以多边外交的合力与优势来弥补双边外交的不足，增强反对单边主义的外交合力，以多边主义来克服单边主义，不断提升中国的外交软实力，助力国家的现代化建设和中华民族的伟大复兴。

（三）发展公共外交

公共外交有别于传统的国与国之间的外交，其主要内容是指由政府发起的面向各国公众的外交活动，这些公共外交活动利用各种交流项目和信息传播手段，了解、获悉和影响其他国家的舆论，塑造其他国家政府和民众对本国的认知和印象，减少对本国认知的偏差和误解，提高本国在国外公众中的形象和影响力，进而维护本国的国家利益。公共外交不同于政府对政府的外交，而是政府面向公众的外交。它既可以通过政府的直接策划组织来推进，也可以通过政府主导和影响下的民间组织和民众交流来实现。对于中国来说，开展公共外交是外交的新拓展。这是因为世界变化的新形势对传统外交造成了巨大的冲击和挑战：一是全球化的迅速发展使得国内问题国际化、国际问题国内化，要求人们摆脱割裂国内和国外问题的观点，树立统筹国内国际两个大局的视野。二是现代化与民主化使得任何国家内民意对内外政策的影响空前提高，必须在与外国政府打交道的同时也做好社会公众的沟通工作，才能使中国外交政策具有深厚的民意根基。三是国际舆论对民意的影响力空前提高。广播电视、电信网、互联网，特别是移动互联网和智能手机对世界各国人民的思想和生活发挥了重要作用。西方国家在文化价值观和信息输出上不仅极为重视而且占据强势地位，在很大程度上主导甚至误导了国际舆论，对发展中国家形成了舆论压力和民意压力。四是中国还面临特殊的挑战。中国作为快速崛起的国家，经济建设成就、和平发展道路与人类命运共同体理念产生了普遍的影响，但也有人对中国的快速崛起还有怀疑和担心，对中国的社会制度和意识形态存在误解和疑虑。因此，中国必须推动公共外交，通过支持国际交流合作项目，开展国际和地区文化体育活动，推进民间文化交流，大力发展网络外交，运用网络特别是移动互联网和视频外交等方式，有力拓展中国的公共外交，加深外国公众对中国的了解和理解，更好地塑造中国的国家形象，全面提升中国的国际影响力和国家软实力，为中国实现新时代的新使命提供重要的软实力支撑。

第七节　增强大型活动国际影响力

　　大型活动是国际社会了解中国、展现中国软实力的窗口。大型活动不同于一般活动，顾名思义，大型之"大"即表示该项活动具有较为庞大的体量和规模，具有较为巨大的能量和影响。一般而言，大型活动需要有大量公共资金的投入、较为完善的硬件设施支持、国际社会的广泛参与等，而结合中国的实际，我们把由党和国家政府机构主办或承办的、国际社会广泛参与并在世界上获得高度关注的各种大型赛事、会议、展览等国际性、洲际性的活动（如奥运会、世博会、亚运会等）统称为大型活动。大型活动的举办不仅能够向世界展现中国的发展成就和综合国力，展示中华民族的民族凝聚力、文化创造力、科技创新力，还能够充分展现中国人民的文明素养、精神风貌、时代风采。实践证明，大型活动已成为中国面向国际社会投射软实力的重要平台，是国家软实力建设的有效途径。

一、大型活动的国际影响力

　　大型活动的国际影响力主要是指大型活动所拥有的吸引感召国际社会广泛参与并增进国际社会对中国认同的能力。大型活动国际影响力的大小不仅关系着中国在国际社会上的知名度和美誉度，更关系着世界对中国的普遍认同程度。经过新中国成立70多年来特别是改革开放40多年的快速发展，中国已走近世界舞台的中央，通过举办大型活动并借此不断提升大型活动的国际影响力，对于国家软实力建设具有极其重要的战略意义。大型活动的国际影响力主要体现在以下几个方面。

（一）展示当代中国的国家形象

　　国家形象是人们对于一个国家的经济、政治、文化等各方面要素所形成的一种总体的印象，是一个国家的国家精神、国家力量、民族品格的外显。通过大型活动来"展形象"是国家国际传播交流工作的重要使命之一。党的十九大报告曾明确提出，"筹办好北京冬奥会、冬残奥会。加强中外人文交流，以我为主、兼收并蓄。推进国际传播能力建设，讲好中国故事，展现真实、立体、全面的中国"①。包括冬奥会、冬残奥会在内的诸多大型活动正是中国面向世界展现真实中国、塑造良好国家形象的重要窗口。改革开放40多年来，我国的军事、经济、科技等硬实力在世界上有目共睹，但国家形象等软实力建设还处在"大国小语"的窘境。随着中国改革开放进程的持续深化和扩大，国际社会对中国的关注度不断提高，但仍有部分国家对我国的形象存在误读或有负面认知。大型活动的举办不仅有助于加深世界各国人民同中国人民的接触和了解，增进世界对中国道路、中国经验的理解和认识，还给予中国以实然之姿向世界各国立体、全面、真实地展示与国家硬实力相匹配的国家新形象的良好契机。比如通过举办2019年北京世园会，积极宣扬保护生态的绿色发展理念，倡导共建美丽地球家园，用"绿色生活，美丽家园"向世人展示出了人民团结、山河秀美的东方大国形象；通过举办2019年"一带一路"国际合作高峰论坛，积极推动国际项目合作，与各国一道携手共建命运共同体，开创美好未来，向世人展示出充满活力的社会主义大国形象；再比如通过定期举办博鳌亚洲论坛，立足亚洲、面向世界，推动亚洲各国的经济交流与合作，向世人展示出促进共同发展的负责任大国形象；通过举办"汉语桥·全球外国人汉语大会"，以中国文化、风土民情为切入口，让全球外国朋友们读懂中国、了解中国，向世人展示出历史底蕴深厚的文明大国形象。大型活动是中国向世界亮出的国家形象名片，对于重构外宣格局、提升国家形象成效卓著，充分体现了国家软实力建设的独特意蕴。

（二）展现中国人民的精神风貌

人是大型活动的主体，大型活动也是展现中国人民精神风貌的重要窗口。在向现代化强国迈进的征途中，中国人民的精神风貌早已焕然一新，通过大型活动可以向世界展现中国人民新的精神风貌。比如通过2008年北京奥运会，主场作战的中国运动健儿在竞技场上充分演绎了"更快、更高、更强"的奥运精神，他们用不屈不挠的身影和一枚枚黄澄澄的金牌告诉世界，以前那个暮气沉沉的"东亚病夫""东方睡狮"早已一去不返，北京奥运会集中展现了腾飞的"中国巨龙"和中国人民不畏强手、顽强拼搏的精神面貌。比如通过2010年上海世博会，7万多名园区志愿者和近10万名城市志愿者②在中外游客面前充分展现了"奉献、友爱、互助、进步"的志愿者精神。志愿者是世博会与世界联系起来的使

---

① 习近平：《决胜全面建成小康社会 夺取新时代中国特色社会主义伟大胜利——在中国共产党第十九次全国代表大会上的报告》，人民出版社2017年版，第44页。

② 转引自新华社：《志愿者服务上海世博会》，中国政府网，2010年4月30日，https：//www.gov.cn/govweb/jrzg/2010－04/30/content_1596183.htm。

者，一张张年轻的脸庞和无时不在的善意微笑成为世界看中国的窗口。他们遍及1 000 个城市服务站点，用热情的接待、良好的服务、真诚的奉献展示着中国人民热情好客、团结协作的文明形象和精神风貌。再比如 2019 年汇集了 85 个国家和地区 775 部参赛影片的北京国际电影节，在为世界各地电影人积极搭建沟通桥梁的同时，以"家·国"为主题精心设置了"新中国成立 70 年"等 16 个展映单元，其中不乏《筑梦 2008》《建国大业》《流浪地球》等经典电影，展映既有不同岁月的侧写，又有鲜明的时代气息，向世界展现了社会变迁中中国人民日新月异、愈发自信的精神风貌。还有 2018 年 11 月在珠海举办的第 12 届国际航空航天博览会，该活动吸引了 43 个国家和地区的 770 家参展商参展以及 50 多个国家的 200 个军政贸易代表团参观，展品结构"陆、海、空、天、电"全领域覆盖，展览中由我国自主研发的一系列歼 – 10B、轰 – 6K、"20"系列、空警 – 500 等空军新型战机和现役主战装备成体系的惊艳亮相，不由得让世人感慨人民空军从无到有、从有到精的艰辛历程，更向世界展现了中国人民负重奋进、开拓创新的精神风貌。

（三）彰显中华文化的艺术魅力

大型活动是跨文化传播的重要载体，受活动举办地历史文化的影响，大型活动必然带有一定的文化性。因此，大型活动也在一定程度上肩负着彰显中华文化的艺术魅力，推动中华优秀文化国际传播的文化责任。比如 2008 年北京奥运会的整体构想与设计，就生动展现了中国的文化形象，展示出五千多年中华文化的艺术魅力。在奥运会期间，由奥运会组委会等组织的"中国民族民间手工艺制作与展示活动"，是中国民间艺术的大展示，体现出中国民间艺术的魅力；在奥林匹克中心区内举办的"中国故事展"，立体展示了中国国家级非物质文化遗产和传统民族、民俗、民间文化，体现出中国多民族团结的国家形象；首都博物馆精心设计了名为"中国记忆——5000 年文明瑰宝展"的文物展览，以文物珍宝勾勒出中国五千年的文明；故宫博物院推出了"院藏精品书画展""院藏精品瓷器展"和"院藏文物精品展"，军事博物馆推出了"孙子兵法展"等，充分展现出中国文化的博大精深、绚烂多彩；奥运会开幕式的中国风，更是向世人展示了中国文字、中国音乐、中国舞蹈、中国功夫等中国元素的魅力。再比如 2010 年上海世博会的中国馆，其以"东方之冠"的主题表达出中国文化的魅力与气质，展馆建筑外观以"东方之冠，鼎盛中华，天下粮仓，富庶百姓"的构思主题，表达了中国文化的人本精神与非凡气质。展馆内从当代切入，回顾中国三十多年来城市化的进程，凸显三十多年来中国城市化的规模和成就，回溯、探寻中国城市的底蕴和传统。随后，一条绵延的"智慧之旅"引导参观者走向未来，感悟立足于中华价值观和发展观的未来城市发展之路，通过世博会让世界再一次体验了中华文化的博大与精深。在大型活动的举办过程中，中华文化被频频呼唤，中华文化的艺术魅力也被屡屡展现在活动举办的具体实践中。

（四）推动多样文化的并存共生

推动多样文化的并存共生，是近代以来人类孜孜不倦的追求。大型活动国际参与的广泛性决定了活动中多样文化并存、交融共生的必然性。每一种文化都是世界文化大花园中的一朵花，一花独放不是春，百花齐放春满园。无论明艳抑或素雅，都值得尊重、理解、学习和借鉴。通过举办大型活动，使不同国家、民族的文化在同一活动中交融碰撞、互学互鉴，对于促进不同文化、风俗、习惯等多样文化的并存共生，促进世界文化多样性的发展具有非常重要的富有建设性的意义。比如2017年在我国举办的以"东渐西传、文明互鉴"为主题的"'一带一路'语言文化高峰论坛"，吸引了"一带一路"沿线64个国家的代表、专家学者等参会，活动下设非物质文化遗产保护、文明互鉴、人文交流、文化传承、语言互通等不同主题的分论坛，为各国文明的相通相融、共促共享，开展具有本民族传统和国家特色的文化活动提供了舞台。这次活动就像一把钥匙或一条纽带，将海内外不同文化汇聚一堂，并通过活动相互理解、互识互鉴。在"共商、共建、共享"的"一带一路"基本原则下，既有"东风西传"，也有"西学东渐"，文化的共享也让中国特色社会主义文化被越来越多的人了解。和而不同、尊重差异、求同存异是中国文化独特的辩证法，类似大型活动的举办都体现着中国传统"和合"文化的思维方式，这不仅是对我国自身文化价值的肯定和践行，而且与保护世界文化多样性、推动多样文化相互包容与和谐共生的世界潮流相自洽，对于反对"文化单边主义"、反对文化霸权，提升文化自信和国际影响力具有非常重要的积极作用。大型活动的举办让中国在融入世界大文化的过程中积极传播了世界文化多样性的理念，也为"一带一路"建设与人类命运共同体理念提供了文化支撑。

（五）营造合作共赢的良好环境

一般而言，每当大国崛起，其主张的国际利益也将会相应增加，新兴大国影响力的显著增长难免会引起既有国际体系中既得利益者的担忧。既得利益者因为担忧新兴大国带来利益的再分配抑或对现有利益格局带来威胁，往往采用强权政治或冷战思维等对新兴大国进行无端的猜忌甚至打压，以试图遏制新兴大国的崛起。当今世界并不太平，而举办大型活动可以让世界更加了解致力于和平与发展的中国，并能减缓国际上一些不利因素的消极影响。大型活动具有非强制性、非对抗性的特征，相对于传统硬实力，举办大型活动具有更为软性的优势。尽管大型活动不可能完全化解部分国家对中国的某些偏见，但能在一定程度上塑造他人偏好、转变部分认知，也能够以更加软性、谨慎的方式来获取和行使国际影响力，最大化地减少国际社会对中国崛起的种种疑虑或误读，为中国与世界各国以及世界各国之间的合作发展营造良好的国际环境。开放融通是当今"大发展大变革大调整"的国际社会中不可逆转的历史趋势。从二十国集团领导人峰会到中法全球治理论坛，从圣彼得堡国际经济论坛到金砖国家领导人会晤、亚洲文明对话大会，习近平总书记全面阐释多边主义的核心要义和时代内涵，倡导共商共建共享的全球治理观，发出践行多边主义、抵制单边主义、反对霸权主义的正义之声。中国大力提倡不同文明相互尊重、平等相待，开放包容、互学互鉴，美人之美、美美与共，与时俱进、创新发展，以中国文明观引领和推动世界文明共同前行，引发各方强烈共鸣。习近平总书记曾指出："中国对外开放，不是要一家唱独角戏，而是要欢迎各方共同参与。"① 大型活动的举办可以为国际社会营造各方参与、合作共赢的良好环境。比如 2019 年举办的第二届"一带一路"国际合作高峰论坛，作为一个重要的多边合作平台，该活动吸引了来自 150 多个国家和90 多个国际组织的近 5 000 名外宾应约而来②，中国怀抱与世界共创美好未来的良好愿望举办这一大型活动，目的就是努力与各国深化合作，谋求和发展多元的国家利益。2021 年 1 月，习近平总书记在世界经济论坛"达沃斯议程"对话会上号召："让多边主义火炬照亮人类前行之路，向着构建人类命运共同体不断迈进！"③ 和合共生方可共享机遇和繁荣，活动的举办也向世界发出中国和平与发展的强烈信号。大型活动是凝聚各国共识，营造和平发展的良好环境的必要举措，也正因为大型活动海纳百川、平等相待的特质，对于构建人类命运共同体、营造合作共赢的良好环境发挥着越来越重要的作用和影响。

二、大型活动的主要类型

大型活动内容丰富、数量繁多，不同的城市、不同的主题、不同的界别都有着不同类型的大型活动。因不同类型的大型活动之间大多存在较强的交叉性，所以不同活动间的类型界限并不十分严格。从大型活动的内容上来看，一般可以将

---

① 习近平：《在庆祝中国共产党成立 95 周年大会上的讲话》，人民出版社 2016 年版，第 21 页。

② 《"登高赋新诗"——写在第二届"一带一路"国际合作高峰论坛闭幕之际》，新华网，2019 年 4 月 28 日，http：//www.xinhuanet.com/world/2019 - 04/28/c_1124425298.htm。

③ 习近平：《让多边主义的火炬照亮人类前行之路——在世界经济论坛"达沃斯议程"对话会上的特别致辞》，人民出版社 2021 年版，第 12 页。

大型活动分为以下几种类型。

（一）大型文化活动

大型文化活动是人们谋求精神文化生活实践的产物，其涉及的范围非常宽泛，我国举办的大型文化活动内容丰富、数目繁多。比如2019年举办的北京世园会即为大型文化活动的典型。北京世园会"以花为媒"，通过精美的植物造景工艺向世人展示了中国生态文化和全球园艺文化故事，除了可以观赏特色展园展陈和植物园艺外，世园会还筹办"世界花艺大赛""世界民族民间文化荟萃""花车巡游"等2 500场次的系列文化活动，向世界充分展示了人类生态文明建设的理念和成果，是世界多种文化艺术形式文明对话的重要平台。除北京世园会这类国际参与广泛的重大文化活动以外，我国举办的大型文化活动还有北京国际电影节、上海国际艺术节、潍坊国际风筝会、南宁国际民歌艺术节、大连国际服装节、岳阳国际龙舟节、青岛国际啤酒节、哈尔滨国际冰雪节、重庆国际火锅节、佳木斯国际泼雪节、盱眙国际龙虾节、杭州国际动漫节、南京国际梅花节、四川国际茶文化节等，这些文化活动规模宏大、隆重热烈、群众参与广泛，并且具有较强的民族地域特色和明显浓厚的文化气息、文化色彩和文化氛围，极具世界性、民俗性和传统性，这些大型文化活动无一不是中国对外宣传的重要文化名片。

（二）大型体育活动

大型体育活动指国家之间进行的双边或多边的体育交往活动，大型体育活动是跨越种族、语言、国别等障碍，沟通世界人民的重要桥梁。我国举办或即将举办的大型综合性体育活动，有1990年北京亚运会，1993年上海东亚运动会，1996年哈尔滨亚洲冬季运动会，2001年北京世界大学生运动会，2007年长春亚洲冬季运动会，2008年北京奥运会、残奥会，2010年广州亚运会，2009年哈尔滨世界大学生冬季运动会，2011年深圳世界大学生运动会，2019年武汉世界军人运动会，2022年北京冬奥会、冬残奥会，2022年杭州亚运会等；此外还有一些代表专业最高水平的单项大型体育活动，比如1990年世界女排锦标赛、2004年亚洲杯男子足球赛、2007年世界杯女子足球赛、2008年广州世界乒乓球锦标赛、2014年南宁世界体操锦标赛、2015年北京世界田径锦标赛、2018年南京世界羽毛球锦标赛、2019年武汉国际马拉松赛等。这些大型体育活动都具有广泛的国际参与性，其间除了来自世界各地人数众多的运动员、教练员、随队工作人员等前来参加比赛活动以外，还吸引了海内外大量游客到举办地现场观摩赛事或进行度假、消遣。因此，举办大型体育活动的意义远不止于推动全民健身、刺激城市经济等，对于建设健康中国、塑造国家文明形象、增强民族凝聚力也具有非常重要的价值。

（三）大型经贸活动

大型经贸活动主要是指国际级的商品交易会或经济博览会。一般而言，大型经贸活动往往物资高度集中、高新技术产品云集，能够吸引国际社会特别是国内外工商团体的广泛关注。大型经贸活动是一个国家或地区经济、科研发展水平的集中展示。近年来，我国举办的各种双边、多边的大型经贸活动日益增多，如中国国际进口博览会、天津夏季达沃斯论坛、中国—东盟博览会、中国—南亚博览会、杭州西湖国际博览会、景德镇国际陶瓷博览会、中国国际航空航天博览会、天津国际直升机博览会、国际旅游装备产业发展高峰论坛、中国（寿光）国际蔬菜科技博览会、世界互联网大会等。大型经贸活动不仅能够为举办地吸引眼球、赚足人气，还能为国际经济发展注入活力，增进不同经济体之间的交流与对话，通过互通有无、融通发展，密切与国际社会的战略伙伴关系，达到以经贸促外交的目的。比如中国国际进口博览会便打造了一个全球包容的新型国际公共平台，首届中国国际进口博览会便吸引了 172 个国家、地区和国际组织参会，3 600 多家企业参展，超过 40 万名境内外采购商到会洽谈采购①，全球优质的新产品、新技术汇聚上海，不仅能够体验不同国家的经贸发展和创新成就，让世界共享新时代中国发展的成果，更向世界宣示了开放、包容、普惠、共赢的中国理念。

（四）大型外交活动

狭义上的大型外交活动主要是指与经济、文化、体育等互相区别的大型政治活动，而事实上，因大型活动的多国性，政治活动无论在哪种类型的大型活动中都无处不在、无时不在，也就是说，在大型文化、体育、经贸活动中都随处可见国际政治活动的影子。由于不同类型的大型活动本身在内容的涵盖上就已经存在较强的交叉性，因此，狭义的大型外交活动的显示性并不明显。在这里我们用更为广义而且同样具有交叉性的范畴来界定大型外交活动，即把党和国家主要领导人及与会各国元首、政府首脑是否参加作为界定大型外交活动的依据。按照这个界定，近年来我国举办的 20 国集团（G20）峰会、亚洲太平洋经济合作组织（APEC）领导人非正式会议、世界妇女大会、中非合作论坛北京峰会、"一带一路"国际合作高峰论坛等都可以归类为大型外交活动。大型外交活动规格高大、

---

① 《首届中国国际进口博览会成果丰硕》，人民网，2018 年 11 月 11 日，http：//finance. people. com. cn/n1/2018/1111/c1004 - 30393279. html。

场面庄重、组织工作周密严谨，对世界的政治、经济影响较大。这些大型外交活动大多着眼于关系国际发展的重大现实问题而举行，是着力构建并推动建设更加紧密的世界命运共同体的重要平台。比如 2019 年我国举办的主场外交活动——第二届"一带一路"国际合作高峰论坛，比第一届活动规模更大、规格更高，是中国为各国合作共赢、和平发展搭建的重要平台，这意味着"一带一路"建设也从谋篇布局转入精耕细作的高质量发展阶段，并向世界昭示中国在国际政治领域将继续为维护国际秩序提供坚定的支持。

三、大型活动的策划和组织

大型活动是一项系统工程，良好的策划和组织是办好大型活动并增强大型活动国际影响力的前提和基础。在大型活动的策划和组织中，不仅应坚持党的领导，回应国际关切，还应不断挖掘软性的特色资源，加大对外宣传力度，并注重加强人才队伍建设，多措并举引导人民群众积极参与。

（一）加强大型活动的统筹策划

党的领导是举办大型活动的"定星盘"，也是历次大型活动得以成功举办的最根本经验。当今世界面临百年未有之大变局，这要求大型活动的策划和组织更要把握方向、把好导向，紧紧团结凝聚在党的周围，坚持以习近平新时代中国特色社会主义思想为指导，深入贯彻党的二十大精神，确保大型活动在举办过程中的导向和质量。各级党委政府也要加强对大型活动的组织领导，充分发挥党组织在大型活动举办中的政治引领作用，充分展现社会主义的制度威力，"集各方之智，汇全国之力"，发挥集中力量办大事的优越性，为大型活动提供优质政务保障。大型活动是由中国搭台的世界大合唱，是国家实现重大发展战略的重要载体，因此，在大型活动的举办中坚持党的领导还应守正创新，结合中国国情进行活动内容策划，贴近中国实际进行精心谋划，以高度的政治自觉和行动自觉，主动服务和融入国家重大发展战略，服务全党全国工作大局。要强化活动策划和组织中的问题意识和效果导向，正视不足、靶向施策，加强各项工作之间的统筹协调，明确工作职责，避免资源浪费。要以钉钉子的精神不断加强和改进工作，同时，发挥好民间组织和社会团体在大型活动中的优势，真正推动各项工作提质增效，努力实现各方效益的最大化，不断增强大型活动服务国家重大发展战略的针对性和实效性。此外，大型活动还要开拓国际视野，坚持国际关切。大型活动的举办无疑将中国放在了世界"聚光灯"下，因此，在大型活动的举办中不仅要遵守国际规则，严格按照国际规则办事，兑现国际承诺，履行国际义务，还要积极开放创新，寻求与国际社会的发展与合作，促使活动在形式和内涵上都能呈现出国际化的特色，为活动的开展营造良好的国际交往环境。同时还要加强与国际媒体的互动性，积极拓展与国际媒体融合的深度及国际传播的广度，通过大型活动更好服务中国国际宣传的总体布局。

（二）挖掘大型活动的特色资源

无论何种类型的大型活动，在组织和策划中都应注重挖掘特色资源。特色资源是大型活动中最具辨识度的文化标识，富有深厚历史底蕴和鲜明时代特征的特色资源是凸显大型活动独特优势的关键，也是提升大型活动国际影响力的关键一环。大型活动应以弘扬中华文明为己任，要想将大型活动打造为国际精品，提升大型活动国际影响力，首先就应充分汲取中华文化的深厚底蕴，理清文化脉络，深挖文化特色。要擦亮文化名片，下大力气梳理挖掘美食、美景、美文等极具中国特色的文化资源。要注重提炼文化精髓，提炼和展示优秀传统文化的精神标识、当代价值和世界意义，同时要加强规划、强化统筹，统筹推进文化交流和传播，积极将大型活动打造为特色精品。通过特色资源的挖掘，以活动为契机打造适合国际交流传播的文化艺术精品，不仅能够诠释中华文明礼仪，强化自己的精品地位，还能使中华文化与国际文化接轨，推动中华文化借助大型活动展示出去。通过大型活动找到中华文化与其他文化的对接点，通过活动深化不同文明之间的对话，让世界更好地走近中国、读懂中国，推动彼此文明的交流互鉴，共谋文化传承。此外，大型活动的举办必然会吸引国际社会的关注和参与，要扩大大型活动的国际影响力，增强国际话语权，在"做得好"的同时还应"讲得好"。要抓住大型活动的契机，加大对外宣传力度。要善于把举办大型活动的主场优势转化为话语优势，不断加强对外话语体系建设，借助大型活动深入展示中国社会的发展成就，积极传播中国的和平理念与实践，进一步讲好当代中国贯彻新思想、深化改革、扩大开放的故事，讲好中国人民奋斗圆梦的故事，用生动鲜活的实例、融通中外的话语，消除国际社会疑虑，用"讲得好"为"做得好"积聚人气，不断增进世界对中国的认识和了解，更好地理解和认同当代中国。同时还要不断拓展宣传渠道，加强选题策划和议题设置，积极做好特色对外传播工作，强化讲好中国故事的使命担当。

（三）夯实大型活动的人才基础

大型活动的工作队伍建设是办好大型活动的关键所在。政治素质过硬、专业素质过硬、奉献精神过硬的"三个过硬"工作队伍是组织和策划好大型活动，确保大型活动各项工作优质高效展开的人才基础。大型活动国际社会参与广泛，要求活动工作人员首先政治素质过硬。工作人员是大型活动中展示国家形象的小窗口，他们的一举一动、一丝一毫都在世界的"聚光灯"和"放大镜"下开展，良好的政治觉悟和大局意识是提供精微深入的优质服务的前提，也是良好国家形象传播的基础。强烈的爱国情感，对正义、公理和事实的信念等政治素质都应是大型活动中工作人员选拔所要考虑的首要因素。其次，大型活动具有鲜明的目的性和周密的计划性，大到活动所需要的场地、器材、车辆、装备，小到活动期间与会代表的吃住行等服务保障标准，活动举办中涉及的前期策划、流程监控、过程管理、消防安全、交通安全、食品安全等方方面面都给工作人员的专业素养提出较高的要求。同时，大型活动中的外事接待、礼宾礼仪、涉外管理等工作都具有动态性、过程性、可变性的特点，在具体组织实施中所涉及的问题更是点多面广。因此，大型活动无小事，为保证活动举办目的的实现，确保活动的顺利实施，优质高效做好各项活动工作，也要努力打造一支具有专业知识和能力的、专业素养过硬的工作队伍，通过专业素质过硬的工作队伍有效推进各项工作。此外，大型活动最为显著的特点就是场地大、活动参与人员多。有的活动分主会场、分会场，有的分室内、室外广场等多种类型的场所，有的大型活动有固定人员参加，有的大型活动有成千上万的群众参与，且人员的流动性特别大，人员的高度密集和大量流动都要求活动工作人员具有过硬的奉献精神，能够不怕苦不怕累，全力以赴投入工作。因此，着力打造"三个过硬"的工作人员队伍，是组织、策划和更好服务大型活动的重要支撑。

（四）扩大大型活动的群众参与

人民群众的拥护和支持以及群众的广泛参与是策划和组织大型活动的最重要基础，大型活动策划和组织的成功与否在一定程度上也体现在参与人数的多少。大型活动理应是参与性很强的活动，大型活动的国际影响力在一定程度上也是在广大民众的参与中、关注中、感受中实现的。国际奥委会在北京奥运会结束后，通过其独立机构调查北京奥运会为何能举办得如此成功，其最后得出的结论是因为北京奥运会获得了中国 96% 以上人民群众的支持。[①] 因此，人民群众的支持和参与是大型活动举办成功的重要基础。

大型活动要想得到人民群众的广泛支持和积极参与，要坚持以人为本，首先就要把大型活动的策划和组织与为民生做贡献结合起来，更加注重对社会需求的分析和预测以及人民群众的愿望和建议。只有将大型活动与民众民生有效衔接，

---

① 转引自人民日报海外版：《北京奥运会的四个经验（名家话北京）》，新华网，2016 年 11 月 29 日，http：//www. xinhuanet. com/politics/2016－11/29/c_129382166. htm。

才能将大型活动植根于群众，更好地演绎中国人民"有朋自远方来，不亦乐乎"的愉悦心态、社会氛围和时代华章。同时，要广泛发扬民主，突出广泛的参与性。群众参与的广泛性涉及方方面面，也涉及各行各业，比如在大型活动举办期间开展的针对出租车司机等服务行业人群的服务能力提升培训活动，就是要依靠群众、有效引导群众广泛参与的典型案例。只有让人民群众共享大型活动的成果，通过参与大型活动而获得充分的实际体验，才能带动引导更多群众积极参与。此外，还要加大社会动员力度，大型活动不仅可以扩大社会影响，带动居民就业，还可以让举办地群众的视野更加开阔，吸收新鲜养分。要积极向大众普及大型活动的重大价值和意义，多措并举进行正向引导，充分调动和激发群众参与的积极性，将大型活动举办成为展现群众热情、素养、形象和力量的有特色的大众化盛会。

357

第六章

中国软实力建设与发展的力量整合

提高国家软实力是新时代我国发展的战略目标和全面建设社会主义现代化强国的战略任务。而要实现这一战略目标，落实这一战略任务，必须以加强党的领导、推进领导力量的整合，来带动和推动软实力建设的力量和资源整合，形成软实力建设的合力，从而有力推进我国的软实力建设，提升我国的国家软实力和综合国力。

第一节　软实力建设的领导力量

软实力重在建设，而建设软实力关键在于加强党对软实力的领导。党是中国特色社会主义建设的核心领导力量，也是国家软实力建设的核心领导力量。只有加强党对我国软实力建设的领导，完善软实力建设的体制机制，促进软实力建设力量、资源的协调与整合，才能扎实推进我国的软实力建设。

一、加强和改进党对国家软实力建设的领导

中国共产党是领导中国软实力建设的核心力量。只有加强和改进党对软实力建设的领导，才能为软实力建设提供政治保障、思想保障、政策保障和组织保障，制定软实力建设正确的方针政策，为软实力建设提供正确的理论指导、政策

支持和强大动力，深入推进国家软实力建设。

（一）加强软实力建设的思想政治领导

中国共产党对软实力建设的领导，是一种全面的领导，主要是政治的、思想的领导。加强党对软实力建设的领导，就要着力加强党对软实力建设的思想政治领导。

首先，党要始终牢牢把握软实力建设的政治方向。坚持正确的政治方向特别是正确的发展道路，是中国软实力建设的灵魂。党对软实力建设的政治领导，是确保软实力建设坚持正确政治方向的前提和基础。党领导软实力建设，必须始终坚持"为人民服务，为社会主义服务"的方向，即要始终为工人、农民、士兵、知识分子、干部和一切拥护社会主义、热爱祖国的人服务，为社会主义的政治、经济、军事、外交等各项事业的根本需要服务，团结带领人民坚定不移地沿着中国特色社会主义道路前进，为全面建设社会主义现代化强国、实现中华民族伟大复兴不懈奋斗。全党要从政治的高度，从增强执政能力的角度，从实现新时代新使命的高度，来认识软实力建设的重要战略意义，加强软实力建设的方向道路引领。

其次，党要科学地确立软实力建设的核心价值。坚持以社会主义核心价值体系和核心价值观统领软实力建设。在思想文化领域里，党的中心工作应该是加强马克思主义为指导的主流意识形态的理论建设和理论创新，通过理论创新来带动文化创新，主导制度创新，提高党的执政能力和执政艺术。软实力在很大程度上表现为国民的精神状态、意志品格和民族凝聚力，而这一切主要来自人们对社会核心价值的认同。历史经验表明，任何一个国家要把全社会的意志和力量凝聚起来，都必须有一套与经济基础、政治制度相适应的核心价值体系。我国是拥有14亿人口、56个民族的大国，靠什么统一人们的思想、凝聚人们的力量？靠的就是科学的指导思想、共同的理想信念、正确的价值观念、强烈的爱国精神和基本的道德规范，靠的就是社会主义核心价值体系。如果没有这个最核心的东西，就会失去团结一致、共同奋斗的思想道德基础，就会导致人心涣散、社会混乱。我们要把建设社会主义核心价值体系和核心价值观，作为提高我国软实力的根本任务，坚持不懈地用马克思主义中国化最新成果武装全党、教育人民，用中国特色社会主义共同理想凝聚力量，用社会主义核心价值观念引导行为，用以爱国主义为核心的民族精神和以改革创新为核心的时代精神鼓舞斗志，不断增强人们对中国共产党领导、社会主义制度的信念和信心。要切实把社会主义核心价值体系融入国民教育和精神文明建设全过程，融入经济、政治、文化、社会建设的各个领域，融入人们的日常生活，使之像空气一样无所不在、无处不在、无时不在，成为全体社会成员普遍理解接受、自觉遵守奉行的价值理念，成为全民族奋发向上的精神力量和团结和睦的精神纽带。要积极探索用社会主义核心价值体系引领社会思潮的有效途径，主动做好意识形态工作，既尊重差异、包容多样，又有力抵制各种错误和腐朽思想的影响。

最后，党要制定软实力建设的基本方针政策。加强党对软实力建设的领导，就要制定软实力建设的正确方针政策，在坚持"为社会主义服务、为人民服务"① 的"双为"方向、"实行中华优秀传统文化的创造性转化、创新性发展"② 的"双创"方略基础上，始终坚持"百花齐放、百家争鸣"③ 的"双百"方针，在坚持四项基本原则和党的基本理论、基本路线、基本纲领、基本经验的前提下，提倡不同学术观点、艺术流派的切磋，提倡不同文化学派、不同文化观点的争鸣，促进思想的活跃和文化的繁荣。党要坚持谋全局、管大事，加强对软实力发展重大问题的研究，科学制定经济政治文化、内政外交国防的方针政策。这意味着不能把党对软实力建设的领导简单归结为事务性的、技术性的领导。党对软实力建设的领导，归根到底是通过软实力建设促进中国特色社会主义事业的全面进步和发展，实现全面建设社会主义现代化强国的战略目标。党在软实力建设中要发挥党组织的核心领导作用和共产党员的模范带头作用，模范地贯彻执行党的方针政策，以自己的实际行动和工作成效来扎实推进与落实党的方针政策，不断增强国家软实力。

（二）加强软实力建设的国家战略指导

软实力建设是国家战略的重要内容，国家要制定一个适应综合国力提升和国际竞争需要的软实力发展战略和规划，从战略的高度进行领导。要像发展硬实力一样把发展软实力纳入国家发展战略，制定发展纲要，并切实组织实施。要真正从综合国力竞争、优化我国的国际形象、构筑中华民族共有精神家园、增强中华民族凝聚力的战略高度出发，来认识和谋划我国的软实力建设。

软实力建设纳入国家发展规划，不仅具有重要的战略意义，而且具备现实紧迫性。中国是一个有着五千多年历史的文明国家，具有博大精深的历史文化资源，为我国提高软实力提供了丰厚的基础。同时，中国当今的物质基础雄厚，经济实力显著增强，为软实力建设提供了坚实的物质保障。更为重要的是当今世界仍然处于和平发展的时代，国家之间的竞争主要表现在经济、技术、教育、文化

---

① 《文艺为人民服务、为社会主义服务》，载于《人民日报》1980 年 7 月 26 日。
② 习近平：《决胜全面建成小康社会 夺取新时代中国特色社会主义伟大胜利》，人民出版社 2017 年版，第 23 页。
③ 毛泽东：《关于正确处理人民内部矛盾的问题》，人民出版社 1964 年版，第 25 页。

等非军事领域，集中在创新能力的竞争上，一国的创新能力依赖于以文化特别是创新文化为主要内容的软实力的发展，如"一带一路"、亚投行、金砖银行等创新倡议、机制和举措的提出，就有力地促进了中国软实力的发展。

进入 21 世纪，伴随着日趋激烈的综合国力竞争，以发展道路、国家形象、价值观念、民族凝聚力为核心内容的软实力竞争也愈加激烈。世界主要大国无不将提高软实力作为国家重要发展战略，千方百计地提升本国的软实力，力求在新一轮的国际战略格局调整中占据主动地位。对于我国而言，同快速提升的硬实力相比，软实力仍有短板弱项。我们必须更加注重软实力建设，坚持"软""硬"实力协调发展，尽快具备与大国竞争要求相适应的软实力，更好地占领时代竞争的软实力制高点。我国在 2006 年就已颁布实施了《中共中央、国务院关于深化文化体制改革的若干意见》，这主要是针对文化体制改革创新所制定的方针政策，为我国实现文化软实力的提升提供了条件，但还没有明确地把国家文化软实力发展作为国家战略提出来。2011 年 10 月，党的十七届六中全会通过的《中共中央关于深化文化体制改革、推动社会主义文化大发展、大繁荣若干重大问题的决定》中明确提出要"提高国家文化软实力"[1]。党的十八大以来，以习近平同志为核心的党中央高度重视并多次强调文化建设的重要作用，指出"提高国家文化软实力，不仅关系我国在世界文化格局中的定位，而且关系我国国际地位和国际影响力，关系'两个一百年'奋斗目标和中华民族伟大复兴中国梦的实现"[2]。2019 年 10 月，党的十九届四中全会审议通过了《中共中央关于坚持和完善中国特色社会主义制度、推进国家治理体系和治理能力现代化若干重大问题的决定》，强调要坚持和完善繁荣发展社会主义先进文化的制度，巩固全体人民团结奋斗的共同思想基础。发展社会主义先进文化、广泛凝聚人民精神力量，是国家治理体系和治理能力现代化的重要支撑。必须坚定文化自信，牢牢把握社会主义先进文化的前进方向，围绕举旗帜、聚民心、育新人、兴文化、展形象的使命任务，激发全民族文化创造活力，更好构筑中国精神、中国价值、中国力量。[3]

提升国家软实力，除了要加强文化软实力建设外，还要加强价值软实力、制度软实力、外交软实力的建设。面对国际竞争加剧的严峻挑战，应当从战略的高度充分认识和估价软实力发展的重要性，将软实力建设真正纳入国家发展战略和

---

[1] 《中共中央关于深化文化体制改革、推动社会主义文化大发展大繁荣若干重大问题的决定》，人民出版社 2011 年版，第 47 页。

[2] 中共中央文献研究室：《习近平关于社会主义文化建设论述摘编》，中央文献出版社 2017 年版，第 198 页。

[3] 《中共中央关于坚持和完善中国特色社会主义制度 推进国家治理体系和治理能力现代化若干重大问题的决定（2019 年 10 月 31 日中国共产党第十九届中央委员会第四次全体会议通过）》，载于《人民日报》2019 年 11 月 6 日。

发展规划中。要按照我国现代化建设"五位一体"的总体布局，把软实力建设纳入经济社会发展规划，摆上各级党委和政府工作的重要议事日程。要始终坚持"两手抓、两手都要硬"的方针，从贯彻落实习近平新时代中国特色社会主义思想的高度，从加强党的执政能力、提高党的领导水平和执政水平的高度，从全面建设社会主义现代化强国、实现中华民族伟大复兴的高度，深刻认识加强软实力建设的战略重要性，把文化发展、价值塑造、制度创新和对外交往等软实力建设的目标任务纳入经济社会发展的总体规划，与经济社会发展任务一起部署、一起实施。要科学制定国家发展战略，详细制定软实力发展的战略目标、战略措施和具体政策，尽快制定国家软实力发展纲要，加大政府对软实力发展的扶持力度，指导、保障和促进国家软实力的建设。

（三）加强软实力建设的协同发展领导

软实力建设要稳步推进、深入发展，就要构建党委领导、政府主导、各方配合、全社会共同参与的软实力建设的领导机制和运行机制，加强党委对软实力建设的统一领导和统筹协调，推进软实力建设的协同发展，不断增强国家软实力。

在切实推进软实力建设的过程中，要坚决革除不适应软实力建设要求的领导机制和领导方式，完善和改进软实力建设的领导机制和领导方式。要彻底改变软实力建设中由于权力过分集中所导致的官僚主义作风和权力分散导致的政出多门、效率低下的现象，坚决扭转软实力过软、软实力建设缺乏硬举措的状况，切实加强和改进新时代软实力建设的领导。软实力建设是一个社会系统工程，需要在各级党委的统一领导下，主要依托政府各职能部门如宣传文化部门、教育科技部门、外交部门等，加强与其他职能部门以及企事业单位、各种社会组织的协调与配合，充分调动全社会各个方面的力量共同进行建设，增强软实力建设的效果，形成合力。要创新党领导意识形态工作的方式方法，健全领导机制。要正确处理软实力建设中党和政府的关系，党委部门既要依法发挥领导作用，但又不能以党代政。目前真正实现"党委领导、政府管理"的目标尚有一定难度，党委与政府的职能需要进一步科学界定。要形成职责明确、反应灵敏、运转有序、统一高效的宏观调控体系，通过制度安排、机制设计和能力建设，把增强党的宏观领导能力体现和落实到软实力建设的各个层面和重要环节。完善各项工作机制，实现对软实力领导和管理的制度化、规范化，增强预见性、主动性和实效性。健全党委领导与法人治理结构相结合的文化企事业单位管理体制。从制度创新、股权设计等方面，实现党对文化单位的控制，把党委对文化单位经营方向、资产配置调控、重大决策、重要干部配备等的领导落到实处。要根据形势发展的需要，建立健全软实力建设工作领导协调机制，统筹协调软实力建设。各级党委和政府要把软实力建设列入重要议事日程，建立工作责任制，把软实力建设作为评价地区发展水平、衡量发展质量和领导干部工作实绩的重要内容，切实履行各自职责，形成推动软实力发展的合力。

推进软实力建设，还需要社会各方面的共同努力。要在党委的领导下，主动协调有关部门和人民团体，团结社会各界人士，组织动员全社会各个方面的力量参与到软实力建设中来。要全面准确地理解和把握中央有关软实力建设的重大战略部署和方针政策，把社会各界和干部群众的思想和行动统一到中央精神上来，把智慧和力量凝聚到软实力建设上来。工会、共青团、妇联、中国文学艺术界联合会（以下简称"文联"）、中国作家协会（以下简称"作协"）、中华全国新闻工作者协会（以下简称"记协"）等人民团体在联系群众、组织群众、推动软实力建设方面具有重要作用。要加强党对各人民团体的领导，充分发挥这些团体在软实力建设中的优势。随着市场经济的发展，一些非政府组织在我国逐渐壮大，它们在软实力建设中所扮演的角色日益重要。要发动、协调和整合民间的机构和力量，积极参与和增强我国的软实力。"正如中国的经济和军事力量还无法与美国相匹敌一样，中国的软实力发展也任重道远。中国还没有像好莱坞那样的文化产业，中国的大学也难以与美国的大学并驾齐驱。美国的软实力很大程度上来自其公民社会。但是中国的软实力的推展却高度依赖政府。中国社会的巨大潜力，包括那些处于草创阶段的民间社团，都亟待哺育和提高。"[1] 加强政府与民间非政府机构的协调与合作，在文化建设、价值传播、公共外交等领域充分整合蕴藏在人民群众中的软实力资源，也是未来中国加强软实力建设的重要内容。人民群众不仅是物质财富的创造者，也是精神财富的创造者。要充分发挥人民群众在软实力建设中的主体作用，坚持发展为了人民、发展依靠人民、发展成果由人民共享，进一步激发人民群众的创造潜能，使软实力建设拥有广泛而坚实的群众基础。要采取有效措施、创造有利条件，动员党政各部门、社会各方面共同参与软实力建设，充分调动人民群众参与软实力建设的积极性、主动性、创造性，让一切软实力创造的活力竞相迸发，让一切软实力创造的源泉充分涌流，让一切有志于软实力创造和发展的建设者的积极性得到充分发挥。

二、完善软实力建设的管理机制和运行机制

软实力与硬实力发展的失衡现象，促使我们以完善体制、制度为主轴，为增

---

① ［美］约瑟夫·奈、王缉思、赵明昊：《中国软实力的兴起及其对美国的影响》，载于《世界经济与政治》2009 年第 6 期。

强中国软实力建设与发展的合力创造良好的制度环境，提供必要的制度保障。体制、制度建设本身就是软实力的一部分。从提升软实力的视角梳理和观察就会发现，多年来围绕构建社会主义市场经济体系出台的一系列改革措施，更侧重于推动硬实力的提升。提升软实力的困境和挑战在于：如何使社会主义核心价值体系建设与社会主义制度建设相互支撑？如何使我国现代化建设和发展市场经济的实践与核心价值观的培育和践行相向而行？如何使软实力与硬实力建设相互促进？如何使内部凝聚力与外部吸引力同步增强？在增强我国道路自信、理论自信、制度自信、文化自信的同时，需要冷静分析软实力建设中存在的各种问题和矛盾，并通过推进改革来加以解决。

（一）深化改革提升制度软实力

中国共产党从建党起，一直坚持以人民为中心和根本，始终以为人民谋幸福为初心使命，这是中国共产党人团结带领人民取得革命、建设和改革胜利的根本政治优势。而在发展社会主义市场经济的一些改革举措的推进过程中，还存在对市场调节和政府调控关系的规律性认识不够深入，对市场经济环境下政府宏观调控的职能、责任、手段的认识不够深入和体制建设不到位的现象，引发了社会的一些不平衡状况。而以党的领导和政府宏观调控为主要内容的制度吸引力，正是国家软实力提升的最关键部分。

中国特色社会主义制度要确保持续不断激发人民的创造活力，就要不断改革创新制度，巩固完善制度，保障人民群众的切身利益，在确保中国快速平稳发展的同时着力实现发展成果的共享，增强中国制度的感召力和吸引力。还要注重健全激励机制，将思想引导和利益调节、道德激励和物质奖励有机结合起来，严格考核奖惩制度，加强监督落实，为培育和践行社会主义核心价值观，提升当代国家软实力提供有力的制度保障。要深化行政体制改革，进一步转变政府职能，实现从管理型政府向服务型政府转变。要把党的全面的集中统一领导贯彻到政府体制机制的改革中去，坚决克服一些有关政策服务于地方利益、部门利益、特殊集团利益，而不是服务人民群众利益的偏向，提高制度吸引力和政府公信力，增强社会凝聚力。

体制机制改革要始终坚持正确的价值取向。将社会主义核心价值观贯穿体制机制改革全过程，把价值导向同制度保障结合起来，是通过制度改革提升软实力的第一要务。通过改革巩固和发展中国特色社会主义制度，就是为了增强社会创造活力，大力发展生产力，提高人民的福祉，让人民成为创造社会财富和共享发展成果的主体，促进社会公平正义，推动社会全面协调可持续发展，这一点不能有丝毫动摇。政府的社会管理体制机制改革必须始终坚持以人民为中心，服务于人民至上、公平正义的目标。一是进一步加强党的集中统一领导，深化行政体制改革，打造职能定位准确、富有效率和活力、决策民主、诚信度高的政府，充分发挥社会主义制度集中力量办大事的优越性，这是加强国家软实力建设、增强社会凝聚力的重要基础。二是深化社会管理体制改革，培育和发展各类社会组织，将社会组织发展成为承接部分政府职能的最基本载体，进一步促使社会治理结构朝着多元化社会参与的方向发展。三是切实考虑各阶层群众的利益诉求，建立起重大事项的公众参与机制，保证改革方向不背离大多数群众的利益，这也是激发社会内在活力的重要制度基础。在全面深化改革的历史新阶段，要通过巩固和完善中国特色社会主义制度，推进国家治理体系和治理能力现代化，为提升国家软实力提供现代治理体系和治理能力的强大支撑。

（二）创新机制发展文化软实力

要推动我国软实力的发展，除了要增强制度本身的软实力之外，还要推进软实力建设的相关管理体制机制的改革创新。当前制约软实力发展的最大"瓶颈"依然是一些不适应社会生产力和软实力发展的体制障碍，要激发软实力发展的内在活力，首先要革除当前我国社会体制中不利于软实力尤其是文化软实力发展的一些弊端，促进软实力尤其是文化软实力的发展。

经过40多年的改革，我国的经济社会管理体制包括文化管理休制逐渐在实践中得到改进和完善，但仍然存在着一些不适应市场经济发展需要和制约文化发展的现象。我国传统的文化体制是适应计划经济体制而建立起来的。在计划经济体制下形成的文化体制伴随着时代的发展，其弊端逐渐显现出来，成为制约我国软实力发展的制度"瓶颈"。具体表现在：

一是政事、政企不分，管办不分，一些文化单位缺乏活力。在这种文化体制下，文化运行的主导模式是"政府办文化"，即资金全靠财政拨款、经营者属于事业单位。这种集政、事、企为一体的"三合一"体制，使得一些文化主管部门成为旧体制的既得利益者。这些单位的领导者，既是政府的官员，享受着公务员的待遇；又具有国有事业性质，享受着事业单位的一套优惠政策；同时还是企业的主管，享受着企业的工资、奖金、福利，这些既得利益使得他们缺乏改革的动力。直接从事文化生产和经营的单位没有自主权，没有形成文化市场竞争的主体。文化企业的发展步履维艰，直接制约着我国文化产业的发展进程。这种管理体制政企不分、责权不明、缺乏激励，束缚了文化的发展，导致社会文化发展始终落后于社会需求，社会公益性文化功能退化。《中共中央关于全面深化改革若干重大问题的决定》强调指出，要"完善文化管理体制。按照政企分开、政事分开原则，推动政府部门由办文化向管文化转变，推动党政部门与其所属的文化企事业单位进一步理顺关系。建立党委和政府监管国有文化资产的管理机构，实行管人管事管资产管导向相统一"①。

二是国有文化资产条块分割，造成了文化资源的巨大浪费。过于集中的计划经济体制，使得国有文化企业在管理过程中上下分割、部门分割、资源分散，低水平重复建设，造成资源的巨大浪费和效益低下。有的地方传输网络投入数额巨大，多级层层投资，各有各的利益，造成上下冲突、左右矛盾、无序竞争、管理混乱。不仅互不联通，整体效益难以实现，而且政令不畅，隐藏着很大的安全隐患。这种状况对正在推进的电视数字化、网络化造成巨大的困难。还有的地区文化市场按省、市、区三级分级管理，同时，文化艺术、广播电视、新闻出版分属三个不同部门管理，由于各级地方、部门的利益客观存在差别，形成了文化市场的条块分割，在一定程度上导致地方文化市场的混乱和失控；同时，也阻碍了跨行业、跨部门、跨地区、跨所有制的文化资源优化配置和文化产业优化布局，造成文化基础设施严重闲置浪费的现象。

三是政府包办文化、公款消费文化，文化市场发育缓慢。一些国有文化单位的市场意识、经营意识、效益意识都有待加强，文化生产、服务同市场和群众需求脱节。"政府是投资主体，领导是基本观众，获奖是主要目的，仓库是最终归宿。"② 部分文化产品只讲投入，不讲产出，有些虽然获了奖，但市场不叫座，群众不叫好，既产生不了社会效益，更谈不上经济效益。

我国文化体制改革起步较晚，进展比较缓慢。文化体制改革远远落后于经济体制改革，文化产业远远滞后于经济发展。关系不顺、效率不高、管理不力、布局结构不合理、内部机制不灵活等问题依然存在。文化管理体制中计划经济下形成的行政隶属关系尚未打破，管理权、经营权合一；条块、区域、门类、部门分割和本位；国有专营文化产品生产依然被"垄断"经营；事业经费统包制的财政"大锅饭"使得"等靠要"仍在滋长等。公共文化基础设施建设落后。投资力度不大，建构文化大国、大省、大市的硬件跟不上。文化市场经营秩序较乱。盗版、侵权、假冒产品屡禁不止，迷信、色情、暴力文化商品和服务仍旧存在。文化产业中科技含量较低，运用现代科技成果能力较差。因此，文化管理体制还存在一些仍然不适应社会主义市场经济的发展，不适应人民对美好生活的向往的精神文化需求，不适应文化艺术自身发展的要求的障碍，束缚着文化活力的尽情迸发，阻碍着文化创新源泉的尽情涌流。

为了解放和发展我国的文化生产力，提升我国文化产业的整体竞争力，增强

---

① 《中共中央关于全面深化改革若干重大问题的决定》，人民出版社 2013 年版，第 39 页。
② 顾欣：《解决文化问题，只有改革》，载于《人民日报》2013 年 1 月 22 日。

国家文化软实力，必须根据社会主义精神文明建设的特点和规律，适应社会主义市场经济发展的要求，进一步推进文化体制改革。

党的十八大以来，以习近平同志为核心的党中央，对文化、教育、外交等重要制度的改革进行了部署，确立了建设社会主义文化强国的奋斗目标，并再次对深化文化体制机制改革做了全面的部署和设计，要求"以激发全民族文化创造活力为中心环节"①，加快文化改革体制步伐，融入"中国梦"和社会主义核心价值观的新元素，推动文化大发展大繁荣的进程。党的十九大的召开，使文化资源进一步汇集到坚持社会主义核心价值体系、坚定文化自信、推动社会主义文化繁荣兴盛上来，汇集到社会主义文化强国上来。党中央高度重视思想文化建设工作，提出了建设文化强国的发展战略。党的二十大报告强调，全面建设社会主义现代化国家，必须坚持中国特色社会主义文化发展道路，增强文化自信。要求发展面向现代化、面向世界、面向未来的，民族的科学的大众的社会主义文化，激发全民族文化创新创造活力，增强实现中华民族伟大复兴的精神力量。

文化体制改革实质上涉及在社会主义市场经济条件下，党如何领导文化建设，政府如何管理文化事务、发展文化产业这样一个重要问题。根据《中共中央国务院关于深化文化体制改革的若干意见》，我国文化体制改革的总体目标和任务是：以发展为主题，以改革为动力，以体制机制创新为重点，形成科学有效的宏观文化管理体制，富有效率的文化生产和服务的微观运行机制，以公有制为主体、多种所有制共同发展的文化产业格局和统一、开放、竞争、有序的现代文化市场体系；形成完善的文化创新体系，形成以民族文化为主体、吸收外来有益文化，推动中华文化走向世界的文化开放格局。加强和改进政府对文化事务的管理，逐步建立党委领导、政府管理、行业自律、文化企事业单位依法自主运营的文化新体制。文化体制改革的目的是解放和发展文化生产力，激发文化创造力，充分调动文化艺术工作者的积极性和创造性，推动文化创新，多出优秀人才，多出优秀作品，促进中国特色社会主义文化的繁荣发展，满足人民日益增长的精神文化需要。

改革和完善文化管理体制，增强文化软实力，需要从以下着力：

第一，转变政府文化管理职能，增强宏观调控的能力，为软实力建设提供政策保障。

首先要明确文化行政管理部门职责，理顺文化行政管理部门与所属文化企事业单位的关系，实现政府从"办"文化向"管"文化转变，由直接管理向间接管理转变，通过服务、咨询、监督、协调等方式把文化市场的管理纳入规范化、

---

① 《中共中央关于全面深化改革若干重大问题的决定》，人民出版社 2013 年版，第 39 页。

法制化轨道。按照政企分开、政资分开、政事分开、政府与市场中介组织分开的要求，理顺文化行政管理部门与所属文化企事业单位的关系，从根本上做到职能分开、机构分设、财务分离。政府必须调整在文化产业发展中的传统角色和定位，改变职能定位不合理，"越位""错位"和"缺位"的现象，退出竞争领域，把"办文化"职能转变为"管文化"职能，从直接参与转变为间接管理。政府要进一步清理并减少行政性审批，努力实现政府机构组织、职能、编制、行政程序、行政审批和处罚等"九个法定化"；合理运用经济、法律和必要的行政手段，增强对文化发展的宏观调控能力，使文化建设得到平衡发展和合理布局，不同层次的文化需求都得到满足。

在社会主义市场经济条件下，政府对文化的管理职责应着重做好以下几方面的工作：制定文化建设和文化发展的战略规划，进行宏观调控，使文化产业协调发展；制定法规和政策，规范文化企业行为，保证其社会主义方向，维护文化市场秩序；为企业提供及时和必要的服务，创造良好的外部环境；通过经济政策和直接投资发展公益性文化事业，扶持贫困地区的文化建设。政府的宏观调控职能，主要是通过制定文化产业长期发展规划和产业政策，来引导产业的合理布局和结构调整，促进产业素质的提高。打破大一统的管理模式，积极调整、改革文化管理体制，精简、合并、压缩管理机构，减少中间环节，简化各种审批手续，加强企业之间的横向联合。政府把精力放在对文化产业实行宏观调控、制定文化产业发展的总体规划、完善经济政策、制定文化法规上。凡是市场机制能够解决的问题，政府不再干预。政府的主要职责是对文化产品的生产、流通进行规划、引导和监管；以放松和取消进入限制为突破口，不断扩大文化市场的开放程度，参与培育市场，维护公开、公平、公正的文化市场秩序；保护知识产权和民族文化遗产，加强对外文化合作与交流；加强文化立法与执法，营造促进文化繁荣发展的良好环境。

要在实践中探索满足社会主义市场经济要求的政府职能的合理定位，逐步建立体现现代行政管理要求的、具有中国特色的廉洁高效、运转协调、行为规范的文化管理体制和结构合理、配置科学、程序严密、制约有效的权力运行机制。在条件具备时，按照决策、执行、监督相对分开的原则，调整政府机构组织形式，探索建立决策科学、执行高效、监督有力的文化管理机构体系。

第二，实行依法管理，为软实力的发展创造良好的法制环境。

软实力建设要健康有序发展，必须在法制的轨道上推进，加强立法，健全软实力建设方面的法律法规和政策体系。通过法定程序逐步将党关于软实力建设的政策转化为法律法规，通过依法行政，实现和落实党的主张。目前，我国文化方面的法律有《文物保护法》《非物质文化遗产法》《著作权法》等，主要是条例和部门规章，与我们国家民主法制建设的进程不相适应。总体上，我国的文化立法还处在初级阶段。由于文化法制建设滞后，严重影响文化艺术事业的发展。加入世界贸易组织（WTO）后，文化企业在内的大批跨国公司参与分割中国市场，而中国的立法如果不走在前面，吃亏的将是中国的企业和消费者，众多跨国知识产权纠纷的案例反复地证明了这一点。党的十八大以来，全国人大常委会还修改了文物保护法和档案法。新制定的这些文化领域的法律，明确了政府主导、鼓励社会力量参与的原则，也建立健全了相应的管理制度。这一系列举措改变了文化领域立法长期以来较为薄弱的局面。当前还要抓紧研究制定非物质文化遗产保护法、图书馆法、广播电视传输保障法、文化产业促进法、电影促进法和长城保护条例；抓紧修订出版管理条例、印刷业管理条例、音像制品管理条例、广播电视管理条例。《国家"十三五"时期文化发展改革规划纲要》中明确提出要加快文化立法进程，强化文化法治保障，全面推进依法行政。抓好公共文化服务保障法、网络安全法、电影产业促进法等法律的实施。深化文化行政管理体制改革，推动政府职能转变，赋予文化企事业单位更多的法人自主权。健全互联网管理领导体制，加强互联网文化管理法规制度建设，完善有关管理工作联动机制。健全国有文化资产管理体制机制。深化文化市场综合行政执法改革，理顺执法机构与有关行政管理部门之间的关系，全面落实行政执法责任制。推进文化类社会组织和行业自律建设，深化文联、作协、记协改革。① 党的十八届四中全会作出的全面依法治国的决定中，明确提出要制定《文化产业促进法》，这部法律也列入了十二届全国人大常委会的立法规划，并于 2015 年 9 月正式实施。

这些举措必将进一步完善我国的文化法律法规体系，有利于政府管理软实力建设的职能通过法律得到明确和界定，做到有法可依、依法行政，真正将政府对软实力的管理纳入法制化的轨道，保障和促进我国文化事业、文化产业的发展和国家软实力的提升。

第三，加强分类管理，为软实力建设指明路径。

软实力建设的内容非常丰富，从宏观上看，包括文化软实力建设、价值软实力建设、制度软实力建设、外交软实力建设等；从微观上看，每一个具体的内容中又包含着不同的类别和层次。以文化软实力建设为例。文化软实力建设，既包括发展公益性的文化事业，也包括繁荣经营性的文化产业，党和政府对两者必须进行分类管理。长期以来，文化事业、文化产业的各个门类分别属于文化和旅游部、国家新闻出版署、国家广播电视总局、国家体育总局等多个部门管理，不可

---

① 国家发展和改革委员会：《"十三五"国家级专项规划汇编》（上），人民出版社 2017 年版，第 398 页。

避免地造成了政府职能交叉、多头管理、缺位与越位并存等诸多问题，也不利于我国对外文化交流与合作。依据国家经济社会发展的整体思路，前瞻未来发展方向，对文化事业进行准确、清晰的定位分类，把属于公益性的文化事业同可以或应该由市场运作的文化事业区别开来，分别制定相应的政策法规来进行管理，为文化产业的发展提供政策制度上的支持。文化事业和文化产业是推动文化发展的两个轮子，缺一不可。按照积极发展文化事业和文化产业的要求，坚持一手抓公益性文化事业，一手抓经营性文化产业，努力实现社会效益和经济效益的统一。公益性文化单位的改革以"增加投入、转换机制、增强活力、改善服务"为重点；经营性文化单位的改革以"创新体制、转换机制、面向市场、壮大实力"为重点。按照政企分开、政事分开原则，积极推进经营性文化事业单位的企业化改造。建立文化单位注册登记制度，合理划分文化单位的类型与功能，实行分类指导。对于公益性单位要加大财政支持力度；对于竞争性单位要更多运用市场机制。发展文化事业主要是为广大人民群众提供良好的公共文化服务，保障公民的基本文化权益。繁荣发展社会主义文化事业，不断提高全民族的文化素质，是社会主义现代化建设的重要内容，是综合国力的重要标志，是经济和社会可持续发展的精神动力和重要保障。各级政府对文化事业的建设和发展负有重要责任，应当给予必要的经费投入，以保证其功能得以实现。文化产业通过满足人们的文化消费需求，能够创造极为可观的经济价值，起到增加就业、刺激消费、涵养税源等重要作用。发展文化产业是社会主义市场经济条件下增强我国文化实力和竞争力、满足人民群众精神文化需求的重要途径。一手抓文化公益事业，完善公共文化服务体系；一手抓文化产业，发挥市场机制对文化资源配置的重要作用。只有坚持"两手抓""两加强"，才能促进文化事业的全面繁荣和文化产业的跨越式发展，才能增强我国的软实力。

第四，重视并加强培育和发展中介组织，为软实力建设提供服务。

中介组织是产业链条上的节点和枢纽，更是增强软实力的活性因子。在转变政府职能的过程中，伴随着政府逐渐从市场机制中的退出，必然要求企事业单位增强自我管理能力和自我服务能力。培育和发展中介组织，就成为市场经济条件下增强企事业单位自我管理和自我服务能力的关键。美国政府有"联邦艺术暨人文委员会""国家艺术基金会""国家人文基金会"等社会中介组织，它们代表政府行使一部分管理职能。文化行业组织或中介机构是联系市场主体和政府的桥梁，它具有自律性、公正性，能充分反映市场主体利益和要求。自律管理成本比较低，效率比较高。在转变政府职能的同时，要加强对文化行业组织的指导，充分发挥各类文化艺术社会团体、行业协会在团结、联系、教育从业人员方面的作用。通过代理机构管文化，建立健全中介、咨询和研究机构，从而形成文化产业生产、科研、流通、咨询服务和战略研究的完整结构，使之呈现网状联系格局。要大力培育和发展文化行业协会和文化中介组织。要发挥文化行业组织自我管理、自我约束的自律作用。首先，要加强文化行业协会的建设。在转变政府职能的过程中，把涉及技术性、服务性、事务性的职能交给行业协会去承担，使行业协会具有一定的权威性，真正成为自律性行业管理组织，发挥其沟通政府和企业的桥梁和纽带作用。行业协会要对立法和政府决策提出相关建议，制定行业发展规划、质量标准和服务规范，监督会员单位依法经营，遵守行规行约，协调会员间的关系，并承担起资质审查、行业统计与调查、咨询与培训、招商与展览等具体工作。其次，要鼓励各类文化中介组织的发展，创办综合性文化经纪公司、演出经纪公司、艺术品拍卖公司、文艺人才经纪公司、文艺产品评估中心等文化经纪机构和代理机构，同时加快发展壮大文化经纪人队伍，逐步形成充满活力的文化中介体制。要制定鼓励文化中介组织发展的有关政策，文化中介组织要与政府部门脱钩，依法确立政府与中介组织的关系，形成政府监督指导、行业协会监管、中介组织自律的监管机制。

（三）自主创新激活基层软实力

文化单位是发展繁荣我国文化事业、增强软实力的主体，文化单位是否具有充分的活力，是否能最大限度地调动其积极性、主动性和创造性，直接关系到我国软实力建设的成效。要从根本上改变计划经济体制下文化事业单位活力不足、文化产业不发达的现状，必须以发展社会主义文化市场、引入市场经济机制为契机，进一步完善竞争机制，激发文化单位的创造性和竞争力，增强软实力建设的基层活力。

第一，坚持以市场为导向，积极推进国有经营性文化单位的转制，增强文化企事业单位的活力。

要按照"政府扶持，转换机制，面向市场，增强活力"的思路推进国有经营性文化单位的改制。文化体制改革的重点，或者说当务之急是打造现代文化企业，培育文化市场竞争主体，真正把文化生产经营单位搞活。经营性国有文化单位转制为现代文化企业，需要三步走：第一步是政企分开、管办分离；第二步是整体转制为企业，即单位由事业改为企业，人员也要相应转变身份，产权要清晰，经营自主权要落实；第三步，按照现代企业制度要求，进行规范的公司制改革，完善法人治理结构。通过转企改制，把国有经营性文化产业单位推向市场，解决市场"主体缺位"的问题。转制改革要有过渡时期，并给予必要的政策扶持和鼓励。

政府要下放权力，给予文化单位更多的生产经营自主权。要逐渐打破延续多年的文化事业、文化产业由政府统包统管的供给型模式。要下放国有文化资产的使用权，按照所有权和经营权分离的原则，通过委托、承包、租赁、转让等多种形式，将目前文化单位所使用的文化资产授权文化单位法人代表经营管理；要下放干部人事自主权，公益性文化事业单位在授权基数内相对自主，文化企业按现代企业制度执行；要下放收益分配自主权，公益性单位改革现行工资制度，文化企业按现代企业制度执行；要下放文化发展的经营管理权，政府不再直接下达指令性文化产品生产计划，不无偿调用文化企业的人财物和文化产品，建立文化产品政府采购制度。

要积极稳妥地推进经营性文化事业单位转制。一是要坚持市场导向，重塑文化市场主体。文化企业是文化市场的主体，是文化产业发展的依托。必须做到以市场为导向，贯彻"创新体制、转换机制、面向市场、壮大实力"[①] 的方针，有计划、有步骤地推动经营性国有文化事业单位转制为企业，推动国有文化企业进行公司制或股份制改造，使之成为文化市场的主导力量和文化产业的战略投资者。二是积极对具备条件的国有文化企业进行股份制改造。按照现代企业制度改革，实行投资主体多元化。符合发行上市条件的企业，经批准可申请上市。要完善文化企业国有资本有进有退、合理流动的机制，推动国有文化资本向市场前景好、综合实力强、社会效益高的领域集中，充分发挥国有文化资本的控制力、影响力和带动力。三是积极推进文化领域结构调整。以资产为纽带，合理配置文化资源，实行联合、重组，重点培育发展一批实力雄厚、具有较强竞争力和影响力的大型文化企业和企业集团。支持中小型文化单位向"专、精、特、新"方向发展，形成富有活力的优势产业群。重塑和培育一批自主经营、激励和约束机制相结合的国有或国有资本控股的市场竞争主体，解决长期以来我国市场主体中缺乏国有文化市场主体及大型国有或国家控股的文化企业的结构性问题，促进我国产业结构特别是第三产业结构的调整。四是积极鼓励民营企业进入文化产业领域。要在政策允许的范围内，积极引导和鼓励民营企业通过产权交易、共同投资、联合开发等途径，参与国有文化单位改革，参与文化建设，共同做大做强文化产业，形成以公有制为主体、多种所有制共同发展的文化产业格局。国家重点扶持以外的其他艺术院团、一般出版单位和文化艺术、生活、科普类期刊社，以及新华书店、电影制片厂、影剧院、电视剧制作单位和文化经营中介机构，党政部门、人民团体、行业组织所属事业编制的影视制作和销售单位，要逐步转制为企业。具体来说，对于文艺院团，要从实际出发，确定少数具有民族特色、国家水准的单位继续实行事业体制，由政府重点扶持；大多数单位则要转制为企业、进

---

① 中共中央文献研究室：《十六大以来重要文献选编》上，中央文献出版社 2005 年版，第 478 页。

入市场，其中对从事高雅艺术演出的单位，在转制的同时，为培育市场，政府给予一定补贴。对于出版单位，除少数民族语言、盲文等承担政治性、公益性出版任务的出版单位保留事业性质外，大多数出版社要逐步转制为企业。高校出版社、行业出版社要认真进行转制试点。通过改革，培育市场主体，发展文化产业，解放和发展文化生产力，促进文化艺术的繁荣。同时，要进一步深化文化企事业单位内部机制改革。文化企事业单位要适应社会主义市场经济体制的要求，遵循文化艺术发展自身的规律，不断创新机制。企业要建立现代法人治理结构及适应市场环境的相关机制；事业单位要加大内部制度的改革，充分调动广大文艺工作者的积极性和创造性，增强发展的活力和竞争力。

通过转企改制，进一步挖掘国有文化资源的巨大潜力，充分发挥经营性国有文化单位在人才、资金、技术、信息等方面的资源优势，发挥这些单位在提升优化产业结构、引领产业发展方向等方面的作用，增强我国文化产业的整体实力和软实力。

第二，发挥市场机制作用，充分利用竞争杠杆和产业政策，增强我国文化企事业单位的整体实力。

文化市场体系的形成和完善对于发展我国的市场经济，增强我国软实力具有至关重要的作用，直接决定着我国文化企业和文化产品在市场上的竞争力和影响力。在社会主义市场经济体制下，市场已成为满足人民群众精神文化需要的重要途径，文化产业要获得大的发展，文化资源的优化、整合和配置也只有通过市场方能得以实现。从这一意义来说，脱离市场，文化就脱离了自己服务的对象，文化的发展就丧失了广阔的空间和巨大的推动力。国外发达的文化产业是在充分市场化的基础上生长、经营和运作的，已经在市场竞争中培育了强大的生存力和市场竞争力，甚至掌控国际市场的游戏规则和行业标准。在此情况下，我们培育具有竞争力的市场主体，就必须健全市场经济体制，发挥市场调节的职能，完善市场游戏规则，在市场环境中培育文化产业的核心竞争力，打造一批经得起风浪的文化企业，使之在搏击中增强自身竞争力。随着国民经济持续快速增长、市场经济体制的逐步建立、人民群众生活水平大幅度提高和社会文化需求的迅猛增长，文化消费已由消费者自主选择，消费结构与层次已经立体化、多样化。完全由国家包办文化的旧体制，无论从总量上还是结构上都难以满足人民群众日益增长的多样化、多层次的文化生活需求。同时，在社会主义市场经济体制下，巨大的文化产品需求必然形成新的投资领域。这些变化既提出了文化产业化的要求，也形成了文化产业化的历史条件。实践也证明，在同样条件下，凡朝文化产业化方向改革的地方，其文化建设和发展都呈现勃勃生机，而墨守成规、不在体制和机制上求变创新的地方，不论国家和地方政府投入增加多少，文化建设与发展仍然困难重重。因此，文化产业化是建立与社会主义市场经济体制相适应的文化建设和发展体制的中心环节，文化事业产业化应当确定为文化体制改革的基本方向。

必须以"创新体制、转换机制、面向市场、壮大实力"为重点推进经营性文化单位的市场化进程。针对当前市场机制在我国文化资源配置与再配置中的作用还远未得到充分发挥的情况，提倡在文化领域中更多的单位、更多的环节，更多地引入市场机制和产业手段。在社会主义市场经济体制下，走产业化的发展道路是文化事业繁荣的根本出路，文化产品的市场化客观上要求明确文化生产经营单位的利益主体地位。这样才能引入竞争机制，才有来自文化内部的改革需求和创新动力。要建立健全竞争约束机制，包括市场退出或淘汰机制。文化产品作为精神产品，在吸纳社会资本、社会力量办文化的同时，要严格把好文化产品市场准入关。对文化产品要有必要的审查和许可制度，建立健全文化单位的综合评估体系。促使文化企业成为自主经营、自负盈亏、依法纳税的市场主体，逐步形成自我积累、自我发展的机制，实现"事业型"向"产业型"文化的转变。

将文化企事业单位推向市场，引入竞争机制，要达到微观文化资源的宏观优化配置，充分发挥产业集群效应，打造富有竞争力的文化产业链。针对我国现有文化资源分布格局不合理、竞争力不强的现象，必须加快文化领域结构调整，合理配置文化资源，盘活存量、优化增量，解决国有文化资产结构失衡、效益不高、闲置浪费问题，科学规划和配置公益性文化事业资源、报刊及广播电视资源、互联网资源，促进文化资源配置向农村和中西部地区倾斜。要大力提高文化产业规模化、集约化、专业化水平，培育和建设一批出版、电子音像、影视和动漫制作、演艺、会展、文化产品分销等产业基地。重点培育发展一批实力雄厚、具有较强竞争力和影响力的大型文化企业和企业集团，支持和鼓励大型国有文化企业和企业集团实行跨地区、跨行业兼并重组，鼓励同一地区的媒体下属经营性公司之间互相参股。支持中小型文化单位向"专、精、特、新"方向发展，形成富有活力的优势产业群。大力推进文化领域所有制结构调整，坚持以公有制为主体，"鼓励非公有制文化企业发展，降低社会资本进入门槛，允许参与对外出版、网络出版，允许以控股形式参与国有影视制作机构、文艺院团改制经营。支持各种形式小微文化企业发展"①。逐步形成以公有制为主体、多种所有制共同发展的文化产业格局。

第三，打造大型文化贸易集团，实施"走出去"战略，增强我国文化企业的国际竞争力。

文化市场对外开放的进一步扩大，将引来外国文化资本、文化产品和文化服

---

① 《中共中央关于全面深化改革若干重大问题的决定》，人民出版社 2013 年版，第 40 页。

务的进入，这对于丰富我国人民的文化生活，提高人民的生活质量，学习和借鉴国外的优秀文化，促进我国文化市场的进一步发育，无疑是有积极作用的，但也必将对国内的文化市场产生一定的冲击。这种冲击除了对我国传统的价值观念和生活习惯等方面的影响之外，最直接的恐怕就是对政府和企业的挑战。要从根本上扭转我国与世界发达国家在文化贸易中的逆差现象，必须主动实施"走出去"战略。文化"走出去"是"在重要战略机遇期内，通过对外文化宣传、对外文化交流，特别是对外文化贸易等途径，来扩大中华文化的国际影响力，增强文化产业竞争力，塑造中国的文化大国形象，营造我国和平发展的国际环境，进一步提升当代中国文化软实力的文化战略"①。只有"走出去"才能主动参与世界文化秩序重组，在全球化平台上铸造和展示中国"和平发展"的国家文化形象，并担当复兴中华民族精神的伟大使命。只有文化出征走出国门，以产业化运作方式成为输入国民众的日常消费品而不是单纯的国际文化交流，才能真正发挥中国文化影响力，使主流社会领略中国文化的风采和神韵，从而在一定程度上理解和认同中国文化，只有基于一定了解和相互文化交流才能建构真实的国家文化形象。但是，中国文化产品在"走出去"过程中势必面临着与国际大型文化产业集团的直接竞争。只有打造一批中国自己的、具有国际水准和国际竞争力的大型文化贸易集团，我们才能具有资格和实力直接面对国际文化贸易竞争。发展壮大文化产业是实施"走出去"文化输出战略的基础。没有一批有能力进行跨国文化生产和营销的大型文化企业或集团，我们就难以全方位利用加入世贸组织后国内外两种资源和两个市场优势，就难以在全球化平台上配置资源形成强有力的核心竞争力，也就无法全方位地参与国际文化分工和国际文化利益格局重建，从而在世界文化多样性和文化产业全球化过程中获得更多、更大的战略利益。因此，必须善于利用国际文化产业市场，主动引导中国文化企业参与国际竞争，进一步把实施"走出去"战略与文化产业结构的战略性调整相结合，通过文化产业经济结构的战略调整，优化我国文化外贸的产品结构和产业结构，培育一批能够"走出去"参与国际竞争的文化产业群和大型跨国文化企业。

除了要以完善文化管理体制和文化运行机制为重点内容外，在发展教育、科技、公共外交等方面的软实力过程中，党和政府也要从提升软实力的高度，不断革除与时代发展不相适应的体制机制，逐步构建一套现代化的管理体制和运行机制。要通过坚持和改进中国共产党对软实力建设的领导、变革和完善政府职能部门有关软实力建设的管理体制，使国家软实力建设中的领导资源、管理资源得到充分优化，从而增强文化、科技、外交等软实力建设中各种主体力量的活力，盘

---

① 杨利英：《近年来中国文化"走出去"战略研究综述》，载于《探索》2009 年第 2 期。

活存量、优化增量，最大限度地为软实力建设提供制度保障。

第二节　软实力建设的人力资源

在推动软实力建设的力量中，领导力是软实力，人力、物力和财力则是硬实力。物力是软实力建设的基础，财力是软实力建设的保障，而人力则是软实力建设的根本，因为所有构成软实力的力量都必须汇集到人身上，由人来掌握和实施。国家软实力的竞争从根本上说是人力资源的竞争。加强软实力资源的整合，必须以物力为基础、财力为保障、人力为根本，不断增强我国软实力建设的整体合力。

人才是我国软实力建设的主体。众所周知，我国人口众多，人力资源十分丰富。可人力不等于人才，我国虽然是一个人力资源大国，但还不完全是一个人才资源强国，尤其是软实力建设的人才十分欠缺，从而严重地制约了我国软实力的建设与发展。

当前，在我国软实力建设方面急需培养和开发一大批文化创新人才、对外传播人才、民间交流人才和经营管理人才。大力推进我国软实力的发展，关键在于有效开发和整合软实力建设的人力资源。

一、文化创新人才

发展面向现代化、面向世界、面向未来的，民族的科学的大众的社会主义文化，是提高我国软实力的战略任务，培养文化创新人才是繁荣发展中国特色社会主义文化、提升国家软实力的根本支撑。

（一）文化创新人才是宝贵资源

衡量一个国家软实力的高低强弱，一个重要指标就是其创造力的大小、创造成果的数量和质量及其在实现国家利益中所起的作用。创新力是国家竞争力的核心，而创新人才则是创新力的核心。在世界各国综合国力竞争日趋激烈的形势下，一个国家的国际竞争力，最根本的取决于其创新力。创新精神是软实力发展的强大动力。同西方一些发达国家相比，我国的自主创新能力还较低，制约着我国国际竞争力的提高，迫切要求尽快增强我国的创新能力。而增强创新精神和创新能力归根到底是人的问题，是培养具有创新精神和创新能力的人才的问题。文化软实力是国家软实力的一个重要组成部分，提升国家的文化软实力，就要着力培养和造就大批文化创新人才。《文化部关于贯彻落实〈国务院关于推进文化创意和设计服务与相关产业融合发展的若干意见〉的实施意见》强调指出，加强文化产业创业创意人才扶持，通过加大资金投入、提供展示机会、扩大品牌影响，鼓励各类文化人才大胆创意、创造和创新，促进融合发展。制订人才选拔条件，5 年内重点扶持 5 000 名青年创业创意人才，建设创业创意人才库。以文化会展、画廊、竞技比赛等为平台，通过提供展示交易机会、奖励、补助等形式对创意人才予以支持。依托文化产业园区基地和各类支持平台，建设文化产业创业创意人才扶持计划实践基地。① 只有培养和塑造一大批文化创业创意方面的创新型人才，提高其创新精神和创新能力，才能切实地增强我国的文化软实力，在激烈的国际竞争中变被动为主动，不断促进我国软实力和综合国力的提升。因此，在发展我国软实力的实践中，应充分认识文化创新人才在软实力建设中的重要作用，加大文化创新人才的培养和开发力度。

文化创新人才包括在文化理论创新方面的人才和文化实践创新方面的人才。就文化理论创新方面而言，要注重对文化理论研究领域里创新型人才的培养。文化理论创新是文化实践创新的先导。在社会科学领域以及文化艺术领域，努力营造一种鼓励创新、有利于创新的氛围和环境，培养一大批视野开阔、理论基础扎实，既具备扎实的马克思主义理论素养，又能为当前我国的文化建设提供具有导向性、针对性、应用性的重大理论成果的创新型人才。社会科学各个领域都应该切实担负起培养创新型理论研究人才的职责。繁荣和发展我国的哲学社会科学，必须把培养和造就一大批具有创新精神和创新能力的学者作为重点。无论是增强国家软实力，提出经世治国的发展良策，还是实现中华民族的伟大复兴，都离不开哲学社会科学的繁荣发展。哲学社会科学的发展和繁荣，不仅是国家软实力的象征，同样是我们国家经济社会发展的"指南针"。哲学社会科学的繁荣发展，关键在人才。我国哲学社会科学的繁荣发展和社科人才的培养使用，已经纳入了文化强国和人才强国的战略规划中。习近平总书记在哲学社会科学工作座谈会上的讲话中指出，"要实施哲学社会科学人才工程，着力发现、培养、集聚一批有深厚马克思主义理论素养、学贯中西的思想家和理论家，一批理论功底扎实、勇于开拓创新的学科带头人，一批年富力强、锐意进取的中青年学术骨干，构建种类齐全、梯队衔接的哲学社会科学人才体系"②。推动我国文化的大繁荣和大发

---

① 《文化部关于贯彻落实〈国务院关于推进文化创意和设计服务与相关产业融合发展的若干意见〉的实施意见》，中华人民共和国文化和旅游部网站，2014 年 3 月 17 日，http：//zwgk.mct.gov.cn/zfxxgkml/zcfg/gfxwj/202012/t20201204_906245.html。

② 习近平：《在哲学社会科学工作座谈会上的讲话》，人民出版社 2016 年版，第 27 页。

展，也必须依托一大批在文化艺术领域里不断推陈出新、推动文艺理论创新的理论工作者。因此，在哲学社会科学领域及文化艺术领域培养和造就一大批学养深厚、具有创新精神的学术大师和文化大家，是推动我国文化理论创新的基础性工作，更是增强我国软实力的先导性工作。

当前，我们更要重视对应用型文化创新人才的培养和开发。党的十七大报告提出要大力发展文化产业。党的十九大二十大报告提出要推动文化事业全面繁荣、文化产业快速发展。发展文化产业已经成为我国经济发展的重大战略选择，而文化产业的核心人才——创意人才是文化产业发展的重要驱动力，是我国人才开发链条中的重要一环。文化创意产业是智慧产业，核心竞争力是创意人才。创意产业人才培养目标是创造者、策划者、设计者，要以创意人才培养为重点，适应创意产业发展的需要，引导创意人才的自主创业。当前我国文化创意产业发展还处于初级阶段，大部分文化创意产业并不重视企业的人力资源管理与开发，对创意人才的管理和开发更是处于较低水平。《中国文化产业蓝皮书》的数据表明，我国文化产品占世界市场 19% 的份额，这标志着我国已经具有相对成熟的文化产品加工能力。然而在文化创造力方面，发达国家创意产业就业人数所占比例往往普遍偏高，纽约为 12%，伦敦为 14%，东京为 15%，而我国却不足 1‰，且大多数为技能型创意执行人员，而以自主知识产权为核心，以"头脑"服务为特征，以专业或特殊技能为手段的真正意义上的创意人才就更为稀缺，不仅不能满足不断发展中的创意产业需求，更无法体现创意人才的群体效应。

（二）文化创新人才面临的问题

人才稀少、结构失衡、管理方式缺乏高端性、薪酬没有竞争力等是目前创意人才管理和开发中所面临的问题。

第一，创意人才缺乏。以动漫制作为例，现在几乎全国所有的游戏公司都存在专业人才缺乏的现象。在游戏的策划、剧本以及情节或后期的宣传推广方面，没有足够的人才可以胜任，领军人才更为稀少。在游戏产业，一个人才的形成需要至少 3 到 5 年[①]，从磨炼到成长，往往需要付出许多艰辛与汗水。而受培养周期和培养能力的限制，高校所培养的学生一时还不能满足游戏公司的需求。很多创意人才专业——广告、设计、艺术、游戏及动漫等，培养出来的学生又普遍被企业抱怨为"没有创意"。北京大学艺术学院副院长彭吉象教授认为，文化创意产业最缺乏的，一是经营管理人才。这些经营管理人才不但要懂传媒，还要懂得

---

① 《伽马数据〈游戏人才特征报告〉揭示"校招难"原因》，中国新闻网，2018 年 9 月 13 日，https://www.chinanews.com.cn/business/2018/09-13/8626527.shtml。

经济、管理、心理，他们可以帮助一个公司、一个频道或者一个栏目取得好的效益。二是策划创意人才。以中国电视节目发展为例，20世纪80年代以导演为中心，90年代以制片人为中心，今后应该是以策划人为中心。三是有文化修养的高层次技术人才。数字技术普及以后，带来了影视、动漫、游戏，还有网络产业，既有技术又有很高文化修养的人才以后会有很大的上升空间。① 当前创意人才短缺仍然是制约中国文化创意产业的"瓶颈"，我国文化创意人才数量不足就业人口总量的千分之一，给这个新兴产业的就业和利润增长带来极大困扰。

第二，人才结构失衡。首先，人才队伍结构失衡。2010年的调查显示，我国文化创意产业的企业从业者以设计类、策划类和编辑类等专业类职位居多，分别达到了45.36%、13.4%、18.56%，三者之和达到了77.32%，而财务、管理、行政、教育等非专业类职位所占比例较低，不到三成。② 其次，从业人员年龄结构不合理。调查显示，2011年，文化创意产业的从业人员近八成年龄在20~25岁，从业年限在两年以内的超过七成，3~8年的约占两成，8年以上的不到一成。这说明文化创意产业正处于起步阶段，从业人员行业经验偏少。③

第三，创意人才的管理缺乏高端性设计。慧博研究院调查发现，我国文化创意企业当前最为重视绩效管理、人才招聘、培训、薪酬福利、人事档案与社会保险五方面，处于人力资源管理的中低端阶段，对员工发展、企业文化、梯队建设等人力资源高端模块重视不足，而且人力资源管理和开发手段单一，缺少专业方面的交流与研究。而薪酬福利结构中，16.66%的企业更喜欢采用工资和奖金等直接激励的薪酬模式，只有超过一成的企业选择使用长期激励。接受调查的企业中，无浮动工资以及浮动比例在10%以内的员工占四成，浮动比例在11%~30%的员工接近二成半，浮动比例超过30%的员工约占三成半，浮动工资所占比例偏低，不能达到有效的激励。而总体薪酬水平不高，更是影响创意人才的积极性。以北京为例，截至2017年，共有5万多家文化创意企业，从业人员达到125.7万人。2017年1~11月，北京市规模以上文化创意产业法人单位收入达到1.36万亿元，同比增长9.4%，从业人员出现了同比0.3%的下降，总体呈现良好发展势头，但是仍然存在不平衡、不充分的发展问题，从业人员整体薪酬水平不高。④

第四，创意人才培养方法滞后，培养机制缺位。首先，文化创意产业尚没有

---

①③ 李菁华、傅璇：《文化产业人才资源管理研究》，载于《中外企业家》2011年第20期。

② 杨燕英、张相林：《我国文化产业创意人才的素质特征与开发》，载于《中国广播电视学刊》2010年第9期。

④ 《北京文化创意产业发展白皮书（2017）》，北京市国有文化资产管理中心网站，2018年1月31日，http：//wzb.beijing.gov.cn/cybps2016/。

形成独立的人才自我培养机制和系统，人才来源主要依靠传统产业的人才转移；其次，人才培养方面，教育内容缺乏新意，教学中缺乏实践和动手机会，缺乏有真正创新的师资力量；再次，人才培养方式单一。截止到 2019 年，在全国范围内，设有创意产业相关专业或相关研究机构的院校约不到 100 所，1/3 还处在起步和探索阶段，培养本科生和研究生的院校仅 50 余所[①]，很明显，这无法满足我国文化创意产业对于高端创意人才的需求。在仅有的几所高等院校当中，其教育理念也不能紧跟时代要求，在专业和课程的设置上与培养目标有所偏差，未能明确区分创意人才和创意实施人才，实际教学与社会实际相脱节，兼具较高的理论知识和丰富的社会实践经验的教师相对缺乏。此外，作为官方教育重要补充的社会培训和服务体系也极不完善，多数仍处在构建和发展的过程中，很难发挥出辅助官方教育的重要作用。

第五，创意人才流动的市场化不够。一方面，由于信息不对称和缺乏交流平台，文化创意人才流动的市场化程度不高，让很多优秀人才无法找到施展才华的舞台，不能做到人尽其才；另一方面，人才流动中存在非良性的"挖墙脚"现象。例如，由于受到人才、资本等方面的限制，中国的游戏企业除了有限的几家大公司之外，大部分中小企业基本上没有能力来培养人才，所以在游戏产业内，经常会出现一个企业的团队集体被挖到别的游戏公司的情况。

（三）文化创新人才的资源开发

针对我国创新产业发展以及创新人才管理与开发的现状，应该从政策制定、人才培养和交流、人才激励等方面来研究中国创新人才的开发策略。具体说来，有以下几点：

第一，制定科学的人才政策，促进人才合理流动。只有制定科学的人才培养、引进、流动政策，才能克服目前文化产业发展中的人才"瓶颈"和种种人才问题，为文化产业的快速发展提供人才支持和发展后劲。以北京为例，已有的相关政策包括《北京市促进文化创新产业发展的若干政策》《北京市文化创新产业集聚区认定和管理办法（试行）》和《北京市文化创新产业专项资金管理办法（试行）》等，规定北京每年将安排 5 亿元专项资金，扶持发展文化创新产业；对于文化创新企业聘用的海内外高层次管理人才、创新人才和营销经纪人才中的京外人才，优先办理调京或办理《北京市工作居住证》。2018 年底，为引进国内外人才，北京出台了《关于优化人才服务促进科技创新推动高精尖产业发展的若

[①] 《聚焦人才培养：解读国内创意人才的生存现状》，搜狐网，2018 年 1 月 31 日，https：//www.sohu.com/a/220127111_757761？qq - pf - to = pcqq. c2c。

干措施》。北京市人力资源和社会保障局公布了《北京市引进人才管理办法（试行）》（以下简称《试行办法》），建立优秀人才引进的"绿色通道"，支持优秀创新创业团队引进人才，加大科技创新、科技创新服务、文化创意、体育、金融、高技能等人才引进力度。此外，为加强市场化的人才交流与流动，通过举办一些具有特色的人才招聘会、人才交流会，促进人才在产业中的企业间合理流动，优化产业人才结构，同时更要积极通过社会宣传，吸引非文化创新产业的人才转移到文化创新产业中来。

第二，创建良好的创新环境，加大创新人才培养力度。首先，要充分发挥高等院校输送人才的作用。高校需要增强知识创新能力与培养创新人才的能力，可打通学科壁垒，激发、培养学生的"创新冲动""创新快乐"，打好学生的人文底蕴，重视创新型人文教育，培养有原创意识和文化精品意识的内容创新人才，充分发挥大学的文化辐射作用，主动服务地方建设，适应时代的需要。其次，要大力开展各类专业培训，实施文化创意产业人才能力开发计划，针对文化创意产业人才的核心素质要求，针对性地开发课程和开展培训，不断提升文化创意人才的能力和素质。最后，充分考虑人才素质与需求存在的差异，优化人才结构，形成创新人才在创作、策划、设计、制作、测试、产品、推广、营销各专业上的合理分布，而且尤其要注意通过加强培训提高人才的素质，提升创新人才的创造力。

第三，加强创新人才的创新管理。为了尽可能地减少企业运作的风险，要对创新进行管理，让其在可控的环境下成为效益之源。只有建立起创新管理机制，才能规范创新主体的行为，使之有利于企业的发展。首先，要加强创新风险管理。创新存在风险，创新人才并不能保证每项创新的结果都是成功的。市场上纷纷倒下的文化创新企业中就有这样的例子。组织不能对于存在的风险放任不管，而是要通过管理措施达到规避创新风险的目的。其次，依据职位的工作要求，从素质、行为与结果等方面加强对创新人才的绩效考评。考核维度主要分为业绩（任务完成率，完成质量）、态度（敬业精神，纪律性，责任性）、能力（理解创造力、知识学习力）、技术水平、团队精神、协作态度、沟通能力等。

第四，提升薪酬设计水平，完善激励机制。文化创意产业发展要从提升产业整体薪酬竞争力和吸引其他产业的相关人才入手去填补产业发展的人才缺口。大部分文化企业为了吸引和保留人才都会开出很有竞争力的薪酬，但是，对创新人才而言，货币薪酬尽管很重要，但为他们提供参与组织决策的机会、丰富的工作内容、赋予更大的自主工作的权限、改善自我学习与自我开发的条件、配备工作助理与良好工作设备、授予职务头衔等内部薪酬也不应该忽视。应该适当根据创新人才开发者所处的职业阶段来设计内部薪酬和外部薪酬标准。

二、对外传播人才

中国软实力的提升，离不开大批的对外传播人才，离不开对外传播人才对中国政策、中国成就、中国故事、中国文化、中国声音的传播。中国国际话语权的相对弱势，很多时候在于我们找不到自己发声的平台，缺乏有思想、精文化、懂外语、会交往、善传播的人才，稀缺训练有素、熟悉对外传播的"发言人"或"代言人"，欠缺吸引和融入一定规模的国际受众群的能力，导致有理说不出，说出传不开，传开叫不响。因此，要"加强中外人文交流，以我为主、兼收并蓄。推进国际传播能力建设，讲好中国故事，展现真实、立体、全面的中国，提高国家文化软实力"[①]。提升中国的国际话语权，就要培养和造就大批对外传播人才，把对外传播人才资源开发和转化为中国的国际影响力和国家软实力。

（一）培养对外新闻传播人才

一个国家的话语权和软实力不仅取决于其话语内容是否具有独特魅力，而且取决于其是否具有先进的传播手段和强大的传播能力。伴随着信息时代的来临，国际社会对大众传媒国际传播的需求日益增长，国际化传媒产业的发展速度非常迅猛，已成为一个新兴的朝阳产业。因此，国际传媒产业的发展已经成为衡量传媒实力的重要方面。一个国家传媒的国际影响力成为衡量一个国家软实力的重要指标，而掌握现代高科技技术的国际传媒人才也成为影响我国国际传媒影响力的日益重要的要素。

如果将国际传媒比作一棵大树，人才就是大树的根基，根深才能枝繁叶茂。国际传媒竞争越激烈，人才的重要性就越突出，得人才者得天下。特别是我国加入世界贸易组织（WTO）后，新一轮国际传媒大战如火如荼，国际"传媒大鳄"全方位渗透初见端倪，如果没有人才的支撑，振兴我国新闻事业、壮大民族传播业的目标就难以实现。当前，随着国际传媒业竞争的逐步深化，人才争夺战正全面打响，媒介、地域和国界已不再成为限制，人才的流动日趋常规化、国际化。因此，研究国际传媒人才成长发展的规律性特征，更好地吸引人才、培养人才、用好人才、留住人才，已成为我国国际传媒发展和对外新闻传播的重要课题。

信息化时代，对外新闻传播的载体和方式日趋现代化和多样化。除报刊、广播、电视外，基于互联网特别是移动互联网的新媒体、多媒体、全媒体、微媒

[①] 习近平：《决胜全面建成小康社会 夺取新时代中国特色社会主义伟大胜利——在中国共产党第十九次全国代表大会上的报告》，人民出版社 2017 年版本，第 44 页。

体、融媒体、智媒体等现代传媒作为信息发布、新闻传播的重要载体，已成为对外讲好中国故事、传播中国声音、彰显中国形象的重要载体，在提高国家软实力中发挥着越来越重要的作用。历史和现实表明：一个国家主流媒体和国际传媒传播的信息和观念能否为国际社会所接受，能否在国际舆论中产生广泛而深刻的影响，直接关系国家话语权的强弱和影响力的大小。不论对于发展成就的呈现，还是对于民族传统文化魅力的展示，现代新兴媒体都起着特别重要的作用。基于互联网特别是移动互联网的现代新兴媒体通过设置舆论传播议题、调节舆论引导方向、扩大舆论传播范围、改进舆论引导方式，向世界全面、真实、生动地展示一个国家的经济、政治、文化等发展，就会加深国际社会特别是各国民众对中国的认知、了解和理解，提高中国在各国民众中的吸引力和接受度，不断提高中国的新闻传播力、国际影响力和国家软实力。

（二）培养对外文化传播人才

当前，在图书出版、广播影视、网络文化、文化演出、旅游文化等文化领域活跃着一大批从事对外文化传播的人才。他们担负着加强中外文化交流、展现中国文化发展、传播中国价值观念、将中华文化推向世界、提高中华文化影响力的重要使命。

中国文化作品和产品不仅要创作好、打造好，还要对外传播好，这样才能提升中华文化国际影响力，而要对外传播好中华文化，就要培养好对外文化传播人才。随着我国经济的迅速发展和综合国力的不断提高，需要大力培养反映我国经济社会发展成就、传播我国文化发展成果的优秀文化人才。要着力培养在理论研究、文化出版、广播、电视、电影、动漫等对外文化传播方面的杰出人才，为实施中国文化"走出去"战略，加强中华文化与世界各国文化的交流，增进世界各国人民对中国文化的理解和认同，扩大中华文化的国际影响力提供重要的人才支撑。

加入世贸组织后，出版业的国际竞争日趋激烈，这种竞争是综合国力的竞争，但说到底是文化创作传播人才的竞争。人才已成为出版社生存与发展的第一资源。我国出版业长期受计划经济保护，人才的作用没有受到充分的重视。加入世贸组织后，国外出版商的进入，与我国出版业展开了激烈的竞争。能否拥有和保持一支高素质的出版界文化创作传播人才队伍，已经成为我国出版业在激烈的国际竞争中兴衰成败的重大战略问题。德国著名的出版商贝塔斯曼集团（Bertelsmann AG）总裁认为，贝塔斯曼集团要在中国取得成功，第一要义是吸引当地一流人才。因此，在出版人才的发现、培养和使用上，必须有紧迫感，要着重培养具有国际眼光，能够向国际出版市场贡献代表中国最高实力的优秀出版物、传播中华优秀文化的人才，为推动中华文化走向世界做出贡献。

中国文化的国际传播交流呼唤加紧培养对外文化传播人才。要采取切实措施，加强人才队伍特别是对外文化传播和海外文化营销人才队伍建设，培养和引进一批熟悉中外文化、精通外语的编辑出版翻译人才，培养和引进一批懂文化懂经营、熟悉国内外市场及国际服务贸易规则、能够敏锐洞察市场走向的文化产品营销人才，为做大做强我国的对外文化传播事业、发展对外文化产业、提高国家软实力提供有力的人才支持。电影产业也是向世界传播中华文化的重要渠道。近年来，我国的电影产业发展势头强劲，《流浪地球》《哪吒之魔童降世》《八佰》等中国电影不仅在国内电影市场而且在全球都取得了可观的票房，成为全世界人民喜闻乐见的传播中华文化和价值观念的重要文化载体，体现了独特的文化传播价值，扩大了中华文化的影响力。因此，推出一大批在国际上有重要影响力的电影导演、演员和创作人员，培养一大批具有国际视野和中国情怀的电影人才和营销人才，是扩大中国影视国际市场、增强我国文化软实力的有效途径。

（三）培养对外交往传播人才

外交人才是中国对外交往交流的友好使者，代表着中国的国家利益和国家形象，传播着中国的发展战略、外交政策和价值观念，架起了中国人民和世界各国人民友好交往的桥梁。加强中国的对外传播，离不开中国的外交人才。正确的外交政策、合理的外交布局、成功的外交实践，关键还是要靠外交人才去执行、去建构、去推进。新中国成立以后，在周恩来总理兼外交部部长的带领之下，组建了中国第一支外交队伍。外交无小事，外交队伍的建设更是关系国家外交的大事。在中央的领导下，周恩来总理将外交队伍的建设同中国的外交事业发展紧密结合起来，通过选拔优秀人才、加强学习、培训和外交实践的锻炼，培养造就了一支政治强、业务精、作风硬、守纪律的优秀的中国外交队伍。周恩来总理和历任外交部部长身先士卒、身体力行，模范地执行党和国家的外交使命与外交政策，很好地维护了中国的国家利益和国家形象。从周总理亲临万隆会议、日内瓦会议，倡导和提出和平共处五项原则，到如今的王毅主任兼外长平视美国，有力回击美国外交的霸权行径，历任外交人员为发展中国外交事业、维护国家利益，推动中国和世界的和平发展做出了巨大的努力和卓越的贡献。中国外交部发言人在表达中国立场、发出中国声音、反驳错误舆论、澄清事实真相、维护中国利益方面更是有理有力有节，成为新时代中国对外交往传播的"第一天团"，受到了全国人民的广泛赞许和好评。

新时代的外交领域进一步拓展，涉及政治、经济、文化、社会、生态、军事等各个领域，对外传播的职能不断丰富和强化，更要高度重视和充分发挥外交人才在对外交往传播中的独特优势和作用。为此，要大力培养和造就适应新时代我国外交战略需要的高素质外交人才。新时代，应该着力培养中国外交人才什么样的素质呢？首先，熟知本国的外交战略和外交政策。作为专业的涉外人员，必须首先熟知本国的国家战略和大政方针，并进一步熟悉国家的外交战略和外交政策。这样在对外交往过程中才能把握方向、坚持原则，并成为本国外交战略和外交政策的直接传播者和有力执行者。其次，了解所在国的内政外交政策，熟知该国的历史和文化，把握该国的利益和诉求。知己知彼百战不殆，外交也是如此。在对外交往过程中，了解所在国不仅是对该国的尊重，更能使自己更好地与该国进行交往，并在交往的过程中获得别人的认可。再次，了解中国的历史文化和国家经济政治的发展情况。当前世界各国对中国的了解还比较少，对中国的崛起总是怀有疑虑，因此，外交人员在对外交往的过程中如果能够向其他国家全面、深入、客观地介绍中国的历史文化，让别国知道中华文化历来是主张和平与和谐的，中国是希望同世界各国和平相处、共同发展、合作共赢的，这样就能够减少别国对中国的疑虑和担心，增强相互之间的理解和信任。最后，外交人员还应具备专业素质，如深厚的外交专业知识、高超的外交能力、扎实的语言基础、规范的外交礼仪等。外交人员反映的是中国外交的总体水准，他们的素质对中国外交的成败起到至关重要的作用。他们代表了国家的形象和精神面貌，对于外交软实力的提高发挥着重要作用。要提高中国的外交影响力和国家软实力，就要坚持不懈地加强外交队伍建设，造就一流的外交人才。

三、民间交流人才

对外传播的规律表明，从民间角度，以客观、友好的立场来推进对外传播是极为有效的途径，也容易被国际社会和各国民众接受。而民间国际交流离不开民间交流人才。

（一）国际民间交流的友好使者

民间交往是使各国民众感受鲜活中国实践、中国生活、中国发展、中国形象的一条有效路径。调查显示，与中国人有过接触的他国民众，更容易在心中留下比较正面的中国形象，对中国评价的客观程度也高于没有与中国人接触过的群体。[①] 中国软实力建设和发展战略的实施，需要欢迎、鼓励和支持各种健康的民间交往，以更为开放的胸襟敞开大门迎接五湖四海的朋友，而不是过于谨慎或过

[①] 李萍：《中国如何应对"软实力"崛起所面临的挑战》，载于《北京教育·高教版》2009年第8期。

度担忧其可能产生的负效应。通过真切的民间交流及交往，各国民众逐渐摘下有色眼镜，丢掉刻板成见，以自己的亲身经历、体验和感知，认识一个客观、真实的中国，更有亲切感和可信度。软实力资源可分为政府资源和非政府资源，当软实力以非政府面目出现时，可以降低乃至消除外国普通民众对于官方行为和政府声音的逆反心理。"在全球化和信息化的时代，这种民间的软力量资源会日趋重要，各种跨国公司、非政府组织和媒体会扮演越来越重要的角色。一个国家民间的软力量资源的繁荣发展，本身是一种强大的吸引力和说服力。"[①] 因此，注重发掘建设和发展软实力的民间资源，培养一大批致力于民间交流的友好使者，对于提升我国软实力具有重要意义。

（二）国际传播交流的民间艺人

随着我国对外文化交流特别是演出市场的发展和繁荣，一大批中国民间艺术家和非物质文化遗产的民间传人将富有中华文化特色的文化艺术作品带到世界各地，使全世界人民直接地领略到中国民间文化艺术的魅力，了解中国非物质文化遗产的源远流长和丰富多彩，了解中华文化的博大精深，了解中国民间艺术家和非物质文化遗产民间传人的日常生活、精神世界和美好追求。这对于推进中国文化与世界文化的交流，增强世界各国人民对中国文化的了解与认同，拉近中国人民和世界人民的心灵距离，拨动中国人民和世界人民的情感心弦，产生维护和平发展、追求美好生活的情感共鸣，增强中华文化、中国生活和中国人民的吸引力，起到了重要作用。中国民间艺术家和非物质文化遗产传人成为加强中外文化交流、传播中国文化、加深中国人民和世界人民友谊的友好使者，其民间对外传播交流活动有力地扩大了我国的影响力和吸引力，增强了我国的软实力。

（三）国际民间交流的多样主体

中国走出去的普通华人、企业、社团、明星艺人等都是民间对外传播交流的重要主体，都客观上承担了民间对外传播交流的使命。海外华人是展示中华文化的窗口，也是推动民间文化交流、扩大中华文化国际影响力的使者。海外的各种民间文化组织和团体是传播中华文化的重要载体，要充分调动和发挥这些海外华人和华人组织在传播中华文化、推动中西文化交流过程中的重要作用。那些已融入当地主流社会、有一定社会地位的海外侨胞是我们进行中外民间传播交流的良好桥梁。应鼓励支持侨胞在一些重要地区自主成立文化艺术等方面的民间组织，主动策划开展中外文化交流项目，提升中华文化的吸引力，还可以通过部分有影

---

① 李希光、郭晓科：《主流媒体的国际传播力及提升路径》，载于《重庆社会科学》2012 年第 8 期。

响力的海外华侨华人或社团，与当地合作开展文化交流活动，或者直接通过他们在当地传播和推介中国文化等。同时，也要注意将当地的文化风情向国内推介，促进中外文化的双向交流和互鉴互融，增强彼此之间的吸引力。

（四） 国际民间交流的重要力量

在我国的国际民间交流中，留学人员扮演着重要的角色，他们既是我国民间外交的重要力量，也是我国对外彰显软实力的民间使者。20 世纪 50 年代我国对苏联与东欧各国的外交，20 世纪 70 年代对美国、西欧和日本的外交，都有留学人员的身影、努力和贡献。在当前复杂的国际环境中，民间外交显得格外重要。在一些重大问题的处理上，尤其是在海外通过当地民间机构和人员的交流、解释和沟通，往往会收到比官方渠道沟通更好的成效。现在，在国际舞台上，在瑞士达沃斯论坛、全球财富论坛、海南博鳌论坛上，以及世界其他各种论坛和交往平台上，都能看到一批十分活跃的留学归国人员，他们熟悉东西方，掌握两种文化，成为中外民间交流和国际商务往来的一支重要力量。

除了留学人员外，我国出国旅游的广大人民群众也日益成为国际民间交流的重要力量。缘于国内经济的发展和人民生活的改善，出国旅游成为越来越多人的选择。成千上万的中国人涌向世界各国，成为世界各国旅游业的一道亮丽的风景线。每一个出国旅游的中国人就是中国文化、中国文明、中国形象的化身和代表，其言行举止无形当中起着民间传播交流的重要作用，自觉和不自觉地影响着外国人对中国文化、中国文明、中国形象、中国人民的看法。因此，要加强旅游机构、旅游团队和旅游人员的出国培训与教育，了解所在国的历史文化、风俗习惯、法律规范，提高出国旅游人员的文明素养，规范出国旅游的言行举止，自觉遵守旅游目的国或地区的法律规范和风俗习惯，展现中国人良好的文明气质和精神风貌，提升中国国家和人民在西方民众中的好感度和亲和力。

四、经营管理人才

要增强我国的软实力，不仅需要一批又一批文化创新人才、对外传播人才、民间交流人才，还需要培养和造就一大批具有国际视野、开发能力和经营才能的软实力建设的经营管理人才。

（一） 经营管理人才的时代呼唤

造就和培养一大批具有市场运营经验和国际视野的文化创新、国际传播和民间交流特别是文化产业的经营管理人才,是加强人才队伍建设,提升我国软实力的重要举措。软实力建设的经营管理人才是制定企业发展战略,对策划、设计、生产、包装、销售等各个环节进行规划、统筹和运作的人才。经营管理人才的代表职业,包括各报纸、杂志的社长,唱片公司、网站、演出公司的首席执行官(CEO),电影、电视剧的制片人,演出场所的经理,演出院团团长,以及相关企业的职业经理人等。由中宣部牵头成立的"文化产业统计研究课题组"发布的《文化产业及相关产业的分类》,对我国文化产业的主要指标进行了初步测算,权威统计数字传递出非常清晰的信息:我国新兴文化产业的规模已经超过传统文化产业部门,整个文化产业在国民经济中的作用越来越大,对消费、就业和其他产业的带动作用已经非常明显。尽快实现其社会效益和经济效益,增强国家软实力,必须造就一批既掌握文化产业自身发展规律,又懂经营管理和市场经济规律的人才。

从文化产业的发展来看,由于我国文化产业化程度较低,加上居于主导地位的文化产业类企业大都是从原来的国有企业单位转制而来,带有浓厚的计划经济色彩,缺乏文化产业化经营的经验和基础,文化产品和服务的开发和经营人才很难满足市场化需要。在我国文化产业迅速推进的过程中,暴露出诸如文化资源没有得到充分利用、产业结构不合理、产业组织形式规模小、处于分散化状态、文化企业普遍缺乏活力等问题,充分体现出我国缺少具有市场意识、经营意识和效益意识的文化经营管理人才。具体表现在,一是我国文化经营管理人才数量偏少、结构不合理、专业化程度不高,尤其是懂经营管理和市场营销知识的少,擅长项目策划、文化经纪、资本运作的少,难以适应文化产业持续快速发展的需要;二是熟悉国际惯例和规则、擅长媒介市场运作、具有战略思维的外向型经营人才短缺;三是文化经营管理人才开拓能力、创新精神和创新能力尚不够强,缺乏大型集团经营管理经验;四是文化经营管理后备人才不足、活力不强,尤其缺少既有较高的专业素养,又谙熟市场经济规律、具有丰富的文化产业运作及经营管理经验的高层次、高素质的经营管理人才。比如我国版权业虽已形成一定规模,但版权代理人才极度匮乏。据统计,截至2019年底,全国585家出版社、200多家电子音像出版社、8 000多家杂志社、2 000多家报社、数百家网站和其他版权相关产业,目前的版权代理机构经批准的仅区区数十家,根本无法构成文化产业链中的一环。培育同国际市场接轨的版权中介人显得非常急迫,这也是突破制约我国文化产业发展的"人才瓶颈"的内在需要。

(二) 经营管理人才的培养开发

解决我国软实力发展的"人才瓶颈"问题,需要从健全我国软实力建设攸关的经营管理人才的流动机制和培养机制入手，加大对文化经营管理人才的培养和开发力度。

第一，要对经营管理人才进行长线培育。从可持续发展的角度来看，要彻底解决文化创新、文化产业、对外传播、民间交流的经营管理人才短缺问题，还要靠科学的规划和设计，制定人才战略，针对具体特点来培养经营管理人才。在长线培育软实力建设经营管理人才的过程中，应充分发挥高等院校的主渠道作用，鼓励高校设立相关专业和研究机构，比如建立文化产业管理专业和文化产业发展研究机构。

第二，要注重经营管理人才的内部开发。要克服重选拔使用轻教育培养的倾向，增强主动培养和继续教育的意识。根据软实力建设发展的需要，特别是文化产业发展和对外传播交流的需要，抓紧对从业人员进行社会主义市场经济、现代企业制度、法律、市场营销、公关、现代媒体经济等相关知识的培训，从中发现和培养经营管理人才。增强培训的针对性和实效性，着力培养经营管理人才的战略思维和创新能力。在美国，电影公司作为一个企业，其主管并不一定是精通电影业务的文化人，但必须是经营高手。米高梅电影公司（Metro – Goldwyn – Mayer Inc）的董事长亚历山大（Alexander），原来就是拉斯维加斯米高梅酒店（Metro – Goldwyn – Mayer Grand）的董事长，虽然他对拍电影的技术问题不太懂，但在经营管理上却很有经验。华纳兄弟公司的主管则多为资深律师，因为电影公司大多是通过谈判和签约来运作的。因此，培养经营管理人才不同于培养传播交流的专业人才，重谋略、懂经营、善管理是培养的重中之重。

第三，建立经营管理人才的资格认证制度。无论是文化创新、文化产业还是国际传播、民间交流的经营管理人才，都要建立健全职业资格认证制度，如职业经理人资质认证和市场准入制度，最好由政府主管部门会同人事部门、行业协会等共同研究制定经营管理人才的专业资格认证及其相互承认办法，促进人才交流与互动，实现人才的优化配置和资源共享。

第四，完善经营管理人才的培养体系。目前，国内相关企业主要通过行业"嫁接"、内部挖潜、外部引进和与海外合作等办法，来解软实力建设经营管理人才短缺的燃眉之急，这难以从根本上解决问题。很显然，要彻底解决软实力建设的经营管理人才短缺问题，还必须依赖高等院校这一人才培养的主渠道，有关部门必须科学地规划和设计，高度重视这一主渠道的建设。要完善人才培养体系，建立一个从底层到高层的多方位、多层次的阶梯式培养模式。进一步拓宽人才培养渠道，充分利用各种力量加大人才培养力度。首先，继续充分发挥高等院校在人才培养上的主渠道作用。利用高等院校和科研机构的力量培养经营管理的高层次人才，具备条件的高等院校和科研机构可培养软实力建设相关专业如文化产业管理等方面的本科生、研究生、博士生以及工商管理硕士（MBA），以期尽快从根本上解相关产业研究人员和高校专业师资短缺的燃眉之急。其次，加快新发展文化产业等软实力建设相关专业的审批，让更多具备条件的高等院校和科研机构开设相关专业。再次，可考虑发展网络教育。由高校和科研机构主办，也可成立专门的网络教育办学机构。最后，加强专业资格培训，以提高从业人员的专业素质。针对文化产业等经营管理人才专业实践性强、实用性强的特点，大力推进实践教学和实践基地建设。另外，必须与文化产业市场密切接轨，增强文化产业个案研究和市场调查，参与各类文化产业项目研究，锻炼学生的实际操作能力，缩短人才与人才市场接轨的适应周期，满足现代社会文化产业迅速发展的需要。甚至可以考虑在文化产业企业建立教学、实习基地，与企业联合培养学生的途径。作为人才培养的应急机制，文化产业部门还可以通过委托培养、定向培养、双向交流等多种途径，到国内外名校、研究机构学习、进修，也可以通过与高校联合办学、集中短期培训和举办论坛等方式，培养一批营销策划、文化生产和经营管理人才。值得欣慰的是，早在 2005 年，国家主管部门便批准了文化产业管理专业的自学考试。2005 年 4 月 25 日，由文化部命名的第一个国家文化产业人才培训基地在北京卓达经济管理研修学院挂牌。这是文化部建立的第一个文化产业人才培训基地，也是政府积极引导民间资本有序进入文化产业人才培养领域的一个典型案例。从 2003 年开始，我国开始在教育部陆续开设文化产业管理专业。根据软科网提供的 2022 年中国大学专业可知，截至 2022 年 3 月，开设文化产业管理专业的高校总共有约 170 所。近年来，文化产业管理专业成为高校新办专业中发展最快的专业之一。经营管理人才在文化产业中的重要性不言而喻，其开发方式也多种多样，企事业单位应该根据自己的实际情况和客观需要，选择适当的培养模式，切实解决好文化产业经营管理人才的培养问题。

（三）经营管理人才的结构优化

除了培养造就文化产业的经营管理人才外，还要培养造就一大批文化创新、对外传播、民间交流等方面的经营管理人才。文化创新人才、对外传播人才、民间交流人才的人力资源分布在不同行业、不同领域、不同地区，而这些人力资源如果不经过转化、整合，形成人才优势，是不可能转化为国家软实力的。而没有相应的大量的经营管理人才，就不能对文化创新人才、对外传播人才、民间交流人才的人力资源进行协调和整合。因此，开发软实力建设中的人力资源，不仅仅是要开发文化创新人才、文化产业人才、对外传播人才、民间交流人才等各类人才资源，更要培养能够开发、协调、整合各类人才资源的经营管理人才。这不仅是学校义不容辞的职责，更是党和政府、企事业单位以及其他社会组织的共同责任。国家、政府以及人力资源管理部门，要根据国家软实力建设的战略需求，加强顶层设计和统筹规划，加大文化创新、对外传播、民间交流等方面经营管理人才的培养力度，从战略高度和制度层面加强我国软实力建设人才资源的开发与整合，巩固和增强我国软实力发展的人才优势，为提升我国软实力提供源源不绝的强大人才支撑。

第三节 软实力建设的财力资源

美国前总统艾森豪威尔（Eisenhower）曾说，用于国际宣传上的合理使用的每一美元，等于国防上 5 美元的价值。[①] 这从某种程度上反映了软实力建设投入的巨大价值。财力资源是发展软实力的重要保障。推进软实力建设，必须从资金上加大投入力度。加强文化建设、培育核心价值、扩大对外交往、实现制度创新等，都需要国家投入大量的资金。在建设社会主义市场经济体制的条件下，如何正确对待和处理软实力建设中的投入问题，是必须面对和研究的一个重要问题。由于软实力很难得到全面、客观的评估，更难以量化，因此在软实力建设中的投入产出比是无法简单用数字来表现的。但我国在国际上软实力的强弱，可以从多种民调和舆情研究中看到，从而便于对我国软实力在整体上得出比较切合实际的评估。我国的软实力总体上是在不断增强的，同时我们也应该看到我国在软实力方面的投入还存在严重不足。因此，要提升我国的软实力，必须解决我国软实力建设中投入力度不足的问题，加大政府对软实力建设的投入力度，构建包括政府、企业、社会组织以及个人等在内的多元投资体系，充分整合软实力建设中的财力资源。

一、我国软实力建设的投入现状与问题

改革开放以来，我国的经济实力有了显著增强。根据国家统计局公布的数据，2020 年我国国内生产总值达 100.92 万亿元，成为 2020 年全球唯一经济正增长的国家，中国经济总量稳居世界第二，仅次于美国。[②] 硬实力的增长为软实力

---

① 沈苏儒：《对外传播的理论与实践》，五洲传播出版社 2004 年版，第 191 页。
② 《中华人民共和国 2020 年国民经济和社会发展统计公报》，中国政府网，2021 年 2 月 28 日，https：//www.gov.cn/xinwen/2021 - 02/28/content_5589283.htm。

的提升奠定了坚实的基础。党的十八大以来，党中央、国务院高度重视文化设施建设，不断加大投入，建设各类文化设施。但是，我们应该清醒地看到，在建设和发展软实力过程中，资金投入不足和投入结构不合理的现象仍然存在。

（一）软实力建设的投入规模过小

我们软实力建设与财政和基建投资规模增长相比，严重不足。我国公共文化总体投入规模过小，与人民群众日益增长的公共文化需求不相适应。国家公共文化投入连年迅速增长，2019 年，全国文化和旅游事业费达 1 065.02 亿元，比上年增加 136.7 亿元。2020 年，全国文化和旅游事业费达 1 088.26 亿元，比上年增加 23.51 亿元，增长 2.1%，而 1985 年这个比例是 0.52%，1995 年是 0.49%。其中，全国文化事业费当中县以上的文化单位比重呈总体下降的趋势，2015 年比例为 51.7%，而 2020 年这个比例下降到了 46%，下降了 5.7 个百分点。[①] 这就是说，随着国家经济的发展和财政收入的增加，对文化事业的投入比例却不升反降；而文化基础设施投资不过是整个经济投资过热的连带受益者。目前我国普遍存在文化投入不足、文化设施落后等问题，尤其是农村公共文化的投入问题。近年来，国家加大了对农村地区公共文化建设的投入力度，县及县以下的文化事业费在全国文化事业费当中所占百分比连续多年高于县以上文化单位。但是由于农村地区文化建设底子薄、基础差，仍存在诸多问题。扣除对县级文化机构的投入，直接为农民提供文化服务的乡镇综合文化站财政投入并不充足，农民人均更是少之又少。公共财政文化投入的不足，造成大部分地区农村文化设施落后，农民文化生活贫乏。投入不足的问题在经济软实力、政治软实力、外交软实力、军事软实力等领域里表现得更为突出，成为制约我国软实力建设的软肋。中央乃至地方政府用于文化建设的财政投入，应随着财政收入的增长而增长，既应高于财政经常性收入的增长，也应高于财政总支出增幅。

（二）软实力建设投入结构不合理

软实力投入结构不合理是当前软实力建设中存在的一个较为严重的问题，主要表现在以下几个方面：一是地区、城乡之间投入差距较明显，并有进一步扩大的趋势。近年来党和国家高度重视农村文化建设，持续加大农村文化建设的投入力度。但城乡投入差距依旧悬殊，农村地区尤其是贫困地区文化经费极度紧张，很难开展活动。二是文化资源在社会阶层结构中分布不平衡。社会结构失衡集中

[①] 《中华人民共和国文化和旅游部 2020 年文化和旅游发展统计公报》，中华人民共和国文化和旅游部网站，2021 年 7 月 5 日，http://zwgk.mct.gov.cn/zfxxgkml/tjxx/202107/t20210705_926206.html。

表现为利益结构失衡，经济利益上的贫富分化现象比较明显；同时，又由于制度建设和文化观念等软实力要素的不足，使一小部分人群过多地掌握了社会资源和市场资源，并进而过多地占据了软实力资源。基层文化资源总量匮乏、基层文化阵地流失现象严重，群众文化生活比较贫乏，农民看书难、看电影难、看戏难问题比较突出，一些地方缺少健康向上，生动活泼的群众文化活动。即使如此有限的农村文化设施也存在着严重的投入不足，设施严重老化。三是偏重对文化软实力的投入，对政治、公共外交、对外传播特别是意识形态等其他领域的软实力建设投入不足。文化事业和文化产业构成了当前我国软实力建设资金投入的重点领域，国家每年都有专项的财政支出支持文化软实力的发展。文化软实力投入的偏重，一方面表明了其在软实力发展全局战略中的核心地位，另一方面也从一定程度上抑制了政治、外交、对外传播等其他领域软实力的发展。

（三）软实力建设的产出效益不高

从国内看，近年来，各级政府对文化设施建设倾入了相当财力，但投入效率低，宝贵的资金没有发挥应有的作用。如一些城市同时建有省、市、区或县多级电视发射塔、制作中心、博物馆等文化设施，造成一方面投资过度向少数城市集中，同一区域重叠覆盖；另一方面投资又过于分散，不能集中财力建设具有代表性和标志性的重点文化工程，也不利于支持贫困地区急需的基础文化设施建设。当前一些公益性文化单位管理措施不力，部门工作人员素质较差且缺少责任心，缺乏敬业精神和服务意识，不能充分发挥现有文化设施的社会效益。当前文化系统内部尚未完全理顺利益分配关系，投入与收益之间严重错位，文化系统内部利益分配不合理。在市场经济的条件下，独家垄断电视台的局面若不打破，很难从根本上解决广大人民群众所企盼的提高电视节目质量和改善服务的问题。从国外看，对外传播过程中仍然存在投入产出比例失衡的现象。近年来，我国投入了大量的资金推广和建设孔子学院，但是这种高投入的产出效应值得我们反思。一位海外学者认为，孔子学院无论是在开发目的、合作平台和运行机制上都仍然处于一种"高成本低产出"的弱势竞争状态，而西方社会向世界推销的文化教育产品却处于强势竞争状态。[1] 与孔子学院相类似的机构如塞万提斯学院或歌德学院在西方对外文化产品中的地位相当有限，相反，它们是将优势资源集中到在国外办综合大学，资助高端的多学科的国际学术思想交流，输出代表本民族强势文化传统的政治、宗教、经济学、哲学等课程，选派并资助各种渠道的专家学者向海外

---

[1] 沈蓓蓓：《从孔子学院看中华文化的跨文化传播》，载于《贵州大学学报》（社会科学版）2013 年第 2 期。

推销本民族的思想和精神产品等方面，营造了国际交流中的优势竞争文化氛围，也极大地增加了西方传统的物质消费品的文化品牌价值。

二、改进软实力建设投入的力度与结构

我国软实力建设投入不合理的现状，制约着我国软实力的发展，要提升我国的软实力，必须高度重视和积极改进政府对软实力建设的资金投入。

（一）加大软实力建设的投入力度

要增加对公益文化事业的投入。公益文化事业单位主要是为社会提供公益服务且没有收入或收入较少，必须由国家财政保证其所需经费，政府投资起着主体作用。政府将以文化资源开发、利用、服务质量作为测量产业效益的标准，保障对它们的资金投入，并通过产业政策扶持，以确保这类文化部门的公益服务性质和服务水准。随着人民生活水平的不断提高，对文化的需求将会有量和质的飞跃，这种飞跃的需求的满足，就要求有更加丰富和优质的文化服务和产品的供给。这种数量和质量的供给，只有通过不断地加大文化的建设才能提供。所以文化建设的高峰仍将继续且不断走向巅峰，这种增长的势头，要求对文化建设的公共财政投入也必须随之增加。因此，必须继续加大公共财政的投入力度，体现国家扶持文化建设的意志。要切实保证"中央和地方财政对宣传文化事业的投入，要随着经济的发展逐年增加，增加幅度不低于财政收入的增长幅度"①。在保证财政投入稳步增加的基础上，按照社会主义市场经济和公共财政支出的要求，明确财政投入在文化建设中的使用方向，保证将这部分财政用于保障公益性文化事业单位的运转和图书馆、博物馆、纪念馆、文化馆（站）和文化文物科研机构等的建设，为文化建设打下坚实的社会基础。党的十九大以来，党和国家不断加大文化建设方面的投入，文化事业的经费逐年增加，有力促进了我国各项文化事业的发展。2020 年，全国文化和旅游事业费 1 088.26 亿元，比上年增加 23.51 亿元，增长 2.1%；全国人均文化和旅游事业费 77.08 元，比上年增加 1.01 元，增长 1.3%。② 2021 年，全国文化和旅游事业费 1 132.88 亿元，比上年增加 44.62 亿元，增长 4.1%；全国人均文化和旅游事业费 80.20 元，比上年增加 3.12 元，

---

① 《中共中央关于加强社会主义精神文明建设若干重要问题的决议》人民出版社 1996 年版，第 21 页。
② 《中华人民共和国文化和旅游部 2020 年文化和旅游发展统计公报》，中华人民共和国文化和旅游部网站，2021 年 7 月 5 日，https://zwgk.mct.gov.cn/zfxxgkml/tjxx/202107/t20210705_926206.html。

增长 4.0%。① 2022 年，全国文化和旅游事业费 1 202.89 亿元，比上年增加 70.01 亿元，增长 6.2%；全国人均文化和旅游事业费 85.20 元，比上年增加 5 元，增长 6.2%。② 与此同时，政府也不断采取措施加强对文化事业发展的财政保障。2017 年颁布的《国家"十三五"时期文化发展改革规划纲要》中指出要加强财政保障，完善公共财政文化投入机制，多渠道筹措资金支持文化发展改革。③ 2022 年颁布的《"十四五"文化发展规划》指出要调整优化支出结构，各级财政加强经费支持。落实中央与地方公共文化领域财政事权和支出责任划分改革要求，健全转移支付制度。优化对文化科技创新的支持机制。用好电影、出版、旅游、艺术等各类资金和基金。加强文化企业国有资本经营预算管理，重点支持国有文化企业服务国家重大战略。④ 这些措施必将确保我国文化事业投入的持续增长，极大地推进我国文化软实力建设。

要通过设立专项资金和基金，支持软实力建设。国家要进一步加大设立文化发展专项资金和基金的力度，重点用于扶持国家公益性文化事业发展、支持文化创新和精品生产、扶持具有示范性和导向性文化产业项目的研发；用于国家重要文化遗产的保护和支持地方重大文化工程项目的建设；用于支持国家重大出版项目、少数民族文字和盲文出版物的出版，以及无线广播电视的覆盖；用于发展公共外交、科学研究、民间交流，支助各类非政府组织、海外华人华侨、各国友好人士开展各种有利于提升中国国家影响力的活动。要通过各种方式，建立健全专项资金制度，如文化事业建设费、国家社会科学基金、国家电影事业发展专项资金及电影精品专项资金、农村文化建设专项资金、中央补助地方文体广播事业专项资金、优秀剧（节）目创作演出专项资金。2019 年，中央财政通过继续实施"三馆一站"免费开放、非物质文化遗产保护、公共文化服务体系建设、旅游发展基金等项目，共补助各地文化和旅游建设资金 101.00 亿元，比上年增加 22.5%。⑤ 2020 年，文化和旅游部全年落实文化和旅游部部门预算 59.51 亿元，落实中央补助地方转移支付资金 54.92 亿元。国家美术馆工程、中国工艺美术馆

---

① 《中华人民共和国文化和旅游部 2021 年文化和旅游发展统计公报》，中华人民共和国文化和旅游部网站，2022 年 7 月 1 日，https：//zwgk.mct.gov.cn/zfxxgkml/zcfg/zcjd/202207/t20220701_934437.html。

② 《中华人民共和国文化和旅游部 2022 年文化和旅游发展统计公报》，中华人民共和国文化和旅游部网站，2023 年 7 月 13 日，https：//zwgk.mct.gov.cn/zfxxgkml/tjxx/202307/t20230713_945922.html。

③ 国家发展和改革委员会：《"十三五"国家级专项规划汇编》（上），人民出版社 2017 年版，第 400 页。

④ 转引自新华社：《中共中央办公厅 国务院办公厅印发〈"十四五"文化发展规划〉》，中国政府网，2022 年 8 月 16 日，https：//www.gov.cn/zhengce/2022 – 08/16/content_5705612.htm。

⑤ 《中华人民共和国文化和旅游部 2019 年文化和旅游发展统计公报》，中华人民共和国文化和旅游部网站，2020 年 6 月 20 日，http：//zwgk.mct.gov.cn/zfxxgkml/tjxx/202012/t20201204_906491.html。

工程（暂定名）、"平安故宫"工程等重大文化设施建设项目取得积极进展。①

（二）优化软实力建设的投入结构

要改变文化软实力建设与其他软实力建设投入不平衡的现状。国家在制定软实力发展战略时，要从财政预算中拿出专项资金并逐渐增加比重，用于在政治、外交、对外传播、意识形态等领域的软实力建设，实行专款专用，加强动态监管。2019 年全国财政支出中，文化旅游体育传媒经费 4 033 亿元，比上年同比增长 2.3%，占财政支出的 1.69%，比重比上年增长 0.10 个百分点。全年全国文物事业费 415.40 亿元，比上年增加 36.61 亿元，增长 9.7%；文物事业费占财政总支出的比重为 0.18%，比重比上年增长 0.01 个百分点。②

还要改变软实力建设投入内部不平衡的现状。逐渐增加对广大农村、贫困地区、贫困人群的投入，使人民共享改革发展的成果，扩展对文化资源、政治资源等软实力资源的共享广度，优化软实力资源分配的区域结构、社会结构。要加大对农村和西部文化事业的投入力度。近年来，我国加大了对文化事业的投入力度，对农村和西部文化事业的投入也在逐年增加。从对文化投入的构成看，全国文化事业单位主要是靠财政投入，全国文化事业费由 2012 年的 480.10 亿元增长至 2020 年的 1 088.26 亿元。2012～2019 年，全国文化事业费增速每年都超过 10.0%。从财政对文化投入的级别构成看，中央财政对文化投入的力度远远超过地方。因此，地方财政加大对文化投入势在必行。③

从财政对文化投入的城乡构成看，国家财政加大了对农村文化的投入力度，2022 年县及县以下文化和旅游事业费 658.61 亿元，占全国文化和旅游事业费的比重为 54.8%。④ 但由于农村文化基础设施薄弱，人口基数大，发展速度仍较为缓慢。

从财政对文化投入的地区构成看，国家加大了对西部地区的投入，2022 年对西部地区文化和旅游事业共投入 328.09 亿元，占全国文化和旅游事业费比重为 27.3%。⑤ 与财政对东、中部地区文化投入相比，对西部的投入仍然偏低。2022 年财政对东、中部地区文化投入占总财政投入的比重高达 72.7%，超过对

---

① 《中华人民共和国文化和旅游部 2020 年文化和旅游发展统计公报》，中华人民共和国文化和旅游部网站，2021 年 7 月 5 日，http：//zwgk. mct. gov. cn/zfxxgkml/tjxx/202107/t20210705_926206. html。

② 《中华人民共和国文化和旅游部 2019 年文化和旅游发展统计公报》，中华人民共和国文化和旅游部网站，2020 年 6 月 20 日，http：//zwgk. mct. gov. cn/zfxxgkml/tjxx/202012/t20201204_906491. html。

③ 《中国文化发展报告》：文化事业费呈稳步增长态势，中央政府门户网站，2014 年 4 月 18 日，https：//www. gov. cn/xinwen/2014 - 04/18/content_2662363. htm。

④⑤ 《中华人民共和国文化和旅游部 2022 年文化和旅游发展统计公报》，中华人民共和国文化和旅游部网站，2023 年 7 月 13 日，https：//zwgk. mct. gov. cn/zfxxgkml/tjxx/202307/t20230713_945922. html。

西部地区文化投入比重 45 个百分点。① 为改变文化投资中区域结构不均衡的现象，文化建设的财政投入逐渐向农村和西部倾斜，以全国文化信息资源共享工程、中国民族民间文化保护工程、送书乡工程、广播电视村村通工程等为代表的一大批公共化服务项目全面铺开，使公共文化产品供给能力大幅提高，公共文化服务体系日趋完善。根据《"十四五"文化发展规划》指示，要落实国家基本公共服务标准要求，加强基层文化建设，增加供给总量，优化供给结构，推动优质公共文化资源向农村地区、革命老区、民族地区、边疆地区倾斜，缩小城乡和地区之间公共文化服务差距，推动巩固拓展脱贫攻坚成果同乡村振兴有效衔接。加强民族地区公共文化建设，扶持民族地区新闻出版事业发展，加强少数民族语影视译制，加强民族地区广播电视传输覆盖保障及涉农等节目制作译制传播。推动直播卫星电视频道高清化进程。加强"三区三州"市级广播电视播出机构融合发展能力建设。培育和发展农村院线，促进新片大片进入农村市场。丰富老年人、进城务工人员、农村留守妇女儿童、残疾人的公共文化供给，保障特殊群体的基本文化权益。②

（三）提高软实力建设的投入效益

软实力的资金投入不保持一定的规模速度不行，片面强调发展规模速度，走"粗放型"发展道路也不行。从立足文化的长远发展和后劲、推动软实力建设走科学发展道路来讲，必须坚持以结构调整为主线，努力在软实力发展的质量上下功夫。发展公益性文化事业，要坚持把社会效益放在首位，坚持把为全社会提供更多更好的公共文化服务作为重要目标。还要紧紧抓住深入推进文化体制改革的机遇，推动文化产业改革创新，大力调整和改善文化产业结构、文化产品结构、软实力区域发展结构和软实力建设投资主体结构等，充分激活一切软实力资源要素，提高软实力建设的整体产出效益。

三、形成多元开放的软实力建设投资体系

从世界各国的经验和我国的国情来看，在软实力建设方面，仅依靠政府的资金投入是远远不够的，必须依托资本市场，形成多元开放的投资机制。美国迪士

---

① 《中华人民共和国文化和旅游部 2022 年文化和旅游发展统计公报》，中华人民共和国文化和旅游部网站，2023 年 7 月 13 日，https：//zwgk. mct. gov. cn/zfxxgkml/tjxx/202307/t20230713_945922. html。
② 转引自新华社：《中共中央办公厅 国务院办公厅印发〈"十四五"文化发展规划〉》，中国政府网，2022 年 8 月 16 日，https：//www. gov. cn/zhengce/2022 - 08/16/content_5705612. htm。

尼（Disney）公司 2001 年出品的《珍珠港》是一部反映第二次世界大战中美国海军基地突遭日军偷袭的战争爱情史诗巨片，这样一部作品的拍摄投资达到 1.45 亿美元，是迪士尼公司历史上投资规模最大的影片之一。而在背后支持这一切的是一个多元投资的群体，除了迪士尼公司的商业投资外，还有民众组织和退伍军人协会的热情资助。此外，2010 年美国拥有超过 734 家社区基金会，总支出达到了 42 亿美元。社区基金会遍及美国 50 个州，对于当地的社会服务、教育、社区发展和文化组织都是强有力的支持者。通过捐赠者指定型基金，基金会还可以为社区之外的机构进行拨款。举例来说，一些社区基金会的捐赠者会将他们的一部分资金定向拨给他们年轻时候上的大学，而这些学校通常不是坐落于本地。这些事例都充分说明了软实力建设的投资必须是多元的，只有形成多元的产业投资机制，才能广开财源，从根本上解决我国软实力建设发展资金不足的问题。

当前，我国软实力建设的投入，还主要依靠公共财政的拨付，而尚未建立起全社会共建共享的公共建设资金筹措体系。这样单一且固定的投入途径，导致的直接后果就是资金投入的不足。政府的公共财政用于公共服务领域的建设、国家重大工程项目建设和国家应急资金储备，所以只能保证有限的财政资金可用于软实力建设。随着经济的快速发展、人民生活质量的迅速提高以及对外交往的继续深化，人们对精神文化的需求和国家对软实力建设的需求急剧增长，软实力建设任务繁重。单一依靠财政扶持的资金投入方式，必然带来软实力建设资金投入的不足，从而制约了软实力建设工作的开展，致使软实力建设工作滞后于经济社会的发展，滞后于人们日益增长的文化需求。单纯依靠公共财政投入支撑软实力建设，是制约当前我国软实力发展的关键因素。要实现软实力建设工作长期有效的开展，必须要有一个合理的资金投入体系，必须打破单一筹资渠道、拓宽资金的筹集途径。

（一）优化投资主体结构

逐步改变投资主体比较单一的状况，形成投资主体的多元化。在其他产业部门大力引进多元资本的当今社会，文化、外交、对外传播等领域少有多元资本的介入，这种局面不利于充分激活软实力资源，制约了我国软实力建设的可持续发展。针对这一状况，一些省市已经适度放开了文化市场的某些领域，准许社会其他资本进入文化市场。如北京市政府在北京音乐厅和中山音乐堂的管理中，在坚持主旋律、培育高雅艺术的前提下，就大胆地引进了社会资本，鼓励民营企业家进行承包经营，实现了北京音乐厅"三百六十五天，天天有音乐"的社会承诺，吸引了各种层次的观众纷至沓来，还打造了"唐宋名篇朗诵音乐会"等名牌节目，也节省了国有单位直接经营的成本。但从总体上看，其他资本，特别是民营资本进入文化市场还十分有限。因此，必须降低市场准入门槛，放宽民间资本和外资进入文化产业的限制。近年来，我国民间金融资产增长很快。为进一步拓宽投融资渠道，使非公有文化经济得到更为迅速的发展，应当进一步改革审批制度，放宽市场准入门槛，鼓励非公有资本以直接投资、间接投资、项目融资、兼并收购、租赁等形式进入一般竞争性文化行业，对中小型国有文化企业进行嫁接改造，形成以国有资本为主导的混合经济结构和各类投资主体平等竞争、共同发展的文化市场格局。除党报党刊等一些作为党和政府喉舌的文化机构，中央和省级电视台、电台的一些核心环节和部门仍然需要实行禁入之外，原则上文化产业的其他领域都应允许社会资本进入。同时，按照国际惯例，进一步放开对外资的限制。要抓紧有关方面的立法工作，对各种投资行为加以规范，以确保我国文化产业资本市场的形成和健康发展。为了扶持、引导、调控、促进文化产业的发展，国家在全国范围内开征文化事业建设费，同时对一些文化事业的增值税实行先征后退的优惠政策，扶持文化产业的发展。传媒产业发展水平是衡量一个国家或地区传媒软实力的重要标志。中国要做大、做强传媒产业，提升传媒软实力，当务之急是建立以政府投入为导向、以传媒单位投入为主体、以非公有资本和外资投入为重要组成部分、以金融机构投入为补充、以"投资准入区别化、投资主体多元化、投资方式多样化、投资机制市场化"为特征的传媒产业投资新机制。在开展民间交流、公共外交的过程中，也要探索适合中国国情的软实力建设的多元投资体制，广泛吸纳来自非公有制企业、非政府组织以及国际组织的资金。

（二）改革投融资体制

加强软实力建设，需要改革投融资体制，为软实力建设提供充足资本。目前我国投融资体制改革进程还严重滞后，一是国家财政对文化领域的投资范围过宽，投资机制转变缓慢，投资效益低下；二是国有文化企业很大程度上还依附于政府机构，难以成为对自己的投融资决策承担风险的市场主体；三是在投资准入方面，非公有制资本进入文化产业的某些领域还存在诸多障碍；四是各类文化企业在利用资本市场和产权市场改制融资、进行结构调整和规模扩张方面还存在种种限制。因而，在文化体制改革的转型阶段，应加快投融资体制改革，拓宽投融资渠道，为发展文化产业注入动力。

加大直接融资比例，强化资本市场对软实力发展的支持力度。近年来，我国已经有少数文化企业通过股份制改造在国内资本市场上市。但总体来看，文化企业上市的数量比例和直接融资的规模仍然较小，上市企业的结构也不尽合理，一批具有竞争优势的国有大型文化企业集团和民营文化企业至今尚未上市。为此，要有计划、有步骤地安排一批市场化程度较高、具有较强竞争优势的国有和以国有资本为主的混合经济的大型文化企业，通过股份制改造，在国内外资本市场发行股票、可转换债券或企业债券，同时积极支持符合条件的各类中小型文化企业在创业板申请上市。

组建文化产业基金和创业投资基金，正确引导文化企业的投资趋向。规范文化产权交易，重点发展版权和其他无形文化资产交易市场。改善对创新型文化企业的信贷服务和融资环境，扶持中小创新型文化企业发展。运用政府采购，重点扶持具有核心技术和自主品牌的创新型民族文化企业，支持文化企业参与和承担国家重大文化工程项目。加强对各类中小创新型企业的资金支持，充分发挥风险投资基金在扶持中小型文化创新企业中的作用。政府要每年从财政收入中拿出一定比例设立宣传文化事业发展专项基金，对于有市场前景的文化资源项目的产业化开发与运营给予专项资金支持。可采取税收优惠等有关措施，鼓励企业成立基金会，支持文化事业和文化产业的发展，推动软实力建设。企业不需要达到一个规模的下限才能建立基金会，它们所需要的只是一种关怀的精神，来利用自身的专长和资源去扶助与改善人民大众的精神文化生活。捐赠金额可重点关注教育领域，培养社会的下一代。企业基金会也应积极支持社会服务和卫生健康领域的发展。在其他一些优先考虑的领域中，企业基金会还可利用捐款来促进所在社区经济和艺术的发展，这两者的重要性在于能够创造对高质量的社区成员具有吸引力的环境。我国应当结合具体国情，推动由国家和有关地方政府各自出资，并吸引社会资本投资参股，设立文化产业创业投资基金、风险投资基金，对中小科技型文化企业进行的创业投资和项目开发提供专项资金支持，以加快网络视频、动漫、游戏、卡通、创新设计等新兴文化产业的发展，引导和鼓励文化企业生产健康向上的文化产品。

疏通间接融资渠道，强化银行对文化产业发展的支持力度。由于文化企业的资产结构普遍具有固定资产较少和轻型化的特点，在争取银行信贷过程中往往遇到资产抵押不足的障碍。因此，有必要在加强信用制度建设、控制金融风险的前提下，在信贷政策方面采取更加灵活多样的措施，探索专利权、著作权以及经过评估的文化资源项目、销售合同、门票等现金流量等作为银行信贷抵押的途径和方式，使文化产业发展得到更多的间接融资支持。充分利用国内外资本市场，拓展文化产业投融资渠道。鼓励文化企业通过发行公司股票、企业债券在资本市场直接融资。完善文化企业间接融资制度，通过创新信贷担保手段和担保办法，为文化企业向金融机构借款提供便利条件。

（三）实行税收优惠政策

鼓励国内外社会法人和社会各界人士捐资以推动软实力的发展。从国际经验看，来自非政府组织和公民的捐助在西方国家软实力建设中占有重要比重。加拿大西部的大不列颠哥伦比亚省，为了扩大对文化的投资，成立了省文化基金会，规定凡是向该基金会捐助者，可以按捐赠者的年收入的 100% 冲税。个人捐赠数目巨大，超过目前捐款人的年收入，超过部分还可以作为下一年度的冲税用，最长可以顺延 5 年。这极大鼓舞了企业赞助的积极性。美国形成了规模庞大的基金会组织，截至 2020 年的统计数据就有 9 万个，是世界上基金会最多的国家①；基金会的工作渗透到社会的每个领域，形成了真正的全方位的工作领域和多元的操作模式；美国基金会具有更自主和更自由的空间与能力将资金和精力集中于创新甚至是有些"冒险"的工作上，使得美国基金会一直站在社会发展的最前沿；最后，优惠的税收政策和支持性的制度，使得美国基金会得到了空前发展。来自美国各类基金会的捐助，成为支撑美国在科研、教育、国际交流、文化传播等方面软实力发展的重要资金渠道。在中国，企业家也开始把源源不断的资金投向文化项目。2022 年，就有包括中国工商银行、光明乳业等多家企业与总台文化 IP 节目进行深度合作。参照国际惯例，开征遗产税，同时进一步提高对捐赠者应纳税所得额的扣除比例，鼓励社会各界参与非营利的公益性文化项目建设，形成非营利的公益性文化项目以国家投资为主体、引导社会资金广泛参与捐赠的多元资金筹措机制。非营利性传播项目是国有资本的主要投资领域。然而，国有资本对这一领域进行重点投资，并不意味着排斥其他社会资本的投入。鼓励捐资兴建各类非营利性传播项目既是社会资本回馈社会、体现自身社会价值的重要途径，也是其扩大社会影响、增加企业或个人知名度的一种重要方式。建议国家相关部门尽快出台并完善专项政策。若纳税人对传媒行政管理部门批准成立的非营利性传播项目进行捐赠，经税务主管机关审核，在年度应纳税所得额一定比例范围内应予以扣除，从而形成非营利性传播项目以国家投资为主体、社会捐赠广泛参与的多元资金筹措机制。

总之，国家软实力建设需要大量资金和财力的支撑，只有从根本上改变我国软实力建设投资不合理的现状，继续加大政府对文化事业和文化产业的投入力度，提高投资效益，优化投资主体结构，形成政府、企业法人、社会组织以及个人等多元开放的投资体系，才能从根本上扭转我国软实力发展缺乏"硬通货"支撑的局面，为推进我国软实力建设提供强大的资金保障。

---

① 中经未来产业研究中心：《美国基金会发展状况分析》，载于《中经未来》2015 年第 7 期。

第四节　软实力建设的物力资源

一定的物质文化设施是软实力有形的物质依托，是软实力存在和发挥效用的物质基础。物力资源是承载、投射软实力的现实载体，是将硬实力转化为软实力的重要前提。因此，在发展中国软实力的过程中，不能忽视"软实力硬件"的建设，必须以软实力硬件建设作为前提和基础。提升我国的软实力，必须进一步加强和完善软实力建设的基础设施，夯实软实力的物质基础。当前，完善我国软实力建设的基础设施，充分调动和有效整合软实力建设的物力资源，必须从以下几个方面入手。

一、发展公共服务体系

服务和支撑软实力建设的公共服务体系是否完善，是衡量一国软实力的重要指标。当前，我国公共服务体系的发展与国家软实力的发展和人民群众不断增长的精神文化需求还存在差距，极大地制约着国家软实力的发展。

（一）软实力建设的基础工程

公共服务体系是软实力建设的一项基础性工程，是满足城乡居民日益增长的精神文化需求、提高国民素质，全面提升我国软实力的全民性、公益性工程。必须加大公共服务体系建设的投入，为国家软实力的发展和人民日益增长的精神文化需求的满足提供重要的物质支撑。

服务和支撑软实力建设的公共服务体系涉及面很广，包括信息文化交流的网络和移动互联网建设特别是"5G"建设的公共信息服务体系建设、广播电视等公共传播服务体系建设、公共文化服务体系建设，等等。目前，公共服务体系建设中，出现了以公共文化服务为主体，公共信息服务体系、公共传播服务体系和公共文化服务体系相融合的趋势。因此，在国家软实力建设中，应在加强公共信息服务体系建设、公共传播服务体系建设的基础上，着力加强公共文化服务体系建设，加大公共文化服务体系投入力度，完善公共文化服务体系，提高公共文化服务能力，更好地发挥公共文化满足人民日益增长的精神文化需要、提升国家软实力的重大作用。

（二）突出公共服务体系重点

服务和支撑软实力建设的公共服务体系建设的重点，是我国公共文化服务体系建设。国家《"十四五"文化和旅游发展规划》指出，要优化城乡文化资源配置，统筹加强公共文化设施软硬件建设，创新实施文化惠民工程，不断完善覆盖城乡、便捷高效、保基本、促公平的现代公共文化服务体系，提高公共文化服务的覆盖面和实效性。① 完善我国公共文化服务体系，要以大型公共文化设施为骨干，以社区和乡镇基层文化设施为基础，优先安排关系人民群众切身文化利益的设施建设，加强图书馆、博物馆、文化馆、美术馆、电台、电视台、广播电视发射转播台（站）、互联网公共信息服务点等公共文化基础设施建设。城市和地区文化品位的提升，离不开品质优良、功能现代的文化基础设施。党的十八大以来，全国各地文化设施呈现出建设投入多、面积增幅大、建设速度快的鲜明特点，陆续建设了一批标志性的文化设施，发挥了大中城市文化中心的辐射作用，提高了城市文化设施建设的品位。公共文化服务体系建设的目的就是满足人民日益增长的精神文化需要，振奋人民的精神力量。因此，要按照《"十四五"文化和旅游发展规划》的要求，促进公共文化服务提质增效，落实国家基本公共服务标准，加强基本公共文化服务标准化建设。提升公共文化设施免费开放水平，鼓励实行错时、延时服务。精准对接人民群众文化需求，推动建立订单式、菜单式公共文化产品和服务平台。广泛开展全民阅读和全民艺术普及活动。推动公共文化服务融入城乡居民日常生活，面向不同群体开展差异化的公共文化服务，充分保障未成年人、老年人、残疾人和流动人口等特殊群体的文化权益。推进国家公共文化服务体系示范区创新发展。推动公共文化服务与旅游、教育融合发展。② 完善公共文化服务效能评价机制，不断提高公共文化服务和满足人民群众精神文化生活需要的能力，提升国家文化软实力。

改革开放以来，特别是党的十八大以来，我国的公共文化服务体系建设取得了长足的进步。北京市的中国大马戏院、西单剧场、吉祥戏院、双井剧院等演出场所；改造修缮的文化设施，包括中国木偶剧院、正乙祠戏楼等公共文化服务体系项目相继完成或不断推进。上海聚焦建成国际文化大都市，逐步建成完善图书馆、博物馆、科技馆、影剧院、美术馆、青少年活动中心、社区文化活动中心等重大文化设施和公共基础文化设施，环球影视乐园、摩天轮综合娱乐设施、佘山影视摄影基地、汽车城主题公园等具有全国影响的大型游乐场，具有国际水准的

---

①② 《文化和旅游部关于印发〈"十四五"文化和旅游发展规划〉的通知》，中华人民共和国文化和旅游部网站，2021 年 4 月 29 日，http://zwgk.mct.gov.cn/zfxxgkml/ghjh/202106/t20210602_924956.html。

上海图书馆东馆、上海博物馆东馆、上海大歌剧院等文化设施，公共文化服务功能得到明显提升。天津市新建和改扩建文化设施项目 13 个，规划建设面积 17.9 万平方米，总投资 11.9 亿元。① 天津市滨湖剧院、杨柳青年画艺术中心、天津杂技马戏城、曹禺大剧院等项目陆续取得进展。全国各大城市的公共文化服务体系建设提上了城市建设的重要议事日程，并随着城市的发展而发展。

（三）补齐公共文化服务短板

公共文化服务体系建设要注重优化结构、补齐短板，提高公共文化服务体系的覆盖空间和服务能力，切实提升我国的文化软实力。

我国西部地区和广大农村是文化建设的薄弱环节，农民的文化素质偏低是影响我国软实力的重要因素之一。加强农村公共文化设施建设，提升农民的文化素质，是加强我国软实力建设的重要环节。文化基础设施落后、文化产品供给不足、文化资源有限、农民文化生活贫乏是我国农村文化建设中存在的主要问题。要从根本上解决这一问题，必须首先加强农村的文化基础设施建设，巩固充实农村基层文化阵地，完善基层文化服务网络。要认真落实《中共中央、国务院关于推进社会主义新农村建设的若干意见》和《中共中央办公厅、国务院办公厅关于进一步加强农村文化建设的意见》，增加政府投入，调整资源配置，着力推进农村文化建设重点工程，加大文化资源向农村的倾斜，建立农村文化建设的长效机制。推进农村文化设施和重点工程建设。推进广播电视进村入户，充分利用无线、卫星、有线、微波等多种手段，为广大农村地区提供套数更多、质量更好的广播电视节目，全面实现 20 户以上已通电自然村通广播电视，农村广播电视户户通。做好农村电影拷贝配送工作，丰富电影片源，加快推进农村电影数字化放映，加强农村电影院更新改造，增加固定或流动放映点，基本实现全国农村一村一月放映一场电影。建成农村书屋 20 万个，在欠发达地区新建、改扩建 2.5 万个左右综合文化站，配备必需的设备，完成对农村危旧公共文化设施的改造，基本实现全国乡镇均建有综合文化站。对西部及其他老少边穷等地广人稀适宜开展流动服务的地区，为县乡配备流动文化服务车、流动电影放映车，开展集影视放映、文艺演出、图片展览、图书销售和借阅、科技宣传于一体的流动文化服务。加快欠发达地区综合文化站的改扩建和农村危旧公共文化设施的改造，实施农村文化重点工程建设，改善、提升农村公共文化基础设施条件和服务水准，逐步改变城乡之间文化发展不平衡现象。

---

① 《天津市文化设施建设喜人　文化事业经费逐年增长》，2007 年 8 月 28 日，https://www.mct.gov.cn/whzx/bnsj/cws/201111/t20111128_827535.htm。

图书馆、文化馆是群众进行文化活动的重要场所，是传播社会主义精神文明的阵地。加强图书馆、文化馆建设，对于加强基层文化工作，进一步建设和巩固社会主义文化阵地，活跃和丰富人民群众的精神文化生活，促进经济和社会发展十分重要。为实现县县有图书馆、文化馆的建设目标，中央加大了对基层文化设施建设的投资力度。2022 年末，全国共有公共图书馆 3 303 个，比上年末增加 88 个。2022 年末，全国公共图书馆从业人员 60 740 人，比上年末增加 1 439 人。2022 年末，全国公共图书馆实际使用房屋建筑面积 2 098 万平方米，比上年末增长 9.6%；图书总藏量 135 959 万册，比上年末增长 7.8%；阅览室坐席数 155 万个，比上年末增长 15.4%。2022 年末，全国平均每万人公共图书馆建筑面积 148.61 平方米，比上年末增加 13.1 平方米；全国人均图书藏量 0.96 册，比上年末增加 0.07 册；全年全国人均购书费 1.67 元，比上年末增加 0.1 元。2022 年末，全国公共图书馆发放借书证 12 229 万个；总流通人次 78 970 万，比上年增长 5.8%。书刊文献外借册次 60 719 万，比上年增长 3.4%；2022 年全年共为读者举办各种活动 21.23 万次，比上年增长 4.8%；参加人次 13 495 万，比上年增长 13.5%。①

乡镇综合文化站是农村文化建设的重要基地，是实现农村文化大繁荣大发展的重要基础，是党和政府开展农村文化工作的重要阵地。加强乡镇综合文化站建设，是党中央、国务院确定的社会主义新农村和新时期农村文化建设的重要方面。中共中央办公厅、国务院办公厅先后印发了《关于进一步加强农村文化建设的意见》等文件，充分肯定了乡镇综合文化站建设在农村公共文化服务体系建设中的基础性地位，并提出了具体的建设要求。按照党中央、国务院加大农村文化基础设施建设投入的要求，国家发改委、文化部推出了乡镇综合文化站建设的有关规划，国家补助 40 亿元左右资助乡镇综合文化站建设，推动全国基层文化设施建设。2022 年末，全国共有群众文化机构 45 623 个，其中乡镇综合文化站 33 932 个。②

完善公共文化服务网络，提升公共文化服务质量。提高公共文化产品的生产供给能力，是一项关系到人民群众精神文化生活的民生工程，也是一项全面提高国民文化素质，夯实社会主义文化的群众基础，增强我国文化凝聚力、吸引力的基础性工程。加快公共数字文化建设，推广"互联网＋公共文化"，推动数字文化工程转型升级、资源整合，统筹推进智慧图书馆、公共文化云服务体系建设。丰富公共数字文化资源，推动将相关文化资源纳入国家文化大数据体系。优化国

---

①② 《中华人民共和国文化和旅游部 2022 年文化和旅游发展统计公报》，中华人民共和国文化和旅游部网站，2023 年 7 月 13 日，https：//zwgk.mct.gov.cn/zfxxgkml/tjxx/202307/t20230713_945922.html。

家公共文化云服务平台，广泛开展数字化网络化服务。大力发展云展览、云阅读、云视听，推动公共文化服务走上"云端"、进入"指尖"。加强公共文化机构和数字文化企业的对接合作，拓宽数字文化服务应用场景和传播渠道。健全城乡公共文化服务网络，要坚持以政府为主导，统筹规划、合理布局，进一步完善相关政策，加大投入力度，动员社会各方面力量广泛参与，形成推动公共文化服务体系建设的强大合力。

二、构建对外传播平台

对外传播能力是国家软实力的组成部分，是维护和塑造国家形象的重要手段。西方国家发达的传媒增强了其全球软实力竞争中的话语霸权。8 个世界媒体巨头（时代华纳、新闻集团、迪斯尼、维亚康姆、通用电气、威望迪—环球、索尼和贝塔斯曼）的收入早在 2010 年便已超过了所有南太平洋各国的 GDP 总额。[①]美国学者罗伯特·麦克切斯尼（Robert McChesney）也曾预测，在不久的将来，5～8 个巨型媒介公司将统治美国信息市场，50～80 个媒介巨头则将统治全球信息市场。[②] 这无疑给全球的舆论环境和国际传播带来了阴影和障碍。如今，中国的综合实力不断上升，中国的发展深刻影响着世界的发展，成为全球关注的焦点。然而，由于我国的国际传播能力尚弱，以致国内发生的一些重大事件因为西方舆论的歪曲和抹黑而常常扭曲失真，陷于被动。话语权的缺失使得一个国家的形象很难保证在其他国家的媒体上不被扭曲。因此，必须打造自己的国际传播媒介，构建对外传播平台，提高国际传播力，以在国际社会中真实、客观地发出自己的声音，完整展现出中国自己的国家形象。

（一）构建高质量的国际传播平台

建设信息量大、影响力强、覆盖全球的一流国际媒体是构建对外传播平台的重要举措。与中国日益提高的国际地位和国际影响力相比，中国对外传播力量仍显不足，对海外受众的覆盖率远远不够，缺乏相应的国际话语权，"西强我弱"的国际舆论格局并没有根本改变。2012 年的调查显示，美国和西方主要国家利用广播、卫星电视、互联网等新兴传媒，建立了对我国全方位、立体式的

---

① 邓建国：《媒介融合：受众注意力分化的解决之道——兼与"反媒介融合论"商榷》，载于《新闻记者》2010 年第 9 期。

② 盛阳：《全球传播与政治经济学的互构与重校：一种传播思想史的理论评述》，载于《全球传媒学刊》2020 年第 4 期。

舆论网。① 美国之音广播电台（VOA）、自由亚洲电台（RFA）、英国广播公司（BBC）、德国之声（DW）、法国国际广播电台（RFI）和日本广播协会（NHK），在我国周边地区设立几十座转播台和上百个频率对我国进行意识形态领域的宣传。面对种种挑战，加强我国对外传播工作的地位和作用显得更加重要。要使我国在当前复杂的国际传播格局中变被动为主动，必须要大力建设国际一流媒体。国家级电视台、广播台、新闻社、出版社等媒体在打造国际一流媒体中肩负重任。2016 年 12 月，中国对外电视传播机构——中国国际电视台（CGTN）成立。中央广播电视总台（CMG）由原中央电视台（CCTV）、中国国际电视台（CGTN）、原中央人民广播电台（CNR）、原中国国际广播电台（CRI）于 2018 年 3 月合并组建，由中共中央宣传部领导。对内保留原呼号，对外统一呼号为"中国之声"（VOC）。近年来，中央电视台提出了"扩大覆盖面、提高收视率，夺取视频国际话语权，建设国际一流强台"的新目标。着力构建覆盖五大洲的传播平台。当前中央电视台拥有中文、英语、西班牙语、法语、俄语、阿拉伯语、葡萄牙语 7 个语种的国际频道。英语国际频道分亚、欧、美三版播出，涵盖 7 个主要语种 10 余个国际频道，覆盖全球 140 多个国家、全球人口的 4/5，形成多语种、信息量大、覆盖全球，拥有亿万海外观众的电视对外传播大格局。要增强对外传播能力，还必须整合网络、电视、电台、新闻社、出版社等多种传媒，打造国际传播旗舰。2020 年 11 月 19 日，中央广播电视总台"系列时政微视频《总书记指挥这场人民战争》""与疫情赛跑——'两神山'"等系列慢直播被评为 2020 中国新媒体战"疫"精品案例。

（二）提升新媒体的国际传播能力

要适应新形势，大力推动新媒体在对外传播中的发展和运用，提高新媒体的国际传播能力。新媒体是新的技术支撑体系下出现的媒体形态，如数字杂志、数字报纸、数字广播、手机短信、移动电视、网络、桌面视窗、数字电视、数字电影、触摸媒体等。相对于报刊、户外、广播、电视四大传统意义上的媒体，新媒体被形象地称为"第五媒体"。新媒体的出现，极大地突破了传统媒体在国外的障碍和限制，成为展现中国形象、传播中国声音、扩大中国影响、提高中国软实力的重要平台和窗口。新媒体环境下，一个国家的国际传播及其软实力的建构与先前有一个非常大的不同在于更有利于实现双向、多向的沟通，传统的国际传播大体上都是通过电视、广播、报纸等媒体进行的，这些媒体与新媒体的天然"双

---

① 新闻战线"三项学习教育"活动领导小组办公室：《"三项学习教育活动"辅导读本》，新世界出版社 2012 年版，第 256 页。

向性""交互性"相比，不能最大限度体现"沟通与反馈"的第一时间性及多元性。近年来，我国新媒体在对外传播中的作用日益凸显。中国电视长城欧洲平台进入了法国的主流社会，北美平台已经成为最大的国际平台，央视网通过网络电视、手机移动、多媒体等新媒体终端向全球网民直播重大活动，并与移动运营商合作，覆盖了全球数千万苹果手机用户和安卓手机用户。国际在线（www. cri. cn）于 1998 年 12 月 26 日正式发布，是由中央广播电视总台主办的以"国际传播"为特点的中央重点新闻网站，通过 44 个语种以及广、客、闽、潮 4 种方言向全球传播中国信息[1]，受众遍布全球五大洲 180 多个国家和地区，是全球语言种类最多、传播地域最广、影响人群最大的多语种、多应用、多终端网站集群。[2]《2020 年中央广播电视总台创新研究报告》显示，在自有 App 产品上，38 家广电机构持续运营的自有 App 数量超 220 款，下载量过亿的有 8 款，其中总台就有 5 款 App 累计下载量过亿。在微博端，总台 2020 年上半年活跃账号共获得超 8 亿人次互动，排名首位；在微信端，总台 2020 年上半年获得的累计阅读量超 13 亿人次，位列榜首；在 38 家广电机构的近 1 500 个活跃官方公众号中，总台 2020 年上半年获得的累计阅读量超 13 亿人次，位列榜首；总台的"央视新闻""央视财经""央视网""新闻联播" 4 个微信公众号的累计阅读量均过亿，这些公众号共计发文超 1 万篇，累计阅读量超 8 亿，阅读量"10 万"的文章数达 5 320 篇，其中"央视新闻"公众号累计阅读量超 3.5 亿；在短视频领域，截至 2020 年 6 月 30 日，总台共有 9 个粉丝量千万级以上的头部（短视频）账号，其中"央视新闻"抖音、快手号粉丝量分别为 8 600 万和 4 200 万，在总台账号中位列前茅，9 个账号上半年累计获得近 30 亿人次互动。在春节、新冠疫情防控等重大时间节点，总台融合传播数据亦均创新高。数据显示，2020 年的总台春晚，海内外观众总规模达 12.32 亿人，相对去年提升约 5 900 万人，其中新媒体端直播用户规模为 6.06 亿人，相比去年增加了 7 900 万人。用户通过总台新媒体平台及快手、腾讯、爱奇艺、优酷、微博等第三方合作平台对春晚内容的点播总到达人次为 30.66 亿次。疫情期间，总台在新浪微博、B 站、抖音、快手等新型社交媒体积极进行跨平台融合传播，成绩显著。就最具"破圈"价值的 B 站而言，截至 2020 年 3 月 9 日，总台在 B 站上传发布 275 个疫情报道相关视频，单个视频最高点击量 410.7 万，最高弹幕量 7.3 万，同时打出移动直播、视频产品、互动活动等一系列"组合拳"，积极抢占年轻人的"注意力"，提高了新媒

---

① 中央广电总台国际在线：《国际在线》，2018 年 10 月 25 日，https：//news. cri. cn/20181025/3c9752d3 – ff8e – b40b – 63a4 – 402d59dd11c3. html。

② 中央广电总台国际在线：《国际在线介绍》，2019 年 10 月 21 日，https：//ge. cri. cn/20191021/e18ba5a3 – 5e55 – 850d – c095 – b31edd47532c. html。

体的影响力。①

（三）积极推进融媒体的国际传播

我们还要加大支持力度，充分调动全国各地电台、电视台发展新媒体的积极性，把传统媒体融入新媒体，将我们的图像、声音、文字和信息更广泛地传播到世界各地，大力增强我国融媒体的国际传播能力。当前，新媒体平台因其具有的受传一体化、去中心化、多形式呈现能力、多节点情感互动等众多特点，成为现阶段公共外交的一个全新平台。将传统媒体融入新媒体，不仅有助于带动和促进传统媒体的发展，利用传统媒体的资源和市场，增强新媒体传播的权威性和影响力，还有利于发挥新媒体的创造性，打造信息化条件下新媒体引导舆论发展的舆论生态新格局。用好新媒体主导的融媒体平台，有利于舆论引导能力发展的传承与创新，更好地讲好中国故事、传播中国声音、展现中国形象，增进中国人民与世界各国人民之间的相互理解，从而为中国赢得更多的国际认同与支持，创造有利于中国发展的良好的国际舆论环境。

三、加强文化设施建设

开发软实力建设的物力资源，加强软实力建设的物质保障，就要大力加强文化设施建设。文化设施涉及软实力建设的硬投入。文化是软实力，文化设施则是硬实力，加强文化设施建设可以有力支撑、保障和促进国家的软实力建设。

（一）加强重点文化设施建设

国家重点文化设施是我国促进文化繁荣发展、对外文化交流、展示国家形象的重要窗口，是我国灿烂悠久的历史文化和不断发展的现代文化与世界文化交融的重要平台，也是集中体现和重点展示我国文化软实力的重要支撑。在社会整体性的文化基础设施建设中，国家级的文化工程最为现代、最有气势、最具规模、最富实力，最有支撑和引领作用，因而具有不可动摇的首要地位。因此，加强文化设施建设，就要优先加强国家重点文化设施建设。

如果说完善城乡公共文化服务体系的目的在于着力夯实我国软实力的"塔基"，那么国家级重点文化建设工程则着力打造我国软实力的"塔尖"。改革开放以来特别是党的十八大以来，全国已建成的公共文化设施当中，就有国家大剧

---

① 《重磅！2020年中央广播电视总台创新研究报告》，人民网，2020年12月23日，http：//gd.people.com.cn/n2/2020/1223/c123932-34490086.html。

院工程、国家图书馆二期工程、梅兰芳大剧院等一批高起点、高科技、高标准的代表国家文化形象的重点文化设施。党的十七届六中全会作出《中共中央关于深化文化体制改革，推动社会主义文化大发展大繁荣若干重大问题的决定》以来，我国重点文化设施建设进入历史上发展速度最快、上马项目最多、投资规模最大的时期。借助 2008 年北京奥运会和 2010 年上海世博会召开的契机，我国重点文化设施的建设进入了加速发展阶段，一大批代表世界一流水平的比赛场馆和国家级文化设施的相继落成和对外开放，向世界各国人民充分展示了中华文化的博大精深和现代气息，生动形象地诠释了我国的软实力。

除了国家大剧院、国家图书馆、中国美术馆、梅兰芳大剧院等一批国家重点文化工程外，国家还投入巨资扩建改建了国家博物馆这一重点文化工程。国家博物馆是我国规模最大、规格最高的综合性国家级博物馆，是代表国家形象的重要标志性文化设施。国家博物馆由原中国历史博物馆和中国革命博物馆合并而成，原建筑建于 1959 年，总建筑面积 6.5 万平方米。受历史条件限制，其规模、功能布局、建筑技术和设备条件均不能适应国家博物馆发展的需要，严重制约了其业务开展和日常使用。党中央、国务院高度重视国家博物馆建设工作。2006 年11 月，国务院正式批准了国家博物馆改扩建工程可行性研究报告。建设方案为保留原建筑物南、西、北三面并进行加固改造，同时拆除东部和中部建筑并进行扩建，项目总占地面积 7 万平方米，建筑面积 19.19 万平方米，其中新建部分总面积为 15.39 万平方米。[1] 2011 年 2 月，国家博物馆改扩建工程正式完工。建成后的国家博物馆由文物保管区、展陈区、社教区、学术研究区、公共活动区、休闲服务区、行政业务办公区等部分组成，成为历史与艺术并重，集收藏、考古、研究、展示于一体的综合性博物馆。国家博物馆的建成，对于人们了解中国革命的历史和文化，传承中国革命的优良传统，弘扬革命先烈的崇高精神和价值追求，具有不可替代的重要作用。

我国重大文化工程建设纳入了国家发展规划，受到国家政策的有力支持。《国家"十三五"时期文化发展改革规划纲要》明确指出要推动国家级重大文化设施建设的实施，推动国家美术馆、中国工艺美术馆、"平安故宫"、中国国家画院、国家图书馆国家文献战略储备库、国家自然博物馆、中国新闻博物馆、中国民族博物馆等重大文化设施建设项目，推动国家级文艺院团重点建设项目。[2] 国家《"十四五"文化产业发展规划》强调，要支持文化文物单位、景区景点、主

---

① 《国务院批准国家博物馆改扩建工程可行性研究报告》，中华人民共和国文化和旅游部网站，2006年 12 月 25 日，http://zwgk.mct.gov.cn/zfxxgkml/qt/202012/t20201206_918483.html。

② 国家发展和改革委员会：《"十三五"国家级专项规划汇编》（上），人民出版社 2017 年版，第393 页。

题公园、园区街区等运用文化资源开发 100 个以上沉浸式体验项目，丰富体验内容，发展沉浸式演艺、沉浸式展览、沉浸式娱乐体验等业态，鼓励沉浸式体验与城市综合体、公共空间、旅游景区等相结合；推动数字技术与艺术创作、传播、展示更好结合，培育 100 个以上数字艺术体验场景，开发全息互动投影、无人机表演、夜间灯光秀等产品，以数字化技术和艺术生动展示中华文化。[①] 国家《关于 2022 年国民经济和社会发展计划执行情况与 2023 年国民经济和社会发展计划草案的报告》明确指出，大力发展社会主义先进文化，实施文化保护传承利用工程，加大文物和文化遗产保护力度，健全现代公共文化服务体系，推进实施国家文化数字化，创新实施文化惠民工程，建好用好国家文化公园，推动智慧广电、智慧旅游建设，促进文化和旅游深度融合发展。[②] 国家发展规划对公共文化服务体系的谋划和支持，既一以贯之，又与时俱进，有力地推动了我国的文化发展和软实力建设。

举全国之力，重点建设一批世界一流的国家级文化建设工程，不仅充分彰显了我国经济社会发展的硬实力，而且也是提升我国软实力的重要举措。这些国家重点文化建设工程的启动和建设，不仅能形成代表我国文化建设最高成就的标志性文化设施，而且必将为进一步提升我国软实力打下坚实的基础，为中华文化的发展和世界文明的进步做出重要贡献。

（二）推进海外文化设施建设

海外文化设施是我国实施文化"走出去"战略的重要物质载体，也是扩大中华文化国际影响力的重要窗口。近年来，随着对外文化传播的发展，我国相继建设了一批海外文化设施，对于进一步加强中国文化的对外交流，改善我国的国际形象，提升我国的软实力起到了推动作用。

海外中国文化中心是树立我国良好的国家形象，展现和昭示我国优秀文化成果和先进文化前进方向，巩固和发展我国与驻在国人民之间友好关系的重要文化交流场所，是开展文化外交工作的前沿阵地。设立海外中国文化中心是实施中华文化"走出去"战略的重要举措。我国已与 50 多个国家签订了互设文化中心的备忘录或确定了意向，并陆续建设了埃及、马耳他、韩国、法国、德国等国家的中国文化中心，驻外使馆甲类文化处的整体维修改造也相继启动。其中，法国巴

---

① 《文化和旅游部关于印发〈"十四五"文化和旅游发展规划〉的通知》，中华人民共和国文化和旅游部网站，2021 年 4 月 29 日，http：//zwgk. mct. gov. cn/zfxxgkml/ghjh/202106/t20210602_924956. html。

② 《关于 2022 年国民经济和社会发展计划执行情况与 2023 年国民经济和社会发展计划草案的报告》，国家发展和改革委员会网站，2023 年 3 月 16 日，https：//www. ndrc. gov. cn/fzggw/jgsj/zys/sjdt/202303/t20230316_1351105. html。

黎中国文化中心占地 1 337 平方米，有一栋 1 860 平方米的旧楼以及 860 平方米空地。在对旧楼进行装修改造使之符合文化中心的使用要求之后，还在院内新建一栋约 2 000 平方米的新楼。① 新楼工程于 2017 年提上日程，于 2018 年下半年开工。德国柏林中国文化中心占地面积 1 093 平方米，建筑面积 2 500 平方米。2007 年 3 月，柏林中国文化中心工程竣工。韩国中国文化中心占地 588 平方米，包括一栋 1 743 平方米的 6 层旧楼和 245 平方米的广场。中心对旧楼重新进行了功能布局划分和装饰装修，改造后建筑面积达 2 000 余平方米，于 2004 年竣工并投入使用。毛里求斯中国文化中心工程总建筑面积 4 395 平方米，于 2006 年 11 月开工建设，2008 年初竣工投入使用。泰国曼谷中国文化中心占地面积 7 344 平方米，新建工程总建筑面积 4 000 平方米，于 2012 年竣工并正式投入使用。② 这些海外文化中心的建设，对于全面实施中华文化"走出去"战略，加强中国文化的对外传播与交流，创造了良好的物质文化条件，已经并将继续促进中国文化的对外传播和中华文化影响力的提升。

进入 21 世纪后，中国综合国力与国际地位日益提高，这为汉语的国际推广提供了难得的战略机遇，也对对外汉语教学提出了更高要求。此外，由于学习汉语热不断升温，国内外已有的汉语教学机构和资源储备远远无法满足日益增长的需求。在这种形势下，中国教育部和国家对外汉语教学领导小组自 2002 年开始酝酿借鉴各国推广本民族语言的经验，在海外设立语言推广机构。2004 年 3 月，国务委员陈至立将中国设在海外的语言推广机构正式定名为"孔子学院"。2005 年 7 月，首届世界汉语大会在京召开，向全球 25 所"孔子学院"授牌。此后，孔子学院项目得到许多国家的响应和支持，发展迅速。《中国语言文字事业发展报告（2020）》显示，我国已累计在 162 国建立 550 所孔子学院、1 172 个孔子课堂。全球共有 750 万人参加各类汉语考试，新增考点 88 个。全球共有 8 万多所各级各类学校开展中文教育，学生超过 2 500 万，除中国外各国学习和使用中文人数约 1.1 亿。③ "孔子学院"已成为当代中国"走出去"的文化符号，成为展现中国"软实力"的最亮品牌。

《国家"十三五"时期文化发展改革规划纲要》提出加强与"一带一路"沿线国家文化交流合作，继续推进海外文化设施的建设，提高文化开放水平。我国积极推动丝绸之路国际剧院、博物馆、艺术节、图书馆、美术馆等联盟建设。截

---

① 《法国巴黎中国文化中心扩建工程主体结构完成》，中华人民共和国文化和旅游部网站，2008 年 4 月 22 日，https://www.mct.gov.cn/whzx/bnsj/cws/200804/t20080422_827634.htm。

② 《文化设施建设成就显著》，中华人民共和国文化和旅游部网站，2008 年 6 月 20 日，https://www.mct.gov.cn/whzx/bnsj/cws/201111/t20111128_827664.htm。

③ 国家语言文字工作委员会：《中国语言文字事业发展报告（2020）》，商务印书馆 2020 年版，第 149 页。

至 2023 年，丝绸之路国际剧院、博物馆、艺术节、图书馆、美术馆联盟成员单位已超过 500 家。① 举办第 4 届丝绸之路（敦煌）国际文化博览会和第 9 届敦煌行·丝绸之路国际旅游节。推进"全球汉籍合璧工程"，推动海外中华古籍数字化回归和重点古籍保护工作。遴选扶持 45 个"一带一路"文化产业和旅游产业国际合作重点项目，在俄罗斯、越南等 10 多个国家陆续实施。②

事实表明，我国对外开放的扩大，推动了我国文化"走出去"和海外文化设施的建设。而海外文化设施建设的加快，又更好地服务了我国对外开放和文化"走出去"的发展战略，有力地促进了中国的国家软实力和综合国力的提升。

（三）强化文化遗产保护工程

文化遗产是我国历史文化传统的重要载体，蕴涵着中华民族特有的精神价值、思维形式、想象力，体现着中华民族的生命力和创造力，是我国各民族人民智慧的结晶，也是全人类文明的瑰宝。文化遗产是国家软实力构成中的重要组成部分，它承载着文化的历史价值，向世界传递着文化的讯息，是彰显一国软实力的历史活化石。

加紧实施文化遗产保护工程，是传承中华民族优秀文化、强化中华民族情感纽带、维护民族团结和国家统一的重要基础，是维护世界文化多样性和创造性、促进人类文明共同发展的前提，也是增强中华民族自信心、自豪感和凝聚力，扩大中华文化国际影响力和吸引力的重要途径。

作为一个有着五千多年悠久历史的文明国家，我国拥有的文化遗产种类之繁多、内容之丰富，令世界羡慕不已。据 2018 年文化和旅游部公布的数字，中国已登记的不可移动文物近 76.67 万处，可移动文物 1.08 亿件（套），2021 年末全国共有各类文物机构 113 114 个，比上年末增加 752 个。其中，文物保护管理机构 3 373 个，占 29.8%；博物馆 5 452 个，占 48.2%。③ 1987 年，长城、明清故宫、周口店北京人遗址、秦始皇陵兵马俑坑和敦煌莫高窟首次被列为世界文化遗产。同年，泰山风景名胜区被推选为中国第一个世界文化和自然双遗产。1992年，九寨沟、武陵源、黄龙名胜风景区被列为世界自然遗产。1996 年，庐山被评为世界文化景观；2001 年，昆曲首次被联合国定为人类非物质文化遗产。2006

---

① 《美美与共 让世界文明百花园姹紫嫣红》，央视网，2023 年 6 月 22 日，https://ydyl.cctv.com/2023/06/22/ARTIkVlXFRwb0yK5LxMiX7w6230622.shtml。

② 《中华人民共和国文化和旅游部 2019 年文化和旅游发展统计公报》，中华人民共和国文化和旅游部网站，2020 年 6 月 20 日，http://zwgk.mct.gov.cn/zfxxgkml/tjxx/202012/t20201204_906491.html。

③ 《中华人民共和国文化和旅游部 2020 年文化和旅游发展统计公报》，中华人民共和国文化和旅游部网站，2021 年 7 月 5 日，http://zwgk.mct.gov.cn/zfxxgkml/tjxx/202107/t20210705_926206.html。

年，四川大熊猫栖息基地、中国安阳殷墟分别被评为世界自然遗产和文化遗产；2011 年，杭州西湖被评为世界文化景观；2017 年，"鼓浪屿：历史国际社区"成功入选《世界遗产名录》；2018 年梵净山入选世界自然遗产。中国这些文化遗产的价值和意义受到世界的公认和盛赞。其中，莫高窟取得"东方艺术明珠"之称，九寨沟被誉为"童话世界"，秦始皇陵兵马俑坑有"世界第八奇迹"之誉，昆曲被认为是中国"百戏之祖、百戏之师"。2004 年 7 月，第 28 届世界遗产大会在中国苏州举行，中国当时已拥有 30 处世界遗产，在西班牙、意大利之后，成为世界文化遗产最多的前三名国家。2019 年，良渚古城遗址成功申报世界文化遗产。据《中国世界文化遗产保护状况报告（2021～2022）》显示，截至 2022 年 6 月，我国世界文化遗产总数达到 56 项，居于世界第一。

文化遗产是不可再生的珍贵资源。作为一个文化遗产大国，我国历来重视文化遗产保护。尤其是近年来，随着国力增强和对文化遗产认识的不断深化，这一工作更是得到社会各方面的高度重视，取得了举世瞩目的成绩。但与此同时，我们也应看到，随着经济全球化趋势和现代化进程的加快，我国的文化生态正在发生巨大变化，文化遗产及其生存环境受到严重威胁，文化遗产保护所面临的形势极其严峻。一些历史文化名城（街区、村镇）、古建筑、古遗址、风景名胜区整体风貌和红色文物遭到破坏。文物非法交易、盗窃和盗掘古遗址、古墓葬以及走私文物的违法犯罪活动在一些地区还没有得到有效遏制，部分珍贵文物流失境外。由于过度开发和不合理利用，许多重要文化遗产消亡或失传。在文化遗存相对丰富的少数民族聚居地区，由于人们生活环境和条件的变迁，民族或区域文化特色消失加快。一些堪称各民族思想、感情美丽结晶的艺术精品、传统工艺在悄无声息的消逝。因此，我国文化遗产保护面临重大考验，加强文化遗产保护刻不容缓。

针对这一情况，国务院早在 2005 年 12 月 22 日便下发了《关于加强文化遗产保护工作的通知》，其中指出：文化遗产保护，一要切实做好文物调查研究和不可移动文物保护规划的制定实施工作。加强文物资源调查研究，并依法登记、建档。在摸清底数的基础上，分类制定文物保护规划，认真组织实施。国务院文物行政部门要统筹安排世界文化遗产、全国重点文物保护单位保护规划的编制工作，省级人民政府具体组织编制，报国务院文物行政部门审查批准后公布实施。国务院文物行政部门要对规划实施情况进行跟踪监测、检查落实。要及时依法划定文物保护单位的保护范围和建设控制地带，设立必要的保护管理机构，明确保护责任主体，建立健全保护管理制度。其他不可移动文物也要依据文物保护法的规定制定保护规划，落实保护措施。坚决避免和纠正过度开发利用文化遗产，特别是将文物作为或变相作为企业资产经营的违法行为。二要改进和完善重大建设工程中的文物保护工作。严格执行重大建设工程项目审批、核准和备案制度。凡涉及文物保护事项的基本建设项目，必须依法在项目批准前征求文物行政部门的意见，在进行必要的考古勘探、发掘并落实文物保护措施以后方可实施。基本建设项目中的考古发掘要充分考虑文物保护工作的实际需要，加强统一管理，落实审批和监督责任。三要切实抓好重点文物维修工程。统筹规划、集中资金，实施一批文物保护重点工程，排除重大文物险情，加强对重要濒危文物的保护。实施保护工程必须确保文物的真实性，坚决禁止借保护文物之名行造假古董之实。要对文物"复建"进行严格限制，把有限的人力、物力切实用到对重要文物，特别是重大濒危文物的保护项目上。严格工程管理，落实文物保护工程队伍资质制度，完善从业人员管理制度，建立健全各类文物保护技术规范，确保工程质量。四要加强历史文化名城（街区、村镇）保护。进一步完善历史文化名城（街区、村镇）的申报、评审工作。已确定为历史文化名城（街区、村镇）的，地方人民政府要认真制定保护规划并严格执行。在城镇化过程中，要切实保护好历史文化环境，把保护优秀的乡土建筑等文化遗产作为城镇化发展战略的重要内容，把历史名城（街区、村镇）保护规划纳入城乡规划。相关重大建设项目，必须建立公示制度，广泛征求社会各界意见。国务院有关部门要对历史文化名城（街区、村镇）的保护状况和规划实施情况进行跟踪监测，及时解决有关问题；历史文化名城（街区、村镇）的布局、环境、历史风貌等遭到严重破坏的，应当依法取消其称号，并追究有关人员的责任。[1]

《国家"十三五"时期文化发展改革规划纲要》强调要大力强化全社会文物保护意识，加强世界文化遗产、文物保护单位、大遗址、国家考古遗址公园、重要工业遗址、历史文化名城名镇名村和非物质文化遗产等珍贵遗产资源保护，推动遗产资源合理利用。加强馆藏文物保护和修复。建立健全国家文物督察制度，完善文物登录制度。规范文物流通市场，加大非法流失海外中国文物追索力度。加强考古发掘和整理研究。健全非物质文化遗产保护制度。加强国家级文化生态保护实验区建设，支持非物质文化遗产展览、展示、传习场所建设。推进非物质文化遗产生产性保护。[2]《中华人民共和国文化和旅游部2019年文化和旅游发展统计公报》明确指出要加大非遗代表性项目和代表性传承人保护力度，制定非物质文化遗产传承发展工程实施方案、非物质文化遗产保护专项规划（2019—2025年）、曲艺传承发展计划。继续实施中国传统工艺振兴计划，加强传统工艺工作

---

[1] 《国务院关于加强文化遗产保护的通知》，中国政府网，2005年12月22日，http://www.gov.cn/zhengce/content/2008-03/28/content_5926.htm。

[2] 国家发展和改革委员会：《"十三五"国家级专项规划汇编》（上），人民出版社2017年版，第396页。

站建设，新设立四川凉山传统工艺工作站，助力当地传统工艺振兴和脱贫攻坚，工作站累计达到15个。支持10个"非遗+扶贫"重点地区推进非遗助力精准扶贫工作，设立非遗扶贫就业工坊156家，举办各类非遗助力精准扶贫培训840余次，培训学员1.9万人。进一步加强国家级非物质文化遗产保护利用设施建设，2019年全年共安排中央预算内投资2.01亿元，支持建设了26个国家级非物质文化遗产保护利用设施，有效推动了非物质文化遗产保护传承与经济社会发展的有机结合。全国共有非物质文化遗产保护机构2 453个，从业人员17 032人；全年全国各类非物质文化遗产保护机构举办演出71 903场，比上年增长9.7%；举办民俗活动16 987次，比上年增长0.8%；举办展览19 584场，比上年增长3.6%。①加强文物科技创新，实施中华文明探源和考古中国工程，开展中华文化资源普查，加强文物和古籍保护研究利用，推进革命文物和红色遗址保护，完善流失文物追索返还制度。建设长城、大运河、长征、黄河等国家文化公园，加强世界文化遗产、文物保护单位、考古遗址公园、历史文化名城名镇名村保护。健全非物质文化遗产保护传承体系，加强各民族优秀传统手工艺保护和传承。

2019年，《中央办公厅、国务院办公厅关于加强文物保护利用改革的若干意见》（以下简称《意见》）明确要求各地落实文物行政执法责任、职责分工和协同机制。提升文物保护管理效能，推动国务院核定公布第八批762处全国重点文物保护单位。②《意见》还要求公布长城保护总体规划，建立长城保护传承利用长效工作机制。继续实施"国家古籍保护工程"。启动西藏布达拉宫古籍文献保护利用工程。推进革命文物保护利用工程，公布第一批革命文物保护利用片区分县名单，印发革命旧址保护利用导则，编制红军长征湘江战役烈士纪念设施保护总体规划，开展北京香山革命纪念地和闽西、金寨、阿坝革命文物保护工程，全面开放延安鲁艺旧址。根据第三次全国文物普查及第一次全国可移动文物普查数据，全国共有可移动文物1.08亿件/套，不可移动文物76.7万处。2019年末全国共有各类文物机构10 562个。其中，文物保护管理机构3 518个，占33.3%；博物馆5 132个，占48.6%；全国文物机构拥有文物藏品5 130.19万件，比上年末增加166.57万件/套，增长3.4%。其中，博物馆文物藏品3 955.38万件/套，占文物藏品总量的78.0%；全国各类文物机构共举办陈列展览30 728个，比上年增加2 809个。其中，基本陈列15 038个，比上年增加1 362个；临时展览

---

① 《中华人民共和国文化和旅游部2019年文化和旅游发展统计公报》，中华人民共和国文化和旅游部网站，2020年6月20日，http://zwgk.mct.gov.cn/zfxxgkml/tjxx/202012/t20201204_906491.html。

② 《国务院关于核定并公布第八批全国重点文物保护单位的通知》，中国政府网，2019年10月16日，http://www.gov.cn/zhengce/content/2019－10/16/content_5440577.htm。

15 690 个，比上年增加 1 447 个。① 这些文化遗产体现着中华民族博大精深的文明和对人类文化的巨大贡献，而红色文化遗产则体现了中国共产党人百年来筚路蓝缕、浴血奋战的奋斗历程和伟大精神。实施文化遗产包括红色文化遗产的保护工程，促进文化遗产包括红色文化遗产的保护、开发和利用，有助于激励中国人民尤其是青年一代传承中华优秀传统文化和中国革命红色文化，弘扬以爱国主义为核心的民族精神，自强不息、奋发有为，为实现新时代的新使命而不懈奋斗。

第五节　软实力建设的有效整合

软实力建设的成效关键在于力量整合。软实力建设的力量源于领导力量和人力资源、财力资源、物力资源的有效整合。软实力建设的力量整合，旨在塑造协同性、系统性、整体性的合力生成体系，不断增强软实力建设的合力。软实力建设的力量整合，既要求我们从关系的视角理清各力量间的相互作用，也要从过程的视角推进人、财、物因素的协同运用。因此，要坚持以党的领导为核心，以人力建设为根本，以财力建设为保障，以物力建设为基础，不断增强软实力建设的力量整合。

一、坚持以党的领导为整合的核心

软实力建设是一项全局性、系统性、战略性的工程，整合软实力建设力量需要一个领导核心来总揽全局、协调各方。中国共产党作为软实力建设的核心领导力量，决定着软实力建设的方向与布局，决定着软实力建设资源的合理配置。坚持党的领导，有利于把握软实力建设的方向，加强软实力建设力量的协调，不断增强软实力建设的合力。

（一）党的领导引领建设方向

党政军民学，东西南北中，党是领导一切的。软实力建设也要始终坚持党的全面领导。党的全面领导从全局、大局的高度，为软实力建设的力量整合确定科学、清晰的目标和正确、明晰的方向，引领整个力量整合工程稳步推进。

---

① 《中华人民共和国文化和旅游部 2019 年文化和旅游发展统计公报》，中华人民共和国文化和旅游部网站，2020 年 6 月 20 日，http://zwgk.mct.gov.cn/zfxxgkml/tjxx/202012/t20201204_906491.html。

软实力建设力量整合，既是一个思想整合过程，也是一个行动整合过程。它首先要回答"往哪整合"的方向性、根本性问题。党作为软实力建设的核心领导力量，自然也是力量整合的核心主体。党自身的先进性、科学性，决定了其能立足全局确定软实力建设的目标、指引软实力建设的方向，其政治领导力、思想引领力的发挥，进一步推动软实力建设目标与方向获得广大人民群众的认同。同时，在软实力建设过程中，国内外政治局势、经济社会发展条件等因素广泛而深刻地影响着战略决策与实施，必须审时度势地调整软实力建设目标与方向。这就需要党以敏锐的战略眼光对软实力建设谋篇布局，及时整合、优化目标任务，凝聚全党全社会的思想共识，引领软实力建设的战略方向，统筹软实力建设的战略力量。坚持党的领导，各方力量便有了一致的整合方向和汇聚的核心焦点。新时代，推进我国软实力建设力量的整合，就要沿着对内坚持人民至上、共同富裕，对外坚持和平发展、合作共赢的方向，整合软实力建设的力量，不断增强我国软实力建设的内部凝聚力和外部吸引力，更好地提升我国软实力建设的整体合力。

（二）党的领导加强组织协调

严密的组织体系是党的政治优势，也是软实力建设的强大优势。"党的力量来自组织。党的全面领导、党的全部工作要靠党的坚强组织体系去实现。"[①] 整合软实力建设力量，根本上要靠党的组织体系动员、组织、协调、凝聚各方力量。

软实力建设目标与任务一经提出，并不是自然而然地发挥整合作用，自动地变成建设主体的整合行动，而是要靠党的组织体系层层落实整合责任与任务，以党的系统化领导统领整合工作。首先，各级党组织作为协调各方力量的核心，以强大的号召力、组织力，动员、组织各方人力、物力、财力资源，使分散的力量有序整合为功能适配、结构合理的力量体系，形成新的合力。其次，党组织领导、管理、监督职能的发挥是软实力建设目标、方案实施的前提条件，也是力量整合的必要保证。软实力建设的力量整合，需要改变各自为政、杂乱无章的碎片化状态，保证软实力建设的作用方向一致，需要党的组织协调政党、政府、社会多重力量主体，协同各类软实力建设平台与机构，创新管理方法，构建整合机制，推进力量整合过程规范化、制度化、长效化。

（三）党的领导整合建设资源

党的领导是整体性领导，既着眼全局对软实力建设的不同力量进行战略布

---

① 《习近平新时代中国特色社会主义思想学习纲要》，人民出版社 2019 年版，第 230 页。

局，也要聚焦各领域、各方面的建设资源进行统筹协调。党对软实力建设的力量整合，包括整合与调配两个辩证统一的过程，整合旨在将各方力量集中，调配则是对建设资源的均衡化、科学化调度与分配。

资源具有稀缺性，用于软实力建设的人力资源、财力资源、物力资源同样是有限且不均衡的。各种力量在结构上的不均衡、内部的不协调，必然会影响力量整合的效果。因此，整合过程中要有目的、有计划地调配力量资源。在党的统一领导下，对软实力资源的配置才能真正做到全国上下一盘棋，更具有战略性与科学性，使各种资源各有侧重地运用于特定领域与项目，并形成投放结构的最优化与效益发挥的最大化。首先，党对大型、重点项目可以集中统一调配资源。软实力建设是战略性工程，核心任务、重大项目的落实需要领导力量最大化，集中资源提供坚强保障，而在应对重大困难、风险时也需要党集中优势力量掌舵领航。其次，党对软实力建设的短板和薄弱链条可予以重点支持。硬实力、软实力建设在地区、城乡间的差异需要依靠党从制度上、政策上给予扶持与倾斜，见效慢但极具潜力的项目也需要党进行资源补充与协调。

在软实力建设的力量整合中，党的领导是指挥棒、调节器。确保党在软实力建设中的核心领导地位，贯彻党的全面、系统、整体领导，才能充分发挥党的领导力、凝聚力、执行力，有效整合软实力建设的人力、财力、物力。

二、坚持以人力建设为整合的根本

人是最根本的因素，人的主体性是力量整合的根本前提。党的软实力建设方案最终由人来决策、实施、落实。软实力建设的力量整合，归根到底是在党的领导下，以人力作为主体力量，对物力、财力等其他力量进行整合运用。就过程而言，软实力建设力量整合实质上是激活人力资源，发挥其主体性的过程，是以人力建设为根本，从而使物尽其用、人尽其责，寻求力量整合最优解的过程。

（一）人力激活推动战略实施

人是软实力建设力量整合的决策者、实施者，但人的主体性是内隐性力量，主体性发挥的程度取决于人自身是否意识到主体性，是否有意识激发、发挥其主体性。各种人力资源构成了软实力建设的人力系统、人才储备，而要充分发挥人才的主体性作用，首先要激活人力，让现实的、潜在的人力资源转化为推动软实力建设的现实力量。

我国是人力资源大国，但软实力建设方面的创新人才、创意人才却相对缺乏。由于既有的人才激励管理措施尚不健全，相当一部分人力资源并未被充分开

419

发运用，因此，要加大软实力建设创新人才、创业人才的激励力度。一方面，激励现有的人力发挥主体性，有助于高效组织利用人力资源，积累软实力建设的人力资本，可使人才力量进一步转化为物质力量，为软实力建设力量整合提供支撑。另一方面，激活潜在的人力资源，能够广泛凝聚更高素质、更具创意的人才加入软实力建设队伍，由被动的参与者转为主动建言献策、躬身力行的主体，自觉发挥主体性，推动软实力建设的战略实施与政策执行。

（二）人力合作增进资源整合

人力资源是有限的，但人的潜力是无限的。软实力建设力量整合中的人力建设，不仅仅是开发人力，其核心目标是人力资源结构的重组优化。力量整合也是以人力建设为根本的整合，带动软实力建设中财力、物力相协调、相统一。

人力资源内部结构的整合优化，有利于充分发挥人力资源的潜能，变精神力量为物质力量。软实力建设涵盖多领域、多层次、多环节，官方力量与民间力量、个体力量与群体力量、理论人才与实务人才需要彼此互补、有机结合。经营管理人才、文化创新人才、创意产业人才、对外传播人才和民间交流人才，这些不同类型的人才在软实力建设中具有不同的作用。软实力的人力整合，一方面要遵循资源互补、专兼协同、功能优化的原则，将人才进行细分整合，建设广泛而稳固、既分工又合作的人力资源网。另一方面要进一步促进不同类型的人才在信息、技术共享基础上认同力量整合的目标，达成软实力建设的共识与合作。人力合作不仅能整合人的力量，也会促进物力、财力等多方资源的高效整合运用。

（三）人力培育促进力量再生

软实力建设与发展是需要久久为功、绵绵用力的长期工程，整合软实力建设力量既要高效利用现成的资源与力量，更要着眼未来，培育源源不断的新生力量，尤其要培育高层次人才。人力培育将进一步激活、整合人力资源，推动软实力建设资源结构的整体性优化。

人力资源是软实力建设的力量之源，综合国力竞争、软实力竞争从根本上说是人才竞争，整合软实力建设力量也要从培育人才、争夺人才入手。党和国家着眼软实力建设全局，依托科研机构、教育机构系统性培育大批理论型人才、实务型人才、管理型人才，输送至软实力建设的各条战线与具体岗位。同时，依托党的组织体系以及各种社会组织对各类人才进行科学管理，为软实力建设提供智力支撑和人才保障。同时，我们还需要不断加强对创意人才、创新人才、高精尖人才的培养，通过完善培训与研修体系，为人才提供发展平台，帮助其提高综合能力与素质，激发更大的潜能。此外，培育开发人力资源可以持续性地再生物力与财力资源。人力培育是能力锻造与主体性养成相统一的过程，是让人力成为人才、人尽其用的过程。人的活动"都不是没有自觉的意图，没有预期的目的的"①，各类人才在发挥主体性与创造性的前提下参与软实力建设的同时，必然也将创造新的物力、财力资源。

人力建设将激活人力资源、促进人力合作、培育新生人才各个环节相互贯通，畅通人力资源建设与整合的全过程，有助于形成功能耦合、结构合理的人力资源网络与人才储备体系，为软实力建设力量整合提供强大的主体支撑。

三、坚持以财力建设为整合的保障

软实力建设从上层建筑方面提升国家综合实力，财力建设则从经济基础方面为国家发展提供坚强保障。影响软实力建设的力量来自社会的不同组织，坚实的财力支持是软实力建设实现有效整合的重要方面。

（一）调整财政投入增强建设动力

国家财政投入为软实力建设的有效整合提供动力。实现软实力建设的有效整合，需要充足、动态和持续的财政投入。其一，充分的财政投入为软实力建设的有效整合提供源动力。软实力建设的财政投入涉及文化、教育、外交和公共服务等各个领域，不同领域的基础设施建设、人才培养交流、技术支持开发等，各种资源自身的建设以及资源之间的合作都需要加大整体的财政投入，以保障供给发展的动力。其二，动态的财政投入为软实力建设的有效整合注入持久力。所谓动态的财政投入，即根据不同时期国家软实力建设整合的需求进行动态调整。伴随国际形势的变化与我国社会主要矛盾的转变，软实力建设的不同力量之间的有效整合，需要动态的财政投入进行调节。其三，创新的财政投入为软实力建设的有效整合增强创造力。加大财政资金对软实力创新项目的投入与整合力度，有助于增强软实力创新项目建设整合的实效。针对文化创新、制度创新、外交创新和价值观培育践行创新等不同方面、不同领域的软实力创新建设项目做出科学的财政规划，有助于系统协调财政投入，提高财政的投入产出比，为软实力建设的力量整合提供支撑，增强软实力创新建设的创造力。

（二）完善财政服务激发发展活力

财政服务从实施环节提高软实力建设整合的效率。着力提升财政审批、信息

①《马克思恩格斯选集》第4卷，人民出版社2012年版，第253页。

公开与绩效管理的效率，增强透明度，激发软实力建设力量整合的活力。其一，提升软实力建设财政支持程序的科学化。直接的财政支付、补贴的税收优惠以及引导的产业扶持等财政服务在落实的过程中既要强调高效率，减少复杂程序造成的阻力；又要注重精准度，增加财政政策的针对性。其二，提高软实力建设财政信息公开的透明化。申请、审批与结算等具体流程中各个程序的相关信息应当及时公示。这既有助于公众进行财政监督，减少专项资金的挤占、挪用和虚报等情况。同时，也有助于及时了解民意，根据人民群众对美好生活的需求适时协调软实力建设整合的资源。其三，增强软实力建设财政绩效考核的规范化。保持绩效考核的客观性，注重第三方考核立场的公正性、信息掌握的全面性以及考核指标设计的系统性，保持软实力建设力量整合的活力。

（三）明确财政责任提升使用效益

财政责任从监管环节增强软实力建设整合的实效。进行明确的财政责任划分对职权的正当行使具有重要作用。明确不同层级管理部门的财政责任。中央政府、各级地方政府以及地方各级政府等不同行政单位承担的财政事权和财政支出责任有所差异，应按照软实力建设的不同需求进行具体的权责划分，更好地实现财政在优化资源配置中的作用。要将财政事权和财政支出责任具体化。软实力建设与经济建设、政治建设、文化建设、社会建设和生态文明建设紧密相关，涉及各级行政单位，应尽量减少财政在软实力建设中的交叉重叠，形成权责清晰的财政关系。同时，财政对软实力建设整合不仅起到保障的作用，同时还引领软实力建设资源的流动方向。因而要以制度化的形式将财政事权与财政支出责任加以规范，保障国家软实力建设每个环节财政支持的落实。对涉及软实力建设的财政责任进行详细规定，提高财政管理水平，促进财政功能的有效发挥。

财政是巩固国家政权的重要物质保证，具有调节资源配置的作用。在软实力建设整合的过程中，从财政投入的兜底支持，到财政服务的高效运转，以及财政责任的反向监督，以政策性力量保障资源的有效与合理运用。

四、坚持以物力建设为整合的基础

软实力的建设以一定的物力资源和物力设施为条件，其统筹利用、融合建设以及协调发展构成了软实力建设整合的物质基础。

（一）统筹基础建设提高利用效率

基础设施是助力国家软实力建设整合的基本点。基础设施为社会生产与人民群众生活提供公共服务，满足人民群众对美好生活的向往，推动社会良性运行，提升国家软实力。其中新闻出版、广播电视、博物展馆、动漫文化、休闲旅游、网络技术等社会性基础设施是满足人民群众精神生活需要，促进精神生活共同富裕的基石。为更好发挥基础设施建设的作用，一方面要坚持放眼全局、协作共享的原则，全面而广泛地掌握全国公共文化基础设施现状，统筹各地资源实现共建共享，实现优势互补与经验互鉴。软实力建设还需要协调处理国内外、中西部、城市农村等多重关系，既要加强海外文化设施的管理，又要缩小地区差距，保证基本公共文化服务的均衡发展。另一方面还要坚持因地制宜、因需而动的原则，在遵循基本文化服务标准的前提下，充分发挥地方文化基础设施建设的能动性，开发利用当地文化艺术和文化遗产等特色资源，保持国家软实力建设的特色优势与核心竞争力。同时，还要及时进行公共文化基础设施的迭代更新，满足新时代人民群众不断增长的精神文化需求。

（二） 融合信息技术增强传播效果

软实力的物质资源整合，既要注重基础设施建设，又要重视现代技术力量的开发运用。互联网技术的发展为软实力建设整合创造了新的机遇，教育为软实力建设培养人才，提供强大的智力支持。信息化时代的教育传播，在覆盖群体、影响空间以及呈现方式等方面均有所拓新，提高了教育传播的精准性、时效性与广泛性。新兴网络技术为资源的全面共享和有机协同创造了条件，进而有助于马克思主义大众化的推进、社会主义核心价值观的培育以及中华优秀传统文化的弘扬。新闻媒体是党和人民的喉舌。作为综合国力和国际竞争力的重要组成部分，软实力建设重在对外宣传中的中国声音传播和国家形象塑造。主流媒体对新媒体、自媒体和融媒体等技术的综合运用，国际交流中的中国话语和叙事表达有助于讲好中国故事，传递好中国声音，呈现真实、立体和全面的国家形象。信息传播技术的变革，也为软实力建设整合带来了挑战。在软实力建设的过程中，应立足当前文化、教育、科技、对外交流等各领域技术发展的前沿，培养专业人才把握新时代信息传播和舆论引导规律的意识与能力，不断创新软实力建设的技术手段，提高在国际国内环境中展现软实力的技术能力。

（三） 持续创造产品满足现实需求

软实力建设是国家长期战略，既要有系统规划又要有具体落实。具有强大吸引力与创新力的文化产品，是中国价值的具象承载，其创造与创新是软实力建设各种资源、各种力量的凝结。习近平总书记在中共中央政治局第三十九次集体学习时强调，"中华文明源远流长、博大精深，是中华民族独特的精神标识，是当代中国文化的根基，是维系全世界华人的精神纽带，也是中国文化创新的宝藏"①。持续推出具有国际竞争优势与民族特色的文化产品，既有助于满足人民群众高品质的精神文化生活需要，提升文化自信，也有助于向世界展示中华文明的博大精深，将中国价值的国际传播落小、落细、落实。在软实力建设中，我们要动员多方资源与力量，激发社会创造活力，打造国际一流、具有中国特色的产品与品牌，以独特的品牌理念彰显中国力量，尤其要不断巩固与提升这些产品与品牌的吸引力和影响力。在精神文化产品的生产与创作上，我们既要立足中华优秀传统文化、党的革命文化的创造性继承与创新性发展，不断创作出具有丰富传统底蕴、鲜明民族特色、独特革命基因的文化成果；又要面向国际文化产业竞争的大市场，坚持以当代中国先进文化为引领，不断强化政策支持，深入推进中华优秀文化产品"走出去"战略，向世界展示中国文化的魅力。

---

① 《习近平在中共中央政治局第三十九次集体学习时强调 把中国文明历史研究引向深入推动增强历史自觉坚定文化自信》，载于《人民日报》2022 年 5 月 29 日。

参 考 文 献

［1］艾四林：《"中国梦"与中国软实力》，载于《中国特色社会主义研究》2013 年第 3 期。

［2］陈玉刚：《试论全球化背景下中国软实力的构建》，载于《国际观察》2007 年第 2 期。

［3］陈正良：《中国"软实力"发展战略研究》，人民出版社 2008 年版。

［4］程曼丽：《论我国软实力提升中的大众传播策略》，载于《对外大传播》2006 年第 10 期。

［5］《邓小平文选》第一卷，人民出版社 1994 年版。

［6］《邓小平文选》第二卷，人民出版社 1994 年版。

［7］《邓小平文选》第三卷，人民出版社 1993 年版。

［8］方长平：《中美软实力比较及其对中国的启示》，载于《世界经济与政治》2007 年第 7 期。

［9］韩勃、江庆勇：《软实力：中国视角》，人民出版社 2009 年版。

［10］胡键：《文化软实力研究：中国的视角》，载于《社会科学》2011 年第 5 期。

［11］《胡锦涛文选》第一卷，人民出版社 2016 年版。

［12］《胡锦涛文选》第二卷，人民出版社 2016 年版。

［13］《胡锦涛文选》第三卷，人民出版社 2016 年版。

［14］黄金辉、丁忠毅：《中国国家软实力研究述评》，载于《社会科学》2010 年第 5 期。

［15］《江泽民文选》第一卷，人民出版社 2006 年版。

［16］《江泽民文选》第三卷，人民出版社 2006 年版。

［17］《江泽民文选》第二卷，人民出版社 2006 年版。

［18］蒋英州、叶娟丽：《对约瑟夫·奈"软实力"概念的解读》，载于《政治学研究》2009 年第 5 期。

[19] 蒋英州、叶娟丽：《国家软实力研究述评》，载于《武汉大学学报》（哲学社会科学版）2009 年第 2 期。

[20] 金灿荣、赵远良：《构建中美新型大国关系的条件探索》，载于《世界经济与政治》2014 年第 3 期。

[21] 金筱萍：《论约瑟夫·奈软实力理论的局限性》，载于《江淮论坛》2012 年第 5 期。

[22] 李鹏程：《重视文化"软实力"》，载于《人民日报》2009 年 8 月 21 日。

[23] 李希光：《全球传播时代的议程设置与文化软实力》，载于《中国社会科学报》2009 年 7 月 1 日。

[24] 李希光主编：《软实力与中国梦》，法律出版社 2011 年版。

[25]《列宁选集》第 1 卷，人民出版社 2012 年版。

[26]《列宁选集》第 2 卷，人民出版社 2012 年版。

[27]《列宁选集》第 3 卷，人民出版社 2012 年版。

[28]《列宁选集》第 4 卷，人民出版社 2012 年版。

[29] 刘德定：《当代中国文化软实力研究》，人民出版社 2013 年版。

[30] 刘洪顺：《关于国家文化软实力的几点思考》，载于《理论学刊》2008 年第 1 期。

[31] 刘晓玲等：《文化软实力提升浅论》，湖南人民出版社 2009 年版。

[32] 刘再起、王曼莉：《"一带一路"：中国软实力的"西游"之路》，载于《江汉论坛》2016 年第 6 期。

[33] 刘再起、徐彦明：《软实力是影响国际力量对比的重要因素》，载于《国外社会科学》2011 年第 1 期。

[34] ［美］罗伯特·基欧汉、约瑟夫·奈，门洪华译：《权力与相互依赖》，北京大学出版社 2012 年版。

[35] 骆郁廷：《奥巴马政府的巧实力战略与中美关系》，载于《当代世界与社会主义》2010 年第 5 期。

[36] 骆郁廷等：《文化软实力：战略、结构与路径》，中国社会科学出版社 2012 年版。

[37] 骆郁廷：《论我国软实力的整体优化》，载于《江淮论坛》2012 年第 5 期。

[38] 骆郁廷：《文化软实力：基于中国实践的话语创新》，载于《中国社会科学》2013 年第 1 期。

[39] 骆郁廷：《我国文化软实力的发展战略》，载于《马克思主义研究》2009 年第 5 期。

[40] 骆郁廷：《中国梦与软实力》，江苏人民出版社 2020 年版。

［41］骆郁廷：《综合国力竞争中的软实力建设》，载于《武汉大学学报》
（哲学社会科学版）2010 年第 6 期。

［42］《马克思恩格斯选集》第 1 卷，人民出版社 2012 年版。

［43］《马克思恩格斯选集》第 2 卷，人民出版社 2012 年版。

［44］《马克思恩格斯选集》第 3 卷，人民出版社 2012 年版。

［45］《马克思恩格斯选集》第 4 卷，人民出版社 2012 年版。

［46］《毛泽东选集》第一卷，人民出版社 1991 年版。

［47］《毛泽东选集》第二卷，人民出版社 1991 年版。

［48］《毛泽东选集》第三卷，人民出版社 1991 年版。

［49］《毛泽东选集》第四卷，人民出版社 1991 年版。

［50］门洪华：《中国软实力评估报告（上）》，载于《国际观察》2007 年第
2 期。

［51］门洪华：《中国软实力评估报告（下）》，载于《国际观察》2007 年第
3 期。

［52］门洪华主编：《中国：软实力方略》，浙江人民出版社 2007 年版。

［53］门洪华主编：《中国战略报告·中国软实力的战略思路》，人民出版社
2013 年版。

［54］倪愫襄：《论国家软实力建设中的文化产业建设》，载于《福建论坛》
（人文社会科学版）2010 年第 10 期。

［55］彭新良：《文化外交与中国的软实力：一种全球化的视角》，外语教学
与研究出版社 2008 年版。

［56］齐勇锋、李平凡：《完善公共文化服务体系 提高国家文化软实力》，载
于《中国特色社会主义研究》2012 年第 1 期。

［57］沈壮海、佟斐主编：《吸引力 影响力 文化软实力：中国特色社会主义
文化建设》，武汉大学出版社 2014 年版。

［58］沈壮海：《文化如何成为软实力》，天津教育出版社 2016 年版。

［59］沈壮海：《文化软实力的中国话语、中国境遇与中国道路》，载于《马
克思主义研究》2009 年第 11 期。

［60］沈壮海：《文化软实力及其价值之轴》，中华书局 2013 年版。

［61］沈壮海主编：《软文化·真实力——为什么要提高国家文化软实力》，
人民出版社 2008 年版。

［62］时殷弘：《中国的变迁与中国外交战略分析》，载于《国际政治研究》
2006 年第 1 期。

［63］孙波：《文化软实力及其我国文化软实力建设》，载于《科学社会主

义》2008 年第 2 期。

　　[64] 唐代兴:《文化软实力战略研究》,人民出版社 2008 年版。

　　[65] 唐晋主编:《大国策:通向大国之路的中国软实力 软实力大战略》,人民日报出版社 2009 年版。

　　[66] 唐晋主编:《崛起进程中的中国式软实力》,人民日报出版社 2008 年版。

　　[67] 童世骏:《提高国家文化软实力:内涵、背景和任务》,载于《毛泽东邓小平理论研究》2008 年第 4 期。

　　[68] 童世骏:《文化软实力》,重庆出版社 2008 年版。

　　[69] 王沪宁:《作为国家实力的文化:软权力》,载于《复旦学报》(社会科学版) 1993 年第 3 期。

　　[70] 王义桅:《超越和平崛起——中国实施包容性崛起战略的必要性与可能性》,载于《世界经济与政治》2011 年第 8 期。

　　[71] 王月红:《社会主义核心价值观与中国软实力》,中国经济出版社 2014 年版。

　　[72] 魏恩政、张锦:《关于文化软实力的几点认识和思考》,载于《理论学刊》2009 年第 3 期。

　　[73] 吴旭:《为世界打造"中国梦":如何扭转中国的软实力逆差》,新华出版社 2009 年版。

　　[74] 习近平:《弘扬和平共处五项原则　建设合作共赢美好世界——在和平共处五项原则发表 60 周年纪念大会上的讲话》,人民出版社 2014 年版。

　　[75] 习近平:《论党的宣传思想工作》,中央文献出版社 2020 年版。

　　[76] 习近平:《论坚持推动构建人类命运共同体》,中央文献出版社 2018 年版。

　　[77] 习近平:《深化文明交流互鉴 共建亚洲命运共同体——在亚洲文明对话大会开幕式上的主旨演讲》,人民出版社 2019 年版。

　　[78] 习近平:《思政课是落实立德树人根本任务的关键课程》,人民出版社 2020 年版。

　　[79]《习近平谈治国理政》第一卷,外文出版社 2018 年版。

　　[80]《习近平谈治国理政》第二卷,外文出版社 2017 年版。

　　[81]《习近平谈治国理政》第三卷,外文出版社 2020 年版。

　　[82]《习近平谈治国理政》第四卷,外文出版社 2022 年版。

　　[83] 习近平:《携手共命运 同心促发展——在 2018 年中非合作论坛北京峰会开幕式上的主旨讲话》,人民出版社 2018 年版。

　　[84] 习近平:《携手建设更加美好的世界——在中国共产党与世界政党高

层对话会上的主旨讲话》，人民出版社 2017 年版。

［85］习近平：《携手推进"一带一路"建设——在"一带一路"国际合作高峰论坛开幕式上的演讲》，人民出版社 2017 年版。

［86］习近平：《在党史学习教育动员大会上的讲话》，人民出版社 2021 年版。

［87］习近平：《在教育文化卫生体育领域专家代表座谈会上的讲话》，人民出版社 2020 年版。

［88］习近平：《在网络安全和信息化工作座谈会上的讲话》，人民出版社 2016 年版。

［89］习近平：《在文艺工作座谈会上的讲话》，人民出版社 2015 年版。

［90］习近平：《在哲学社会科学工作座谈会上的讲话》，人民出版社 2016 年版。

［91］习近平：《在中国文联十大、中国作协九大开幕式上的讲话》，人民出版社 2016 年版。

［92］项久雨：《硬实力与软实力的关系之辨》，载于《武汉大学学报》（哲学社会科学版）2010 年第 6 期。

［93］［美］小约瑟夫·奈、［加］戴维·韦尔奇著，张小明译：《理解国际冲突——理论与历史》，上海人民出版社 2018 年版。

［94］肖永明、张天杰：《中国文化软实力研究的回顾与前瞻》，载于《湖南大学学报》（社会科学版）2010 年第 1 期。

［95］熊正德、郭荣凤：《国家文化软实力评价及提升路径研究》，载于《中国工业经济》2011 年第 9 期。

［96］阎学通、徐进：《中美软实力比较》，载于《现代国际关系》2008 年第 1 期。

［97］艺衡：《文化主权与国家文化软实力》，社会科学文献出版社 2009 年版。

［98］俞新天：《软实力建设与中国对外战略》，载于《国际问题研究》2008 年第 2 期。

［99］［美］约瑟夫·奈著，门洪华译：《硬权力与软权力》，北京大学出版社 2005 年版。

［100］［美］约瑟夫·奈著，安刚译：《美国总统及其外交政策》，金城出版社 2022 年版。

［101］［美］约瑟夫·奈著，何小东、盖玉云等译：《美国定能领导世界吗》：军事译文出版社 1992 年版。

［102］［美］约瑟夫·奈著，李达飞译：《灵巧领导力》，中信出版社 2009 年版。

[103]［美］约瑟夫·奈、路克利：《提升国家软实力是中国的明智战略》，载于《人民日报》2015年2月16日。

[104]［美］约瑟夫·奈著，马娟娟译：《软实力》，中信出版社2013年版。

[105]［美］约瑟夫·奈：《巧实力：权利的未来》，载于《中国经济周刊》2012年第11期。

[106]［美］约瑟夫·奈：《"软权力"再思索》，载于《国外社会科学》2006年第4期。

[107]［美］约瑟夫·奈著，［美］邵杜罔译：《美国世纪结束了吗》，北京联合出版公司2016年版。

[108]［美］约瑟夫·奈、王缉思、赵明昊：《中国软实力的兴起及其对美国的影响》，载于《世界经济与政治》2009年第6期。

[109]［美］约瑟夫·奈著，王吉美译：《论权力》，中信出版社2015年版。

[110]［美］约瑟夫·奈著，王吉美译：《权力大未来》，中信出版社2012年版。

[111]［美］约瑟夫·奈著，吴晓辉、钱程译：《软力量——世界政坛成功之道》，东方出版社2005年版。

[112]［美］约瑟夫·奈、徐庆超：《软实力比以往任何时代都发挥了更大的作用》，载于《中国社会科学报》2011年9月13日。

[113]［美］约瑟夫·奈：《中国软实力》，载于《中国经济报告》2015年第8期。

[114]张殿军：《硬实力、软实力与中国话语权的建构》，载于《中共福建省委党校学报》2011年第7期。

[115]张国祚：《关于中国文化软实力建设的几点思考》，载于《毛泽东邓小平理论研究》2012年第7期。

[116]张国祚：《理论思维与文化软实力》，湖南大学出版社2015年版。

[117]张国祚、刘存玲：《新时代背景下的文化软实力提升》，载于《马克思主义研究》2020年第9期。

[118]张国祚：《提升我国文化软实力的战略思考》，载于《红旗文稿》2011年第8期。

[119]张国祚：《新时代中国文化软实力具有独特优势》，载于《光明日报》2021年10月15日。

[120]张国祚：《中国文化软实力研究论纲》，社会科学文献出版社2015年版。

[121]张国祚主编：《中国文化软实力研究报告（2010）》，社会科学文献出

版社 2011 年版。

[122] 张国祚主编:《中国文化软实力发展报告（2012）》，北京大学出版社 2013 年版。

[123] 张国祚主编:《中国文化软实力发展报告（2013）》，北京大学出版社 2014 年版。

[124] 张国祚主编:《中国文化软实力发展报告（2014）》，北京大学出版社 2015 年版。

[125] 张国祚主编:《中国文化软实力发展报告（2015）》，北京大学出版社 2017 年版。

[126] 张国祚主编:《中国文化软实力发展报告（2016）》，北京大学出版社 2017 年版。

[127] 张国祚主编:《中国文化软实力发展报告（2017）》，北京大学出版社 2018 年版。

[128] 张国祚主编:《中国文化软实力研究要论选（第 1 卷）》，社会科学文献出版社 2011 年版。

[129] 张国祚主编:《中国文化软实力研究要论选（第 2 卷）》，社会科学文献出版社 2013 年版。

[130] 张梅、[美] 约瑟夫·奈:《中国软实力的现状、发展与新时期的中美关系——访哈佛大学肯尼迪政府学院约瑟夫·奈教授》，载于《马克思主义研究》2016 年第 5 期。

[131] 章一平:《软实力的内涵与外延》，载于《现代国际关系》2006 年第 11 期。

[132] 赵刚、肖欢:《国家软实力:超越经济和军事的第三种力量》，新世界出版社 2010 年版。

[133] 中共中央党史和文献研究院编:《习近平关于网络强国论述摘编》，中央文献出版社 2021 年版。

[134] 中共中央党史和文献研究院编:《习近平关于中国特色大国外交论述摘编》，中央文献出版社 2019 年版。

[135] 中共中央党史和文献研究院编:《习近平关于总体国家安全观论述摘编》，中央文献出版社 2018 年版。

[136] 中共中央文献研究室编:《习近平关于社会主义文化建设论述摘编》，中央文献出版社 2017 年版。

[137] 中共中央文献研究室编:《习近平关于社会主义政治建设论述摘编》，中央文献出版社 2017 年版。

［138］Alan, and Hunter. Soft Power: China on the Global Stage. *Chinese Journal of International Politics*, 2009.

［139］Bates Gill, Yanzhong Huang. Sources and limits of Chinese "soft power". *Survival*, 2006, 48 (12).

［140］Chinese Soft Power. Insecurity Studies, Myopia and Fantasy. *Third World Quarterly*, 2009, 30 (4).

［141］Cho, Y. N. and J. H. Jeong. China's Soft Power: Discussions, Resources, and Prospects. *Asian Survey*, 2008, 48 (3).

［142］Dennison Stephanie Dwyer Rachel and Meleiro Alessandra. *Cinema and Soft Power*. Edinburgh University Press, 2021.

［143］Ernest J. Wilson. Hard Power, Soft Power, Smart Power. *The Annals of the American Academy of Political and Social Science*, 2008, 616 (1).

［144］James F. Paradise. China and International Harmony: The Role of Confucius Institutes in Bolstering Beijing's Soft Power. *Asian Survey*, 2009, 49 (4).

［145］Janice Bially Mattern. Why 'Soft Power' Isn't So Soft: Representational Force and the Sociolinguistic Construction of Attraction in World Politics. *Millennium—Journal of International Studies*, 2005, 33 (3).

［146］Jian Wang. *Soft Power in China*. Palgrave Macmillan, 2011.

［147］Joseph S. Nye. China and Soft Power. *South African Journal of International Affairs*, 2012, 19 (2).

［148］Joseph S. Nye. Get Smart: Combining Hard and Soft Power. *Foreign Affairs*, 2009, 88 (4).

［149］Joseph S. Nye. My Soft Power. *Foreign Policy*, 2011 (188).

［150］Joseph S. Nye. On the Rise and Fall of American Soft Power. *New Perspectives Quarterly*, 2005, 22 (3).

［151］Joseph S. Nye. Prefacio y Capítulo 5 El poder blando y la política exterior americana, en Soft Power, Public Affairs, New Hampshire, 2004, ps. IX-XIII y 127－147. *Relaciones Internacionales*, 2010 (14).

［152］Joseph S. Nye. Public Diplomacy and Soft Power. *The Annals of the American Academy of Political and Social Science*, 2008, 616 (1).

［153］Joseph S. Nye. Soft Power and American Foreign Policy. *Political Science Quarterly*, 2004, 119 (2).

［154］Joseph S. Nye. Soft Power. *Foreign Policy*, 1990 (80).

［155］Joseph S. Nye. The Decline of America's Soft Power: Why Washington

Should Worry. *Foreign Affairs*, 2004, 83 (3).

[156] Joseph S. Nye. The Information Revolution and American Soft Power. *Asia – Pacific Review*, 2002, 9 (1).

[157] Joseph S. Nye, Wang Jisi, Richard Rosecrance, Gu Guoliang. Hard Decisions on Soft Power: Opportunities and Difficulties for Chinese Soft Power. *Harvard International Review*, 2009, 31 (2).

[158] Lai, H. and Y. Lu. *China's Soft Power and International Relations*. Routledge, 2012.

[159] Li Mingjiang. China Debates Soft Power. *Chinese Journal of International Politics*, 2008 (2).

[160] Mcgiffert, C. *Chinese Soft Power and Its Implications for the United States: Competition and Cooperation in the Developing World*. Center for Strategic & International Studies, 2009.

[161] Joseph Nye S. Soft Power: The Evolution of a Concept. *Journal of Political Power*, 2021, 14 (1).

[162] Parmar, I. and M. Cox. *Soft Power and US Foreign Policy*. Routledge, 2010.

[163] Perkins, D. H. China's soft power; Dwight H. Perkins reviews Charm Offensive: How China's Soft Power is Transforming the World. *Harvard International Review*, 2007, 29 (3).

[164] Sheng Ding. Analyzing Rising Power from the Perspective of Soft Power: A new look at China's rise to the status quo power. *Journal of Contemporary China*, 2010, 64 (19).

[165] Sun, Wanning. Mission Impossible: Soft Power, Communication Capacity, and the Globalization of Chinese Media. *Biochimica Et Biophysica Acta*, 2010 (4).

[166] Wolfram Manzenreiter. The Beijing Games in the Western Imagination of China: The Weak Power of Soft Power. *Journal of Sport & Social Issues*, 2010, 34 (1).

[167] Yiwei Wang. Public Diplomacy and the Rise of Chinese Soft Power. *The Annals of the American Academy of Political and Social Science*, 2008, 616 (1).

后　记

　　本书是教育部哲学社会科学研究重大课题攻关项目"中国软实力建设与发展战略研究"（项目编号：07JZD003）的最终研究成果。20世纪90年代，约瑟夫·奈提出了软实力概念，并阐述了软实力的相关理论。20世纪末，软实力开始引起我国学者的关注和研究。进入21世纪，软实力的研究蔚成风气。"软实力"最早出现在党和国家的文件报告中是在2006年。胡锦涛在中国全国文代会、作代会上发表讲话，明确指出，"提升国家软实力，是摆在我们面前的一个重大现实课题"。2007年1月，胡锦涛在中共中央政治局第三十八次集体学习时又指出，加强网络文化建设和管理，"有利于增强我国的软实力"。可见，软实力的建设已然进入了中央领导的视野，引起了党和国家的高度重视。在这样一种背景下，本课题组成员积极关注和研究软实力的相关问题，组织相关研究团队申报此课题并获准立项。新时代，习近平总书记更加重视软实力的建设，强调指出，"古往今来，任何一个大国的发展进程，既是经济总量、军事力量等硬实力提高的进程，也是价值观念、思想文化等软实力提高的进程"。习近平关于软实力建设的重要论述为本课题的研究提供了重要的理论遵循。

　　教育部社会科学司有关领导和全国一些著名专家学者对本课题给予了精心指导和鼎力支持。北京大学国际关系学院院长王缉思教授任组长，中山大学郑永廷教授、清华大学吴潜涛教授、苏州大学钮菊生教授、解放军通讯指挥学院外军研究室主任张汉宽研究员为成员的专家组参加了本课题的开题报告论证会，对本课题研究的站位、思路和重点进行了深入论证和指导，为本课题研究的顺利开展奠定了基础。课题组首席专家骆郁廷教授和主要成员刘再起教授、项久雨教授、杨威教授对课题研究的思路、框架和分工进行了反复讨论，组织指导课题组成员开展研究，并在研究过程中围绕主要问题多次开展专题研究，集中进行讨论修改，不断充实更新资料，最后由首席专家统一审稿、修改、定稿，完成了本课题的研究，形成了这一最终研究成果。各章作者如下：第一章：刘再起、项久雨、骆郁廷；第二章：江凌、金筱萍、骆郁廷；第三章：骆郁廷；第四章：叶娟丽、郭莉、蒋英州；第五章：倪素香、史姗姗、王旸、魏尚、李勇图；第六章：杨威。

田贵华参加了课题申报的讨论。博士研究生唐丽敏、骆虹、李勇图、赵方、付玉璋、余杰、靳文静、李恩、刘舒皓、刘鸿畅、轩宣、余焰琳和硕士研究生孔祥鑫、李俊贤、张蓓、张文成、王婷婷、周箐雯、兰慧敏、李佳宝等参加了课题的资料搜集、整理、更新及内容摘要的翻译和全书校对等工作。本课题研究得到了教育部社会科学司、社会科学研究评价中心领导的关心支持，得到了以王缉思教授为组长的开题报告专家组专家及诸多专家同行的悉心指导，经济科学出版社的责任编辑孙丽丽、纪小小为本书的付梓出版付出了辛勤的劳动，参与本课题研究的老师和负责资料搜集整理及文字校对等工作的博士、硕士研究生为完成本课题倾注了大量的心血。在此一并表示最诚挚的谢意！

《中国软实力建设与发展战略》既涉及基础理论的研究，又涉及战略问题的研究，还涉及应用问题的研究，是一个具有挑战性和难度较大的重大研究课题。本课题的研究成果，虽然围绕这一重大问题进行了集中而持续的研究，但不足之处仍在所难免，恳请各位专家学者和读者诸君不吝赐教。希望本书的出版能进一步推进中国软实力建设与发展战略问题的研究。

骆郁廷

2023 年 8 月 30 日于珞珈山

教育部哲学社會科學研究重大課題攻関項目
成果出版列表

序号	书　名	首席专家
1	《马克思主义基础理论若干重大问题研究》	陈先达
2	《马克思主义理论学科体系建构与建设研究》	张雷声
3	《马克思主义整体性研究》	逄锦聚
4	《改革开放以来马克思主义在中国的发展》	顾钰民
5	《新时期　新探索　新征程 ——当代资本主义国家共产党的理论与实践研究》	聂运麟
6	《坚持马克思主义在意识形态领域指导地位研究》	陈先达
7	《当代资本主义新变化的批判性解读》	唐正东
8	《当代中国人精神生活研究》	童世骏
9	《弘扬与培育民族精神研究》	杨叔子
10	《当代科学哲学的发展趋势》	郭贵春
11	《服务型政府建设规律研究》	朱光磊
12	《地方政府改革与深化行政管理体制改革研究》	沈荣华
13	《面向知识表示与推理的自然语言逻辑》	鞠实儿
14	《当代宗教冲突与对话研究》	张志刚
15	《马克思主义文艺理论中国化研究》	朱立元
16	《历史题材文学创作重大问题研究》	童庆炳
17	《现代中西高校公共艺术教育比较研究》	曾繁仁
18	《西方文论中国化与中国文论建设》	王一川
19	《中华民族音乐文化的国际传播与推广》	王耀华
20	《楚地出土戰國簡册［十四種］》	陈　伟
21	《近代中国的知识与制度转型》	桑　兵
22	《中国抗战在世界反法西斯战争中的历史地位》	胡德坤
23	《近代以来日本对华认识及其行动选择研究》	杨栋梁
24	《京津冀都市圈的崛起与中国经济发展》	周立群
25	《金融市场全球化下的中国监管体系研究》	曹凤岐
26	《中国市场经济发展研究》	刘　伟
27	《全球经济调整中的中国经济增长与宏观调控体系研究》	黄　达
28	《中国特大都市圈与世界制造业中心研究》	李廉水

序号	书　名	首席专家
29	《中国产业竞争力研究》	赵彦云
30	《东北老工业基地资源型城市发展可持续产业问题研究》	宋冬林
31	《转型时期消费需求升级与产业发展研究》	臧旭恒
32	《中国金融国际化中的风险防范与金融安全研究》	刘锡良
33	《全球新型金融危机与中国的外汇储备战略》	陈雨露
34	《全球金融危机与新常态下的中国产业发展》	段文斌
35	《中国民营经济制度创新与发展》	李维安
36	《中国现代服务经济理论与发展战略研究》	陈　宪
37	《中国转型期的社会风险及公共危机管理研究》	丁烈云
38	《人文社会科学研究成果评价体系研究》	刘大椿
39	《中国工业化、城镇化进程中的农村土地问题研究》	曲福田
40	《中国农村社区建设研究》	项继权
41	《东北老工业基地改造与振兴研究》	程　伟
42	《全面建设小康社会进程中的我国就业发展战略研究》	曾湘泉
43	《自主创新战略与国际竞争力研究》	吴贵生
44	《转轨经济中的反行政性垄断与促进竞争政策研究》	于良春
45	《面向公共服务的电子政务管理体系研究》	孙宝文
46	《产权理论比较与中国产权制度变革》	黄少安
47	《中国企业集团成长与重组研究》	蓝海林
48	《我国资源、环境、人口与经济承载能力研究》	邱　东
49	《"病有所医"——目标、路径与战略选择》	高建民
50	《税收对国民收入分配调控作用研究》	郭庆旺
51	《多党合作与中国共产党执政能力建设研究》	周淑真
52	《规范收入分配秩序研究》	杨灿明
53	《中国社会转型中的政府治理模式研究》	娄成武
54	《中国加入区域经济一体化研究》	黄卫平
55	《金融体制改革和货币问题研究》	王广谦
56	《人民币均衡汇率问题研究》	姜波克
57	《我国土地制度与社会经济协调发展研究》	黄祖辉
58	《南水北调工程与中部地区经济社会可持续发展研究》	杨云彦
59	《产业集聚与区域经济协调发展研究》	王　珺

序号	书　名	首席专家
60	《我国货币政策体系与传导机制研究》	刘　伟
61	《我国民法典体系问题研究》	王利明
62	《中国司法制度的基础理论问题研究》	陈光中
63	《多元化纠纷解决机制与和谐社会的构建》	范　愉
64	《中国和平发展的重大前沿国际法律问题研究》	曾令良
65	《中国法制现代化的理论与实践》	徐显明
66	《农村土地问题立法研究》	陈小君
67	《知识产权制度变革与发展研究》	吴汉东
68	《中国能源安全若干法律与政策问题研究》	黄　进
69	《城乡统筹视角下我国城乡双向商贸流通体系研究》	任保平
70	《产权强度、土地流转与农民权益保护》	罗必良
71	《我国建设用地总量控制与差别化管理政策研究》	欧名豪
72	《矿产资源有偿使用制度与生态补偿机制》	李国平
73	《巨灾风险管理制度创新研究》	卓　志
74	《国有资产法律保护机制研究》	李曙光
75	《中国与全球油气资源重点区域合作研究》	王　震
76	《可持续发展的中国新型农村社会养老保险制度研究》	邓人松
77	《农民工权益保护理论与实践研究》	刘林平
78	《大学生就业创业教育研究》	杨晓慧
79	《新能源与可再生能源法律与政策研究》	李艳芳
80	《中国海外投资的风险防范与管控体系研究》	陈菲琼
81	《生活质量的指标构建与现状评价》	周长城
82	《中国公民人文素质研究》	石亚军
83	《城市化进程中的重大社会问题及其对策研究》	李　强
84	《中国农村与农民问题前沿研究》	徐　勇
85	《西部开发中的人口流动与族际交往研究》	马　戎
86	《现代农业发展战略研究》	周应恒
87	《综合交通运输体系研究——认知与建构》	荣朝和
88	《中国独生子女问题研究》	风笑天
89	《我国粮食安全保障体系研究》	胡小平
90	《我国食品安全风险防控研究》	王　硕

序号	书　名	首席专家
91	《城市新移民问题及其对策研究》	周大鸣
92	《新农村建设与城镇化推进中农村教育布局调整研究》	史宁中
93	《农村公共产品供给与农村和谐社会建设》	王国华
94	《中国大城市户籍制度改革研究》	彭希哲
95	《国家惠农政策的成效评价与完善研究》	邓大才
96	《以民主促进和谐——和谐社会构建中的基层民主政治建设研究》	徐　勇
97	《城市文化与国家治理——当代中国城市建设理论内涵与发展模式建构》	皇甫晓涛
98	《中国边疆治理研究》	周　平
99	《边疆多民族地区构建社会主义和谐社会研究》	张先亮
100	《新疆民族文化、民族心理与社会长治久安》	高静文
101	《中国大众媒介的传播效果与公信力研究》	喻国明
102	《媒介素养：理念、认知、参与》	陆　晔
103	《创新型国家的知识信息服务体系研究》	胡昌平
104	《数字信息资源规划、管理与利用研究》	马费成
105	《新闻传媒发展与建构和谐社会关系研究》	罗以澄
106	《数字传播技术与媒体产业发展研究》	黄升民
107	《互联网等新媒体对社会舆论影响与利用研究》	谢新洲
108	《网络舆论监测与安全研究》	黄永林
109	《中国文化产业发展战略论》	胡惠林
110	《20世纪中国古代文化经典在域外的传播与影响研究》	张西平
111	《国际传播的理论、现状和发展趋势研究》	吴　飞
112	《教育投入、资源配置与人力资本收益》	闵维方
113	《创新人才与教育创新研究》	林崇德
114	《中国农村教育发展指标体系研究》	袁桂林
115	《高校思想政治理论课程建设研究》	顾海良
116	《网络思想政治教育研究》	张再兴
117	《高校招生考试制度改革研究》	刘海峰
118	《基础教育改革与中国教育学理论重建研究》	叶　澜
119	《我国研究生教育结构调整问题研究》	袁本涛 王传毅
120	《公共财政框架下公共教育财政制度研究》	王善迈

序号	书　名	首席专家
121	《农民工子女问题研究》	袁振国
122	《当代大学生诚信制度建设及加强大学生思想政治工作研究》	黄蓉生
123	《从失衡走向平衡：素质教育课程评价体系研究》	钟启泉 崔允漷
124	《构建城乡一体化的教育体制机制研究》	李　玲
125	《高校思想政治理论课教育教学质量监测体系研究》	张耀灿
126	《处境不利儿童的心理发展现状与教育对策研究》	申继亮
127	《学习过程与机制研究》	莫　雷
128	《青少年心理健康素质调查研究》	沈德立
129	《灾后中小学生心理疏导研究》	林崇德
130	《民族地区教育优先发展研究》	张诗亚
131	《WTO主要成员贸易政策体系与对策研究》	张汉林
132	《中国和平发展的国际环境分析》	叶自成
133	《冷战时期美国重大外交政策案例研究》	沈志华
134	《新时期中非合作关系研究》	刘鸿武
135	《我国的地缘政治及其战略研究》	倪世雄
136	《中国海洋发展战略研究》	徐祥民
137	《深化医药卫生体制改革研究》	孟庆跃
138	《华侨华人在中国软实力建设中的作用研究》	黄　平
139	《我国地方法制建设理论与实践研究》	葛洪义
140	《城市化理论重构与城市化战略研究》	张鸿雁
141	《境外宗教渗透论》	段德智
142	《中部崛起过程中的新型工业化研究》	陈晓红
143	《农村社会保障制度研究》	赵　曼
144	《中国艺术学学科体系建设研究》	黄会林
145	《人工耳蜗术后儿童康复教育的原理与方法》	黄昭鸣
146	《我国少数民族音乐资源的保护与开发研究》	樊祖荫
147	《中国道德文化的传统理念与现代践行研究》	李建华
148	《低碳经济转型下的中国排放权交易体系》	齐绍洲
149	《中国东北亚战略与政策研究》	刘清才
150	《促进经济发展方式转变的地方财税体制改革研究》	钟晓敏
151	《中国—东盟区域经济一体化》	范祚军

序号	书　名	首席专家
152	《非传统安全合作与中俄关系》	冯绍雷
153	《外资并购与我国产业安全研究》	李善民
154	《近代汉字术语的生成演变与中西日文化互动研究》	冯天瑜
155	《新时期加强社会组织建设研究》	李友梅
156	《民办学校分类管理政策研究》	周海涛
157	《我国城市住房制度改革研究》	高　波
158	《新媒体环境下的危机传播及舆论引导研究》	喻国明
159	《法治国家建设中的司法判例制度研究》	何家弘
160	《中国女性高层次人才发展规律及发展对策研究》	佟　新
161	《国际金融中心法制环境研究》	周仲飞
162	《居民收入占国民收入比重统计指标体系研究》	刘　扬
163	《中国历代边疆治理研究》	程妮娜
164	《性别视角下的中国文学与文化》	乔以钢
165	《我国公共财政风险评估及其防范对策研究》	吴俊培
166	《中国历代民歌史论》	陈书录
167	《大学生村官成长成才机制研究》	马抗美
168	《完善学校突发事件应急管理机制研究》	马怀德
169	《秦简牍整理与研究》	陈　伟
170	《出土简帛与古史再建》	李学勤
171	《民间借贷与非法集资风险防范的法律机制研究》	岳彩申
172	《新时期社会治安防控体系建设研究》	宫志刚
173	《加快发展我国生产服务业研究》	李江帆
174	《基本公共服务均等化研究》	张贤明
175	《职业教育质量评价体系研究》	周志刚
176	《中国大学校长管理专业化研究》	宣　勇
177	《"两型社会"建设标准及指标体系研究》	陈晓红
178	《中国与中亚地区国家关系研究》	潘志平
179	《保障我国海上通道安全研究》	吕　靖
180	《世界主要国家安全体制机制研究》	刘胜湘
181	《中国流动人口的城市逐梦》	杨菊华
182	《建设人口均衡型社会研究》	刘渝琳
183	《农产品流通体系建设的机制创新与政策体系研究》	夏春玉

序号	书　名	首席专家
184	《区域经济一体化中府际合作的法律问题研究》	石佑启
185	《城乡劳动力平等就业研究》	姚先国
186	《20世纪朱子学研究精华集成——从学术思想史的视角》	乐爱国
187	《拔尖创新人才成长规律与培养模式研究》	林崇德
188	《生态文明制度建设研究》	陈晓红
189	《我国城镇住房保障体系及运行机制研究》	虞晓芬
190	《中国战略性新兴产业国际化战略研究》	汪　涛
191	《证据科学论纲》	张保生
192	《要素成本上升背景下我国外贸中长期发展趋势研究》	黄建忠
193	《中国历代长城研究》	段清波
194	《当代技术哲学的发展趋势研究》	吴国林
195	《20世纪中国社会思潮研究》	高瑞泉
196	《中国社会保障制度整合与体系完善重大问题研究》	丁建定
197	《民族地区特殊类型贫困与反贫困研究》	李俊杰
198	《扩大消费需求的长效机制研究》	臧旭恒
199	《我国土地出让制度改革及收益共享机制研究》	石晓平
200	《高等学校分类体系及其设置标准研究》	史秋衡
201	《全面加强学校德育体系建设研究》	杜时忠
202	《生态环境公益诉讼机制研究》	颜运秋
203	《科学研究与高等教育深度融合的知识创新体系建设研究》	杜德斌
204	《女性高层次人才成长规律与发展对策研究》	罗瑾琏
205	《岳麓秦简与秦代法律制度研究》	陈松长
206	《民办教育分类管理政策实施跟踪与评估研究》	周海涛
207	《建立城乡统一的建设用地市场研究》	张安录
208	《迈向高质量发展的经济结构转变研究》	郭熙保
209	《中国社会福利理论与制度构建——以适度普惠社会福利制度为例》	彭华民
210	《提高教育系统廉政文化建设实效性和针对性研究》	罗国振
211	《毒品成瘾及其复吸行为——心理学的研究视角》	沈模卫
212	《英语世界的中国文学译介与研究》	曹顺庆
213	《建立公开规范的住房公积金制度研究》	王先柱

序号	书 名	首席专家
214	《现代归纳逻辑理论及其应用研究》	何向东
215	《时代变迁、技术扩散与教育变革：信息化教育的理论与实践探索》	杨 浩
216	《城镇化进程中新生代农民工职业教育与社会融合问题研究》	褚宏启 薛二勇
217	《我国先进制造业发展战略研究》	唐晓华
218	《融合与修正：跨文化交流的逻辑与认知研究》	鞠实儿
219	《中国新生代农民工收入状况与消费行为研究》	金晓彤
220	《高校少数民族应用型人才培养模式综合改革研究》	张学敏
221	《中国的立法体制研究》	陈 俊
222	《教师社会经济地位问题：现实与选择》	劳凯声
223	《中国现代职业教育质量保障体系研究》	赵志群
224	《欧洲农村城镇化进程及其借鉴意义》	刘景华
225	《国际金融危机后全球需求结构变化及其对中国的影响》	陈万灵
226	《创新法治人才培养机制》	杜承铭
227	《法治中国建设背景下警察权研究》	余凌云
228	《高校财务管理创新与财务风险防范机制研究》	徐明稚
229	《义务教育学校布局问题研究》	雷万鹏
230	《高校党员领导干部清正、党政领导班子清廉的长效机制研究》	汪 曤
231	《二十国集团与全球经济治理研究》	黄茂兴
232	《高校内部权力运行制约与监督体系研究》	张德祥
233	《职业教育办学模式改革研究》	石伟平
234	《职业教育现代学徒制理论研究与实践探索》	徐国庆
235	《全球化背景下国际秩序重构与中国国家安全战略研究》	张汉林
236	《进一步扩大服务业开放的模式和路径研究》	申明浩
237	《自然资源管理体制研究》	宋马林
238	《高考改革试点方案跟踪与评估研究》	钟秉林
239	《全面提高党的建设科学化水平》	齐卫平
240	《"绿色化"的重大意义及实现途径研究》	张俊飚
241	《利率市场化背景下的金融风险研究》	田利辉
242	《经济全球化背景下中国反垄断战略研究》	王先林

序号	书　名	首席专家
243	《中华文化的跨文化阐释与对外传播研究》	李庆本
244	《世界一流大学和一流学科评价体系与推进战略》	王战军
245	《新常态下中国经济运行机制的变革与中国宏观调控模式重构研究》	袁晓玲
246	《推进21世纪海上丝绸之路建设研究》	梁　颖
247	《现代大学治理结构中的纪律建设、德治礼序和权力配置协调机制研究》	周作宇
248	《渐进式延迟退休政策的社会经济效应研究》	席　恒
249	《经济发展新常态下我国货币政策体系建设研究》	潘　敏
250	《推动智库建设健康发展研究》	李　刚
251	《农业转移人口市民化转型：理论与中国经验》	潘泽泉
252	《电子商务发展趋势及对国内外贸易发展的影响机制研究》	孙宝文
253	《创新专业学位研究生培养模式研究》	贺克斌
254	《医患信任关系建设的社会心理机制研究》	汪新建
255	《司法管理体制改革基础理论研究》	徐汉明
256	《建构立体形式反腐败体系研究》	徐玉生
257	《重大突发事件社会舆情演化规律及应对策略研究》	傅昌波
258	《中国社会需求变化与学位授予体系发展前瞻研究》	姚　云
259	《非营利性民办学校办学模式创新研究》	周海涛
260	《基于"零废弃"的城市生活垃圾管理政策研究》	褚祝杰
261	《城镇化背景下我国义务教育改革和发展机制研究》	邬志辉
262	《中国满族语言文字保护抢救口述史》	刘厚生
263	《构建公平合理的国际气候治理体系研究》	薄　燕
264	《新时代治国理政方略研究》	刘焕明
265	《新时代高校党的领导体制机制研究》	黄建军
266	《东亚国家语言中汉字词汇使用现状研究》	施建军
267	《中国传统道德文化的现代阐释和实践路径研究》	吴根友
268	《创新社会治理体制与社会和谐稳定长效机制研究》	金太军
269	《文艺评论价值体系的理论建设与实践研究》	刘俐俐
270	《新形势下弘扬爱国主义重大理论和现实问题研究》	王泽应

序号	书　名	首席专家
271	《我国高校"双一流"建设推进机制与成效评估研究》	刘念才
272	《中国特色社会主义监督体系的理论与实践》	过　勇
273	《中国软实力建设与发展战略》	骆郁廷
	……	